# 毁灭与重塑

## 20世纪的欧洲

［美］罗兰·N. 斯特龙伯格 著
Roland N. Stromberg

燕环 译

中国出版集团 现代出版社

版权登记号：01-2021-4196

图书在版编目（CIP）数据

毁灭与重塑：20世纪的欧洲 /（美）罗兰·N.斯特龙伯格著；燕环译. —北京：现代出版社，2022.1
ISBN 978-7-5143-9351-4
原版书名：Europe in the Twentieth Century
Ⅰ. ①毁… Ⅱ. ①罗… ②燕… Ⅲ. ①社会史-欧洲-20世纪 Ⅳ. ①K505

中国版本图书馆CIP数据核字（2021）第218964号

Authorized translation from the English language edition, entitled EUROPE IN THE TWENTIETH CENTURY, 4th Edition (ISBN:9780135693445) by STROMBERG, ROLAND N., published by Pearson Education, Inc, Copyright © 1997 Prentice-Hall, Inc.

All rights reserved. No part of this book may be reproduced or transmitted in any form or by any means, electronic or mechanical, including photocopying, recording or by any information storage retrieval system, without permission from Pearson Education, Inc.

CHINESE SIMPLIFIED language edition published by MODERN PRESS CO. LTD., Copyright © 2022.

本书中文简体字版由 Pearson Education Limited（培生教育出版集团）授权现代出版社在中华人民共和国境内（不包括香港、澳门特别行政区及台湾地区）独家出版发行。未经出版者书面许可，不得以任何方式抄袭、复制或节录本书中的任何部分。

本书封底贴有Pearson Education（培生教育出版集团）激光防伪标签，无标签者不得销售。

**毁灭与重塑：20世纪的欧洲**

| 作　　者： | [美]罗兰·N.斯特龙伯格 |
| --- | --- |
| 译　　者： | 燕　环 |
| 责任编辑： | 姚冬霞　谢　惠 |
| 出版发行： | 现代出版社 |
| 通信地址： | 北京市安定门外安华里504号 |
| 邮政编码： | 100011 |
| 电　　话： | 010-64267325　64245264（传真） |
| 网　　址： | www.1980xd.com |
| 电子邮箱： | xiandai@vip.sina.com |
| 印　　刷： | 三河市宏盛印务有限公司 |
| 开　　本： | 710mm×1000mm　1/16 |
| 印　　张： | 33.75 |
| 字　　数： | 490千 |
| 版　　次： | 2022年1月第1版 |
| 印　　次： | 2022年1月第1次印刷 |
| 书　　号： | ISBN 978-7-5143-9351-4 |
| 定　　价： | 158.00元 |

版权所有，翻印必究；未经许可，不得转载

# 前　　言

本书第四版最早出版于1980年。近年来，我不仅在本书内容的更新上做了大量工作，而且还积极吸收了评论家的意见与建议。在此，我要对为这本书做出贡献的众多人士致以诚挚的谢意。特别要感谢的是美国科罗拉多大学的文森特·比奇（Vincent Beach）、佛罗里达大学的杰弗里·齐尔斯（Geoffrey J. Ciles）、明尼苏达大学的金·芒霍兰（J. Kim Munholland）、北亚利桑那大学的威廉·鲁斯恩（William Roosen）、马斯金根学院的泰勒·斯图尔特（Taylor Stults）、底特律梅西学院的朱莉安娜·汤姆森（E. Juliana Thomson）和威斯康星大学的安·希利（Ann Healy），他们均对本书第三版提出了有益的评论和批评；加州大学圣克鲁兹分校的马克·乔克（Mark Ciok）对第四版做出了非同寻常的贡献。

在最近研究的基础之上，我对书中一些地方进行了修改，这些研究一直在为我们提供更新、更好的信息；许多勤勉而有经验的历史学家在继续更新自己的研究，因为有了这些新的可用的资料，历史事件也相应地被重新评估。同时，附在这本书后的参考书目也已经做了更新。

第四版的主要变化均与近年来的新进展有关。毫无疑问，我们生活在一个日新月异的世界。本书在第二版结束时仅仅提到了戈尔巴乔夫；实际上，东欧剧变就在眼前。第三版对这一点做了一些考虑，但在当时的写作过程中，苏联解体后适应新秩序的斗争仍在继续，南斯拉夫解体引发的内战在1990年才刚刚开始，撒切尔夫人仍然是英国首相，但是现在看来，这些似乎都是很久以前的事情了。然而，与这些早期历史事件有关的新的材料也出现了。1990年后俄罗斯档案资料的开放就是一个主要的例子，20世纪历史上许多重要事件的事实被大量揭露出来。

　　第一版在序言中引用了沃尔特·雷利（Walter Ralegh）很久以前曾对世人发出的警告："无论谁在书写现代史，都应该紧跟真理，尽管真理很可能会打掉他的牙齿。"任何鲁莽到敢于对人类世界可能出现的下一个问题做出判断的人，都将遭受不止一次的牙齿伤害。然而，历史学家可能在任何一个时间点完成自己的书写和叙述，但在这个完成时间和出版时间之间总是会有一定的时间间隔，历史学家就必须冒这个风险。学习历史的学生们可能要保留记笔记的习惯，并在事件发生时随时更新对事件的记录，而当他们读完本书的最后一页时，时间之风可能已经把这本书吹进了历史的废纸篓。然而，这也是本书依然保持如此有趣的原因之一。

# 目　录

导　论 / 1

## 第一章　1914年前夕的欧洲民族和国家

世界上的欧洲 / 7

欧洲的分裂 / 12

经济的发展与问题 / 18

城市化时代的欧洲社会 / 25

欧洲民主政治 / 31

政治：法国和德国 / 35

东方列强 / 43

## 第二章　第一次世界大战的到来

战争的主要根源 / 53

20世纪初的外交 / 59

巴尔干半岛 / 67

1911—1913年 / 72

战争的直接起源 / 76

最后的思虑 / 82

## 第三章　第一次世界大战：1914—1918年

第一年 / 91

1916年：屠宰之年 / 96

1917年的危机 / 102

士气与宣传 / 107

战争目的与战争外交 / 114

俄国退出战争 / 119

战争的最后岁月 / 120

## 第四章　欧洲转型：20世纪20年代战争的后果

巴黎和平会议 / 129

国际联盟 / 139

西欧的恢复 / 144

战后西方政治 / 150

意大利法西斯主义的兴起 / 154

洛迦诺精神 / 158

## 第五章　祖先秩序的解体：战后的文化与思想

战后悲观主义 / 165

文学艺术的复兴 / 171

科学思想的前沿 / 177

大众文化 / 183

## 第六章　20世纪30年代的萧条与独裁

经济危机 / 197

萧条政治 / 202

纳粹在德国的胜利 / 206

纳粹意识形态 / 215

民族社会主义掌权 / 221

忧郁文学与思想 / 228

## 第七章　第二次世界大战的背景

"不再有战争" / 239

德国重振雄风 / 242

西班牙内战 / 245

希特勒备战 / 250

联盟外交 / 253

绥靖外交 / 257

战争临近：1939年 / 262

## 第八章　第二次世界大战：1939—1945年

国防军大获全胜：1939—1940年 / 271

扩大战争：1940—1941年 / 276

轴心国高歌猛进：1941—1942年 / 282

德军失败 / 287

攻打欧洲要塞 / 294

联合作战外交 / 300

大屠杀 / 307

科学武器 / 312

回顾战争 / 316

## 第九章　1945年后西欧经济复苏

战争结束时的欧洲 / 323

占领德国 / 327

经济复苏 / 329

战后西方民主政治：法国 / 336

战后欧洲其他国家的政治 / 342

欧洲共同体：六国的欧洲 / 352

战后思想情绪 / 357

## 第十章　20世纪六七十年代的西欧

麻烦时刻 / 363

学生不满与巴黎之春 / 367

20世纪60年代的思潮 / 372

走马换将 / 375

殖民地独立 / 377

## 第十一章　20世纪80年代：戏剧性的十年

欧洲的新政治时代 / 385

新经济时代 / 388

大陆政治 / 392

欧洲共同体 / 396

发展中国家和不发达国家 / 398

## 第十二章　20世纪终结：20世纪90年代的欧洲和世界

两德统一 / 403

欧洲政治主题 / 404

欧盟走向何方？ / 412

国际事务 / 415

## 第十三章　结论：垂死的世纪，垂死的文明？

科学与反科学 / 425

环境问题 / 431

社会病态 / 435

欧洲的成功 / 447

**参考书目** / 452

**索　引** / 476

# 导　　论

　　通常情况下，人们阅读历史是为了从中获得享受、指导、定位、激励或灵感，甚至是获得治疗。了解过去发生的事情，人们得以拓展自己的视野，锐化自己的批判意识，寻找自己的生命之根，增强自己的自豪感，发现和批判社会。有些人出于厌倦、好奇、不满或虔诚而阅读历史，还有些人阅读历史是为了寻求成功、进步、权力或失败、衰败和解体的原因抑或根源。因此，历史的用法是多种多样的，甚至是相互矛盾的。

　　历史本身也是如此，它不仅包括对公共事件的记录，而且还包括更深层次的、通常是悄无声息的社会变革过程；它不仅包括科学、技术和经济发展，还包括艺术和文学成就，甚至劳动和休闲——各类人群的各种各样的活动。"历史不过是追求着自己目的的人的活动而已。"卡尔·马克思（Karl Marx）曾这样写道。历史这样一个主题，显然是巨大而丰富的，囊括万千。

　　挑剔者会补充说"历史是人类活动的总和"，这些活动都以某种方式被记录下来（绝大多数并没有被记录下来）而且意义重大，值得人们去记住和研究。对于后一种限定，总是困难重重，因为它多少有些主观。一个文化高度统一、有着相同传统和经历的民族——一个孤立的小社会，可能大体上认同何为要点和过去用来描述它的象征性术语。一个社会越是多样化、复杂而充满活力，就越不容易达成共识。我们可以肯定，两位历史学家关于同一主题的著作，不管这一主题是大是小，都将会有明显的不同。毫无疑问，所有书写20世纪的历史学家都会讨论某些同样的问题，很难想象会有一本历史教科书把两次世界大战、经济大萧条等排除在外。但是，一位学者会省略其他学者书写在册的一些历史事件，而书写另外一些学者忽略的一些事件。每个人在自己致力于解决问题的空间上都会有所不同，每个人对这些问题的解释也会有所不同，也就是说，历史学家会挑选特定的细节，分配因果关系，并用不同的术语去评判决策的智慧或美德。

这里并不是要展开讨论这些问题，我们只是想告诉读者，没有一段历史可以像一个电气工程那样得到公共认同。历史叙事的方法和历史学家一样多，历史学家的兴趣不仅因人而异，而且每一代历史学家的侧重也有所不同。因此，历史的书写是一场无休止的争论。历史专业研究本身是一个相当年轻的历史篇章，研究虽然产生了一些共同的研究标准和大量有价值的数据，但在阐释乃至阐释方法上却鲜有共识。假使真做到了在阐释方法上取得一致，这种共识仍然会因为情境的偏见而受到怀疑。

对于任何试图在一个较短篇幅里涵盖20世纪全部历史的人来说，选择哪些历史事件成了一个特殊的问题。在人类活动的所有阶段，我们的20世纪显然没有缺少行动或动态发展，变化变得越来越快，人类知识的总量呈爆炸式增长。我们完全可以轻松地说，20世纪的"历史"比以往任何一个世纪的总和还要多，就像出版了更多的书，产生了更多的知识，创造了更多的财富一样，越来越多的人参与到社会进程之中，并意识到历史的视角。

1914年前，乐观的法国社会党领导人让·饶勒斯（Jean Jaures）曾经说道："所有人最终将进入光明。"大约在同一时期，英国小说家赫伯特·威尔斯（Herbert G. Wells）提出，"历史将不得不更多地讲述普通人的故事，而更少地讲述征服者的故事"，因为他注意到这样一个事实，即普通职员、农民和工人不再仅仅是历史中了无生气和被动的存在，而是开始在人类事务中发挥积极的、有意识的作用。毫无疑问，西方社会活力不断增强的一部分原因是曾经几乎沉默的人群进入意识和变化的"光"的运动——不管结果是好是坏。也许这就是詹姆斯·乔伊斯（James Joyce）在他20世纪最令人惊叹的文学作品《芬尼根的守灵夜》（*Finnegans Wake*）中想要表达的，他在这部作品中写道："历史是一场噩梦，我们正在从中觉醒"；从人类漫长的梦中醒来，就像一个人睡了整整一夜一样。

那么，学习历史的学生将会把这件事做得很好，他们把历史写作练习作为个人的观点，并用其他人的观点来进行补充。今天，许多历史研究揭示了现代人类大都市中众多社区的现状，而开始阅读与此相关的丰富文献就是为了进入一个令人兴奋的世界。

尽管如此，我在选择和解释历史材料时并没有寻求惊人的新意，而是将那些我们都应该理解的历史行为和过程包括在内，因为它们已经深深地影响了我们的生活。归根结底，历史研究的主要理由是对文化整体的把握。毕竟，我们可以在专门研究这些特殊学科的机构或学校学习文学、经济学、社会学、军事科学和其他学科，只有历史学家关注整个社会的运动并把细节和大局联系起来时，历史讨论才能影响最多人数的共同经历。

这些共有经历的意识使我们在社会中紧密地联系在一起，对历史变迁延续性的认识使我们适应文化环境、使我们更加人性化，这是历史学家的信条。萨维尼[①]（Savigny）声称，"历史是了解我们处境的唯一正确途径"。阿克顿勋爵[②]（Lord Acton）同样认为，"理解当下是所有历史的重中之重"。

---

① 弗里德里希·卡尔·冯·萨维尼（Friedrich Carl von Savigny，1779—1861），德国著名法学家、法律史家，曾任普鲁士国王威廉四世的立法部长，历史法学派的代表人物。——译者注

② 阿克顿勋爵（Lord Acton，1834—1902），英国剑桥大学历史系教授、历史学家、理论政治家，19世纪英国知识界和政治生活中最有影响的人物之一，代表作《自由与权力》。——译者注

# 第一章

## 1914年前夕的欧洲民族和国家

## 世界上的欧洲

我们可以首先将20世纪初的欧洲和今天的欧洲进行一个简单对比。在绝对财富和权力方面,当时的欧洲各国远远比不上今天,因为在20世纪时财富和权力才得到了巨幅增长,尽管面临着种种困难。与1900年或1914年相比,英国、法国、德国、意大利、俄罗斯或匈牙利的普通民众今天拥有更多的物质财富,政府也享有更多资源的调控权。相对而言,当时的欧洲却比今天更占据世界主导地位。1914年之前,若论军事实力和政治影响力,没有哪个地区能与欧洲相媲美,只有美国在财富和生产力上才具有可比性。然而,当时美国还没有进入世界政治舞台,尽管在迅速崛起,但还没有成为后来的科技巨擘。俄国仍然是一个"泥足巨人",表面上看似强大,社会结构和经济效率却极其落后于欧洲。

欧洲的物资优渥使其在文化上也享有很高的声望。因此,屈服于欧洲强权的其他民族倾向认为,欧洲人的文化、思想和生活方式也一定是优越的。在这个时期,欧洲之外的民族之所以对欧洲力量感到敬畏,是因为这种力量使他们中的大多数沦为殖民地或附属国。在19世纪80年代和90年代,亚洲大陆和非洲大陆几乎每一片土地都附属于争强好胜的欧洲:一些领土甚至被吞并并直接管理;还有一些则成为"保护区",尽管还保持名义上的独立,但必须给予欧洲白人经济上和政治上的种种特权。

欧洲人的这些殖民活动并非没有遭遇抵抗。非洲数不清的部落暴动就是例证,印度边境的起义、1900年的中国义和团运动以及1881年的埃及暴动也是证明,然而埃及暴动使英国军队进驻苏伊士运河地区并长达七十三年之久。这给英国小学生的阅读课本"增色"许多,即使没有一次性赢得成功,也会像1898年戈登将军在喀土穆所做的那样赢得最后的胜利。

在这次的帝国主义浪潮中,英国一直处于领先地位,法国紧随其后,后来轮到德国和美国。与此同时,俄国用暴力手段将触角伸至远东地区和高加索地区[①]。意大利虽然牙口不好,但胃口却很大,也试图参与其中。在欧洲的

---

① 19世纪,俄国人在高加索山脉发起了大规模的残酷战役,以征服鼠类和保罗西人。

列强中，只有奥匈帝国由于缺乏海军力量而放弃获得海外财产，但奥匈帝国以削弱衰败中的奥斯曼帝国为代价而将触角伸向巴尔干作为"补偿"。小小的比利时和荷兰的海外收获也颇为可观，比利时在非洲获取殖民地，荷兰把触角伸向东南亚，并在东印度群岛（今印度尼西亚）建立了进行殖民掠夺和垄断东方贸易的商业公司。

欧洲列强时常因掠夺海外资源、剥削、毁坏或教化弱小民族而卷入彼此间的冲突之中——1885年的俄国和英国、1898年的法国和英国、1905年的法国和德国之间就相继发生过冲突，但这些冲突很少引发战争，毕竟分割他人财产总是很容易沆瀣一气。然而，1904年俄国和西化的亚洲国家日本之间却发生了一个例外——他们为争夺中国东北和朝鲜的"统治权"而挑起一场大规模的帝国主义战争。尽管这场战争并没有发生在两个欧洲大国之间，但它却释放出一个信号：欧洲以外的民族和国家逐渐学习并掌握西方先进的科学技术，欧洲对军事力量的垄断可能很快就会结束。事实上，1904—1905年日本从海陆战胜俄国就产生了巨大影响，导致了中国、印度、伊朗和土耳其的反欧民族主义运动，而这注定要改变世界的格局。——但是，这是后来发生的事情了。

1914年以前，欧洲的霸权垄断尚未受到严重威胁。世纪之交（19世纪末20世纪初），英国人进行了一场殖民战争（1899—1902年第二次英布战争），而这场战争产生了严重影响。"我们的教训还没有终结。"拉迪亚德·吉卜林[1]（Rudyard Kipling）说道。这是一场与另一个欧洲民族的战争，英国从开普敦向外扩张的侵略性统治激起了当地荷兰人的反抗。在这场"大卫与歌利亚式"[2]的交锋中，法国和德国的舆论都倒向布尔人[3]，痛斥英国的恶霸行径，事实上全世界的舆论风向也是如此。经历了早期的一些挫败之后，英国才赢

---

[1] 拉迪亚德·吉卜林（Rudyard Kipling, 1865—1936），英国小说家、诗人，出生于印度孟买。——译者注

[2] 出自《圣经》中年幼的牧童大卫用石块击倒了高大勇武的士兵歌利亚的故事，是弱者取胜的典型案例。——译者注

[3] 荷兰人在南非的后裔，统称为布尔人。——译者注

得了这场交锋。当新加冕的英国国王爱德华七世（Edward VII）1903年首次访问巴黎时，他就听到了"布尔人万岁！"的呐喊与呼声，后来他才赢得了法国民心。

但是，这种反感并没有阻止法德两国加入英国和俄国组织的侵略，以共同惩罚"中国人对欧洲控制天朝所持的傲慢态度"。为了报复"义和团"组织针对"白人鬼子"的暴乱运动，北京城的大部分地区在一场可耻的"狂欢"中惨遭烧毁和洗劫，这场"狂欢"给骄傲的中华民族留下了深刻的创伤。当时，这似乎只是欧洲人无情走向世界霸权的一个例子。欧洲人的统治观认为，他们有权接管黄种人和黑种人，因为欧洲人是"最适合的"。尽管一些欧洲自由主义者与社会主义者对帝国主义统治的不人道做法表示抗议，但他们却没有质疑欧洲人的"使命"，即凭借其更高级的文明将其经济和社会制度强加给更落后的民族。

尽管如此，帝国主义在当时并不是欧洲实力的重要组成部分。由少数社会主义者提出、后来被列宁总结出的理论认为，"殖民地对资本主义经济至关重要，为高利润率的资本投资提供了必要的出路，因此不能受到批评"。总之，对欧洲国家来说，其殖民地或保护区的市场和投资既不广泛，也不是非常有利可图的。帝国主义助长了欧洲骄傲的资本，却未让欧洲保持经济增长，其更多是由政治家和军事领导者而非商人和资本家所推动。法国人在非洲获得了大片土地，在地图上看起来面积大得惊人，却基本上毫无利用价值。俄国人在1900年修建了世界上最长的西伯利亚大铁路，横贯欧亚两大洲，但这事关政府的声望，只是一个军事项目，并非投资者的梦想。

比利时人发现，非洲当地人没有职业道德，便惨绝人寰地虐待他们，以至于刚果成了国际丑闻集中地[①]。然而，强制性劳动除了在少数地区适用外，并没有带来巨大的利润。帝国主义阴暗面的暴露，强调了向"本地人"提供更多服务的必要性。尽管这一计划可能并不妥当，但欧洲在殖民地的收入（从利润、原材料的优惠价格及其他利益中获得）少得可怜，严重入不敷出。

---

[①] 1906年被英国记者曝光。

欧洲艺术家、诗人和哲学家比以往任何时候都更彻底地了解外来文化，并做出回应。在20世纪，日本和非洲的雕塑与绘画风格开始影响巴黎、慕尼黑等地的前卫艺术。自19世纪中叶以来，东方哲学一直没有在欧洲产生很大影响，但仍有一些追随者：保罗·高更[①]（Paul Gauguin）逃到太平洋诸岛，那里象征着一片某种未遭破坏的精神领域，可以让人从令人厌恶的物质主义和当时市侩与资产阶级遍布的欧洲中寻求解脱；1914年赫尔曼·黑塞[②]（Herman Hesse）创作的小说《艺术家的命运》（*Rosshalde*）中描写的印度引人入胜；约瑟夫·康拉德[③]（Joseph Conrad）在1914年前的小说《黑暗的心》（*Heart of Darkness*）、《吉姆爷》（*Lord Jim*）和《诺斯托罗莫》（*Nostromo*）中营造出的异国情调对读者来说很有吸引力；"欧洲使我厌烦"，安德烈·纪德[④]（André Gide）如是说；还有一些颇有才华而又被疏远的艺术家和知识分子对欧洲商业化的文化产生厌倦；安妮·贝赞特（Annie Besant）曾经是一位英国的理性主义者、社会主义者和女权主义者，这时她选择离开欧洲前往印度开始崭新的生活，后来成为神智学者和印度民族主义运动的创始人；孟加拉的智者罗宾德拉纳特·泰戈尔（Rabindranath Tagore）计划进行一次神圣的欧洲之旅；欧洲文学的领军人物列夫·托尔斯泰（Leo Tolstoy）晚年也深受印度神秘主义的影响。

但是，绝大多数欧洲人对自己获得的巨大成功沾沾自喜，除了偶尔的好奇之外，对文化并没有产生真正的兴趣。相比之下，非欧洲人不得不认真对待这些对他们施加如此大压力的欧洲人。他们可能会带着仇恨、愤怒和抵抗情绪做出反应，但他们也可能认为这种强大的力量值得效仿。土耳其的凯末

---

[①] 保罗·高更（Paul Gauguin，1848—1903），法国后印象派画家、雕塑家，代表作《我们从何处来？我们是谁？我们向何处去？》、《黄色基督》、《游魂》和《敬神节》等。——译者注

[②] 赫尔曼·黑塞（Herman Hesse，1877—1962），德国作家，代表作《荒原狼》、《东方之旅》和《玻璃球游戏》等。——译者注

[③] 约瑟夫·康拉德（Joseph Conrad，1857—1924），英国作家，代表作《吉姆爷》《黑暗的心》等。——译者注

[④] 安德烈·纪德（André Gide，1869—1951），法国作家，代表作《田园交响曲》《窄门》和《人间食粮》等。——译者注

尔·阿塔图尔克（Kemal Atatürk）曾说过，"抵抗西方文明的洪流是徒劳的，欧洲人穿越山脉，翱翔天空，勇于探索未知，从未停止脚步"，对此他感到惊叹，所以决心彻底改变自己的国家并使之向西方学习，尤其当时日本已是西化成功的典范。印度的贾瓦哈拉尔·尼赫鲁（Jawaharlal Nehru）认为，现代西方所拥有的正是印度所缺乏的，他希望给沉睡的印度注入一些新鲜活力。英国历史学家阿诺德·J.汤因比（Arnold J. Toynbee）称之为狂热分子和希律王对外国统治的反应（抵抗与适应），以及介于两者之间的所有细微差别，都可以在亚洲、非洲和拉丁美洲的帝国主义受害者的态度中找到。

即使是骄傲的中国人也承认，他们从那些被认为是"野蛮人"的人那里学到了坚船利炮的知识，至少必须要掌握西方技术。民主与自由、社会主义和民族主义的政治理念也渗透到了非西方国家，由在西方受过教育的年轻人所接受和传播。20世纪初，印度的莫罕达斯·甘地（Mohandas Gandhi）前往伦敦学习法律，中国的胡适在康奈尔大学和哥伦比亚大学吸收美国的政治与哲学思想，胡志明（Ho Chi Minh）离开他的家乡印度支那（旧称，法属印度支那殖民地，今越南）前往法国并在那里接触了马克思主义。像甘地和胡志明这些年轻人回到祖国以后，领导了以西方思想为名而反抗西方统治的运动。甘地的非暴力哲学既继承了印度传统宗教与伦理学说，又吸收了19世纪西方现代政治哲学和人道主义思想，如英国的约翰·罗斯金[①]（John Ruskin）和俄国的托尔斯泰。

1900年，欧洲大约有4亿人口，是1800年的两倍。如果算上俄罗斯东部的乌拉尔山脉，欧洲在1990年估计共有7亿左右的人口，占世界总人口的四分之一，而如今这一比例还不到八分之一（而且还在下降）。尽管在1880—1914年有3000多万人从欧洲移民，但其中绝大多数还是到了西半球。1890年，世界上人口最多的20个城市中有10个在欧洲，包括第一、第三、第四和第六大城市，如果算上君士坦丁堡，则为11个。到1983年，只有三个欧洲城

---

[①] 约翰·罗斯金（John Ruskin，1819—1900），英国作家、艺术家，代表作《建筑的七盏明灯》《建筑与绘画》等。——译者注

市进入前20名之列,而世界上8个最大的城市都在欧洲之外。伦敦曾在1900年成为世界上人口最多的城市,但现在显然已不在前10名之列。[1]维也纳和柏林过去是奥匈帝国和德意志帝国的首都,也都无法达到它们曾有的最高人口水平。

不仅人口如此,财富也是如此。1900年,世界上六成以上的工业制成品出自欧洲,仅英国、德国和法国这三个主要工业国家在世界总产量中所占的比重就达40%之多。由于这三个国家的人口加起来不到世界人口的10%,它们的经济生产力就是全球平均水平的4倍多。然而,欧洲的这种优势没有持续很久,强大的竞争对手出现了,尤其是美国和日本的崛起。1914—1918年发生的第一次世界大战使欧洲经济出现倒退,尽管欧洲的技术技能并没有终结,但再也没有像世纪之交(19世纪末20世纪初)时那样光芒四射了。

## 欧洲的分裂

人们在谈论欧洲时,可以用"西方文明"、"欧洲社会"和"欧洲"这样的词,但是俾斯麦[2](Bismarck)曾经这样说道——"欧洲在政治意义上其实是不存在的"(后来戴高乐也对此表示认同),而这显然是正确的,因为从未有过一个统治欧洲大陆的政府。与之相反的是,主权国家之间过去经常互相打仗,过不了多久又会爆发新的战争。然而,在1910年,由于自1871年以来就没有发生过欧洲层面上的战争,人们越发希望欧洲再也不会有战争了。但是,主权国家并没有将其权力让给任何超级大国的倾向。因此,很难说美国的欧洲运动在1914年以前就已经存在了,尽管当时已经存在一些国际主义,其中最重要的是社会主义国际工人协会[3]。

这一时期民族主义盛行,它存在于知识分子、普通人甚至社会主义者

---

[1] 由于不确定大都市地区的构成,因此很难确定确切的城市人口。

[2] 奥托·冯·俾斯麦(Otto von Bismarck,1815—1898),德意志帝国首任宰相(1871—1890),被后世称为"铁血宰相"。——译者注

[3] 即所谓第二国际(1889—1916)。

中。他们中的许多人认为，即使在国际工人阶级应该进行的社会革命之后，每个国家的特殊生活或文化也将继续下去。民族主义无处不在，可以偏左，可以偏右，也可以保持中立；在酒吧、教堂和富人的宫殿里都有它的身影。法国小说家兼政治家莫里斯·巴雷斯（Maurice Barrès）曾经这样说，"法国的真理不同于英国和德国的真理"。哲学家们肯定历史的主旨，即绝对精神或上帝在运动，把国家看作工具或容器。雕像是由日耳曼尼亚建造的；圣女贞德成了一个神圣的象征；许多对自身民族没有强烈民族认同感的民族第一次有了民族意识，复兴了古老的语言和传说，如爱尔兰和斯堪的纳维亚。

民族主义可以被看作是一种对群体从部落或地区转移到民族社区的本能依恋，这在一定程度上取决于这些民族社区看似已经取得的成功。19世纪，英国、法国和德国通过行动和宣传民族主义，使群众稳定地融入国家之中。但其他民族由于尚未实现民族独立，梦想着如果外国压迫者的统治被推翻，一切就都会好转起来。从爱尔兰到波兰，从加泰罗尼亚到芬兰，那些未被承认的民族群体无论是真实的还是想象的，都在他们的民族团结中找到了希望的灯塔。

几个世纪以来，新国家的诞生一直是缓慢的进程，1880—1914年是建国的顶峰时期。其中一个原因是科技通过交通和通信网络把更广阔的区域编织在一起，区域隔离迅速解体。城市化使人们离开他们长期居住的地方，地理和社会流动性不断增强，而古老的人们对家乡的忠诚受到破坏。到1900年，铁路、电报和电话等技术的出现使忠诚的范围变得更大，伏尔泰18世纪曾经说过的"世界上不可能有比爱自己的家、村庄、城市或省份更重要的事情"已经不合时宜。数以百万计的人拥护玛丽安①、约翰牛②或山姆大叔③，他们高唱《德意志高于一切》（Deutschland über alles）的赞歌，或者

---

① 玛丽安（Marianne），被认为是法国的象征，代表两种价值观：理性和自由。——译者注

② 约翰牛（John Bull），源于1727年由苏格兰作家约翰·阿布斯诺特出版的讽刺小说《约翰牛的历史》（The History of John Bull），现已成为"英国"的代名词。——译者注

③ 山姆大叔（Uncle Sam），缩写US恰好和美利坚合众国（United States）的缩写一样，现已成为"美国"的流行绰号。——译者注

呼吁上帝拯救国王。

民主化在这个建国过程中发挥了巨大的作用。到了1900年,大部分西欧国家已经通过由成年人普选产生的议会或类似的方式建立了政府体系,而其他国家被认为也在朝着这个方向前进。尽管这些民主制度存在严重的缺陷,但提供了政府和人民之间的联系,帮助群众融入国家社会。或许,更有效的方法是提高下层阶级的经济地位,让他们中的大多数人在社会中拥有一定的股份,不管这种股份有多少。差不多就是这个时期,在英国首相本杰明·迪斯雷利(Benjamin Disraeli)书写英国的两个"民族"——富人和穷人——的同时,卡尔·马克思和弗里德里希·恩格斯(Friedrich Engels)将阶级斗争视为现代史的关键。但是,阶级冲突在现实生活中所起的作用,远不如在对现状不满的知识分子的思想中所起的作用大。

当然,民族主义的一个重要组成部分是在这种语言中成长起来的文字和文学。也许民族文化的真正缔造者应该是歌德和席勒[1]、狄更斯和丁尼生[2]、缪塞和雨果[3]、普希金和莱蒙托夫[4],他们都是19世纪深受人们爱戴的诗人和作家。然而,作为民族主义的定义者,仅仅靠语言就足够了。瑞士成为一个有三种主要语言(德语、法语、意大利语)的国家,比利时有两种官方语言(法语、荷兰语),尽管这些都是反常的案例。虽然西班牙和葡萄牙在语言上基本相似,两国的地理位置也相毗邻,但这并没有将葡萄牙和西班牙统一起来;语言没有防止意大利出现严重的南北紧张局势,也没有缓解奥地利与德国的分离。

在许多地方,欧洲国家的边界与种族分裂并不一致。民族主义本身有时退化为狭隘的不容忍的沙文主义或仇外心理,以及民族和政治单位未能协调一致,这都是欧洲的危险力量——威胁着冲突和战争。1871年德国吞并阿尔萨斯-洛林(Alsace-Lorraine)后,一些法国狂热主义者仍保留着对失地

---

[1] 歌德和席勒,德国著名作家的代表。——译者注
[2] 狄更斯和丁尼生,英国著名作家、诗人的代表。——译者注
[3] 缪塞和雨果,法国著名作家的代表。——译者注
[4] 普希金和莱蒙托夫,俄国著名作家、诗人的代表。——译者注

省份的不满和赎罪要求；1900年左右就存在着一整套关于"阿尔萨斯受难"（suffering Alsace）的文献①；意大利人一直梦想夺回被奥匈帝国分割的土地。在许多反对国家独立的运动中，最"明目张胆"的是波兰。自1795年以来，除了拿破仑时代的短暂间隔外，波兰一直被俄国、普鲁士和奥匈帝国三国瓜分。1830年，波兰人民在一次自发的重大起义中反抗俄国统治；1863年爆发的一次运动也失败了，规模较小但意义重大。此后，波兰官方受到俄国的影响越来越大，被迫在学校和政府中使用俄语。然而，波兰人的民族认同和自豪感依然顽强地存在着。

欧洲主权国家在民族主义兴起之前的几个世纪就已经形成，它们不是通过征求人民的意愿或确定他们的语言和文化而形成的。它们形成的决定性政治原则是半封建和反国家主义的君主制，或者说是对君主的忠诚。国家的边界是由战争和外交决定的，而不是全民投票决定的。直到1815年，在法国大革命时期的战争之后，和平缔造者至少部分地采用了传统的执政合法性原则（祖传权利）来划定国家边界：他们故意把意大利人置于奥地利的统治之下，把波兰人置于俄国的统治之下；他们使德国保持分裂状态，把讲法语和德语的人放在低地国家②的政府管辖之下。

19世纪，民主的民族主义的兴起推动了这些安排的变化，成为和平的主要障碍。1848年的革命在很大程度上是民族主义的，意大利人反抗奥地利统治寻求民族团结，匈牙利也是如此，而德国人则笨拙地寻求统一以成为一个联邦共和国。在俾斯麦的指导下，普鲁士以与奥地利（1867年）和法国（1870—1871年）的短期战争为代价，成功联合了许多德意志小邦，建立了一个更大的德意志帝国。从1878年到1914年第一次世界大战开始，奥斯曼帝国或奥匈帝国（又名双元帝国、二元帝国，1867年之后）臣民之间对民族主义的不满导致了间歇性危机的爆发。

---

① 关于"阿尔萨斯受难"，这基本上是错误的，事实上德国的统治并没有对阿尔萨斯和洛林的居民造成迫害。

② 低地国家，即荷兰、比利时、卢森堡三国的统称。

欧洲各国在政治体制、社会结构和经济水平上虽然有很大的不同，但促成了基本的统一，尽管这种统一并不牢固。其中，一个共同的文化因素是名义上信奉基督教，尽管俄罗斯信奉东正教而不是拉丁语教会，在东欧也有许多犹太人及少数穆斯林。西方基督教本身早就被天主教徒和各种新教徒所分裂，欧洲最具民族主义色彩的德国由天主教徒和新教徒组成。所有的欧洲精英都继承了古代丰富的希腊和拉丁文明，除了芬兰人、匈牙利人和巴斯克人之外，几乎所有欧洲人的语言都有印欧语系的结构。然而，这并不妨碍他们的语言差异极大，彼此无法理解。在众多复杂的欧洲文化关系中，拉丁族群（意大利、法国、西班牙、葡萄牙和罗马尼亚）与日耳曼族群（英国、斯堪的纳维亚国家、德国和荷兰）和东欧斯拉夫人之间的团结是最为复杂的。然而，这种语言和文化的联系绝不能确保该集团内的各个国家友好相处。英国剧作家萧伯纳（George Bernard Shaw）曾说道，"英国和美国是被同一种语言分开的两个国家；意大利和法国、俄国和波兰可能会发生激烈争吵"。就连同为斯堪的纳维亚国家①的瑞典、挪威和丹麦，在尝试统一以后也分道扬镳了。

欧洲国家之间产生差别和距离的主要依据无疑是权力。五个重要的超级大国是俄国、德国、奥匈帝国、法国和英国，英国当时包括了整个爱尔兰以及英格兰、威尔士和苏格兰。较小的国家包括伊比利亚半岛上的西班牙和葡萄牙，低地国家荷兰、比利时和卢森堡，还有斯堪的纳维亚国家的丹麦、瑞典和挪威（后两者的联盟于1905年和平解散）。在东欧，当时独立的国家比现在还少，主要是因为多民族的奥匈帝国。保加利亚、罗马尼亚、希腊、塞尔维亚和姐妹国家黑山一起，连同奥斯曼帝国在欧洲的残余，都曾经存在过。但是，捷克斯洛伐克当时是奥匈帝国的一部分，芬兰属于俄罗斯帝国；意大利是一个中等强国，或者说几乎可以算得上一个强国；瑞士是典型的中立国；剩下的只有列支敦士登、摩纳哥和安道尔这些小国家，主要是赌徒和

---

① 斯堪的纳维亚国家，指地处斯堪的纳维亚半岛的北欧五国，即丹麦、瑞典、芬兰、挪威和冰岛。——译者注

集邮者对这些国家感兴趣。

在欧洲列强中，只有法国没有国王，几乎所有小国都有国王。如果我们认为1914年前夕的欧洲处于过去和未来之间的平衡状态，那么有五百年历史的哈布斯堡（Hapsburg）王朝以奥地利和匈牙利皇帝的形式存在，就是与中世纪乃至罗马帝国的一个活生生的联系。罗曼诺夫（Romanov）家族自1613年起就坐在俄罗斯帝国的皇位上；霍亨索伦（Hohenzollern）家族从16世纪开始统治普鲁士，尽管他们在1871年才坐上德意志帝国的皇位。没有哪个君主比英国的维多利亚女王更受欢迎，直到她1901年去世之前，维多利亚女王都是一个时代的象征；她的儿子和继承人爱德华七世也很受欢迎。但是，这些皇室人士中很少有人再拥有令人敬畏的权力。英国国王实际上成为一个仪式般的王权象征，只有俄国沙皇声称自己无所不能。

欧洲各国政府在其他国家的首都有大使代表，通过缔结条约或签订其他正式协定来处理各国之间的关系，而这些条约或协议的价值仅在其荣誉和利益允许的范围内。长期以来，人们认为防止任何一个国家变得过于强大从而威胁到其他国家的独立是至关重要的，因此外交艺术的主要形式目标是维持权力的平衡。在欧洲关系史上，有大量证据表明，权力压倒了语言或文化的相似性、宗教或任何其他意识形态上的亲和力。最近的一次意外发生在1894年，当时民主的法国和专制的俄国虽然在政治观点上是两极对立的，但由于二者均对强大的德意志帝国产生普遍的不信任，于是二者结成了军事联盟。就这样，相当不稳定的法俄组合面对的是一个由德意志帝国和奥匈帝国组成的中欧国家集团。欧洲外交官有时会这样形容当时的情形：在一场五人游戏中，目标是排成三队；但英国更愿意靠边站在一旁，注意和维护游戏成员之间的平衡，实行"绝妙的孤立"，除非发生了紧急情况。正如20世纪所显示的那样，这种平衡是不稳定的；帝国主义的竞争、小国间民族主义的不满，以及大国内部的不安全感都是导致不稳定的因素。

尽管欧洲有着令人嫉妒的民族主义主权国家，但在某种程度上欧洲还是一个单一的社会，这不仅是由于它的商品流通，还因为它的思想也在自由地跨越国界。在1914年以前的时间里，占主导地位的经济意识形态强调自由贸易和以黄金为单位的货币交换，这实际上提供了单一的国际货币、国际专利和版权、各国之间的邮件递送、运河和铁路，以及更大更快的远洋船只和改进后的港口，它们把欧洲各国连接在一起，拉近了欧洲与世界其他国家的距离。在这一阶段，听到关于全球经济的谈论是很常见的。战争被认为是过时的事情，因为各国在经济上是如此相互依存，以至于任何国家都不可能从战争中获利，只会破坏商业秩序和扰乱投资。各国之间的跨国旅行和贸易壁垒远比20世纪晚些时候要弱得多，各国之间的出入境旅行都不需要使用护照。

欧洲经济增长的一个指标是国际贸易的增长。1880—1914年，这一贸易额翻了一番多，欧洲在全球贸易中占据了最大份额。在欧洲的贸易中，最大份额来自欧洲内部各国之间，而非在欧洲与其他大洲之间。尽管19世纪后期出现了某种保护主义的趋势，但1900年的关税还是相对较低。

## 经济的发展与问题

19世纪末的欧洲，在很大程度上说是一个神话般的成功故事。欧洲用自身发展的事实驳斥了长期以来的信念，即人口必须总是接近可用资源的极限，从而防止生活水平的任何明显提高，因为尽管19世纪人口大幅增加，财富却同时增长得更快，至少在更先进的工业社会应是这样。因此，在1750—1900年，英国人口增长了6倍，但国民收入增长了15倍。在19世纪的最后二十五年里，英国的实际工资增长了40%，德国增长了近25%。

这是一个技术快速发展的经典时期，奠定了现代工业社会的基础。这是一个钢铁、铁路、电力和化工的时代。欧洲的铁路网基本形成于1870—1900年；德国的钢产量从1880年的约150万吨飙升至1900年的近750万吨。对技术进步的叙述，几乎数不胜数。第一辆由内燃机驱动的汽车可以追溯到19世纪80年代末期。海因里希·赫兹（Heinrich Hertz）在1885年发现了无线电波，这意味着电的时代以电灯、电车和电影（1889年）的形式到来。大规模的电力生产已经开始，1869年开采的第一批油井标志着石油时代的开启。1879年，爱迪生用电点亮了世界上的第一盏电灯。到1900年，柏林已经有了高架电气化铁路。1881年，法国医生路易斯·巴斯德（Louis Pasteur）开辟了微生物领域，紧接着科赫-巴斯德（Koch-Pasteur，指德国的科赫和法国的巴斯德）的细菌疾病理论诞生了。1903年，美国莱特兄弟（Wright brothers）驾驶着自己设计制造的飞机进行了一次划时代的飞行，他们的灵感来自对德国早期尝试的解读。德国工业化学在染料方面创造了一系列奇迹：威廉·伦琴（Wilhelm Röntgen）发现了X射线。波兰裔法国籍化学家玛丽·居里（Marie Curie）和她的丈夫皮埃尔·居里（Pierre Curie）一起发现了放射性元素，并在1903年第一次获得了诺贝尔奖。①

1885年，汽车发明人戈特弗里德·戴姆勒（Gottfried Daimler）和他的儿子坐在第一辆"无马驾驶的马车"中。（费城图书馆）

---

① 居里夫人于1911年第二次获得诺贝尔（化学）奖。

1903年，莱特兄弟与其发明的第一架飞机。（史密森学会）

到1901年，无线电已经变成一种现实。1901年12月12日，伽利尔摩·马可尼（Guglielmo Marconi）从英国向加拿大的纽芬兰发送了第一个长距离无线电信号。到1912年，无线电已经发展到相当先进的地步，足以在英国政府中创造出授予合同的渠道。即使是后来的奇迹，如电视、原子能和太空旅行，在当时也是科幻小说作家熟悉的理论可能性。目前，人们更感兴趣的是连接欧洲和亚洲的跨西伯利亚铁路即将完工。1869年，苏伊士运河竣工通航；1903年，美国人修建了巴拿马运河。许多其他的海事活动在进行中，有连接波罗的海和大西洋的基尔运河、曼彻斯特运河，以及伟大的鹿特丹水道和港口的改进。

以上所述，只是才刚刚开始讲述欧洲新兴技术社会的故事。总的来说，人们对技术时代的到来感到高兴，这对19世纪欧洲思想的乐观主义负有更大的责任。随着这场工业革命的到来，出现了严重的混乱和社会问题，并总是在缓和这种乐观情绪。然而，1888年美国著名编辑E. L.戈德金（E. L. Godkin）说的话很有代表性，"英国没有穷人，穷人并不知道自己的境况比起他的祖父来要好得多……"。对科技奇迹的赞美和惊奇之歌不仅来自学者和作家，普通市民也是如此。例如，美国著名诗人沃尔特·惠特曼（Walt

大都市的前机动化时代：1880年左右的伦敦摄政街。（巴茨福德公司）

Whitman）充分意识到严重的缺陷和可怕的不公正，尽管如此他却还是在赞扬"美丽的新世界，超凡的脱胎换骨，如一朵无边无际的金色云彩冉冉升起……"。欧洲是这场巨大革命的源头，它比历史上任何东西都更彻底地改变了地球的面貌。

然而，随着20世纪拉开序幕，人们有一种强烈的感觉，即19世纪对自然控制力的惊人增长，有些人甚至估计增长了100倍，显然远远超过了所有以前的世纪，但并没有带来人类幸福的相应增长。英国评论家阿尔弗雷德·R.华莱士（Alfred R. Wallace）曾断言："在我们伟大的城市和乡村，大量的人遭受着无尽的苦难。"正如美国经济学家亨利·乔治（Henry George）所说的那样，"犯罪率在上升，显然精神错乱的人也在增加；贫困伴随着社会进步而矛盾地增长"。① 这是西方世界工业化程度最高的地区的现状。当然，不满

---

① 出自亨利·乔治（Henry George）《进步与贫困》（*Progress and Poverty*）一书。——译者注

情绪也正在滋长。反思一下，这并不奇怪：当人们没有意识到变化的可能性时，他们满足于极度的贫困；但是一旦他们开始看到改进的可能性，他们很快就产生了远远超过满足自己能力的需求。

1900年前后，人们对传统的经济安排和答案普遍缺乏耐心。社会主义者断言，"生产不是为了满足生产者（工人）的需求，而只是为了给资本主义雇主创造财富"；他们还断言，"那些满足于将经济秩序的运作交给个人竞争的自然过程的政府，现在必须采取明智的行动来指导生产和分配的过程"。从1900年工党诞生的英国，到1899—1900年工人在主要城市罢工和示威的俄国，再到1902年阴影笼罩下的农民起义和1905年的革命，社会抗议以这样或那样的形式爆发——在西方以合法的形式，在东方以暴力的形式。19世纪80年代末，德国鲁尔工业区煤矿和伦敦码头的罢工开启了这一动荡时期。

无论贫穷的定义是什么，财富的不平等是毋庸置疑的。1909年，英国作家阿诺德·贝内特（Arnold Bennett）认为，从其他人群中脱颖而出的"富人"只占四十分之一，那一年只有37.5万人缴纳了新的所得税（尚在抗议！）。在这个拥有最大中产阶级的国家，这个阶层的比例无论如何都达不到25%：一位当代英国调查人员估计这个比例约为23%，他算上了蓝领阶层以上的所有人，其中显然包括许多收入不高的文职工作人员。统计数据显示，1913年有10%的人口在英国拥有92%的个人财富；社会调查人员西博姆·朗特里（Seebohm Rowntree）在1901年出版的一份著名的贫困研究报告中计算得出，近30%的人生活在可容忍的生存标准之下。欧洲所有国家，甚至是政治形式最民主的国家，都存在着极端的富裕和贫穷，以及相应的文化声望和文化威望的缺失。

在欧洲现代化水平较低的地区，社会鸿沟更大。在东欧地区，广大的、无知的、贫困的民众与富有的、自豪的统治精英产生对抗；在意大利南部和伊比利亚半岛上也是如此。1908年，葡萄牙国王卡洛斯一世（Carlos I）遇刺身亡就是一个极度两极分化的典型案例，由教会和军队支持的贵族与各种革命社会主义者和无政府主义者之间随后发生了动乱。更为重要的是1905年爆发的俄国革命，当时工业主义（工业资本主义）才刚刚开始起步，对现状的最大威胁来自不满的农民阶层。这场革命在俄国与日本交战战败之后发生，断断续续地进行，缺乏周密的安排，慢慢就偃旗息鼓了。沙皇的土地上没有留下任何重大的变化，但留下了"自由之日"的记忆。革命的城市工人成立了苏维埃，而这一术语注定在未来产生重要意义。但1905年的革命唯一产生的实际结果是，成立了一个由选举产生的权力极其有限的国民议会，而这在俄国历史上是第一次。

抗议活动往往是针对卡尔·马克思等人曾称之为"资本主义"（capitalism）的经济与社会秩序，英国著名历史法学家亨利·梅因（Henry Maine）曾将其描述为基于"契约"（contract）而非"地位"（status），19世纪的自由经济学家曾从"自由市场"或"自由企业"的角度对此进行过讨论。对此，人们持不同的看法。那些赞赏它（资本主义）的人指出，市场上商品和服务的自由交换既公正又有效，可以在激励效率的同时惩罚无能者，奖励那些以最便宜的价格生产出最好产品的人，并吸引资本投资到需要的领域。这一切都是通过自然过程实现的，而另一种选择是一些可怕的官僚机构做出的武断决定。他们认为，市场经济的结果是合理的，因为它带来了巨额财富的增长，使19世纪与其他时期相比变得有所不同。

那些谴责它（资本主义）的人有时会从审美的角度对这种争抢机会的制度提出异议，这种制度给一切都"明码标价"，并通过英国著名历史学家托马斯·卡莱尔（Thomas Carlyle）所谓"现金联结"（cash nexus）的冷酷联系把人们联系在一起。更多的时候，他们大声疾呼反对它的不公正。在市场上，穷人和富人并不平等。竞争秩序不是真正的竞争，因为垄断仍然存在。最重要的是，将那些在激烈的竞争中失败的人斥之为应该遭受贫困、羞辱甚至灭绝的人是残酷的。这一制度的结果是不合理的，因为只有少数人富了起来，却让许多人陷入了极度贫困之中。此外，周期性的萧条或恐慌已经严重损害了经济增长。从起源上看，这种国际范围内经济周期的严重衰退发生在19世纪70年代中期、19世纪80年代中期以及1893—1896年。在1914年之前的这段时间里，经济上一直没有出现大问题，但是失业或破产的恐惧一直困扰着人们，而英国、德国和美国的农业结构性危机加剧了这种周期性萧条。

在经济辩论中，有几种社会主义者或无政府主义者反对自由企业社会的自由派或保守派捍卫者。这场辩论，从20世纪初就开始了。法国大革命后不久，社会主义先驱与自由主义意识形态几乎同时出现。一场古老而复杂的争论有时会演变成激烈的意识形态斗争，并在世纪之交（19世纪末20世纪初）达到高潮，但社会主义者同意资本家关于技术发明所释放出的巨大财富潜力的观点。技术的发展给大城市带去了光和电，使机器生产货物的速度远远快于人类的劳动，并将货物快速廉价地运输到距离很远的地方。这就产生了一种感觉，在历史上人们第一次可以掌控自己所处的环境，并为自己塑造一个美好的生活。但是，它也带来了远比过去面临的更令人困惑的复杂问题。

尽管社会主义者的言论主要来自知识精英而不是工人，但欧洲大部分地区在20世纪却并没有爆发革命。一方面，现代化的不满情绪还没有深入人心，社会仍然主要由传统价值观支配。在一个典型的德国小城里，人们一般都安于自己的生活现状或指定的社会地位，而且愿意跟随父辈学习手艺，以此维护生活的安全感；过剩的年轻一辈，如果不离开乡村去大城市打拼，就很可能会移民到美国或巴西。简言之，德国的社会流动性相对较低。另一方面，西欧的城市工人阶级已经从卡尔·马克思和英国宪章运动者在19世纪40年代饥饿时期感受到的革命情绪中退缩了，他们在物质上生活得更好，在主张上也更加谨慎。

"工联主义"（Trade Unionism，又称"工会主义"）是当时的口号，这是一场实践性的运动，它不是质疑资本主义现有的体制结构，而是寻求更大份额的劳动收益。从1900年到1913年，英国的工会会员从200万人增加到400万人，德国从100万人增加到300万人，法国从50万人增加到100万人。在法国，大型工业工厂当时还并不常见。

1907年，德国95%的制造厂和法国98%的制造厂雇佣的工人不足10人。在英国，一种独特的工人阶级文化正在工业城市中兴起。与酒吧、音乐厅和足球比赛相比，红色的旗帜和革命的呐喊声更少。足球由大众运动发展成为一项职业运动始于19世纪80年代；1910年，有10万人观看了一场足球杯赛。如果说足球是一种"无产阶级鸦片"的话，似乎是有道理的。但事实是，工人阶级的实际工资水平越来越低。

## 城市化时代的欧洲社会

1889年，一位研究城市化的英国学生宣称，"人口集中在大城市"是刚刚结束的19世纪"最为显著的社会现象"。20世纪延续并扩展了这一趋势，但正如许多存在的其他问题一样，19世纪开创了20世纪进行的变革。在1801—1891年，在英国超过2万人的城市中，人口比例从17%增长到了54%，由于总人口增加了两倍多，这意味着城市人口的绝对数量增加了10倍。同期，居住在人口10万人以上城市的人口比例从10%上升到了32%，而这一类城市的数量从1个（伦敦）上升到了16个。就整个欧洲而言，这一数字接近20%。

总的来说，英国是当时欧洲主要国家中城市化程度最高的，德国的某些地区城市化程度也非常高。在1871年，只有不到5%的人口居住在德国人口超过10万人的城市中。1871年后，德国工业化的迅猛发展使这一数字达到了21%，这一趋势在工业化程度很高的莱茵河区域和萨克森州尤为明显，这些地区的总人口和城市人口都大幅增长。1830年，德国只有两个城市人口超过10万人；到1910年，人口超过10万人的城市不少于48个，其中两个超过100万人，而柏林已经发展到400万人。德国总人口从1850年的3500万人增加到1914年的6500万人，其中三分之二在人口超过10万人的城市。因此，在大约两代人的时间里，超过1800年德国人口总数的人口定居在规模空前的大城市。

尽管法国在重工业方面落后，但到1914年有15个法国城市的人口超过10万人；和德国一样，大约五分之一的法国人生活在这些城市之中。在南欧和东欧国家，城市化浪潮还没有完全爆发。尽管有罗马、圣彼得堡、华沙和布达佩斯等这样的首都大城市存在，但大型二级城市的数量尚未增加。直到1920年，56%的西班牙人、82%的保加利亚人和85%的俄国人生活在农村地区，而英国的农村人口比例还不到10%。

19世纪解决了伴随城市化而来的大量问题。在19世纪40—50年代，城市化达到了鼎盛时期，斑疹伤寒、霍乱和伤寒等多种疾病威胁着城市的生存。我们可能已经习惯于把"城市危机"看作一种新的现象，但我们应该认识到，对于爱德华时代的人来说，危机来得更早了一些。到19世纪末，危机已经被克服，特别是公共卫生和健康领域的危机，传染病的死亡率下降了，街道状况和交通设施改善了（伦敦已经建了地下铁路系统），即使还有很多问题要解决，但肮脏、拥挤、犯罪、酗酒和普遍的人类堕落等最恶劣的状况不再那么普遍了。伦敦设计了一种新的地方政府形式，即伦敦郡议会（London County Council），以处理整个市区的事务。

从19世纪60年代开始，巴黎就开始了大规模的城市"整容"进程，以拆除一些狭窄的旧街道为代价，用林荫大道和广场去美化这座宏伟的古城。柏林是德国的骄傲，而维也纳可以说是当时世界上文明程度最高的城市。1900年，当时奥匈帝国的城市布达佩斯是欧洲发展最快的城市，但这一事实却常常被遗忘。1896年，欧洲第一条地下电气化铁路在布达佩斯开通。从某些方面来说，这迎来了欧洲大城市的伟大时代，表明它们已经度过了最初的危机，但还没有完全进入新的危机。另一个在19世纪末和20世纪初经历了戏剧性增长的大城市是基辅，乌克兰人、俄罗斯人、犹太人和波兰人在那里混居，偶尔会引发反犹暴力和革命。

大约在世纪之交（19世纪末20世纪初），欧洲许多重要的文学和思想都以某种方式反映了这些大城市的存在。小说更可能是以城市为背景，而不再以农村或小城镇为背景。当然，这其中也有例外，因为早在1901—1910年格鲁吉亚诗人就在文学和思想上将城市排斥在外，他们寻求古老英格兰的简单化特性，而艺术和手工艺运动则寻求回到工业化前的工艺。法国颇有影响力的小说家莫里斯·巴雷斯详细论述了人类从土地上被连根拔起后的"精神错乱"；德国著名社会学家格奥尔格·齐美尔（Georg Simmel）指出，与农村居民相比，城市居民有不同的心理过程、不同的价值观和不同的生活方式。

事实上，可以说社会学的地位之所以在这个时候上升，主要是因为以城市化为核心的剧烈社会变革的影响。法国社会学家埃米尔·杜尔海姆[①]（Emile Durkheim，又译为涂尔干）用"社会失范"（anomie）一词来形容那些与稳固的社会结构失去联系，因而感到困惑和需要价值的人的状况。城市使人们摆脱

---

[①] 埃米尔·杜尔海姆（Emile Durkheim），又译为涂尔干、迪尔海姆。——译者注

了紧密联系的传统社区控制，使他们得以自由。然而，有时这种自由是危险的。德国社会学家斐迪南·滕尼斯（Friedrich Tönnies）将传统农村社会中紧密联系、面对面又强烈专制的"传统社会"（Gemeinschaft）和城市的"现代社会"（Gesellschaft）区分开来，后者具有广阔、客观和官僚统治的特点。从一个环境跳到另一个环境，就像这一代人中的许多人那样——尤其是在迅速工业化的德国——经历了文化冲击。格奥尔格·齐美尔说，"现代生活中最深层的问题，源于个人在面对势不可当的社会力量时要求保持其存在的自主性和个性"。

在城市、工厂和大众社会的新环境中，人性本身似乎就在发生变化。在交流新技术的影响下，文化进一步发生了变化。1900年，无线电还不是一种文化因素，但电影开始成为一种文化因素。电影的发明可以追溯到1889年，爱迪生、法国的卢米埃尔（Lumiere）兄弟和勒·普林斯（Le Prince）在利兹与他们的英国合作者一起工作。这几位英国合作者1890年9月在从第戎到巴

1910年，伦敦英格兰银行。（美国国会图书馆）

黎的火车上神秘地失踪了,很可能是被谋杀了——这就是世界上第一部电影之谜吗?① 但直到六七年以后,电影才步入商业化。在那之后的几年里,比约斯和阿波罗出现在城市的街道上;有很多关于1901年维多利亚女王葬礼的好电影。当时,廉价报纸已经存在了好些年,而1900年有比现在更多的报纸可供选择,敏感的人们总是抱怨报纸的定价和粗俗的内容。当然,汽车也开始大规模生产和商业化,到1910年汽车已经因污染环境、危害生命和制造不可容忍的噪声而引起了人们的抱怨。

职业体育运动的到来标志着一个转变,从逗熊②、斗鸡和公开处刑(最后一次发生在1865年的英国)转变为公共娱乐,生活变得不那么原始和残酷了。约翰·斯图尔特·穆勒③(John Stuart Mill)将此归因于"除了高度文明之外,任何其他文明都无法实现的机械装置般的完美",从而避免了痛苦和死亡。牲畜和罪犯现在被有效地驱逐出公众的视线,外科医生、屠夫和刽子手关起门来从事他们的专门行业。尽管如此,查尔斯·布斯(Charles Booth)在1895年将城市里最低阶层的生活状况描述为"几乎是野蛮的",并且仍然以暴力为特征,但这一说法是站不住脚的。

城市氛围加速了变化的进程,孕育出了一种不安的精神。1905年1月9日,10多万名工人在圣彼得堡受一个名叫格奥尔基·加邦(Georgi Gapon)的牧师鼓动,上街游行并聚集在冬宫前向沙皇请愿。军队向游行的工人开火并引发了1905年的革命,这场革命涉及城市的工人和学生,后来蔓延到村庄。同年11月29日,约25万名工人在维也纳街头游行,呼吁普选。维也纳这座城市是戏剧表演和激动人心的地方。萧伯纳曾经在书中写道,"从乡村的街道到火车站是跨越五个世纪的一次飞跃,是从大自然对人类残暴麻木的暴政到人类对

---

① 参见克里斯托弗·罗伦斯《丢失的胶片:失踪的电影发明家不为人知的故事》(*The Missing Reel: The Untold Story of the Lost Inventor of Moving Pictures*,1990年)。

② 逗熊,16世纪英国流行的娱乐方式,也是亨利八世(Henry Ⅷ)最爱的游戏之一。——译者注

③ 约翰·斯图尔特·穆勒(John Stuart Mill,1806—1873),英国著名哲学家、心理学家和经济学家。——译者注

自然有组织的统治的秩序与清醒",呼应了马克思对"乡村白痴"打的一巴掌。对乡村的怀念越来越少了,也许是因为人们越来越接近现实了,就如萧伯纳知道的——野蛮的、恶臭的、艰苦的、肮脏的。作为20世纪艺术革命的领军人物,未来主义者们在"为工作、为快乐、为暴乱而兴奋的人群的壮观场面中欢欣鼓舞……现代首都五彩缤纷的复调革命浪潮"[①](摘自他们1909年的章程)。如果幸运的话,人们可以在这里观看戏剧或歌剧、观看俄罗斯芭蕾舞或看电影,还可以在这里参加社会主义集会、政治会议或工会野餐。

也许更令人兴奋的城市现代主义是女权主义者的反抗,并在1910年左右达到了高峰。伦敦的群众集会吸引了25万名妇女参加,100多人在议会门前的一次示威中被捕。妇女拒绝纳税、打碎窗户、撕碎照片、身卧铁轨之上、在马下自尽,即使在狱中也坚持绝食抗争,相约不守监狱规则。英国女权运动的激进阶段始于1905年,绝食抗议始于1908年。英国政府的内政大臣认为,女权运动的"狂热"助长了暴力,这些妇女"在为她们认为是妇女的事业而战时,就像苏丹人与马赫迪人战斗时一样不再害怕死亡"。这些狂热的"烈士"主要是来自中上阶层的妇女。"猫鼠法案"(Cat and Mouse Act)允许当局在她们进行监狱绝食时对之释放,并在其康复后重新逮捕她们。

四面楚歌的英国女性不仅要求争取选举权,还讨论从试婚到家务报酬的一切问题,因为她们反对维多利亚时代根深蒂固的偏见。与之相比,法国的女权运动要弱得多,一份名为《女性问题》(*Frauenfrage*)的杂志则开始在德国广为流传。但是,英国的女权运动最为轰轰烈烈。就在第一次世界大战前,整个欧洲的解放女性运动都宣称她们在光荣的职业中与男性平等,她们已经可以夸口说——有一位诺贝尔科学奖获得者加入了一场激动人心的物理和化学革命的少数人的先锋队,那就是在波兰出生的法国女性玛丽·居里。

美国历史学家亨利·亚当斯(Henry Adams)对此很有见解,并提出:大约在1900年,人类进入了一个新的历史阶段,这一变化可以与1400—1700年发生的科学革命相媲美。英国女作家弗吉尼亚·伍尔芙(Virginia Woolf)曾

---

① 摘自《未来主义章程和宣言》(*Fondazione e Manifesto del Futurismo*,1909年)。

有这样一句名言,"1910年,人的性格发生了变化"。所有的意识似乎都在改变,一种新的艺术、新的文学、新的哲学出现了,基本的人际关系正在发生革命,但这并不完全是因为西方社会已经习惯了城市之光和城市之声,而是因为这是西方社会的一部分。在整个19世纪里,变革的步伐一直在加快;现在,已经达到了如此之快的速度,以至于连续性的意识正在丧失。在20世纪的许多宣言中宣布的新艺术,将自己标榜为未来主义者、表现主义者、抽象主义者、立体主义者、漩涡主义者和至上主义者等,一同出现的还有其他十几种名字;新兴的流派摒弃了传统的绘画、雕塑、音乐和诗歌的方式,取而代之的是惊人的新奇感。

传统主义者努力适应这个现代化的世界。1891年,新即位的罗马天主教教皇利奥十三世(Leo XIII)颁布了著名的教皇通谕《新事物》(*De Rerum Novarum*),抨击了资本主义的贪婪和唯物质主义,要求按照基督教的规则对经济生活进行根本性的重组,这一对新社会伦理道德的呼吁引起了广泛讨论,激发了基督教社会主义的复兴。19世纪90年代,奥地利和德国出现了基督教社会团体,天主教工会在法国、德国和意大利成立,个别资本家(如列昂·霍梅尔[Leon Hormel])开始尝试"基督教工厂"(Christian factory)的实验。

法国前卫派作家夏尔·佩吉(Charles Peguy)同样可以被称为一个基督教社会主义者。20世纪末,基督教社会主义在英国也有了重大的复兴。著名的爱德华时期文学家G. K. 切斯特顿[1](G. K. Chesterton)和他的朋友希莱尔·贝洛克[2](Hilaire Belloc)组成了一个充满活力的党派,这两人都是罗马天主教徒,但属于传统上对教皇派持怀疑态度的群体,他们宣扬一种基督教社会主义或无政府主义,他们的智慧为他们赢得了听众。

在法国文人甚至一些英国文人中,出现了天主教复兴的思想。乔治·桑

---

[1] G. K. 切斯特顿(G. K. Chesterton, 1874—1936),英国小说家、评论家、诗人、新闻记者、随笔作家、传记作家、剧作家和插画家,是一个令人惊叹的全才,代表作《雷邦多》和《布朗神父》系列。——译者注

[2] 希莱尔·贝洛克(Hilaire Belloc, 1870—1953),英国作家、历史学家、演说家和政治活动家,曾任牛津联合会主席,后来成为萨尔福德的议员。——译者注

塔亚纳①（George Santayana）被罗马天主教信仰的"辉煌错误"所吸引，表明了这些思想的特殊复杂性。因此，宗教精神是广泛的，但教义之风多种多样而令人困惑。J. N. 菲吉斯②（J. N. Figgis）在《十字路口的文明》(*Civilization at the Crossroads*)中写道，他对尼采、柏格森、詹姆斯、托尔斯泰、罗素等各种声音的杂糅表示沮丧，这些声音宣扬无神论、怀疑主义、直觉主义、生命力、"相信的意志"和权力意志。在这里，对信仰的需求、旧教会的破产、宗教信仰的心理根源都得到了体现。几十年来，四面楚歌的罗马教会因"现代主义"问题而分裂。它应该接受所谓对《圣经》的历史考证吗？教皇利奥十三世的继任者却不这么认为，他认为这样就回到了教皇庇护九世（Pius IX）的保守主义。

## 欧洲民主政治

大约从1880年开始，欧洲政治思想的某些复杂潮流显示出人们对大众选民和代议制政府形式的民主严重失望的迹象。许多人认为，这不过是把权力从一个精英阶层转移到另一个也不太理想的统治阶级。一些社会主义者认为，这是资产阶级的骗局。尽管如此，人们越来越觉得，民主化是不可抗拒的时代潮流，大多数人认为进步的潮流会逐渐消除不完善的地方。那些担心思想和文化贬值的人往往坚信应该扩大教育，到1914年大多数欧洲国家具备了免费、义务的公共教育制度，并将西欧的文盲率降低到几乎为零。但是，高文盲率在东欧和南欧依然是一个主要问题，到1910年意大利的文盲率仍为38%。

在高生活水准、文化同质、社会平等或至少社会流动的条件下，民主是相对成功的。在大量贫困农民依赖富裕土地所有者的地方，或者在匈牙利这样的种族敌对势力严重分裂土地的国家，民主很难发展起来。巨大的贫富差距为民主提供了贫瘠的土壤，城市化和高度流动的社会秩序似乎对民主有

---

① 乔治·桑塔亚纳（George Santayana，1863—1952），西班牙哲学家、小说家。——译者注
② J. N. 菲吉斯（J. N. Figgis，1866—1919），20世纪初美国思想史研究者。——译者注

利。在北欧和西欧的一些小国家，这方面做得比大国还要好。瑞士、瑞典、丹麦和低收入国家在民主甚至直接民主的成功运作方面提供了客观的经验教训，如瑞士经常就重大问题举行全民公决。

由于其应用程序不均衡和性能有缺陷的表现，从普遍选举权和选举产生的代表机构的意义上讲，到1913年民主在欧洲大部分地区或多或少地得到了有效的运作，并有望继续取得进展。尽管人们暗中担心政治政权依赖于群众反复无常的情绪，但绝大多数人还是将民主视为一种理想。即使是号称信奉马克思主义的社会民主党人，或者说"社会主义者"，在1890年之后也实质性地转变了这样一种观点：从资本主义到社会主义或者共产主义的伟大变革，将通过投票而不是暴力革命来实现。在某种程度上，他们的政党参与了民主进程：社会主义是其目的，共和国是其手段。

1908年，英国政治学家格雷厄姆·沃拉斯（Graham Wallas，又译为格雷厄姆·华莱斯）在《政治中的人性》（*Human Nature in Politics*）一书中指出，代议制民主在欧洲各国运转。"四十年前，人们还可以说，把一个伟大的现代国家的主权建立在广泛的民意基础上，至少在欧洲是一个从未成功尝试过的试验。"但是，沃拉斯注意到，人们对民主的结果产生了某种不解的幻觉，认为它现在是一个持续的机构，甚至在奥地利和俄国也是如此。

很明显，代议制民主所有的这些安排都还远远达不到实现民主理想。德国国会没有强迫德国皇帝限制大臣的权力，俄国的国家杜马①也没有这样的权力。尽管由民选代表组成的政府在英国是最有效的，但是世袭的上议院在1911年之前仍拥有一定的权力，政府的控制权大体上仍掌握在一个小小的贵族集团手中。法国是欧洲国家中最民主的国家，没有设立君主，内阁对民选立法机构负责，政治上却经常动荡不安，以至于有人说法国是由常任公务员而非内阁统治管理的。欧洲还有其他一些国家将民主当作一场闹剧，民主的外在形式可能仅仅作为对时代精神的让步而存在。例如，西班牙、意大利和保加利亚政府都应该由民选议会管理，西班牙应该在1890年后实行普选，而意大

---

① 杜马（俄语 дума 音译而来），俄罗斯联邦会议的下议院，有450个议席。——译者注

利的普选在1912年之前一直受文盲率的限制。在这三个国家，选举都是受到操纵和干涉的，选民无法真正实现选举自由。因此，正式的民主就像在某些美国城市里一样具有欺骗性，即政治领袖在打着选举的幌子进行民主政治。

在1914年之前的几年里，必须通过政府机构来决定的议题是很重要的。其中最突出的问题是，在一个城市工业化社会中国家是否应该为工人的福利承担一些责任，因为在这个社会中照顾人类需求的旧手段似乎已经过时。1881年，德国首相俾斯麦宣布："要么为公民的福祉承担这样的责任，要么看着他们加入推翻自己国家的革命运动。"俾斯麦大力支持一项社会福利计划，即从雇主、政府和工人共同出资的基金中为工业工人提供医疗、养老和失业保险。丹麦在同一时间率先采用了类似的制度，成为其他国家的典范。讽刺的是，在与德国开战前夕，英国正致力于建立一个以德国为榜样的国家保险体系。英国一家著名报纸曾宣称，1911年《国民保险法》(*National Insurance Act*)的通过标志着"有史以来最伟大的社会重建计划"。1911年法案规定，政府缴纳失业保险金总额的九分之二，雇主缴纳九分之三，雇员缴纳九分之四。按照以后的标准来看，这项由政府管理的福利金计划是对传统的突破，并遭到了强烈反对。19世纪留给英国的遗产包括强大的反政府主义社会与经济政策的压力，英国经济因允许自由市场竞争、始终保持低税率以及私营企业免受国家监管和控制而蓬勃发展。

英国伟大的自由党甚至比它的宿敌保守党在各个方面更主张最大限度的个人自由。用杰出的费边社会主义（Fabian Socialist）理论家比阿特丽丝·韦伯[①]（Beatrice Webb）的话说，英国的自由主义"以个人为本"，并视政府为自由的敌人。自由主义转变成一个积极的政府概念——福利国家运动的新自由主义，这并不困难。但是，在1905—1909年提交给英国济贫法皇家委员会的报告书中，费边社会主义理论家韦伯夫妇认为，"政府的目标应该是防止贫

---

[①] 比阿特丽丝·韦伯（Beatrice Webb，1858—1943），费边社会主义者，与其丈夫西德尼·韦伯（Sidney Webb）、萧伯纳等一起创建费边社。费边主义（Fabianism），简单来说就是渐进社会主义，是社会主义思潮的一支，是英国费边社（Fabian Society）的思想体系和政治纲领，以韦伯夫妇（Sidney and Beatrice Webb）为代表人物。——译者注

困,而不是减少贫困;贫困是一个社会问题,而不是个人努力的问题"。

1906年,英国自由党在大选中获胜,直到第一次世界大战结束前英国政府一直是一个有所作为的政府,其中包括年轻有才的政治家温斯顿·丘吉尔(Winston Churchill)和大卫·劳合·乔治(David Lloyd George),后者于1908年后在赫伯特·阿斯奎斯(Herbert Asquith)总理的内阁中担任财政大臣。面对新福利计划的开支以及在与德国的海军竞赛中不断上升的国防成本,乔治在1909年的预算中提出了新税法方案,包括征收所得税等。反对者认为,这样的税收是不公平的。乔治的预算方案在下议院通过后被送交上议院,但遭到了同行议员们的蔑视,这是近二百年来英国世袭议院首次拒绝批准下议院通过的一项重要法案,同时戏剧性的场面接踵而至。1911年,当阿斯奎斯传达了国王同意册封足够多的新同僚以确保上议院改革法案获得多数支持的消息时,平时一向沉稳的英国议会第一次吵翻了天。

一项议会法案剥夺了上议院阻止下议院通过的立法成为法律的权力,尽管这仍然可能推迟一项不可撤销的法案。英国似乎基本上同意丘吉尔的说法,即上议院是一个来自英国过去的声音,已经成为"一个与时代精神完全不同的机构"。这项法案还首次批准了议员的工资,一种有助于从仍然主要控制着政治权力的贵族精英手中窥探政治权力的措施。这场1909—1911年关于福利国家、税收和上议院权力的纷争是民主和社会国家发展的里程碑,在战前的英国政治中占有十分突出的地位,但这并不是全国辩论中唯一的一个重大问题。爱尔兰问题也十分重要,这个问题在第一次世界大战爆发前就已经成为热点。1914年7月27日发表于伦敦《泰晤士报》(The Times)的一篇文章指出,"这个国家现在正面临着英国种族史上最严重的危机之一"。这篇社论没有提到当时正在逼近的国际危机——一周后欧洲将爆发大规模战争,它指的是英国军队在爱尔兰的叛乱,即在北爱尔兰建立了一支志愿军,以抵抗给予该国所有人"自治权"。英国议会中的保守派政治领袖鼓励了这种抵抗,而爱尔兰的橙色和绿色内战、天主教和新教之间的内战似乎有可能蔓延到英格兰。

第一次世界大战后,1920—1922年爱尔兰爆发了武装起义。冲突的起源是绿宝石岛阿尔斯特省（Ulster）的新教徒拒绝加入自治的爱尔兰，其中一个原因是害怕受到天主教多数派的压迫，还有一个原因是爱尔兰天主教徒拒绝接受爱尔兰分治。在其背后是英格兰对爱尔兰长达七个世纪的统治，这是一个长期而令人遗憾的充满残酷和缺席统治的记录，其影响一直延续到现在。由于自由党在1910年的选举中依靠爱尔兰人的选票以微弱的多数票获胜，就此推动了一项自治法案，结果却遭遇了这个几乎要在军队中发生兵变的激烈反对——难怪《泰晤士报》将之称为"一次最严重的危机"。

这些问题的出现，伴随着其他问题使战前十年成为英国政治中令人振奋甚至动荡的时期。赫伯特·里德①（Herbert Read）后来在回忆爱德华时代——赫伯特·里德的青年时期——时曾经说道，"自由贸易和保护、爱尔兰的自治、教会的解体和上议院的改革等重大问题，在每一家报纸和每一个街角都进行着激烈的辩论"。除了动荡之外，激进的女权运动者加入了计划生育运动，提倡了解更多的性知识，开始信奉"自由爱情"的理念，以摆脱维多利亚时代的道德惯例。对"工联主义"的持续推进提出了1906年《贸易争端法》（*Trade Disputes Act*）所涉及的问题，该法案基本上免除了工会因罢工而承担损害赔偿的责任。

## 政治：法国和德国

其他欧洲国家的问题，与最古老的工业社会——英国的问题没有太大的不同。在某些方面来看，法国的政治与英国的政治截然不同。法国有许多大大小小的政党，而不是像英国那样仅有两个大政党；法国没有君主；法国的过去充满激情，可以回溯到1789年大革命及其1848年和1871年的"续集"；法国拥有小农场、小企业和小工厂的潜在社会结构。法国有几百万土地所有者，而在英国1500个大家族拥有一半的土地；没有一个法语地区能与英国

---

① 赫伯特·里德（Herbert Read，1893—1968），英国诗人、作家，曾担任英国知名的艺术评论杂志《伯灵顿杂志》（*Burlington Magazine*）的编辑，代表作《现代艺术哲学》。——译者注

的工业中心或德国的鲁尔工业区相提并论。自由农户与众多的小商贩和生产者的结合，使法国的政治带有明显的"小资产阶级"（petty bourgeois）色彩。与英国和德国相比，法国的工会运动发展得更为缓慢，长期以来法国工会的入会率一直很低。1914年，只有六分之一的法国工人属于工会，但这些工人却常常很激进。

这种碎片化持续到1905年，法国社会党（SFIO）在1914年成功地选举了约六分之一的众议院代表，该党在知识分子和专业人士中比在工人中更具有影响力。与之形成鲜明对比的是规模更大的德国社会民主党，该党在1912年获得了超过三分之一的选票，而英国几乎没有一个"社会主义"政党。成立于1900年的英国工党直到1918年才以社会主义理论为纲领，而且在第一次世界大战前该党规模一直都很小，它的一个更激进的分支——独立工党甚至规模更小。当时，费边社会主义者很有影响力，但有意避免任何创建群众党的努力，他们更愿意把思想灌输给已经建立起来的政党。

在19世纪和20世纪之交，法国被德雷福斯案①撕扯着。在国家安全与个人权利的问题上，德雷福斯案引起了左右翼两极分化，高卢"水门事件"（Gallic Watergate）和阿尔杰·希斯案（Alger Hiss case）合二为一。在这场旷日持久的争论中，阿尔弗雷德·德雷福斯（Alfred Dreyfus）上尉因叛国罪在军事法庭接受了两次审判后被送进监狱，并引发了反犹太暴动，最后被无罪释放——这是左翼的一次胜利。因此，在1899—1905年，由激进派（小资产阶级的民主党）和温和派组成的联合政府得到了"社会主义者"的支持。但是，在1904年经过了长期的争论后，"社会主义者"决定不参加"资产阶级"政府，认为这是与阶级敌人的合作，只能延长资本主义的时间——除了1914—1918年的战争，他们一直坚持到1936年。然而，在才华横溢的作家和演说家让·饶

---

① 19世纪90年代，法国陆军参谋部犹太籍军官德雷福斯被诬陷犯有叛国罪，经军事法庭秘密审讯后被送进监狱，真正的罪犯埃斯特哈齐却被宣告无罪。由此，激起了法国社会公愤，要求重审德雷福斯案件的社会运动广泛开展，其后果是法国社会分裂为德雷福斯派和反德雷福斯派两个阵营，民族主义右翼分子妄图借此推翻共和政府。——译者注

勒斯①的领导下，法国社会党早已不再沉迷于革命暴力。

法国的左派政党支离破碎，右派也是如此。这种分裂成许多小党派的做法，迫使法兰西第三共和国经历了多次政府更迭。依靠政党联盟在众议院获得多数席位，政府可能在小问题上轻易就被推翻。这是一种阻止重大政治决策的制度，但这适合"小资产阶级"的法国。法兰西第三共和国诞生于1871年的政治失败，长期以来被"社会主义"左派和君主右派所憎恨，它之所以幸存下来是因为当时没有人能提出或实施更好的方案；正如乔治·克莱蒙梭②（Georges Clemenceau）所说，"这是许多可怕的罪恶中最不可容忍的"。

法国在工业化和社会政策方面都落后，历史学家往往认为这种落后状况是一个丑闻——"僵化的社会"。但大多数法国人都喜欢这样，我们能责怪他们不想进入大企业、大工业、大政府的时代吗？尽管他们经常发生激烈的家庭争吵，但法兰西总体说来还是一个幸福的民族。当然，在这一时期，法国的知识和艺术光彩不断。巴黎是世界文化之都，文艺象征主义、立体主义、新艺术主义中最有趣的运动都起源于或集中于法国的首都。在19世纪90年代，法国在汽车开发上也比其他国家做得都多，就像汽车的重要部件——化油器（carburetor）和底盘③（chassis）这样的名称仍然提醒着我们：法国人发明了摄影、X光和巴氏杀菌法。巴黎还诞生了世界上第一家电影院，正如戴高乐后来所说，"法国的伟大不止体现在政治方面"。

在1914年前夕，一种"民族复兴"的情绪席卷法国，影响了诸多法国作家和思想家，而这种情绪的主题是"回归秩序与纪律、民族传统和'美丽的法国'（la belle France）"。与德国作战的威胁日益加剧，并深深影响了法国的政治。与此同时，工人阶级出现了动荡，引发了罢工运动。20世纪初，意大利经常发生暴力罢工，动摇了社会主义和无政府主义的"情绪"，但

---

① 让·饶勒斯（Jean Jaures，1859—1914），法国社会主义领袖，在第一次世界大战爆发前夕因反战被刺身亡。——译者注

② 乔治·克莱蒙梭（Georges Clemenceau，1841—1929），法国政治家，第一次世界大战期间出任法国总理，战后被授予"胜利之父"称号。——译者注

③ 化油器（carburetor）和底盘（chassis），这两个英语词均出自法语。——译者注

是意大利表现得并不太差。就在1914年之前，在时任总理乔瓦尼·乔利蒂（Giovanni Giolitti）的领导下，意大利"已经达到了几个世纪以来意大利人不可企及的经济和政治权力水平"。南北之间的深刻分歧依然存在，但后意大利复兴计划——"再造意大利人"（"我们创造了意大利这个国家，现在我们必须得创造出意大利人"）似乎取得了一些进展。德国没有那么焦虑，因为它享受着这一时期最高的经济增长率；但是，也正是在德国，1905年发生了大规模的罢工，社会民主党（SPD）成了世界上最强大的政党，并在1912年的国会中赢得了比其他任何政党都多的席位。社会民主党主导了由马克思和恩格斯的朋友及其信徒于1889年创立的世界社会主义组织——第二国际（the Second International）。在报纸和杂志等媒介高度发达的德国，社会民主党表达了对世界社会主义即将到来的胜利将从德国开始的信心，并与强大的工会建立了良好的关系。然而，社会民主党面临着对德国皇帝的独裁政府几乎没有影响力的挫折，德国皇帝可以在没有国会批准的情况下任命总理和内阁。威廉二世（Wilhelm II）努力以自己的方式成为工人阶级的朋友，并为自己能及时了解新时代及其社会问题而沾沾自喜。德国的医疗、养老和失业保险制度是欧洲最早建立的社会保障体系之一，也是欧洲最先进的。

德国的矛盾之处在于，尽管德国是最伟大的工业化国家，但其政治结构因为缺乏自由和民主而十分脆弱。到1900年，德国的人口和大部分经济实力指标都已经超过了英国，包括煤炭、钢铁、化工和电力的产量。这种经济实力与普鲁士强大的军事传统相结合，使得德国成为欧洲的主导力量。这一成功自然而然地引发了许多观察家认为的傲慢精神，或者至少是自满精神。几个世纪以来，分裂的德国一直是受害者，因为这个国家很脆弱。19世纪60年代的奇迹给德国带来了超乎想象的团结和力量，毫无疑问德国人由此变得过于骄傲。不幸的是，德国的国家政治机构未能迅速发展。

在形式上的统一下，德国仍然是一个严重分裂的国家。德国的地区差异，尤其是信奉天主教的南方和信奉新教的北方之间的差异，比法国更为明显。莱茵兰和阿尔萨斯几乎是法国人，巴伐利亚又被奥地利拉拢。组成德意志帝国的各州仍拥有强大的权力（巴伐利亚甚至拥有自己的军队），尽管德国著名的社会保障体系是全国性的，柏林政府也拥有大部分的铁路。在这些差异很大的州中，最大的普鲁士拥有三分之二的人口和主要的工业区，通常统治着德意志帝国。尽管普鲁士拥有工业实力，但它在政治上被农业巨头容克（Junker）贵族所统治。普鲁士的容克贵族地主阶级究竟是丑闻还是荣光，是好还是坏，这是一个备受争议的问题：一方面，他们勤奋、可敬、忠诚；另一方面，他们也心胸狭窄、贪婪和专断独裁。

1870年后，工业化和城市化的迅猛发展产生了一些社会冲击效应。如果以法国和英国的标准来看，德国的政治发展是一个奇怪的现象，那么其主要原因可能是德意志这个民族国家在很长一段时间内不是缓慢成长起来的，而是在19世纪60年代突然形成的。在接下来的二十年里，俾斯麦或多或少的仁慈专制阻碍了议会政府的发展。

德国并非一个不自由的国家，法律规定的公民权利得到了相当好的保护，公民享有宪法赋予的合理的言论自由和选举权。但是，德国没有强有力的议会制度，更没有充满活力的政治生活。从传统意义上说，议会在德国文化中的威望比在英语国家中低。取代议会政府的是官僚机构，这是一个诚实而有能力的机构，致力于高标准但不受民主控制的行政管理。有人这样说过，"大多数人不想管理自己，而是想得到良好的管理"。德国人被管理得并不算糟糕，但他们没有实现自我管理。

顽固信奉个人主义的英国人和热情信奉民主的法国人，指责德国人太容易向权威屈服。在赔偿方面，德国人率先提出了福利立法。俾斯麦是自上而下施行这一政策的，从而使得德国避免了法国和英国就这个问题展开的激烈政治斗争。德国工业中产阶级在政治上太软弱，以至于无法反抗。虽然一个更大的社会原则对德国社会产生了影响，但它似乎是以个人主义为代价的。然而，自由主义神学家恩斯特·特勒尔奇[①]（Ernst Troeltsch）在一篇名为《德国的自由思想》（*The German Idea of Freedom*）的文章中指出，"德国人对投

---

[①] 恩斯特·特勒尔奇（Ernst Troeltsch, 1862—1923），德国历史学家、自由主义神学家，主要研究宗教史，马克斯·韦伯的同事。——译者注

票和政治活动的低估伴随着对内在精神和思想自由的更大关注，这种关注受到路德教派（Lutheranism）以及康德和黑格尔哲学传统的影响"。

自由主义的弱点可以从选举结果中看出。在1912年的国会选举中，当社会民主党以35%的总票数赢得胜利时，自由党和进步党（均为进步党派）总共只赢得了26%的选票。其余的选票，要么给了保守党，要么给了代表地方或特定利益的党派。其中，中央政党是最重要的，拥有大约六分之一的选票，该党传统上致力于天主教会的利益，倾向于与保守党结盟。由于在国防和军事政策问题上存在严重分歧，自由党无法与社会民主党继续合作。如果自由主义意味着拒绝对陆军、海军和殖民地提供强力支持，那么民族主义出现在代表德国中产阶级的自由主义之前。自由党对俾斯麦的支持以及德意志帝国的整个独裁政治结构，阻止了这个群体发展出改革的动力。

这种政治结构的改革，似乎是德国向民主方向发展所必须的。与法国和英国一样，德国宪法的修改被立法机关的上议院阻止了。不过，与法国和英国的第二议院不同，德国的上议院是建立在国家联盟的众州基础之上的。普鲁士比其他州要强大得多，北部一些小州都依附于它，它可以阻止宪法修正案。在普鲁士内部，可以溯源到1851年的选举投票制度已经非常陈旧了。坦率地说，在财产方面，普鲁士的"三级选举制"给了最富有的人最多的代表权，给了最贫穷的人最少的代表权。因此，改革倾向于把重点放在普鲁士的选举制度上。德国改革的关键在普鲁士，只要普鲁士仍然被保守的少数派所统治，那么德国就不可能有根本的改变。1910年，反对普鲁士选举制度的大规模公众示威再次出现，但没有任何结果。有人说，"只有革命才能打破寡头政治的恶性循环"。但是，绝大多数社会民主党人远非革命派，他们仍然致力于和平、合法地获取权力。

20世纪初，德国的社会民主党就修正主义展开了辩论，党内最有才华的作家爱德华·伯恩斯坦[①]（Eduard Bernstein）建议彻底放弃马克思主义。理由是，

---

[①] 爱德华·伯恩斯坦（Eduard Bernstein，1850—1932），德国社会民主主义理论家及政治家，德国社会民主党成员，进化社会主义（改良主义）的建立者之一，马克思的朋友。——译者注

马克思的预言没有被证明是正确的，资本主义没有稳步挖掘自己的坟墓，工人阶级没有变得更加悲惨，社会也没有被分化成两个阶级。不管马克思所谓的历史和资本主义发展规律如何，革命的日子并非不可避免的，"社会主义者"应该像英国的费边主义者一样，以务实的态度一点一点地努力建设一个更加公正的社会。经过一场激烈的辩论，社会民主党拒绝接受伯恩斯坦对马克思思想的修正，并在原则上继续坚持马克思主义。像法国社会党一样，社会民主党宣布除了完全的社会主义政府，他们不愿意接受任何权力。然而，社会民主党内只有一小部分左翼人士将马克思主义理解为革命激进主义。正如马克思的合作者恩格斯在19世纪90年代去世前所说，"由精英领导的革命阴谋已经过去了，群众自己将通过民主方式带来社会主义的巨大转变"。

尽管德国的社会民主党取得了成功，但它仍然感到无能为力和孤立无援。这个庞大的组织拥有100万名党员，出版数十种报纸和期刊，被数百万德国人阅读，已经发展出了自己的官僚和官员等级制度。社会民主党吸引了很多受过良好教育的资产阶级知识分子和工人，并在1890年取得合法地位之后成为德国最大的政党。1912年，社会民主党在德国大城市中赢得了几乎一半的选票，在农场和村庄中的表现相对差一些（不到20%）。但是，社会民主党的影响力充其量只是思想和道德上的。狂热的理想主义信念为其信徒们提供了信念，但它是对革命后的明天的信念。同时，社会民主党批评左翼思想，默默地倾向于支持现状。

人们普遍相信，德国人对"机器时代"的变化做出了最好的调整。与英国和法国相比，德国在技术、商业、教育、社会服务和劳资关系方面都走在前列，正如一位权威人士所言："1914年，在世界上所有主要国家中，德国是最优秀的国家。"德国的公务员制度、教育制度不亚于其著名的军队制度，令其他国家的人民羡慕不已。如果说德国科学家的声望很高，那么小说家托马斯·曼（Thomas Mann）、诗人斯特凡·乔治（Stefan George）和雷纳·玛丽亚·里尔克（Rainer Maria Rilke）等德国作家及艺术家也赢得了国际声誉。在柏林，科学家阿尔伯特·爱因斯坦（Albert Einstein）和马克斯·普朗克（Max Planck）正在致力于彻底改变人类对宇宙的观念。毫无疑问，科学是一项国际性的事业。维也纳著名的物理学家路德维希·冯·玻尔兹曼（Ludwig von Boltzmann）在1900—1906年参加了一场关于分子行为和熵的国际辩论，这场辩论始于苏格兰天才物理学家詹姆斯·克拉克·麦克斯韦（James Clerk Maxwell）和法国工程师萨迪·卡诺（Sadi Carnot），并涉及德国的威廉·奥斯特瓦尔德（Wilhelm Ostwald）、美国的威拉德·吉布斯（Willard Gibbs）和法国的亨利·庞加莱（Henri Poincare），还有年轻的爱因斯坦。但是，爱因斯坦在1914年前来到了柏林，加入了马克斯·普朗克的研究队伍。

在战前的慕尼黑，包括保罗·克利[①]（Paul Klee）和瓦西里·康定斯基[②]（Wassily Kandinsky）在内的一批杰出画家加入了创作当代艺术的运动之中。在哲学上，埃德蒙德·胡塞尔[③]（Edmund Hussel）和马克斯·舍勒[④]（Max Scheler）等学者延续了德国对纯粹思想的统治，而在这一代人中能与之媲美的只有法国的亨利·柏格森（Henri Bergson）和英国的伯特兰·罗素（Bertrand Russell）。在维也纳工作的西格蒙德·弗洛伊德[⑤]（Sigmund Freud）和瑞士的卡尔·荣格[⑥]（Carl Jung）也属于德语文化圈；德国学者在社会学新兴科学领域中也取得了卓越地位——格奥尔格·齐美尔、斐迪南·滕尼斯和马克斯·韦伯（Max Weber）等人都被提到过。德国的教育体系，从幼儿园到研究生教育，一直以来都是全球的典范。1914年，德国上大学的人数比其他

---

[①] 保罗·克利（Paul Klee, 1879—1940），德国画家，出生于瑞士伯尔尼，后考入慕尼黑美术学院，与瓦西里·康定斯基是同学，代表作《亚热带风景》《老人像》等。——译者注

[②] 瓦西里·康定斯基（Wassily Kandinsky, 1866—1944），画家和美术理论家，出生于俄罗斯，后考入慕尼黑美术学院，代表作《艺术家自我修养》。——译者注

[③] 埃德蒙德·胡塞尔（Edmund Hussel, 1859—1938），德国哲学家，现象学创始人。——译者注

[④] 马克斯·舍勒（Max Scheler, 1874—1928），德国哲学家和社会学家，基督教思想家，也是现象学价值伦理学的创立者，知识社会学的先驱，现代哲学人类学的奠基人。——译者注

[⑤] 西格蒙德·弗洛伊德（Sigmund Freud, 1856—1939），奥地利精神病医师、心理学家，精神分析学派创始人。——译者注

[⑥] 卡尔·荣格（Carl Jung, 1875—1961），瑞士著名心理学家、精神分析学家，分析心理学的始创者，现代心理学的鼻祖之一。——译者注

任何国家都多。

总而言之，除了政治制度上的奇怪滞后，德国在其他方面表现得非常出色。但是，广泛分享的进步信条说服了大多数人，德国的机构制度很快就会追赶上来。人们认为，德国正在朝着议会制政府发展，皇帝的专制和官僚制度无论如何都将民主化。确实，如果没有发生第一次世界大战，也许这会和平地发生。然而，在战争前夕，以任何常规手段突破议会霸权的可能性都越来越小。因此，在任何情况下，战争结束时德国发生的革命可能都是必要的。

## 东方列强

1910年，奥匈帝国是一个拥有5000万人口的国家，是欧洲第三人口大国，仅次于俄国（1.65亿人）和德国（6500万人）。在经济上，奥匈帝国却绝不是不发达的，虽然落后于高度工业化的国家。某些二元君主制地区（奥匈帝国领地），包括布拉格、维也纳、布达佩斯等大城市和苏台德工业区，在各方面都和欧洲其他地区一样先进。有人曾经这样写道，"在奥匈帝国的奥地利部分，个人享有非常高的自由度，社会福利水平比英国高得多"。维也纳有着伟大的音乐传统、欢快的舞曲和优美的巴洛克建筑，也拥有杰出的科学界，而这一时期它给世界带来的医生有弗洛伊德等。维也纳可能是整个欧洲最文明的城市，各国大使和其他外交人员都这么认为，他们更喜欢被派至维也纳工作而不是其他地方。

在奥匈帝国的匈牙利部分，布达佩斯是其迷人的首都，几乎可以与维也纳平起平坐。杰出的战前一代文化艺术家包括贝拉·巴托克[①]（Bela Bartok）和乔治·卢卡奇[②]（Georg Lukacs）等。布拉格有一所伟大的大学，约翰尼斯·开

---

[①] 贝拉·巴托克（Bela Bartok，1881—1945），匈牙利作曲家。——译者注
[②] 乔治·卢卡奇（Georg Lukacs，1883—1971），匈牙利思想家，20世纪最重要的马克思主义理论家之一。——译者注

普勒①（Johannes Kepler）曾经在这里开创了整个现代科学时代，而在第一次世界大战爆发前活跃的知识文化造就了弗兰茨·卡夫卡②（Franz Kafka）这样的文学家，他是现代主义文学最伟大的三位人物之一。

当然，奥匈帝国本身可以追溯到神圣罗马帝国。在中世纪，神圣罗马帝国曾是世界的中心。哈布斯堡王朝是欧洲历史上最古老和统治地域最广的王朝，它与欧洲中世纪形成了最明显的联系。哈布斯堡家族有过像查理五世（Charles V）这样的一代帝王，他在16世纪就差点把整个欧洲统一成一个国家。哈布斯堡家族曾与法国争夺欧洲的统治权；拿破仑战争后，双方于1815年在维也纳达成了伟大的和平协议。此后许多年里，奥地利政治家梅特涅伯爵（Count Metternich）担任着类似全欧洲总理的职务。早在1851年，奥地利就超过普鲁士成为中欧强国。

接着是俾斯麦和1867—1871年的普鲁士政变。普鲁士在1866年的短暂战争中打败了奥地利，并建立了强大的新德意志帝国。1867年，哈布斯堡王朝通过给予匈牙利人③很大程度的自治权，重新将国家命名为奥匈帝国，即由奥地利帝国和匈牙利王国组成的二元君主政体。由于同属于维也纳的一个君主并制定了共同的军事与外交政策，布达佩斯在自己的部分帝国内部事务中获得了自由。马扎尔人（匈牙利人）是一个骄傲的民族，既不像日耳曼人也不像斯拉夫人，他们源自一个来自中亚平原的东方民族，并在9世纪和10世纪作为征服者入侵欧洲。在维也纳的统治下，他们长期不安，现在他们希望建立一个新的国家。

但是，这两个主要的民族并不是二元君主制的唯一居民，除了1200万德

---

① 约翰尼斯·开普勒（Johannes Kepler, 1571—1630），德国天文学家、物理学家、数学家。——译者注

② 弗兰茨·卡夫卡（Franz Kafka, 1883—1924），布拉格犹太德语作家，与法国作家马塞尔·普鲁斯特（Marcel Proust）、爱尔兰作家詹姆斯·乔伊斯（James Joyce）并称为现代主义文学的先驱和大师，代表作《审判》、《变形记》和《城堡》等。——译者注

③ 匈牙利人，又称马扎尔人（Magyars），匈牙利的主体民族，分布于罗马尼亚、斯洛伐克、塞尔维亚及乌克兰。——译者注

意志人、1000万马扎尔人与2400万各种各样的斯拉夫人，奥匈帝国还包括波兰人、捷克人、斯洛伐克人、克罗地亚人、斯洛文尼亚人以及一些鲁塞尼亚人（种族上可分为乌克兰人和白俄罗斯人），是一个典型的多民族国家。此外，特伦蒂诺地区约有400万拉丁人居住，其中大部分是罗马尼亚人，也有一些意大利人，还有相当多的犹太人。这些群体中的许多民族都有古老而自豪的传统。在一个民族主义日益高涨的时代，他们越来越多地要求承认自己的文化甚至政治自治权，以及在国家中的地位等同于德国人和匈牙利人。到1900年，这已经成为欧洲亟待解决的关键问题。随着奥斯曼帝国这个欧洲"病夫"的衰弱，这个问题愈演愈烈，因为这种威胁的减弱使巴尔干半岛的小国人民对奥地利的依赖性降低了。1905年后，当俄国的政策决定从其"亚洲使命"（Asian mission）中退出并扮演起斯拉夫人保护者的角色时，这又增加了俄国的影响力。

与往常一样，学者们对少数民族受到的待遇以及是否有可能给予他们所有的自治权存在分歧。对于那些对德国人和马扎尔人都提出无法容忍的傲慢和抱怨的人——尤其是后者，在后者的控制区居住着许多克罗地亚人、斯洛文尼亚人和罗马尼亚人，匈牙利人倾向于把他们视为劣等阶级——他们的回答是，主体民族没有受到虐待，不可能给予他们领土自治权。由于这些民族的数量如此之多，分布如此之广，任何计划都会导致混乱。于是，有人提议实行三元君主制。但是，斯拉夫人不居住在地理位置上相邻的地区，捷克人和斯洛伐克人分布在北方，克罗地亚人和斯洛文尼亚人分布在南方，而占据东北部的波兰人并不急于与斯洛伐克人或克罗地亚人融合。事实上，奥地利的波兰人受到了很好的待遇，他们认为自己的命运比圣彼得堡或柏林统治下的同胞们好得多。

为了让每一方都满意，三元君主制显然是行不通的，而是需要"五元君主制"（quintuple monarchy）。第一次世界大战的结局和双元君主制的解体清楚地证明了这一点，奥匈帝国被分解成了四五个部分，但不是所有的部分都是稳定的。政治家们纷纷害怕打开这个潘多拉盒子，以避免国家在接下来发生的混乱中灭亡，所以基本上还是维持现状。除了自治，捷克人和波兰人也获得了一些让步，其结果被描述为"一个复杂的等级制度"。在这种等级制度中，波兰人和捷克人的地位最高，斯洛伐克人和罗马尼亚人最低，克罗地亚人获得了少许自治权。奥匈帝国的奥地利部分不太专制，匈牙利部分更是如此。在一个民族主义的时代，是否有任何可能以一种满足全部或大部分由少数民族组成的2800万的多数人的方式来发展政治，这是值得怀疑的。更复杂的是，社会民主党在维也纳变得越来越强大，它类似于德国仇视君主制的"社会主义者"。

奥匈帝国双元君主制的麻烦不仅限于不满的少数民族，两个主要的民族也争吵了起来。马扎尔人认为1867年的妥协实际上是主权国家之间的联盟，他们坚持在奥地利和匈牙利各自的部分实现完全独立，并经常拒绝在共同的政策问题上进行合作。蒂萨伯爵（Count Tisza）在1914年7月拒绝支持维也纳对塞尔维亚的战争政策[①]的做法就很典型。奥匈帝国的王位继承人弗朗茨·斐迪南（Franz Ferdinand）对马扎尔人非常反感，这是一种相当典型的"奥地利感觉"。私下里，斐迪南对他们最友善的形容词是"卑鄙、背信弃义和不可靠"。斐迪南王储玩弄着三元君主制的思想，即在布拉格或萨格勒布设第三个首都，这可能更多地反映了他对匈牙利人的厌恶，而不是对斯拉夫人的热爱。

在这种情况下，议会政府自然无法运作。奥匈帝国曾有过一个国民议会，在1906年后由民众选举产生，但它通常只起到妨碍决策和制造混乱局面的作用，偶尔还会引发暴力运动，因为每个民族都把国民议会作为煽动舆论表达自己诉求的论坛。这些都是假的战斗，因为没有真正的力量。与德国一样，真正的政府工作是由一个相当诚实和高效的官僚机构来完成的，这个官僚机构接受皇帝的命令。年迈的皇帝弗朗茨·约瑟夫[②]（1914年，他已经84岁，但仍然精力充沛）是当时欧洲最受欢迎的政治人物之一，自1848年起他就一直在位。许多人猜测，约瑟夫的去世是否会是这个古老帝国解体的信号。

另外，永久的政治危机并没有摧毁这个国家，这是在地理上和经济上的需要。在维也纳这个令人轻松愉快的城市，人们开玩笑地说："形势很严峻，

---

[①] 参见本书第二章"战争的直接起源"部分。
[②] 弗朗茨·约瑟夫（Franz Joseph, 1830—1916），又译为弗朗茨·约瑟夫一世，奥地利帝国和奥匈帝国皇帝，19世纪至20世纪初中欧和南欧的统治者，神圣罗马帝国末代皇帝弗朗茨二世之孙、弗朗茨·卡尔大公长子、斐迪南一世之侄。——译者注

但并不严重。"1905年之后,雄心勃勃的小国塞尔维亚崛起,加剧了这一严峻形势(在下一章中,将对此进行详细描述和解释),并引发了一场可怕的世界大战,以作为解散双元君主制的代价。当这项解体的工作完成后,许多人仍希望旧帝国能再次恢复。

对于这个横贯整个亚欧大陆且拥有辽阔土地(从圣彼得堡到横贯西伯利亚铁路终点的符拉迪沃斯托克[海参崴],长达7000英里)的国家来说,俄国在整个19世纪都不是快乐的。拿破仑战争结束时,作为最终打败拿破仑的最重要的和平解决方案,俄罗斯帝国这个由两位沙皇——伊凡和彼得[1](Ivan and Peter)以及凯瑟琳大帝[2](Catherine the Great)建立的国家在列强中扮演着至关重要的角色。在19世纪,俄国面临的主要问题是在技术上跟不上西方,但也受到了独树一帜的独裁体制中统治者软弱的影响:沙皇以欧洲其他国家从未有过的方式宣称拥有全部统治权。追随亚历山大一世[3](Alexander I, 1801—1825)的四个专制者并没有给人留下深刻的印象,而且可以说让俄国的状况变得越来越糟。

在亚历山大的继任者尼古拉一世(Nicholas I)的统治末期,他在克里米亚战争中犯下错误,导致了耻辱性的失败,并暴露了俄国的技术落后。这可能导致了19世纪最重大的决定,亚历山大二世(Alexander II)在1861年下令解放农奴,而这影响了75%的俄国人民。由彼得和凯瑟琳共同建立的农奴制旨在促进俄国农业生产的发展,然而似乎却成了拖垮俄国这个笨拙巨人的大麻烦。与古老的土地制度联系在一起,低效的农业生产毫无希望,就像中世纪的欧洲那样。但是,农奴解放并不是一种补救办法,至少不是一种立即

---

[1] 沙皇西奥多三世在遗诏上说将把皇位传给他的两个弟弟——伊凡和彼得,这就是俄国历史上著名的两位沙皇并立的事件。——译者注

[2] 凯瑟琳大帝(Catherine the Great,1729—1796),俄罗斯罗曼诺夫王朝第十二位沙皇,俄罗斯帝国第八位皇帝,1762年7月9日—1796年11月17日在位,也是俄罗斯历史上唯一一位被冠以"大帝"之名的女皇。——译者注

[3] 亚历山大一世(Alexander I,1801—1825),俄罗斯罗曼诺夫王朝第十四位沙皇,俄罗斯帝国第十位皇帝,1801年3月23日—1825年12月1日在位,保罗一世之子。——译者注

生效的补救办法,因为大多数农民被迫为他们的自由付出了代价——为了这样做,他们必须向国家借钱,并要在四十九年内偿还。在赎金还清之前,他们大多留在传统的农民集体农庄,分散耕种,没有个人主动权,一如既往。俄国工业发展缓慢,资本主要通过外国贷款[①]筹集,使俄国——凭借其庞大的国土面积成为大国之一——有点像殖民地的附属,尽管俄国为工业化作出了勇敢的努力。特别是在亚历山大三世(Alexander Ⅲ)统治时期(1881—1894),俄国已经十分落后。在农奴解放时,俄国的人均产量约为西欧的一半,而1913年仅为西欧的三分之一。

除了经济落后和统治者无能的问题外,俄国还面临着受教育阶层或"知识分子阶层"的不满与叛逆。用世界上最杰出的文学作品来描述当时的俄国,即"谁能超越托尔斯泰、陀思妥耶夫斯基和契诃夫"。受过教育的精英阶层除了具备大量的整体知识素质外,还怀有对俄国的问题感到沮丧、对俄国的落后感到羞耻、无法接触到他们渴望拯救的广大文盲农民的革命情绪。他们对亚历山大二世改革的结果感到失望,最终变成了反对者。1881年,亚历山大二世被代表农民利益的"民粹派"刺杀。新任沙皇比他的父亲亚历山大二世更加反动,把革命者逼到了地下——安娜·盖夫曼[②](Anna Geifman)在1894—1917年俄国的暴力革命史上统计出17 000多名死伤者。

我们在前面已经提到战争中的第二次屈辱,即1904年俄国在俄日战争中所遭受的第二次屈辱以及随后爆发的革命。随着忠诚部队返回,这种情况逐渐消失了。尼古拉二世(Nicholas Ⅱ)是罗曼诺夫家族的最后一位沙皇且也是最不幸的人,曾在虚弱和恐惧的时候许诺过制定宪法、成立立法机关,但他没有兑现这一诺言。尽管杜马仍然存在,但它却被剥夺了一切权力,以至于大多数俄国自由主义者认为杜马的存在是非法的,专制仍然存在。尼古拉二世和他的曾祖父亚历三大二世一样,确信他就代表着俄国政府。当然,注定要在1917年进行另一场革命的革命知识分子也是如此;而列宁是第四代俄国

---

① 来自德国和法国,主要是1894年同盟后的法国。

② 安娜·盖夫曼(Anna Geifman),美国历史学家。

革命者，最早的一代可以追溯到1825年。

毋庸置疑，俄国的社会经济问题仍然存在。在1905年之后，一位朝气蓬勃又开明的政治家彼得·斯托雷平①（Peter Stolypin）试图进行农业制度改革，鼓励更加勤奋的农民成为个体企业家，但他于1911年在基辅剧院被暗杀。

俄国社会民主党布尔什维克派摆脱了多数马克思主义者的被动，创造了一个地下革命组织。在俄国惨败于日本之后，由于国力太过虚弱而无法考虑再次作战，俄国在1908—1914年的巴尔干舞台上蒙受了好几次屈辱外交。尽管存在如此严重的问题，一些乐观主义者依然认为俄国正在走向最终的成功，并最终将赶上欧洲其他国家。俄国的经济增长率是当时世界上最高的，而且正在建造工业工厂和铁路基础设施；杜马虽然几乎无能为力，但正在学习议会政府的运作方式。乐观主义者认为，俄国此时已经踏上了前进的道路，并将继续向前、向上。历史学家曾经争论，如果没有爆发战争，伟大的1917年俄国革命是否会到来。最好的答案似乎是，导致1917年俄国政府垮台的主要原因是那场可怕的战争。但是，这其中也有沙皇无能的原因；1890年后，俄国发现自己失去了与其他东欧君主国的传统友谊，只能与遥远的法国结盟，以对抗德国和奥匈帝国。

沙皇的土地上更大的荣耀无疑是体现在文化和知识分子上。直到托尔斯泰1910年去世，他的故居一直是世界各地人们前往参观的"圣地"，托尔斯泰是这个时代最接近全球著名的先知、圣人和天才的人。在托尔斯泰和陀思妥耶夫斯基时代之后，俄国出现了一个文学、艺术和音乐的"白银时代"；20世纪的这一代注定要受到革命的摧残，他们证明了俄罗斯艺术天才的生命力。1911年，伦敦在令人陶醉的俄罗斯芭蕾舞的狂热中失去了它一贯的沉着。从叶芝②的爱

---

① 彼得·斯托雷平（Peter Stolypin，1862—1911），俄罗斯政治家。1906年任首相兼内务大臣；次年发动"六三政变"，解散国家杜马，而后又推行土地改革；1911年被俄国社会革命党人暗杀。——译者注

② 威廉·巴特勒·叶芝（William Butler Yeats，1865—1939），又译叶慈，爱尔兰诗人、剧作家和散文家。——译者注

尔兰到拉赫玛尼诺夫①的俄罗斯，在欧洲享有的国际融合思想和风格中，俄国人做出了不小的贡献。

这是不是一个美好的无忧无虑的幸福时代？直到1914年7月下旬，天突然塌下来了。

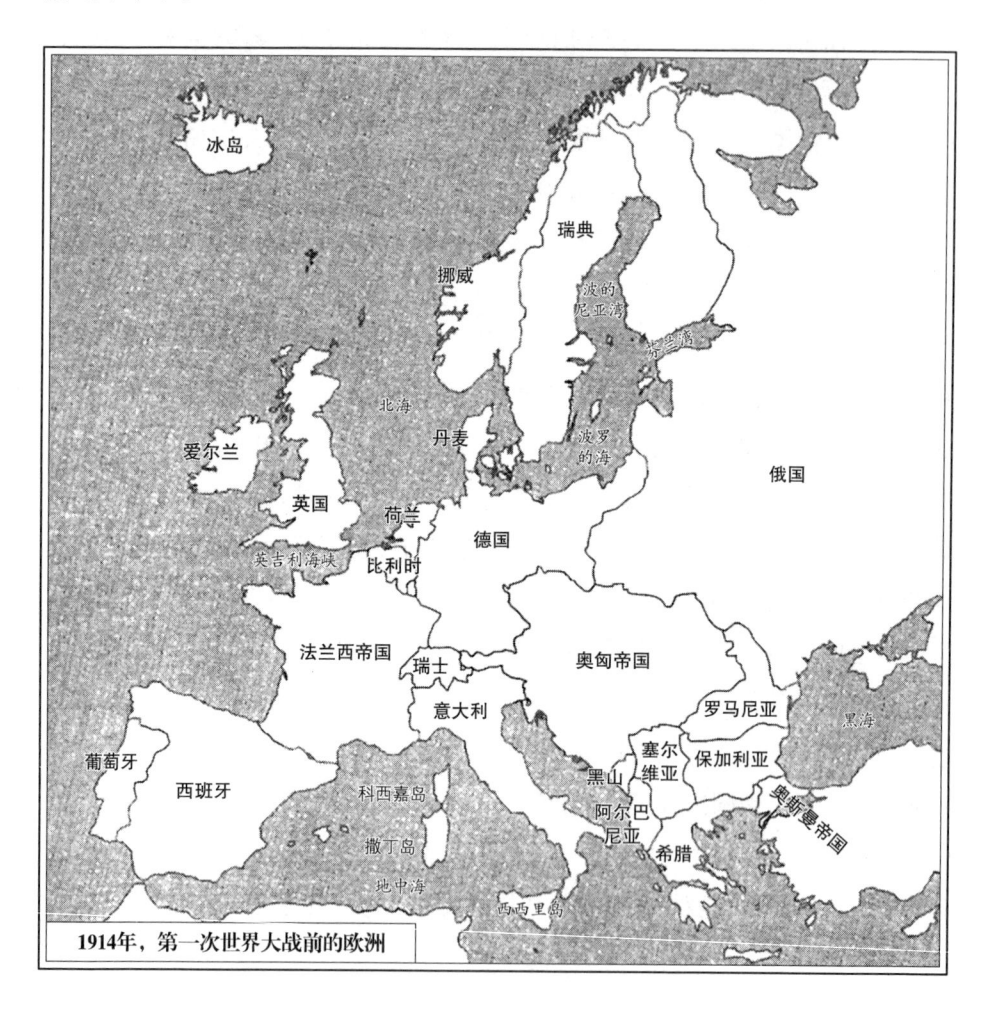

1914年，第一次世界大战前的欧洲

---

① 谢尔盖·瓦西里耶维奇·拉赫玛尼诺夫（Sergei Vassilievitch Rachmaninoff，1873—1943），俄罗斯古典音乐作曲家、钢琴家、指挥家。——译者注

# 第二章
## 第一次世界大战的到来

## 战争的主要根源

当世界各国抛开政治仇恨、在和平的贸易竞争中团结起来的时候，当种族壁垒在科学与艺术的阳光下融化和消失的时候，当大炮的轰鸣屈服于织布机柔和的杂音和工匠的围裙时，当农民的麻衣比士兵的红衣更光荣的时候，当世界贸易大军取代死亡的军队的时候，当上帝已经结合在一起而不再被人类的无知、愚蠢和邪恶所摧毁的时候，当一个人的劳动与发明成为所有人的遗产的时候，当地球上的人类不再在战场上厮杀而是由他们选出的代表开会的时候，正如我们最伟大的诗人所设想的那样，在"人类议会和世界人民联合会"中。

上面这段精彩的预言出自哲学家高兹沃斯·洛斯·狄金森[①]（G. Lowes Dickinson）1905年撰写的书中。之所以在这里引用它，并不是因为这个观点不同寻常，而是因为它是如此的普通，只有修辞的装饰才能让它与众不同。然而，狄金森写下这段话的时候却是带着讽刺意味的。19世纪的自由主义和社会主义意识形态都曾预言，随着封建武士让位给工业生产者，战争将变得过时。在20世纪流行的战争宣言中，诺曼·安吉尔[②]（Norman Angell）的《大幻想》（*The Great Illusion*）一书脱颖而出，给热衷于战争的一些欧洲人以当头棒喝——单单书的标题"大幻想"就不言而喻，战争再也不意味着任何荣誉和利益了。国际经济如此复杂地相互依存着，以至于不能再代表这种早已过时的战争观念。正如美国激进分子伦道夫·伯恩[③]（Randolph Bourne）所说

---

[①] 高兹沃斯·洛斯·狄金森（G. Lowes Dickinson，1862—1932），英国哲学家，终身就职于剑桥大学国王学院，代表作《来自中国官员的信札：东方人眼中的西方文明》《面面观：旅途琐记》。——译者注

[②] 诺曼·安吉尔（Norman Angell），英国作家、经济学家，早年曾在美国当过牧童、探矿者、记者和编辑。代表作《大幻想》（*The Great Illusion*，1910）被译成20多种文字，该书驳斥了通过征服和战争给一个国家带来巨大经济利益并使它的生存空间、市场和原料得到保证的主张。1933年，安吉尔因此获得诺贝尔和平奖。——译者注

[③] 伦道夫·伯恩（Randolph Bourne，1886—1918），美国进步作家，以尖锐的批判精神和激进思想著名，曾师从著名哲学家约翰·杜威（John Dewey）。——译者注

的那样,他在1914年6月(注意这个时间点)发表的《国际和解》(*International Conciliation*)一文中写道:"我们的现代文明及其金融和经济依赖的国际纽带,是一种为和平且仅为和平而组织的文明。"伯恩认为,战争"毫无疑问而且一直都被抛在过去飞扬的尘土之中","这几乎是无法想象的"。

只有少数牢骚满腹又脾气暴躁的局外人不这么认为。著名英国作家赫伯特·乔治·威尔斯[①](Herbert George Wells)创作了一些科幻小说作品,他曾设想过一场"世界大战",预言了原子武器和空中轰炸,甚至预言了第二次世界大战。[②]但是,威尔斯后来写道,他并不真的相信自己的幻想:"我承认,第一次世界大战使我感到震惊。"几乎所有人都是如此。博学多才的国际学者团队刚刚完成令人印象深刻的多卷本《剑桥近现代史》(*Cambridge Modern History*),他们大体上看到了欧洲的美好未来,认为在当前国际局势中较高水平的军备是促进和平的力量,这使任何国家考虑战争的可能性都很小。他们还指出,德国正在稳定中欧的局势,俄国在1905年后转向了和平的国内发展。这些观点是绝大多数人的观点,有受过教育的和未受过教育的,有激进派的和保守派的。

预言的艺术到此为止。在每个国家,国内问题与国外问题相比都更加重要;与那些看起来非常重要的社会福利和政治民主化问题相比,报纸、舆论杂志和议会辩论几乎没有给外交问题留下任何空间。两次海外危机——首先是布尔战争(Boer War),其次是爱尔兰问题,它们都与1914年的一战爆发毫无关系。但在英国人看来,这些危机已经变得非常严重。与德国的海军竞赛可能会成为一个例外,这场竞赛抬高了政府预算,并导致了税收危机。在欧洲大陆的另一端,俄国对彼得·斯托雷平土地改革等国内问题的关注也远远超过对任何外交政策问题的关注,并在1905年对日战争的尴尬表现之后,大多数俄国人认为没有什么事情比再爆发一场战争更不乐观。在法国资本的

---

① 赫伯特·乔治·威尔斯(Herbert George Wells,1866—1946),英国小说家、政治家,代表作《时间机器》。——译者注

② 参见威尔斯的科幻小说《空中之战》(*War in the Air*,1908年)和《世界自由了》(*The World Set Free*,1913年)。

帮助下，沙皇的帝国经历了经济繁荣，正在实现经济和军队的现代化，但这一过程远未完成。1914年7月，俄国公众的注意力集中在一系列的工业罢工上。

难怪，在1914年8月初，一场重大国际战争的爆发让全世界所有人大吃一惊。令人警醒的教训是，战争可能会随时发生，尽管似乎没有任何人想要它发生。随着困惑的人们试图解释和平的崩塌，各种各样的荒诞说法传播开来，而阴谋论像往常一样开始盛行。盟军声称是德国人策划了这次战争，德国君主威廉二世（Wilhelm II）在法国和英国媒体上不幸地被描绘成一个"长着触须的怪物"，伸出触角试图诱捕弱小的国家。在法国、英国和美国看来，"普鲁士军国主义"（Prussian militarism）成了橄榄枝上的溃疡，它们后来加入了这次战争。德国人认为，嫉妒的邻国在密谋包围和摧毁自己的国家，而只因这个国家唯一的罪行就是在经济上取得成功。

后来，也有理论认为，资本主义经济体系非但不是和平的力量反而策划了这次战争，因为战争是有利可图的，或者说是市场和原材料存在竞争。尽管可能含有真理的萌芽，但所有这些愚蠢的"魔鬼理论"都必须在严肃的历史研究中被摒弃并视为不足以对之进行认真研究，与作为历史相比其作为民俗学来看更为有趣。

直至今日，尚没有一个包罗万象的原因能够成功解释这场战争或任何其他重大历史事件，但是人们一直在寻找这样一个合适的原因。当然，我们也可以说根本原因是类似于"主权国家体系"的东西，这种判断导致了从1914年开始演变为国际联盟（League of Nations）、国家联盟甚至世界国家扩散的许多计划。然而，人们无论如何必须在政治上被组织起来，也有人说是"人民制度"（people system）导致了战争爆发。人们可以呼唤人的天性，或者更具体地说，是对权力的不懈追求。但是，这样的解释太笼统了，人的天性是任何人类活动的必要条件，却不能解释为什么这场特殊的战争偏偏发生在这个特殊的时刻。如果将1914年与1890年或1880年相比，主权国家是否拥有更多主权，人的天性是否更具侵略性，权力是否更受追捧？

我们可能会注意到，这些解释是多么矛盾，从而可以了解那些试图解释战争原因的意见分歧。一些人将战争归咎于缺乏对外交政策的民主控制；但另一些人则说，反复无常且经常指向战争的公众舆论已经从专业人士手中接管了权力。军队是最受欢迎的替罪羊，但事实上有人可能会辩解道，将军和士兵们根本不想去打仗——当战争来临时，他们既吃惊又沮丧。更现实的是，学者们经常声称民族主义比以往任何时候都更加普遍和强烈，权力的平衡已经被打破。这两个关键因素——一个主观因素和一个客观因素，在1914年战争爆发的众多可能原因中值得牢记在心。

在任何人看来，当时的情况都非常复杂。英国、法国、德国、奥匈帝国和俄国这五个大国主导了这一幕。欧洲的其他国家也对战争的到来起了重要作用，无论是斯堪的纳维亚国家还是伊比利亚国家①。中立国瑞士和荷兰也没有幸免，尽管比利时不愿意参战，但也被戏剧性地卷入其中。意大利几乎可以称得上是一个强国，因为它当时是同盟国体系中的一部分。塞尔维亚以及动荡的巴尔干地区的其他国家（保加利亚、希腊、罗马尼亚以及土耳其）所起的作用也至关重要。在这一背景下，美利坚合众国成为一个强大的因素。欧洲列强在全球范围内进行殖民竞争，有时涉及准独立的当地政府。不过，每一个大国都有一个高度发达又极其复杂的政府机构，以及由许多不同的利益、意识形态、职业和组织组成的多样社会。

欧洲各国就像生活在原始自然状态中的一个个单独的个体，其特点是彼此之间不断发生冲突，他们不愿承认任何可能迫使他们维持和平的更高权威。所谓"国际法"实际上对这些国家没有约束力，只能起到道德上或习俗上的制裁作用。在1914年以前的乐观气氛中，几乎所有人都认为，国际法正在取得缓慢却稳步的进展，曾经试图就战争法达成协议，规定对囚犯给予人道待遇，不伤害无辜平民，以及中立国和交战国船只有买卖非军事物资的权利。在1914—1918年的战争中，正如后来在1939—1945年的战争中一样，这些规则的无用性在战争的最初几天就变得很明显，因为如果这样做有好处的话，每一方都会忽略这些规则的存在。

1899年和1907年在荷兰海牙举行的两次世界和平国际会议，曾试图建立

---

① 伊比利亚国家，这里指位于伊比利亚半岛的西班牙和葡萄牙。

一个解决国家间争端的国际审判法院。但是，如果争端国希望使用该法院，该法院也不过就是一个法学家小组，仅用于调解或仲裁争端；如果争端国破坏了和平，法院无权强迫他们，也无权将他们拖上法庭。世界国家或欧洲国家的特性是不存在的。在这中间，各个国家有各种各样的协议，它们总是能为自己的所作所为找到理由。

当然，各国相互派遣外交使节，有谈判条约和其他协定等。这一传统可以追溯到古代，特别是15世纪时的做法多样且复杂，但在天鹅绒般的外交手套下，人们可以清楚地看到武装力量支持的国家利益的铁拳。在这一传统中，战争有其公认的地位，这本身就是暴力的一种形式化。没有人怀疑国家在某些情况下对外宣战的权力，直到1918年第一次世界大战结束以后，人们才认真地想到"取缔"战争。在这之前，人们一直认为战争是一种正当的自卫手段，帮助受到攻击的盟国也是合理的做法。但是，即使是一场侵略性的战争，也可能在某些特定条件下进行：为了通过"检查某个雄心勃勃的邻国"[1]的过强势力，以防止日后发生灾难；或是为受伤而报仇；抑或是寻找其他的正当理由。叛乱分子和激进分子强调，为摆脱暴君的自由或为被压迫人民的自由而战是高尚的行为；他们还认为，一个国家有责任帮助其他国家在这样的功勋事业中战斗。一些无政府主义者则宣扬革命暴力的神圣性。19世纪最伟大的哲学家黑格尔、马克思和尼采都赞成发动战争，前两位认为战争是"历史的火车头"，尼采则认为战争是救赎人类灵魂的手段。

越来越多的人在保卫国家中获得了更多利益，这是民主化和财富增长的自然结果。在整个欧洲，1914年是为了证明当群众和阶级认为他们的国家受到攻击时，他们是好战的爱国者。

在主权国家受到更高的法律限制和民族主义舆论支持的情况下，权力平衡是维持和平的一种手段。权力的确能制约权力，如果一个国家害怕遭到报复，它就不太可能轻易攻击另一个国家；如果一个国家不害怕遭遇抵抗，它就更有可能去发动战争。长期以来，这一原则在欧洲事务中起了重要作用，经常把许

---

[1] 引自英国作家乔纳森·斯威夫特（Jonathan Swift）。

多国家拉到一起，以遏制一个对所有其他国家构成威胁的过于强大的力量。例如，在17世纪末及19世纪初拿破仑一世（Napoléon I）"横行霸道"的年代，欧洲其他国家就联合起来反抗法国。1815年拿破仑帝国覆灭后，欧洲战胜国在维也纳召开和平会议，为防止法国东山再起达成了伟大的和平解决方案，并为确保权力平衡付出了艰辛的努力。这样做是以民族主义为代价的，但显然并没有预料到民族主义会在19世纪发展壮大。在19世纪60年代，从美国到俄国、意大利和德国的统一运动，又威胁着这种权力平衡。新德意志帝国在普鲁士的领导下联合了德语世界的大部分地区，成为欧洲最强大的力量。

俾斯麦作为普鲁士的宰相，在1863—1871年的三次短暂而精心策划的战争中制定了错综复杂的政策，克服了德国统一的所有障碍。在俾斯麦掌权的十九年里，他一直致力于通过阻止德国的敌人结盟来维持和平。1890年后，年轻气盛而又神经质的威廉二世（Wilhelm II）上台后迅速将俾斯麦扫地出门，打破了不稳定的平衡局面。一个关键的决定是德国拒绝与俄国续签所谓《再保险条约》（Reinsurance Treaty），原因是这与德国对奥匈帝国的友谊不相符。事实上，俄国和奥匈帝国在欧洲东南部正处于碰撞和摩擦过程之中。

俄国与东欧其他两个君主制国家的疏远对欧洲来说是一件新鲜事。霍亨索伦、哈布斯堡和罗曼诺夫的密切合作往往以牺牲波兰为代价，这一直是欧洲政治在18世纪和19世纪初的一个特点。现在，随着俄国和奥匈帝国在东南欧摇摇欲坠的奥斯曼帝国领土问题上的冲突日益加剧，德国选择支持奥匈帝国，使俄国被置于危险的孤立状态。（这种疏远的开始可以追溯到19世纪50年代的克里米亚战争。当时，俄国一方就奥斯曼帝国和海峡问题与法国和英国挑起战争，俄国期待奥匈帝国出手相助，而奥匈帝国非但不帮忙还趁火打劫。）在这种情况下，19世纪90年代发生了一件外交爆炸性事件：1890—1894年，俄罗斯帝国与法兰西共和国缔结了同盟条约——双方互相承诺，如果德国发动袭击，它们会来帮助对方应对。

法俄联盟使德国害怕自己被包围和夹攻，迫使德国想办法防止自身陷入困境。1914年著名的"施里芬计划"（Schlieffen Plan）提出，在行动迟缓的俄国进攻德国东线之前，必须以大规模且快速的进攻先击溃法国。法俄联军和奥德集团之间的力量平衡也很危险，因为德国依赖不稳定的奥匈帝国，而法国则依赖同样不甚稳定的俄国。俄国和奥匈帝国的利益在欧洲东南部的动荡地区不断发生冲突，这两个国家把盟国拖进了它们的争执之中，从而最大限度地扩大了局部冲突的范围。在不稳定的力量平衡中结盟的危险在于，任何一场小战争都可能升级为一场大战争。

此时，意大利作为一个"半强国"的角色是不寻常的，它在同盟国中利害攸关。意大利是与德国和奥匈帝国三国同盟中名义上的成员，但从1882年开始，这不再符合意大利的利益，也没有指望意大利会成为同盟国中的积极合作伙伴。意大利的领土主张主要是针对奥匈帝国的。1904年后，意大利与法国发生争端转而加入同盟国的因素不复存在。

## 20世纪初的外交

在这种背景下，20世纪初发生的重大事件有可能打破这种微妙的平衡。唯一没有承诺结盟的大国——英国发挥的作用就成了关键，英国避免与其他国家结盟，并试图维持这种微妙的平衡。在1900—1909年，英国这十年里的行动显然是偏向支持法俄联合的。英国的态度标志着一个相当大的变化，因为在1900年英国显然把俄国视为第一号敌人，把法国视为第二号敌人，而英国对同盟国的好感使其与奥匈帝国有着相当深厚的友好传统。

虽然1900年德国海军法规定了加速建造战舰的计划，但英国与德国并没有真正为此发生争执。（德国海军扩张产生的反英影响，似乎直到1902年年底才在英国内阁中显现出来。）1895年出版的一本书引发了轰动，因为书中预言英德这两个工业大国之间将要爆发一场战争，但这是一场为赚钱创作的不负责任的闹剧。具有德国血统的英国女王维多利亚是德国皇帝威廉二世（Wilhelm II）的外祖母，她一直是著名的亲德反俄派。1899年，英国著名政治家、当时的政府领导人内维尔·张伯伦（Neville Chamberlain）宣布"最自然的联盟是我们同德意志帝国之间的联盟"。1900—1901年，英国几乎已经与德国缔结了正式的条约。然而，双方的谈判最终却失败了，原因在于双方有些不信任彼此。后来，有人指责这位反复无常、变幻莫测的皇帝威廉二世，认为德国太过欲擒故纵，玩得过火了。

英国对俄国的敌意导致1902年英国与日本签订了一项条约①，这是英国长期拒绝结盟的第一次突破。由于俄国沙皇对印度的图谋，加之对专制政府的普遍憎恶，英国舆论长期以来一直把俄国视为主要敌人，而与日本结成同盟显然是以俄国为目标的。

一场更进一步的外交革命一触即发。如果一直追溯到百年战争②，那么法国和英国自路易十四（Louis XIV）时期就互为夙敌，并在1778—1815年又为霸权而战，但19世纪时它们却成了朋友。在19世纪50年代的克里米亚战争中，法英两国站在同一阵线作战共同反对俄国，震惊了全世界。但是，这种共同的敌对情绪的爆发并没有持续多久，英国在19世纪末帝国主义爆发期间又恢复了与法国的激烈的殖民竞争。法国人相信英国人要把他们赶出埃及，于是在1882年从苏伊士运河的建造者手中夺走了对运河的控制权。1898年夏天，基奇纳③（Kitchener）率领的英国军队和马尔尚④（Marchand）率领的法国军队几乎在同一时间到达了上尼罗河的法绍达村，并举起了敌对的旗帜。这次法绍达冲突是争夺非洲领土的一个大高潮，导致19世纪的最后二十年几乎整个非洲大陆都被英国和法国吞并。但是，战争也因此被避免了。

外交中经常发生这样的情况：在一场严重危机被克服之后，缓和的势头继续推动着昔日的主角之间的关系得到改善。反之亦然，如果错过达成一致的机会，可能就会埋下隐患，导致双方的关系破裂。在1900—1905年，

---

① 指《英日同盟条约》。

② 百年战争（Hundred Years' War），指英格兰和法国以及后来加入的勃艮第于1337—1453年的战争，是世界最长的战争，断断续续进行了长达一百一十六年。——译者注

③ 霍雷肖·赫伯特·基奇纳（Horatio Herbert Kitchener，1850—1916），曾担任英国陆军元帅、帝国行政长官，南非战争期间总司令。——译者注

④ 让-巴普蒂斯特·马尔尚（Jean-Baptiste Marchand，1863—1934），法国将军，因在法绍达冲突中指挥法国远征军而著名。——译者注

英国、法国与德国关系的变化似乎就是这样具有戏剧性：威斯敏斯特宫①和威廉大街②之间的不信任增加了，而威斯敏斯特宫和奥赛码头③之间的不信任减少了。引发这一变化的主要因素是法国外交大臣泰奥菲勒·德尔卡塞④（Théophile Delcassé），他的目标非常坚定，那就是让法国与英国和解，以对抗德国。德尔卡塞一直推崇和追求"复仇"政策，为愤愤不平的法国爱国者所珍视，因为他们发誓永远不会忘记德国在1871年吞并了法国的阿尔萨斯－洛林。

在英国方面，新即位的国王爱德华七世是亲法派。1903年，爱德华七世邀请法兰西共和国的总统来英国访问，采取了最早的和解举措。爱德华的受欢迎程度导致了英国公众情绪的转变，一股狂热的亲法（Francophilia）浪潮席卷了英国，而在这之前英国人通常是厌恶法国人的。至于法国人，虽然他们一开始嘲笑爱德华，但爱德华很快就俘获了法国民心——这位英国君主生性活泼，喜欢去法国的比亚里茨海滩度假。

恰逢此时，摩洛哥的问题出现了。推行反德外交的一种方法便是拉扯意大利与三方联盟国之间的松散关系，而法国的德尔卡塞也不会忽视这一点。意大利和法国分道扬镳，因为意大利看到法国垄断了北非殖民地的收购。恺撒大帝的后裔在埃塞俄比亚遭受了羞辱，这是非洲人民在这个时代钉在欧洲人身上的为数不多的几次失败之一；他们（意大利人）目睹了法国人占领突尼斯，而突尼斯就位于意大利对面。但是，法国和意大利之间在1900年签订了一项条约，承诺将的黎波里⑤归属意大利。作为回报，意大利承认摩洛哥

---

① 威斯敏斯特宫（Palace of Westminster），又称议会大厦（Houses of Parliament），英国议会（包括上议院和下议院）的所在地。此处代指英国。——译者注

② 威廉大街（Wilhelmstrasse），德国首都柏林市中心的一条街道，从19世纪中叶到1945年一直是行政中心（先是普鲁士王国，然后是统一的德国）以及帝国总理府和德国外交部的所在地。此处代指德国。——译者注

③ 奥赛码头，法国巴黎外交部的所在地。此处代指法国。——译者注

④ 泰奥菲勒·德尔卡塞（Théophile Delcassé，1852—1923），法国政治家，曾两度担任法国外交部长（1898—1905年，1914—1915年）。——译者注

⑤ 的黎波里，现为利比亚首都。

王国属于法国的势力范围。这自然导致了西班牙和英国的讨论，它们对摩洛哥的兴趣集中在直布罗陀海峡和地中海的控制上。

如果英国和西班牙的利益得到保护，贸易自由不再被干涉，英国则承认摩洛哥是法国的势力范围。作为回报，法国同意不干涉英国作为埃及保护国的行动，这是自1882年以来法国的一个痛点。1903—1904年，这几个国家就这些要点和一些次要问题进行了长时间的谈判，最终于1904年4月8日签署了一项协议。这是外交历史上的重要日子，与1894年的法俄同盟条约一样关键。这项协议虽不是联盟，但是它解决了法国和英国之间悬而未决的分歧，并迎来了两国开创友谊新时代的热情。

今天，我们可能倾向于这种观点，摩洛哥与埃及的交换实际上是以典当的形式交换非欧洲人民，是帝国主义外交上的最坏传统。然而，当时的人们却并不这样认为。几乎所有人都认为，较为先进的欧洲国家应带领落后的非洲国家走上进步之路，这必然是不可避免的。1903年，甚至连法国"社会主义"领导人让·饶勒斯都承认法国在北非负有文明使命，因此很少有法国人对此提出怀疑。后来，法国与德国发生争执，也是以摩洛哥为由。

法国和英国之间结成"友好协约"，对德国外交来说是一个严重的挫折。德国此时已经很疲惫，二等强国意大利和西班牙也参与其中，但德国没有参与。德国不是地中海强国，对摩洛哥没有特殊兴趣。时任德意志帝国总理的伯恩哈德·冯·布洛（Bernhard von Bülow）后来这样写道，英国和法国"用傲慢自大的方式处理了一个伟大而又重要的殖

德意志帝国皇帝威廉二世。（美国国会图书馆）

民利益领域，甚至没有考虑到德意志帝国"。

就在这时，俄日战争爆发了。威廉二世倾向于支持"黄祸论"①（yellow peril），因此向俄国人伸出了援手。此时，有一个奇怪的事件发生了，俄国战舰在经过英国的多格尔海岸时，在黑夜中将当地的英国渔船误认作日本鱼雷快艇，于是开火攻击。后来，这件事情在英国引起了反俄的轩然大波。在日军侵袭了远东的俄国舰队之后，俄国波罗的海舰队被派往远东，他们不得不沿着难以置信的漫长路线绕非洲而行。历经长达八个月的旅途之后，舰队终于赶到远东，却被日军迅速歼灭。在此期间，德国一直向俄国舰队沿途运送煤炭等补给品。不久，在法国的调解下，英俄之间的多格尔海岸事件得以平息。同时，德国皇帝威廉二世则写信给他的表弟尼古拉二世（俄国沙皇），提议俄国和德国联合起来反对英国。

随着俄国在中国东北地区的事态不断恶化，加之国内爆发革命，同盟军的力量被严重削弱，而德国迫切想利用这次机会。摩洛哥看起来是一个有利用价值的案例，德国人选择公开挑战法国在摩洛哥的活动，并拒绝接受这些活动对德国具有约束力，以此作为自己的立场。1905年3月31日，德国皇帝威廉二世以戏剧性的姿态访问摩洛哥城市丹吉尔，宣称要以摩洛哥的保卫者角色维护其独立，以此抗衡法国。

德尔卡塞面对一个没有盟友的愤怒的德国，发现自己真的玩过火了。信奉现实主义的克莱蒙梭指责这位外交大臣将法国卷入危险之中，而理想主义者让·饶勒斯则抨击德尔卡塞偏袒保守的俄国，并且不相信法德和解。即使是极右翼分子也不相信"背信弃义的英国"，因此德尔卡塞不再得到民众支持。6月6日，法国内阁会议发生激烈争论，德尔卡塞被迫辞职。德国要求召开国际会议讨论摩洛哥问题，这一切都是理所当然的。

在德国胜利的这一时刻，恰逢俄国遭遇不幸。德国没有趁机威胁俄国，而是试图哄骗。威廉二世前往芬兰海岸的比约克港会晤俄国沙皇尼古拉二世，

---

① "黄祸论"（yellow peril），形成于19世纪的一种极端民族主义理论，该理论宣扬黄种人对于白种人是威胁，白种人应当联合起来对付黄种人。——译者注种

两位皇帝私下签订了一份优先于《法俄军事协定》的德俄同盟密约,威廉二世将之称为"世界历史上的转折点"。但是,这位头脑简单的俄国君王完全是自己行动,没有征求大臣们的意见。大臣们试图说服尼古拉二世撤回与法俄联盟不一致的条约(借口是外交大臣当时不在场),而且布洛还威胁说他将因沙皇与德国皇帝进行个人外交而辞职。就这样,这次君主峰会的试验失败了。

此外,1906年在西班牙南部阿尔赫西拉斯举行的摩洛哥会议也让德国大失所望。受邀参加会议的国家包括美国、意大利以及法国、英国、俄国和奥匈帝国,只有后者(奥匈帝国)是德国的忠实支持者。英国和法国倾向于拉近彼此的距离,英国的新自由政府并没有像德国所希望的那样比前任政府更亲德。在把摩洛哥的警察控制权交给法国和西班牙的关键问题上,只有奥匈帝国和摩洛哥与德国一起投了反对票。由于法国和西班牙靠近摩洛哥,法国长期控制着许多法国人居住的邻国阿尔及利亚,因此法国得到了更多支持。当时,据说摩洛哥处于近乎无政府的状态,因此认为摩洛哥的警察控制权最好由一个国家行使,而不是交由几个国家共同行使。

布洛晕倒在国会大厦的地板上,不得不休息一段时间。几乎所有人都认为,德国在外交上失败了。德国成功地以战争恐慌惊动了整个世界,但除了巩固了另一方的势力,同时使德国几乎在世界上受到孤立,没有取得任何成果。逼迫德尔卡塞下台或许算是德国赢得的一个小小胜利,但英国和俄国并没有从与法国的关系中被离间,反而英国比以前更亲近法国了。

在法国和英国看来,德国人争夺世界海洋霸权也许是错误的做法。英国已经对德国建立强大的舰队感到震惊,一旦德国控制摩洛哥,德国将拥有大西洋上的港口,从而摆脱在波罗的海和北海受到的限制。法国右翼分子夏尔·莫拉斯[1](Charles Maurras)写了一本广为流传的《基尔与丹吉尔》(*Kiel and Tangiers*),该书将摩洛哥的争夺与基尔海军基地[2]的运河拓宽结合起来。

---

[1] 夏尔·莫拉斯(Charles Maurras,1868—1952),法国作家、政治家。——译者注
[2] 基尔海军基地,连接波罗的海与北海。

从1905年开始，法国的大多数人和英国的一些人就坚信，德国皇帝和他的大臣制订了一个雄心勃勃的征服世界的计划。虽然这百分之九十无疑是由他们幻想出来的，但也表明了德国外交政策的笨拙，德国通过威胁施压的游戏适得其反了。

1908年，欧洲的主要问题转移到了东南部（巴尔干半岛），而1914年的战争正是从这个地区开始的。这里，暂且先不考虑巴尔干半岛这个火药桶，让我们继续探讨法、英、德三国的关系。在后两者之间，海军问题，也就是舰队问题，变得越来越烦人。新上任的英国外交大臣爱德华·格雷（Edward Grey），他并不反对改善与德国的关系。不幸的是，在这个时候（1906年），英国出现了一种新的超级战舰——"无畏号"（Dreadnought），这种更大更强的战舰采用蒸汽轮机驱动，使以前所有的战舰都过时了。作战机器的变化往往对德国有利，因为它意味着更多的大型英国舰队已经过时；英国先前的优势已不复存在，或者说大大减弱。这一局面引发了一场海上军备竞赛，德国人很快掌握了起源于英国的技术。

德国看到了一个绝佳的机会，想要赶在英国成为海洋霸主之前抢占先机，而这无可厚非。就英国人而言，他们视海上霸权为自己生命的血液，整个国家本能地对这种霸权的任何威胁做出反应。毫无疑问，这场海军竞赛的高昂成本刺激了英国对德国的负面反应，甚至一些人提出要与德国皇帝决战的想法。1909年，在德国加速生产"无畏号"战舰的刺激下，英国人反复高呼"我们想要八艘'无畏号'，我们不想等了"。英国首相阿斯奎斯承诺，德国人每建造一艘战舰，英国就会建造两艘。事实证明，英国完全可以做到这一点。

当布洛由于国内战争于1909年辞去德意志帝国总理一职时，特奥巴登·冯·贝特曼-霍尔维格（Theobald von Bethmann-Hollweg）接任了他的职务并留任至1917年，而且比他的前任获得了更多的信任。为找到一个海上和平方案，英国和德国双方都做出了真诚的努力。尽管英国外交部的专家倾向于不信任德国，但自身利益决定了高昂的海军竞赛的局限性。在德国方面，即使是被称作大型海军计划化身的阿尔弗雷德·冯·蒂尔皮茨

(Alfred von Tirpitz)上将也准备签署一项协议,尽管他是德国皇帝的朋友并对德国政策有着强大的影响力。德国人认为,1910年5月英国国王爱德华七世的逝世为德国消除了一个强大的敌人,但英国的政策显然并不取决于国王的意志。

尽管偶尔存有希望,但事实证明英国和德国达成一致是不可能的。英国始终保持其海军优势,与德国舰队的比例为2∶1。德国人愿意接受这一点,以换取英国在政治上做出让步,包括放弃与法国的协约,以及在涉及德国的战争中保证英国的中立。但是,英国表示不会在这方面做出让步,双方漫长的谈判没有找到任何中间立场。德国人认为英国在允许其保持海军优势方面欠他们一个让步,但是英国认为这种优势是不可谈判的,并且只希望在船只数量上达成协议以降低成本。德国人认为,英国比德国更容易受到这样一场竞赛的财政压力。在柏林,德国皇帝和海军上将蒂尔皮茨不愿廉价出售他们对海洋女王——日耳曼尼亚的深情梦想。

对这一导致1914年和平崩溃的重要失败进行评价时,必须考虑到两个因素。首先,英国人坚持海军至上,拒绝将其视为可谈判的条件,而这并非没有道理,因为海军是一个国家的基本防御。英国作为一个岛国,不像大陆国家那样拥有一支由应征士兵组成的大型常备军队,英国的海军就是其军队,不仅要保卫本土,还要保卫遥远的海外帝国。整个英国历史都是建立在海权基础上的,并依靠进口粮食和原材料维持生计,但海军对德国的国防和经济都不是那么重要。丘吉尔曾对德国人说过:"海军对你们来说是一种奢侈品,而对我们来说是必需品。"

其次,要求英国在即将到来的战争中保持中立——这可能是一场法德战争,这个要求对一个依赖于大陆力量平衡的国家来说太过分。一方面,英国能袖手旁观看着法国战败吗?英国能保证在这种情况下保持中立吗?另一方面,德国人有正当的利益诉求试图瓦解或化解在他们看来是危险和敌对的联盟,而海权似乎是对阵英格兰的王牌,丢了它就毫无意义了。因此,很难责怪任何一方,尽管历史上的党派人士把傲慢和虚荣都归咎于此。不过,一些德国最优秀的政治家认为,在没有充分理由的情况下以这种方式疏远英国是一个严重的错误。

## 巴尔干半岛

　　第二次摩洛哥危机发生在1911年，进一步搅乱了英、法、德三国的关系。与此同时，人们的注意力转移到了1914年即将发生战争的战场上。在西方国家的首都，没有多少人高度重视发生在距离他们遥远而又相当悲惨的欧洲东南部的事情，因为那里以错综复杂的血仇和难以发音的名称而臭名昭著。俾斯麦曾经说过一句著名的话，"巴尔干地区的矛盾不值得德国浪费一位士兵的生命"。在伦敦或巴黎，波斯尼亚、诺维巴扎尔和马其顿几乎不能说是家喻户晓的名称。但是在这样的地方，命运正在为1914年第一次世界大战的爆发做准备。（一位英国作家曾这样幽默地说，"巴尔干半岛创造的历史比他们在当地的消费还要多"。）

　　1908年，雄心勃勃的奥匈帝国外交大臣莱克萨·冯·埃伦塔尔（Lexa von Aehrenthal）认为，"现在是在外交政策上采取大胆举措的时候了，这是解决分裂严重的多民族国家国内困难的一种方法"。传统上，奥匈帝国乐于追随德意志帝国，因为奥匈帝国一直是较弱的合作伙伴。但是，埃伦塔尔认为是时候改变这种被动的传统了，而帮助他做出这一决定的原因是南斯拉夫小国塞尔维亚正受到俄国外交的积极追捧，旨在挑起弗朗茨·约瑟夫对南斯拉夫（主要是克罗地亚）臣民的不满情绪。巴尔干地区不断加剧的冲突在很大程度上归因于三个方面：第一，俄国在1905年折戟远东后对欧洲政策的重新定位；第二，1903年贝尔格莱德爆发的"宫廷革命"[①]使塞尔维亚成为亲俄王朝；第三，奥斯曼帝国的持续衰落在1908年爆发的"青年土耳其革命"[②]中达到顶峰。所有这一切，都可能与日益强大的民族主义力

---

　　① "宫廷革命"，此处指1903年6月11日塞尔维亚国王亚历山大和王后马欣于贝尔格莱德的皇宫中遇刺身亡。——译者注

　　② "青年土耳其革命"，由青年土耳其党发动并领导的一场反哈米德二世专制统治的革命。——译者注

量有关。

  俄国民族主义者强调俄国的斯拉夫使命。在某种程度上，讲斯拉夫语以及与伟大的俄罗斯民族共享斯拉夫文化的是波兰人、捷克人、斯洛伐克人、南斯拉夫塞尔维亚人、克罗地亚人和斯洛文尼亚人。然而，这种共同的斯拉夫民族绝不意味着兄弟般的感情。例如，自1795年以来，波兰人就由俄国、德意志帝国和奥匈帝国三个国家分治，他们比奥地利人更恨俄国压迫者。塞尔维亚并非一直亲俄，但新的执政党更受欢迎且更具民族主义激情，倾向于把莫斯科（俄国）视为大哥般的保护者。塞尔维亚的目标是摆脱对奥匈帝国的附庸，实现经济独立，并获得自己的海权。1906—1908年，塞尔维亚和奥匈帝国之间发生了一场小规模的经济战争。

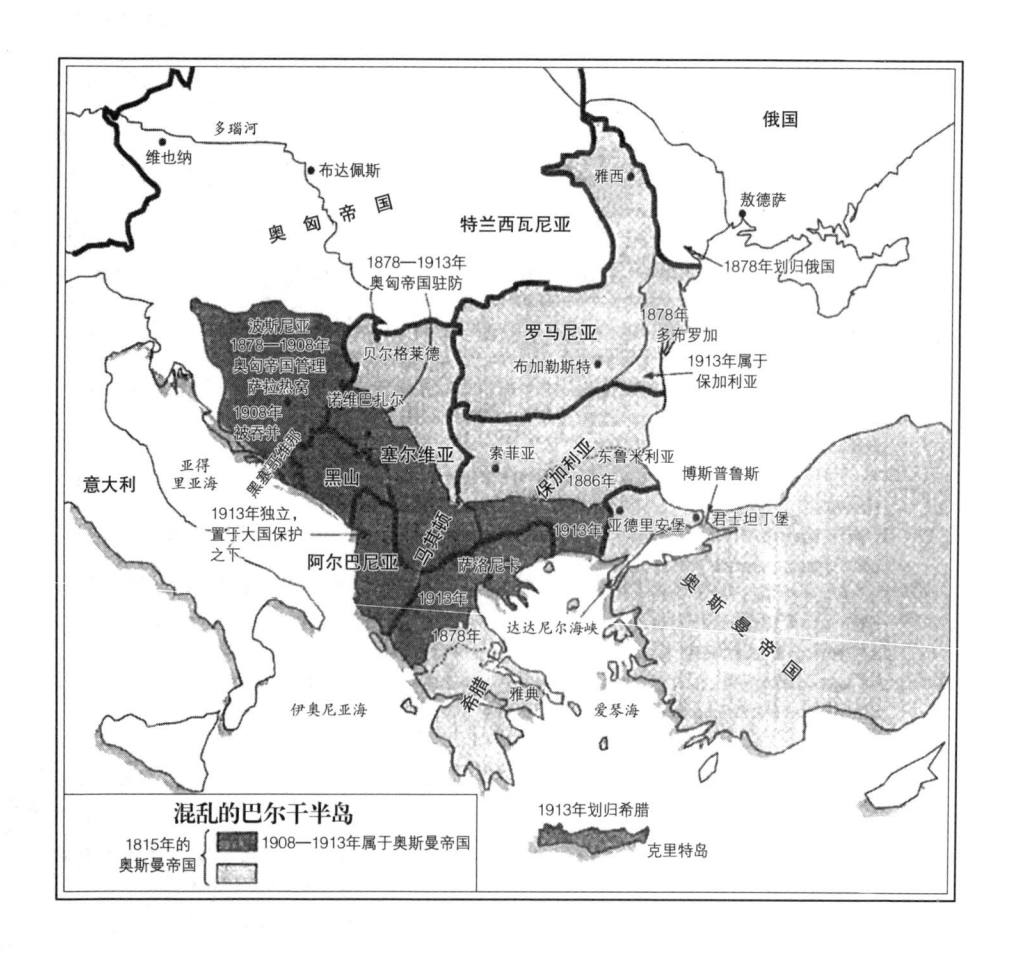

埃伦塔尔提议解除塞尔维亚-俄国的威胁。1878年,"东方问题"①（Eastern question）使欧洲陷入危机,俾斯麦和迪斯雷利在柏林会议上化解了这次危机。从那时起,奥匈帝国乘机将邻国的波斯尼亚和黑塞哥维那纳入自己的版图,但这些地区仍然在名义上属于奥斯曼帝国。整个东欧问题产生的根本原因在于奥斯曼帝国的衰败。奥匈帝国可以在邻近的桑贾克地区（首府诺维巴扎尔）保留一些军队,并将塞尔维亚和黑山分离,而这些地区主要由塞尔维亚人和克罗地亚人居住。埃伦塔尔提议修建一条穿过桑贾克的铁路,俄国人质疑这是非法的,并认为此举代表奥匈帝国试图将影响力进一步扩大到巴尔干半岛以防备俄国及塞尔维亚。奥匈帝国采取了一系列措施,以反对奥匈帝国国内危险的南斯拉夫民族主义不满情绪。

"青年土耳其革命"推翻了苏丹阿卜杜勒·哈米德（Abdul Hamid）的专制政权,很快使局势变得复杂化。所谓"该死的阿卜杜勒"政府,延续了日渐衰落的奥斯曼帝国的作风：残暴、腐败和几乎所有其他可能的不当政府模式。半个世纪以来,这个政府使世界蒙羞,并制造出巴尔干半岛的大部分问题。1878年,这个政府还没有像英国首相威廉·格莱斯顿（William Ewart Gladstone）所要求的那样减轻欧洲的"包袱",但已经大大减少了。苏丹在欧洲仍占有一些领土,包括被希腊觊觎的色雷斯和因无政府状态而臭名昭著的马其顿。不过,正如上面提到的,在名义上仍然属于奥斯曼帝国的某些地区,实际上已经由其他国家接管。

1908年7月24日,年轻的军官们在君士坦丁堡策划了一场"宫廷革命",推翻了苏丹政府。这场革命的起因是担心列强会再次干预,以制止马其顿可怕的局势,因为改革苏丹政府的一切努力似乎都失败了。然而,"青年土耳其革命"的直接影响是制造了更多的混乱,并使欧洲政治家认为该是"罢工"的时候了,而巴尔干半岛仍然打得火热。埃伦塔尔再次发动进攻：10月5日,

---

① "东方问题",指近代欧洲列强为争夺奥斯曼帝国及其属国的领土和权益所引起的一系列国际问题。从欧洲来看,奥斯曼帝国地处其东,故统称为"东方问题"。

弗朗茨·约瑟夫皇帝宣布彻底吞并波斯尼亚和黑塞哥维那。

这是轰动一时的爆炸性事件。从本质上讲，这项提议是有价值的，各省的异常状况阻碍了它们自身的进步。在奥匈帝国的统治下，它们可能会过得更好，因为奥匈帝国政府是相对进步的。但是，塞尔维亚和俄国肯定都反对合并。埃伦塔尔准备以向俄国军舰开放达达尼尔海峡①的形式向俄国提供赔偿，他曾和俄国人讨论过这个问题。但是，其他大国必须对此表示同意，其中涉及的条约可以追溯到1856年克里米亚战争。当俄国外交大臣伊斯沃斯基（Alexander P. Isvolsky）前往巴黎和伦敦寻求达成协议时（结果证明这是徒劳的），埃伦塔尔继续宣布对波斯尼亚的吞并。与此同时，保加利亚国王斐迪南宣布，保加利亚现在完全独立，而非正式成为奥斯曼帝国的一部分。德国甚至没有提前得到盟友的通知，而这个时候德国实际上是想争取土耳其支持的。

伊斯沃斯基觉得自己被欺骗了，怒不可遏。同样愤怒的还有塞尔维亚人，他们的国家将在第一次世界大战到来时扮演关键的角色。塞尔维亚有250万人口，其中大部分是农民。越过国界边境线可以看到，大约600万塞尔维亚人和克罗地亚人生活在哈布斯堡王朝的统治之下。诚然，信奉罗马天主教的克罗地亚人和信奉希腊东正教的塞尔维亚人之间存在着一些分歧，这些分歧后来阻碍了他们共同生活的努力（现在仍然如此）。但在这个时候，两边都宣布他们是同一个民族，应该在一个独立的国家生活在一起。塞尔维亚渴望扮演像普鲁士在德国统一和皮埃蒙特在意大利统一中一样的角色。塞尔维亚同她的姐妹国家黑山一起成为巴尔干民族中第一个从土耳其独立出来的民族，由此形成了强烈的使命感，要把所有的南斯拉夫民族从奥地利和土耳其的统治中解放出来，建立一个独立的南斯拉夫国家。以19世纪意识形态的所有标准来看，这种使命都是崇高的，令华盛顿、玻利瓦尔、马齐尼和加里波第黯然失色。塞尔维亚人满怀激情和勇气地相信这一点，对巴尔干半岛的第一次

---

① 达达尼尔海峡（Dardanelles Strait），毗邻恰纳卡莱城（Canakkale），是土耳其西南部连接爱琴海和马尔马拉海的要冲，也是亚洲与欧洲两大陆的分界线，属连接黑海及地中海的唯一航道，具有重要的战略意义。——译者注

世界大战背景的任何描述都不能抹去这种道德热情。必须指出的是，塞尔维亚人在1914年6月28日暗杀事件中使用的恐怖手段让他们失去了同情。

显然，波斯尼亚被吞并打击了塞尔维亚的希望。事实上，奥地利政策的主要目标是"铲除塞尔维亚革命家的巢穴"，而土耳其共和新政权自然也反对失去各省，它比刚刚推翻的可鄙暴政更需要同情。埃伦塔尔显然有麻烦了，他的德国盟友准备给他一些不温不火的支持。然而，面对奥匈帝国的"既成事实"，俄国和塞尔维亚无能为力。法国和英国在为俄国争论的同时，并不准备为此在这一事业上开战。英国外交大臣爱德华·格雷甚至不愿意以修订《海峡公约》(*Straits Convention*)的形式给俄国"补偿"。俄国仍然遭受着1905年的军事创伤，尚未从俄日战争中缓过气来，因此并不准备独自开战，只能被迫让步。土耳其政府被收买，以250万英镑的代价放弃了波斯尼亚、黑塞哥维那两省名义上的主权。当时，愤怒的塞尔维亚人别无选择，只能退却，尽管在1909年的一段时间里奥塞战争一直威胁着他们。

1908年10月28日，伦敦的《每日电讯报》①(*Daily Telegraph*)发表了一篇对德意志帝国皇帝的采访，德国舆论一片哗然。威廉二世宣称，与德国人所持的普遍观点相反，他是英国真正的朋友，为表真心甚至提出要给他们赢得布尔战争的计划；他还向他的英国朋友保证，德国海军不是想要针对英国，而是针对日本。这篇采访几乎让所有人都感到匪夷所思，并在德国皇帝和最终辞职的总理布洛之间引起了冲突。在由此引发的风暴中，德国皇帝受到来自四面八方的公开批评。尽管《每日电讯报》的采访用意很好，但对于这位冲动的德国君主来说，却成了一个错误。

尽管如此，在波斯尼亚危机②期间，德国仍然忠于奥匈帝国，只是私下里暗暗抱怨。波斯尼亚危机主要是通过德意志帝国的外交手段得以平息的，以奥匈帝国吞并波斯尼亚而告终，代价是激怒了整个巴尔干半岛，疏远了俄

---

① 《每日电讯报》(*Daily Telegraph*)，1855年6月29日创刊，是当时英国有影响的全国性报纸。
② 波斯尼亚危机(Bosnian crisis)，指1908年在巴尔干半岛发生的一次国际危机。奥匈帝国吞并了波斯尼亚和黑塞哥维那，阻碍了塞尔维亚在该地区的扩张，塞尔维亚对此感到非常不满。——译者注

国，并惹怒了塞尔维亚。巴尔干半岛危机继续酝酿，直到1914年6月28日的决定性时刻。事实上，危机不仅仅是在酝酿，曾在1912—1913年就爆发过战争。法国在1908年未能帮助其盟友俄国，因此感到有必要在下一次战争时对俄国提供支持。现在，俄国不得不支持塞尔维亚，并开始在巴尔干半岛进行报复性外交。

尽管很难对国家的复杂事务进行道德说教，尽管埃伦塔尔有他这样做的充分理由，但总体而言，后世对他1908年提出的倡议作出了严厉的评判，认为这是1904—1914年走向战争的关键时刻。

## 1911—1913年

摩洛哥危机在1911年再度爆发，并成为国际竞争的试金石。毋庸置疑，1905年摩洛哥第一次危机的结果在德国人心中早就引起了不满。阿尔赫西拉斯会议结束后，德国和法国于1909年达成一项协议，德国承认法国在摩洛哥的特殊政治地位，即作为法律和秩序维护者的角色，这样做并没有特别奏效。

1911年，摩洛哥爆发了起义，法国一度认为有必要进军其首都非斯（摩洛哥四大首都之一）。德国新任外交大臣阿尔弗雷德·冯·基德伦-韦希特尔（Alfred von Kiderlen-Wächter）宣布，法国的这一行为违反了《阿尔赫西拉斯协定》（Algeciras Agreement）。为了强调这一点，德国海军"黑豹号"（Panther）炮舰抵达摩洛哥的阿加迪尔港，理由是受法国保护的苏丹国显然无法维持自身秩序，每个国家都必须保护自己的公民。

基德伦-韦希特尔沉着老练，他想要的是和解。如果法国想放弃伪装，在摩洛哥获得主权，他们可能会这样做，但前提是他们要给德国一些东西作为回报。最终，德国得到了法属刚果的一小部分土地，作为承认法国在摩洛哥霸权的奖励，而这块土地本身的价值并不大。此时，基德伦-韦希特尔显然对自己引起的暴风雨感到有点害怕，于是做出了退让，并对这一胜利感到满意。如果说这是一场胜利，那就不值得为之付出代价，因为英国再次表现出对法国的强烈支持。在大西洋港口，一艘德国军舰的壮观场面激起了所有英国人对日耳曼民族威胁的怀疑。

第二次摩洛哥危机最引人注目的是它引发了公众的兴奋,这是民族主义高涨的证据。德国的新闻媒体欢呼雀跃着"黑豹之春",并为德国最终将摩洛哥从贪婪的法国手中夺回的想法而欢欣鼓舞;法国媒体呼吁要德国人流血。当不是摩洛哥而是刚果的一部分落入德国手中时,德国民众大失所望。法国舆论谴责这次割让是向"讹诈"投降。当大卫·劳合·乔治——一个曾经坚定的和平人士——走上讲台并庄严地警告说,"英国永远不会屈服于国际讹诈"时,英国的舆论也被激起来了。就在这个时候,始于1906年的英法秘密军事合作的消息被泄露了。一些人后来声称,这构成了英国与法国在事实上结成联盟,使英国在任何时候爆发的法德战争中都站在法国一边:两国政府秘密同意将大部分英国舰队撤离地中海并由法国接管,让英国皇家海军守卫北海,以抵御德国日益增长的海上力量。

外交家们都纷纷保持冷静,基德伦-韦希特尔和经验丰富的法国大使朱尔·康邦(Jules Cambon)似乎很享受这场比赛。然而,公众根本没有本着这种精神进行一场游戏,这种对殖民战利品的小小的(如果不是肮脏的)争吵,加上充满报复心理的政治,可能会动摇和平局面,这是令人不放心的。也许,这时候神经已经被拓片刺激到了,因为巴尔干半岛已经进入了紧张局势,先是1908年旷日持久的波斯尼亚危机,接着是意大利对土耳其的进攻,然后是1912—1913年的两次巴尔干战争,而1914年爆发的最后一次灾难性危机则由此而来。

意大利试图从土耳其(1908年后被称为奥斯曼帝国)的手中夺取的黎波里,这是两个冲突地区与以摩洛哥和海权为中心的法、英、德竞争以及俄国、奥匈帝国和塞尔维亚的巴尔干竞争之间的一种联系。为了获得意大利对"友好协约"(Entente Cordiale)的支持并使其脱离同盟国,法国承诺在适当的时候支持意大利对的黎波里的控制权。意大利人认为时机来了,在民族主义的煽动下试图弥补过去的屈辱,重新获得帝国的荣耀。

尽管土耳其曾受过伤,却还是顽强的劲敌。在俄国鼓励下,1912年成立的巴尔干联盟(Balkan League),即塞尔维亚、保加利亚、希腊和门的内哥罗

（黑山）的联盟，旨在进攻土耳其并将其完全赶出欧洲。最终，巴尔干联盟占领了色雷斯和马其顿以及桑贾克地区。土耳其人根据意大利的条件匆忙与意大利达成和平协议，从而失去了的黎波里。然而，令人惊讶的是，在1912年爆发的第一次巴尔干战争中，土耳其人仍然无法应付巴尔干国家。保加利亚人占领了马其顿东部和色雷斯的大部分地区；塞尔维亚人解放了马其顿和桑贾克的一部分；黑山人占领了斯库塔里港；希腊人在马其顿南部和伊庇鲁斯取得了成功。塞尔维亚人和保加利亚人联手攻占了色雷斯重要的城市阿德里安堡。除了色雷斯的一小部分，土耳其人现在已经卷起"行李"离开了欧洲，克里特岛也划归给了希腊。

第一次巴尔干战争的结果对奥匈帝国来说是一场灾难，甚至在某种程度上让俄国感到震惊，沙皇政府不想看到保加利亚人占领君士坦丁堡。为了重新控制巴尔干半岛的"坏孩子们"，1912年年底欧洲列强于伦敦召开了一次国际会议，以处理这些问题。伦敦会议，通过建立一个独立的阿尔巴尼亚迫使塞尔维亚远离大海。1912年11月，列强似乎一度处于战争的边缘，德国宣布支持奥匈帝国，俄国宣布支持塞尔维亚。不久，俄国再次退却，因为这个国家对战争毫无准备，只能接受塞尔维亚的失败。不幸的是，俄国无法承受一次又一次的屈辱，下一次可能会拼命拒绝撤退。

巴尔干半岛局势继续紧张。巴尔干联盟中获胜的盟国，开始为战利品争吵。1913年7月，保加利亚袭击了塞尔维亚和希腊，但很快就被击败了——此前没有参与巴尔干联盟的罗马尼亚从北部攻打保加利亚。同年8月，保加利亚被迫讲和，将马其顿的大部分领土让给塞尔维亚，将爱琴海重要港口萨洛尼卡（Salonika）拱手让给希腊，并将其东北边境（多布罗加地区）的领土割让给罗马尼亚。土耳其人也夺回了一些色雷斯地区的部分领土。奥匈帝国再次惊慌失措，迫使塞尔维亚从阿尔巴尼亚撤军，但结果却是塞尔维亚的规模大大扩张，几乎是以前的两倍。

事后看来，1912—1913年的两次巴尔干战争为1914年一战爆发奠定了基础。两次巴尔干战争加剧了塞尔维亚和奥地利之间的紧张关系，并对塞尔维亚和奥地利的盟友施加越来越大的压力，要求其支持他们。这是一场雄心勃勃崛起中的塞尔维亚和强大但脆弱的奥匈帝国之间的最后决战，因为奥匈帝国害怕自己的许多少数民族。问题是，这种冲突是否可以保持本地化？从伦敦或巴黎的有利位置来看，这些事件似乎很遥远，有些奇怪的是几乎没有人相信这会导致威胁到欧洲的全面战争。

但是，如果绝望的奥匈帝国试图用双重剂量的埃伦塔尔主义摧毁塞尔维亚，以此解决国内问题呢？俄国就不会支持塞尔维亚，导致哈布斯堡和罗曼诺夫在整个东南部发生交火吗？俄国是否再次让塞尔维亚失望，法国能否像1908年那样让俄国陷入困境？除了支持唯一的盟友奥匈帝国，德国还有别的选择吗？1914年，政治家们发现自己成了历史的囚犯。

1912年的一幅漫画《巴尔干麻烦》，描绘了巴尔干半岛五个国家的困境。（《笨拙》[Punch]画报）

1913年，敏锐的观察者们已经在悲观地解读未来了。1913年3月23日，德国著名学者古斯塔夫·施穆勒（Gustav Schmoller）在为维也纳《新自由报》（Neue Freie Presse）撰写的一篇文章中曾经提出一个问题："巴尔干的火焰会跃升到列强手中吗？"古斯塔夫·施穆勒自己给出的答案是，虽然相信这次欧洲大国的外交大臣们将克服这次危机，但是"风暴迟早会卷土重来"。同年晚些时候，法国外交官保罗·康邦（Paul Cambon）在私下里写道，"尽管我一贯乐观……我开始觉得气氛有点紧张。为了重建目前令人不安的不稳定的平衡，需要大量冷静和谨慎"。

1913年3月，德意志帝国议会投票决定将德国军队增加13万人，再加上现有的80万人，共计93万人。同时，法国政府提议将每位身体健全的法国男性公民必须服兵役的期限从两年延长到三年，经过激烈的辩论，这项措施终于获得通过。俄国和奥匈帝国也采取了类似的措施，加剧了国际紧张局势。1913年年底，扎本事件（也称阿尔萨斯事件）看似很简单——一个德国军官挑衅了阿尔萨斯人，但这个微不足道的事件却引发了法德两国的摩擦并逐渐被放大，从而具有了国际意义。德国和英国之间的对话解决了殖民地的一些小问题，但在海军限制的大问题上再次未能达成一致。俄国和德国就一名德国将军担任土耳其军队的顾问问题发生争执，当时土耳其军队正在重组中。不过，没有人会记得这些事情，除非它们后来看起来像大风浪来临前的救命稻草。

## 战争的直接起源

第一次世界大战显然是由三个基本冲突共同引发的：奥匈帝国和俄国在东南欧的竞争，1871年的法德敌对，以及德国和英国之间的海军竞争。另外，并非所有的问题都是德国和奥匈帝国反对法、英、俄签订三国协约引发的。英国对俄国仍怀有相当程度的不信任。如果就巴尔干半岛问题在俄国和奥匈帝国之间做出一个简单选择，英国的支持将压倒性地投给奥匈帝国，因为传统上英国与奥匈帝国之间没有冲突。正如1908年所证明的那样，英国对在海峡上看到"大熊"（俄国）几乎毫无热情。1914年前夕，法国曾试图将俄国纳入协约国的联合军事计划之中，但英国外交大臣格雷在最初表达了兴趣后就对此置之不理。作为与俄国合作的一个试验，1907年被英俄分裂的波斯尼亚留下了一些值得期待的东西。明确地说，英国坚决支持法国反对德国，绝不会支持俄国反对奥匈帝国。它们在1914年的矛盾心理反映了这一事实，这可能是危险的。

一切都为引发火药桶的爆炸做好了准备。巴尔干战争的结果是塞尔维亚变得更加强大和野心勃勃，宣传和阴谋加剧，以全力反对奥匈帝国。在奥匈帝国的政府国务委员会中，有强烈的声音支持与塞尔维亚一劳永逸地和解。奥匈帝国老皇帝的侄子和王位继承人弗朗茨·斐迪南在前往波斯尼亚进行国事访问时被暗杀，波斯尼亚成为塞尔维亚和奥匈帝国对抗的风暴中心。这显然是一个具有挑衅性的事件，因此对此产生的各种怀疑自然存在。一时间，阴谋论盛行。是塞尔维亚政府或者至少是著名的塞尔维亚人物策划了这场谋杀吗？还是弗朗茨·约瑟夫的大臣们故意牺牲王储，为消灭麻烦的塞尔维亚人提供一个好借口？还是这仅仅是某一个人的个人行为，但不知不觉地触发了人类历史上规模最大的战争？1914年6月28日斐迪南暗杀事件引发的争议之多，堪比1963年美国总统约翰·肯尼迪的遇刺事件。有人指控，是奥匈帝国甚至德意志帝国的知名人士策划了这一事件，如果不是为了给有预谋地袭击塞尔维亚提供借口，那也是为了除掉斐迪南大公，因为他对奥匈帝国内部的改革持有自己的看法，赞成通过权力下放来给予斯拉夫人更多的自治权。许多人都无法理解，为什么斐迪南大公在塞尔维亚人纪念1389年失去独立的那一天去了这么危险的地方，为什么警方的预防措施如此松懈？另外，奥匈帝国竭力证明杀害王储的恐怖分子得到了塞尔维亚政府的帮助或鼓励。

　　刺杀斐迪南的凶手加夫里洛·普林西普（Gavrilo Princip）是一个不安分的、秉持理想主义的且被疏远的年轻人，而在现代社会这种年轻人太多了。普林西普在学校里一事无成，他的脑子里充满了19世纪末的各种令人陶醉的想法——社会主义、无政府主义、尼采主义。虽然普林西普是波斯尼亚公民，严格来说是奥匈帝国的公民，但他是一个坚定的塞尔维亚爱国者。普林西普和他的两个19岁的青年同谋者是死亡联盟（Union of Death）的成员，也就是黑手党（Black Hand）——一个接受俄国政府援助的塞尔维亚秘密恐怖组织。塞尔维亚政府知道这个组织的活动，但迫于公众舆论一直没有摧毁它。当时，塞尔维亚总理甚至收到了暗杀弗朗茨·斐迪南计划的暗示，并试图拐弯抹角地向维也纳政府通风报信，但他最终未能传达这一信息。这些青年被秘密遣送到贝尔格莱德，在那里接受武器培训，然后在塞尔维亚海关官员的帮助下被送回边境。黑手党的最高领导人是塞尔维亚总参谋部的情报主管，但塞尔维亚政府并不支持他，也不希望此时与奥匈帝国开战，因为塞尔维亚军队尚未从1912—1913年的巴尔干战争中恢复过来。因此，这位刺客不是塞尔维亚政府的代理人；然而，政府未能采取措施反对黑手党和贝尔格莱德媒体反奥地利（奥匈帝国）的煽动性宣传。根据国际法，塞尔维亚政府要对源自其边界的针对外国的暴力行为负责。

以上就是最终披露的有关暗杀的一些细节，这无疑是历史上最具决定性意义的一次暗杀。维也纳政府几乎不需要知道这些细节就可以做出决定，与塞尔维亚达成"永久和解"的时候到了。当时，奥地利外交大臣利奥波德·贝希托尔德伯爵（Count Leopold Berchtold）认为，有必要"使塞尔维亚永远没有实力伤害奥匈帝国"。这位有影响力的陆军参谋长和奥地利政府中几乎其他所有人都同意"奥匈帝国危在旦夕"，并且一致认为这次暗杀使世界舆论转而反对塞尔维亚人是一个不可错过的好机会。但是，奥匈帝国的老皇帝，特别是匈牙利总理蒂萨·斯特凡伯爵（Count Stefan Tisza，即蒂萨·伊斯特万伯爵[Count István Tisza]）不希望塞尔维亚被奥匈帝国吞并，推迟了对塞尔维亚的最后通牒。7月5日，奥匈帝国向柏林政府（德意志帝国）征询意见，德国向维也纳发出了支持的保证，即开出了所谓"空白支票"，表示会在合适的时间处理塞尔维亚问题。然而，一味地延迟可能导致高昂的代价。

在世界舆论仍然强烈反对塞尔维亚的情况下，暗杀发生后几天内对塞尔维亚采取强硬态度进行快速袭击的做法有可能被允许通过。德国的态度至关重要，它的支持注定了维也纳（奥匈帝国）在塞尔维亚问题上什么也做不了，但是蒂萨伯爵设法将事情推迟了几天。后来，由于各种原因，又再次推迟了几天，其中一个原因似乎是法国总统雷蒙·普恩加莱（Raymond Poincaré）和他的外交大臣在7月20日访问俄国。由于显而易见的原因，奥匈帝国不希望法俄两个盟国在会晤时收到这一信息。此外，奥匈帝国在等待调查完成，为塞尔维亚人参与暗杀阴谋提供证据。直到7月23日，最后通牒才从维也纳传到贝尔格莱德。

那时，心理上最紧张的时刻已经过去了，大多数人认为危机已经结束。劳合·乔治在英国发表演讲，宣布欧洲的和平条件正在稳步改善。7月9日，英国外交部常任副大臣亚瑟·尼科尔森（Arthur Nicolson）预料"风暴会过去"。然而，当风暴再次发生时，人们倾向于指责奥匈帝国。格雷声称，向塞尔维亚发出的最后通牒是"一个国家向另一个国家发出的最可怕的文件"。这个最后通牒不仅要求铲除塞尔维亚境内的所有恐怖分子，而且还要求结束塞尔维亚境内的反奥地利宣传，从而意味着塞尔维亚政府需要镇压参与这一活动的新闻媒体。为此，这份最后通牒要求，允许奥地利官员进入塞尔维亚监督这项工作，并密切关注其"教育实践"。这份照会是一份十分严厉的最后通牒，它要求塞尔维亚在48小时内全部接受这些条款，否则奥匈帝国就对塞尔维亚开战。在维也纳，没有人期望塞尔维亚会接受这些条件，这几乎就是对塞尔维亚发动战争的前奏。但是，出于对匈牙利意愿的尊重，塞尔维亚不会被直接摧毁，只是被迫接受奥地利的监管，就像拉美小国不得不允许美国对他们进行监管一样。

如果这种毁灭性的交流在欧洲留下了非常不好的印象，那么塞尔维亚人的回答就是一个胜利。在严格的时间限制内，他们做出了敏捷的反应，一位杰出的奥地利外交官曾称之为"最杰出的外交技巧样本"——塞尔维亚几乎接受了奥地利提出的所有要求，同时基于明确的宪法理由拒绝了其中一些不合理要求，并建议由海牙法庭或大国会议对这些要求进行仲裁。尽管塞尔维亚在名义上未能满足奥地利的所有要求，但这些回答散发着甜蜜的理性气息，似乎消除了一切发起战争的原因。就连德国皇帝威廉二世也认为，"引发战争的所有理由都消失了"，同时他也解释说奥地利的最后通牒是在柏林不知情的情况下发出的。

但是，奥地利已经启动了战争机器，并不想就此打住。7月25日，48小时的期限一到动员令就发出了，其中八个军团准备奉命出动，但其他军团需要到8月12日才能准备好。在一战这场悲剧的发展中，军队动员的过程起了关键作用。尽管动员令的发出意味着战争的爆发，但花了二十天时间动员才使部队进入战争状态之中。德国可以以最快的速度进行动员，奥匈帝国相对较慢，而俄国最慢，因为它们距离遥远，交通设施也相对较差。当奥地利动员八个兵团时，俄国也感到有必要开始实施军队总动员。

7月28日，奥匈帝国向塞尔维亚宣战，次日便在贝尔格莱德投下了几枚炸弹。俄国下令对四个地区进行部分动员，包括巴尔干前线附近的基辅和敖德萨。显然，俄国的行动得到了法国驻圣彼得堡大使的支持，即法国的支持。

圣彼得堡此举意在表明，只可能准备对奥地利发动战争，以保卫塞尔维亚。因此，这反过来刺激了奥地利将其部分动员升级到整体动员。德国总参谋长赫尔穆特·冯·毛奇（Helmuth von Moltke）发来一封电报敦促奥地利走上这条道路，引起了奥地利外交大臣利奥波德·贝希托尔德的著名反应："谁在柏林下达命令？"德意志帝国总理贝特曼－霍尔维格（Theobald von Bethmann-Hollweg）则选择了一条相反的道路，试图限制奥地利。随后，俄国在7月31日将部分动员令改为全面动员令。就这样，欧洲开始陷入最严重的战争之中。

关于俄国的动员令已经有很多描述和研究，这是非常重要的。德军因此受到惊吓，采取措施以保护德意志帝国免受俄、法的挤压。然而，从某种意义上说，这是毫无意义的。如果俄国与奥地利开战，德国将不得不通过对俄国发动战争来帮助奥地利。通过部分动员，无法摆脱权力平衡的逻辑。几乎所有人都认为沙皇政府不想开战，当然也不想和德国开战。俄国感到有必要支持塞尔维亚，并逐渐被迫得出结论：如果维也纳坚持攻击俄国投入如此多政治资本的"小兄弟"国家，那么俄国与奥匈帝国的战争就无法避免。但是，俄国有充分的理由尝试将这场战争本土化。俄国将领及士兵深知俄国的落后，倘若真的爆发全面战争，这场战争必定存在着严重的危机，而德国可能会在几天内袭击俄国，因为德国的铁路网效率更高且到边境的距离也更短。俄国兵团从全国各地召集，由于铁路服务不足，需要数周时间才能在西部边境完成集结备战。

俄国将领设法说服沙皇和外交大臣谢尔盖·萨佐诺夫（Sergei Sazonov），立即全面动员军队是必要的。俄皇尼古拉二世做出这个决定时，明显带着悲伤的迹象，甚至是厄运来临的感觉。尼古拉二世并不想和德国开战，他几乎对德国饱含感情（他一直和他的表兄德国皇帝威廉二世相处得很好）。但是，尼古拉二世没有其他的选择。

俄国人试图做出这样的解释，他们的军队总动员并不一定意味着爆发战争，这是与国家的特殊情况有关的必要的预防措施。但是，现在德国将军们并没有受到任何限制，军事命令正在接收。在某种意义上，德国人当然也不想要战争发生。德意志帝国总理贝特曼－霍尔维格和德皇威廉二世开始后悔7

月5日冲动地给了奥匈帝国一张"空白支票";他们仍记得俾斯麦的建议,不要为了奥地利的目的被拖入战争。在巴尔干半岛,德国真的有那么多利害关系吗?

在7月25—30日期间,威廉大街(指德国政府)提出了一些折中解决方案的计划。通过这些方案,奥地利将在不爆发战争的情况下从塞尔维亚获得满足感和安全感。但是,俄国的动员引起了被围困的恐惧。7月31日,德国发出最后通牒,要求俄国停止动员。同时,德国又对法国发出的另一个最后通牒进行询问,如果俄国和德国发生战争,法国打算采取什么方针。这两个最后通牒的时限分别为12小时和18小时,并以德国的动员为威胁。如果法国同意中立,它们将被要求保证边境要塞城市图尔和凡尔登作为担保。

俄国人简短地回答"不可能停止动员!",法国人则根本没有赏脸作答。8月1日,德国对俄国宣战,法国发布动员令。同时,法国敦促英国宣布:一旦德国发动袭击,英国应该将为保卫法国而战。不过,内阁分裂的英国议会不会这么做。有些人认为英国应该这样做,因为这可能是和平的最后希望。尽管这看起来不太可能,但英国政府的犹豫不决也无济于事。德国等了两天,直到8月3日才向法国宣战,因为德国一直希望并认为如果法国能被诱导首先宣战,英国可能就会不再保持中立。俄德战争肯定不会把英国拉进来,没有一个英国人会愿意在欧洲东部的战争中为俄国而战。但在德法战争中,英国干预(不管采取什么措施)的可能性必然很高,尤其是如果德国人主动出击的话。

不幸的是,正如我们所知,德国的战争计划依赖于对西欧国家的早期进攻,并通过比利时攻入法国,即所谓"胡桃夹子"作战战略。因此,在俄国军队准备就绪之前,法国就可能被击溃。1870年,普鲁士曾在几周内就粉碎了法国;到了1914年,德国比当时更加强大。德国军官相信,这一战略几乎不可能失败,但它取决于执行的速度。此外,自1871年以来修改过的计划要求通过中立的比利时发动攻击,因为法国在法德边境加强了防御。对英国来说,这肯定是决定性的。这将使德国违反国际协定所承诺的中立国立场,并在全世界处于不利的境地。德国将开始挑起战争,并作为条约破坏者开战。这就是该计划的严重政治缺陷,但在德国的决策者看来,这些政治缺陷不足以对德国的军事优势造成威胁。

## 最后的思虑

8月4日,德国军队进入比利时,战争就这样开始了。这让全世界大多数人都不敢相信,所有的虚张声势都被喊出来了。战争前夕,一位德国外交官(鲁道夫 [Ruedorffer Hess])曾写过一本书,他在书中宣称:外交完全变成了虚张声势的游戏,因为没有人愿意真正发动战争。所有人都越来越鲁莽地虚张声势,可以说是因为每个人都确信虚张声势永远只是虚张声势。因此,人们普遍认为,最终没有人会真正挑起战争,这可能是促成战争到来的原因。如果一个人非常确定自己永远不必付出代价,他就会为高风险而赌博。但是,有太多的不必要的虚张声势让这场游戏继续下去,算总账的时刻终于来了。

关于战争起源的争论,无论是在战争期间还是之后,当更多的数据变得可用,便成为一个主要的学术议题,以及一个持续的流行争论。这也许是经典的历史争论。这种争论最终并不是完全可以解决的,因为它涉及无法证实的价值判断和事实证据。然而,很多事情最终都被排除了合理的怀疑。

只有最不批判的人才会相信这是一场蓄意的侵略阴谋。各个国家都成了它们自己恐惧的俘虏,它们认为它们所有的行为都是出于自卫。奥匈帝国当然希望摧毁塞尔维亚,并准备发动战争来实现这一目标;从这个意义上说,奥匈帝国是有罪过的。从1908年开始,奥匈帝国的政策既激进又鲁莽,但是整个奥匈帝国的公众舆论都相信国家岌岌可危。狄金森不偏不倚,他不是德国人,也不是奥地利人,而是以一位英国评论家的立场承认:任何国家"在类似情况下都不会像奥地利那样,决定通过战争一劳永逸地结束这一威胁"。当奥匈帝国受到内部危机的致命威胁时,塞尔维亚用言行、宣传和谋杀来攻击奥匈帝国。老皇帝弗朗茨·约瑟夫不是战争贩子[①]，而是欧洲最受尊敬的绅士，然而他最终看不到其他解决办法（外交大臣利奥波德·贝希托尔德和康拉德·冯·赫岑多夫［Conrad von Hotzendorf］欺骗了他的说法是不正确的）。

　　奥地利人在最后一次危机中的整个行为表明，他们反对任何先入为主的发动战争的计划。正如我们所知道的那样，它们的长期拖延甚至可能是挑起战争的一个原因。如果它们准备在谋杀案发生后数小时甚至几天内突袭塞尔维亚，它们很可能会不等其他国家反应过来就得逞了。然而，它们迟迟没有这样做，而是一直争论不休，最后在将近四周之后它们也没有发动进攻，而是发出了一张最后通牒。然后，在等塞尔维亚回应以后，它们又花了三个星期的时间开始动员军队。这是一个烦琐的官僚机构和一个分裂的议会做出的反应，与其说是对战争的铁腕意志，不如说是对战争的挣扎——战争是一种最后的手段。

　　同样，也很难责怪塞尔维亚人，因为他们被民族主义控制着，想要团结南斯拉夫人。但是，责怪民族主义本身也是徒劳的。民族主义是一种深深的情感，它得到了19世纪强大意识形态的支持，尤其吸引了那些生活在历史阴影下、落后和受到虐待并想要维护自己尊严和价值的人们。事实上，如果我们要谴责民族主义，那么我们几乎要谴责整个现代历史，还得谴责华盛顿和林肯、玻利瓦尔和圣马丁、圣女贞德、马丁·路德和马丁·路德·金。

　　有一个学派试图将战争的责任从同盟国转移到俄国，并指出1908年后俄国在巴尔干半岛的阴谋非常诡异。俄国人帮助组织了巴尔干联盟，并助长了塞尔维亚的恐怖主义。1914年，俄国支持塞尔维亚，把一场局部冲突转变为一场全面战争。它们贪图海峡的利益，而俄国人可以为斯拉夫同胞的命运和进军海洋的必要性辩护。1908年的屈辱损害了沙皇的威望，使俄国无法接受未来的外交失败。毫无疑问，虽然许多罪恶都可以归咎于沙皇政府，但它在1914年不想发动战争。除了支持塞尔维亚和盟国对抗灭绝的威胁，俄国别无选择，尽管这场战争将永远摧毁俄国在整个东南欧的地位。大国的威望可

---

[①] 战争贩子，这里指试图挑起战争的人。——译者注

能会让我们觉得不值得，然而它却是作为政治生活和人性的残酷事实而存在的。俄国严重的内部问题使沙皇的皇位摇摇欲坠，正如1905年所显示的那样；沙皇感到无法再次承受一个国际羞辱了。

在战争期间和结束之后的很长一段时间里，英法两国大多数人都认为是德国策划了这场战争，认为德皇是个大罪犯。然而，事实上，柏林政府并没有在巴尔干危机中发号施令；与1908年对莱克萨·冯·埃伦塔尔无动于衷一样，1914年柏林政府对奥地利外交大臣利奥波德·贝希托尔德伯爵也是如此。战争前夕，德国试图尽可能地控制奥地利。德国皇帝威廉反复无常、冲动，总的来说，这对他的人民和欧洲来说都是不幸的，但他不想在1914年发动任何蓄意的战争。① 原因非常好理解，德国人害怕因被包围而遭受重创。他们被敌对的法俄军队包围，认为他们在1904年被故意冷落，认为英国人傲慢地否认德国在海上的大国地位。在战前，当德国皇帝告诉美国大使豪斯上校（E. M. House，即爱德华·豪斯）"欧洲每个国家都有刺刀指向德国"时，他无疑是诚恳的。1914年，德国根本无力在自己需要的时候抛弃其最后的盟友奥匈帝国。决定德国侵略比利时的计划无论是对是错，都是长期考虑如何在两个战线的战争中避免灾难的结果。

法国外交先后赢得了俄国和英国作为盟友，从而完成了前十年最辉煌却又最危险的政变，使法国从俾斯麦强加给法国的孤立中挣脱出来。（当然，这一壮举得益于德国人的无能。）考虑到1871年法国遭遇的震惊和屈辱，法国希望恢复在欧洲的统治地位的愿望是可以理解的，而德国吞并阿尔萨斯–洛林使这种感觉得以延续。同样自然的是，法国害怕其在东部更强大的邻国——德国拥有强大的军队，拥有更多的人口（大约6500万人，相比之下法国只有4000万人），以及日益增长的工业优势。为此，法国需要借由盟国对德国的威胁求得安全。1914年，法国当然不想开战，但像德国一样，法国觉得不能放弃盟友，而且法国之前已让俄国失望过了。这样，德国不能看着奥地利被

---

① 德国历史学家弗里茨·费歇尔（Fritz Fischer，1908—1999）认为，德国皇帝和他的战争首领们在1912年12月的一次会议上决定开战，但是这种说法还未经得起考证。

俄国打败，法国也无法对德国和奥地利击败俄国袖手旁观。

英国在外交上一直犹豫不决，这一点备受指责，不仅是其他国家这么认为，英国人自己也是如此。1920年，德比勋爵（Lord Derby）发表评论时表达了这样一个观点："我一直认为，如果德国知道我们会站在法国一边，那么德国就不会发动进攻。"但是，这种犹豫不决是英国一贯的立场。此外，德比勋爵的提议是有问题的，如果仅仅因为德国指望快速战胜法国，那么没有庞大常备军的英国对德国的胜利产生的影响其实微乎其微。即使在德国入侵比利时之后，英国内阁仍在开战问题上存在分歧，两名内阁成员还因这个问题而辞职。大多数英国公民认为支持俄国没有好处，英国也没有承诺以任何形式的联盟来保卫法国。事实上，英国不可能允许德国战胜法国，因为英国不愿卷入欧洲大陆国家联盟的漩涡，这是由来已久且根深蒂固的。莫利勋爵在辞去内阁职务的备忘录中问道："如果德国和奥地利被打败，在欧洲脱颖而出的将不是英国和法国而是俄国，这对西方文明有好处吗？"

最后，绝大多数人都不同意这种观点。但是，由于英国的观点是基于对权力平衡的模糊计算，而不是基于直接和明显的利益，这必然是不确定的。英国外交官艾尔·克罗（Eyre Crowe）在7月24日的重要备忘录中问道："如果德国凭借其海上力量和军事力量击败法国并凌驾于英吉利海峡之上，那将会发生什么？"但是，著名的反德派克罗还提出了这样一个问题：如果法国和俄国靠自己赢得胜利呢，还是法国和俄国被打败后加入德国对英国的进攻？唯一的结论是，为了捍卫自己的利益，英国必须以这样或那样的方式参战。值得注意的是，德国向英国保证，如果英国保持中立，德国不会因战争而吞并法国、比利时或荷兰的领土。①

如果很难让任何一个国家成为反面人物，同样也很难责怪任何一个阶级或经济利益集团。其实，认为伟大的资本家或金融家具有很大的直接影响是

---

① 心理历史学家认为，德国和英国的外交官彼此不喜欢对方，因为他们的童年和成长经历不同。然而，这也许是——如果涉及坚持的家庭模式，不清楚为什么他们在1900年之前喜欢对方，在1900年之后不喜欢对方——一些特殊的文化反感的例子，其中克罗是最值得注意的。在战争期间，德英两国人民的个人仇恨比其他任何两国人民之间的仇恨都要大。

一种错觉,他们中几乎没有人行走在权力走廊附近,而是一小部分专业的外交官制定了政策。总而言之,有一小部分人在1914年把欧洲推向了火海。在统治阶层的政治精英中,商人的地位是最不突出的。在俄国,外交使团是贵族的最后保护区;在奥地利和德国很大程度上也是如此,那里到处都是厌恶商人庸俗的人。英国阿斯奎斯和爱德华·格雷的自由政府致力于国内政策的社会改革,但它与资本主义经济利益的密切关系并不为人所知。战争的消息导致整个欧洲的股市暴跌,而劳合·乔治曾说"在英国没有一个金融或工业界的人士不受到战争的影响,他们认为战争会带来社会主义革命"。

法国的总理和外交大臣都是(独立的)"社会主义者","社会主义者"和工会主义者热情地团结起来支持他们的国家,忘记了他们曾经对国际主义承诺的誓言。知识分子也是如此,绝大多数的作家、艺术家、历史学家、科学家和牧师都为战争的开始而欢呼、祝福和高兴。最后,试图为"历史上最受欢迎的战争"寻找替罪羊的企图掩盖不了这一事实。如果没有民意的大力支持,职业政治家们犯了大错的这样一场战争不可能持续超过四年。

欧洲国家的政治领导人故意挑起战争,以此来摆脱严重的国内危机,这种荒谬的观点偶尔会出现。这里,可以对此做一个浅显的说明。阿斯奎斯只是在塞尔维亚危机的严重程度变得明显之前改变了对暗杀的看法,他对一个朋友说:他对此表示欢迎,因为这会使爱尔兰人失去理智。但如果说英国帮助策划了一场战争以逃避爱尔兰问题,那就太荒谬了。我们知道,奥匈帝国认为清除塞尔维亚是解决国内少数民族问题的办法,这是毫无疑问的。但是,奥匈帝国不想发动战争,也希望以某种方式避免欧洲战争。1914年前夕,俄国由于发生了宪法危机而爆发了严重的罢工运动,但这些运动以前已经爆发过很多次了,并没有引发战争。一般来说,1914年的社会状况并没有比1878年、1885年或1898年更糟,而是变得相对更好,但那些时候战争都避免了。不管怎样,从内部的大火跳到外面的火药桶里并不是解决办法。俄国沙皇尼古拉二世悲哀地意识到,战争将会推翻他的政权,而被革命威胁削弱的政权很少能承担战争的风险。奥匈帝国和俄国确实存在内部解体的威胁,但1914年其他国家没有这种风险。1905—1914年,频繁罢工的工人运动在资本主义制度中寻求的不是社会革命,而是有形的经济利益。

同样,帝国主义也不是引发战争的主要原因。尽管殖民地或被保护国有时在权力的游戏中充当棋子,但它们并不是必不可少的组成部分。摩洛哥对法国和德国来说都没有太大的经济价值,法德两国为之争吵是因为自身的威望。从1880年到1904年,法国和英国一直是主要的殖民竞争对手,但他们的竞争并没有导致战争,反而利用殖民地的让步巩固了自己的联盟。1913—1914年,英国和德国解决了诸如巴格达铁路等殖民问题,而他们之所以发动战争另有其他原因。东南欧是导致第一次世界大战的主要冲突场所,虽然俄国和奥地利的敌对势力确实部署在那里,然而冲突在权力和战略方面而不是处于经济层面,因为东南欧是欧洲最贫穷落后的地区。

在决策中,军人的影响力远远大于商人,他们确实发挥了至关重要的作用。历史学家已经注意到(可能是正确的),文职领导层的力量相对软弱。至少可以说,贝特曼-霍尔维格、德国皇帝威廉二世、爱德华·格雷、维维亚尼(Viviani)、谢尔盖·萨佐诺夫、俄国皇帝尼古拉二世和利奥波德·贝希托尔德都不是令人印象深刻的人物。劳合·乔治认为,他们"悄悄地,或者说是跌跌撞撞地"卷入了一场他们不想要发生的战争。一些不负责任的军国主义者,如德国皇帝的朋友蒂尔皮茨或奥地利陆军总参谋长康拉德·冯·赫岑多夫,以及疯狂的俄国将军苏霍姆利诺夫(Sukhomlinov),发现他们的观点太容易被民众接受了。用爱德华·格雷的话说,"军备力量的巨大增长"导致了战争爆发这一说法是不正确的。按照今天的标准,当时的军事预算并不算强大。更重要的是,这些国家武装之所以发动起来是因为它们害怕,因此真正的原因要从让它们感到不安全的原因中去寻找。德国和英国之间的海军竞赛显然是战争背景下的几个主要的和尚未解决的对抗之一,但是单凭这一点本身是不会导致战争的。到1914年,这种情况已经持续了好几年,并没有比现在更糟,事实上似乎正在好转。温斯顿·丘吉尔曾描述过在战争爆发前几个小时,德国和英国的水手在基尔举行的仪式上如何友善往来。

很少有人料到会爆发战争,战争来得十分突然。当战争爆发时,英国外交大臣爱德华·格雷所做出的不是典型的反应。在1914年8月4日夜晚,当英国要求德国从比利时撤军的最后通牒到期时,爱德华·格雷站在自己的办公室窗户前看着闪烁的灯光渐渐熄灭,说道:"整个欧洲的灯光都要熄灭了,现在活着的人们再也看不到灯火重现。"历史学家必须遗憾地记录道,当时是一种喜悦而非阴郁的感觉占了上风。欢呼的人群,包围着德国皇帝,站在白金汉宫外,在铁路站向离去的法国军队敬礼,在圣彼得堡公开做爱。一位巴黎的观察家在8月2日这样描述道,"人的洪流在每一个角落里涌动",尖叫、呐喊和高唱着《马赛曲》(*Marseillaise*)。在柏林,人们连续两天在街上不停地唱着《德意志高于一切》和《坚守莱茵河》(*Wacht am Rhein*)这两首经典军歌。在俄国,一群暴徒袭击了德国驻圣彼得堡大使馆。自8月4—5日午夜开始,伦敦政府办公楼周围的街道被"难以形容的人群"围堵,这样的状况持续了好几天。欧洲人民迎接这场战争的情绪是欢欣而不是悲伤的,这一事实在最后的分析中可能比外交的所有细节更能解释战争的到来。

# 第三章
## 第一次世界大战：1914—1918年

## 第一年

　　托尔斯泰在《战争与和平》(*War and Peace*)中对博罗季诺战役的描绘给人留下深刻的印象，他这样写道：战场上一片混乱，作战计划错误百出，军官命令不被执行，在这种"战争的迷雾"中，机遇决定了结果。德国总参谋部认为这已经把战争简化成了一门精确的科学，但历史上最著名的赌博的结果——1914年8月4日德国开始进攻比利时——也许证明了这位俄国作家的正确性。最后，德军的进攻失败了，虽然失败的幅度很小，这一点可以用"意外"来解释，但确实有些计划走错了方向，有些命令被违背了。其中，一个著名的说法将德国的失败归因于违抗英军的命令。在勒卡特奥战役中，英国军官霍勒斯·史密斯–多里恩爵士（Sir Horace Smith–Dorrien）拒绝听从命令撤退，因此拯救了小规模的英国远征军使其免遭歼灭，甚至也可能拯救了整个协约国的命运。史密斯–多里恩的阵地制衡阻止了德军的进攻，并在马恩河畔的关键反击之前给了协约国军队巩固的时间。这一反击挫败了德军的攻势，而在此之前德军经过四周的稳步推进已提前完成了以强大的冲锋力扭转法军左翼的计划。[①]

　　当时，德国司令官毛奇对胜利信心十足，所以他从西线撤军去迎战俄国军队，他们在东线的前进速度比大多数人想象的要快。法军总司令乔弗尔（Joffre）在两支德军之间临时反攻，并利用这一机会阻止了德军的进攻。德军的补给已经用尽，忍耐力达到极限，却在即将胜利的时刻失去了通信。就在这时，"马恩河奇迹"[②]重振了法国军队的士气。

　　这场战争最大的错误是，几乎一致地预测这将是一场短暂的战争，持续六个月或者最多一年。以前的经验和一般原则都证明了这一点：自1867年以来，所有的欧洲战争都是短暂的；现代军队的破坏力似乎太大了，无法

---

　　① 尽管如此，这位英国军官霍勒斯·史密斯–多里恩爵士（Sir Horace Smith–Dorrien）还是受到了英国总司令约翰·弗伦奇爵士（Sir John French）的无情迫害。

　　② 在第一次世界大战中，当德国人的胜利似乎唾手可得且法国人的灾难迫在眉睫时，协约国军队却在马恩河畔转败为胜。所以，法国人把这场战役称为"马恩河奇迹"。

持续很长时间。因此，德国的整个战略是在基于一场伟大的战役就能解决的前提下。在英国，才华横溢的年轻经济学家约翰·梅纳德·凯恩斯（John Maynard Keynes）向他的朋友们解释说，"战争不会持续一年以上，因为可转换的资本将被消耗殆尽"。然而，接下来所发生的事情让将领们和经济学家们都感到困惑。防守方最终战胜了进攻方，技术决定了西线战事上的长期僵局，而人们找到了方法来供给和忍受长达四年多的战争。

当德军的大规模攻势未达到目的就崩溃时，巴黎响起了战斗的枪声，两支军队试图从侧面包抄对方。在到达西北的英吉利海峡和东南的山脉后，他们掘地挖好壕沟准备过冬，然后发现无论付出什么样的生命代价都不能让对方移动。当时，军队不像1940年那样拥有坦克，双方都修建了由壕沟、带刺铁丝网和混凝土碉堡组成的深防御工事——低矮、封闭的炮台可以抵抗敌人的攻击（没有人预料到这基本上是临时的防御）。当尝试攻击时，他们只获得了微不足道的领土收益，却导致了惊人的损失。即使在经过几个小时或几天的炮击为前进的步兵准备好了道路之后，机枪的横扫火力还是把他们击倒了。

尽管已经深入法国领土，但德国人并没有摧毁法国军队。德国人的100万军队被束缚在西部前线，他们在东线又面临着对俄国的战争。随着100万志愿者加入英国军队，协约国的地位得到了加强，尽管德国人在内线上稍有优势。德国人在他们的大赌博中失败了，并面临着可怕的包围，处境十分严峻。然而，他们在东线取得了辉煌的成功。

战争开始时，协约国——法国、俄国和英国——的总人口和潜在资源，可以被认为超过了同盟国——德国和奥匈帝国。当然，我们必须将塞尔维亚纳入协约国阵营；不到一年，意大利和罗马尼亚加入了协约国，而土耳其和保加利亚投入了德国的阵营。协约国三个国家人口数量加起来约为2.45亿人，德国和奥匈帝国人口数量约为1.15亿人，前者是后者的两倍多；控制着国际航道的英国可以从领土内和殖民地汲取额外的力量。但是，三分之二的协约国人口在装备不良的俄国，这很快就暴露了俄国在现代战争中的不足。另外，德国的盟友奥匈帝国的实力却被其许多不忠诚的少数民族严重削弱了。收买意大利被认为是协约国的一次政变；但是土耳其使通过海峡向俄国运送急需的物资变得更加困难，从而对德国起到了更大的帮助作用。

当时，德国军队可能是世界上最好的，但法国军队也很优秀。德国拥有法国十分之一的土地，包括工业化程度最高的部分，其中拥有法国五分之四的煤炭和十分之九的铁资源，再加上里尔周围的优良铁路网；德国还占领了包括奥斯坦德港在内的几乎整个比利时，而这个港口后来被证明是一个非常有价值的潜艇基地。

就军事实力而言，人们可以为随后的长期战争僵局找到许多原因，但在这种僵局中战争双方都将遭受残酷的挫折。最终，一个新世界诞生了，打破了平衡。

俄军迅速向德国东部推进，忠诚地履行他们对法国的承诺，而这也许

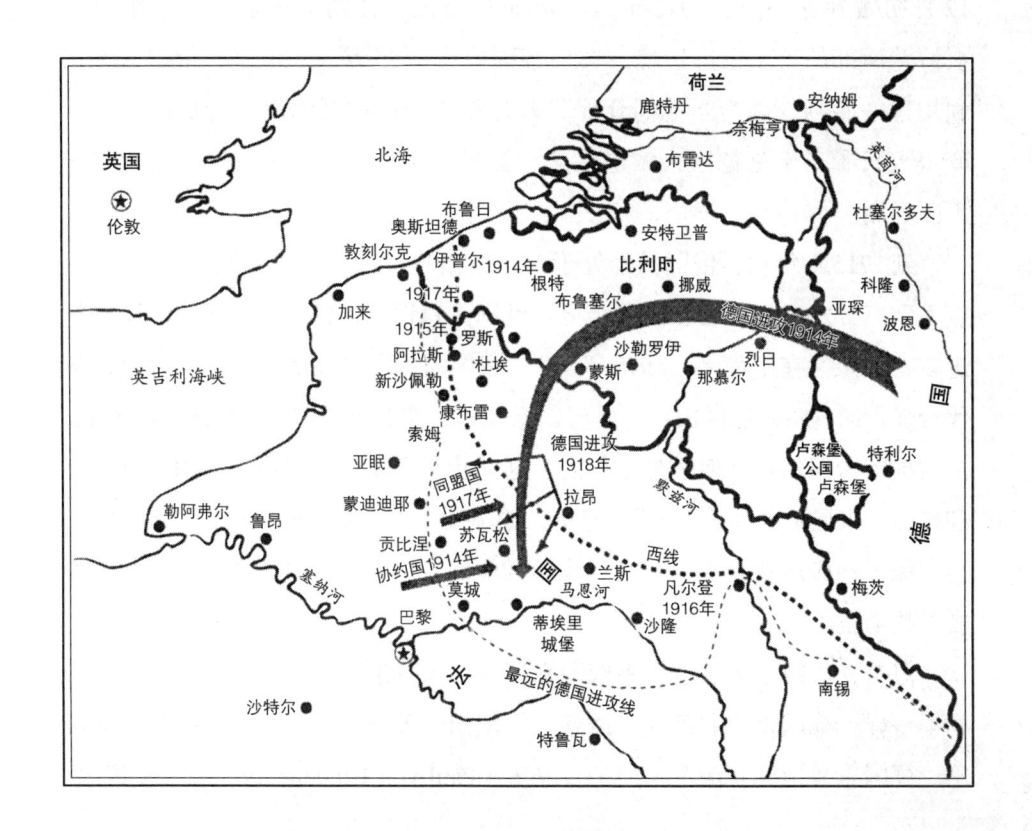

还迫使德国军队不得不从西线撤出。无论如何，不管是过度自信还是焦虑，德军总司令毛奇在8月25日转移了大量人马，结果令沙皇的军队大失所望。俄国在技术上的落后和战略铁路网上的不足，严重阻碍了俄军的发展。俄国军队非常勇敢，他们有时候有强大的锐气和令人难以置信的耐力，但是他们缺乏装备、补给、运输、医疗和足够的军事组织。他们在新的无线电设备上发送的信息没有编码，因为他们所拥有的无线电设备太少，而他们还常常忘了告诉对方要把军队带到何处。德军在东线初期的战斗中给了俄军以粉碎性的打击，让他们士气大跌。8月下旬，大约在西线战争高潮的同时，一支俄国军队在坦能堡（又称为坦嫩贝格）被包围，导致了12万名战俘的损失，其指挥官自杀身亡。败仗很快在马苏里安湖战役中重演，这里没有出现壕沟战的僵局，因为地形不适合，而俄军又缺乏装备和补给。

另外，俄军在对抗奥匈帝国军队时表现良好（甚至塞尔维亚人也能在12月初做到这一点；1915年，在保加利亚人的援助下攻陷了塞尔维亚）。在波兰南部的喀尔巴阡边境，奥匈帝国损失了35万人。但是，俄国人无法利用这一胜利，因为当他们仓促陷入与奥匈帝国的战争时，他们的补给线变得太长了，于是德国人派遣军队支援奥匈帝国军队。——这种模式将被不断复制。

到1915年年初，俄国已经处于十分糟糕的状态：在600万名士兵中，只有不到三分之一的人能够获得步枪。俄国人意识到他们不如德国人，于是将进攻行动限制在了南部。1915年3月，俄国人再次进攻奥匈帝国，以巨大的代价强行通过喀尔巴阡山口。此时，意大利正朝着盟军方面参战的方向发展。击败奥匈帝国的目标似乎是可行的，这一壮举可能会说服小中立国罗马尼亚和希腊"来拯救获胜的一方"。但是，德国又一次拯救了奥地利，而俄军则陷得太深了：1915年夏天，一次反攻导致他们在一次近乎溃败中逃离，几乎失去了整个波兰。

但是，德国不能通过伤害俄国来赢得这场战争。与拿破仑和后来的希特勒不一样，德国将领们拒绝受诱惑入侵俄国。关于这一点，曾有过激烈的争论。德国东线指挥官保罗·冯·兴登堡（Paul von Hindenburg）想入侵俄国，但被否决了。参谋长埃里希·冯·法金汉（Erich von Falkenhayn）认为，德国没有办法消灭一个拥有如此巨大的空间和人力储备的国家，俄国的运输问题会随着军队返回家乡而得到改善，而德军最好的做法是以相对较少的兵力守住前线。但是，俄国不会单独媾和，尽管包括拉斯普京[①]（Rasputin）在内的沙皇身边的势力都希望这样做。沙皇凭借着不切实际的勇敢继续留在战争之中，甚至在1915年9月亲自指挥军队——这一步通常被视为革命道路上的关键一步，因为它将尼古拉二世的个人威望置于危险境地。

看起来，德国和西部的协约国都被"束缚在一具尸体上"。1915年，协约国方面最有希望或者至少是最有想象力的想法是，通过注入供给的血液来复活自己的"尸体"。俄国基本上与西方隔绝，只能通过君士坦丁堡海峡接收急需的设备，但土耳其封锁了这条路线。一个显而易见的战略构想是，通过海上和陆地联合攻击将土耳其赶出战争，从而开启协约国和俄国之间的交流。这一想法归功于精力充沛的温斯顿·丘吉尔，他曾是英国内阁的第一任海军大臣。不过，英国驻土耳其海军指挥官和希腊总参谋部都比丘吉尔更早想到这一点，而丘吉尔早在1914年9月就推动了这一计划并持续这样做。但不幸的是，分裂的希腊拒绝加入协约国一方的战争，德皇的妹夫康斯坦丁[②]（Constantine）是亲德派。如果希腊政府遵循首相维尼泽洛斯（Venizelos）的意愿（他后来反抗国王，并于1916年在萨洛尼卡建立了一个独立的亲盟军政府），达达尼尔海峡战役可能会有完全不同的结果。

然而，碰巧的是，达达尼尔海峡战役的失败给予丘吉尔致命一击，其政治生涯被迫按下了暂停键。在德国顾问和两艘穿过地中海的德国军舰的帮助下，土耳其获得了强大的防御能力。同时，在白厅（Whitehall，指英国政府，又译为怀特霍尔）发动战役的过程中发生了许多争论和拖延。不幸的是，任

---

[①] 格里高利·叶菲莫维奇·拉斯普京（Grigori Efimovich Rasputin，1869—1916），俄罗斯帝国神父，尼古拉二世时期的神秘主义者，沙皇及皇后的宠臣。又译拉斯普丁、拉斯普钦或拉斯普廷。——译者注

[②] 这里指的是希腊国王康斯坦丁一世。——译者注

何将大量海军或陆军转移到东部战场的计划（劳合·乔治支持另一个通过爱琴海向塞尔维亚派遣军队的计划）都遭到了那些认为"清除西线或北海是危险的"的人的反对。在那里，英国海军严阵以待，防止德国舰队可能从黑尔戈兰岛的巢穴中爆发。

1915年2月，英法联军舰队炮轰达达尼尔海峡，但随即停止，3月又恢复了。直到4月下旬，英法联军才引入了远征军，而此期间土耳其人才有时间加强防御。令人惊讶的是，最初的远征军规模太小。加利波利半岛像一个上颚一样延伸在连接欧洲和亚洲的狭窄通道上，对于主要是英国人和澳大利亚人及新西兰人的军队来说，事实证明它是一个陷阱。在整个漫长而炎热的1915年夏天，他们不得不派出增援部队在那里战斗，而这加剧了英国政府内部关于优先次序的争论。不过，最终无济于事，超过20万名士兵丧生或受伤，还有一些海军船只成为德国潜艇的受害者。

尽管土耳其的损失几乎同样惨重，但远征军最终还是撤回了。这一事件不仅损害了丘吉尔，也损害了阿斯奎斯政府本身，并成为这场似乎一切都不顺利的战争中错误计划的典型。就这样，战争的第一个年头结束了。

## 1916年：屠宰之年

同盟国可能会从加利波利之战和德国对俄国的出色表现中得到安慰，因为这是以更少的兵力取得的胜利。从1915年10月到1916年3月，当俄国这只大熊舔着其深深的伤口时，东线几乎安静下来。在此期间，保加利亚加入了德国一方的战争。当奥德军队从西北方向入侵塞尔维亚时，保加利亚从东南方向攻击塞尔维亚，导致了塞尔维亚的失败。英勇的塞尔维亚军队的残余部队疯狂逃至阿尔巴尼亚，然后被英国和意大利的船只运送到了科孚岛（严格来说是希腊的领地）。此后，维尼泽洛斯在萨洛尼卡建立了亲盟军的希腊分裂政权，该政权被从加利波利半岛出发的协约国军队消灭。

然而，所有这些都不是决定性的。1915年5月，意大利对协约国事业的支持与美国日益增长的战争贸易，以及日本在8月加入协约国，这些都让协约国受到了些许鼓舞。但是，1916年将是西线最关键的一年——凡尔登战役和索姆河战役。1915年，西线相对平静，敌方通过挖掘壕沟、架设铁丝网和加固碉堡来完善他们的防御，其所采取的行动给进攻发出了困难和不祥的警告。协约国无论如何也想尝试一次进攻以帮助俄国；德国人有一种紧迫感，因为他们地处内陆又被封锁，更容易受到消耗战的影响。同时，双方都被一群顽固且没有耐心的公众推着进攻，因为他们认为一场永远的战争没有什么意义。人们期望军队赢得战争，而不是沮丧地坐在战壕里。随着达达尼尔海峡战役的失败，协约国的注意力又回到了主战场上；与此同时，德国人明白了一个事实，那就是无论他们打得多惨，都无法通过打击俄国人赢得这场战争。因此，1916年注定是法国和比利时损失惨重的一年。

德军总参谋长埃里希·冯·法金汉分析了战争形势，确信德军有必要在西线发动攻势。法金汉的理由似乎像足球教练说的一样，"从他们最强的点攻击他们"——凡尔登坚不可摧的堡垒象征着法国的反抗意志，尽管凡尔登战壕防线的防御被法军总司令乔弗尔部署得相对薄弱。第一次世界大战中最大的战役——凡尔登战役始于2月，直到12月才结束，因此持续了一年中的大部分时间。据估计，凡尔登战役造成了几乎难以想象的70万人大伤亡，其中法国人略多于德国人。法金汉认为，法国人在凡尔登会被打得血流成河，他们可以承受的损失比人口更多的德国人少。如果正如有人所说的那样，凡尔登战役是历史上最可怕的战役，那么法金汉的决定即使不是最大的罪行，也一定是历史上最愚蠢的错误之一。

德军的攻势以850门大炮的巨炮轰击开始，其中包括420门巨大的"大贝塔斯"炮。法国总理白里安（Briand）以影响士气为由拒绝了撤退到更容易防守的默兹河西岸的建议；他中了德国人的圈套，把凡尔登当作了一个象征。在接下来的几个月里，凡尔登的防守确实提高了法国士兵的士气，成了抵抗意志的一种民族性表达——"他们不会通过"。凡尔登战役决定了法金汉将军的命运，他成了一战期间许多不光彩的高级军事领导人之一。然而，菲利普·贝当（Philippe Petain）将军却名声大噪。

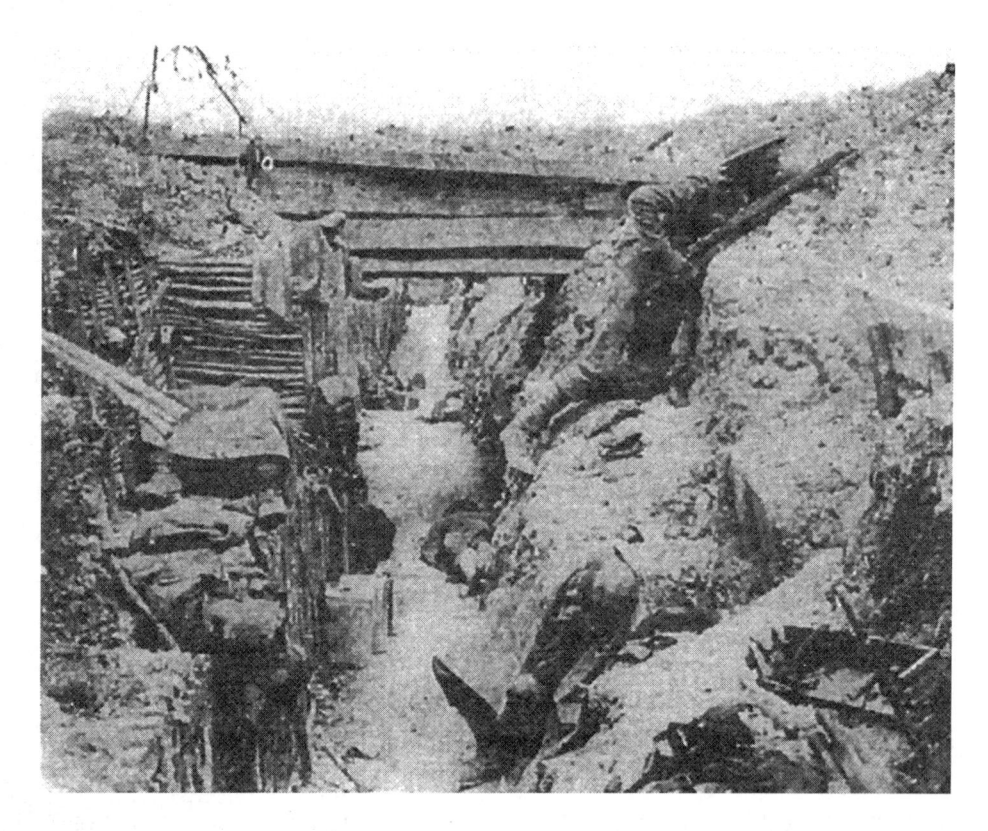

1916年7月,西线战壕战。(英国帝国战争博物馆)

法金汉的例子并没有阻止盟军犯下类似的愚蠢行为。凡尔登成为地狱之后,紧接着是索姆河屠杀。发起索姆河战役的目的之一是让英国参与进来;法国人已经在凡尔登献出了他们的生命,不让英国人流血似乎是不可思议的。这个主要由英国控制的地区,位于法国北部(佛兰德)凡尔登西北约150英里处,离英吉利海峡不到50英里。

成千上万的英国士兵在这里倒下,他们几乎都是志愿军。在袭击发生之前,持续了七天的轰炸产生了一种不可思议的噪声,而这在一些人看来就像是一种奇怪的音乐。7月1日,10万大军穿过"无人地带"开始袭击,他们中有一半以上的人被炸死或受伤,这为后来发生的一切奠定了基础。但是,巨大的轰炸并没有摧毁深深植根的德国机枪。几个星期以来,这场可怕的惨烈战斗一直持续着。尽管英国指挥官道格拉斯·海格(Douglas Haig)曾希望有所突破,但

在索姆河战役中，准备进行炮击的8英寸榴弹炮。（英国帝国战争博物馆）

这场战斗变成了像凡尔登战役一样的消耗战。德军遭受了可怕的打击，但英军只能取得微弱的优势，而任何优势都有可能在工兵部队巩固之前被适时的反击所抵消。这场巨大的索姆河战役的总损失，甚至超过了凡尔登战役。

1916年，已经有至少200万名士兵死于欧洲战场。除了西线的激烈斗争，奥地利人和意大利人还在东线忙于战争。为了减轻凡尔登战役中法军的压力，以及特伦蒂诺战役中意军的压力，俄国在6月莫名其妙地重新发动了东线的战争。自1915年以来，俄国组建了新的军队，并积累了物资。3月，俄军与德军进行了一场无效的纠缠之后，其在新任将军阿列克谢·布鲁西洛夫（Alexei Brusilov）的领导下，回到了他们最喜欢的目标地——奥地利。为了寻求这一次突袭的优势，布鲁西洛夫对从波兰东部到罗马尼亚边境南部的广大战线发动了进攻，而这在凡尔登和索姆河的初步轰炸中显然是无法达到的。这些攻击在开始时取得了成功，一支奥匈帝国军队被击溃，并占领了长达50英里的阵地，俘虏了许多士兵。但是，俄国人无法利用他们的战果，因为他们的补给用完了。德军被派去增援奥地利军队，而俄国指挥官有充分的理由害怕在北方攻击德国军队。以两个同盟国之间的激烈争战为代价，现在整个东线基本上建立了一个由德国管理的单一指挥部。

战争史学家西里尔·福尔斯（Cyril Falls）指出："布鲁西洛夫是第一次世界大战中唯一一位以他名字命名伟大胜利的指挥官。"布鲁西洛夫的进攻是单打独斗的表现，但还远远不够。奇怪的是，如此巨大的努力却使双方都陷入了困境。对奥匈帝国来说，这是一个惊人的打击，维也纳也因此失去了对柏林军队的独立控制。老皇帝弗朗茨·约瑟夫的去世很快就决定了多民族帝国的命运，奥匈帝国开始瓦解。就此，奥匈帝国的瓦解引发了战争，而战争完成了奥匈帝国的解体。

对俄国来说，布鲁西洛夫战役也是最后一根稻草。从这里开始，这条路稳步通向1917年的俄国革命和遭受苦难的俄军的解体。另一个国家也遭受了损失：在布鲁西洛夫取得胜利的顶峰时期，罗马尼亚最终被说服加入协约国参战，并得到了特兰西瓦尼亚和一些保加利亚领土的承诺。罗马尼亚军队开始向两个方向进攻，结果遇到了双重麻烦。其中，麻烦之一是近期被废黜的德军总参谋长埃里希·冯·法金汉，他在特兰西瓦尼亚阿尔卑斯山的一次布里连特战役中证明了自己是一名能干的战地指挥官。当保加利亚－土耳其－德国军队从南部入侵时，法金汉从北部进攻，罗马尼亚大部分地区被占领，首都布加勒斯特被占领。在雨季和冬天来临的帮助下，罗马尼亚得以在北部保住了国家的一块土地，并在贾西建立了一个紧急首都。

1916年是血腥的一年。在这一年里，战斗的风暴从英吉利海峡卷向罗马尼亚的平原和意大利的群山，考验着欧洲人的勇气与耐力。然而，战争双方最终都没有取得胜利，年底的僵局如同年初一般。在另一个战场，结果是打成平局。海上战争爆发了，这几乎是第一次世界大战中敌对舰队之间的唯一一次大规模战斗。1916年5月31日至6月1日，英德两国在丹麦附近的北海海域发生了一场激烈的日德兰战役。

英国海军的大部分兵力在北海驻守，维持对德国的封锁，但不愿意冒着被摧毁的风险进入波罗的海。如果英国海军摧毁了德国舰队，就等于为俄军打开了一条生命线。就其本身而言，德国舰队不敢与实力更强大的英国皇家海军较量，尽管德军确实对英国港口进行了夜间突袭，但也不敢贸然出击。德国在北海的黑尔戈兰岛拥有一个强大的海军要塞，如果英国海军试图通过斯卡格拉克海峡航行，他们的舰队可以从那里通过基尔运河回到波罗的海，大部分英国"无畏号"舰队则停留在苏格兰北海岸附近的斯卡帕湾。

这场一战中最大规模的全面海战并没有被提前计划好，而这是由德国海军上将莱因哈特·舍尔（Reinhard Scheer）采取的战术造成的，他试图通过派出一支"诱饵舰队"引诱英国舰队出击，然后用德国海军主力舰队去攻击那一部分出击的英国海军，以此分裂英国舰队的实力。在这次交战中，说"战争的迷雾"简直是轻描淡写；在这样一场复杂的海军竞赛中，双方都迷失了方向，这需要一卷书来描述北海各处战舰的混乱，而"雾"已经不仅仅是一个比喻了。舍尔的计划似乎适得其反，英国海军把他们困住了。德国舰队向北航行逃脱，而英国海军猜测是向南；实际上，德军沿着丹麦海岸返回了德国，尽管彼此舰队在夜晚的薄雾中擦肩而过。当一切都结束时，经过一个下午和晚上的交战后双方都伤痕累累，他们彼此间的认识也更"深刻"了。就沉没吨位和人员伤亡而言，英国的损失略多于德国；但是英国"无畏号"舰队仍然强大，双方可以说是势均力敌（英国海军损失的战舰全部是战斗巡洋舰、轻型巡洋舰和"无畏号"战舰之前的战列舰，没有一艘"无畏号"战舰沉没）。

双方都不想重复这样的海战。对英国来说，风险太大了，因为失去舰队将会打破对德国的整个封锁，以及所属的世界补给线的保障，包括与美国日益增长的贸易。德国海军越来越多地转向潜艇战，公海舰队在港口的闲置是后来引发基尔爆发兵变的原因。历史学家亚瑟·马德尔（Arthur Marder）是英国现代杰出的皇家海军历史学家，专注于1880—1945年英国海军史的研究，他声称英国皇家海军在日德兰海战中赢得了一场伟大的胜利，尽管并不是所有人都同意这一观点，尤其是法国人。英国舰队遏制并削弱了德皇引以为傲的海军实力，但德国海军也通过制止英国从波罗的海（以及海峡）给盟军提供海上力量，确保了俄国不断走向崩溃。

## 1917年的危机

在绝望的战争困境中，各国军事领导人纷纷寻找摆脱可怕僵局的方法。在索姆河战役后期，英国人第一次使用坦克，但是坦克数量太少，加之当时的坦克太原始，没有产生太大影响。直到1918年，在战争的最后几个月，坦克才做出了重大贡献。当然，第一次世界大战中有飞机可用；飞行员们在单座飞机上进行的"空中缠斗"（dog fights）为这场战争提供了唯一迷人的一面。但是，这些小型单座飞机主要用于侦察，虽然它们在侦察中可以对地面部队有所帮助，但并不发挥独立的战术作用。在伦敦，1917年齐伯林飞艇①突袭造成约1800人死伤，比飞机空袭稍少一些；1918年，巴黎遭受的远程攻击比空袭还多。轰炸机的使用即将到来。坦克和军用飞机虽是战争中出现的两个主要创新，却是在后来才得以进一步发展，尽管二者主导了第二次世界大战，但在第一次世界大战中它们还没有这种能力。在战争接近尾声时，美国空军想出了一个从空中将部队降落在敌后的计划，但没有得到试验的机会。

第一次世界大战中更广泛使用的是毒气，它也被普遍认为是更可怕的想法之一。1915年，盟军对德国在西线开始使用氯气大加宣传。德国军队首先在伊普尔附近使用氯气，随后又尝试了另外几种毒气。据统计，在一战中，化学战共造成127万人中毒，其中死亡人数为9万多人。杰出的科学家对此进行了研究，其中最主要的问题是毒气容易跟随风移动，防毒面具可以起到对抗剂的作用。

随着"大屠杀"（指一战）持续到1917年，军事领导人的职业生涯受到了影响，这是对他们未能找到战争胜利之路和避免可怕伤亡的惩罚。同时，

---

① 1900年，德国的齐伯林伯爵（Count Ferdinand von Zeppelin）制造了第一艘硬式飞艇。这种飞艇使用结构完整的龙骨保持气囊的外形，采用活塞式发动机作动力，飞行性能好，装载量大，并在第一次世界大战中发挥了重要作用。

这也是对高级官员和一些平民的真正屠杀。在最初的几个月里，法军总司令乔弗尔赶走了100多名法国将军，而他自己也不得不在1916年离开。德军第一任总司令毛奇让位给了法金汉，后者随后在凡尔登战役中也离开了。道格拉斯·海格接替约翰·弗伦奇（John French）成为英军的首席军事指挥官，但被贴上了"索姆河屠夫"的标签。温斯顿·丘吉尔也成了加利波利事件的牺牲品。1916年，英国战争大臣基奇纳勋爵访问俄国，其战舰因撞上了最近的日德兰海战中遗留下来的水雷而沉没，基奇纳勋爵遇难。此前，基奇纳勋爵受到了强烈的攻击，访问俄国在一定程度上是为了让他脱离困境。俄国陆军大臣苏霍姆利诺夫因叛国罪受审，但仅被判严重不称职。

以上这些只是政客因这场战争被迫过早"退休"的一些例子，达到了历史上难以企及的程度。当然，政府首脑也不能幸免。在1917年"老虎总理"乔治·克莱蒙梭上台之前，法国曾两次更换总理。在1915年5月的一次内阁改组后，赫伯特·阿斯奎斯于1916年末被罢免英国首相职务，这次大变动导致了大卫·劳合·乔治领导的联合政府上台，给英国自由党留下了永久的创伤。约翰·布莱特（John Bright）曾经这样说过，"战争总是会摧毁发动战争的政府"。1914—1918年的事实证明确实是这样的，因为没有一个一开始执政的政府坚持到了最后，而在这三个案例中整个国家政权都垮台了。1917年，德意志帝国总理贝特曼-霍尔维格失去了他的职位，仅比德国皇帝下台提前了一年多一点。

对战争物资的巨大需求是各国军队面临的一个重要问题。在任何进攻前，他们都要进行长达十七天的持续轰炸，数百门重炮和数千门小炮几乎是轮对轮地连续轰炸，而这自然需要相当多的弹药。据估计，仅在1917年的梅西恩战役中就发射了350万枚炮弹，还有矿工们埋在伊普尔附近的梅辛斯山脊下的数百万吨烈性炸药在地下引爆。在战争期间，比利时的伊普尔城镇周围发生了四次大型战争。这样的战争需求迫使政府不得不实行一种"战争社会主义"，政府在这种情况下不得不对货物进行配给，确定优先次序，实行价格和工资控制，并征用工厂。在英国，战争大臣基奇纳和总指挥约翰·弗伦奇都被指责为处理工作不当，他们不断发生争吵，弗伦奇声称他得到的弹药供应不足，而基奇纳则暗示供应是被浪费了。

英国首相阿斯奎斯则回避强制措施，甚至是回避征兵；直到1916年中期，英国军队都是由志愿者组成。于是，劳合·乔治开始认为阿斯奎斯很软弱。①1917年，英国和法国找到了有能力、受欢迎并且不惜一切代价为胜利而献身的领导人；俄国爆发了革命，奥匈帝国开始瓦解。在德国，一场政治危机迫使贝特曼-霍尔维格下台；德国的实际统治者是最能干的将军兴登堡和鲁登道夫（Ludendorff）。作为对俄国几乎完全崩溃的补偿，协约国赢得了最大的奖项——美利坚合众国。

1917年，始于英国新政府的成立，止于俄国的布尔什维克革命，包括法国军队的兵变、克莱蒙梭的上台、德国的政治危机、意大利在卡波雷托的灾难以及美国的参战。这一年并不缺乏行动，实际上可以说这一年是20世纪最为关键的一年。

这里需要指出的是，1917年的第一次俄国革命即"二月革命"②，让一个承诺使俄国民主化并以更有效的制度继续战争的政府上台。对此，敏锐的观察家表示怀疑，但直到次年11月，一个承诺不惜任何代价让俄国退出战争的政府组织才成功夺取了政权。1917年夏，随着人们的注意力转向国内革命和沙皇退位后的权力斗争，俄国军队迅速瓦解。但是，西方存在一种幻觉，认为新的俄国政府已经摆脱了沙皇的枷锁，提出了民主的和约，实际上会加强协约国的力量。春天，欧洲"社会主义者"代表团给俄国临时政府带来了鼓励的话语。

然而，从那时起西方社会对这场战争的支持开始动摇。其实，在战争一开始时，由罗莎·卢森堡（Rosa Luxemburg）和该党创始人之子卡尔·李卜克内西（Karl Liebknecht）领导的一小部分德国社会民主党人就反对战争。1914年末，李卜克内西是德国国会中唯一反对战争军事拨款的人，而一年后

---

① 阿斯奎斯的绝望，与他长期以来被他的女性朋友韦尼莎·斯坦利（Venetia Stanley）抛弃有关。

② "二月革命"发生的时间，实际上是现在西方国家日历上的3月初。

另外19人也加入了他的阵线。但是，欧洲"社会主义者"对国家战争的支持仍然非常坚定，只有轻微的动摇迹象。1915年9月，在意大利"社会主义者"的倡议下，在瑞士召开的齐美尔瓦尔德（Zimmerwald）会议见证了列宁（Lenin，原名弗拉基米尔·伊里奇·乌里扬诺夫 [ Vladimir Ilyich Ulyanov ]）将国际战争转变为各国内部阶级斗争的首次尝试。但是，这次会议几乎没有来自交战国家的"社会主义者"参加，齐美尔瓦尔德"社会主义者"也没有完全接受列宁的政纲。1916年5月，3名默默无闻的法国"社会主义者"在基兰塔尔参加了另一次会议，随后投票反对战争军事拨款。

1916年10月21日，奥地利总理卡尔·冯·施图尔克伯爵（Count Karl von Stürgkh）在维也纳一家餐馆吃午餐时，同样是著名"社会主义者"之子的弗里德里希·阿德勒（Friedrich Adler）将其刺杀。第二年，一大群杰出的德国"社会主义者"在柏林成立了独立的社会民主党。他们不反对战争本身，但他们反对兼并主义的战争目标，认为只有防御性的战争才是正当的，并对公开宣称的"如果德国政府赢得战争，就要获得额外领土"的目标感到震惊。当然，俄国的崩溃使得这个问题开始被尖锐地指出来。因此，包括伟大的社会学家马克斯·韦伯在内的其他学者也加入了"社会主义者"的行列，要求德国实现民主化，以便为战争找到真正的民众基础。这一立场类似于英国民主控制联盟（Union of Democratic Control）所采取的立场。民主控制联盟是一个由知识分子和"社会主义者"组成的团体，他们不否认发动自卫战争的必要性——为全面和平而战，并要求民主控制外交政策。同时，他们指责英国对法国的秘密承诺导致了这场战争。

然而，1917年7月的德国危机，主要是由对海军潜艇的希望落空而导致的。1916年5月，在英国"苏塞克斯号"（Sussex）战舰沉没后，美国给予了尖锐的警告，于是德国停止了潜艇作战计划。在此前一年，英国远洋客轮"卢西塔尼亚号"（Lusitania）沉没造成了大量美国人丧生，使德美关系陷入了困境，因为美国此前倾向于向协约国提供贷款购买战争物资已经使德美关系变得紧张。但是，这种绝望再次燃起了德国的希望，即使用庞大的潜艇部队可能会赢得战争的胜利。在战争刚开始时，德军以相当庞大的潜艇部队作战，并积极地加入其中,直到他们拥有了400多件这种相对较新的武器。因此,封锁开始对同盟国不利,它们面临着真正的被饿死的风险。1917年1月,柏林(德国政府)做出重大决定,在英国不列颠群岛周围诉诸无限制战争——击沉一切船只,试图以此饿死英国海军。德国高级海军领导人向德国皇帝保证,这一战略"可以在五个月内赢得战争"。

1917年3月,德国人在西线撤退到一条更坚固的防线——"兴登堡线",并默认在这一地区已经没有任何取胜的希望。因为,德国再也负担不起像凡尔登这样的战役了。

潜艇战导致美国于4月6日对德国宣战,而德国人此前直接无视美国先前对潜艇战发出的警告——"这将不可避免地意味着对美国人的生命和财产造成损失"。然而,在4月之后,潜艇战显然无法实现它所承诺的结果。U型潜艇的受害者人数众多,每月超过100艘潜艇被毁坏;但在2—4月涨潮之后,潜艇吨位的损失开始消退。不过,以驱逐舰保护的护航船队为形式的反制措施足以保证英国海军的生存,而现在英国得到了强大的美国盟友的帮助更能有效地保证其生存。

7月6日,马蒂亚斯·埃茨贝格尔(Matthias Erzberger)在德国国会揭露了潜艇战的失败。两周后,国会通过了一项由中间派和"社会主义者"支持的决议,呼吁没有吞并的和平。随后的五天,贝特曼-霍尔维格辞职,其被默默无闻的格奥尔格·米斯(George Michaelis)取代,事实上后者是受鲁登道夫将军影响的下属。当时,德国政府允许代表们参加正在进行的斯德哥尔摩社会主义会议,这比英国和法国政府做得都要多。此前,德国皇帝宣布废除了臭名昭著的普鲁士三级投票制度,支持民主选举。所有这些都是改革和反动的奇怪结合,表明德国继续这场可怕战争的意志正在动摇。1917年夏天,基尔海军基地发生了第一次叛乱,预示着第二年11月将会发生更大规模的叛乱。

如果德国人知道在这个时候发生了席卷法军的兵变,他们的心情会好一些。这场士气危机导致了一场灾难性的进攻,而这场进攻以法国将军罗贝尔·尼维尔(Robert Nivelle)的名字命名,因为他取代了乔弗尔成为法军总司令。尼维尔满怀自信,在广阔的战线上策划了一个雄心勃勃的进攻计划。

在阿拉斯和香槟区，英国和法国在4月的袭击失败了，损失非常惨烈，以至于士兵们最终对最高指挥部失去了信心：他们集合在一起，拒绝服从进攻的命令。这次兵变的程度，可以从官方的数字中看出来：23 385次军事法庭审判和432次死刑判决，多达5万名士兵积极参与其中。这种情况以前从未发生过，而且这场兵变的特点是士气高昂、逃兵率极低。这次兵变影响了几乎所有参加进攻的五支法国军队（54个师），大概占法国总兵力的三分之一。在凡尔登英雄贝当将军的帮助下，法军以不再进攻的承诺为代价，重新获得了控制权。法国和德国一样，不希望再参与这场旷日持久的"大屠杀"（指一战）。值得注意的是，德国对这次兵变知之甚少。

此时，各方神经都绷得紧紧的。法兰西共和国的一位前总理主张通过谈判实现和平，因此被监禁入狱。英国人以同样的异端罪名将民主控制联盟领导人L. D. 莫雷尔（L. D. Morel）送进了监狱；当杰出的老政治家兰斯当勋爵（Lord Lansdowne）提出类似的建议时，遭到了一阵谩骂。严峻的形势让一些人相信是时候结束这种疯狂了，但另一些人的反应是要求更大的牺牲，并表现出对失败主义的极度不容忍。在流了这么多血后，难道就不能满足于胜利吗？

## 士气与宣传

在一战开始时，人们欣喜若狂地庆祝。在现在看来，这种情绪是不可思议的，因此几乎被人们遗忘了，并在许多关于一战的叙述中也被忽略了。其实，这种情绪不应该被忽视，因为"八月想法"（August Ideas）构成了广泛支持的重要基础，使公众的士气高涨，以至于几年来人们经历了难以忍受的痛苦。

战争精神鼓舞了民众。事实上，它的一个主要作用是在战斗中重新发现团结的喜悦。"被疏远的欧洲知识分子"（这个术语只在上一代人中被广泛使用）愉快地回到了民众的怀抱，英国小说家拉迪亚德·吉卜林这样感叹道："我们琐碎的社会分歧和障碍都被扫除了。"在每一个好战的国家里，一种对"又成为一个民族"的狂喜，感受到"神圣联盟"的国家兄弟情谊，似乎让受过教育的精英比普通人更受折磨。

无论如何，这种相当不理智的、神秘主义的情绪在许多突发事件中都有表现。伯特兰·罗素①是少数不分享这种神秘主义的人之一，他写道："令我惊讶的是，普通民众对战争的前景感到高兴。"大量的宣言祝福这场战争，诅咒敌人，并在上帝和历史面前努力使自己站在正确的一边，而这证明了在主要的哲学家、诗人、科学家、历史学家和社会学家中间存在同样的喜悦。大学生是最渴望成为志愿者的人群之一，他们有一种强烈的感觉，认为这场战争是一场青年运动，像鲁珀特·布鲁克（Rupert Brooke）和阿兰－福涅尔（Alain-Fournier）这样的年轻诗人从军赴死并成了英雄。

德国诗人斯特凡·乔治②说，在一个以平庸（垃圾和琐碎）为特征的资产阶级社会的驯服之下，年轻人渴望冒险，这是他们走向战争的一个明显动机，他们最初期望这场战争能带来光荣的兴奋和英雄主义的机会。

西线：泥浆与血泊。（英国帝国战争博物馆）

---

① 伯特兰·罗素（Bertrand Russell，1872—1970），英国哲学家、数学家、逻辑学家、历史学家，也是西方最著名、影响最大的学者和和平主义社会活动家之一。——译者注

② 斯特凡·乔治（Stefan George，1868—1933），德国20世纪初叶最重要的诗人之一。——译者注

这是一场诗人的战争，尽管在1914—1918年诗歌从对荣誉和勇敢的庆祝转变为对无用流血事件的残酷评论，正如罗伯特·格雷夫斯（Robert Graves）回忆的那样：

> 一开始，浪漫从未如此古老。
> 如此美味的蜂蜜从心脏渗出。

但是，战争不仅仅是一场冒险。严肃的思想家们欢呼，这是一个"道德再生"的机会，一场燃烧了十年社会腐败的净化之火，或者"洗刷了一个破碎世界的废墟"[1]。那些后来很难理解自己为何会如此愚蠢的人，在一片兴奋中被卷入了战争的狂热之中。"当战争爆发时，我们都疯了。"英国剧作家萧伯纳评论道。伴随这场战争爆发的疯狂被对长期和平的厌倦夸大了，还有对破旧的商业文化的不满，以及尼采式的情绪，而这些告诉人们奋斗和战斗精神可以救赎自己和世界。

很少有人反对这样的歇斯底里，他们都陷入了绝望。"在每个国家的精英中，"罗曼·罗兰（Romain Rolland）哀叹道，"没有一个人不宣称并且不相信他的国家的事业是上帝的事业，是自由和人类进步的事业。"为此，罗曼·罗兰呼吁知识分子应站在"战争之上"[2]去争取和平。但是，在至少两年的时间里，这一呼吁基本上没有受到重视，反而遭到嘲笑。

尽管最初狂热的理想主义很自然地被证明是短暂的，但它的结果往往会持续下去。每个国家的知识分子都在情报部门任职，如果他们没有实际参加战斗的话，他们中的许多人甚至在已经年长时也会想去参加战斗。中年男子参军的例子不胜枚举，甚至法国"社会主义者"和激进分子老阿纳托尔在70岁时还试图扛起步枪。颓废派意大利小说家和诗人加布里埃尔·邓南遮（Gabriele D'Annunzio）早些时候与色情联系在一起，尽管他已经50多岁了，但他仍编纂了一部英雄的战争记录。同时，受欢迎的作家和艺人来到前线鼓舞士气。事

---

[1] 德国年轻诗人恩斯特·洛茨（Ernst Lotz）的诗句。
[2] 1915年，罗曼·罗兰出版了一本小册子《超乎混战之上》（Au-dessus de la melee）。

实证明，妇女和男人一样好战，大多数女权主义者急于主张自身的平等地位，不仅用行动支持战争，也用语言支持战争。与古希腊名剧《吕西斯忒拉忒》①（*Lysistrata*）中描述的正相反，女性冷漠地对待她们看到的每一个健壮而不肯报名参军的年轻男性，高喊着"我们不想失去你，但我们认为你应该去前线"。

除了少数例外，"社会主义者"和工会成员都是爱国的。在英国，经验丰富的独立"社会主义者"基尔·哈迪（Keir Hardie）发现自己被工人们嘲笑，因为他质疑把其他一切都置于赢得战争之上的责任。如果民族主义被证明远远强于马克思主义意识形态的话，那么它也比宗教更难拉动。法国和德国的犹太人忠诚地团结在他们各自的政府背后，彼此作为敌人向对方开火。查尔斯·贝利（Charles Bailey）曾这样写道，"法国新教徒表现出强烈的爱国情感，他们对祖国的承诺远远强于其他新教徒对欧洲共同体的忠诚"，包括在德国的众多新教徒。

这种过分的好战热情导致了一种宣传倾向，甚至延伸到或多或少有意编造关于敌人的故事。协约国的宣传很快形成了一种观点，把德国人看作野蛮人、匈奴人，他们在没有发出任何警告的情况下袭击弱小国家并消灭它们的独立。在"普鲁士军国主义者"的领导下，他们盲目顺从，被尼采（实际上是德国民族主义的憎恨者）鼓励而变得冷酷无情；他们不仅故意策划战争，将他们的德国文化强加给每个人，而且他们乐于残酷地对待受害者。当然，在1917年3月之前，条顿人（指德国人）对专制的热爱与协约国的民主形成了鲜明的对比，而俄国一直是这条线的障碍（尽管一位英国学者宣称俄国人本质上是真正民主的②）。

---

①《吕西斯忒拉忒》，希腊剧作家阿里斯托芬的作品。故事梗概是这样的：一个名叫吕西斯忒拉忒的雅典女子和其他雅典女性一起接管了国库，她们相互约定在和平来临之前绝不和当兵的丈夫过性生活。一个来访的斯巴达女子也担负起同样的任务，准备劝说本国的妇女也这样对待各自的丈夫。——译者注

② 参见J. 多佛·威尔逊（J. Dover Wilson）、罗伯特·威廉·塞顿-沃森（R. W. Seton-Watson）等：《战争与民主》（*The War and Demaracy*），伦敦：麦克米伦出版公司（London：Macmillan），1914年。

不太成功的是，德国的宣传则指责英国肮脏的物质主义、法国的颓废主义和俄国的野蛮行径威胁到欧洲，所有国家都嫉妒德国的文化和经济优势。因此，各国政府组织资助出版各种奇怪的歪曲的作品，并向民众免费发放。对此，很多文献都有提及。

后方阵地受到宣传的影响比士兵们更大，士兵们很快发现自己远离了宣传。总的来说，战壕里的士兵对勇敢的敌人表现出更大的敬意。尽管如此，1914年12月著名的"圣诞休战"并未重演，当时敌对势力暂停了敌对行动，用礼物和派对庆祝圣诞节的到来。在西格夫里·萨松①（Siegfried Sassoon）的诗歌《加速忧郁的英雄走向死亡》中，对他们的领袖——"基地里的猩红少校"不再抱有幻想，而是蹒跚着回家躺在床上死去，同时对那些在家里无法理解前线到底是什么的人也不再抱有幻想，而战斗中的男人们在相互独立的基础上发展出了非凡的友谊，他们学会了憎恨战争但彼此相爱，并且发现这种可怕的经历对人类来说是有价值的。

战争双方都指责对方犯有暴行，但这些故事大多是虚构的。具有讽刺意味的是，这些谎言却导致了人们不相信第二次世界大战中真实的暴行：在得知1914—1918年的蓄意谎言后，人们产生了许多的怀疑，以至于起初很少有人会接受纳粹集中营里有一连串大屠杀的说法。在任何战争中都会有可怕的事情发生，战争双方对此都负有责任，如枪杀战俘。协约国对德国处决一位名叫伊迪丝·卡维尔（Edith Cavell）的护士表示极大愤慨，但法国也处决了相当多的女性间谍和男性间谍。

1917年，《泰晤士报》声称德国人正在把人的尸体变成肥料甚至是食物，后来发现这个故事是基于一个错误的翻译（实际上是马，而不是人）。不过，其他的错误也不是那么无辜的，尤其是战争结束后有不少人编造了敌方惨绝人寰的故事。德国人是最脆弱的，因为他们占领了比利时、法国、塞尔维亚、

---

① 西格夫里·萨松（Siegfried Sassoon，1886—1967），英国著名诗人、小说家，被誉为一战期间最伟大的战争诗人，以大量的诗歌作品表明了他的反战立场，其中最有名的作品都是描绘战争中的恐惧和空虚。代表作《于我，过去、现在以及未来》，其中"心有猛虎，细嗅蔷薇"成为脍炙人口的不朽经典。——译者注

罗马尼亚和俄国的领土,而在整个战争中没有一个外国士兵曾站在德国的土地上——奥匈帝国在很大程度上也是如此。(令人好奇的是,在这场战争中,战败者却从未被侵略过。)德国还承担着潜艇战的责任,因为这不可避免地会造成平民生命的损失。第二次世界大战期间发生的几起类似种族灭绝的确凿案例中,有一起牵涉德国的盟友土耳其,不幸的是土耳其试图驱逐亚美尼亚人并不是一种新的做法。德国人利用了所谓法裔非洲士兵对受害者实施兽性虐待,并将其作为资本。事实上,只要战斗条件允许,双方的士兵似乎都表现得非常体面,德国对占领区的管理也远远不能用野蛮去形容。

暴行的故事和战争宣传都没有给双方带来好处。这场战争本身就够残暴了,它是一场机械化的屠杀,没有人情味,也没有英雄主义。正如萧伯纳所写:"这个士兵对自己正在做的事情一无所知,他只用手拿着贝壳或者拉一根绳子。一个贝多芬或者一个婴儿在6英里外死去……如果有人认为这些极度无聊的人是英勇的、残忍的,或者做了最不浪漫、最耸人听闻的事,那是可笑的。"①

一方面,第二次世界大战伴随着坦克战和大规模的运动战,比第一次世界大战更具戏剧性。典型的情况是,人们无所事事地坐在前线后面的战壕里,等待着那些"越过顶端"进入"无人地带"的时刻,那里除了头盔其他什么防护都没有,很可能会被从不靠近他们的枪手击倒。

另一方面,萧伯纳错误地认为枪会击中婴儿;与下一场战争不同的是,平民在这场战争中是相当安全的。西部前线战区本身就成了埃德蒙·布伦登(Edmund Blunden,又译为白伦敦)所说的"我们的星球上可能是有史以来最可怕的灾区",但它是一个单独的区域。在战争如此激烈的地区,如在凡尔

---

① 参见斯蒂芬·温斯顿(Stephen Winsten)主编:《萧伯纳的机智和智慧》(*The Wit and Wisdom of George Bernard Shaw*),纽约:科利尔出版社(New York: Collier Books),1962年,第311—312页。参见卡尔·克劳斯(Karl Kraus):《维也纳的萧伯纳》(*The Vienna Shaw*),"计时器在我手中"(Mit der Uhr in der Hand),《火炬》(*Die Fackel*),1917年5月,第457—461页。关于萧伯纳访问前线的描述,首次出现在1917年3月5—8日的《伦敦日报编年史》(*London Daily Chronicle*)上。

登或伊普尔周围的乡村，所有的生命都被消灭了，村庄也永远地消失了，甚至炮弹和尸体在数年后还能被发现。但是，离前线仅几英里的城镇却从未遭到炮击。在那里，士兵们可以在前线服役期间去休息和娱乐中心写作或放松，因此认为他们所有的时间都被战壕里的老鼠和虱子吃掉是一种错误的想法。同时，相当多的人感染了性病，而这种疾病的治疗方法的改进是医学进步的一种形式，且这种医学进步是通过利用政府的资源来解决战争相关的问题而产生的，这也算是对逆境的一种利用。

最终，这场战争是对全体人民意志的考验。年长的德军总司令毛奇是一位军事天才，他是早就预言这场战争性质的少数人之一："这将成为各国人民之间的一场战争，这场战争不会以一场单独的战斗结束，而是与一个直到其人民的全部力量被摧毁才承认失败的国家进行的一场漫长而疲惫的斗争。"

在第一次世界大战中，西线的"越过顶端"几乎意味着必死无疑。（英国帝国战争博物馆）

在这样的战争竞赛中，意识形态和宣传是最重要的。公平地说，从这个角度看，德国人输掉了这场战争。德国人被说服他们发动战争是正义的，但他们很难解释这一点，而且他们接触外部世界的机会较少。中立世界的大部分国家，尽管不是全部，都认为民主、进步和自由站在协约国这一边。在最大的中立舞台上，协约国通过说服美利坚合众国加入他们，从而赢得了道义斗争的胜利。尽管当时和后来的批评家都声称美国人的动机是物质的（有利可图的战争贸易和拯救那些欠他们钱的人），但实际上人们是不能忽略意识形态因素的。用时任美国总统伍德罗·威尔逊（Woodrow Wilson）的话说，大多数美国人已经确信，德国皇帝和普鲁士的诸侯们正在发动一场"反人类的战争"，而反对同盟国就可以维护"世界生活中反对自私和专制权力的和平与正义原则"。

## 战争目的与战争外交

在战争开始时，除了奥匈帝国有想消灭塞尔维亚的愿望，没有任何交战国家在自我保护外有任何明确的目标。无论宣传者声称什么，战争双方在1914年都没有为了有意识地寻求领土或其他扩张而开战。但是，战争这个事实一经发生，就引起了各方的诉求。每一方都认为自己受到了攻击，或者因为安全不足而被迫先发制人，而胜利必然会带来改变。此外，大量的人员伤亡迫切要求赔偿。难道如此巨大的牺牲是徒劳的吗？没有一个政府能在不追求未来利益和胜利回报的情况下生存下去，这样不但能防止敌人再次进攻，而且自己必要的安全也会得到保障。

让这种战争目标的制定更加复杂的是一个更直接和紧迫的目标：让盟友高兴，避免战斗力量团队内部发生代价高昂的争吵；通过说服或贿赂中立国加入自己的阵营，赢得新的盟友；如果可能的话，在敌方阵营里制造麻烦挑起事端。这些目标可能会产生痛苦的冲突，迫使人们做出艰难的选择。如果英国和法国通过同意俄国获得君士坦丁堡海峡的目标来让俄国高兴和满足，它们便不能指望得到土耳其作为盟友。因此，它们疏远了一个盟友——塞尔维亚，并牺牲了一个削弱和动摇奥匈帝国斯拉夫臣民忠诚的机会——如果为了引诱意大利成为盟友，它们愿意把斯拉夫领土给罗马。但是，让双元君主制国家发动一场区域政变实现单独和平的可能性（盟军实际上认为这是一场真正的政变）与削弱它的政策相矛盾，这项政策呼吁它的少数民族反叛并建立单独的政府。

所有这些困境都是真实的，还有其他的困境也存在。德国不得不做出令人艰难的选择，是否值得因为潜艇战而与美国为敌；不得不选择是向俄国寻求单方面的和平，还是通过向不满的国民提供援助来对其进行攻击。

还有一种可能性，尽管在大多数情况下这种可能性相当渺茫，但也存在这种可能，即敌国之间在没有取得绝对胜利的情况下，可以通过达成某种妥协来结束令人沮丧的屠杀，也许中立国官员之间的友好往来会促进这一进程。1915年1月，美国总统威尔逊派他信任的助手豪斯上校访问伦敦、巴黎和柏林，以试探解决问题的前景。豪斯被迫做出判断认为，没有任何希望解决当前局势，因为双方都有自己的"采购清单"。协约国要求，德国至少要从所有被入侵的领土上撤军并赔偿损失，将阿尔萨斯和洛林省归还给法国，将海峡归还给俄国（英国和法国已经通过秘密协议向俄国承诺了这一点，这个问题起源于达达尼尔海峡战役）；但德军不会容忍从已经获得的领土上撤退，并要求至少保留比利时和法国的战略区域。

在将近两年以后，美国的另一项倡议也失败了。在这个时候，为了回应威尔逊的目标声明请求，德国政府宣布大致上同意和解；但这激怒了协约国，因为德国暗示这即使不是胜利，至少也不是失败。此时，人们一直在争论，德国是否已准备好在没有兼并的情况下实现和平；但协约国不这么认为。在1917年和1918年，德国与英国单独媾和的努力也以失败告终。当时，教皇本笃（Benedict）在1917年提出了一项倡议，但这并不比美国实业家亨利·福特（Henry Ford）的"和平之船"更能取得实际进展。

从一个角度来看，巨大的人员和物资损失，整个国际社会生活结构的瓦解，以及可恶的宣传，似乎正在摧毁西方文明。毫无疑问，和平符合每个人的利益。然而，从另一个角度来看，付出的鲜血和财富越多，就越不容易接受战争结束而没有相应的收获。有人能承认这一切都是错误的，然后回到失去100万条生命后的起点吗？根据一个可怕的逻辑，随着战争的时间和成本增加，和平的条件将会上升，立场也会变得僵化。在战争的任何一个特定时刻，如果一个人做得比较好，为什么要妥协呢？我们明天有可能会赢。或者如果一个人做得不好，为什么不等到明天再讨价还价呢？我们今天的处境太弱了。除非有一方完全崩溃，否则和平的时机永远不会成熟。

战时外交就是这样产生的。这些"秘密条约"向意大利、俄国、罗马尼亚许诺领土，以获得它们加入协约国并投入到战争中，这在后来成为一个臭名昭著的问题。随后，俄国和罗马尼亚退出战争并废除了协议，但布尔什维克在1917年末夺取政权后不久，就曝光了1915年关于海峡的"秘密协议"。1915年4月，英国与意大利的"秘密条约"在和平会议上（并非如此）引起了麻烦。事实上，英国与意大利的"秘密条约"早在此之前就已经引起了麻烦，因为塞尔维亚人和南斯拉夫人对此非常不满。意大利被许诺获得达尔马提亚的一部分并由此得以横跨威尼斯湾，主要居住着斯洛文尼亚人的伊斯特拉半岛，布纳山口以南的奥地利-匈牙利领土，以及其他各种各样的岛屿。这在很大程度上不符合民族自决的原则，这一原则有时也被宣布为协约国的战争目标。

1917年，奥匈帝国和协约国进行了秘密谈判。一方面，奥匈帝国的新任皇帝渴望退出战争，或许这样还能保住他的皇位。但是，一个明显的障碍是，在伦敦又有一个强大的南斯拉夫游说团，即托马斯·马萨里克（Thomas Masaryk）领导的捷克流亡政府于1916年在那里设立了总部，并以解放各种斯拉夫少数民族（捷克人、斯洛伐克人、南斯拉夫人、波兰人）的目标进行有效的宣传——小民族的自由和民族自决。不过，打破奥匈帝国也将打开通往德国的后门，并要允许以萨洛尼卡为基地的协约国进入。如果在奥匈帝国领土完整的基础上与皇帝达成协议，就排除了这种策略。另一方面，自1916年年底以来，德国对奥匈帝国的军事控制越来越有效。尽管如此，维也纳和伦敦或巴黎之间关于独立和平的谈判一直持续到1917年。1917年，在俄国革命和法国兵变发生后，许多协约国领导人对胜利的悲观预测促成了这些谈判。但是，意大利人抱怨，南斯拉夫人也抱怨，维也纳更不同意帝国解体。这些谈判一直持续到1918年，最终事态超越了外交官的掌控范围。

另一种理论上的可能性似乎是同盟国和厌倦战争的俄国之间的单独和平，但是它们尽管通过瑞典甚至日本有零星的接触，双方却从未达成任何协议。如果我们想到德国被它们的联盟阻止而无法提供给俄国人想要的任何东西时，沙皇对协约国的忠诚就不那么令人吃惊了。俄国已经得到协约国的承诺而重新获得海峡，这是一个它长久以来梦寐以求的奖励；当然，德国作为当时土耳其的盟友，是无法满足俄国这个条件的。也许俄国人会更喜欢波兰，但德国和奥匈帝国自己也喜欢波兰。俄国人将从协约国的胜利中获益，但与同盟国达成和平却并没有带来任何实质性的好处。奥匈帝国的失败和解体无疑是有利于俄国在东南欧的政策，而东南欧当然是战争的最初根源。

意识到这一僵局后，德国的政策试图通过支持和鼓励格鲁吉亚人、乌克兰人以及反战"社会主义者"等弱势民族的革命运动，以此在俄国制造不和。早在战争初期，德国就开始利用情报人员亚历山大·格尔方特[1]（Alexander Helphand，也被称作"帕尔乌斯"[Parvus]）的杰出才能，他是俄国革命的辅助社会主义者，曾是托洛茨基（Leon Trotsky）和列宁的朋友，现为德国政府工作。格尔方特利用自己对俄国地下革命的了解，向任何会破坏俄国战争努力的组织输送财政援助。1917年4月，这一政策以著名的"密封列车"（sealed train）而达到顶峰，它通过德国领土将列宁带回俄国。显然，这种策略相当于是在玩火，但赢得战争的直接目标高于所有其他动机。

正如我们已经提到的，协约国针对奥匈帝国不满的少数民族的宣传受到了抑制，因为它希望与维也纳实现单独的和平。但是，在战争的最后一年，协约国的政策越来越倾向于破坏而不是诱惑哈布斯堡王朝。同时，越来越多的美国军队参与战争加强了这一趋势，因为威尔逊是一个热衷于"小国权利"和"民族自决"的人，他比欧洲人更倾向于强调广泛的"理想主义"口号作为战争目标，并即将向全世界展示他的"十四点原则"[2]。对此，法国的"老虎总理"克莱蒙梭曾经这样直言不讳地抱怨道："上帝只有十诫，威尔逊何

---

[1] 亚历山大·格尔方特（Alexander Helphand，1867—1924），爱沙尼亚的布尔什维克，德国间谍，曾帮助列宁于1917年从瑞士流亡地重新回到俄国，从而帮助点燃了1917年10月的俄国革命之火。——译者注

[2] 1918年1月8日威尔逊在美国国会发表演说，提出"十四点原则"（Fourteen Points）作为建立世界和平的纲领。——译者注

人，竟然有十四诫！"但是，欧洲以秘密交易和老式外交为表现形式的"犬儒主义"似乎已经失败了，因为美国人来到这里宣扬他们的"开放外交"、正义原则和政治道德。

1918年，德军潜艇在基尔。（美国国家档案馆）

赢得了美国作为一个强大的盟友，其注定最终会为胜利的一方倾斜天平，而这与其说是协约国在外交上取得的胜利，不如说是暴露了德国的无能。由于美国向协约国军队出售商品，德国人对此很恼火，很早就试图搞破坏。对此，美国人非常生气，因为德军用他们的U型潜艇（Untersee-boot）击沉了美国的商船，而这让包括美国人在内的无辜者丧生。

但是美国的舆论最初是中立的，美国总统和公众也都不想卷入一场他们只是模糊了解其原因的战争。在美国，有一个重要的德国人群体，他们自然是为了自己的祖国而互相拉拢。波兰人差不多可以说是分裂的，而犹太人也倾向于支持德国，甚至可以说是亲德的，因为在1914年以前对犹太人迫害最严重的是俄国。大多数爱尔兰裔美国人更多的是反英，而不是反德。美国广阔的腹地的人民简单地认为，欧洲战争与美国的生活和利益无关。美国向协约国出售商品并不能反映出它不再保持中立而是恰恰相反，因为美国的政策传统上就主张对外战争中双方享有最大的贸易权利；但是，控制着公海的英国可以利用这一点，而同盟国却不能，这只是一个偶然。

1917年，一系列的失误延伸到了著名的"齐默曼电报"（Zimmermann note），即德意志帝国向墨西哥提出恳求墨西哥作为盟友并对美国开战的建议，标志着德国做出了失去美国支持的自杀政策。1917年年初德国做出的恢复"全面潜艇战"的决定是一个基于军事的错误，暴露了德国政治领导层的基本弱点——马克斯·韦伯也认同这一观点。

美国最终在1917年加入战争，部分原因是以谈判达成和平的努力失败了。在此之前，美国没有正式加入协约国，而是作为一个"联系大国"，以追求某种独立的进程。由于对战争毫无准备，美国直到1918年才对战争产生了很大的影响；随后，美国在战争的最后几个月里发挥了决定性的作用。

## 俄国退出战争

列宁对国际革命的呼吁没有得到重视，至少在十月革命后的一年多时间里没有得到重视。与此同时，德军大敌当前。战线从波罗的海东南的里加延伸到明斯克以西不远的地方；在南部，控制罗马尼亚大部分地区的同盟国军队靠近乌克兰。由于俄军几乎全部灭亡，俄国实际处于德军的控制之下。12月初，布尔什维克政府在波兰城镇布列斯特－利托夫斯克（简称布列斯特）开始与德国军事指挥部进行停战谈判；12月16日宣布停战后，双方于12月22日在同一地点开始了和平谈判。

列宁政府已经公布并谴责了与协约国签订的秘密条约。由于俄国外交部几乎所有的外交官都已离开或被捕，这一群相当不修边幅的前革命同谋者便在布列斯特会见了高雅整洁的德国贵族——这是历史上最奇怪的和平会议之一。德国人没有兴趣对俄国做更多的事情，除非能让他们把军队撤回到西部前线，他们早就知道这场战争必须在那里决定胜负。布尔什维克希望利用这次会议作为世界革命宣传的跳板，要求巴黎、伦敦和华盛顿方面加入谈判。

同时，他们还试图越过同盟国的首脑代表，直接向人民发出呼吁。托洛茨基激怒了德国人，因为他的行为与其说是代表一个失败的国家，不如说是代表一个胜利的国家。不过，托洛茨基的幻想很快就消失了，因为协约国不愿和解，工人们也不打算起来，为此德国人也很着急。

更复杂的情况是，列宁政府在革命热情高涨时发布了一项法令，允许俄罗斯帝国内的所有民族有权选择退出。乌克兰人利用这个机会宣布自治然后获得独立，就像芬兰已经做的那样。1918年1月8日，劳合·乔治和威尔逊提出了"十四点原则"。

面对以军事为主导的德国使者要求俄国交出大量领土的要求，托洛茨基拖延时间，建议不签署任何条约——"既不和平也不战争"，并在党中央反对列宁。但是，列宁决心立即签署这个条约，因为随着德国军队进军俄国，任何其他政策都纯属幻想。最后，大多数的布尔什维克领导人接受了列宁的观点，《布列斯特–利托夫斯克和约》（*The Peace Treaty of Brest-Litovsk*）于3月3日签署。在苏维埃控制的领土上，减少了大约26%的人口、27%的耕地和75%的钢铁产量。波兰、波罗的海诸省、乌克兰和一些割让给土耳其的高加索地区，要么被同盟国吞并，要么获得独立，这意味着它们实际上处于德国的统治之下。

## 战争的最后岁月

1917年年底，双方都陷入了绝望。俄国的痛苦和最终退出战争见证了这一年，法国军队发生叛变，英国军队在伊普尔附近又经历了一次血腥失败后也出现了厌战的迹象，最后的灾难是意大利在卡波雷托战役中的溃败。在卡波雷托的山地战争中，意大利军队在暴风雪下的战斗中士气低落，不知所措，士兵们干脆扔掉手里的枪临阵逃跑了。意大利遭受了重大损失，其中10 000人被杀、300 000人被俘，还有400 000人当了逃兵。这是奥匈帝国在战争中唯一取得的胜利，也是意大利面临的一场灾难。在协约国的帮助下，意大利人最终稳定了皮亚夫河沿岸的战线，但是军队士气低落。

同年8月,梵蒂冈呼吁结束"这种无用的屠杀",意大利的工人们在都灵举行了罢工运动。

但是,当协约国受到刚刚到达的美国军队的鼓舞时,同盟国也面临自己的沮丧,尤其是饥饿和士气低落——每个士兵都快筋疲力尽了。1918年1月,维也纳发生了"食物骚乱",柏林的罢工也不得不由军队出面镇压。1916年,18名德国"社会主义"国会议员因投票反对战争贷款而被开除党籍;而追随罗莎·卢森堡和卡尔·李卜克内西的斯巴达克同盟①(Spartacist)只是极少数,他们直接拒绝这场战争。但是,包括杰出老政治家卡尔·考茨基(Karl Kautsky)和爱德华·伯恩斯坦在内的少数人在1917年成立了独立社会民主党(Independent Social Democratic Party),以反对兼并主义的战争为目标;然而《布列斯特-利托夫斯克和约》使他们的理想破灭了。1918年1月,50万名德国工人在柏林举行罢工,反抗他们的工会领袖。具有讽刺意味的是,这场罢工被布尔什维克革命后从东部战线释放出来的军队中断了。在鲁登道夫的实际军事独裁统治下,接下来的几个月里几乎没有发生公开的骚乱,而这主要是由于德国的最后一次进攻。

《布列斯特-利托夫斯克和约》给了德国最后一线希望。这种吞并式的和平进一步疏远了德国国内的"社会主义者",但也缓解了一些分歧。在美国派出的大军到来之前,德国有机会消灭在法国的协约国军队,而最后一次巨大的努力可能会取得成功。于是,人们普遍认为,这是最后一次争取胜利的机会。

鲁登道夫和兴登堡的军队此时牢牢地掌握着指挥权,前者可能是战争中产生的最有才华的军事领袖,而后者是受人尊敬的象征。鲁登道夫在策划1918年德国攻势的"最后一幕"中表现出了高超的技巧与智慧,他煞费苦心地隐藏部队的动向(用羽毛包裹车轮),并发明了新型战争。当然,这不是基于在西方战争中致命失败的大规模正面攻击,而是基于精锐的"风暴部队"的初步渗透。不过,为了保持出其不意的效果,炮兵火力虽然非常猛烈,但

---

① 斯巴达克同盟(Spartacist),德国左派社会民主党人的革命组织。

是持续的时间很短。3月21日，德军在北部袭击了英军，并取得了一定的成功：一度夺取了40英里土地的战果，抓获了近10万名战俘。但是，这次袭击没有取得真正的突破，就像4月在伊普尔-阿曼蒂尔斯地区的另一次进攻一样。

1918年4月12日，交战双方都在战争的天平上颤抖着，德国似乎接近于取得重大胜利。当法国将军斐迪南·福煦（Ferdinand Foch）被任命指挥所有协约国军队时，协约国第一次实现了统一指挥。虽然德国的这些进攻赢得的领土比任何一方以前的进攻都要多，但是德国没有获得最终的胜利，协约国仍然有能力反击。4月24日，发生了第一次重要的坦克战。在这场战斗中，时速高达7英里的钢铁巨兽发射了炮弹，士兵被烧焦在洞中。——这是对未来战争的预测，但绝不是一个好的开端。

1918年5月，德国再次尝试坦克战，作战地点选择了更靠南的地区。5月27日，德军创下了一天前进12英里的纪录。因此，巴黎又听到了炮弹声，而德国的战线终于变得更加灵活了。但是，憔悴又疲惫的德国士兵开始停下来抢劫，举行盛宴，大喝香槟酒（也许是法国著名的民族饮料拯救了法国），直到酩酊大醉。此时，年轻的美国军队对战争充满了热情，接受了炮火的洗礼。[①]随着德国人的最后一次进攻失败，德军的士气开始崩溃。两个月之内，协约国发起了一场反攻，越来越多的坦克和美国军队加入战争，虽然开始很缓慢但稳步地将德国军队击退了。1918年8月8日将是德国军队的一个不幸日子，最后一次赌博像第一次一样失败了。

9月14日，奥匈帝国单方面发表和平声明，宣布退出战争。9月29日，保加利亚要求退出战争。在俄国倒台后，罗马尼亚被迫接受来自同盟国的苛刻条件，但在停战前几个小时它成功地站在了胜利的一方，并再次宣战。希腊也姗姗来迟地朝着胜利者的方向跃进。当德国拼命寻求不完全投降的条件时，国内爆发了兵变和革命。

德国的战争领导人准备在9月谈判停战，他们希望用妥协的方式求得

---

[①] 协约国的一次欺骗使德国人相信，在法国的美国人比实际人数多得多。

和平。10月，柏林政府的更迭由上层策划，旨在为和平扫清道路。马克斯·冯·巴登亲王（Prinz Max von Baden）长期以来一直支持妥协解决方案，他被任命为德意志帝国的最后一任宰相。面对胜利无望的消息，德国军队的士气更加低沉。11月3日，基尔爆发了一场海军兵变，并成为德国各地一系列起义的信号。名誉扫地的威廉二世皇帝被迫退位，他的存在已经成为停战的障碍，而随后"社会主义"领导人宣布成立共和国。

后来，对基尔兵变的调查①表明，"社会主义"宣传不是一个重要因素。更重要的是，由于长期不活动、食物匮乏、军官傲慢和过于严格的纪律，导致了德国军队士气低落。

面对这样的失败，德国人试图以最有利的条件达成和平。他们求助于威尔逊阐述的公正的和平原则，即"十四点原则"。根据"十四点原则"，德国必须将阿尔萨斯和洛林省归还给法国，并且很可能在东部的波兰边界失去一些领土，但是不会招致更多的惩罚。协约国几乎没有准备好如此宽容地对待德国，威尔逊本人也绝不会同意宽大的停战条款，而美国指挥官潘兴（John Joseph Pershing）将军更是反对任何无条件投降的行为。最后，停战协定由协约国军队总司令福煦处理。当德国试图直接向威尔逊上诉时，威尔逊根本拒绝与德国政府打交道，而这推动德国走向11月初爆发的革命：一个厌倦战争的民族现在对他们的政府没有了信心，推翻了海军以及一个又一个城市的权威。德国皇帝威廉二世被迫退位，逃往荷兰。

11月11日上午，尽管在贡比涅德森林与福煦总司令对峙的德国人代表的是新的"社会主义"领导的政府，但停战条件仍然是十分严苛的。然而，停战条件却也并不像一些协约国领导人所希望的那样严苛。后来，这似乎是一个不可思议的错误，签署投降书和屈辱的和平条约的责任落在了新政府而不是旧政府身上，落在了自由主义而不是反动的德国身上，成了一场失败的战争的高潮。于是，希特勒表面上似是而非地宣布，"社会主义者"和共和党人背叛了德国。德国人不得不同意将他们的军队撤回莱茵河，交出他们所有的

---

① 一个德国议会委员会在1925年对此进行了详细的调查。

潜艇、重炮和大部分海军,并允许协约国军队在莱茵河以东的美因茨、科布伦茨和科隆建立要塞。由于国家陷入混乱,德国代表们也别无选择。战争就这样结束了,德国束手无策。

但是,协约国并没有像二战后那样入侵和占领德国。这似乎没有必要,协约国自己也对这场战争感到极度厌倦。德国军队井然有序地撤退回德国,虽然德国显然被打败了,但并没有在战场上被彻底消灭。在第二次世界大战中,希特勒公然拒绝所有条款,同盟国也拒绝给他任何条款,因此唯一可能的结果就是入侵和占领德国。到1918年止,事情还没有进展。停战条款,德国和奥匈帝国的混乱,德皇的退位,以及一直持续到和平条约签署的海上封锁,这些都给了战胜国足够的安全,以至于协约国不希望战争重演。直到战争结束时,战败国的军队仍在敌国的土地上,但这仍然是一个奇怪的事实。

这场狂热的"十字军东征"的显著痛苦体现在停战协定签署后半年的持续封锁,这使中欧大部分地区陷入饥饿,并由此引发疾病。1918—1919年暴发的严重流感蔓延到世界各地,战胜国也不例外。"从没有一场瘟疫在这么短的时间内夺去这么多人的生命。"美国研究这场大流行病的历史学家写道。[①]

奥匈帝国已经解体,再也无法重建。捷克人、斯洛伐克人、克罗地亚人和波兰人正忙着做出调整,并在哈布斯堡王朝存在了五百多年的土地上建立几个新兴的国家。这场战争摧毁了东欧的三大王朝,事实证明民主制度更加强大。但是,德国对巨大的困难进行了顽强的抵抗。在第一次世界大战的历史中,温斯顿·丘吉尔带着面对一个勇敢敌人的勇气,优雅地承认了德国的巨大成就,尽管德国人最终屈服于不可克服的困难,他们坚持的时间比任何人想象的都要长。德国人觉得他们赢得了获得荣誉的权利,

---

① 参见阿尔弗雷德·克罗斯比(Alfred W. Crosby):《被遗忘的传染病:美国1918年的流感》(*America's Forgotten Pandemic: The Influenza of 1918*),纽约:剑桥大学出版社(New York: Cambridge University Press),1989年。

但事实是德国不健全的政治结构已经崩溃,他们束手无策。在战争宣传的刺激下,民主国家的公众舆论并没有遵循丘吉尔的路线,而是近乎歇斯底里地报复,要求对有罪的侵略者给予适当的惩罚——"Vae victis"[①]。

---

[①] vae victis,出自拉丁语,是高卢人首领布伦努斯(Brennus)说给战争失败者罗马人的。现代人还会借"vae victis"表示败者要听从胜者,类似于中文里的"成王败寇"。

# 第四章

## 欧洲转型：20世纪20年代战争的后果

## 巴黎和平会议

世界处于危机之中，这种感觉使1918年11月战争结束后不久在巴黎举行和平会议（简称巴黎和会）的日程变得紧迫起来。在停战后的几个星期内，巴黎和会就召开了，并在1919年6月前与德国达成了一项和平条约。有人说，列宁是巴黎会议上与会者的隐形伙伴。对于这种和平条约的事后批评，最好等到激情冷却下来再进行。但在当时，这些激情的剧烈波动似乎有理由通过一项权威解决方案的明确授权来冷却它们。国家之间边界的界线已经模糊不清，三大王朝——哈布斯堡、罗曼诺夫和霍亨索伦已经瓦解，革命开始盛行，全世界都要求结束战争，以便开始新的进程。

时任美国总统伍德罗·威尔逊于1919年1月访问巴黎，他是第一位在任期间离开祖国的美国总统，也是旧世界许多人希望的象征。大卫·劳合·乔治代表英国，与法国总理乔治·克莱蒙梭和意大利总理维托里奥·奥兰多（Vittorio Orlando）一起跻身巴黎和平会议"四大巨头"（Big Four）之列。当然，这些领导人的大臣和顾问们也陪同他们一起出席。随后，来自世界各地的众多"追求者和支持者"纷至沓来，每一个人都想从据说是无所不能的政治家那里得到一些东西，他们因此而聚集在一起，希望以正义的和平来结束这场可怕的战争。不过，最引人注目的缺席者是俄国和战败国德国。

不幸的是，事实证明，政治家们既不是万能的，也不是无所不知的。世人并没有得到完全的安慰，许多恳求者空手而去。1919年的巴黎和平会议仍然是历史上最戏剧化的场景之一，围绕这一场景的一场激烈争论爆发了。一些人认为，胜利的一方对德国施加了严厉和报复性的条件，以保证报复性的情绪为另一场战争提供基础。但也有人认为，对德国处理得太过宽松，只损失了一点领土和赔偿金，而实际上却没有得到任何补偿。

尽管解决问题的一个基本原理是民族自决，但不满意的是民族主义仍然困扰着未来。从战略上讲，和平显然很脆弱，因为太少有人参与维持和平，却有太多人参与推翻和平。从其结果来看，和平的解决显然还不尽如人意，因为在二十年后又爆发了一场世界大战——这场和平最终只能说是一场漫长的停战。这是否可以归咎于巴黎和会的参与者，那又是另一个问题。其实，许多力量是他们无法控制的，即使他们愿意，他们也很难把奥匈帝国重新组合起来，也无法使列宁的布尔什维克与资本家合作，也不可能消除这场战争所激起的苦涩的仇恨，因为这场战争已经造成了数百万人伤亡。

在和平地解决问题上，胜利的协约国远未达成一致。虽然威尔逊的"十四点原则"中有两点在停战时被特别撤回，但它们构成了和平的准官方基础。由此可见，威尔逊是当之无愧的一个人物。1919年1月18日会议召开前，威尔逊在非洲大陆做了短暂的胜利之旅，数百万人们欢呼着迎接他。虽然这十四点"原则"常常含糊其词，但表明了各方要进行军队裁员，"自由、开放和绝对公正地调整所有的殖民要求"，德国将阿尔萨斯-洛林归还给法国，"按照明确承认的国界线重新调整意大利的边界"，奥匈帝国民族的"自主发展"，以及可以通向入海口的独立的波兰，并谈到将"历史上确立的效忠和国界线"作为巴尔干半岛解决方案的指南。"十四点原则"反对秘密协约，也反对"公开达成的盟约"，而是建议"根据具体的盟约（"盟约"是威尔逊最喜欢说的一个词）建立一个民族的普遍联盟"，"为了向大小国家提供政治独立和领土完整的相互保障"——战争期间著名的国际联盟被广泛讨论。

从这些声明和威尔逊其他的声明中，人们也许不准确地将美国总统与非惩罚性的和平联系在了一起，认为这种和平不会给战败国留下太多伤痕，也不会滋生复仇精神。但在与协约国讨论"十四点原则"的含义时，威尔逊在英国人的抗议下，撤回了关于"十四点原则"中的第二点"海上自由"，并加入了一项声明即德国必须赔偿"德国军队对协约国平民及其财产所造成的一切损失"。在这个时候，就在停战前，很明显法国人和意大利人几乎都反对"十四点原则"的所有条例。然而，美国人威胁说如果遭到拒绝，他们就会退出战争。

法国人完全不同意威尔逊提出的和平前景，相反他们拟定了一份清单。其中，包括：（1）法国对莱茵河的军事控制；（2）对德国征收巨额赔偿；（3）解除德国武装；（4）削减德国领土；（5）"削弱德国的政治组织"；（6）剥夺德国的经济资源。法国的斐迪南·福煦总司令和他的军事顾问们除了破坏德国的政治权力和将其领土肢解给法国之外，其他什么都不关心。法国人为了防止1914年悲剧的重演，认为这样的计划几乎是必不可少的；总理克莱蒙梭为之努力奋斗，尽管他个人并不赞成德国分治。对法国来说，国际联盟与其说是一种理想主义的新外交方式，不如说是一个防范德国的联盟。

英国政府站在中间，但劳合·乔治向英国人民保证，德国将为这场战争买单，而这一保证束缚了劳合·乔治的手脚。实际上，英国的最佳利益可能是要求保持德国的完整。法国人认为他们的安全取决于德国本身的实力，而英国人则更倾向于通过获取赔偿来减轻英国纳税人的负担。

同样限制和平缔造者自由的还有秘密条约，尤其是现在俄国和罗马尼亚已经取消了与意大利签订的条约，这一条约承诺将德国和斯拉夫的领土给意大利。其他的条约则涉及亚洲。关于中东地区有一系列明显矛盾的倾向：有人戏谑地说，巴勒斯坦是充满希望的土地。在著名的《贝尔福宣言》（*Balfour Declaration*）中，部分目的是为赢得犹太人对战争的支持，承诺帮助犹太人返回并重建家园；但它也被许诺给阿拉伯国家的侯赛因（Hussein）国王（全名侯赛因·伊本·阿里，1856—1931），作为其参加对土耳其战争的奖励。与此同时，1916年签订的《赛克斯-皮科协定》（*Sykes-Picot Agreement*）似乎将奥斯曼帝国在亚洲的部分划分给法国和英国所有。美国人不太关心中东发生了什么，但事实证明他们非常关心中国的情况：日本取得了原来德国在中国山东的"特权"，这在美国看来是一个肮脏的"帝国主义"交易。

紧张忙碌的巴黎和平会议提出了这些令人不安的建议。协约国（法国、英国、意大利和美国）并没有与这些战败国争论，而是彼此之间产生了纷争。协约国排斥俄国，完全抵制共产主义政权，并在某个时刻开始重新认定西伯利亚军阀科尔恰克（Kolchak）上将代表合法的俄国政府。劳合·乔治最初想邀请布尔什维克，但他在这一立场上孤立无援，甚至在自己的政府内部都受到批评，所以他很快就屈服了。列宁的政府究竟会不会来，还是本着合作的精神来，这是很不确定的。协约国的政策很快就撤回了，不再给俄国白军提供任何大量的援助，尽管温斯顿·丘吉尔也主张这样做。折中的解决办法是既不承认也不干涉俄国红军，这就完全增加了消极主义倾向。这种积极的政策采取的形式是希望俄国建立一个新的区域，以此作为对布尔什维克主义的缓冲，并成为法国的潜在盟友。

法国在巴黎和会上失去俄国这个强大的盟友是其政策的一个关键点。法国认为有必要削弱德国的实力，并建立一个强大的波兰作为潜在的替代联盟的伙伴。因此，法国与德国和解的许多特点，可以追溯到俄国与德国媾和这一因素。

"四大巨头"分歧的调整是以大量摩擦为代价完成的。威尔逊一度召集舰队要回美国。意大利总理奥兰多在与这位美国总统激烈交锋后宣布退出，尽管他随后又回来了。法国总理克莱蒙梭认为威尔逊是一个道德主义者，是一个自以为是、心胸狭窄的伪君子，而威尔逊则认为所有欧洲人都变得邪恶了。劳合·乔治在威尔逊的首席顾问豪斯上校的帮助下，努力实现了承诺。威尔逊对复杂的欧洲问题相对来说知之甚少，这使他试图把"美德"传授给"被玷污的欧洲人"。西格蒙德·弗洛伊德和美国外交官威廉·布利特（William Bullitt）试图一起对威尔逊进行精神分析，认为这位美国总统神经质般的优柔寡断，而这一点可追溯到威尔逊对他父亲的矛盾情感。但是，有人可能会产生怀疑，使威尔逊陷于困境的究竟是犹豫不决，还是因为他对世界政治的经验不足呢？

此外，美国虽然在战争中发挥了强大的作用，但在战争中消耗的生命和财富却没有法国和英国多。威尔逊让那些对他的领导寄予厚望的欧洲自由主义者感到失望。约翰·梅纳德·凯恩斯这样写道，威尔逊"无法用生命的血肉之躯来掩饰他在白宫中所传达的训诫"。然而，威尔逊顶住了实现真正的"迦太基式和平"[①]（Carthaginian peace）的巨大压力，包括德国的分治。

在巴黎和会上，最严重的意志冲突发生在英国和美国共同拒绝法国要求分割德国领土的时候。法国人希望德国西部的莱茵兰地区独立。威尔逊坚定地坚持民族自决的原则；英国人更注重权力的平衡，担心任何对德国的极端削弱都可能为布尔什维克主义打开堤坝。德国确实失去了一些领土，不得不把阿尔萨斯和洛林省归还给法国，还把一小部分领土归还给了比利时；位于德法边界的萨尔州（Saarland）由国际联盟管理十五年（法国享有经济使用权），期满后通过举行公民投票决定其归属权。最令德国人恼火的是在东部

---

[①] 这里指强者强加在弱者身上的短暂且不平等的和平。——译者注

边界把原属波兰的领土基本归还给了波兰。德国城市但泽被国际化，克莱佩达①被划给立陶宛。"波兰走廊"（Polish Corridor）把普鲁士的一部分从德国的其他领土中分离出来。但是，德国既没有被分割，也没有被剥夺其大部分人口、资源和领土。

这次的领土割让很少有真正不公平的，连德国人都没有抱怨过将阿尔萨斯－洛林归还给法国，但德国东部边境的人口在种族上是混杂的，因此一个群体或者另一个群体的少数人是无法避免的。由于必须给波兰一个出海口，德国被割让了但泽和"波兰走廊"，但波兰得到的领土比它和法国想要的还要少。在威尔逊的坚持下，东普鲁士仍然是德国人的地盘。总的来说，德国在1914年减少了10%的人口，这些人口主要来自普鲁士的波森、西里西亚、勃

巴黎和会上的"四巨头"：威尔逊、劳合·乔治、克莱蒙梭和奥兰多。（美国国家档案馆）

---

① 作者使用的是德语中的Memel一词，在立陶宛语里通常被翻译成"克莱佩达"。——译者注

兰登堡和西普鲁士地区。在几年内，德国人口的自然增长弥补了这种损失，到1933年德国人口就超过了1910年的数量。德国最严重的资源损失是洛林的铁矿石和萨尔的煤炭。然而，战后法国不得不又将铁矿重新运回到德国鲁尔区的钢铁厂。

作为对法国巨大牺牲的补偿，德国收到了巨额的赔偿要求。英国人在这件事情上表示支持法国，威尔逊不得不屈服。一些英国经济顾问对赔偿法案持怀疑态度，担心它会扰乱世界经济秩序；一些法国人希望以此作为未来德国国家分裂的基础。当时，赔偿的总数值尚未公布，其最终将于1921年5月计算出来。但是，这个数值包括间接损害赔偿（如为死去士兵的遗孀和孤儿等支付抚恤金等）以及直接损害赔偿在内，这意味着按照当前的标准这项赔偿将是天文数字——达数十亿美元。

此外，德国还失去了所有殖民地，但德国人认为这明显违反了"十四点原则"。尽管德国殖民地被置于国际联盟的"授权"之下，但协约国并没有将自己的殖民地交由所谓国际控制。德国被单方面要求解除军队武装，不得不在没有总参谋部的情况下将其军队裁减到10万人，并放弃使用大炮、潜艇、军用飞机以及除6艘军舰以外的所有军舰；黑尔戈兰岛的防御工事将被拆除。任何被剥夺了现代战争工具的军队都是无能的。协约国将占领莱茵河上的战略要地至少长达十五年，德国被禁止在莱茵河以东30英里的非军事区域驻军。这项禁令给予法国战略安全——只要禁令能得到维持，但该地区归德国所有。

虽然措辞严厉，但几乎说不上野蛮。也许，正如一些人所说，他们要么过于严厉，要么过于宽大。意大利政治思想家和历史学家马基雅维利[①]（Niccolò Machiavelli）很久以前就指出，"你可以粉碎敌人，也可以和他交朋友；最危险的是侮辱他，并放他自由"。《凡尔赛条约》（*Treaty of Versailles*，

---

① 马基雅维利（Niccolò Machiavelli，1469—1527），意大利政治家和历史学家，以主张为达目的可以不择手段而著称于世。因此，马基雅维利主义（machiavellianism）也成为权术和谋略的代名词。——译者注

又译为《凡尔赛和约》）对待德国的方式就好像已经判定德国是有罪的，并试图以很微小的方式去"伤害"德国，但这绝不会摧毁德国作为一个潜在的强大国家的地位。这样做冒犯了德国的自尊心，但并没有大大削弱德国的力量。一个国家可以要求一个决心抵制这些规定的德国强制执行解除武装的规定，或者向其收取赔偿金吗？这在很大程度上取决于未来事态的发展。

在签署《凡尔赛条约》之前，德国人有机会发表声明，他们抗议称这是"暴力的和平，而不是正义的和平"。协约国对此做出的回答是，德国的"反人类罪"得到了公正的对待。不过，德国在自己的抗议下赢得了一些小小的让步。这导致人们猜测，如果德国能够有一位领导人像塔列朗（Charles Maurice de Talleyrand-Périgord）那样在1815年悄悄地进入会议，可能还会取得一些成就。但是，在这次的会议中，德国显然没有出现这样的外交人才。

因此，双方都接受这样一种观点，即这是一种惩罚性的和平，协约国指控德国犯下了战争罪（条约第231条明确肯定了这一点），而德国人则予以否认。在接下来的几年里，这导致了一场关于历史解释的学术争论，总体上导致了一场平等的德国胜利：在20世纪20年代，大多数认真研究、记录的学者得出结论，要么每个人都有罪，要么没有人有罪。《凡尔赛条约》在西方留下了一种不安的罪恶感，据说整个和平会议都受到了非理性仇恨的毒害。凯恩斯认为，"巴黎和会是个噩梦，那里的每个参会者都很病态"。美国参议员威廉·博拉（William Borah）在领导参议院否决《凡尔赛条约》时宣称："这项条约是一项盲目报复和贪得无厌的罪行，主要原因是国际联盟。"豪斯上校本人就是《凡尔赛条约》的主要设计者之一，在6月28日条约签署后，他曾在日记中悲观地写道："对于那些说《凡尔赛条约》糟糕且不应该被制定的，而且认为它将使欧洲在执行方面陷入无限困难的人，我想承认这一观点是正确的。"但是，豪斯又继续写道："我也要回应一下，帝国不可能被摧毁，新的国家将不受干扰地建立在废墟上。"罗曼·罗兰惊呼"可悲的和平！简直是屠杀人民之间的可笑的插曲"，并在1919年6月23日结束了长篇战时日记的写作。罗曼·罗兰是极少数从一开始就反对战争的欧洲作家之一，对他来说这样的和平与战争一样糟糕。

与德国签订的条约也包含了《国际联盟盟约》，这只是1919年和1920年在巴黎和会不同时期签订的几项条约之一。在1919年6月28日《凡尔赛条约》签署后的很长一段时间里，其中还有一些谈判一直在拖延，这些谈判在凡尔赛宫的镜厅进行。威尔逊在返回美国的航行途中遭到了参议院的反对，并在1919年晚些时候中风了。随着俄国内战的继续，欧洲继续处于混乱状态，布尔什维克主义出现在匈牙利[①]，德国和意大利都处于近乎无政府的状态。《凡尔赛条约》的签署，意味着协约国对德国封锁的结束。苏维埃也受到了封锁，这是1921年俄国发生可怕饥荒的一个因素。

《圣日耳曼条约》和《特里亚农条约》把奥地利和匈牙利这两个被肢解的二元君主制残余的新国家当作战败国对待，不仅对两国军队的规模进行了限制，还迫使它们支付赔偿金，剥夺了它们的领土，并禁止奥地利与德国联合，尽管这无疑是绝大多数奥地利人民的愿望。此外，奥地利和匈牙利还必须承认其他继承国[②]波兰、南斯拉夫和捷克斯洛伐克的独立，并且奥地利要把领土割让给波兰、意大利和南斯拉夫。意大利要求兑现秘密的《伦敦条约》中的承诺，这在巴黎引起了激烈的冲突，当时威尔逊拒绝接受该条约。意大利人宣称，由于威尔逊的"美德"已经输给了法国和英国，他试图以牺牲自己为代价重新获得"美德"。意大利的要求比承诺的还要多，甚至把菲乌梅市（Fiume）列入了清单。最终，妥协只是在一定程度上安抚了愤怒的意大利人。

与奥地利相比，对匈牙利的处置方式显得更加野蛮。在巴黎会议期间，马扎尔人在遭到罗马尼亚人的侵略和掠夺后被迫签署了一项条约，将旧匈牙利的大部分领土割让给捷克斯洛伐克、罗马尼亚和南斯拉夫甚至奥地利——除此之外，马扎尔人还必须支付赔偿金。在这场战争的所有受害者

---

[①] 在1919年的春、夏两季，匈牙利共产党人库恩·贝拉（Bela Kun）统治了匈牙利四个月。库恩·贝拉曾是俄国战俘，与列宁认识。库恩·贝拉与匈牙利社会民主党结盟，试图推行一项雄心勃勃的农业和工业国有化计划。但在协约国的鼓励下，罗马尼亚对此进行了干预，推翻了贝拉·孔的政府，随后出现了反革命的恐怖活动。

[②] 继承国（successor states），指一个较大的国家分裂之后形成的小国家。——译者注

中，匈牙利也许可以说是受到了最不公正的待遇，因为尽管最初想要战争的是维也纳方面而不是布达佩斯方面，但匈牙利遭受的损失是所有国家中最大的。但是，斯洛伐克人、克罗地亚人和罗马尼亚人过去曾在匈牙利的统治下获得过二等公民身份，他们对以前的压迫者几乎没有什么同情，而是站在了获胜者的一边。

但是，这些比较幸运的继承国的边界不是经过争论就可以确定的。南斯拉夫和意大利在亚得里亚海东北海岸的领土问题上发生了争吵，而亚得里亚海以前是奥匈帝国的一部分。1920年年底，南斯拉夫和意大利在拉帕洛签订了一项条约，划定了边界，尽管在1924年意大利获得菲乌梅市之前更多的麻烦仍不断出现。同时，南斯拉夫、塞尔维亚、克罗地亚和斯洛文尼亚也不得不与罗马尼亚和奥地利划清边界。另外，一战后两个新独立的国家波兰和捷克斯洛伐克在特申①问题上发生了冲突，而劳合·乔治承认他在来巴黎之前从未听说过特申这个地区。众所周知，为了解决东部边界问题，波兰与俄国进行了为期两年的战争，与立陶宛人争夺维尔娜市（Vilna）的所有权，这一问题最终由波兰的公民投票决定。恢复领土后的波兰从所有邻国那里赢得了相当慷慨的和解，从而招致了邻国的恨意，并一直困扰波兰到1939年。

全民公决的手段并不总是能使输的一方相信正义得到了伸张，因为这在很大程度上取决于如何界定投票单位。例如，菲乌梅和的里雅斯特这两个亚得里亚海城市本身主要是意大利人在居住，而周围的农村地区则是斯拉夫人。在西里西亚这个重要的工业地区，波兰人和德国人都居住在这里，其投票结果取决于所选地区的大小，因此德国人抱怨选区的划分有问题。

1919年11月，《纳伊条约》②（Treaty of Neuilly）的签订确定了保加利亚

---

① 特申（Teschen），也译为切申，1918年之前属于奥地利。一战结束后，捷克斯洛伐克通过武力进攻夺下了特申的大部分地区，西方国家对此进行了调停和仲裁，但结果对波兰极为不利。这一事件导致波兰和捷克斯洛伐克关系不断恶化。最终，波兰在1938年慕尼黑阴谋后，重新占领了特申地区。——译者注

②《纳伊条约》，是第一次世界大战结束后协约国同保加利亚王国于1919年11月27日在巴黎近郊塞纳河畔的纳伊签订的一项条约。——译者注

作为战败国的命运。保加利亚也失去了领土,同时还得支付巨额赔偿,不得不将其军队减少。但在试图将土耳其视为一个战败的国家时,协约国的和平缔造者们遇到了巨大的麻烦。达达尼尔海峡胜利的英雄穆斯塔法·凯末尔(Mustapha Kemal)领导下的民族主义复兴,使前奥斯曼帝国以高昂的士气退出了战争。1920年,协约国与奥斯曼帝国苏丹政府(the Sultan)签订的《色佛尔条约》①(Treaty of Sèvres)肢解了土耳其帝国,解除了阿拉伯省份的私有化,将色佛尔的领土交给了希腊人管理,并宣布达达尼尔海峡(曾许诺给俄国)为国际区。但是,凯末尔领导的民族主义运动否定了苏丹政府签署的这项条约。随后,凯末尔率军进攻希腊军队,当时希腊人为了执行这项条约而进军土耳其,但最终凯末尔获胜并将希腊军队赶出了土耳其。这场战争一直持续到1922年,那时协约国几乎已经不复存在。

1923年,在洛桑签署的一项新条约为土耳其争取到了更有利的条件,凯末尔现在领导着一个新的政府。土耳其从希腊收回了部分领土,重新控制了达达尼尔海峡,并同意使海峡非军事化,以及向所有国家的船只开放。土耳其是战败的国家中唯一一个从战争中走出来时士气比刚开始还要好的,甚至可以说是唯一一个胜利的国家。

所有这一切都让研究1919年巴黎和会的历史学专家们感到困惑,如果历史学的学生们对此也感到困惑,那就不足为奇了。一战结束后,旧的帝国被摧毁,新的国家在崛起。我们试着总结一下:哈布斯堡、罗曼诺夫和霍亨索伦三大王朝已经陷落,欧洲出现了不少于九个的新国家(还有中东的其他几个国家)。芬兰、爱沙尼亚、拉脱维亚和立陶宛,以前隶属于俄国,现在在波罗的海东岸排成了一列,正如法国人所说的那样,这是布尔什维克的俄国和西方国家之间所拉起的一条"隔离线"(cordon sanitaire)。

波兰一直是一个大国,自1795年被俄、普、奥三国瓜分以来第一次恢复了国家独立。捷克斯洛伐克和南斯拉夫,从已经不复存在的奥匈帝国分离出

---

① 《色佛尔条约》,是协约国与奥斯曼帝国苏丹政府在1920年8月10日签订的一项条约,属于1919年巴黎和会系列条约的一部分。又译为《塞夫勒条约》。——译者注

来。当然，南斯拉夫包含了战前的塞尔维亚作为其核心，但增加了1914年前的匈牙利、奥地利和一小部分保加利亚的领土。另外两个新成立的国家，分别是奥地利和匈牙利。在旧奥匈帝国支离破碎的"遗物"中，每一个宗主国都因其以前的财产被割舍而遗弃了。考虑到作战的记录，罗马尼亚会成为一个更大的国家，是所有参与一战的国家中最幸运的。

但是，这些位于欧洲东部和中部的新国家还没有经历过考验。那些惶恐展望未来的人，强调了边界的不稳定以及"巴尔干化"大陆的战略弱点。战争的失败者肯定会试图夺回他们失去的东西，特别是德国和俄国。战争的胜利者，包括波兰、南斯拉夫、捷克斯洛伐克和罗马尼亚在内的这些国家，不仅是新的弱者，而且各自为政，其中有几个国家在以前的历史上甚至从未存在过。

波兰的土地上居住着少数德意志人、白俄罗斯人和立陶宛人。罗马尼亚吸收了许多马扎尔人。在南斯拉夫与意大利、波兰与捷克斯洛伐克、希腊与土耳其之间，民族混住的地区存在着争端。没有办法既能满足每个民族的诉求，又能使国家保持强大和繁荣昌盛，并有可防卫的边界。新欧洲是文化、经济和国防等相互冲突与不相容的需求之间的一种绝望的妥协。

## 国际联盟

国际联盟的创造者比任何人都清楚这个和平解决方案的严重缺陷，而我们还没有指出所有的这些缺陷。总的来说，非欧洲人民和殖民主义的受害者本以为战争和新的威尔逊外交会给他们带来解脱，但现在只能失望地离去，他们几乎没有在巴黎和平会议的范围内看到英国给予印度和爱尔兰独立，日本给予朝鲜自由，或法国放弃印度支那的可能性。在1919年巴黎和会上的恳求者中，有一个失望的人叫胡志明，他后来转向了共产主义。战争导致了这些人和其他人对自由的诉求。在整个殖民地世界中，一战削弱了白人的形象，鼓励了从西方统治下解放出来的运动。

阿拉伯人曾与英国并肩作战反对土耳其的霸权统治，现在他们痛斥协约国没有给予他们自由。在远东地区,中国和日本都由于不同的原因对其战时伙伴缺乏信任。日本在参战时曾要求,将接收德国以前在太平洋的岛屿和德国在中国山东省的租赁权。中国在一战后期加入战争,主要是为了能够在巴黎和会上向帝国主义发出呼吁。在巴黎和会上,日本得到了回报,帝国主义没有受到谴责,而这使得中国代表团很痛苦。尤其在美国,对这一看似愤世嫉俗的"协议"的强烈抗议引发了对日本和巴黎和会的愤怒谴责,而未解决的山东问题是许多美国人决定拒绝《凡尔赛条约》、拒绝加入国际联盟且将欧洲世界视为道德沦丧的原因。

在巴黎和会上,日本人要求并发表一份申明"种族平等"的声明,但被欧美各国否决了;中国代表团结束"不平等条约"的要求也被拒绝,欧洲人在中国由此获得了"特权"。

1919年"和平"之后的几个月里,爱尔兰、印度、埃及和韩国,以及俄国、土耳其、匈牙利和达尔马提亚等都发生了暴力事件,世界上的和平似乎比战争期间还要少。1920年,国际联盟的主要缔造者之一詹姆斯·布赖斯勋爵(Lord James Bryce)看到,"到处都是疯子……我们都对彼此说战争是不好的,但这样的和平更糟糕"。瑞士学者威廉·拉帕德(William E. Rappard)补充道,"没有人相信《凡尔赛条约》所确立的不平等能够成为真正和平的基础"。面对1914—1918年大动荡后火山爆发般的世界,威尔逊等人希望新的国际关系机制能够起到稳定器的作用。国际联盟可以充当争端的裁决者、世界正义的管理者,并在最后作为和平的维护者。随着世界从战火中冷却下来,世界政府的这个机构取代了旧的"国际无政府状态",并应该主持世界秩序的调整。

在巴黎和会上,威尔逊总统把大量的个人精力投入到起草国际联盟的"盟约"(covenant)上,用他自己的话说,这个"盟约"意图传达《圣经》仪式般的严肃性。实际上,国际联盟几乎就是以宗教信仰为基础的。人们普遍认为,外交事务中的"旧政权"现在已经和1789年以前的国内政治秩序一样过时了,它将被国际政治关系中的一场革命所取代。这种信誉扫地的旧方式采用了诸如秘密条约、敌对联盟和狡猾的外交等可疑的手段;"旧政权"代表了依赖武力的国家自私,只想通过力量平衡来维持和平。它是不是在1914

年已经严重失败到必须找到一条全新的道路呢？新世界必须以国际合作来取代权力集团和国家军国主义。

  总的来说，在战争期间，几乎所有人都赞成建立国际联盟的想法。同时，一些群体还试图制订一个国际联盟的具体计划。然而，当讲到细节和面对实际的困难时，这个计划常常就会破裂。大国真的会将自己的武装力量控制权交给一个国际机构吗？这个国际机构届时将会是一个世界政府或超级大国吗？它们是否会事先同意在任何世界争端中遵守这样一个国际机构的决定？它们是否会事先同意在任何世界争端中遵守这样一个国际机构的决定？如果不是的话，国际联盟会成为一个交换意见的平台吗？一方面，这种乌托邦式

**1919年，第一次世界大战后的欧洲**

的期望包围着国际联盟的概念——人们期望它以某种方式废除战争，并迎来国际上的千禧年。另一方面，当事情真的来临时，各国根本不准备将任何真正的权力移交给国际联盟，因为这将意味着放弃受到严格保护的国家主权去选择战争或和平，保卫国家以及保障国家安全。

威尔逊和协约国其他的领导人在巴黎和会上与这种矛盾作斗争，经过长时间的艰难讨论最终敲定了《国际联盟盟约》（简称《盟约》），并将其写入了《凡尔赛条约》。有些人认为，将《盟约》与和平解决问题紧密地联系在一起是错误的；一些人认为《盟约》太弱了，另一些人则担心它可能太强了。《盟约》被抨击为大国权威之间的"神圣联盟"，而无法实现真正的国际民主，因为其赋予了大国更多的权力——大国将在安理会或上议院拥有常任席位。简言之，加入国际联盟的成员国（最初联盟排除了德国和其他同盟国的国家，这一点经常受到批评）同意在开战前将其争端提交调解或裁决。也就是说，成员国必须首先设法通过国际或组织机制以和平方式解决冲突。如果在尝试了这一程序之后，它们仍然不能达成一致，那么它们可能会在联盟的许可下开战，但这是那些希望彻底消除战争的人批评的另一点。如果成员国在通过这一程序之前发动战争，就可能遭到破坏正常关系、经济抵制甚至遭遇战争的多重打击。

在威尔逊总统的坚持下，《盟约》的其中一个条款宣布，用所有成员国的一致力量来集体保障每个成员国的政治独立和领土完整。然而，在违规的情况下，联盟可能只会建议采取行动，它不能强制要求成员国采取行动。《盟约》的第十项条款含义有些模糊，但这并非偶然，它代表了像法国人一样希望建立一个强大的联盟的人和希望避免铁板承诺的人之间的一种模棱两可的妥协。在美国参议院就联盟进行辩论时，第十条注定会引起一场最大的争议。参议院提出了一些"保留意见"后，但威尔逊拒绝接受，最终被拒绝批准该条款。反对者认为，第十条违反了美国宪法，并构成了应外国机构的要求自动参战的义务，从而危及国家安全。事实上，这显然不是那个意思，但它的不明确性使联盟失去了信誉。

虽然所有成员国都参加了联盟大会，但只有12个成员国在理事会中占有席位，有权在理事会中做出重要决定，如判断行为是否违反《盟约》等。大国在理事会中拥有常任理事国的席位，重要事项需要理事会一致表决通过，但是争端的当事方不能进行表决。

国际联盟还有其他重要的特点。为了解决帝国主义这一棘手的问题，联盟规定了一项委任授权制①，各国都把联盟作为殖民地的受托方，并应向联盟报告其进展情况。同时，在卫生、劳动条件和信息收集等领域开展国际合作。一个常设秘书处将在瑞士日内瓦总部管理联盟的活动，联盟附属的世界法院有望发展成为真正的国际法工具。

这一切意味着什么呢？那些曾梦想建立一个世界国家的人显然对此感到失望，因为国际联盟没有真正的权力，除非是在特定的场合联盟成员国选择授予它这种权力。例如，联盟没有自己的武装部队，在紧急情况下必须要求各成员国派遣部队。《盟约》在第十条中所做的冒险足以"吓走"美国，因为美国拒绝加入这样一个年轻的机构，而这对联盟造成了严重的打击。当然，主权国家制度远未消亡。事实上，战争在任何地方都强化了民族主义，所有大国都不会事先接受维持现状的义务，而且国家边界太不明确了，道德价值也太不明确了。

联盟究竟可以做什么，只有时间才能给出答案。那些对联盟建立一个全新的和平体系的能力持怀疑态度的人，希望这个体系至少有助于使各国定期团结起来，培养国家之间的合作习惯，并为解决争端提供一个平台。但是，由于美国拒绝加入国际联盟，法国人感到他们对欧洲安全的希望受到了打击，因为法国的盟友们礼貌地拒绝了在维护他们帮助起草的和平解决方案中发挥任何重要作用。其实，除了联盟含混不清的承诺外，法国还从威尔逊和劳合·乔治那里得到了秘密承诺，以保证美国和英国可以捍卫《凡尔赛条约》划定的边界。但是，美国政府也拒绝批准这一点。事实上，它甚至从未提交美国参议院表决，现实是绝望的。

其实，协约国正在解体，这又是一个不祥之兆。不过，战争产生了众多文学名著，英国诗人罗伯特·格雷夫斯的战争回忆录《向一切告别》(*Goodbye*

---

① 委任授权制，又称委任统治制度。

to All That）就是其中之一。罗伯特·格雷夫斯这样写道，战后"大多数退役士兵的反法情绪几乎到了不可救药的地步……支持德国的亲德情绪越来越强烈"，甚至德国的伙伴们说除非是针对法国人，否则他们永远不会再去发动一场战争。在经历了最初的兴奋与甜蜜之后，美法两国的关系也迅速降温。同时，由于爱尔兰的叛乱，美国的舆论急剧转向英国。美国人退回到与外国纠葛隔绝的境地，就像任何一个伟大的民族的转变一样突然。英国及其属国（加拿大、澳大利亚、南非和新西兰）在战争中发挥了巨大的作用，仅仅是落后了一步。对战争与和平的幻想破灭，一个伟大时代即将开始。在这样的土壤中，国际联盟很难生根发芽。

在20世纪20年代，国际联盟在美国人的帮助下最终挣扎着建立起来了。在瑞士的日内瓦，即加尔文（Calvin）和卢梭（Rousseau）的城市，设立了国际联盟的总部。随后，国际联盟的建筑设计又引起了另一场争论，瑞士现代建筑大师勒·柯布西耶（Le Corbusier）的建议当时遭到了拒绝，他曾提议建造一座庄严的新古典主义建筑。国际联盟最终幸存了下来，但不是作为一个保证现状的"集体安全"的系统。1925年，所谓《日内瓦议定书》[①]（*Geneva Protocol*）的被否决表明，大多数成员国都不希望在联盟的承诺中加入对"侵略者"开战的承诺。然而，"日内瓦精神"在20世纪20年代后期为人所知，这是有意义的。在瑞士的这座城市中，政治家们可以在和平的气氛中开会讨论问题。在某种意义上，联盟形成了一种体制上的动力，继续作为动荡世界中的一个希望的小灯塔而存在。

## 西欧的恢复

人口普查统计数字，戏剧性地揭示了那些在战争中首当其冲的国家

---

[①]《日内瓦议定书》，全称是《禁止在战争中使用窒息性、毒性或其他气体和细菌作战方法的议定书》，由国际联盟在日内瓦召开的管制武器、军火和战争工具国际贸易会议上通过。——译者注

的人口损失。在法国，1921年的统计显示，大约有200万名男性短缺，其中20～40岁的男性超过100万人。法国政治家爱德华·埃里奥（Edouard Herriot）将之称为"凶险的屠杀资产负债表"的数据还显示，德国损失了200万人口，意大利损失了50万人口，有多少俄国人在战争中丧命无人知晓。一位叫J. M. 温特（J. M. Winter）的学者最近研究了英国在一战中的军事伤亡，他没有发现可靠的数字，只能根据间接证据得出估计数，死亡人数比通常所记载的要多得多——约为722 875人，而官方给出的数字仅为548 749人。

据爱德华·埃里奥估计，欧洲战场上总共有850万人死亡，这一估计无疑是保守的，其他的猜测则从1000万人到1300万人不等。战争本身就演变成了战后的革命、无政府主义、内战、饥荒和流行病，而流感和其他疾病对老年人和体弱者的打击最为严重，这大大增加了死亡人数。在一些引用的统计数据中，常常被忽略的是小小的塞尔维亚，也就是这场冲突的最初症结所在，其在人口比例方面遭受的损失最大——约为12%。据统计，俄国内战和饥荒造成的死亡总数为2000万人。

对每一次战场上的死亡来说，可能有两名士兵会受到永久性的身体伤害，所以那个不能露出木腿、至少不能露出失去的耳朵的法国人几乎可以说是个怪人。如此惨重的伤亡打击的往往是最年轻、最强健的人，"质量上的损失甚至比数量上的损失更严重"，毋庸置疑，这是一场巨大的灾难。在这些年里，这场灾难无声地削弱了欧洲，可能也解释了欧洲国家战后经济实力下滑的原因。值得注意的是，这场战争对上层阶级造成的损失比下层阶级更大。学者温特发现，在英国，社会阶层越高，死亡的可能性就越大。

另外，自然灾害可能被夸大了。人口的弹性是惊人的，拿破仑在一次军事失败后说"巴黎可以在一夜之间弥补"的愤世嫉俗似乎是合理的。德国尽管遭受战争伤亡并割让了领土，但到1933年已恢复到了1914年的人口水平——约为6500万。法国的人口损失甚至也不超过总人口的4%。在西方国家中，除了意大利，也许没有一个国家的社会结构和行政秩序真正崩溃。即使是战后德国的局势，在大多数时候也不算是无政府状态。至于说到德国的战争损失，则被限制在一个相当狭窄的区域内。虽然西线的一切都被完全摧毁了，但按照二战的标准，在这一战线之外的损失很小——二战时整个城市都被从空中摧毁了。在1914年的战争中，没有发生过这样的事情。

如果熟悉更具破坏性的二战后产生的壮观的经济繁荣，我们可能会产生疑惑，为什么欧洲经济在1920年之后没有迅速复苏？总的来说，欧洲的确没有快速恢复经济。尽管英国在战后的经济调整令人振奋，但两年内失业率飙升，整个20世纪20年代失业率都一直居高不下，平均约为16%或17%。在1929年"繁荣"的一年里，这一比例下降到了9%，但在那之后大萧条使这个比例上升到了20%～23%。1916年和1920年，延长失业保险和普遍减少工作时间的政策在一定程度上减轻了这种影响。战后，每周正常工作54小时改为46～48小时。但是，1926年大罢工的爆发反映了工人们不安的失望情绪，英国工党的力量也在不断增强并对此有所反映。

在包括煤炭、纺织和造船业在内的英国传统出口行业中，失业率最为严重。战争使英国失去了海外市场，在英国把资源转向战争生产的那段时期里，市场主要转移到了美国和日本。英国还失去了收入，因为已经清算了海外投资以筹集战争资金，而当时英国仍然欠美国数十亿美元的战争债务。

法国政治家爱德华·埃里奥这样抱怨道："欧洲已经失去了世界银行家的角色。美国的财政实力正在增强，日本的力量也正在增强。我们的北美朋友已经占领了从大西洋到太平洋的伟大航线的控制权。"英国比法国更加依赖海外市场，因为英国在19世纪还是"世界工厂"的时候就建立了自己的经济结构。然而，整个欧洲还是都感受到了基本的经济力量向其他大陆的转移。

在法国和德国，战争赔款问题使经济形势阴云密布了一段时间。你们可能还能回想起来，《凡尔赛条约》没有规定德国应支付的确切赔偿金额，该金额将由赔偿委员会计算。法国人计算出的德国债务高达2000亿美元，但德国人认为他们应该付出的任何代价都是不公平的。最终，德国人只愿意交付大约70亿美元，但这并不能令人满意。更为公正的分析人士认为，如果德国不破坏其经济并扰乱国际货币体系，它就无法支付任何像潜在总账单这样的费用。但是，法国政府基于德国人将支付重建贷款的预期，发放了大量重建贷款。在战后不久的几年里，德国预计将交付大量煤炭作为赔偿法案的付款，尽管他们交付了一些，但德国人在一定程度上不能而且大部分也不会完成盟军的定额。1920年7月在斯帕举行的一次会议上达成的协议引起了新的争论。德国人被允许交付的货物比以前少，他们要求进一步削减。法国人强烈地指责英国背叛他们，并且怀疑他们是否应该派遣军队进入德国鲁尔地区。德国人和一些英国人认为，德国在没有赔偿负担之前是无法恢复的，而德国的恢复对欧洲的总体恢复至关重要。他们认为，德国所欠的款项应该明确确定，并大大削减。

"混乱"可以说是战后赔偿问题的一个代名词。由于美国对协约国债务的态度更加复杂，这几乎和法国对德国所欠债务的看法一样冷酷无情。美国坚持要求偿还战争贷款，迫使法国和英国对德国的赔款保持强硬立场。但法国和英国这两个协约国难以保持统一战线，英国比法国更倾向于达成妥协。在1921年和1922年，法国和德国的舆论都变得强硬起来，德国人不愿意继续把他们的盈余运往西方，法国人决心让"德国人"为法国的重建买单。1921年的经济衰退加剧了这一僵局，使法、德两国走上了另一条碰撞的道路。由于倡导"实现"，曾在战争中领导德国经济并负责战后重建的才华横溢的沃尔特·拉瑟诺（Walther Rathenau）死于右翼恐怖分子之手。

1922年，德国政府饱受通货膨胀、罢工和经济停滞之苦，提出了"先面包，后赔偿"的口号，以150亿马克来解决赔偿问题，而这一数值被法国人看作一种侮辱。尽管英国拒绝同意，法国总理庞加莱还是决定在1923年年初派遣军队和工程师进入鲁尔区，以对德国实施制裁。这实际上是一场新的战争，直到这一事件对欧洲经济造成严重损害才结束。德国采取了被动的抵抗，工人们在鲁尔区罢工；德国通货膨胀率飙升至惊人的高度，经济几乎停滞，而货币还被继续大量印刷。1923年发生的危机，有可能结束第一次世界大战所造成的欧洲的毁灭。

1923年1月，在最后一次赔偿会议失败后，法国和比利时军队进军鲁尔区。鲁尔煤炭集团的德国经理们纷纷离开，当地人民采取了消极抵抗，而德国政府宣布将从公共资金中补贴罢工的鲁尔工人，并暂停向法国支付所有赔偿。法国总理庞加莱希望通过夺取鲁尔工业区迫使德国人赔偿损失。鲁尔地区当时拥有德国80%的煤炭和钢铁产量，完全可以称得上是欧洲大陆的工业中心。

德国的反抗和英国的反对，在很大程度上挫败了庞加莱的计划。英国外交努力使美国重回正轨，并在美国的帮助下通过和平谈判达成合理的赔偿解决方案。同时，世界舆论倾向于站在德国人这一边，并反对法国人。这场"虚拟战争"的重演带来的最不寻常后果就是德国货币——马克的崩溃，这是历史上最严重的一次通货膨胀。令人难以置信的是，到1923年年底，有幸在银行存了10 000马克的德国人发现，这个曾经价值2500美元的金额现在只相当于大约1便士的百万分之一。1923年1月，10 000马克的价值其实已经降到了0.5美元左右，但在1923年春夏它每天甚至每小时都在变得越来越没有价值。许多德国人毕生的积蓄化为乌有，金钱失去了一切价值；一张1000亿马克的钞票几年前可以买下整个莱茵兰地区，现在已经不足以买一个面包了。

一位历史学家把法国的行动描述为希特勒取得胜利的原因，因此也是二战爆发的原因。德国人对所有价值观失去信心，使他们为希特勒的虚无主义做好了准备。然而，事实上，一些德国工业家还是可以从通货膨胀中获利的。

德国人终于绝望地投降了；但一些法国人试图更进一步分裂德国，将莱茵兰和德国分开，从而实现1919年法国政策的旧目标。10月，法国宣布成立"莱茵兰共和国"，并征募了一些德国人做领导。英国的一份报告谴责法国军事力量违背意愿，强迫当地居民承认"左轮手枪共和国"。庞加莱随后放弃，分离主义运动停止，一些卖国贼被暗杀。有迹象表明，法郎在马克之后被遗忘了，庞加莱领导的法国政府垮台了。在法国1924年春季的选举中，一个左翼集团获胜，政府由此发生了态度转变。

与此同时，旧的马克已经完蛋了，德国人创造出了一种新的货币——地租马克（rentenmark），它的汇率为一个新货币单位等于10 000亿老版马克。新货币的基础是银行、商人、工业家和农民持有的国家财富抵押贷款。货币稳定取得了成功，但代价是大规模的暂时性混乱导致了巨大的失业。尽管如此，德国还是在没有革命的情况下度过了这场严重的危机。在1924年5月的选举中，德国共产党（KPD）将其在民众中的投票率提高到了12.6%，但在12月举行的另一次选举中则下降到了9%。此外，主要的右翼民族主义政党德国国家人民党（DNVP）获得了20%的支持率，一个右翼激进的民族社会主义自由党也获得了一些支持；极右政党超过左派政党；汉堡的一次红色起义未遂。

法国资本家似乎一心要摧毁德国资本家，摧毁欧洲工业的心脏以达到短期目的；英国和法国意见不一致。但是，资本家们最终团结起来挽救了局面。以富商J. P. 摩根（J. P. Morgan）为首的美国银行家被英国人说服，认为他们与国际经济稳定有利害关系。协约国战争债务的偿还难道不是依赖于合理的赔偿结算吗？此外，整个国际贸易圈都岌岌可危。美国正慢慢从1919年和1920年对欧洲的反感中恢复过来，当时参议院在孤立主义浪潮中拒绝加入国际联盟。尽管美国拒绝与欧洲政治混为一谈，但已准备好做出微薄的经济贡献。美国著名的银行家、政府金融家查尔斯·G. 道威斯（Charles G. Dawes）担任经济专家委员会主席，他在1923年和1924年致力于解决混乱的赔款问题。解决的时机已经成熟，因为法德之间的无声战争是一场对峙。如果说德国经济处于极度混乱之中，那么法国在实现从德国获取财富的目标方面几乎毫无进展，法国的莱茵兰政策也失败了，而且世界舆论大多批评法国在肆无忌惮地制造麻烦。

1924年各方商定的"道威斯计划"（Dawes Plan）大大减少了赔偿义务，建立了一个可管理的年度付款时间表，并制订出一个计划，通过各种债券和特别税为德国的付款提供资金。其中，对德国赔款有所缓解的一个方式是，协约国向德国提供约2亿美元的外国贷款。法国军队将从鲁尔区撤军，今后任何债权国都不能像法国和比利时1923年那样单方面采取行动实施制裁。尽管极端的德国民族主义者谴责"道威斯计划"保留了赔偿金，但是大多数德国人对这个计划表示了宽慰。这对法国来说是一次重大失败，但对法国人来说，摩根财团给予法国的钱却也让他们的痛苦大大减少。

在处理金融问题时，法国内阁遭遇了一段时间的不稳定，魏玛共和国也是如此。对于这两个议会制的国家来说，在六个政治小团体之间进行周旋，以建立一个可行的联盟并没有使问题得到多少缓解。1926年，德国的失业率为18%，工业产值约占1913年的92%。在接下来的两年里，工业产值上升到

1913年的118%。在1923年，法国的工业产值是1913年的87%；到1927年，已经上升到126%。20世纪20年代后期的繁荣，在1929年大崩盘前的美国是壮观的，对整个欧洲来说经济也达到了前所未有的繁荣。

## 战后西方政治

在这种管理不善的背后，隐藏着战后所有交战国家混乱的政治状况。新的、岌岌可危的德意志共和国，正努力建立其对抗左翼的斯巴达克主义者和共产主义者，以及右翼的不满的民族主义者与君主主义者的信任，不得不将温和的"社会主义者"与自由的天主教徒和温和的保守党联合起来，而这样的联盟必然是摇摆不定的和脆弱的。

1919年的德国"革命"导致了议会民主的产生。大多数社会民主党人没有组建军队来摧毁旧政权；他们没有解散制宪会议，而是召集制宪会议起草了一部自由宪法，并依靠旧军队镇压了一场来自左翼的温和的威胁性叛乱。温和的保守派对这种相对的秩序维护表示赞赏，但他们仍然怀疑：在一个由"社会主义者"弗里德里希·埃伯特（Friedrich Ebert）担任第一任总统的共和国中，是否潜伏着"社会主义"的力量。

一个新的民主党成立了，它召集非社会自由主义者支持共和国，并与社会民主党合作。人民党虽然有点偏右，但仍然愿意接受民主，而该党的领导人古斯塔夫·施特雷泽曼（Gustave Stresemann）注定要成为20世纪20年代德国重要的政治家。德国民主党（DDP）和德国人民党（DVP）都是战前自由主义党（实际上是英国自由党）的残余，他们被战争摧毁了。这些继任的政党，从未成功地获得过大批追随者。社会民主党本身分裂，如果不寻求资产阶级民主党的同盟，就不能在议会中获得多数席位。魏玛的多数派由实业家、工会主义者、军官和罗马天主教徒组成，他们都在为稳定与分裂势力作斗争。

1919—1933年的魏玛共和国之所以被称为魏玛共和国，是因为它的宪法是在以与德国文化（克拉纳赫、巴赫、李斯特，尤其是歌德）有联系而闻名的图林根小城魏玛制定的。这里碰巧是共和国的发源地，与其说是因为有意识地想援引"另一个德国",不如说是因为1919年年初的柏林太混乱了。不久,政府所在地就回到了传统的首都柏林。

1919年6月,由社会民主党、民主党和天主教中间派组成的第一个"魏玛联盟"因和平条款而解体。在动荡的1920年,一次劳工罢工帮助打败了自由军企图发动的"卡普暴动"。但在1920年6月的选举中,魏玛政党的力量从超过75%的民众支持率下降到了不到50%,开始了魏玛共和国奇怪的"没有共和党的共和国"生涯。右翼民族主义政党德国国家人民党(DNVP)和持不同政见的左翼社会民主党、独立党(USPD)及共产党一样都获得了胜利,尽管后者只是少数,而这使得找到一个执政联盟更加困难。一个岌岌可危的政府终于在一位中间派总理的领导下建立起来,而社会民主党却没有在里面,但同意在议会支持它。1921年,政府在赔款问题上步履蹒跚,而另一位中间派人士约瑟夫·维尔特①(Joseph Wirth)组建了另一个摇摇欲坠的政府,这注定要眼睁睁地看着这一数值在年底降至1914年价值的五十分之一。约瑟夫·维尔特于1921年10月辞职,当时国际联盟在涉及上西里西亚的公民投票争端中裁定德国败诉,其中大部分移交给波兰。不过,当没有其他选择时,约瑟夫·维尔特又带着一个改组过的内阁回来了。

在赔款和经济危机期间,工薪阶层和雇主之间的争吵在酝酿,谁应该承担责任?雇主们说,延长工作周和暂停罢工对稳定至关重要,"社会主义者"和工会主义者自然觉得这些前景不太有说服力。1922—1923年,汉堡-美国轮船公司的主管威廉·库诺(Wilhelm Cuno)接替了约瑟夫·维尔特的职位,并着手促成赔偿危机。因此,这位资本家威廉·库诺注定要主持清算中产阶级的储蓄和收入。

在法国,1919年的选举也带来了一个右倾的"国家集团"②。对和平解决方案结果的不满占据了公众的头脑,法国人认为和平解决方案带来的安全保

---

① 约瑟夫·维尔特(Joseph Wirth, 1879—1956),德国魏玛共和国时期的德国政治家和总理。——译者注

② 国家集团(法语Bloc National),法国右翼政党组成的松散联盟,是中右翼激进主义者、保守派自由主义者和天主教民族主义者之间的结盟,由克莱蒙梭领导。——译者注

障太少，对他们遭受的巨大损失的补偿太少。乔治·克莱蒙梭寻求担任法国总统，这是他梦寐以求的荣誉，似乎是由他的战争领导地位赢得的，但他因法国对和平解决方案的愤怒而被击败。1923—1924年的鲁尔之战对法国的伤害几乎和德国一样大，却没有解决赔偿问题。这一不幸的结果导致了1924年的一次左转，当时一个由"社会主义者"和激进分子组成的联合政府正在执政，他们的当选为商品化政治奠定了基础。1924—1930年，商品化政治取代了怨恨政治。

战后，英国政治上最重要的发展是"自由英国的离奇死亡"[①]——一度占统治地位的自由党几乎彻底垮台。具有讽刺意味的是，约翰·布莱特、威廉·格莱斯顿和大卫·劳合·乔治领导的与和平、反帝国主义和国内改革有关的政党，导致英国卷入了战争，并经过了所有这些悲惨的经历。1914年，一些自由主义者愤怒地辞职。后来，当劳合·乔治在1916年接替阿斯奎斯担任总理时，少数阿斯奎斯自由党人也从未原谅过他。也许更重要的是，一战和战后经济大萧条把工人阶级和其他人推向了工党，工党在1918年采取了"社会主义"纲领，其领导人拉姆齐·麦克唐纳（Ramsay MacDonald）是当时英国少数几个反对1914年战争决定的人之一。在基本上是两党制的情况下，工党作为保守党的替代者迅速崛起，并在1922年、1923年和1924年的选举中赢得了比自由党更多的议会席位。

1922年，保守党在脱离劳合·乔治的战时联合政府而促成选举后，赢得了压倒性的优势。第二年，英国首相博纳尔·劳（Bonar Law）因病退休，被默默无闻的政治家斯坦利·鲍德温（Stanley Baldwin）所取代，而这让有能力但不可救药的贵族寇松勋爵（Lord Curzon）无限懊恼。1923年年底，鲍德温决定就保护性关税对自由贸易的问题向英国提出上诉，自由贸易是英国历史悠久的政治战场。然而，鲍德温失败了，自由党与工党的合作伙伴拉姆

---

[①] 1936年，乔治·丹格菲尔德（George Dangerfield）出版了一部名为《自由英国的离奇死亡》（*The Strange Death of Liberal England*）的书，该书力图解释19世纪末期主宰英国的经济思想和政治党派为什么在20世纪初突然崩溃。——译者注

齐·麦克唐纳就任工党第一任首相。这个联盟很快就解散了，尽管麦克唐纳任职的这一年在外交政策上是一个值得纪念的一年，恰逢法国退出鲁尔区和"道威斯计划"处理赔偿。在一次颇具争议的行动中，麦克唐纳将外交承认扩大到了苏联。1914年，这位勇敢的苏格兰人曾辞去工党的领导职务而不是批准战争，而在1931年工党第二届政府执政期间，他再次踏上了孤独的征程。这一次取决于自由党的投票，并在九个月后结束，而麦克唐纳因为没有起诉针对共产主义出版物的煽动叛乱案而受到谴责。在随后的选举中，工党的红色诱饵是一个特色，保守党的执政地位再次得到巩固。这一次选举几乎消灭了自由党的势力，而自由党从此再也没有在英国议会中重新站稳脚跟。

因此，在战后的惨淡岁月里，右倾的倾向是显而易见的；随着20世纪20年代的逝去，右倾的倾向才慢慢有所缓和。除了共产主义俄国之外，欧洲的主要国家都是如此，甚至从某种意义上说在1921年开始的"退回资本主义"时期也出现了类似的趋势。西方出现这种保守主义倾向的原因之一，是由于共产主义政权的存在。对布尔什维克主义的恐惧和仇恨心理支配着欧洲中产阶级，甚至一些工会成员。诚然，法国人似乎更加害怕和憎恨德国人，但他们对安全的绝望追求可以追溯到失去俄罗斯盟友时。在1924年英国大选期间，据传闻有一位俄罗斯共产党高层领导人[①]寄给英国共产党一封书信，就如何夺取政权向工党提出了建议，这使工党失去了许多选票。（麦克唐纳和俄国就一项贸易条约展开了谈判。）

保守党政府的当选与1926年大罢工有关，这是英国最接近社会革命的一次罢工。尽管温斯顿·丘吉尔为阶级战争的发生起草了部署军队的计划，但1926年大罢工的结果并不是这样。战后，英国工人阶级的不满情绪集中在威尔士煤矿，这是罢工爆发的根源。1914年以前，煤炭是英国的主要工业之一；战后，煤炭逐渐成为一个衰落的工业，部分原因是石油取代了煤炭作为能源，英国的矿业技术陈旧，落后于外国的竞争者。具有讽刺意味的是，法德两国在1923年鲁尔战争中赔偿纠纷问题的解决使大量煤炭恢复了高效生产，这对英国

---

① 这里指齐诺维耶夫（Zinoviev）。

产生了不利影响。煤矿工人们呼吁将国有化作为克服经济停滞的一种手段,但矿主们对此表示抵制,自然保守党的政府同情他们。矿主们给出的答复是降低工人工资并增加工作时间,但矿工们对此并不满意。1926年,规模空前的大罢工就这样爆发了,由英国工会大会总会议号召,以示对矿工的同情。

按照无政府主义理论的假设,大罢工绝不是社会革命,它只是对矿工团结的一种表达。正如温斯顿·丘吉尔回忆的那样(他自己出版了一份发行量为300万份的政府报纸),罢工几乎以"节日的精神"结束。当然,英国首相斯坦利·鲍德温和蔼可亲的性格有助于罢工的早日结束。尽管如此,煤矿罢工依旧持续了几个月,但矿工们最终失败了,他们被迫接受减薪。矿工们的失败为工会的衰落奠定了基础,工会成员人数远低于战时最高水平,罢工也不多见了。

20世纪20年代右倾的其他微妙原因与整个思想文化运动有关。随着对1914—1918年"伟大斗争"高调言论的反对,人们对所有政治原因都不再抱有幻想。20世纪20年代的"最优秀的人"培养了对政治愤世嫉俗的蔑视,以及对民主文化的厌恶。他们在艺术和文学上寻求解脱,嘲笑大众文化和普通人,怀着深沉的绝望凝视着一个垂死的文明荒原。由于对世俗进步、世俗乌托邦和人性仁爱的信仰丧失,宗教回归了。在爱因斯坦和普朗克的时代,科学也很有趣,但显然也是令人困惑的。"失落的一代"觉得万神俱灭,万劫不复。这种态度对右派的帮助大于左派,后者在世俗的希望中蓬勃发展起来,而非政治的态度是类似保守的。

1926年英国大罢工的惨败代表了当时普遍保守的情绪,在这种情绪之下潜伏着对红军的普遍恐惧。也许是时候回到俄国新布尔什维克或共产主义政权的事务中去了,这构成了一个不平等的分裂问题,不仅使西方许多人感到震惊,也使其他国家感到振奋。

## 意大利法西斯主义的兴起

在1919—1924年,意大利产生了一种新的政治现象——法西斯主义(fascism),这是一种针对左翼混乱而产生的右翼极端主义。

1919年，意大利表现得像欧洲其他任何一个国家一样疯狂，意大利公民则从未像其他交战方那样坚定地团结起来支持这场战争，但卡波雷托战役的溃败粉碎了这个国家的信心。最后，在巴黎和平会议上，意大利人认为他们受到了蔑视。与此同时，俄国革命在意大利引起了极大的轰动，出现了"社会主义"罢工；意大利受到了通货膨胀和战时物资短缺的刺激。然而，列宁式革命引起了强烈的反应。

3月，亲战的前"社会主义者"贝尼托·墨索里尼（Benito Mussolini）组织了"战斗的法西斯战斗"组织（也称"战斗组织"），打击颠覆分子。由于议会分歧严重，奥兰多政府于6月14日垮台，成为"残缺的和平"的牺牲品。同时，奥兰多的继任者弗朗西斯科·尼蒂（Francesco Nitti）也发现自己受到左右两方面的攻击。9月，在著名作家和战争英雄加布里埃尔·邓南遮率领一支小型私人军队进军亚得里亚海城市菲乌梅后不久，意大利举行了新的选举，而这意味着意大利在战争中的要求失败。不过，政府不敢驱逐邓南遮。

为了进一步扰乱政局，一个新的受欢迎的天主教政党崛起了。这样，左派、右派和中立派都被分离开来了。11月的选举结果模糊不清，导致社会党和法西斯追随者之间发生了更多的罢工和冲突，通货膨胀仍在继续。意大利南部的农民开始武装入侵并把盖房用的石板、教堂和私人拥有的地产等充公，而北部的农场工人也经常加入暴力的罢工浪潮。这种混乱持续到1920年直到工厂被接管，"社会主义"联盟与伟大的都灵工业家菲亚特（Fiat）和奥利维蒂（Olivetti）之间摊牌了。邮政、铁路和政府的雇员也纷纷参加了罢工。意大利似乎正在进行"社会主义"革命，但一个混乱和分裂的政府无力阻止这场革命。6月9日，弗朗西斯科·尼蒂被迫辞去意大利总理职务，取而代之的是战前的政治老大乔瓦尼·乔利蒂。

大约在这段时间，主动权从左派转移了。持续不断的罢工和动乱激怒了广大民众，使意大利资产阶级向右翼靠拢。工人们根据意大利"社会主义者"的工联主义或"苏维埃"哲学控制着当地的工厂，但这个体系无法在全国范围内解决经济问题。"社会主义者"从未在议会中占过多数席位，也没有试图夺取国家政权；分裂的政府无力进行有效的改革。在这个缝隙中，出现了法西斯"黑衫军"（squadristi）的私人军队，他们在城市和乡村与"社会主义者"作战。1920年年底，才华横溢的意大利共产主义者安东尼奥·葛兰西（Antonio Gramsci）写道，资产阶级国家正在分解和分裂为两个部分，"资本家正在形成自己的私人国家，就像无产阶级一样"。其他人可能会说，议会民主制的无能正迫使意大利走向内战。

贝尼托·墨索里尼是社会党机关报《前进报》的编辑，长期以来他一直被认为是1914年之前意大利分裂严重的社会党内的左翼人士。在1914年9月至1915年5月间关于是否参加曾使意大利生机勃勃的战争的辩论中，这位无政府主义铁匠的儿子，把他的文学和演讲才能投向了干预的一方，而大多数传统"社会主义者"则退缩了。墨索里尼支持协约国活动的资金显然来自法国社会党和一些意大利实业家，也许还来自意大利外交部。墨索里尼从前的同志们指责他背叛了他们，于是他就和他们断绝了关系。墨索里尼确实从一开始的"打倒战争"（Abbasso la guerra）态度中完全转变了，但他的转变像许多意大利人的转变一样，他们站在民主国家一边，即"拉丁同胞"反对"普鲁士军国主义"。工团主义者、无政府主义者、共和党人以及一些"社会主义者"都找到了参战的理由，他们中的许多人认为工党领袖科里多尼（Corridoni）给出了最好的参战理由："保持中立是没有权力之人的做法！"墨索里尼既是尼采的跟随者，也号称是马克思的追捧者，他既不是一个没有权力的人，也不是一个可以抵挡大众舆论潮流的人。

墨索里尼是一个对知识感兴趣的人，他帮助法西斯主义者建立了一种意识形态，这种意识形态是从弗里德里希·尼采（Friedrich Nietzsche）、乔治·索雷尔（Georges Sorel）、亨利·伯格森和其他人那里借来的，是从1914年前的各种先进思想中构建出来的。墨索里尼的信条强调用行动、精英领导和一套新的价值观来组织群众。法西斯主义在某种意义上是一种准宗教，坦率地承认需要符号、仪式和神话。邓南遮已经率先组织了一支有游行和群众集会的私人武装部队，这位领导人在阳台上向成群结队的追随者发表讲话，士兵们向他大声呼喊着口号。阿道夫·希特勒（Adolf Hiller）将在这个模式上大做文章，但在1921年时希特勒还默默无闻，他仅仅是一个在慕尼黑啤酒馆里向少数几个人讲话的古怪的小人物。1921年，墨索里尼和他的黑衫军像彗星一样升起。教皇庇护十一世（Pius XI）称墨索里尼为"上帝派来的使者"，意大利的国王也暂时改信了法西斯主义。

墨索里尼雄辩地宣称，法西斯主义要求民族复兴，并将意大利的软弱归咎于议会制度和"普选的谎言"。因此，法西斯主义既反对民主，又反对马克思主义。同时，法西斯主义也是反现代主义的，宣扬人的自然不平等，并流露出尼采式的新野蛮主义，试图从社会中清除腐败和颓废。没有多少意大利人能够捍卫腐败和无效的议会制度，尽管在议会制度消失后，他们曾后悔没有这样做。尽管法西斯主义得到了急于摧毁社会主义和共产主义的工业家与土地所有者的支持，但如果法西斯主义只是富人的阴谋，那就不可能取得胜利了。法西斯具有广泛的吸引力，农民、店主和一些白领甚至一些蓝领工人都从表面上接受了这位承诺要解决意大利问题的"伟人"，因为他们厌倦了混乱，并认为"社会主义"错过了机会。

法西斯主义的计划是模糊的，但它认为国家应该成为一个工具，使资本和劳动的"公司"在富有成效的合作中聚集在一起，而不是在阶级斗争中联合起来。这个想法是从右翼天主教社会思潮中产生的；但在意大利左翼，法西斯分子聚集在工联主义者中，他们相信分散的工人阶级的集体主义。法西斯主义实际上是不满情绪的融合，最后墨索里尼的领导未能成功。法西斯主义的国家统一原则对一个长期与南北基本文化不统一作斗争的国家有着特殊的吸引力，其在农业上很强势，主要是在前现代的南方。

那些将法西斯主义视为一个垂死世界病态产物的人，可能比那些将其誉为社会重建新原则的人更为正确。1921年和1922年最重要的是混乱盛行，议会无能为力，而在这种状况下墨索里尼似乎是一个强有力的政治人物。从1921年5月法西斯主义在选举中只赢得了少数席位，到1922年10月进军罗马，法西斯主义迅速获得了大批"皈依者"，哲学家和意大利国王都对法西斯主义的活力做出了反应。旧的政府体制自1861—1870年意大利统一以来从未取得过很大的成功，但在战争和战后危机的压力下却崩溃了。

墨索里尼在游行后被任命为意大利总理，目的在于加强行政权力和削弱议会，同时将法西斯党建设成为一个伟大的国家政治组织。直到1925年，墨索里尼才开始镇压反对派，逮捕和监禁敌人，将媒体和教育置于法西斯的控制之下，并建立了一党制国家。在恢复简单的暴政之前，墨索里尼因在意大利恢复秩序、树立新的民族使命感而曾受到世界各国的高度赞扬。

事实证明，墨索里尼没有能够改变意大利社会和经济的计划，但至少有一段时间他设法恢复了国民的士气。法西斯主义的吸引力在于主张废除阶级战争，恢复人们在第一次世界大战开始时所感受到的那种团结一致的感觉，而且它的英雄式、伪贵族式的神秘绝非资产阶级所有。事实上，法西斯主义鄙视单纯的斤斤计较和商业精神。法西斯主义借用了关于活跃的精英阶层的思想，并把它转向了另一个不同的目标——那就是民族团结和伟大。与德国纳粹主义不同的是，意大利法西斯主义并不太强调种族（它不是反犹太主义的）；相反，它谈论的是意大利远古的荣耀可以追溯到罗马帝国，梦想着恢复罗马帝国的辉煌。墨索里尼宣布，战争"将人类所有的精力都带到了最紧张的状态，并给敢于面对战争的国家盖上贵族的印章"。

虽然沉溺于这种夸夸其谈的言论，但在实践中墨索里尼统治的法西斯党内部却因意见分歧而分裂，其中一些因素很快就可以预见性地谴责墨索里尼背叛了党的目标。1923年，墨索里尼骄傲自大地向希腊宣战。当委员会的一名意大利成员在阿尔巴尼亚和希腊的边界遇刺后，意大利向希腊政府发出最后通牒，轰炸了希腊的科孚岛。希腊向国际联盟提出上诉，但国际联盟未能对意大利的侵略行为采取任何重大行动——这是其无力的早期表现。

## 洛迦诺精神

1924—1930年，战后头五年的噩梦经历在欧洲大部分地区让位于一个更加稳定的时期，马克的稳定、"道威斯计划"和国外贷款为经济的大幅复苏扫清了道路。在德国，负责任的保守党派支持共和国，极右势力逐渐消失，尽管共和国的政治生活从来都不轻松，但议会政权近年来似乎取得了一定进展。1925年，老指挥官保罗·冯·兴登堡当选总统，巩固了共和国的地位。

在法国，爱德华·埃里奥和他的继任者阿里斯蒂德·白里安①（Aristide Briand）愿意谨慎地朝与德国和解的方向迈进，以取代失败的分裂和肢解政策。在德国方面，能干的古斯塔夫·施特雷泽曼是1924年稳定政局的策划者，他在很长一段时间里担任了德国外交部长这一要职——经历了总理汉斯·路德（Hans Luther）、威廉·马克思（Wilhelm Marx）以及1928年当选的赫尔曼·穆勒（Hermann Mueller）执政的时期。两位外交官施特雷泽曼和白里安在一起工作得很好，引起了20世纪20年代全世界对政治英雄荒芜的想象，他们是法德和解与和平新时代的象征。

左右翼极端分子则纷纷谴责施特雷泽曼屈服于第一次世界大战的敌人和协约国的资本家，但他坚持认为与德国的这一前敌人合作是恢复国家实力的唯一可能途径。施特雷泽曼是一位热心的民族主义者，从协约国控制委员会的眼下保护了德国的国家防卫军（Reichswehr），他们从事的某些活动几乎不须检查；他不接受弱化的德国，只是认为西方能提供最好的恢复机会。但一些德国人对此持有不同的看法，他们在1922年与苏维埃俄国签订了《拉帕洛条约》（Treaty of Rapallo），而两国之间秘密的互惠互利的军事安排则始于1921年。然而，施特雷泽曼却在西方赢得了巨大成功。

1926年，德国加入了先前一直被排除在外的国际联盟，并在经过一番争议后在联盟理事会中获得了大国席位。其中，一年之前签订的《洛迦诺公约》（Locarno Treaties）标志着一个新的方向，而"洛迦诺精神"象征着一个新时代的到来。在这些协议中，德国、法国、意大利和英国共同保证了德国与法国–比利时之间维持现有边界，这意味着德国最终接受了向法国归还阿尔萨斯和洛林省，以及向比利时割让马尔梅迪地区；德国还重申了接受对莱茵兰地区非军事化的规定。通过这种方式，《洛迦诺公约》对《凡尔赛条约》和国际联盟做了奇怪的重申，好像大国们纷纷在说："我们这一次是认真的。"同时，它们都同意将其争端提交国际法庭仲裁。

---

① 阿里斯蒂德·白里安（Aristide Briand，1862—1932），法国政治家。1909—1929年担任11次法国总理和外交部长，曾获诺贝尔和平奖。——译者注

捷克斯洛伐克和波兰也派代表来到了洛迦诺，但德国在东部没有给予同样的保证。尽管如此，捷克斯洛伐克和波兰还是签署了仲裁条约，法国承诺向捷克斯洛伐克和波兰提供帮助，如果它们再次遭到德国的攻击的话。在后来的几年中，人们常常谈到《洛迦诺公约》的模棱两可，双方都以不同的方式理解它们。对于西方大国而言，1925年10月在瑞士小镇洛迦诺签订的协议意味着德国完全接受了第一次世界大战后的和平解决方案。对德国人来说，《洛迦诺公约》意味着他们接受了西部的边界，但希望将来在东部边界做出改变。从许多后面发生的例子中，我们对由歧义词构成的伪协议已经足够熟悉，双方均以自己的方式进行解释。（可以比较1945年的雅尔塔会议或1967年的日内瓦会议。）

因放弃任何修改德法两国边界的尝试而给予德国的奖励，包括提早撤出自1919年以来一直占领莱茵兰的协约国军队。这时，莱茵兰被占领已有十五年之久而且可以续期，但经过一系列削减行动，到1930年所有部队都被撤走。同时，任命军事管制委员会以确保德国遵守条约的裁军规定，该委员会于1922年回到德国，但德国继续无视其中一些规定；特别是，军事管制委员会重组了相当于总参谋部的组织，并且将俄国用作军事训练场所。当然，协约国知道并且选择忽略这些事情。因此，法国反对德国延续战争的有效保证不复存在。德国人发誓尊重非军事区，《洛迦诺公约》在违反这一承诺的情况下提供了法、英、意三国的合作，但派遣部队进入该地区不再有任何具体障碍。

最后，1927年在国际联盟所在地瑞士日内瓦举行的裁军会议是基于一种承诺，即通过解除协约国武装使之与德国水平持平来实现军备均等。总而言之，《洛迦诺公约》及其后续签订的协约构成了德国的重大胜利。后来，法国人提出了"慕尼黑的种子在洛迦诺"的说法。也就是说，德国的"绥靖政策"已经开始。但是在1925—1933年，德国当然还没有被希特勒统治，左、右翼的极端主义运动已经消退。在1928年的选举中，共产党获得了10%的选票，而阿道夫·希特勒的纳粹党仅获得了2.6%的选票。此时，"魏玛党派"在德国国会中占了相当大的席位，甚至拥有73个席位的德国国家人民党也不再足以与之为敌。共和国似乎已经成功了，和平的社会民主党人和天主教中心主义者构成了最为强大的政党。

魏玛共和国建议复兴德国文化，以建立包豪斯艺术与建筑学院为象征。托马斯·曼等一批伟大的德国作家放弃了对第一次世界大战的态度，转而倡导和平与国际主义。柏林、法兰克福和慕尼黑恢复了其国际艺术中心的地位，而柏林因此颓废了，但这正符合当时的气氛。鉴于一战后世界的快速变化，戴着尖顶头盔和走正步的德国军队属于威廉皇帝或者说属于一个遥远的过去，没有人会预见到德国人会重新穿上冲锋队的褐色制服[①]发起战争。

"洛迦诺精神"与"日内瓦精神"融合在一起，因为国际联盟在其诞生之初就因美国拒绝加入而受到损害，并很快面临其雄心勃勃的新型"集体安全"计划的绝望，此时开始在国际会议场所上享有一定声誉。1924—1925年试图澄清和加强成员对《盟约》安全条款的承诺，即积极参与镇压任何"侵略"，这表明英国和自治领都与联合王国相反。国际联盟不再梦想成为一个世界政府，而是满足于成为交流的工具和社会服务的工具。联盟的专门机构鼓励在处理工作条件、健康、交通和犯罪问题等方面进行国际合作，政治家们纷纷来到日内瓦咨询并举行会议。

伟大的裁军会议始于1927年，并被寄予厚望。一个组织开始形成，联盟在某种程度上象征着"通过理解的和平"，并在20世纪20年代后期看起来比战争结束时更加闪亮。在那短暂的希望时刻，几乎其他所有的东西也都是如此，但在经济陷入坍塌之前，脆弱的国际理解就被摧毁了。

这个时代的另一个标志是《凯洛格-白里安和平条约》(*Kellogg-Briand Peace Pact*)的签订，该条约以美国国务卿和法国政治家的名字命名。1928年，这一条约在巴黎正式启动后，几乎在世界范围内的所有国家（63/67个）政府的大力支持下签署，而美国的支持很重要。这份模糊的和平宣言没有任何具体的承诺，它只具有道义上的价值。但是，世界舆论认为，这项庄严的宣言

---

[①] 希特勒是靠着冲锋队的支持才得以上台的，而冲锋队队员集体穿褐色制服，又称"褐衫队"。——译者注

把战争定性为非法是极为重要的。条约的签署者"谴责诉诸战争"并"放弃战争作为国家政策的工具",不幸的是,未来的事件表明这可能没什么意义。1929年,中俄之间的冲突恰好与该条约的最终颁布时间相吻合。但是,1928年《凯洛格-白里安和平条约》的签订引起了国际轰动,表明了那一年世人的希望,也证明了它是一个可悲的幻想。

# 第五章

## 祖先秩序的解体：战后的文化与思想

第五章　祖先秩序的解体：战后的文化与思想　165

## 战后悲观主义

爱因斯坦、弗洛伊德、毕加索、勒·柯布西耶、弗吉尼亚·伍尔芙、詹姆斯·乔伊斯和其他许多心灵或精神的代言人照亮了20世纪20年代，与令人沮丧的公共事务景象形成了鲜明对比。同时，20世纪20年代也产生了更多令人兴奋的政治思想，但这些思想是革命的和批判传统信仰的，在政治方面总体上是不受欢迎的；它受到了对整个过程的深刻幻灭感的影响，这种幻灭感周期性地困扰着民主国家。

英国女作家弗吉尼亚·伍尔芙（1882—1941）。（伦敦国家肖像画廊）

在战后的十年里，人们强烈反对"十字军东征"的政治理想主义主张。美国政治评论家沃尔特·李普曼（Walter Lippmann）抱怨道，"任何聪明的人都不可能对任何公共事件抱有重要的幻想"。国际知名的美国小说家欧内斯特·海明威（Ernest Hemingway）把这些话放到了他伟大的战争小说《永别了，武器》（*A Farewll to Arms*）的主人公嘴里："我总是为那些神圣的、光荣的、牺牲的话语和徒劳的表达而感到尴尬……有许多你听不下去的话，最后只有地名才有尊严。"正如《曼彻斯特卫报》（*The Manchester Guardian*）所言，政客们高谈阔论地鼓吹的"拯救人类的圣战"，不仅使欧洲大地流血，而且使世界对政治感到厌倦。

德国作家路德维希·马尔库塞（Ludwig Marcuse）回忆说，战后十年是鲍德温[①]和柯立芝[②]（Coolidge）的时代，很少有政治家能够凝聚起政治希望，"我不记得那些年我是否投过票，当然也不记得给谁投过票"。俄国革命带来了一线希望，但这希望似乎正在消失。尽管自由知识分子可能会保护俄国不受敌人的伤害，并同情那些被指控为不容忍的反极端主义烈士。事实上，萨科－万泽蒂事件（马萨诸塞州的案例是一个国际性的案例）是美国在20世纪20年代镇压工人运动中制造的一桩假案。20世纪20年代，知识分子与共产党有过不愉快的经历；具有讽刺意味的是，直到20世纪30年代西方知识分子才开始向共产主义迈进。20世纪20年代的先锋派既疏远又不抱幻想，对任何政治十字军运动都不感兴趣。

法国作家朱利安·班达（Julien Benda）所写的《知识分子的背叛》（*La Trahison des Clercs*）在那个时代被广泛阅读，该书对西方知识分子进行了批判，他们因各种政治原因而奔波，而班达建议他们回归永恒的真理。"知识分子"（intellectuals）一词本身是这一时期才开始出现的。在19世纪与20世纪之交的法国德雷福斯案件发生以后，当时由许多作家、教授联名发表了一份"知识分子宣言"（manifesto of the intellectuals），"知识分子"一词才流行起来。这个词的意思不仅仅是指一个作家或艺术家，而是指以"脑力劳动者"的身份谋生的人，既不是商人、农民也不是工厂的工人，似乎特别没有阶级属性，还是一类特别敏感的人群，使之与"善良的人类"在某些方面有所不同。众所周知，这场战争在某种程度上意味着知识分子试图加入民主社会，为了从事一项有价值的事业的尝试。

知识分子中的绝大多数人在1914年热情积极地参加了这场战争，他们把这看作是团结一致的机会，同时也是一次精彩的冒险。但对知识分子中的大多数人来说，这次经历是失败的，他们在一系列20世纪20年代的战争小说中吐露了自己对战争的厌恶之情，而这场战争无疑在文学上取得了成功。在许

---

[①] 斯坦利·鲍德温爵士（Sir Stanley Baldwin, 1867—1947），曾任英国首相，保守党政治家。——译者注

[②] 约翰·卡尔文·柯立芝（John Calvin Coolidge, 1872—1933），美国第三十任总统，共和党政治家。——译者注

多有关战争的书籍中，传达了一种强烈的感觉——"战争是一种难忘的经历，尤其是战壕里的同志情谊"，但最终的结论是——"战争是一种强烈的幻灭"。士兵的勇敢被家乡的伪善、暴力或浮躁所背叛；归来的英雄们掩埋了许多战友，他们的心理受到重创。战争结束了，但他们的精神饥渴依然存在着，他们再也不能相信战场上的浪漫了。战争文学充满了那些难以言喻的回忆，"他们毫不客气地为我们付出了全部……"①，讲述了试图返回战后单调生活的前英雄们的烦躁不安。渐渐地，最流行的主题变成了对战争纯粹的厌恶，满足了20世纪30年代不再出现战争的情绪。

这一时期出现了一系列关于战争的书籍，无论是小说、戏剧、诗歌，还是自传或个人回忆录，都有一份很长的清单。其中，最著名的包括：亨利·巴比塞（Henri Barbusse）的《炮火》（*Le Feu*），他因此成为一名共产党员；埃里希·玛丽亚·雷马克（Erich Maria Remarque）所写的《西线无战事》（*Im Westen Nichts Neues*），后来被拍成了电影；海明威所著的《永别了，武器》；罗伯特·格雷夫斯创作的非虚构回忆录《向一切告别》；以及福特·马多克斯·福特（Ford Madox Ford）的"四部曲"。以上列举的仅仅是一些例子。一战使诗人威尔弗雷德·欧文（Wilfred Owen）的文学名声大噪，而小说家罗曼·罗兰从一开始就与其旗鼓相当。《伤心之家》（*Heartbreak House*）是萧伯纳关于战争的剧作，表达了对英雄主义的伤痛和心碎最透彻的领悟；曾担任保险经纪人的罗伯特·塞德里克·谢里夫（Robert Cedric Sherriff）1929年创作的剧作《旅途终点》（*Journey's End*）在国际上很受欢迎。在20世纪20年代末期和20世纪30年代初期，这种关于战争的悲惨、消极的著作涌现得最多。

在这个时期，战争似乎不是拯救的手段，而是西方最终诅咒的印记，是战后思想对西方文明的失败感叹。一位名叫奥斯瓦尔德·斯宾格勒（Oswald Spengler）的德国学校退休教师在战前就开始了他的《西方的没落》（*Der Untergang des Abendlandes*）的写作，及时赶上了战后忧郁文学的浪潮；这本书后来被翻译成英文，在国际上大获成功。

---

① 出自英国作家威尔弗里德·吉布森（Wilfrid Gibson）的诗作《挽歌》（*A Lament*）。

从中世纪开始到国王时代，再到科学与民主的时代（或者说社会主义时代），缓慢但有一定进展的主题深深植根于大众的思想之中。也就是说，西方文明在中世纪后期达到了顶峰，此后一直分崩离析，而这让人惊愕不已——向左看和向右看是一样的。对过去全面重新审视的需求促使另一本业余的对世界历史考察的书获得了巨大销量，著名英国作家赫伯特·乔治·威尔斯所写的《世界史纲》（Outline of History）绝不像斯宾格勒的作品那样悲观，它迎合了对欧洲传统的重新评估。对战争的震惊使阿诺德·J.汤因比开始了他更为广阔的比较文明编年史的写作，他试图寻找文明失败的原因，其纪念性著作《历史研究》（A Study of History）的第一卷于1934年问世。一位定居在美国的俄罗斯历史学家米哈伊尔·伊凡诺维奇·罗斯托夫采夫（M. I. Rostovtzeff）用许多侵入当代观点的迹象解释罗马沦陷的问题，他认为罗马从过度民主中堕落，公众精神不断衰退，正如叶芝所写的那样——"万物分崩离析，中心难以维系"。

伊夫林·沃（Evelyn Waugh）的第一部长篇小说题为《衰落与瓦解》（Decline and Fall），这部作品可以看作是一位英国作家的精彩讽刺，他皈依了罗马天主教并以此表明他对整个现代社会的排斥。在20世纪20年代的一系列小说中，阿道斯·赫胥黎（Aldous Huxley）也有过类似的诙谐幽默的作品，他将维多利亚时代的偶像置于嘲讽之下；伦敦作家利顿·斯特雷奇（Lytton Strachey）所写的传记《维多利亚名人传》（Eminent Victorians）也是如此。在欧洲大陆，特别是在德语区的国家，也出现了类似的甚至更严重的拒绝态势。卡尔·巴特（Karl Barth）很快被公认为现代最伟大的神学家，他开始猛烈抨击自由神学，认为人类的进步是实现上帝的目的。在黑格尔的影响下，1914年以前的德国神学将人与神之间的历史关系形象化，圣灵通过将神的良善转化为实实在在的东西来实现神的旨意。

此时，路德·巴特（Lutheran Barth）、瑞士的加尔文主义者埃米尔·布伦纳（Emil Brunner）和其他人提醒这一代"有条乐观的毒蛇"，基督教王国不属于这个世界。在人与神之间有一道屏障，一道辩证的鸿沟，而这道屏障将尘世的存在归结为悲剧的不完美。古老的路德教和加尔文教回归到《圣经》

去解说原罪和原罪对人的影响，而人类堕落的本性从未像现在这样承受过更大的压力。这些作品的明显动机是拒绝接受这样一种观念，即当今的人类社会无论如何都是对上帝造人目的的实现，而这更多的是魔鬼的工作。

卡尔·巴特1919年所写的《罗马书释义》（Epistle to the Romans）就像扔出了一颗神学的炸弹。与此同时，19世纪的丹麦宗教哲学家索伦·克尔凯郭尔（Søren Kierkegaard）的作品复出了，来自俄国东正教难民尼古拉·贝尔迪耶夫（Nicolai Berdyayev）和犹太神学家马丁·布伯（Martin Buber）带来了几乎相同的信息。英国牧师威廉·英格（William Inge）说，"对进步的追求，一直是西方一百五十年来努力的信念"，然而"如果我们转向历史……我们就会发现……文明是一种几乎总是致命的疾病，除非它的进程得到及时的检查"。贝尔迪耶夫认为，"人类的历史经验是一种持续的失败，没有理由认为它将永远是其他任何东西"。所有19世纪的偶像，因为他们与这一崩溃联系在一起，进步的想法遭到攻击。科学家完善知识、带领人类光荣征服自然的梦想已经破灭，他们在战争中制造了毒气；无论如何，他们的做法对人类的真正需求——精神需求——毫无帮助。在阿道斯·赫胥黎的《针锋相对》（Point Counter Point）中，坦塔蒙特勋爵（Lord Tantamount）的眼睛只盯着显微镜，却根本不明白人与人之间的关系。爱因斯坦革命之所以引起广泛关注，正是因为它似乎摧毁了19世纪唯物主义科学的所有假设。

在20世纪20年代，知识分子的英雄西格蒙德·弗洛伊德越来越转向道德和哲学上的思索，他最伟大的代表作之一《文明及其不满》（Civilization and Its Discontents）广受欢迎。这位精神分析的创始人对战争的爆发感到震惊，因为他相信死亡的愿望和生命的力量，并提出了悲观的看法，即人类永远无法解决其问题，人们总是会在个性和社会、本我和超我之间相互矛盾的要求中被摧残——我们越文明，社会就越压制个性。"文明的代价是神经症。"这是一种新正统神学家奇怪的看法。弗洛伊德思想里坚定的无神论与重返宗教处于同一阵营；人类的潜意识是一个蛇穴，里面充斥着基督徒一直称为罪的恶魔的力量。

这位维也纳医生的杰出影响力在文学和艺术领域最为明显。弗洛伊德不仅指出了难以表达的性欲冲动，包括乱伦和同性恋，而且他提出了一个悲剧性的框架，即个人欲望与社会抑制、本我和超我的冲突。从美国戏剧家尤金·奥尼尔（Eugene O'Neill）到 D. H. 劳伦斯（D. H. Lawrence）、詹姆斯·乔伊斯、马塞尔·普鲁斯特（Marcel Proust）和弗兰茨·卡夫卡等欧洲非凡的小说家，本我令人震惊的想法为戏剧提供了诱人的新素材，而戏剧则源于两人之间的冲突。在无意识的决定因素和理性动机的驱使下，弗洛伊德剥夺了人类对理性和尊严的最后幻想。

民主是另一个堕落的偶像。许多意大利知识分子半信半疑地接受了法西斯主义，因为他们相信精英统治，而不是像贝内德托·克罗齐（Benedetto Croce）所说的那样——"如果从数量上讲是少数，那么在那些质上占多数的人中实行民主"。在20世纪20年代大量可见的粗俗的大众文明的排斥下，知识分子通常嘲笑普通人，希望有某种守护者或"神职人员"阶层来统治他们，而叶芝对此用"卑鄙赶走了更好的血液，身心都在萎缩"①这样的诗句来表达他的失望。

在斯宾格勒的衰落计划中，民主是自然、有机文化和积极价值观衰败的产物，是怀疑主义、虚无主义和社会解体留下的一种碎片。魏玛德国产生了一大批新保守主义者，他们哀叹"自卑者的统治"②，梦想着成为政界精英。尽管他们为希特勒的"褐衫队"铺平了道路，但他们中的大多数人认为纳粹是来自庸俗大众的暴发户。后来，他们都成了纳粹的牺牲品。

反民主的阵营绝不仅仅局限于德国，西班牙思想家何塞·奥尔特加·伊·加塞特（Jose Ortega y Gasset）在他广为传阅的一篇文章《大众的反叛》（*The Revolve of the Masses*）中表达了对文明传统崩溃的失望之情。在美国，亨利·路易斯·门肯③（Henry Louis Mencken）老练地嘲笑着美国农村和小镇上"张开的灵长类动物"。

当时，马克思主义者可能会同意资产阶级文化在西方国家正在消亡，同

---

① 原文是"Base drove out the better blood. And mind and body shrank."，出自叶芝的诗歌《政治家的假日》（*A Statesman's Holiday*）。——译者注

② 1927年，路德教会浪漫主义反动派埃德加·荣格（Edgar Jung）所著的一本书的书名。

③ 亨利·路易斯·门肯（Henry Louis Mencken，1880—1956），美国记者、评论家，在20世纪20年代对美国小说产生了巨大影响。——译者注

时又相信一个以无产阶级为基础的新的、更好的文化正从东方汹涌而来。不过，20世纪20年代的西方知识分子大多对这种纯真的信仰持怀疑态度。英国费边社会主义理论家韦伯夫妇在1923年写了《资本主义文明的衰败》(*The Decay of Capitalist Civilization*)一书，但他们还没有准备好，就像十年后他们还没有准备好在苏维埃文明中找到一个值得继承的接班人一样。约翰·梅纳德·凯恩斯在1926年撰写了《自由放任的终结》(*The End of Laissez-Faire*)，但是什么将取代旧式的竞争性资本主义，这位伟大的经济学家还没有给出确定的答案。

总的来说，20世纪20年代的作家在创作关于社会衰败的杰出艺术时发现了自己的慰藉。T. S. 艾略特(T. S. Eliot)的著名长诗《荒原》(*Waste Land*)，以佩特洛尼乌斯(Petronius)的名言开头——"我们渴望死亡"。这首诗中写道，"四月是最残酷的月份"，因为它不再带来新的生活，世界失去了创造力。艾略特的诗充满了微妙的现代主义技巧，以此来表达宗教、爱情和曾经繁华生活的徒劳——"这里没有水，只有岩石"。曾经使西方社会孕育的文化之泉已经枯竭，让人们感到恐惧和胆怯；伟大的传统不是以一声巨响而告终，而是以哀号告终。

## 文学艺术的复兴

这种毁灭性的景象与艺术的真正复兴形成了一种奇怪的对立。在战后的岁月里，出现了一场给眼睛、耳朵和心灵的盛宴，甚至连叶芝也承认：

> 宏伟的歌赋虽然已不再，
> 退落的潮汐将滩岸击拍：
> 浪底卵石碰撞，声声传来
> 此中有我们渴望的欢快。[①]

---

[①] 出自叶芝的诗歌《十九世纪及以后》(*The Nineteenth Century and After*)。——译者注

20世纪20年代的文学、建筑和艺术不仅仅是"卵石碰撞",战前开始的现代主义运动现在在世界范围内全面爆发,带着战争所诱发的革命反抗的特殊基调。弗兰茨·卡夫卡的朋友马克斯·布罗德(Max Brod)说,"1914年之前和1914年之后,两者完全不同,只是名义上在同一个地球上",即使我们在观察1914年之前和1914年之后的艺术技巧之间的连续性时,也不应该忘记这种完全的情绪变化——形式可能是延续的,但内容是新的。

作家卡夫卡、乔伊斯、叶芝、艾略特、D. H. 劳伦斯、马塞尔·普鲁斯特和托马斯·曼,画家克莱、毕加索和康定斯基,建筑师沃尔特·格罗皮乌斯(Walter Gropius)和勒·柯布西耶,以及许多其他文学家和艺术家在战前就已开始了他们的职业生涯,但正是在一战结束后他们才获得了最伟大的名声,他们中的大多数人都得到了最好的发展。战争打破了传统的权威,使公众意识到新艺术惊人的新颖品质,而这种艺术仍然让人们震惊,但它确实产生了影响。詹姆斯·乔伊斯的《尤利西斯》(*Ulysses*)最初是在众多被选为实验文学和艺术的"小杂志"中诞生的,先是在美国和英国遭禁,后来才在巴黎公开出版。1921年,《尤利西斯》的第一个限量版本很快就涨到了每本300美元,这立刻引起了争议——这本书曾被称为"病态和令人作呕的书"、"大量虚无缥缈的废话"和"有史以来出版的最肮脏的书",也被誉为是一部天才之作。诗人艾略特在第一次世界大战爆发之后来到英国并定居在伦敦,一边做银行职员,一边准备写他的《荒原》和其他诗歌。在某种程度上,一个生动、现实、常

爱尔兰作家詹姆斯·乔伊斯(1882—1941)。(英国国家肖像画廊)

常是滑稽可笑的故事是那时都柏林人生活中某一天的真实写照，也是对人类处境的一种寓言，这显然是对荷马时代以来人类衰败的一种批判，而它(《荒原》)很快获得并保持了作为20世纪最伟大的文学作品的地位。

从技术上讲，乔伊斯惊人地运用了"意识流"向我们展示了人们未经编辑的思想，及其所有的非逻辑复杂性。这种强烈的主观主义，以及有时伴随着它的色情主义（人们的秘密思想大概不排除性幻想），暗示着弗洛伊德主义，但也可能被视为逃离公共主题和整个社会秩序的结果。弗吉尼亚·伍尔芙的《达洛维夫人》(*Mrs. Dalloway*)以小说的女主人公命名，该小说探讨了一个人的内心生活，即达洛维夫人对自己的政治家丈夫的生活不感兴趣而退到了幻想的内心世界，而伍尔芙试图展现的正是这样一个世界。

乔伊斯在《艺术家肖像》(*Portrait of the Artist*)中通过他塑造的人物斯蒂芬·德达勒斯(Stephen Dedalus)说："我不会为那些我不再相信的东西服务，不管它是我的家乡、我的祖国，还是我的宗教。"20世纪20年代是一个流亡的时代，欧内斯特·海明威、格特鲁德·斯坦因(Gertrude Stein)、T. S. 艾略特和埃兹拉·庞德(Ezra Pound)等人从美国逃到了欧洲；也有欧洲人逃到美洲，如D. H. 劳伦斯逃到新墨西哥，马尔科姆·劳里(Malcolm Lowry)先后逃到墨西哥和不列颠哥伦比亚或其他地方。"在欧洲，他已经下定决心要把一切都做好，"劳伦斯一部小说中的主人公这样说，"他必须去一个崭新的国家。"作家们开始寻找原始民族或异国文化，如西班牙诗人洛卡将视角转向吉普赛人，劳伦斯则转向印第安人。赫尔曼·黑塞是最早发现佛教的欧洲人之一。如果说他们当时所在的欧洲社会是一片荒原，那么其他地方会更好一些。

现代派画家和雕塑家，无论是表现主义者、抽象主义者、立体主义者、超现实主义者，还是其他任何流派，都在"远离事物，远离物质"的纲领中同意"废除对事物的主权"的理念，把自己的审美意识表达出来，使艺术走出内心的混乱。这是他们的成就，简言之，他们选择不现实地表现日常世界（任何一个有相机的人现在都可以做的事情），而是描绘其他的东西，也许是梦中可能出现的内在视觉，也许是一个数学维度中想象的纯粹的形式设计。超现实主义试图挖掘潜意识，象征主义寻找比自然的外部现象更深的东西。

西格蒙德·弗洛伊德和卡尔·荣格的新"深度"心理学使这一现代艺术流派更加丰富；荣格特别强调，在人类心灵的集体无意识中制造的原型形象的重要性具有宗教和美学意义，与人类一样古老，散发着原始神话和符号的气息。

乔伊斯发明了一种新的语言（他在二战期间即1939年完成的第二部伟大小说《芬尼根的守灵夜》更为著名），这是他寻找一个新的思想国度的一个方面的体现。这些文学作品就相当于爱因斯坦的物理学或康定斯基的绘画一样奇异、美妙，不可理解。乔伊斯的小说在很大程度上借鉴了神话，他在《芬尼根的守灵夜》一书中使用了一种梦境语言，其中展现了人类经验的永恒原型。乔伊斯的目的是在梦中发现一个艺术和魔法的领域，而现代理性化的人类已经失去了这个领域。

显然，这种非具象性的艺术是从逃避现实的欲望中流出的，逃避的是纯粹想象的内心世界、几何图案的抽象世界、理想世界或形而上学的世界。克莱、康定斯基、蒙德里安、毕加索——一个瑞士人、一个俄罗斯人、一个荷兰人、一个西班牙人，在德国或巴黎工作——他们都是伟大的艺术家，他们创造了一种全新的人生观。奇怪的是，他们的工作似乎在当时不能为人所接受，现在却得到了一定程度的接受，不再像1914年之前那样成为在街上被扔臭鸡蛋的对象或警察逮捕的目标。

在新技术的发明和对爱因斯坦科学兴趣的刺激下，未来主义者对机器时代的接受一直持续到20世纪20年代。新客观主义在数学、美学方向上严格反对表现主义和主观主义。

与此同时，建筑也经历了革命性的变革。古典主义、哥特式和巴洛克式的设计师们试图打破传统，创造出一种完全不同的建筑风格。有时，他们试图将建筑与机器时代联系起来，但也出现了一种新的美学元素。在这场建筑革命中，最重要的人物包括自称为瑞士-法国人的勒·柯布西耶和包豪斯（Bauhaus）的创始人沃尔特·格罗皮乌斯。包豪斯是"魏玛文艺复兴"的主要表现形式。在希特勒以犹太国际主义的颓废来镇压现代主义之前，魏玛文艺复兴给德国带来了几年短暂的辉煌。画家克莱和康定斯基加入了沃尔特·格罗皮乌斯的包豪斯学院，这个学院同时也是一个社区、一所学校和一个进行各种创造性工作的地方。包豪斯学院的目标是创立一种新颖、独特又美丽的风格，适合20世纪的文明城市、工业及现代技术。

勒·柯布西耶在国际联盟中的失败，清楚地表明了人们对这种令人震惊的新兴事物的抵制。然而，勒·柯布西耶、沃尔特·格罗皮乌斯和美国建筑大师弗兰克·劳埃德·赖特（Frank Lloyd Wright）开始逐渐为人所知。1925年，沃尔特·格罗皮乌斯设计的包豪斯学院迁往德国小城德绍。但希特勒的到来迫使沃尔特·格罗皮乌斯离开德国，后来去了美国，在哈佛大学工作，设计了许多美国建筑，就像密斯·凡德罗（Mies van der Rohe）在芝加哥做的那样。在20世纪20年代，一种在战争前诞生的、真正的20世纪建筑风格首次公开亮相，并进入人们的视线。

创造性的德国精神还有其他的表现形式，如在新的电影艺术中，德国表现主义电影①给这一流行流派带来了显著的美学表现。贝尔托·布莱希特（Bertolt Brecht）极具创意的剧作也在这一时期蓬勃发展，当时的柏林颓废却又令人兴奋，它的歌舞厅是每个有冒险精神的人都想去的地方。在这个德国皇帝下台之后和希特勒上台之前的时间缝隙中，德国充满了新思想。例如，哲学家马丁·海德格尔（Martin Heidegger）正在写他的《存在与时间》（Sein und Zeit），法兰克福学派的"新马克思主义"学者开始试图从斯大林那里重新认识马克思。

在那个时期，最著名的文学作品要属托马斯·曼在1924年所写的《魔山》（Magic Mountain，或Der Zauberberg）。就像乔伊斯《尤利西斯》和马塞尔·普鲁斯特那部关于法国社会衰败的长篇编年史②一样，《魔山》重新寻求一种对传统的全面评价，它以瑞士一座著名的国际疗养院的病人之间发生的故事为背景，类似于艾略特的《荒原》中塑造的形象，包含了代表现代思想的人物，即一个科学理性主义者，一个陀思妥耶夫斯基反历史理性主义者，一个异教徒感性主义者，一个士兵，以及其他人物。该作品有点类似于赫胥黎的《针锋相对》，包括共产主义、法西斯主义、虚无主义、科学家和唯美主义。在《魔

---

① 如《卡里加里博士的小屋》（The Cabinet of Dr. Caligari）和《蓝色天使》（Blue Angel）。
② 这里指的是《追忆似水年华》（A la recherche du temps perdu）。

山》中，作者描述了一个具有异国情调的俄罗斯女孩，主人公汉斯·卡斯特罗普（Hans Castorp）和她有一段短暂而激烈的恋情，也许这是共产主义魅力的象征，追求的是一些西方文明可以抓住的拯救自身的价值。在托马斯·曼的笔下，汉斯·卡斯特罗普（这个名字可能暗示着灾难、阉割、混乱或四处游荡）曾差点在暴风雪中死去，但在七年之后他完全靠意志努力振作和恢复起来了。

尼采、存在主义和洛伦兹主义最终依赖于一种基本的生存意志，接受生活中一切可怕的非理性，并通过对人的肯定来建立价值。这就是 D. H. 劳伦斯的信条，他是这个时代最有创造力的英国作家，其在 1913—1928 年的作品《儿子与情人》（Sons and Lovers）、《恋爱中的女人》（Women in Love）、《彩虹》（The Rainbow）和《查太莱夫人的情人》（Lady Chatterley's Lover）提出了通过肉体的性爱奇迹来获得救赎。劳伦斯的伟大才能在于把我们带入真实的人类情境之中，让我们强烈地感受到这位活着的探索者的真实痛苦。

马塞尔·普鲁斯特于 1922 年去世，他的长篇小说《追忆似水年华》（A la recherche du temps perdu）于 1909 年开始创作，却在他死后才得以出版。作为对过去的回忆，这部巨作产生的影响几乎不亚于詹姆斯·乔伊斯的作品。弗兰茨·卡夫卡在 1924 年死于肺结核，年仅 40 岁，正如劳伦斯几年后将要做的那样，当时他的伟大小说还未出版，还得等上几年才能被公认为现代著名作家之一，而这位布拉格的犹太裔作家对噩梦世界的生动想象在 20 世纪 30 年代产生了重要影响。

全面重估价值的尝试是新艺术形式和新哲学流派的一个特点，同时也是形式实验主义和革命性的新奇主义。然而，作为对现代世界的反映，这种探索有时又回到了古老的宗教，就像新路德教徒、新天主教徒、原始主义者和佛教的西方信徒一样。劳伦斯在古代的伊特鲁里亚人[①]身上找到了慰藉，他们代表了古希腊-基督教文化所没有选择的道路。艾略特是一位大胆的诗歌实验家，他很快就宣布自己是一个盎格鲁天主教徒、一个保皇党和一个古典

---

① 伊特鲁里亚人（Etruscans），居住在意大利中西部地区的亚诺河与台伯河之间的一个古老民族，公元前 1000 年左右迅速在古代世界中崛起。——译者注

主义者。有人说，这些人是"革命传统主义者"。总的来说，他们是反动派，因为他们发现古老的社会更有秩序、更美观，是现代工业和大众民主文明丑陋面貌的解药。

然而，不断地探索仍在继续进行着。在20世纪20年代，法国超现实主义者与左翼政治"调情"。

## 科学思想的前沿

如果20世纪20年代的思想生活普遍转向政治，那不仅是因为政治领导质量低下，而且有其他领域的吸引力。除了艺术和文学方面有令人兴奋的新进展之外，还有一些本质上是哲学的一般性思想，这些思想为有好奇心的人们提供了丰富的条件。

尽管心理分析学派在一战之前就已经出现，但在这一阶段变得更为广泛了。西格蒙德·弗洛伊德早在1892年就开始了他的研究，并在20世纪到来时写下了他最重要的著作《梦的解析》(*Dream Interpretation*)，然后在1910年与卡尔·荣格一起创立了国际精神分析协会（IPA）。当时，这两位心理分析家——一位奥地利人和一位瑞士人，将其革命思想传播到了美国。精神分析运动已经成熟，并在1913年荣格和弗洛伊德产生分歧的时候出现了第一次重大分裂。然而，可以肯定地说，在一战之前，只有知识渊博的早熟者才对精神分析有模糊的认识。弗洛伊德学说在20世纪20年代的氛围中蓬勃发展，当时的鼻祖虽然已经年迈多病，但仍然富有创造力——弗洛伊德一直在他的故乡维也纳生活和工作，直到希特勒1938年占领奥地利，他才逃往伦敦并于第二年在那里去世。

弗洛伊德是战后一代公认的心理分析大师，有些人试图将弗洛伊德主义与马克思主义、基督教或犹太教以及几乎其他所有东西结合起来，但通常都没有取得成功。意识流小说家以及超现实主义诗人和画家都承认受到了弗洛伊德的影响。弗洛伊德与20世纪20年代的许多文化思潮不谋而合，而其中有些是自相矛盾的。在许多人看来，弗洛伊德大胆强调身体的性行为是人类行为的主要原动力，这标志着他成了反对维多利亚时代道德和正经主义革命的领袖，而这场革命又标志着战后时代的到来。显然，弗洛伊德是他那一代为数不多的忠实于妻子的主要知识分子之一。弗洛伊德认为，原始无意识的狂野欲望必须受到严密的社会控制，否则它们将摧毁文明，而这一事实被视为社会交往忽略了。在弗洛伊德关于人性的观点上，又一次试图将弗洛伊德与马克思主义或其他左翼社会意识形态结合的尝试搁浅了。弗洛伊德认为，人性包含着任何社会工程都无法改变的固有特征。前面我们已经提到了文明的现代悲观主义及其不满情绪，虽然这种悲观主义与新正统主义对人的不完美本性的强调是一致的，但弗洛伊德还是一个坚定的无神论者。

弗洛伊德的天资无可比拟，他对人的独特见解不可避免地将自己强加于一个渴望新的人性和命运表述的时代。对于某些人来说，这些见解是完全颠覆性的，因为它完成了达尔文和马克思开始的对人性欲望的不懈揭露。这些人性欲望，包括所有宗教、艺术和哲学，可以追溯到一些秘密性接触、童年时期的创伤事件，肛交或口交的幻想。一方面，人不是自己的动机的主人，因为动机是一种无意识力量的产物；另一方面，弗洛伊德希望通过科学理解可以控制迄今尚未发现的力量。为此，专业精神分析学家以相当高的费用提供类似于现代的忏悔室。尽管弗洛伊德自己引人入胜的病例表明，神经症的治疗几乎不能算是一门精确的科学，但它现在也被当作一门科学来研究。由于受现代生活压力的困扰，人们开始以去看精神科医生代替去见牧师。

弗洛伊德产生的影响不仅仅限于精神病专业，还有文学、艺术及教育。可以这样说，弗洛伊德发明的词汇逐渐成为知识分子的语言的一部分，一种理解和解释的工具，本我和超我、梦境分析作为愿望实现、俄狄浦斯情结、性欲、移情和弗洛伊德使用的其他术语几乎成为家喻户晓的词汇。在弗洛伊德这个角色的后面不远处是他最初的同事——来自苏黎世的卡尔·荣格，荣格提出并推广了内向、外向和集体无意识的原型，而20世纪的人们用这样的词语来武装自己以对抗他们心理上的麻烦。

在弗洛伊德的追随者中，大多数人像荣格一样最终与他分道扬镳（重演了儿子反抗父亲的俄狄浦斯戏剧），却把他的思想带到了整个欧洲和美国：

费伦茨（Ferenczi）在布达佩斯，亚伯拉罕（Abraham）在柏林，梅兰妮·克莱因（Melanie Klein）在伦敦，分别成立了有影响力的国际精神分析协会分支机构。许多人把精神分析看作是一种解脱，而不是一门科学。但是，弗洛伊德怀疑所有偏离形而上学的东西，当然把精神分析看作是一门科学。

20世纪20年代的另一个伟大的名字是爱因斯坦。"物理学革命"的根源当然可以追溯到1919年以前，但直到1919年物理才真正成为当时的头条新闻。当《凡尔赛条约》正准备签署时，1919年5月29日一篇关于"广义相对论"的文章引起了全世界的关注，人们对此进行了大量的观察，旨在证实或驳斥爱因斯坦的观点。一时间，全世界甚至对在巴黎的会议都失去了兴趣，而是去观看另一场"宇宙结构"的变化，并且似乎要大得多。那一天，发生了一次罕见的日全食，这本身就够可怕的了；而且全世界的科学家都在观察是否有来自太阳另一面的光线在接近太阳时会弯曲，正如爱因斯坦的理论所预言的那样，从而挑战了二百三十年前艾萨克·牛顿（Issac Newton）所揭示的物理科学的基础。第二天，报纸上的头条大肆宣扬"空间弯曲"，爱因斯坦似乎取得了胜利。爱因斯坦早期的相对论（1905年）提出了关于时间、空间和运动的悖论，但很少有人能理解，现在却被进一步研究。不过，5月29日的观测结果使爱因斯坦几乎在一夜之间成为20世纪家喻户晓的名人。

有责任心的知识分子急于跟上并意识到这位犹太天才正在从事一件非常重要的事情，他们努力去理解爱因斯坦提出的理论，然而这一任务远非易事。许多书籍似乎试图解释相对论和新物理学的其他元素，从而使人们加深理解——如伯特兰·罗素的《相对论ABC》（*ABC of Relativity*）。从总体上看，自17世纪以来就被认为是确定无疑的物理科学的

阿尔伯特·爱因斯坦（1879—1955）。（耶基斯天文台）

基础受到了严重的动摇，甚至有被推翻的可能性，而这在某些人看来是一种终极的怀疑主义或知识分子的无政府状态。"最后的确定"，在科学中已经不复存在了。牛顿的运动定律和万有引力定律不再具有普遍有效性。空间和时间不再分离，质量和速度也不再分离；绝对的空间和时间是不存在的，光不是波而是粒子。物理中的统一性被打破了，因为亚原子粒子的行为遵循完全不同的规则；而最小的粒子确实可能只是观念，或者说如果它们存在，它们表现出了无法理解的性质。

随着爱因斯坦、马克斯·普朗克[①]、尼尔斯·玻尔[②]（Niels Bohr）和沃纳·海森堡[③]（Werner Heisenberg）等人的发现，19世纪的世界图景被迅速更新。此外，还产生了一批研究"神秘宇宙"的杰出学生。回归宗教或形而上学，以及20世纪20年代的悲观主义，常常从这一明显的揭示牛顿秩序的混乱中获得支撑。爱因斯坦的物理世界、弗洛伊德的梦幻世界，与詹姆斯·乔伊斯的文学世界或毕加索的艺术想象世界一样令人好奇。伯特兰·罗素考虑到单个量子奇特的不可预测性，将之称为无政府主义宇宙。也许，这是一个理想主义的宇宙："物质"似乎消失在一堆数学方程式中。

爱因斯坦提出，没有任何绝对的时间和空间度量（以太［Ether］作为非物质被发现），由此所产生的悖论违背了常识：对于一个运动着的物体的观察者来说，时间比对它的观察者要长。因此，如果你能绕着宇宙高速飞行，当你从宇宙回来的时候，你会比那些留在地球的人更年轻；当你接近光速的时候，你也会变得更矮、更重，会达到几乎没有质量而只有重量的状态。

公众对一个不可思议的科学精英的兴趣，似乎在揭示一个神秘宇宙的奇妙

---

[①] 马克斯·普朗克（Max Planck，1858—1947），德国物理学家，量子力学的主要创始人之一。1918年获诺贝尔物理学奖，与爱因斯坦并称为20世纪最重要的两大物理学家。——译者注

[②] 尼尔斯·玻尔（Niels Bohr，1885—1962），丹麦物理学家。1922年获得诺贝尔物理学奖，通过引入量子化条件，提出了玻尔模型来解释氢原子光谱，互补原理（哥本哈根诠释之一）来解释量子力学。——译者注

[③] 沃纳·海森堡（Werner Heisenberg，1901—1976），德国物理学家，代表作《量子论的物理学基础》（*The Physical Principles of the Quantum Theory*）。——译者注

秘密，而这种兴趣一直持续到20世纪20年代，焦点转移到亚原子领域。在这之前，根据定义，原子是最小的物质单位。但从1900年起，原子变成了一个主要是空心的壳，里面的电荷是以某种方式旋转的物质。（这导致人们怀疑这一概念是一种人工构造，一种纯粹的"假设不应与物质现实相混淆"，原子可能会解体。）居里夫人曾说，"放射性的发现，标志着科学史上的一个新纪元"。以前，没有人认为原子有内部结构；现在，这一未经怀疑的维度成为科学研究的新前沿，注定在20世纪余下的时间里主宰科学，并从根本上影响所有人类的思想。

20世纪20年代涌现出一批才华横溢的年轻物理学家和数学家，他们是爱因斯坦的后辈。现在，爱因斯坦成为一位受人尊敬的前辈（对他开始做的事情有些震惊！），他探索了"量子力学"的悖论。最后，电子无法被分解了，它是不确定的，因为它的位置和速度不能同时被精确地知道，而且它的行为不可能像粒子和波一样。人们不能客观地观察电子，因为观察的行为会强迫自己使用电子，从而干扰了观察本身。

爱因斯坦物理世界的另一个令人难以置信的特征在原子弹中变得非常真实，能量和质量是可以互换的，即 $E=mc^2$。另一个奇怪的巧合是，关于中子和重核裂变的研究在1939年走向成熟，也就是在第二次世界大战开始的时候。1919年，卢瑟福（Rutherford）用人为的方法第一次分裂了原子。"如果我已经分裂了原子核，"卢瑟福在1919年6月写道，"这比战争更有意义。"1914年，卢瑟福曾在一次受欢迎的演讲中提到，储存在原子内部的势能比原子核的同等重量大几百万倍，并指出通过"使铀或钍等物质在几个小时或几天内释放出能量，而不是在几千年或数百万年内释放出能量"来利用这一来源的可能性——换言之，大大加速放射性是不现实的。但在1932年，卢瑟福的年轻同事詹姆斯·查德威克（James Chadwick）发现了中子。从那时开始，通往原子能的道路变得相当清晰。

海森堡说，在1939年的夏天，世界上只有大约12个人知道这些知识，如果他们达成协议，可能会阻止原子弹的制造。这表明，要达到这些思想的前沿是多么艰难。与此同时，其他科学家也对核物理学的新领域做出了各种重要的贡献。科学是一个有组织的国际合作领域，甚至爱因斯坦也是从一群科学家中脱颖而出，并在1905年赢得了这场$E=mc^2$的竞赛。

所有这些加起来，就形成了一种截然不同的宇宙观，电视、X射线、辐射和其他电子奇迹与核能结合，成为这种理论推测的实际副产品，尽管这些力量是真实的，但它们的基础是神秘的。马克斯·普朗克提出的量子理论发现了一个与辐射频率有关的常数，这个常数在亚原子的"波力学"中又出现了；就像光速一样，它提供了一个物理运作的线索，但这意味着什么却看不出来。英国学者李约瑟（Joseph Needham）指出，"科学所看到的世界并不是真实的世界"。因此，人们再也无法想象出一个常识宇宙。19世纪的科学家们的目标是使科学足够清楚和通俗，让每个人都能理解；但现在很明显，科学无法弄清真相。这个结论虽然不会让康德（Immanuel Kant）感到惊讶，但它颠覆了整个机械唯物主义模式，而这个模式统治了欧洲进步思想一整个世纪。

一个结果是，科学家变得相对谦虚了。"我们不再被教导，科学方法是获得有关现实知识的唯一有效方法。"萨力凡（J. W. N. Sullivan）在1933年出版的一本名叫《科学的局限性》（The Limitations of Science）的书中写道。科学家们自己谈论"神秘的宇宙"，并推测哲学唯心主义的可能真理：心智决定我们对世界的了解；"外面"的东西本身是无形和无意义的。简言之，现实是一套心理建构。丹麦天才物理学家尼尔斯·玻尔提出，这个世界本来就是矛盾或辩证的。

数学学科本身在这个时候经历了一场确定性和客观性的危机。不同于欧几里得的基本假设的交替几何被证明是一致的，并在爱因斯坦的宇宙理论中是同样适用的：空间的测地线曲率是基于黎曼[①]椭圆几何的。那么，数学不是一幅世界图景，而是一个基于任意规则的游戏，可能有许多不同种类的游戏。有人认为，为了保住数学的尊严，不同的数学系统至少是完整的和自洽的（希尔伯特的形式主义）。然而，在1931年查德威克发现中子和哈勃（Hubble）证实了宇宙的膨胀（在美国加州威尔逊山天文台工作）的同时，哥德尔（Gödel）

---

[①] 波恩哈德·黎曼（Bernhard Riemann, 1826—1866），德国数学家，在数学分析和微分几何方面做出过重要贡献。他开创了黎曼几何，并且给后来爱因斯坦的广义相对论提供了数学基础。——译者注

令人信服地抨击了数学形式主义，并指出所有的系统都包含不可证明的命题，没有一个是完整的。这似乎使"自然的语言"处于一种危险的状态，显然这是某种武断的东西受到人类语言习惯的限制。这一立场与20世纪最伟大的哲学家路德维希·维特根斯坦（Ludwig Wittgenstein）在20世纪二三十年代采取的立场类似：我们永远无法知道我们的语言与世界的关系，因为我们必须在语言本身中讨论这个问题。这可以与原子物理学家的干涉原理相比较。

也正是在这个时候，在人类不断进步的理解中，宇宙成长到了更广阔的维度；还有无数其他的星系，像我们自己所在的太阳系是一个无限小的部分。实际上，古代和中世纪的思想家认为在我们自己的行星系统中地球是中心，由此构成了整个宇宙。伽利略提出太阳是中心，其他行星在质量上与地球相似，这一证据开始将人类从宇宙戏剧中的中心人物降到微不足道的尘埃。但此时，一层又一层的浩瀚被堆积起来，直到宇宙的大小变得难以想象。（宇宙中可能有100亿个星系，每个星系都有数十亿颗恒星。）宇宙显然在以极快的速度不断膨胀，"它最终会收缩成一个和原始原子一样小的物体，以800亿年的周期再次爆炸"。这一理论与古代印度形而上学或尼采关于永恒重现的观点，有着惊人的相似之处。科学家们提出的想法比诗人或先知的想法更加离奇。

1922年，才华横溢的俄罗斯物理学家亚历山大·A. 弗里德曼（Alexander A. Friedmann）率先从爱因斯坦相对论中得出宇宙在膨胀的结论。（弗里德曼于1925年去世。）在哈勃观察证实宇宙在不断膨胀之后，阿贝·勒梅特（Abbé Lemaitre）利用弗里德曼的数学原理提出了他的"原始蛋理论"（primal-egg theory）。

## 大众文化

尽管爱因斯坦和弗洛伊德的确成了家喻户晓的名字，但在20世纪20年代，大多数普通人是否对这些令人眼花缭乱的新观点很关心，这一点还值得怀疑。因为，他们只会读《尤利西斯》（也许是那些有着开创性的四个字母的词）或劳伦斯、普鲁斯特、曼氏兄弟（亨里希·曼和托马斯·曼）或卡夫卡作品的片段。然而，"普通"的男人或女人对古埃及君主图坦卡蒙

（King Tutankhamun）产生了浓厚的兴趣，而图坦卡蒙的陵墓是英国考古学家在1922年发掘出来的。1927年，美国飞行员查尔斯·林德伯格（Charles Lindbergh）尝试独自从纽约飞往巴黎，尽管他的飞行距离第一次跨大西洋飞行还很远。1921年，玛丽·居里渡海赴美，前去接受美国玛丽·居里镭基金所赠送的礼物，但等她回来以后惊讶地发现：美国选手登普西（Dempsey）和法国选手卡彭铁尔（Carpentier）之间的拳击比赛已经把她挤出了新闻头条。

如果说大众文化在20世纪20年代的知识分子看来是愚蠢和无知的，那么它的"女店员心态"是《荒原》所描写的景观的一个主要特征，流行音乐是空洞的，阅读材料是轻蔑的，这也许主要是因为科技提供了许多新的玩具，比传统的书和画有趣得多。汽车、飞机、电影院（电影）和收音机在这时当然是最重要的，虽然它们在1914年以前已经发展到了初级阶段，但它们的大量消费是在战后才开始的，并且在某种程度上可以说是战争的产物。机动车辆和军用收音机的大规模生产，导致战争结束时需要去寻找其他市场。

汽车、无线电和电视这三项发明在20世纪对社会和文化生活产生的影响最大，三者出现的时间相当接近：第一辆实用汽车的出现可以追溯到19世纪80年代末，赫兹在1885年发现了无线电波，马可尼在1901年使无线电发射和接收成为现实。（所有这些电子领域产生的奇迹，都源于詹姆斯·克拉克·麦克斯韦在19世纪60年代提出的电磁定律。）1889年，第一批电影在屏幕上朦胧地上映了。

以上这些，在19世纪90年代都经历了重大的发展，并在20世纪变得商业化，然后在战后时期进入了一个增长的平流层。1914年以前，汽车只供富人使用，道路仍然不允许汽车行驶。1913年，英国共生产制造了34 000辆汽车，这些汽车一共有198种不同的型号。一战结束以后，1923年和1937年的汽车年产量分别上升到95 000辆和511 000辆。与此同时，汽车的平均价格从约300英镑（1500美元）下降到130英镑（650美元），而且汽车市场由6家制造厂商主导。英国最早的"大众汽车"制造商是奥斯汀和莫里斯（Austin and Morris），类似于美国的亨利·福特（Henry Ford），它们在20世纪20年代主导了市场，但在20世纪30年代遭遇了与更豪华车型之间的竞争。

与电报式通信不同，"无线"广播完全是战后发展起来的。据说，将无线电用于公共娱乐和信息是由于美国西屋电气公司在匹兹堡（Pittsburgh）进行的一次广告宣传活动的意外结果，而后在匹兹堡建立了第一家广播电台。美国的私人广播公司很快覆盖了整个国家，与之不同的是广播在英国成为英国广播公司（后来的BBC公司）的公共垄断。不久，价格比汽车便宜得多的接收设备成倍增加，到1926年已有超过200万台接收设备，这一数值到1939年增加到900万台。第二次世界大战之前，绝不是所有英国家庭都拥有一辆汽车，比例接近于四分之一，但几乎每个家庭都装有无线电接收器。第一次可行的电视传输发生在1936年，到1939年不列颠群岛有大约20 000台无线电接收器。在1939年完成的《芬尼根的守灵夜》中，乔伊斯加入了一个电视小短剧"*Verbivocovisual*"。英国广播公司（BBC）运营了超过几十家广播电台，播放了多种地区性和全国性的节目[①]。

这些新兴事物产生的经济和社会影响是巨大的。汽车制造业不仅本身成为一个巨大的产业，雇用了数万人，而且创造或扩展出了许多相关产业：橡胶、炼油、金属、玻璃、道路建设、服务和维修业等。人们的生活习惯都发生了深刻的变化，从一个人如何度过假期和周末到一个人在城市还是乡村居住。

综上所述，汽车显然在20世纪人类生活中有着领先的技术影响力。但是，如果我们更具体地考虑与兴趣、思想、品位和休闲活动有关的文化问题，那么电影、广播或电视可能会产生更大的影响。交通运输会从物质上影响人们的生活，因为它有助于从地理的角度确定他们的工作和休闲方式。人的身体能力会影响一个人的活动质量，不断变化的谈恋爱习惯、来访的朋友以及出于文化目的前往遥远地区的旅行都需要人们做出各种心理上的改变。同时，一些人发现了性道德的改变与在黑暗地方停车的文化之间的关系。然而，为数百万人在大多数非工作时间提供意识、视觉和听觉的新对象，这是娱乐和交流新媒体的使命。

作为交通运输业的主要进步，飞机即将出现。由于受到战争刺激，人们

---

[①] 第三电台（Third Programme，BBC三大广播频率之一）的节目是严肃的和理智的，具有鲜明的文化水准；第一电台（First Programme）则是轻松愉快的。

对飞行产生的热情仍在继续,因为公众的注意力集中在诸如林德伯格和阿米莉亚·埃尔哈特(Amelia Earhart)等跨大西洋先驱者的浪漫之旅上。林迪(Lindy)是那个时代的英雄,但正是新媒体促使他成为英雄。这种现象主要源于大众传播的便利性,不仅是广播,而且报纸、杂志和传统媒体在这一时期通过汽车和飞机传播得更广泛也更迅速,得以将"新闻"传播给了无尽的听众。但是,要满足这一巨大需求,促使人们进行轰动性的"开采",如果说不是制造轰动效应的话。当然,不能断言专门针对丑闻、犯罪和性行为的报纸是新颖的,因为这类媒体在维多利亚时代甚至更早的时期就普遍存在,但是它们现在有无限大的循环功能。广播使广大观众可以参加体育赛事,从而使狂热的体育运动热情膨胀;而且受欢迎的电影演员们成为最有名的人物,甚至比单纯的政治人物或作家更为有名。

在这十年中发生的事情,几乎没有一件不受到新媒体的影响。流行文化的批评者指出,在其他表现形式中,有一种趋向于疯狂、时尚、直觉、新奇的趋势,而每两周有九天的奇迹可能注定会很快被遗忘。大街上到处都在播放流行歌曲,持续不断地听了几周,之后一些同样疯狂的小调取代了以前的"流行曲"。体育英雄们风光无限,几乎每个月都有新的纪录被打破,令观众发出欣喜若狂的声音:第一位女性飞越大西洋,并创造了最快的纪录;第一位女性游过英吉利海峡,诸如此类。

自19世纪80年代(或更早[①])开始讨论以来,"新女性"作为一种新的性别理想出现在20世纪20年代:蛇形身材,苗条的"随意女郎"[②]。作为赫胥黎、海明威或斯科特·菲茨杰拉德(Scott Fitzgerald)小说中的女主角,她狂野、淫乱、男孩气而又世故。尽管据一些人说,一战促成了妇女的解放,但这似乎并非完全正确。战争结束后,从事工厂工作甚至在军队中服役的妇女

---

[①] 在1868年(维多利亚时代中期),一篇以"这个时期的女孩"为题的文章备受争议:伊丽莎·琳恩·林隆(Eliza Lynn Linlon)描述了一位"新女性",她调情、在脸上化妆、染红她的头发,不听她父母的话,这暗示着她放纵自己追求快乐。这表明,我们这时可能就有了一个永久且通用的术语。

[②] 出自阿道斯·赫胥黎(Aldous Huxley)的 flapper 一词。

恢复了传统的角色。小说和报纸故事中的电影和时髦的"智能设置"为她们提供了基于性别的魅力视觉,而这种矛盾的情绪出现在美丽的兼具两性的风格中。

战争结束时,英国(而不是在法国)妇女第一次获得了投票权,一些旧的禁忌和对个人行为的束缚减弱了,尽管弗吉尼亚·伍尔芙慷慨激昂地呼吁女性独立[①],但强大的女权主义运动没有蓬勃发展。实际上,布尔什维克革命是一场全男性表演。像亚历山德拉·科伦泰(Alexandra Kollontai)这样的女性激进主义者偶尔会感到不适应,认为妇女应在更重要的将男女从资本主义中解放出来的工作中支持自己的男人。战后十年来,没有一位女性出任政治要职,而英国不得不等到1980年才迎来第一任女总理。

然而,在这个时期,一些女性在家务之外找到了更多的职业机会。战争摧毁了受人尊敬的家政服务差事:楼上/楼下,主人和仆人作为有机等级制度的一个缩影而生活在一起。新的自由,也就是伯特兰·罗素的第二任妻子多拉·布莱克(Dora Black)所提倡的"快乐的权利",尤其被新一代女性所接受。H. G. 威尔斯的小说《安·维罗尼卡》(*Ann Veronica*)中的女主人公就是以多拉为最初的创作灵感,她敢于将自己的浪漫甚至她的孩子们置于婚姻的束缚之外。在这一时期,最古老的宗法制度已经开始瓦解。

关于战后在礼仪和道德方面的革命,美国作家、世界旅行家文森特·希恩(Vincent Sheean)在他的《个人的历史》(*Personal History*)一书中写道:"这种衰变发生得非常迅速。当我在1920年离开芝加哥大学时,它才刚刚开始。五年以后,据我所知,在资产阶级这一年龄段的人们中,这成了最普遍的现象……世代之间的鸿沟突然变得巨大起来……对我们祖父母一辈而言,受过教育和'受人尊敬'的人们的普通举止、谈话、行为和道德似乎适合底层社会。"

英国作家伊夫林·沃认为,这是整个英国历史上老幼两辈之间出现的第一次重大疏远。对此,有过无数类似的描述,无论是由于战争、战后解体、新文学、俄国革命、大众传媒、技术变革、弗洛伊德革命还是爱因斯坦革

---

① 参见伍尔芙的作品《一个自己的房间》(*A Room of One's Own*)。——译者注

命,都发生了某种文化破裂。

大众文化倾向于变得国际化,美国电影开始无处不在。与欧洲人相比,美国人长期以来被视作落后于文化的人(如果说在机械方面有所进步的话),现在通过在低等文化中表现出他们的"民主才华"。

但是,"美国人"这个叫法有点令人误导。好莱坞电影制片人塞缪尔·戈德温(Samuel Goldwyn)、路易·梅耶(Louis Mayer)、阿道夫·祖科(Adolf Zukor)等人都是电影制作的先驱,但是他们几乎都出生在东欧,或者是他们的父母从埃利斯岛[①]登陆美国。欧文·柏林(Irving Berlin)和杰罗姆·科恩(Jerome Kern)等流行歌曲作家也是如此;前者的个人经历是与一位时髦、富有的纽约女人的婚姻,这个女人的父亲很生气地拒绝接受下东区(Lower East Side)的犹太人进入他家,却发现欧文·柏林变得越来越富有,并且远近闻名。东欧犹太移民到美国并对大众文化的这种奇怪支配,可以解释阿道夫·希特勒对"大众文化"的厌恶也许是纳粹的意识形态。

电影并不像西方和其他文明几百年来所理解的那样是一种艺术,从某种意义上说,它是天才个人的灵感创造。电影是组织的一种胜利,它们制造了一种艺术产品,其技能类似于工厂装配线,而工厂装配线此时正成为商品生产的主要方法。制作一部电影是为了使一个由建筑工人、画家、演员、摄影师、电工、特效专家组成的庞大团队同步,然后随着1928年"对讲机"的发明,音响技术人员也随之同步。电影的大众市场使得人们可以在这些精心设计的组织中进行巨额投资,在某些"场景"中创造出一个充满幻想的世界。

电影的关键人物是制片人,这些人聚集在美国加利福尼亚州的好莱坞,为大众制造梦想。为了获得声望,他们可能会围在像阿道斯·赫胥黎或斯科特·菲茨杰拉德这样杰出的作家身边,但在大多数情况下,或许并不需要这样的文学天才。电影的情节可以做成公式,对话可以用标准化的格式,甚至

---

[①] 埃利斯岛(Ellis Island),在1892—1954年曾是美国移民管理局的所在地,许多来自欧洲的移民从这里踏上美国的土地。——译者注

演员也可能被动画人物所替代。

在流水线上生产的过程中，这些文化产品被去除了所有的复杂性、微妙性和讽刺性；它们缺乏任何"风格"的光环。它们成为大众意识中最不常见的基本特征的原始陈述，通过令人眼花缭乱的技术和巨大的屏幕使之获得令人愉悦的效果：模拟巨大的战斗，或是踩踏，或是巨人推翻城市摩天大楼。偶尔的艺术作品的确打破了这一规则，如从早期的电影制作开始，就出现了查理·卓别林（Charlie Chaplin）那样的天才演员。但是，当电影变得有组织和好莱坞化的时候，个人艺术创作的元素从大众电影中消失了。在某些方面，它们是一种现代的集体仪式，庆祝同样的爱情神话与英雄主义，冒险的情节上演了一遍又一遍。就这样，电影在大众意识中扮演了极其重要的角色，而且它们激怒了艺术家、知识分子，使他们无法忍受。

《蓝色天使》中的玛琳·黛德丽（Marlene Dietrich）。（美联社）

因此,"大众文化"似乎成了一种新现象。在过去,曾有过与之相对的精英文化,由相对较少的人共享,这些人有闲暇的时间和财富来吸收西方文明留下的复杂遗产,最早甚至可以追溯到古希腊人。1914年以前,上过大学的只有几千人,在大多数国家都不足千分之一,这可以表明这些精英的规模之小。然而,社会史学家们认为,直到1600年左右所有阶层的文化都大同小异:莎士比亚的戏剧在高阶层和低阶层的社会中都受到了喜爱。印刷术和科学革命都促成了高低文化的"重大分离",民间文化在受教育者看来变得愚昧迷信。随着知识的增长,高等文化逐渐分裂,变得越来越细化和专业化。

在现代民族国家的职业生涯中,较早出现了介于文明精英的文化和传统农民社会的民俗之间的某种现象。在城市黑社会、城市工人阶级中、维多利亚时代的中下层阶级中存在着亚文化,但是这些亚文化过于零散和暂时,无法为文化历史提供更多的脚注。[①]对文学史的研究发现了"垃圾文学"这种现象,最早可以追溯到书籍产生的初期,在18世纪和19世纪都存在着大量的"垃圾文学"。因此,不可能断言在侦探小说、电影杂志、家庭杂志、《真正的忏悔》(*True Confessions*)或色情书刊(如《女孩》杂志[②]等)中印刷的"廉价"文学是一种新事物,摆脱了20世纪不高兴的大众意识;否则,它只会大量出现,品位更差。那些读莎士比亚或听贝多芬的人与那些喜欢晚间小报和听最新流行曲调的人之间,一直存在鸿沟。然而,随着时间的流逝和公众教育的发展,这一鸿沟并没有减小,反而增大了。

1926年的英国年度登记册(British Annual Register)有些沮丧地指出,"侦探小说"受到出版商的青睐,其正是为了满足公众热切的需求。侦探小说的流行,与填字游戏、桥牌游戏和其他游戏的流行相吻合,这表明人们需要一些

---

① 维侬·立克(Vernon Lidtke)在《另类文化:帝国主义德国的社会主义劳动》(*The Alternative Culture: Socialist Labor in Imperialist Germany*,1985)一书中指出,德国的社会民主为节日、会议等提供了另一种活动的文化环境。在英国,罗伯特·布拉奇福德(Robert Blatchford)对"美丽英格兰"(Merrie England)的民间文化进行了模糊的社会主义劳动复兴,这与1914年之前相当。奥地利的社会主义者发明了"五一"劳动节游行和其他仪式。

② 这里的《女孩》杂志使用的是 girlie 一词,行话暗指20多岁的女性。

具有挑战性但又无伤大雅的东西来占据自己的头脑。因此，这可能与人们对公共事务的兴趣减退有关，也与流水线时代的工作枯燥乏味有关，还与工作时间缩短和交通改善带来的更多休闲有关。此时，有更多的人接受过中学教育。

自19世纪初以来，社会民主的发展就一直不可阻挡地在进行中，欧洲知识分子对这种进步表现出的不满多于欢迎。随着19世纪资产阶级革命的进行，贵族以出身为基础的社会优越性主张遭受了致命的打击。法律上平等的个人之间的契约关系，取代了作为"秩序"成员的身份或作为社会关系基础的集团公司，成为权利和义务的源泉。这种社会共同体的解体，变成了一个个原子化个人的集合体，逐渐渗透到越来越广泛的圈子里。最初，这主要是一种城市里的现象，但随着城市"战胜"乡村，乡村保守地区也受到影响，并逐渐蔓延开来。

从那些珍视欧洲文明传统的人的角度来看，这似乎是一场灾难。正如法国诗人斯蒂芬·马拉美（Stéphane Mailarmé）所说的那样，艺术家必须是贵族，因为他们不相信价值观的平等，知识、思想和文化的"大众化"会使他们堕落。高雅的艺术加上一切困难、先进的思想，只为少数人所拥有，这种珍贵的东西必须得到保护。在尼采、易卜生和其他愤世嫉俗的人看来，这个社会似乎是愚蠢、无味和庸俗的，对大众、吵闹的矮人、最后的读报纸的人的呼声，代表着一个即将消亡的文化渣滓的声讨达到了近乎歇斯底里的程度。"大多数人认为的即是愚蠢"成了他们的座右铭。大体上说，尼采一代的追随者在20世纪20年代主宰了欧洲文学。弗洛伊德的"贵族对暴民的厌恶"与叶芝、艾略特、劳伦斯、吉德以及其他许多人的观点相呼应，他们担心在这场"平庸的悲剧"中人类会失去"一切天才、美丽和宏伟的东西"[1]。

当然，普通群众自己不这么认为。虽然他们的新文化在审美上尚不确定，但对大多数人来说，这比他们父母的贫穷生活和不懈的劳作要好得多，而意识的扩展正在进行。如果将其与维多利亚时代的下层阶级相比较，以前用贵族标准衡量的令人震惊的品位下降可能看起来像是一种决定性的提升，后者

---

[1] 出自法国哲学家埃德蒙·谢雷（Edmond Scherer）。

曾居住在肮脏的贫民窟，通常是没有礼貌和道德的。一方面，文学、艺术和科学界人士与女店员或小报读者之间存在着巨大的鸿沟；另一方面，20世纪20年代的年轻女店员可能比她们母亲那一辈更有文化意识。

尽管有许多人抱怨低等文化与高等文化之间存在着巨大的鸿沟，美国文学评论家范·威克·布鲁克斯（Van Wyck Brooks）认为，通过对文学市场的调查，可以发现存在一个活跃的品位一般的社会阶层。詹姆斯·乔伊斯和弗吉尼亚·伍尔芙的大部分作品对他们来说太多了，而英国的中产阶级读者却支持了蓬勃发展的文学产业，他们对传记、自传、历史以及比《尤利西斯》或《到灯塔去》①（To the Lighthouse）更易读的小说都有着浓厚的兴趣，他们让威尔斯的知识概要、伯特兰·罗素的哲学史、温斯顿·丘吉尔的战争史和其他严肃的著作成为畅销作品。他们对小说的鉴赏力达到了现在让人吃惊的程度，如迈克尔·阿伦（Michael Arlen）的《绿帽子》②（The Green Hat）和玛格丽特·肯尼迪（Margaret Kennedy）的《永恒的仙女》（The Constant Nymph）。

美国作家在英国受到了前所未有的关注和欢迎，尤其是辛克莱·刘易斯（Sinclair Lewis），也许是因为他在如此恶劣的环境下向他的同胞展示了自我。更让人感怀的是，美国的热门影片包括桑顿·怀尔德（Thornton Wilder）的《圣路易斯雷大桥》（The Bridge of San Luis Rey）和埃德娜·弗伯（Edna Ferber）的《水上戏班》（The Show Boat）吸引了认真但不是很挑剔的英国观众。当然，对于美国电影，人们抱怨的是英国电影业完全无法与之竞争，面临难以生存的境地。

相比之下，在法国和德国，这种对美国文化产物的摄取在某种程度上是更少的。当然，对于高级知识分子来说，美国象征着他们所憎恨的一切：一个严格的"蚂蚁世界"，一个没有文化的"宇宙人"，意味着完全的非人性化。

---

①《到灯塔去》是英国女作家弗吉尼亚·伍尔芙于1927年创作的长篇作品，是倾注心血的准自传体意识流小说。——译者注

②这部作品以老练的通奸、流行的台词而流行。

法国作家乔治·杜哈曼（Georges Duhamel）1930年所写的《未来的生活场景》（*Scenes of Life in the Future*），曾经被加上副标题"美国，威胁"而出版。

"现代美国没有民族艺术，甚至感觉不到民族艺术的需要。"法国作家安德烈·西格弗里德（André Siegfried）在他1927年的作品《美利坚的全盛时期》（*America Comes of Age*）中这样写道。类似的观点来自伯特兰·罗素，他在巡回演讲中以侮辱美国人为乐；还有数不清的其他作家[①]，其中不乏美国的知识分子，他们在20世纪20年代对美国心生厌恶而逃到欧洲。20世纪30年代，美国作家欧内斯特·海明威和威廉·福克纳（William Faulkner）对法国文学产生了深远的影响。

在这方面，希特勒的品位是发人深省的，而不是非典型的，他的政治成功在很大程度上是建立在对"小人物"思想的一种直观理解上的。作为尼采和瓦格纳的崇拜者，希特勒感受到并向民众传达了斯宾格勒式的"文化悲观主义"的感觉，这种悲观主义与对现代大众因商业主义和民主而腐败的尖锐批判有关。然而，希特勒最喜欢的作家是卡尔·麦[②]（Karl May）——一个在德国地位相当于赞恩·格雷[③]（Zane Grey）或萨克斯·儒默[④]（Sax Rohmer）的著名作家——他写过许多老生常谈的冒险故事。希特勒还醉心于瓦格纳的歌剧，也喜欢看电影和感伤的歌剧，而且他鄙视20世纪的现代主义艺术、音乐和建筑，并丑化它是犹太人式的和颓废的。

总的来说，可以说纳粹以夸张的形式反映了许多"普通人"的偏见和信仰：他们热爱自己的国家，不喜欢犹太人，讨厌现代艺术和势利的知识分子，对政治家、教会和其他实权派领袖和机构持着玩世不恭的态度，对合法的东西不感兴趣，认为如果合法阻碍了事情的完成就对此没有什么耐心，认为罪犯

---

① 如C. E. M. 乔德（C. E. M. Joad），代表作《巴比特·沃伦》（*The Babbit Warren*）。
② 卡尔·麦（Karl May，1842—1912），德国著名探险作家、小说家，代表作《盐沼逃生》《洞窟幽灵》《雅库布的珠宝店》。——译者注
③ 赞恩·格雷（Zane Grey，1872—1939），美国作家，代表作《紫艾草骑士》。——译者注
④ 萨克斯·儒默（Sax Rohmer，1883—1959），英国作家，以创造出神秘小说中最邪恶的角色——魔鬼博士傅满州（Dr. Fu Manchu）而享誉文坛。——译者注

应该受到更严厉的惩罚，等等。从某种意义上说，希特勒可以宣称自己为群众说话，反对受过教育和地位稳固的精英们。

战争以各种方式加速了民主革命。战场上的民主挑战了阶级界限，劳工领袖进入政府，政客们承诺对返乡的士兵应给予奖励，而不必考虑血统。社会民主党人弗里德里希·埃伯特在1916年后成为德意志共和国总统，他1916年4月5日在德国国会大厦宣布，"从战场中返回的群众"将要求平等并获得平等。不过，这种感觉在所有国家都存在。那些从战壕回到英国的人（如果有的话）被许诺"适合英雄居住的家园"，这是当时的流行语。法国小说家罗兰·多热莱斯（Roland Dorgelès）说，"不再有富人或穷人、无产阶级或资产阶级、右翼分子或左派激进分子，只有'法国人'这个概念"。在《我的奋斗》（*Mein Kampf*）中，希特勒谈到军队是一个伟大的均衡器，他认为"在军队里，一个企业家并不比一个理发师更重要"。

正如寇松勋爵所发现的那样，贵族的衣着和气质现在已经成为高级选举政治职务的致命障碍。在战争结束后，一位英国妇女曾说："看一个人的衣服，很难再判断出他属于哪个阶级。"历史学家阿诺德·J.汤因比回忆说，在19世纪末的伦敦，当他还是个孩子的时候，他是如何看着街上死去的人并根据（他们的服装、披肩，与骨瘦如柴的女士形成对比的工人阶级妇女）他们的衣着打扮和身形来对他们进行分类的。现在，那已经是不可能的了。

柯立芝、鲍德温、赫里奥特和墨索里尼的时代是不同表现形式的"普通人"时代。新的交通和通信方式打破了旧的排外主义，使无数人看到了一个更加丰富多彩的世界。大众化的品位对少数人来说是令人震惊的，整个价值观是混合的，并伴随着20世纪20年代在许多不同领域的知识革命，产生了一种强烈的危机感。在这十年结束时，美国评论家沃尔特·李普曼将其概括为"祖先秩序的解体"。

## 第六章

### 20世纪30年代的萧条与独裁

## 经济危机

20世纪30年代可怕的经济大萧条始于美国是可以理解的,因为欧洲在一战期间似乎已经放弃了经济领导地位,此后便一直依赖着美国。从1929年10月"黑色星期五"开始的股市崩盘在随后的几个月中加剧了,这对欧洲产生了直接的影响。事实上,甚至在此之前,1928年牛市中股票价格的过热与繁荣从欧洲抽走了资金,但泡沫的刺破在全球范围内掀起了一场冲击波。在20世纪20年代,美国资本大量出口,除了为美国的资本盈余提供了一个出口外,还帮助维持了欧洲经济的发展。现在,对欧洲债券的投资急剧而迅速地收缩,因为被许多资产"短缺"的银行大量投资于证券的资产正拼命地试图筹集资金。到了1930年6月,华尔街的证券价格平均只有崩溃前的20%左右;在1929—1932年,道琼斯工业股票指数的平均价格从381的高点跌到了41的低点。

随着美国经济整体受到冲击,美国在欧洲的进口市场也急剧下降;而且更为复杂的问题是,美国国会在1930年几乎不顾所有经济学家的建议,在经济危机爆发以后坚持通过了一项提高进口税率的法案[①]。国际经济秩序的有效运行要求世界各国从美国进口货物,以允许外国政府支付美国的贷款。此外,关税的提高引发了一系列的连锁反应,因为每个国家都试图保护自己而免受贸易逆差导致的货币贬值,其结果是世界贸易的衰退进一步加剧了经济衰退。美国政府继续坚持要求偿还战争债务,直到最后在1931年宣布全面暂停。欧洲人也许会抱怨美国的盲目,但这些事件只会暴露出欧洲经济的脆弱性。

经济萧条绝不是新鲜事物。严重而漫长的经济危机在1873—1878年和1893—1897年折磨着整个世界,其他时期的经济危机则相对短暂一些。在经济危机爆发之前,通常是投机性和通货膨胀性繁荣。例如,1918—1919年的

---

① 即《斯姆特-霍莱法令》(*Smoot-Hawley Tariff Act*),对890种商品提高进口税率,各种进口商品的税率平均提高了约40%。——译者注

战争爆发后出现了典型的繁荣，随后在1921—1922年短暂而急剧衰退，这反过来又导致了直到1929年之后几年的普遍繁荣。当然，这方面的例外情况我们已经知道：英国仍然处于一种长期的低迷状态，这是英国失去海外市场的结果；而且英国在20世纪20年代拒绝让英镑贬值的做法加剧了这种情况。由于经历了与法国在战争赔偿方面的持续斗争，德国经历了大规模通货膨胀的痛苦，并在1923年达到了高潮。尽管1921—1928年对资本主义的容忍度有限，但共产主义革命在很大程度上使俄国脱离了世界经济。哈布斯堡君主制的瓦解使奥地利免受这种威胁，但在1931年随着奥地利中央银行的倒闭，新一轮的经济灾难又开始了。

这些例外似乎比规则出现得更多，但美国和欧洲大部分地区在1924—1930年确实享有相对有利的经济条件。事实证明，这种繁荣依赖于美国的贷款和美国市场，而美国市场现在几乎消失殆尽。欧洲经济在战争的创伤中仍在复苏，其后果太脆弱，无法经受这场风暴。

表6-1 世界经济大萧条

欧洲主要国家1929—1938年工业生产指数（1937年=100）

| 年份 | 1929 | 1930 | 1931 | 1932 | 1933 | 1934 | 1935 | 1936 | 1937 | 1938 |
|---|---|---|---|---|---|---|---|---|---|---|
| 法国 | 123 | 123 | 105 | 91 | 94 | 92 | 88 | 95 | 100 | 92 |
| 德国 | 79 | 69 | 56 | 48 | 54 | 67 | 79 | 90 | 100 | 92 |
| 意大利 | 90 | 85 | 77 | 77 | 82 | 80 | 86 | 86 | 100 | 100 |
| 英国 | 77 | 74 | 69 | 69 | 73 | 80 | 82 | 94 | 100 | 101 |

失业率（单位：千人）

| 年份 | 1929 | 1930 | 1931 | 1932 | 1933 | 1934 | 1935 | 1936 | 1937 | 1938 |
|---|---|---|---|---|---|---|---|---|---|---|
| 法国 | — | 13 | 64 | 301 | 305 | 368 | 464 | 470 | 380 | 402 |
| 德国 | 1899 | 3070 | 4520 | 5575 | 4804 | 2718 | 2151 | 1593 | 912 | 429 |
| 意大利 | 301 | 425 | 734 | 1006 | 1019 | 964 | — | — | 874 | 810 |
| 英国 | 1216 | 1917 | 2630 | 2745 | 2521 | 2159 | 2036 | 1755 | 1484 | 1791 |

"独裁"政策在战后发展起来，并将在大萧条时期延续下去。也就是说，那些不再准备信任国际秩序的国家，试图通过关税、进口配额或有管理的货币来保护其经济。在20世纪20年代，虽然有时会调整本国货币兑换黄金的汇率，但大多数国家坚持"金本位制"，因为它允许货币以黄金为单位进行自由兑换，从而促进了国际贸易的发展。但从1931年开始，当英国被赶出"金本位制"时，一个又一个国家为了保护自己不受黄金外逃导致通货紧缩和失业的影响而纷纷退出"金本位制"，随之而来的是包括外汇管制在内的各种民族主义经济政策，而国际贸易则因此进一步受到损害。

根据整个19世纪占主导地位的经济理论，它们在各国领导人的头脑中仍然占主导地位：这些在经济萧条时期代表着一种暂时的失衡，这种不平衡很快就会进行自我恢复。传统的观点认为，政府除了保障"财政稳定"，即平衡预算和避免通货膨胀之外，在经济危机中没有起到任何作用。所以，让政府借贷和消费以平衡通货紧缩的想法与正统经济理论背道而驰。毫无疑问，在短期内正统的经济理论被认为是为了恢复经济健康，就像治疗疾病所需的一种讨厌的药物一样。因此，以失业为代价，通货紧缩会降低物价，导致市场复苏；利率将会下降，再次吸引资本投资。商业周期表的指针本应在充分就业率附近徘徊，而力量的自然运作很快就会将经济拉回到上升的轨道，除非一个无知的政府篡改了这个微妙的机制。这一机制本应在稳定的货币、政治稳定、国际自由贸易和有竞争力的经济条件下运作。

这种模式是建立在回溯到18世纪后期令人印象深刻的理论工作的基础上的；它得到了19世纪"古典"时代大多数伟大的经济学家的认可，只有少数被排斥者持不同意见。从后来的分析来看，根据那些悲伤的经验，这一理论在假设现实世界中不存在的各种理想条件时显得极其天真；在一个越来越倾向于企业垄断或半垄断以及工会影响工资的时代，显然缺乏完全的竞争，而这种模式没有考虑战争、革命、独裁、国家分裂和各种政治因素。当然，传统经济学的坚定拥护者可能会辩称，他们的补救措施之所以不起作用，是因为没有进行尝试；政府没有坚持足够长的时间，没有采取必要的措施使之奏效。但是，面对大规模的失业、破产和银行倒闭，各国政府现在除了耐心等待金融风暴的到来之外,无法抗拒其他行动的要求;他们不知道该怎么办,正在挣扎着,而挣扎可能使情况更糟。20世纪30年代的大萧条使旧的经济世界濒临消亡,而新的经济世界仍在挣扎中诞生,结果似乎是两败俱伤。

恐慌!1931年7月,柏林一大群人在银行门口等着提取存款。一年半以后,美国人也开始这么做。(美联社)

不管是出于什么原因,恐慌很快在欧洲蔓延开来。1931年,在世界法院拒绝允许奥地利与德国建立关税同盟后,奥地利这个经济困难的国家崩溃了。奥地利的中央银行倒闭了,引发了另一个会威胁到英国的痛点。美国总统赫伯特·胡佛(Herbert Hoover)提议暂停所有战争债务和赔偿,但法国反对派推迟接受这一提议。

在英国,工党政府面临黄金外流,而这威胁到了英镑。在1929年的大选中,工党以289席对保守党的260席的优势赢得了选举,而它是在议会中凭借自由党的58席获得了多数席位。1929年的大选与保守党1924年的胜利背道而驰，已经反映出了人们对高失业率的担忧。随着失业率不断飙升，根据国家保险计划支付给失业者的款项使预算更加紧张：一个特别的委员会建议削减失业救济金；纽约和巴黎的银行家拒绝借钱给陷入困境的英国人，除非非要这样做。不过，工党内阁在这个问题上的意见产生了分歧。1931年8月24日，英国首相拉姆齐·麦克唐纳、财政大臣菲利普·斯诺登（Philip Snowden）和其他一些工党大臣与保守派及自由派政治家一起组建了一个"国家"政府，而10月的选举使这个联盟获得了压倒性的胜利。但是，这一行动使工党分裂，留下了难以愈合的伤疤；工党将麦克唐纳和他的朋友作为叛徒开除党籍。

屈服于国际银行的命令并没有将英国于9月20日被驱逐出"金本位制"中挽救出来，这一事件反映了当时金融政策的混乱。在意大利，工党和法西斯主义者与其他人一样不确定如何应对经济危机。不过，唯一无可争辩的是持续的灾难性崩溃。英国的失业率上升到22%，到1932年工业生产率下降到84%（1929年为100%）；这比其他国家虽然要好得多，但英国的起点较低。1932年，法国的工业产量占1929年的72%，德国和美国的产量仅略高于一半（53%）。1932年7月，世界工业产量比1929年6月减少了38%，而世界上很少有国家和地区逃过这一劫。

阿诺德·J.汤因比把1931年称为"可怕的一年"，这一年陷入了大规模失业、饥饿、国际贸易中断、大型金融机构倒闭的深渊，也是政府举步维艰、德国民族主义政党崛起、日本侵略中国东北的一年。日本的这一举动，至少部分是受到经济绝望现状的鼓舞，后来看起来更像是国际秩序衰退的开始导致了第二次世界大战。

在接下来的几年里，一些地方的情况有所好转。显然，英国经济在脱离"金本位制"导致货币大幅贬值后有所改善，而这被专家们认为是被一场灾难所拯救。1932—1937年的经济复苏在1937年达到了某种程度的繁荣，当时失业率降至9%——为二战期间的最低水平，但在1938—1939年上升到13%。到1937年，世界范围内的经济活动指数已恢复到1929年的水平。不过，法国还没有恢复得这么快，但德国差不多已经恢复了。

经济大萧条最具惩罚性的特征之一，是农产品价格和其他初级产品价格的大幅下跌。1925—1928年，世界各地都有所丰收。就在工业和金融危机来袭之际，粮食价格暴跌，使经济更是雪上加霜。城市和国际市场的丧失使已经陷入生产过剩困境的农民深受其害，并且常常是由于扩大生产和购买农业机械而产生的债务负担。失业的工人饱受饥饿之苦，农民因为价格太低而拒绝收割庄稼（不值得），而这让人们体会到了贫穷的惨痛教训，可以说是"弥达斯的诅咒"①降临到了人类身上。但是，到了1936年，农产品价格有所回升。

## 萧条政治

出于可以理解的原因，经济灾难发生时通常对不幸执政的党派或政党来说是致命的，如前面提到的英国工党政府的倒台。在接替工党政府的国家联盟中，由同一首相拉姆齐·麦克唐纳主持的是一个由叛逆的工党、保守党和自由党混合组成的政党联盟。1935年后，工党政府继续执政英国政府，保守派的色彩更加浓厚。

围绕1931年的变革传说丛生，特别是左派麦克唐纳密谋并背叛了事业，他是那个被出卖给上层阶级的迷失的领袖（《成名的苦痛》[*Fame is the Spur*]就是一部根据这些事件改编而来的小说）。麦克唐纳是苏格兰人的保护人，曾是工党的创始人之一；在第一次世界大战中，他在反对武斗精神的浪潮中表现出了杰出的勇气，声称他在1931年有勇气将国家置于党派之上。麦克唐纳似乎很可能是在面对权力的可歌可泣的责任时，逐渐失去了对"社会主义"的早期信仰。从这个意义上说，麦克唐纳是"社会主义"的"叛徒"。但是，工党在10月大选中惨败，凸显出该计划作为应对大萧条手段的破产。在那次竞选中，麦克唐纳挥舞着毫无价值的德国标志，表明了1923年的阴影在这些年中有多么强烈：以任何代价避免通货膨胀是他的目标，他指责他的工党前同事们，因为他们投票反对削减不合理的就业福利是"财

---

① 弥达斯（Midas）是希腊神话中一位国王的名字，他被诅咒将他所触及的所有东西都变为金子，以此作为对他贪婪的惩罚。——译者注

政上的不负责任"。

对麦克唐纳来说,担任首相任期的剩余四年并不快乐,他成了一个没有党派的人。麦克唐纳努力解决赔款问题,结果看到整座纸牌屋都倒在地上,因为每个人都食言了。麦克唐纳指望英国与美国建立伙伴关系,但在1933年的伦敦经济会议上,美国新任总统富兰克林·罗斯福对于会议希望找出稳定国际货币的方案表达了反感,而赞成美国单方面贬值美元。麦克唐纳这个长期提倡裁军的人也没能与阿道夫·希特勒对抗,并在一个由保守党控制的内阁中越来越成为一个反常的人——他于1935年因健康状况不佳而辞职。斯坦利·鲍德温接任英国首相一职,但在随后的选举中,全国联盟又赢得了压倒性的胜利。以鲍德温为首的保守党和外交部,看起来不像是一个联合政府,更不像是一个由其他党派的小牛党组成的保守党政府(Tory government)。1935年,日渐衰落的自由主义者和工党人一样都陷入了混乱,因为他们分裂出了三种方式,其中一种成为保守党的分支。

因此,在英国,一个基本上可以称为保守的政府面临着经济大萧条,而且表现得比较好。根据1936年和1938年《住房法》的规定,英国政府清理了贫民窟,建造了新的住房。这是一个由远非反动的保守党领导的政权最明显的社会计划,住房与教育和卫生一起被公认为公共服务。鲍德温政府还为数百万人增加了医疗保险,并建造了数十万套公共住房。最终,鲍德温政府因无视纳粹德国的崛起而受到强烈的谴责,但在20世纪30年代中期英国舆论只希望有一个大胆的重整军备和对抗的计划。

英国在1932年的废墟中崛起方面取得的相对成功并没有阻止经济大萧条引发的痛苦。20世纪30年代,英国文学转向了社会现实主义,描述了贫穷、失业、领取"救济金"的耻辱及阶级斗争。但是,知识分子中精力充沛的左倾主义几乎没有在民意中得到反映。在1935年选出的615名下议院议员中,只有一名是共产党员。尽管工党最杰出的成员之一奥斯瓦尔德·莫斯利(Oswald Mosley)在1932年曾仿效墨索里尼和希特勒,抛弃了自己的政党,组织了英国法西斯联盟,同时法西斯分子开始在伦敦街头与共产主义者作战。即使在困难时期,英国人也坚持他们传统的温和态度,他们对知识的幻想是新颖的,不是墨索里尼这些暴力和浮夸的类型,而是普通的英国中产阶级斯坦利·鲍德温先生主持着的英国大萧条政治。

经济大萧条加速了本已变快的政府更迭,从而影响了法国的政治生活。从1932年年底到1934年年初,仅仅一年多时间,一共出现了6个政府。这些问题与英国的问题类似,在收入下降和对政府援助需求增加的情况下,平衡预算的企图引起了冲突。由于雇主试图削减工人的工资,罢工爆发了。一种深深的不安感在1933年年底浮出水面的史塔维斯基丑闻中达到高潮,并有可能成为另一个德莱福斯案或巴拿马丑闻,这类事件的早期插曲使法国全国围绕一个戏剧性的"事件"产生了争议。

谢尔盖·史塔维斯基(Serge Stavisky)最初是一个小流氓(从他偷牙医父亲的金子开始),靠操纵市政贷款机构,一步步走向一个高水平的生活和金融帝国。史塔维斯基既不是第一个也不是最后一个通过政治腐败获利的可疑金融投机者,但他是最古怪的投机者之一。史塔维斯基在众议院里找到了朋友,当他的罪行即将让他陷入困境时,据说他在有些奇怪的情况下自杀了,有人怀疑他已经被除掉了。不过,对议会腐败和阴谋隐瞒真相的指控被过分夸大了。1974年,导演阿兰·雷斯奈斯(Alain Resnais)拍摄了一部关于这件事的优秀电影《史塔维斯基》(*Stavisky*)。

史塔维斯基事件建立在立法机关的惨淡表现之上,引发了法国法西斯同盟组织的反政府运动。1934年2月6日,大约20万名示威者试图冲击众议院,并与警察进行了彻夜的战斗;一些人因此丧生,此外还有数千名示威者和1000多名警察受伤。在巴黎起义的血腥史上,这是一场可以与之相媲美的叛乱,这种示威至少每隔一代人就会举行一次(比起义的暴力程度要高,但也没有1968年5月的学生起义那么持久)。当时,希特勒刚刚征服了德国,这位蛊惑人心的煽动者仍然具有突如其来的、戏剧性的成功神秘色彩。法西斯主义似乎正在欧洲蔓延;100万法国人中有四分之三加入了法西斯组织,其中最著名的是"火十字团"(Croix de Feu)。

法西斯主义没有在法国盛行,这可能是法国在国际上取得成功的关键,而这在很大程度上要归功于老一辈政治家坚持民族团结,也是法国人在内部危机发生时的一种习惯。在法国,没有一个"领袖"扮演希特勒的角色。刚刚取代乔坦普斯(Chautemps)政府的达拉第(Daladier)政府于1934年1月30日下台,也就是在希特勒就任德国总理[①]一年以后的第二天。然而,一个民族联合政府找到了解决危机的办法,包括在一战中成名的贝当元帅、反对党领导人爱德华·埃里奥(激进"社会主义者")和安德烈·塔迪厄[②](André Tardieu,保守民族主义的长期发言人)在内的老人物也加入了前总统加斯顿·杜默格(Gaston Doumergue)的总理行列,这与英国1931年的运动有些相似。塔迪厄于1931年退出政坛,并对整个法国议会体系提出了一些严厉的批评——他认为这一体系不能为国家利益而执政。如果塔迪厄活得够久,他就会加入戴高乐政府;他因目睹他深爱的法国被德国人打败并占领而死,同时他不是法西斯分子。1934年,塔迪厄前往共和国的集会,代表了法国在最后一道防线上对自由的奉献,这使得法国摆脱了法西斯主义。

然而,加斯顿·杜默格的全国联合政府并没有比其他政府都更持久,持续时间不到一年。法国政坛继续动荡着。以前,共产党人是孤立无援的,谴责民主社会主义者(Democratic socialism)是"社会法西斯",拒绝同资产阶级政党合作;现在,他们或多或少有些不安地与其他左翼政党合作,支持一个由杰出的"社会主义"知识分子和政治家利昂·布鲁姆领导的政府,该政府支持法国的"新政",包括亲劳工立法和少数产业国有化,同时这也受到了商界的严厉批评。

不幸的是,法国新政不得不应对日益恶化的国际局势和战争威胁,人民阵线在1938年《慕尼黑公约》(Munich Pact)签署时解体。在外交政策上的不统一,增加了社会政策的争论。在第二次世界大战前夕,法国仍然呈现出内部不团结和政府软弱的景象,而这在很大程度上鼓励了希特勒走上侵略之路。法国克服了法西斯主义的威胁,实现了一些经济复苏(略低于英国

---

① 1933年1月30日,阿道夫·希特勒正式就任德国总理。

② 安德烈·塔迪厄(André Tardieu,1876—1945),法国政治家,一战结束后曾三次担任法国总理并试图贯彻乔治·克莱蒙梭的政策。——译者注

或德国），可能是从自然过程的记录表明政府对复苏过程没有多大影响。从1929—1939年的经济活动图表来看，英国的保守政府、美国的新政进步政府、意大利的法西斯政府和德国的纳粹政权取得了与法国无政府状态差不多的成果。但是，法国第三共和国的政治仍然是一个丑闻，这种抨击进一步助长了对这些政治争吵的意识形态分歧的深恶痛绝。

## 纳粹在德国的胜利

作为一战期间德国军队的信使，阿道夫·希特勒被认为是一个相当可笑的人物，尽管他是一个好士兵。

> 他在同伴中既不受欢迎，也没有受到排挤；他们只是微笑地看着他，还有他对世界和世界上的一切含混不清的漫谈……他特别关心一个重要的问题，即军官是不是自己动手洗衣服。这为他赢得了上校的好感，上校把他从战壕里的危险中解救出来，并任命他为军队团部和前线之间的一名联络员。①

在战争中，希特勒大部分时间都是自己一个人度过的，后来他的副官这样说："在他身上，几乎找不到任何领导才能！"但从大多数情况来看，希特勒是一个勇敢的士兵。战争结束时，希特勒在医院里从伊普尔的一次毒气袭击中恢复过来。

希特勒出生在奥地利一个政府中层职员之家，18岁之前就失去了父亲和母亲。他从小就是一个喜怒无常的男孩，在学校里是一个不受欢迎的学生。退学以后，他希望在维也纳学习艺术，真正的目标是成为一名建筑师，但在收到维也纳美术学院判定他的画作"不尽人意"的噩耗后，他离开了自己的家乡移居维也纳，独自过着一种边缘化的生活。他打过零工，画过明信片，但他的大部分时间都是在博物馆参观、阅读、看歌剧（他是个瓦格纳歌剧迷）

---

① 1933年7月29日发表在《新政治家》(*New Statesman*) 杂志上的一篇希特勒当兵时的报道。

中度过的。

希特勒尝试过多种类型的写作，还画过建筑图纸。他对这个世界充满了愤怒，产生了偏执的感情。他再次尝试考取维也纳学院，但又一次失败了。同时，希特勒的朋友很少。简言之，希特勒走的是一个相当聪明的、在社会上不怎么显著的、不谙世事的、没有纪律又没有方向的年轻人的路线，他试图在一个大城市和现代社会的混乱之中找到属于自己的方向。

24岁的希特勒在1913年移居慕尼黑，主要是为了逃避在奥地利的兵役。但是，战争的爆发使希特勒充满了爱国的热情——"我的心，像千百万其他人的心一样，洋溢着自豪的喜悦"——他加入了巴伐利亚军队。随着战争的结束，希特勒在经历了许多德国人没有经历过的战场上的失败情况下，为失去战争而感到困惑：在经过这么多的牺牲之后，一切都是徒劳无功的。他指责德国的皇帝和旧贵族领导层，并在一段时间内显然接受了1919年短暂统治慕尼黑的共产党政府。他投身于啤酒馆政治，发展自己成为一名公共演说家，从一个不为人知的人变成了一个被某些简单的想法控制的催眠者。然而，希特勒领导的德国民族社会主义工人党（NSDAP①）只是众多右翼团体中的一个，他们抱怨犹太人、暴发户、政客或共产党人背叛国家，要求恢复纪律和传统的价值观。

阿道夫·希特勒（1889—1945）。（美国国会图书馆）

---

① 德国民族社会主义工人党（德文 Nationalsozialistische Deutsche Arbeiterpartei，缩写 NSDAP；英文 National Socialist German Workers party，缩写 NSGWP），中文一般表述为"纳粹"，音译自德文 Nationalsozialismus 的缩写 Nazi。——译者注

希特勒是在20世纪30年代和40年代试图统治、迷恋和惊骇世界的人。希特勒在1923年短暂而不光彩地出现后，似乎已经从历史的页面上消失了。当通货膨胀肆虐，德国似乎正在面临解体的危机时，军事英雄鲁登道夫和前陆军联络员希特勒成了一对不太协调的同谋，试图推翻巴伐利亚政府，或迫使它向柏林进军。这个"啤酒馆的恶作剧"可耻地失败了，希特勒在1924年被捕入狱，并利用被捕的几个月闲暇时间写了他的自传《我的奋斗》。但事实证明，《我的奋斗》远非畅销书，而在接下来的五年里希特勒的德国国家社会主义工人党几乎被遗忘了。1924年后，美好时代的到来导致了所有极端主义运动的衰落。1930年，在英国出版的一部著名的德国史中，只在一个脚注中提到了希特勒，指出他在1923年后陷入了默默无闻的境地。在1928年的选举中，希特勒的纳粹党获得了2.8%的选票，赢得了2.5%的国会席位。

在那次选举中，社会民主党赢得了约30%的选票，共产党获得了10.5%的选票，而受人尊敬的右翼德国民族主义政党中的保守主义者获得了14%的选票，轻松地超过了希特勒那帮名声不佳的粗人。纳粹是一种不寻常的政治现象；左派的一些理论家把他们说成是大资本家的傀儡，但没有什么比这更离谱了。纳粹是非常的"小人物"，通常是来自中下层社会的躁动不安的小人物，有一些知识分子的自命不凡。不过，如果低估了希特勒在1908—1914年辍学期间的阅读水平，那是错误的；他积累了大量的基本思想，从中可以建立他自己的世界观（weltanschauung）。

的确，希特勒确实迷住了（并利用了）一些无聊的富家女郎，她们的"激进时尚"使她们对这个有魅力的政治奇才产生了兴趣。尽管上层阶级中的一些特立独行的人很早就支持了这场运动，但大部分受人尊敬的富人在他明显是赢家之后才来拯救他的。不过，有贵族关系的赫尔曼·戈林（Hermann Goering）和来自资产阶级的弗里茨·蒂森（Fritz Thyssen）是例外。对于有钱的人来说，很难在这样一个政党中找到很大的吸引力，因为这个政党的演讲者鼓动他们的听众"抢商业银行！把钱烧了！把白种人和黑种人绑起来！"。德国工人党的财务状况被蒙上了一层神秘的面纱，因为它保存的记录很少，已经保存下来的记录更少。起初，德国工人党非常缺乏资金，但到了1923年它显然开始处理较大的资金了，而这些钱大部分可能来自许多小出资者的热情支持，但也很有可能来自更富有的人，他们在1923年的绝望条件下愿意把钱押在任何反对共产党的人身上。尽管如此，所有证据都表明，希特勒没有与大企业做任何交易。

康拉德·海登[①]（Konrad Heiden）称纳粹为"武装起来的知识分子"；托马斯·曼称他们为"逃学者"。在早期纳粹党的潜在知识分子中，有土木工程师和业余经济学家戈特弗里德·费德尔（Gottfried Feder）、反犹太主义的瓦格纳（Richard Wagner）、民俗学家和诗人迪特里希·艾克哈特（Dietrich Eckhart）、信仰北欧宗教的有抱负的异教徒创始人阿尔弗雷德·罗森博格（Alfred Rosenberg）、沮丧的艺术家和作家约瑟夫·戈培尔、小药剂师格雷戈尔·斯特拉瑟（Gregor Strasser）和工业化学家罗伯特·利（Robert Ley）等。当然，也有一些退役的士兵无法适应和平，其中一位就是飞机驾驶员埃斯赫尔曼·戈林。安东·德莱克斯勒（Anton Drexler）是1919年年初成立的德国工人党的创始人，工人党是德国国家社会主义工人党的前身，而德莱克斯勒本身是一名机械师，对工会暴政和"哄抬价格"的奸商感到愤怒。

熟练的工人和小店主给纳粹的忠实信徒赋予了一种明确的小资产阶级特征。纳粹主义被称为对失败者的反叛，许多人发现纳粹活动分子的主要心理特征是对他们特定群体的规范的反叛，即情感上的不一致。因此，这一运动对心烦意乱的年轻人产生了相当大的吸引力。

德国历史学家彼得·默克尔（Peter Merkl）在对581名早期纳粹分子的研究[②]中发现，在最激进的纳粹分子活动的社会背景中，"贫困的童年和在城市向上流动受挫"是突出的。让·贝希勒（Jean Baechler）评论说，"纳粹领袖的生活故事"，揭示了"无一例外地经历了阻碍他们实现人生抱负的重大挫

---

[①] 康拉德·海登（Konrad Heiden，1901—1966），魏玛共和国和纳粹时代的德裔美国记者、历史学家，其作品中最著名的是阿道夫·希特勒的第一部有影响力的传记。他最早将"纳粹"一词（源自巴伐利亚语，意为"头脑简单"）用作英语，拿它来嘲讽别人。——译者注

[②] 参见彼得·默克尔的《纳粹十字记号下的政治暴力》（Political Violence under the Swastika）。

折"。例如，希特勒想成为建筑师，希姆莱想成为学者，戈培尔想成为作家，海德里希想成为海军军官。休斯顿·斯图尔特·张伯伦（Houston Stewart Chamberlain）和阿尔弗雷德·罗森博格等主要思想家都是具有一定文学天赋的人，他们缺乏职业成功所必需的素质。当然，现代社会产生了许多这样的情况：一些拥有智慧且精力充沛的人发现他们的事业受挫，也许是因为自己的固执，也许是因为环境。

纳粹意识形态中的一个强有力的因素，就是在"民族同志"（Volksgenossen）中的一种平等的、反贵族的、准民主的精神，他们都被认为是平等的。希特勒本人，这位从陆军一等兵一跃成为凌驾于傲慢的普鲁士将军之上的主宰的人，就是小人物爬上顶峰的象征；他的许多追随者都怀有与他一起高攀的愿望，通过参与反抗外来者赢得认可和成功。

被毁灭的小资产阶级，被战争和战后不安全感所摧残的灵魂，因战争而死亡的"没有父亲的一代"（Fatherless Generation），那些因在大通货膨胀中失去储蓄而对一切政府的信心被击碎的人，在此时的德国比大多数其他社会都要多。尽管如此，还是必须解释一下，为什么一个在1928年几乎没有什么地位的政党，在四年内突然膨胀成了德国最大的政党，并得到了三分之一选民的支持。

明显的答案是经济大萧条，它带来了新的困境，大规模的失业，以及农民和小商人的毁灭。就像在法国一样，当经济危机摧毁了议会多数派所依赖的联合政府时，政府陷入了无能为力的境地。当然，德意志共和国的根基远比英国和法国的议会民主国家浅得多。魏玛共和国诞生于战败之时，成长于内乱之中，并且只对极少数德国人的忠诚提出了要求。

关于为什么国家社会主义这样一个怪异的混合物在德国取得胜利的问题，其中一个答案是——当时没有其他可行的选择。温斯顿·丘吉尔认为摧毁君主制是一个错误；但是，这已经发生了且是被德国人民自己所摧毁的，显然德国人民已经受够了皇帝的统治。在1930年开始的议会政府危机中，德国人曾考虑过一个方案——军事独裁，但凡尔赛军队并不能胜任这样的任务，他们对此退缩了。兴登堡总统是德国人心中的教父级人物，他在1932年以绝对多数的票数连任，与他对垒的是希特勒，但他的年龄太大了，除了在一些政治重建计划中提供帮助外已经无能为力。在1928—1932年，共产主义政党的得票率从10%左右上升到15%。德国没有一个杰出的共产党领导人，右派分裂为君主主义者和共和国的支持者，左派分裂为共产党人和社会民主党人，中间派分裂为天主教徒和自由主义者。1929年，古斯塔夫·施特雷泽曼去世，使议会制共和国失去了一位杰出的领袖。

经济大萧条打破了社会党和中产阶级政党之间的联盟，把人民的愤怒转向与政府有关的所有政党，从而把抗议票推向极端分子。两党制让选民通过投票给反对党来发泄对现任者的愤怒，就像1932年的美国选民那样。在1928—1932年，600多万美国选民改变了主意，这并不是因为他们对民主党总统候选人富兰克林·罗斯福了解很多，而是因为他们希望对未能应对经济灾难的共和党政府发起一场声势浩大的抗议。这样做，他们不需要投激进党的票，但当所有温和派政党作为一个联盟都是"支持派"时，民众的挫败感只能通过投极端的票来表达。

1928—1930年的穆勒政府，就社会民主党和资产阶级政党在常见的政府预算和工资问题上的经济分歧而解体。由于德国对外国贷款的依赖，德国政府别无选择，只能削减政府开支，并在1929年后其因低信用评级而陷入困境。1930年7月，海因里希·布吕宁①（Heinrich Brüning）政府垮台，当时社会民主党和共产党以及纳粹一起投了反对票，抛弃了他们在魏玛联盟中的前盟友。这是一个目光短浅的决定，社会民主党有理由感到遗憾。显然，政府的紧缩政策在工业工人中极不受欢迎（包括削减失业救济金），这是一个关键因素。然而，布吕宁（中间派）代表了负责任的民主力量应对可怕的经济形势的最后希望。在1930年的大选后，布吕宁通过政令执政，社会民主党人虽然在口头上攻击他，但容忍政府的存在。

在1930年9月的选举中，共产党人的支持率略有上升，达到了13%；

---

① 海因里希·布吕宁（Heinrich Brüning，1885—1970），在魏玛共和国时期的1930—1932年担任德国总理，同时他也是魏玛共和国在任时间最长的总理。——译者注

而纳粹的支持率则大幅上升，一直上升到了18%。不过，没有一个组合能在国会中占到多数席位。宪法通过其第48条规定提供了一条出路，虽然几乎很难适用于这种情况，但它确实允许在公共紧急状态下通过法令来管理政府。兴登堡总统在国会否决了1930年的预算后，通过法令将其付诸实施；在此后近两年的时间里，随着经济大萧条的恶化，布吕宁政府通过这种法令进行管理。但是，总理奉行的是正统的政策，把政府开支压低，希望通过通货紧缩来重新获得出口市场，并通过低利率来刺激再投资。美国的胡佛政府、英国的麦克唐纳政府以及其他大多数政府都采取了这样的政策，遵循传统经济理论。

总统令下的政府不可能永远持续下去。1932年5月，当兴登堡拒绝批准一项法令，将破产的东普鲁士庄园分拆成小农场主的土地，布吕宁因此辞职了。兴登堡总统本人就是一个"容克"[①]，是东普鲁士贵族和地主的一员。随后，弗朗茨·冯·帕彭（Franz von Papen）组建了一个内阁，由库尔特·冯·施莱谢尔（Kurt von Schleicher）将军担任国防部长。1932年7月，再次尝试大选之路，这一次的结果更是惨不忍睹（见表6-2）。这一次，超过37%的德国民众将选票投给了纳粹党人，这是该党在自由条件下所达到的最高点，而在11月举行的另一次选举中，这一比例降至33%。共产党的选票再次小幅上升，达到近17%；随着社会民主党严重失利，人民党几近全军覆没，组建一个可行的联合政府的前景在这时候完全消失了。

历史学家严厉批评了1933年年初希特勒上台之前的军事演习，但除非军队建立一个军事独裁政权（而这是他们不愿意做的），否则除了试图将希特勒的政党拉入政府之外，似乎没有其他答案。也许执政的经验可以使纳粹党驯服，或者作为联盟的一部分，他们必须妥协。施莱谢尔将军还希望把纳粹里更负责任的一方从希特勒那里分离出来，如果真有这种事的话；格雷戈尔·斯特拉瑟是他的希望，但这个计划没有奏效，纳粹党仍然忠于希特勒。

---

[①] 容克，德语Junker一词的音译，指以普鲁士为代表的德意志东部地区的贵族和地主。——译者注

1934年6月30日,在"长刀之夜"(night of the long knives)行动中,施莱谢尔和斯特拉瑟都成了希特勒的牺牲品。①

表6-2 国会选举结果(1928—1933年)

| 政党 | 1928年5月20日 | 1930年9月14日 | 1932年7月31日 | 1932年11月6日 | 1933年3月5日 |
|---|---|---|---|---|---|
| | 有效选民投票的百分比 ||||||
| | 75.6% | 82% | 84% | 80.6% | 88.7% |
| 共产党(KPD) | 10.6% | 13.1% | 14.6% | 16.8% | 12.3% |
| 社会民主党(SPD) | 29.8% | 24.5% | 21.6% | 20.4% | 18.3% |
| 德国民主党(DDP) | 4.9% | 3.8% | 1.0% | 0.9% | 0.9% |
| 德国人民党(DVP) | 8.7% | 4.5% | 1.2% | 1.8% | 1.1% |
| 中间党(Catholic) | 12.1% | 11.8% | 12.5% | 11.7% | 11.2% |
| 国家人民党(DNP) | 14.2% | 7.0% | 5.9% | 8.8% | 8.0% |
| 纳粹党(NSDAP) | 2.6% | 18.3% | 37.4% | 33.1% | 43.9% |
| 其他政党 | 17.1% | 17% | 5.8% | 6.5% | 4.3% |

在1932年赢得大选胜利以后,希特勒并不打算满足于得到"半块面包"。当纳粹和共产主义者之间的街头战争变成每晚都会发生的时候,穿着棕色军衫的纳粹"风暴部队"(英语storm troopers,德语sturmabteilung,简称SA)变本加厉地进行他们的违法行为。当11月的选举再次未能打破政治僵局时,纳粹的轻微损失被共产党的选票所抵消,冯·帕彭辞职。希特勒在有限制的条件下被授予总理的职位,但他拒绝了。兴登堡显然不是这位奥地利流浪儿②

---

① 格雷戈尔的兄弟奥托·斯特拉瑟(Otto Strasser)幸存了下来,他于1933年逃离德国后试图在第二次世界大战中与英国人一起领导反希特勒运动。但这几乎没有取得成功,英国人抛弃了他。1955年,他从德国回到了加拿大。

② 作者使用的是guttersnipe一词,字面意思为流浪儿或贫民窟的小孩,这里特指希特勒。——译者注

的朋友，他拒绝了希特勒对紧急权力的要求。施莱谢尔组建了新的内阁，但未能在国会获得足够的支持。冯·帕彭的辞职为希特勒于1933年1月30日就任德国总理铺平了道路，也使得纳粹分子赫尔曼·戈林和威廉·弗里克（Wilhelm Frick）进入内阁，但希特勒也接受了其他部长为非纳粹人士的条件。

弗朗茨·冯·帕彭以为他抓住了希特勒，现在要驯服他了；但是，纳粹领袖却能够以他的方式完全控制住局面。希特勒很快就被迫举行了新的选举，这次选举是在现在不受控制的"风暴部队"的恐吓下进行的。正是在2月27日的竞选活动中，国会大厦发生了火灾，希特勒将其称为"共产主义阴谋"，建议兴登堡总统颁布紧急法令，暂停言论自由和新闻自由。许多人认为，这是纳粹党人自己放的火，而有力的证据表明他们确实操纵了一个名叫马里努斯·范德卢比（Marinus van der Lubbe）的荷兰疯子。当选民给予纳粹44%的选票时，纳粹党在民族主义政党和中间党人之中找到了盟友，他们同意取缔共产党，并通过了一项《授权法案》（Enabling Act）赋予政府四年的独裁权力。最终，只有94人（全部由社会民主党人所投）投反对票。此时，德国已经向希特勒屈服了。

希特勒获得的政权在多大程度上是合法性的，也许是值得辩论的；但纳粹的暴力和恐吓，以及滥用紧急法令的权力，营造了一个绝对非法的气氛。然而，这一切都是通过技术上的法律行动来完成的，显然希特勒得到了德国人民相当大的授权。人们经常指出，最多有44%的德国人赞成和拥护这位奥地利的狂热分子，可能实际上只有更少的人这样做，但这是共和国存在历史中投票支持一个政党的最大比例。在1932年，没有一个政党能占到这一总数的13%以上，而在1933年3月的选举中，最接近的竞争对手落后了25%。在当时这种情况下，一个政党能够赢得35%～40%的选票简直就是一个奇迹。根据议会民主的正常规定，这个政党很难被排除在政权之外。此外，希特勒的政党让那些通常待在家里的选民走了出来；1932年和1933年的选举吸引了比平时多得多的选民（超过80%的合格选民），而这些新增的选民中大多数人似乎都把选票投给了纳粹党。因此，很难对希特勒有权获得一些选票份额进行否认。

赋予希特勒总理职位不同寻常权力的《授权法案》，与1933年美国国会为应对经济危机而将前所未有的紧急权力授予新当选的富兰克林·罗斯福总统并没有完全不同。帝国议会在1937年和1941年更新了1933年的法案，而希特勒在1937年通过公民投票确认了他的政治权力。然而，令希特勒失望的是，他只赢得了84%的选票，而他想要获得的是100%的选票。同时，希特勒也被选为德国总统。在一阵宣传和意识形态的旋风中，希特勒用他的权力迷惑了德国人民，使他们相信他对一个单一的、统一的种族共同体的设想——"一个民族、一个国家、一个领袖"。

## 纳粹意识形态

为什么希特勒会赢？当然，与可怕的大萧条作斗争是非常必要的，它对德国的打击比当时其他任何主要国家都要严重。然而，希特勒的政党没有提出任何值得称道的经济计划。这位德国元首对经济学深恶痛绝，甚至不清楚他的政党是应该站在社会主义还是资本主义的立场上，因为它既反对马克思主义又反对"国际资本主义"。纳粹声称，犹太人主宰和控制了这两者——马克思主义和"国际资本主义"，以作为他们征服世界的秘密阴谋的一部分。这显然是彻底混淆了两者之间联系的表现。纳粹还声称自己代表着一种社会主义，但其在拒绝斯特拉瑟兄弟的时候，似乎远离了任何具体的社会主义学说，散发着一种反资本主义精神，常常与扎根农村和民间文化的原型联系在一起。约阿希姆·费斯特在谈到希特勒时这样写道："在他的恐惧中，有美国的技术、斯拉夫人的出生率、大城市、不受限制的工业化、国家的经济化、公司、大都市娱乐文化的泥沼以及现代艺术……"

希特勒不喜欢与法西斯主义联系在一起，就像最近被疏远的人们一样；希特勒不喜欢现代的城市工业社会，他心中有一个田园般的乌托邦的形象，那里的人生活在前现代的简朴之中。希特勒的农业专家瓦尔特·达雷（Walther Dane）发展出了一种意识形态，认为德国农民既是北欧种族主义的精髓，又是德国民族的灵魂；而纳粹宣传一贯美化农民。然而，农民只占1925—1930

年入党人数的3.6%，而希特勒本人和大多数纳粹信徒一样都有城市背景。

人们有时会说，纳粹之所以获胜是因为他们是超一流的宣传家，用他们的游行、制服和歌曲上演了一场好戏，并且知道如何赢得大众的信任和支持。然而，这并不能解释为什么在1930年之前大多数德国人都嘲笑希特勒的乡土口音，而很少关注他的滑稽动作。1926年，在魏玛共和国的一次集会上，希特勒穿着他的束皮带雨衣和军靴，同时以墨索里尼的方式向他的穿着制服的追随者敬礼，给大多数观察者留下了一种沉闷的印象。难道宣传突然变得更有效了吗？这似乎不太可能。

人们常常回到这样一个观点：德国人并不是想真的投票给纳粹，而是以唯一可能的方式表达他们对统治当局的厌恶。当然，他们本可以把票投给共产党人，而共产党人显然希望从资本主义和民主的崩溃与瓦解中获利。顺便说一句，指责希特勒在这个时候挥舞战争和帝国主义的滞后性来分散工人的思想是错误的，因为他在夺取政权的过程中很少或根本没有提过这一点。

以上这些主题在德国并不受欢迎，因为这个国家的大多数人（与传说中的相反）既不是很民族主义，也不是很军国主义。1929年，希特勒试图发动一场反对"扬格计划"①的运动，该计划在保留赔偿金的同时进一步下调了赔偿金。这是"白里安–施特雷泽曼–华尔街妥协方案"（Briand–Stresemann–Wall Street compromise）的延伸，根据该方案德国人被期望"履行"他们的战争损害赔偿金，同时这些赔偿金将大幅减少并获得美国贷款。然而，这场运动最终以失败告终，因为1928年社会民主党以"要粮食，不要军备"的纲领赢得了选举的胜利。此后，纳粹淡化了重新武装和蔑视条约的言论，他们和几乎所有其他德国人一样，在原则上反对"凡尔赛的束缚"，而这并不是纳粹的独特口号。

我们留下的是希特勒的魅力，这无疑是存在的；许多捧腹大笑的人都留了下来，屈服于这个昔日的小丑所发出的催眠咒语。从纸面上看，希特勒的想法似乎是各种热情的怪异组合，但他在向听众讲话时却能施展魔力。他努

---

① 扬格计划（Young Plan），是第一次世界大战后战胜国为代替道威斯计划而实施的德国支付赔款计划。因由美国银行家欧文·扬（Owen D. Young）主持制订，故名。——译者注

1936年，纳粹聚集在德国城市纽伦堡。（美联社）

力工作使国家社会主义成为现实，而这意味着希特勒是天才。他要求所有纳粹党员必须绝对和毫不怀疑地服从于他，以作为他领导的代价。他把纳粹党说成是类似天主教的神圣事物，而他自己则是无懈可击的教皇。他拒绝制定一个党的纲领，并郑重地向德国人保证：他们应该相信他的天才领导力，他会在适当的时候即兴制定出正确的政策。这个超人英雄领袖的奇特形象是借着游行和横幅的帮助建立起来的，当探照灯打在纳粹"卐"符号上，尖叫的人群举着右手僵硬地对军装人物敬礼并大喊"希特勒万岁！"。这种场面深深地触及了一般民众的潜意识，并触动了人们不理智的心弦。熟悉后来在摇滚音乐会和音乐节上的现象，或者甚至在20世纪20年代著名电影明星鲁道夫·瓦伦蒂诺（Rudolph Valentino）的葬礼上哭泣的歇斯底里的人群，使我们更容易理解希特勒效应，而且比以前欧洲政治中已知的任何东西都更接近。——这就是"流行"政治。

这种蛊惑人心的行为并不完全是无约束的本能的胜利，希特勒借鉴了过去和现在的许多运动与意识形态。他从墨索里尼那里借鉴了极权社会的思想，完全塑造成了同一个形态，但他在寻求实现这一点上远远超越了墨索里尼。希特勒早年的阅读广而杂，吸收了各种各样的思想，以适应他的"拼布哲学"①。纳粹主义所描绘的思想（其中一些与意大利法西斯主义有共同之处）大体上可以分为以下三类：（1）种族主义或极端民族主义；（2）返祖（隔代）民粹主义，即对现代城市社会的反感，有时包括资本主义；（3）非理性主义，如大众非理性的信仰或使用象征、神话和仪式的信仰。

希特勒从1914年以前的许多资料中汲取了思想，对他来说，无论这些思想多么混乱，它们都是极其重要的，而他显然知道如何有效地利用这些思想。这些思想中没有一个是纯粹地来自德国的，事实上值得注意的是上述三种思想的主要来源包括一个英国人和一个法国人，而意大利法西斯主义则是其前身和典范（希特勒一直把墨索里尼尊为信仰的先驱）。

尽管法西斯主义/纳粹主义的根源比我们在这里所能揭示的要复杂得多，但我们可以简明地指出所提到的两个人。对纳粹种族主义影响最大的是英国人休斯顿·斯图尔特·张伯伦，即《十九世纪的基础》（*Foundations of the Nineteenth Century*）一书的作者，而这本书原著于1901年——是世纪之交的作品。张伯伦是理查德·瓦格纳的弟子和女婿，同时是德国皇帝威廉二世的朋友，他的种族思想很大程度上来源于法国人戈比诺伯爵（Comte de Gobineau）。戈比诺伯爵被称为"种族主义意识形态之父"，他在19世纪中期的作品②中发表了这种观点，并从雅利安人种卓越的创造力和不纯洁的混血人种的退化角度对世界历史进行了全面的解释。纳粹党中的主要思想家阿尔弗雷德·罗森博格以张伯伦的著作为基础，写出了《二十世纪的神话》（*Myth of the Twentieth Century*）。不过，20世纪的确是个神话——建立在各种历史错

---

① 作者使用的是patchwork一词，意指把布料按照图谱或图案一块块拼接起来做成实用性或艺术性的布艺作品的过程。——译者注

② 戈比诺伯爵于1853—1855年在巴黎出版了四卷本《人种不平等论》。——译者注

误的基础上，然而它像其他通向过去的钥匙一样吸引了许多人。它通过赋予德国人天生优越的民族（Herrenvolk）的历史角色，使他们觉得自己比其他所有人都要优越，并且具有独特的创造性。它包括反犹太主义，张伯伦从瓦格纳那里得到了这一点；但它也贬低地中海人民，认为他们是混血儿和颓废不上进的，而这很难让墨索里尼高兴。（此时，这种盎格鲁-撒克逊北欧主义的版本出现在美国①，它谴责1880—1910年"新移民"中的"劣等"拉丁人以及斯拉夫人将旧美国血统混血化。）

墨索里尼和希特勒都是从古斯塔夫·勒庞（Gustave Le Bon）的《乌合之众》（The Crowd）一书中学习大众心理研究的。（这本书最早出版于1895年，到1929年已经有36个版本发行，而且仍然在继续发行中。）就像张伯伦是一个天才的业余思想爱好者一样，勒庞"告诉"墨索里尼和希特勒，人在政治上是不理性的，他们在大众中很容易被控制且确实想要被控制，他们可以被正确的情感诉求有力地左右。今天，没有人会否认这一点，但当时人们对这一观点并不那么熟悉。勒庞在他的《大众心理学》（法语Psychologie des Foules）一书中给予了惊人的表达，而这本书影响了西格蒙德·弗洛伊德。

希特勒对犹太人的病态仇恨诞生于维也纳。维也纳是1914年前多民族的哈布斯堡王朝的首都，那里到处都是斯拉夫人和其他少数民族，而与非日耳曼民族相比，德国人本身只是一个人数相当少的少数民族（波罗的海的德国人在纳粹党中也很突出）。在那里，当希特勒年轻时的偶像乔治雷德·冯·雪内勒（Georg Rider von Schoener）这样的泛德国人的思想中使用了"卐"符号，"精英种族"受到劣质血统威胁的神话就诞生了；在那里，还流传着一个关于犹太人大阴谋的故事，如具有欺诈性的《犹太人贤士议定书》（The Protocols of the Elders of Zion）中所载的阴谋。

一个奇怪的事实是，在德国历史上最大的反犹太主义者是为了赢得政权

---

① 麦迪逊·格兰特（Madison Grant）的《伟大种族的传承》（Passing of the Great Race）就是一个例子。

并试图消灭犹太种族，而实际上根本不存在犹太人的"问题"。在德国，数量只有50多万人的犹太人口占不到德国总人口的1%，几乎已经被德国文化所同化；德国没有东欧那样的犹太人聚居区，甚至可能比法国或英国对犹太人的社会怨恨更少。尤其令人好奇的是，纳粹在德国的选票在犹太人最少的地区最为强劲：东普鲁士、波美拉尼亚、石勒苏益格-荷尔斯泰因州、汉诺威、下萨克森州，也就是北方农业区。犹太人分散在德国各地，在任何地方都是微不足道的少数民族，而且他们的重要性越来越小。希特勒的反犹太主义完全是神话般的存在，它在没有真正的犹太人存在的地方应该是最有效的，而这是一个奇怪的逻辑。

这个神话的一部分是，它声称犹太资本家拥有一切并统治魏玛德国；事实上，犹太人的影响仅限于少数几个案例，如大型百货公司、一些（更好的）大型报纸和娱乐业。伟大的工业公司并不比职业界、图书馆（尽管犹太人做出了重大贡献）或知识界更受犹太人控制，但那些在知识界崭露头角的犹太人并没有表现出任何犹太人特有的品质。犹太复国主义是软弱的，尽管希特勒无耻地声称是相反的，但爱因斯坦的物理学并不比斯蒂芬·茨威格（Stefan Zweig）广受欢迎的小说更具犹太特色。马克思主义和弗洛伊德主义吸引了比普通人更高的犹太成分，虽然这可能是真的，但都拒绝了犹太传统。奇怪的是，这些所谓的犹太意识形态否定或忽视了犹太宗教和犹太民族主义，而事实上它们是犹太人失去犹太人身份的必经之路。

简言之，希特勒的反犹太主义是幻想战胜理性的胜利；然而，作为一个替罪羊的象征，国际犹太人（The International Jew）是有效的，因为这个象征把希特勒和数百万人加入他的仇恨中，并把所有那些不合逻辑地联系在一起。剥削资本主义、金融投机、政治腐败、对德国国家的不忠和背叛、马克思主义的颠覆、传统社会的腐朽、粗俗的大众文化，所有这些都可以归咎于一个神话般的犹太种族：犹太人毁了小商人，损害了德国妇女，组织了革命，破坏了德国文化；犹太人克扣工人的工资，制作了糟糕的电影烂片，制造了一种丑陋的商业主义，为俄国政府做间谍，并在与华尔街资本家和纵容的法国人的外交谈判中出卖了德国。这么看来，希特勒心中的犹太种族的确是个多才多艺的恶棍群体。

可以说,只有病入膏肓的人才能相信这样的传说。然而,事实上,德国人的头脑受到了战争、失败、通货膨胀、失业和经济萧条的打击。

这种反犹太主义的意识形态和集体主义的使用,似乎比希特勒纯粹的个人因素更重要。阿道夫·希特勒的心理传记(psychobiography)没有被放过。他那几乎不合理的反犹太主义的根源是自我仇恨的转移吗?或者,在他有点不正常的童年时期他与父亲的关系,以及据说要为他母亲的死负责的犹太医生(尽管这一点被否认了)?这些理论和其他理论一样都可以在一些关于希特勒人格的精神分析研究中找到——让-保罗·萨特(Jean-Paul Sartre)写了一篇关于反犹太主义的存在主义分析的文章,而所有这些文章都是非常有趣的。人类对文化局外人的容忍度一直很低,在危机来临时他们倾向于站在一位有魅力的领导人后面,对简单的替罪羊符号反应过度,正如希特勒在勒庞的著作中所读到的大众的非理性。

## 民族社会主义掌权

人们经常抱怨政治家们不信守诺言,而在希特勒这个例子中,问题在于他信守了自己的诺言;他曾承诺要彻底改变这个体制,进行一场"与俄国革命相媲美的革命","摆脱一个众说纷纭的世界,另一个世界取而代之"。希特勒的可怕之处在于,他在竞选中所说的一切都是真的。最后,为了扩大德国人的生存空间,这就意味着对斯拉夫人发起的战争,意味着屠杀犹太人。

起初,希特勒在德国外交事务中一直谨慎行事。他把德国带出日内瓦裁军谈判会议(Geneva Disarmament Conference),从而创造了一种分裂。多年以来,德国一直在呼吁实现军备平等,但没有取得多少成功;而在1932年,德国在原则上赢得了支持军备平等声明的让步。然而,面对法国在执行这一声明方面的拖延,希特勒于1933年10月突然退出了这次裁军谈判会议,也退出了国际联盟。这是对凡尔赛体系的一次大胆挑战,虽然从历史的角度来看,凡尔赛体系可能被视为通往第二次世界大战道路上关键的第一步。有关对德国的制裁和战争,就正如五年后希特勒所做的那样,他确信同盟国是在虚张声势,这些国家的人民没有心情进行军事冒险。

1933年11月12日,在停战15周年纪念日之后的一天,德国举行了一场大规模的宣传运动,以批准这一行动。绝大多数人赞成退出国际联盟,他们对那些长期以来羞辱德国的傲慢的胜利者嗤之以鼻。然而,紧随着这一大胆行动,希特勒在1934年与波兰签订了一项令人惊讶的互不侵犯条约,并向世界展示了一幅温和与克制的明确图景。"德国人和波兰人将不得不学会接受彼此存在的事实。"希特勒这样说。在其他演讲中,希特勒坚持德国只要求权利平等和渴望和平。

希特勒一旦掌权,就能扩大和加强其庆典活动;组织游行、阅兵和各种仪式庆典让德国人眼花缭乱,也震惊了全世界。这是一场精彩的演出,法国大使弗朗索瓦-庞塞(Framçois-Poncet)半是赞赏地写道:"德国现在享受着前所未有的盛典。"瓦格纳歌剧大规模地进入了德国政治领域。这些准宗教仪式不仅以希特勒为最高领袖,而且以新的民族团结为主题,而德国社会民众情绪高涨,不禁令人想起了1914年8月。

在纳粹革命的蜜月时期,几乎所有人都暂时站在希特勒这一边。后来,似乎很少有人再去反抗了,知识分子、大学、教会跟随群众加入了全德国的队伍,而根据元首(fuehrer)的观点,这个队伍将带来德国精神的复兴,并从经济大萧条中恢复过来。这种抒情乐观的情绪在德国女导演莱尼·里芬斯塔尔[①](Leni Riefenstahl)1934年拍摄的非凡电影《意志的胜利》(*Triumph of the Will*)中有所体现。

纳粹主义的丑陋一面也很快地显现出来。焚书活动象征性地清除了国家社会主义所设想的不适合"民族共同体"(Volksgemeinschaft)的著作;犹

---

① 莱尼·里芬斯塔尔(Leni Riefenstahl,1902—2003),德国演员、导演兼电影制作人,以其电影美学与对电影技巧的深刻掌握著称。里芬斯塔尔最著名的作品是为德国纳粹党拍摄的宣传性纪录片《意志的胜利》(*Triumph des Willens*),该片在第二次世界大战后受影业排斥,而她由于为纳粹党拍摄宣传片而备受争议,战后渐渐转为摄影师;里芬斯塔尔拍摄的另一部极具知名度的电影是记录柏林第十一届夏季奥林匹克运动会的《奥林匹亚》(*Olympia*)。——译者注

太人的企业被抵制，政府的压力迫使报社顺应潮流，否则就会被挤出业务领域。一批杰出的并非全部是犹太群体的知识分子领袖选择了移民，而不是面对和忍受纳粹的骚扰。当希特勒接管了德国政权以后，爱因斯坦放弃了德国国籍，转而加入美国国籍，再没有回到德国；纳粹没收他的财产，查抄他的寓所，烧毁他的书籍，并谴责他的"堕落的犹太科学"。但是，损失了的数百名杰出的作家、学者、科学家和艺术家，却被从音乐家理查德·施特劳斯（Richard Strauss）、威廉·富特文格勒（Wilhelm Fürtwangler）到哲学家马克斯·舍勒（Max Scheler）、诺贝尔奖获得者科学家约翰内斯·斯塔克（Johannes Stark）等一批杰出人物对纳粹政权的支持所抵消。大部分的大学教师都加入了纳粹党（根据最近的一项研究，当时汉堡有64%的教师加入了纳粹党），而像马丁·海德格尔这样杰出的知识分子意见领袖显然对这种陈旧的集体无意识的爆发感到同情。爱因斯坦的老朋友、合作者马克斯·普朗克刚开始一直保持沉默，不过他后来也后悔了，他的儿子成了反纳粹事业的烈士。

意志的胜利——这就是希特勒设想的目标。一个由"领导原则"组织起来的单一的民族意志应该指导这个国家，这个国家应该是一个"民族共同体"。希特勒认为，这样一个民族能量的集中，将使一切成为可能。要实现这一点，革命必须通过不断的宣传使广大群众保持兴奋，必须无情地摧毁任何阻碍一致的东西，必须清除过去自私的个人主义的一切残余。这包括诸如政党和批评政府的自由等问题，而大众社会付出的代价是迫害和不予容忍。希特勒开始了"一体化"（"协调"）德国政治机构的任务，也就是说使它们都符合纳粹精神。这个任务从未完成过，事实上，作为一名行政长官，希特勒变成了一名优秀的艺术家。但是，希特勒在教育、新闻、艺术、法律、劳动以及国民生活的其他各个方面都被纳粹化了。

在希特勒的领导下，德国实现了很大程度的经济复苏；当然，无论如何，这一切都有可能实现。美国总统富兰克林·罗斯福的"新政"政策几乎与希特勒的新帝国（New Reich）同时出台，而希特勒也采取了类似的方式（尽管采取了不太自由的手段）来恢复国民信心，并实施了大型公共工程项目，其中高速公路网是最为著名的。希特勒无视银行家们的正统观念，放松信贷，动用政府资金；他组织了一个可以与"新政"的平民保护团相媲美的劳工服务机构，让闲散的年轻人就业，重整军备有助于大幅降低失业率。希特勒将所有的工会合并成一个由国家支持的劳动阵线，这一点远远超过了罗斯福。这一行动消除了罢工，让雇主们欣喜若狂，但它通过为工人提供假期、旅游和各种文化活动在一定程度上给予了工人补偿。大众汽车，德语意思是"人民的汽车"，就是这种"通过快乐获得力量"的工人娱乐计划的最终产物，得到了政府给予的丰厚补贴。——它可能是法西斯主义唯一有建设性的思想（墨索里尼类似的康乐组织［Dopolavoro，意大利语］也得到了很好的评价[①]）。工人们实际拿到的工资下降了，但他们很庆幸自己至少还有工作。

希特勒还聘请了银行业奇才亚尔马·沙赫特（Hjalmar Schacht），他成功地改革和管理了德国对外贸易。沙赫特的方法包括外汇管制，允许各国汇率不同；双边贸易协定，成功地赢得了东南欧的市场。农产品价格被人为地抬高，就像其他国家一样。至少在1935年以前，以当时的标准来看，纳粹的经济政策还远未被启蒙。

这一成就为希特勒赢得了相当广泛的尊重。1935年，温斯顿·丘吉尔赞扬了希特勒的"勇气和生命力"，直到1938年他还重申："如果我们在战争中被击败，我希望我们能在英国找到一个希特勒这样的人物，他会带领我们回到我们之前在国际上取得的地位。"直到1937年之后，德国冒着战争的危险才重新获得国际威望；在此之前，总的来说，这位德国独裁者（希特勒）专注于内部问题，他的成功是以沉重的代价取得的。因此，各种宪法保障措施都被扫地出门，极权国家不允许对其权力加以限制。德国原来的17个联邦州，或者说"国家"（lands），失去了它们的权力，至少在纸面上是这样；德意志帝国变成了一个统一的国家，不再是联邦制国家。原则上，个人没有权利和自由，因为国家共同体的权利看起来是处于优先地位的（希特勒决定了这些权利）。德国不应该存在任何权力的分立，独立的司法系统因为一个秘密警察

---

[①] 参见维多利亚·迪·格拉齐亚（Victoria di Grazia）对此进行的研究。

系统——可怕的盖世太保①——的存在而被颠覆，正如希特勒所说的"一个国家，一个民族，一个元首"。

第三帝国早期最有预兆的事件是1934年6月30日晚上发生的大屠杀。在很大程度上，它是希特勒对其党内强大对手的一次清算。这是一场无法无天的暴力运动，纳粹党吸引了一些暴力且无法无天的人，特别是那些从自由军（Free Corp）加入该党的雇佣兵（condottiere）。其中，恩斯特·罗姆（Ernst Röhm）上尉是风暴部队的指挥官。风暴部队成立于1921年，主要由退役士兵组成，是纳粹党的准军事组织。到1934年，风暴部队已经成为一支庞大的私人军队，并想要接管它所憎恨的旧德国军队；它一直是准独立的。罗姆是一个闹事的士兵，他蔑视希特勒，认为希特勒正在向当权派出卖自己；而希特勒认为他们已经对他的统治造成了威胁，确实如此。在墨索里尼上台后，他对法西斯党的"老战士"也面临着同样的问题。最终，革命吞噬了自己的孩子。风暴部队开始讨论进行"第二次革命"的必要性，把希特勒看作是克伦斯基或米拉波（Mirabeau）那样未能把革命进行到底的人物。

罗姆突然对希特勒进行公开和直言不讳的批评，从而违反了希特勒的领导原则——"只有一个人可以当领袖"。这位风暴部队的将领显然缺乏清晰的思想，也没有决心去做更多的事情，因此他"愿意受伤，但又害怕受到打击"，从而封杀了他的命运；而其他包括戈培尔和戈林在内的纳粹高层领导人都羡慕他。另外，一个敌对的武装力量来源以党卫军（Schutzstaffel，简称SS）的形式出现，这是一个精锐的卫队，最初是风暴部队的一个分支，由海因里希·希姆莱（Heinrich Himmler）领导，并很快就控制了盖世太保。

当兴登堡总统躺在病床上时，希特勒感到摆脱了这位老首领对他的束缚。6月30日晚上及第二天，一系列突袭行动逮捕并草率处决了罗姆和其他约200名风暴部队的领导人，并将希特勒过去和此时的其他敌人一并"绳之以法"。前总理弗朗茨·冯·帕彭与兴登堡关系密切，他勉强逃过一劫，但被送往土

---

① 盖世太保（Gestapo），德语 Geheime Staats Polizei（国家秘密警察）的缩写 Gestapo 的音译，由党卫队控制，后来成为安全部门的一部分。

耳其。希特勒不仅在共产主义者和现代主义者中间的左翼分子中复仇；传统的保守主义者也同样是他的牺牲品，而这些人一般把他当作野蛮人来鄙视。

在这场无法无天的屠杀中，希特勒自己将其称之为"大规模的私刑杀害"，而受害者被逮捕和枪杀有时是在当场，有时是在短暂的军事法庭审判后。执行这种鼓槌式正义的是新组建的党卫军、安全局（Security Service，简称SD）和正规军，而这场大规模的清洗无法保密。过了两个星期以后，希特勒才试图在国会大厦的一次杂乱无章的演讲中为其辩护，他恳求拯救国家，使之不受那些"对任何秩序井然的人类社会失去同情"的人的伤害。如果真是这样的话，那威胁来自希特勒自己的组织，而德国似乎受到了敌对歹徒的摆布，其中一个匪徒已经得到了其他人的借鉴。纳粹国家的恐怖基础是不加掩饰的。然而，兴登堡总统感谢希特勒"把德国人民从严重危险中拯救出来"，而军队为之松了一口气。终于，轮到他们掌权了。随着兴登堡的去世，希特勒接任了总统职位和总理职位，并在1934年8月19日的公民选举中批准了这一举措，其中84.6%的人投了赞成票。

尽管"长刀之夜"①无法无天，但希特勒执政的头几年比他后来的几年更有建设性，事实上，屠杀罗门教团伙可以被视为试图控制纳粹更加暴力和狂热的一派。大约在1937年开始了变化，那一年政府内部相对温和的力量离开了。亚尔马·沙赫特于1937年年底辞职，他的经济职能移交给赫尔曼·戈林。1938年年初，纳粹分子约阿希姆·里宾特洛甫（Joachim Ribbentrop）在外交部接替了传统外交官康斯坦丁·冯·纽赖特（Konstantin von Neurath）的职位。显然，希特勒是在这一年做出了发动战争的决定。1938年，弗里奇事件使德军的领导地位达到高潮，在这起事件中德军的主要将领因被（错误地）指控同性恋和不道德行为而被罢免。骄傲的德国国防军（Wehrmacht）允许了这一切发生，在这里放弃了它的荣誉和独立。希特勒摆脱了国防部长瓦尔纳·冯·布隆伯格（Werner von Blomberg），亲自接管了武装部队的指挥权。

---

① "长刀之夜"，指罗姆（Ernst Röhm）政变。——译者注

希特勒认为，通过侵略战争扩大德国的疆界，以牺牲斯拉夫"劣等人"为代价，在东部获得"生存空间"。这场运动主导着希特勒的思想，为此他说要建立一个强大到可以持续千年的帝国。希特勒一直是一位"建筑师"，梦想着重建后的柏林能够容纳1000万人，成为世界的首都。随着希特勒走上战争道路，在1938年的奥地利和捷克斯洛伐克危机中，对犹太人的迫害愈演愈烈。1938年，风暴部队的暴徒对犹太人进行大屠杀或暴力袭击，并毁坏了他们的财产。在11月9日至10日的晚上，他们的暴行达到了一个可怕的高潮，借口是一个年轻人在巴黎暗杀了一名德国外交官员，因为他的父母在德国受到虐待。在戈培尔的鼓动下，纳粹突击队烧毁了数百座犹太教堂，抢劫了犹太商店，逮捕并虐待犹太人。这种"解决犹太问题"的拙劣做法，包括对经济的破坏和在国外的负面宣传，引起了人们对戈培尔的反感。戈培尔虽然受到希特勒的保护，但在纳粹高层圈子里戈培尔一般都被排挤在外并遭到鄙视。后来，戈林、希姆莱和海德里希成为安全局的头目，他们认为有更好的方法使德国"摆脱犹太人"。这种针对犹太人的疯狂暴行没有再重演，但通过系统地消灭所有犹太人的"最终解决方案"的无限险恶计划却开始成形。

虽然外部世界通过纳粹的宣传接受了一个极权社会的形象，在这种社会里每个人都被一个总体计划逼成一个模子，但事实是希特勒未能实现他恢复一个纯粹的"民族共同体"的目标。实际上，希特勒几乎没有为曾经是主要力量来源的中产阶级或小资产阶级部门做过任何事情，也没有为农民做过。德国的城市化还在继续；大企业如果愿意屈从于纳粹的欲望，就会以牺牲小企业为代价而繁荣起来。因此，农业的重要性下降了。国家社会主义政府远不是完美的组织，而是一个混乱的私人行政帝国。戈林、希姆莱、戈培尔、风暴部队、党卫军、地方党政官员和其他一些人组成了一个为权力而斗争的派别混合体，只有在沉默的希特勒对他们所有人毫无疑问地指挥下，他们才能团结在一起。在这种结构中，封建主义似乎是最好的模式，而不是极权主义国家。比起日常管理，希特勒更擅长宏大的愿景与设想。

希特勒对帝国主义和战争的转向反映了他的政权的失败和矛盾。他逐渐意识到，为了让德国加以发展，经济问题只有通过征服新的领域才能得到解决。犹太人的问题也是如此，因为世界上绝大多数犹太人居住在帝国之外——主要是在东欧。最重要的是，纳粹运动必须是动态的。希特勒控制的不安分力量必须有一个目标能够引导他们，而战争本身就提供了这样一个焦点。

这里应补充的是，希特勒领导的运动在许多方面确实完成了德国社会的一种民主革命。一个"小人物"，只要他没有沾染犹太人的血液（德国的犹太人数量，即使按照最粗略的估计，也很难超过总人口的百分之一），就可以利用纳粹党作为爬上社会等级的梯子。①纳粹主义教导所有"种族同志"（racial comrades）一律平等；简言之，德国公民也一律平等。昔日的陆军二等兵希特勒向贵族普鲁士将军或傲慢的商业贵族发号施令的景象，让所有曾经向这些强大之人低头的人都感到高兴。许多新人走上了权力岗位，通常是在膨胀的官僚机构中，或者是在像赫尔曼·戈林钢铁厂这样的国有企业中。（出于控制旧钢铁大亨的需要，这家企业以热爱美好生活的著名的肥胖纳粹分子命名，而且他自己还偷了一大批艺术收藏品。）许多其他渴望类似成功的人也不得不给予机会，这是一种贪婪的"社会主义"。最后，只有通过不断征服新的领土，国家社会主义才能满足其固有的权力欲望。这是一个古老的故事，因为权力政治的古典学者马基雅维利很久以前就指出，专制者必须依靠战争来保持他们的权力欲望。

## 忧郁文学与思想

20世纪30年代初，可怕的经济和政治危机打击了欧洲作家和知识分子，而此时他们正准备好进行一场变革。人们退向贵族的象牙塔，唯美主义是一种令人愉悦的姿态，他们对背后不光彩的景象投以鄙夷的目光，对文明的崩

---

① 德国未被同化的犹太人数量很少，这也是对希特勒加诸于他们的暴行缺乏抵抗的一个真正理由。如果有一个庞大而有影响力的犹太社区，它的领导人会发起强烈抗议；比如，你可以想象美国的犹太组织会做何回应。事实上，希特勒就是在跟少数人找碴儿。

溃进行沉思。但这很快就变得令人厌烦，人们渴望重新加入人类。自19世纪初以来，西方文人一直在革命与反动之间徘徊不定：1848年，一场"知识分子的革命"失败得很惨，以至于下一代人在科学和"为艺术而艺术"中找到了慰藉；在第一次世界大战中欣喜若狂之后，20世纪20年代的幻想彻底破灭了；1930年左右，人们的情绪又进一步发生了变化。

现实世界中发生的事件变得令人兴奋，这一事实有助于解释这种转变。除了纳粹主义的兴起和斯大林在苏联提出的五年计划之外，英国和法国作家创作的戏剧也更接近本土。大萧条催生了低技能工人工会的产生与发展，给劳动战线带来了新的刺激。美国的工会情况与法国类似，1934—1937年法国的工会会员人数从原来的45万人增加到了400万人，1936年工人占领工厂时发生了大规模的"静坐"罢工运动。伦敦的街头挤满了失业者的游行队伍，法西斯分子和共产党人之间偶尔会发生肢体冲突，美国新政和法国人民阵线让激进分子重新返回政坛。

最重要的高潮是西班牙内战，20世纪30年代的知识分子把这场战争变成了他们伟大的"十字军东征"。20世纪30年代发生的一系列惊人的事件表明，在善与恶之间存在着极端的末日之争。纳粹主义和法西斯主义是反对共产主义的，希特勒充满了反共产主义的幻想，在争夺世界的最后战争中将面对斯大林。当然，每个人都必须做出选择。

西班牙内战被错误地强行纳入了这个框架之中。在外部干预之前，法西斯主义和共产主义在西班牙都没有什么实力。但是，1936年在西班牙开始的反共和国叛乱的严峻纷争，发展成为左派与右派、社会主义与法西斯主义之间战争的象征。

C. 戴·刘易斯（C. Day Lewis）曾这样写道，"私人的星星在血红的黎明中褪色，在两个世界相争的地方"，而他是当时英国青年诗人之一，后来转向共产主义。艺术家们必须进入竞技场，"永远放弃那些自命不凡的方式"，加入斗争。突然间，高雅的雅士和知识分子的势利小人走了出来，街垒上的无产阶级诗人也进来了。诚然，在现实生活中并没有多少诗人成功地实现了这种转变，但有许多人尝试过——至少在精神上，他们都是为了承诺和参与。

当我们发现弗吉尼亚·伍尔芙为《工人日报》(*Daily Worker*)和哈里特·韦弗（Harriet Weaver）写文章时，而哈里特·韦弗是20世纪20年代支持詹姆斯·乔伊斯的富婆，但现在却在街角出售共产主义报纸的副刊，这让我们意识到这是多么大的变化。

罗曼·罗兰是一位反战运动的英雄，一个坚定的没有墨守成规的人，在1914年几乎独自一人抵抗潮流，曾在20世纪20年代批评共产党人压制个人良知，但现在他成了"旅伴"之一。他加入了德国小说家里昂·孚希特万格（Lion Feuchtwanger）、法国作家亨利·巴比塞和英国教士休利特·约翰逊（Hewlett Johnson）①所在的群体，都在赞美斯大林并捍卫苏联的每一次行动。巴比塞1935年发表的斯大林传记是自中世纪以来几乎无可比拟的传记，在这方面几乎没有什么独特之处②。同时，这些作家都是重要人物，不是黑客或时间服务器。

在这些皈依者中，没有人比西德尼·韦伯和比阿特丽斯·韦伯更令人吃惊或更出名，他们是英国"社会主义"德高望重的知识分子领袖，他们的费边主义社会思想迄今为止保证了他们对民主、渐进方法的尊重。但是，韦伯夫妇在大萧条时期失去了对渐进主义的信仰，并在20世纪30年代早期访问苏联后发表了一部关于苏联文明的巨著，为新俄罗斯诞生了一个新人类而欢呼。休利特·约翰逊的《苏联第六世界》(*Soviet Sixth of the World*)唱了一首甚至不那么明显的赞美诗，但卖出了数百万册。

这些西方知识分子已经对他们自己的文明完全失去了信心，他们现在看到的是濒临死亡的文明——一种垂死的文化，它只是人类进化的一个阶段，而在革命动乱的时代它将让位于更高的文明。美国作家林肯·史蒂芬斯

---

① 休利特·约翰逊被称为坎特伯雷的"红色院长"。

② 该传记中有一段具有代表性的话："如果斯大林对广大人民有信心，这也是回报。新俄罗斯崇拜斯大林，但这是一种完全从底层崛起的信心所创造的崇拜。巨幅海报上的人物形象似乎比卡尔·马克思和列宁的形象优越，他是一个照顾一切和所有人的人，他做了已经做过的事、将要做的事，他在过去拯救了俄罗斯，他也将在未来拯救它。"参见《斯大林传：一个人眼中的新世界》(*Stalin, A New World Seen Through One Man*)，纽约：麦克米伦出版公司，1935年，第281页。

（Lincoln Steffens）在访问苏联归来后宣称，"我已经看到了未来，而且它是可行的"。

大量书籍宣称，资本主义现在终于如马克思所预见的那样，扼杀在自己无法解决的社会关系问题上。只有结束生产资料的私有制和工业的社会化，才能实现现代技术的生产潜力，从而使所有人都实现富足，而不是在闲置的工厂和未使用的资源中出现贫困和失业。

1934年，卡尔·拉德克也许会夸口说："在英国资产阶级的中心——牛津，在资产阶级的子弟们接受最后磨炼的地方，我们观察到一个团体的结晶，这个团体只看到了无产阶级的救赎。"在剑桥更是如此，20世纪30年代初，剑桥大学从英国精英中招募了一批"未来的苏联特工"（金·菲尔比［Kim Philby］、盖伊·伯吉斯［Guy Burgess］、唐纳德·麦克莱恩［Donald Maclean］、安东尼·布朗特［Anthony Blunt］），他们将在二战期间和战后进入外交部和情报部门担任间谍。左派读书俱乐部蓬勃发展；左派新闻（Left News）和左派评论（Left Review）也是如此，左派总是正确的。总的来说，左派是激进组织中最具战斗力和自信的共产党人。

新马克思主义者的水晶球偶尔会被蒙上阴影。一本在1932年广为阅读的书，约翰·斯特雷奇（John Strachey）的《未来的权力斗争》（*The Coming Struggle for Power*）预见了英美两国之间的战争，而在这场战争中绝望的资本家们为衰退的市场而战；它预言了共产党在德国的胜利。斯特雷奇还认为，约翰·梅纳德·凯恩斯即将成为法西斯主义者。凯恩斯于1936年发表的《就业、利息和货币通论》（*General Theory of Employment*）实际上成了这十年对马克思主义的最重要回答，它显然是在传统经济学一无所获的模式（实际上是什么也不做）和极端"社会主义者"的末日论之间提供了一条中间道路。

在寻求与经济大萧条作斗争的过程中，欧洲和美国政府遵循了它们能得到的最好的建议。它们削减了政府开支，允许物价下跌，因为传统观念认为这将鼓励投资，并导致通货紧缩的自然纠正。这项政策使经济陷入停滞，从而加深了经济大萧条。——科学和智慧就这么多了！为什么会这样？凯恩斯认为，低利率未能像人们期望的那样，自动刺激投资和生产，原因是一种

"流动性偏好"：人们宁愿把钱存起来，即使利率很低，也不愿投资，因为他们想随时都有钱，以便迅速提取，而原因可能是对革命的恐惧或对商业投资普遍缺乏信心。这些持不同政见的经济人士进一步认为，与正统理论相反，在成熟的资本主义中，"总需求"通常不足以产生充分就业。1937年，即使是像A. C. 皮古（A. C. Pigou）这样保守的经济学家，在他的《社会主义和资本主义》（Socialism and Capitalism）一书中，他第一次否定了凯恩斯的观点，但还是在一定程度上站在了前者的一边。如果将资本主义定义为没有任何国家管制或干预的竞争性私营企业，那么资本主义就陷入了困境，甚至被其朋友抛弃。

凯恩斯主义者建议通过实施急救来拯救资本主义，而不是像马克思主义者建议的那样让"病人"死去。凯恩斯反对平衡政府预算以降低成本的正统政策，主张政府通过借贷和支出来抵消所谓的投资不足倾向，暂时失衡的政府预算赤字支出将在关键方面刺激私营部门。凯恩斯主义脱离了传统上对政府干预的厌恶，没有提倡政府对经济的全面控制。政府应该利用其财政权力作为平衡杠杆，根据经济形势的要求扩大或削减开支，降低或提高利率。自亚当·斯密以来，经济科学就基本上假定经济不会"自生自灭"；但是，我们也不应该为了一个完全不同的、很可能行不通的国家管理制度而抛弃私人资本主义和自由市场。

凯恩斯模型类似于一些瑞典经济学家提出的模型，并在瑞典以及部分美国新政中得到验证。它将成为共产主义世界之外的下一代理论宏观经济学的主导计划。

尽管如此，这十年仍然产生了令人兴奋的文学作品。一些作家关注的是大萧条滋生的主题，如乔治·奥威尔的第一本书《去维根码头的路》（Road to Wigan Pier）和他关于落魄者的小说，以及约翰·斯坦贝克（John Steinbeck）的《愤怒的葡萄》（Grapes of Wrath）中关于美国垃圾场移民的愤怒。还有一些作家则关注伟大的政治问题，如欧内斯特·海明威在这一阶段写的是西班牙内战，安德烈·马尔罗（Andre Malraux）也把他最伟大的作品之一《人的希望》（Man's Hope）献给了同样的故事。还出现了浩瀚的巴尔扎克式编年史小说，如朱尔斯·罗曼（Jules Romains）的"好心人"（*Les hommes de bonne volonté*）系列创作不少于27卷，而他的"好心人"经历了20世纪里从当时到现在的所有难忘事件。

其他法国小说家，还有乔治·杜哈曼和罗杰·马丁·杜加尔（Roger Martin du Gard）。曾经是超现实主义者的共产主义杰出人物路易斯·阿拉贡（Louis Aragon）在皈依共产主义之后，创作了"政治三部曲"。这些作品通常集中在社会衰败这一合情合理的主题上，记录了一个文明的崩溃，正如敏感个体的生活所揭示的那样，颓废者比"社会主义者"或无产阶级的英雄更令人信服。对此，乔治·奥威尔最终得出结论，事实上所有的"社会主义者"都是资产阶级知识分子："任何外部观察者都必须注意到，'社会主义'的发展形式是一个完全由中产阶级控制的理论。"

即使法国作家尝试社会现实主义，他们也无法逃脱那些微妙的心理学家马塞尔·普鲁斯特和安德烈·纪德的主观主义影响。纪德本人曾短暂地与斯大林调侃，但在莫斯科审判时，他是一个引人注目的叛逃者。罗曼斯是一位"社会主义者"，而不是共产主义者。奥威尔在20世纪30年代早期与共产党关系密切，但最终成为共产党最坚定的批评者。另一位是多才多艺的德国作家亚瑟·库斯勒（Arthur Koestler），他的长篇小说《正午的黑暗》（*Darkness at Noon*）探讨了清洗审判的梦魇心理，自传性作品《蓝色的箭》（*Arrow in the Blue*）和《看不见的写作》（*The Invisible Writing*）描绘了一幅无与伦比的党内生活图景。

少数人符合20世纪30年代的精神，致力于某一项事业，但通过向右而不是向左走违背了这种精神。在20世纪30年代，由卡尔·巴特和雅克·马里坦（Jacques Maritain）发起的新基督教复兴运动继续进行。T. S. 艾略特曾经是最惊心动魄的现代主义者，现在却宣布自己是高级圣公会教徒、保皇派和古典主义者。作为《标准》（*Crilerion*）杂志的编辑，艾略特把宗教人文主义者团结在一起，围绕着对传统西方价值观的捍卫，反对法西斯主义和共产主义。类似的观点，可以在阿诺德·J. 汤因比的《历史的研究：对西方衰落的探究》（第1—6册，1934—1939年）中找到。伊夫林·沃和C. S. 刘易斯

（C. S. Lewis）等人又回到了传统宗教，即"单纯的基督教"①。更令人吃惊的是，20世纪30年代的英国领衔诗人，原本是左翼英雄的W. H. 奥登（Wystan Hugh Auden），在十年之后通过共产主义成了一名基督徒。法国小说家弗朗索瓦·莫里亚克（François Mauriac）继续他对人性深刻腐败根源的长期文学探索。1926年，亨利·丹尼尔-罗普斯（Henri Daniel-Rops）写了一部关于现代人类精神的无尽痛苦的《圣母之忧》（*Notre Inquietude*）；此后，他又写了一部关于基督教的多卷本长篇历史著作——这部历史著作不仅在法国，而且在其他国家都作为历史学者的著作一样受欢迎。

这批非常杰出的传统主义者，对完全属于马克思主义者的关于20世纪30年代的概括表示怀疑。然而，即使是传统主义者，他们表面上的保守主义也反映了一种彻底的异化。在某些方面，他们的立场体现在更激进的对所有现代文明的批判。马克思主义者接受了现代欧洲的工业主义、科学、民主和大多数其他特征，声称能够比资产阶级更好地管理它们。

20世纪30年代的第三批作家可能是那些极度绝望的人，他们在马克思主义、基督教或犹太教中都找不到慰藉。其中之一就是路易斯-费迪南·塞利纳（Louis-Ferdinand Céline），他写过一本《长夜行》（*Le Voyage au bout de la nuit*），评论家把这本书描述为"对人类的一种可怕的讽刺"。塞利纳的这本书使他在二战中成了纳粹的通敌者，与他的祖国法国的德国征服者合作。1932年，塞利纳的又一巨著出版了。阿道斯·赫胥黎在《勇敢新世界》（*Brave New World*，又译为《美丽新世界》）中转向了野蛮的讽刺，作为最早的"反乌托邦"或逆转乌托邦小说之一，这部小说展示了技术、科学、社会主义和"进步"的胜利能带来什么。同样诞生于早期但不那么出名的一个例子是叶甫盖尼·扎米亚京（Yevgeny Zamyatin）的《我们》（*We*），作者是苏联时期的早期批评家。《动物庄园》（*Animal Farm*）和《一九八四》（*1984*）是乔治·奥

---

① C. S. 刘易斯的《斯克鲁塔珀书信集》（*The Screwtapr Letters*）在1941年出版后一年内被重印了八次，此后被数百万人阅读，而它可能已经比葛培理（Billy Graham，美国牧师）能使更多的人皈依基督教了。被它转化的更有可能是像刘易斯娶的纽约市犹太妇女乔伊·达维德曼，她以前是无神论者和共产主义者。

威尔的知名续集，它们在战后出版了。

最后一个例子是让－保罗·萨特在1938年出版的第一部小说，名为《恶心》(Nausea)。这部广受赞誉的作品是一个探索的开始，它使最著名的存在主义者获得了超越绝望的勇气，但这部小说的第一部主要肯定了存在主义的可怕荒谬性。

就连萨特也一直是一位左派人士，他对自己出身的阶级的仇恨占了上风：资产阶级一直缺乏文化，现在连物质产品都不能生产了。他们普遍自私的"制度"不仅在道德上而且在实践上被定罪，资本主义已深陷困境；马克思主义者声称，法西斯主义是它的死亡之痛，只有社会主义在斯大林的仁慈指引下朝着光明的未来前进。因此，在大萧条时期，人们似乎疏远了知识界。1936年，英国小说家E. M. 福斯特（E. M. Forster，即爱德华·摩根·福斯特）说："在共产主义中，我看到了希望。"这种对"工人阶级"的信仰，是20世纪30年代中期知识分子的典型。他们把它作为对自己土地上人类苦难的慰藉，并作为最后的希望。

# 第七章
## 第二次世界大战的背景

## "不再有战争"

第二次世界大战与第一次世界大战开始的方式有着明显的不同：第一次世界大战出乎意料地来了，这是一个晴天霹雳，而第二次世界大战则是完全可以预测的。当读到1919年的和平条约时，精明的观察家们就知道下一轮谈判即将到来，而伴随着短暂的稳定时刻，1919—1939年只是一个"漫长的停战时期"。在希特勒巩固了对德国的控制之后，几乎不需要先知先觉就能察觉到其对和平的可怕威胁。从1935年开始，世界就几乎处在持续的国际紧张中，但政治家们用绝望的权宜之计推迟了不可避免的事情，直到他们在1939年将之用尽。

这一次，人们对战争的热情大大降低了。当希特勒在1939年8月底宣布对波兰开战时，人群不再欢呼雀跃，而是安静甚至阴沉，这与二十五年前的另一个8月形成了鲜明的对比。从英国的角度来看，T. S. 艾略特在1939年9月就指出了这一悖论："奇怪的是，在1914年，我们没有预料到会发生战争，当战争来临时，我们也没有感到困惑；而现在，我们已经有一段时间没有遇到这种情况了，但当它发生时，我们却感到困惑。"第二次世界大战爆发时，最令人困惑的当然是对战争的强烈厌恶，这种厌恶在1914年几乎没有出现，但在20世纪30年代变得非常明显。希特勒比威廉二世更加邪恶，德国在1939年比1914年时更像是一个侵略者——在这点上，德国的敌人在1939年的选择应该比1914年更容易。然而，反对战争的情绪抑制了对战争的准备，因此不经意间落入了纳粹独裁者的手中——纳粹独裁者从民主的弱点中获益。

作家L. C. B. 希曼（L. C. B. Seaman）这样写道："20世纪30年代英国的显著特点是，它是一个坚决的非英雄主义的时代。"当意大利、德国等国的独裁者宣扬动态的意识形态时，甚至在美国一位魅力四射的总统劝诫他的人民走向"命运的会合"时，当西班牙经历了一场内战、法国经历了激烈的意识形态斗争时，英国庆祝了国王乔治五世（George V）的银禧，并在1935年再次选举斯坦利·鲍德温为首相。英国左翼书友会诚挚的恳求，并没有太大地动摇一个似乎甚至能享受大萧条的民族的自满情绪。乔治五世本人在1934年曾发出警告，"德国对世界来说是一种危险"，但他无法说服他的国民和大臣们对此保持警惕。后来，随着1935年大选丑闻的曝光，鲍德温以其特有的坦率承认，他不敢向英国公众说出德国重整军备的真相，因为提出这种令人不安的前景将注定他的失败。相反，取而代之的是一场伟大的"和平投票"，这表明人们希望国际联盟对独裁者采取行动，而英国则解除武装。

在1940年之前，富兰克林·罗斯福的命运之约完全是按照美国国内的条件构思的（尽管罗斯福早在1933年就大胆地开始参与国际事务，但当他的计划严重失败时，他却退却了）。美国是如此的奉行孤立主义，以至于在未来的任何战争中都采取了严格限制与双方贸易的措施。1934年，美国国会还通过了一项法案，拒绝向拖欠战争债务的欧洲国家提供贷款，而这项法案主要针对法国和英国。20世纪20年代，美国陆军和海军把他们的大部分计划都用在了一场预期中的与英国的战争上。

"风暴地窖"（storm cellar）的想法试图通过切断与交战方的一切联系，使美国免受未来战争的影响，这一政策显然是基于这样一种假设，即美国不会对任何战争感兴趣。这也是基于一种解释，即美国参加第一次世界大战是完全悲剧性的错误。这一波反战情绪以和平主义戏剧、小说、组织和大学校园示威为标志，大约在1935年达到顶峰。在那些为罗斯福的国内改革计划欢呼的人中，这种情绪表现得最为强烈——左派人士，天生就是反法西斯的。在这种情况下，他们客观上却成了"亲法西斯"一方，因为他们对战争的敌对情绪阻碍了对希特勒的任何抵抗。

英国的年轻人宣誓"牛津誓言"（Oxford Oath）——这是一个在大学生中很流行的誓词，再也不会"为了国王和国家"参加战争。法国社会党人的座右铭是，任何军事行动都要遵守"不为某一个人，不为某一分钱"。有些人甚至宣称，"宁要奴役，也不要战争"——对战争的仇恨已经渗透得如此之深。英国著名哲学家伯特兰·罗素在1936年写了一本小册子，他认为屈服于希特勒比面对另一场战争更好。正如我们在上述内容中提到的，在1936—1938年的人民阵线（Popular Front）期间，共产党人无法说服法国左派准备对德国发动战争。

事实上，法国几乎从一开始就患上了悲观主义，根本没有准备好面对与德国再次开战的前景，除非这场战争能使法国可以依靠它的盟友在防守中杀出一条血路——英国和美国来承担作战的重任。法国又无奈地看着强大的德国进一步崛起，德国此时的人口比法国多得多——法国的人口停留在4000万人左右，而德国的人口已经上升到6000万人——绝大多数的法国人无法让自己去考虑另一场冲突，第一次世界大战已经把他们的意志榨干了。

阻碍反对希特勒的坚定阵线的另一个因素是民主国家内部的意识形态冲突。虽然左派在原则上反对法西斯主义，但由于其坚持和平主义而使这一立场变得无用；而右派发现相比之下法西斯主义更可取。就像一位英国评论员评论的那样，左派希望在所有地方进行干预并解除武装；右派想要重整军备，却无处干预。在法国，极右和极左的思想家完全接受了民主已死的极端观点，只能在包含法西斯主义的二选一可选项中做出选择。商界和金融界领袖认为，法西斯主义维护了秩序，捍卫了私有财产；尽管法西斯非常糟糕，但人们可以忍受（墨索里尼被公认为是比希特勒更好的榜样）。面对与希特勒开战或与德国独裁者妥协的不愉快选择，他们更喜欢最后一种。

第三种情绪使第一次世界大战的胜利者难以抵抗德国的复兴，那就是他们对《凡尔赛条约》的负罪感。在这一点上，左派和右派都是如此。20世纪20年代，对第一次世界大战起源的历史调查倾向于"修正主义"观点，即同盟国并不仅仅是发动战争的罪魁祸首。也许，协约国同样应该受到指责，或者罪魁祸首是个方便的抽象概念——政治或经济的"系统"。人们普遍认为，和平解决是一种毫无道理的仇恨和报复行为，在这种行为中协约国背叛了自己的民主原则和人民自决原则。

从1935年到1939年年初，德国的侵略行为只能被解释为对其他国家拥有的权利的要求。1935年，德国要求军备平等；1936年，德国主张有权派遣军队进入自己的领土。这样，纳粹德国吞并奥地利[①]和1938年授予希特勒的对

---

① 作者在这里使用的是德语Anschluss（合并）一词，专指1938年3月15日纳粹德国吞并奥地利，同时开始了压迫政策，即凡是企图反对希特勒在奥地利举行公民投票的一切敌对活动一律禁止。——译者注

苏台德地区的吞并可能是合理的，因为德国人生活在这些地区。内维尔·张伯伦是备受批评的"绥靖"德国政策的主要设计者，他在1939年3月提出了这样一种观点。当时，张伯伦宣称，在此之前，德国的所有利益——莱茵兰、奥地利和苏台德地区——无论我们如何反对这种方法，"无论是出于种族相似性，还是仅仅是长期受到抵制的正当要求"。英国首相可能一直在寻找借口，但希特勒为纠正不公正的和平的错误和恢复德国的权利平等提出了一个理由，并吸引了大部分英国舆论。就这样，西方国家不安的良心帮助了希特勒。

后来被称为德国绥靖主义者的人在此时振振有词地认为，从长远来看，一个稳定的世界需要德国重新加入国际大家庭，人们不可能永远希望把一个强大的民族排除在国际社会的平等权利之外。鉴于这些权利，德国人可能会放弃他们的怨恨，甚至会拒绝希特勒，并恢复自身建设性的角色。如果得不到这些权利，德国人就会支持希特勒，沉浸在自己的错误中，并计划一场复仇战争。

绥靖政策的设计者后来被称为傻瓜，尽管当时很少有人反对他们。（1937年，一位和平主义牧师在格拉斯哥大学校长选举中击败了温斯顿·丘吉尔。）但事实上，他们确实是可怜的领导人，他们的处境很令人不安，并毫不掩饰自己不愿意接受军事措施。在法国，对经济大萧条的关注与意识形态冲突交织在一起，联合政府通常的弱点是挫败任何强有力的外交政策，但最重要的因素是第一次世界大战留下的战争阴影——"再也不会了！""不再有战争！"。

## 德国重振雄风

在纳粹革命之前，这种观点在德国也很普遍。在所有反战小说中，最著名的一部在1931年被全世界广泛阅读且拍成了一部令人心酸的电影，那就是德裔作家埃里希·玛利亚·雷马克[①]的《西线无战事》。魏玛的智者取笑普

---

① 埃里希·玛丽亚·雷马克（Erich Maria Remarque，1898—1970），德裔美籍小说家。他出生于德国一个工人家庭，18岁时志愿参加第一次世界大战并在前线负伤，战后做过教师、记者、编辑等多种工作，因著有《西线无战事》（1929年）一书而知名。——译者注

鲁士的军国主义者，其中托马斯·曼领导了一队信奉和平主义的忏悔知识分子和神学家（其中包括未来的反纳粹英雄迪特里希·朋霍费尔[1]［Dietrich Bonhoeffer］）。但是，德国的观点总是被对不公正的《凡尔赛条约》的不满和复仇情绪强烈地渲染着。

在1933年之前，德国甚至也不像人们经常描述的那样无助，而受人尊敬的魏玛共和国秘密规避了《凡尔赛条约》中的一些裁军条款。1922年，德国和苏联签订的《拉帕洛条约》(*Rapallo Treaty*)被看作是被驱逐者的联姻，并伴随着两国政府之间的重大军事合作。德国向苏联提供战争物资，并在苏联领土上建立工厂；作为回报，魏玛防卫军（德语Reichswehr）的部队在苏联接受训练。[2]如果说魏玛共和国在军事上花费很少，那么在法国和英国也是如此，因为公众舆论反对战争力量。虽然德国在技术上遵守了《凡尔赛条约》对其军队规模的限制（100 000人），但德军使其成为一支"队长军"，能够迅速扩充发展成为一支更大的部队。在1935年拒绝凡尔赛军事条款后，德国军队在1939年迅速扩大到80万人，并有100多万人的预备役；在第二次世界大战期间，1000万德国人被动员起来。

同样显而易见的是，德国总参谋部的解体并没有成功地结束德国的军事计划。事实证明，在这一时期，德国人在战争艺术方面比第一次世界大战的胜利者更有创造力。戴高乐上校试图让法国人对机动坦克战感兴趣，但没有成功。德国人在1940年使用了机动坦克战，造成了巨大的破坏。法国人从防御的角度来考虑建立防御工事，其余的玩弄战略空中力量的胜利理论。德国人将军用航空发展成为一种战术武器，可以在进攻行动中与地面部队紧密合

---

[1] 迪特里希·朋霍费尔（Dietrich Bonhoeffer，1906—1945），德国信义宗牧师、神学家，认信教会的创始人之一，出生在德国布雷斯劳（今波兰弗罗茨瓦夫）。曾经参加过在德国反对纳粹主义的抵抗运动，并计划刺杀希特勒。1943年3月被拘捕，最后在第二次世界大战结束前被绞死。——译者注

[2] 没有证据表明，德国和苏联之间的军事合作在1933年之后持续到了某种重要的程度。事实上，在1927年之后，由于同盟国检查的撤销，在很大程度上消除了在德国以外进行军事演习的需要，这种合作就减少了。1933年希特勒上台后，德、苏合作就停止了。

作，并把西班牙作为这些战术的实践基地（不过可以肯定的是，他们从西班牙的经验中得出了关于轰炸机设计的错误结论，这也是他们输掉不列颠战役的原因之一）。希特勒在1935年恢复了两年的义务兵役制，并通过称赞国防军（Wehrmacht）是德国人性格和意志的化身来提高以前被忽视的军队士气。骄傲的普鲁士将军们屈服于这位退伍军人，因为希特勒对战斗部队的偏爱，以及他对建立战斗部队的明显兴趣。

1919年针对德国军事复兴的保障措施一个接一个地瓦解了，协约国对莱茵河桥头堡的占领于1930年结束。1935年，按照《凡尔赛条约》的规定，在法德边境的萨尔煤矿和工业区举行了公民投票。自1920年以来，法国一直被允许管理这一地区，结果却是绝大多数人支持重新返回德国。在同年的晚些时候，当希特勒公开谴责和平条约的军事条款时，他没有遇到任何抵抗。至少，英国人已经承认了德国的武器平等权，他们开始与希特勒谈判一项海军条约，该条约实际上承认了他们自己对凡尔赛裁军条款的放弃。根据这项条约，德国人拥有的舰队不超过英国的35%，从而保持了英国历史上的2:1比例。

考虑到敌人的混乱，希特勒开始时相当谨慎。他的挑衅行为包括将德国从日内瓦武器会议和国际联盟中剔除，谴责《凡尔赛条约》，并着手重新武装德国。在逃脱了这些之后，他在1936年派遣德国军队进入莱茵兰的非军事区，不仅挑战《凡尔赛条约》，也挑战《洛迦诺条约》。这是一个大胆的举动，因为法国对德国的安全计划依赖于通过占领一个对德国构成威胁的位置来维持其在东方的盟友——波兰和捷克斯洛伐克。对于法国人来说，只要德国在富饶而人口众多的莱茵河地区不设防就容易受到攻击，他们就一直占据着这样的位置；但一旦德国人重新占领了这个地区，他们就可以且确实地建造强大的防御工事，这使得法国人的进攻变得极其困难。因此，1936年的行动至关重要，许多历史学家将决定性的投降放在了这一点上。当希特勒转向吞并奥地利和苏台德地区时，法国和英国都对此无能为力。

然而，他们在1936年没有做出反应。德国人毕竟只是占领了自己的领土，而其他每个主权国家都有权这样做。对于民主国家外交被动的原因，我们已经讨论过了。后来，他们后悔错失了1936年的机会，当时德国的重整军备工作还没有进展得太远。

然而，英国和法国的重整军备也是如此，这两个国家多年来一直被忽视。此时，法国正在经历一场特有的内阁危机。此外，这两个国家此时都因与意大利的争吵而心烦意乱。再说了，进军德国的结果是什么？法国人还记得1923年，结果却是一片混乱。也许，希特勒会获得而不是失去德国人对他的支持，而使德国恢复正常地位的问题依然存在。由于软弱，法国人把球传给了英国人，英国人毫不犹豫地决定推迟这一致命的清算。毕竟，有些事情可能会有什么"转机"出现。

## 西班牙内战

西班牙共和国成立于1931年，它遇到了困扰其他议会制民主国家的同样的障碍——众多意见相左的党派之间的竞争，这些党派无法形成稳定政府的基础。西班牙一位著名的哲学家和历史学家曾将西班牙归类为"无脊椎动物"（invertebrate），也就是说，缺乏统一的元素。1930年，独裁者普里莫·德里维拉①［Miguel Primo de Rivera］倒台，不久君主制也垮台了。（阿方索十三世②［Alfonso XIII］没有退位，而是退出政界，表示希望最终能重新赢得人民的爱戴。但是，议会很快就判他犯有叛国罪。）一股共和主义情绪的浪潮席卷了西班牙，一场和平革命似乎得到了几乎所有人的支持。不过，这被证明是一种幻觉，共和国的历史将是短暂而悲惨的。

这场革命激起了各种各样的希望，但新政权无力实现，痛苦的敌对情绪再次出现。1931年6月，选出的议会包含了大多数"社会主义者"和左派自由主义者；随着右翼暂时名誉扫地，极左的无政府主义者放弃政治，温和联盟似乎有了一个舒适的议会基础。但是，以弗朗西斯科·拉尔戈·卡瓦列罗

---

① 米戈尔·普里莫·德里维拉（Miguel Primo de Rivera，1870—1930），西班牙将军和政治家，1923年9月至1930年1月为西班牙首相。又译为米格尔·普里莫·德里维拉。——译者注

② 阿方索十三世（Alfonso XIII，1886—1941），西班牙国王，1886—1931年在位。——译者注

（Francisco Largo Caballero）为首的更激进的"社会主义者"要求无产阶级革命——由工人和农民组成的苏维埃夺取权力和财产。在一个许多人将教会与贵族和君主制联系在一起的国家里，他们也非常不容忍。第一届共和党政府通过大幅减少军官人数疏远了军队，并开始没收地产将土地分给农村穷人。因此，被温和派和革命派分裂的西班牙共和国"赢得"了三大右翼势力——军队、教会和贵族的仇恨。

西班牙共和国时任总统阿尔卡拉·萨莫拉（Alcalá Zamora）和总理曼努埃尔·阿萨尼亚（Manuel Azana）之间的分裂，导致了阿萨尼亚的倒台和1933年举行的新选举。左派在这时候遭遇了逆转；反社会党的天主教民众行动党（Catholic Popular Action）成为最强大的政党。与此同时，前独裁者普里莫·德里维拉的儿子何塞·安东尼奥·普里莫·德里维拉（José Antonio Primo de Rivera）发起了一场西班牙法西斯运动，即"长枪党"（Falange）运动，与更传统的君主主义右翼截然不同。1934年，阿斯图里亚的矿工反抗政府，后在摩尔军队的帮助下被镇压，造成了数千人的伤亡。社会党人高呼革命被出卖了，军队出现密谋，东北部的加泰罗尼亚人坚持自治，并举行了一次大规模的罢工。1934年10月发生的事件，是两年后开始的血腥内战的预演。西班牙政府变得越来越软弱，持续时间越来越短暂，被称作"无脊椎动物"的西班牙又回到了分裂状态。随后，1936年年初举行的选举让左翼势力出现了动摇。新政府宣布向法西斯主义发起"十字军东征"，但现在却面临着由弗朗西斯科·佛朗哥（Francisco Franco）将军和埃米利奥·莫拉（Emilio Mola）将军指挥的公开叛乱。

国际舆论将西班牙内战戏剧化为共产主义和法西斯主义之间的决战冲突。由于墨索里尼的干预以及希特勒在较小程度上的干预，国际舆论站在佛朗哥的"民族主义者"一边，苏俄则站在共和国的"忠诚主义者"一边，而西班牙内战确实具有某种这样的性质。然而，需要指出的是，内战开始时，共产主义和法西斯主义在西班牙都没有什么实力。西班牙有一个小规模的共产主义政党，但共产主义通常都不会引起西班牙激进分子的注意，他们要么效忠于民主的、渐进的"社会主义者"，要么效忠于无政府主义者。在高度现代化的西班牙，革命运动的力量在乡村，而不是城市。无政府主义以其对直接行动的浪漫崇拜，对国家和一切中央集权的怀疑，强烈的道德理想主义和"对勇气的崇拜"，吸引着西班牙人的性格。无政府主义学说宣扬经济行动而非政治行动，彻底摧毁国家而非夺取国家，以及革命后的分权社会。这样的无政府主义思想进入了工人运动，革命将通过总罢工来进行，之后工会将在当地以民主的方式管理工业。法国无政府主义思想在19世纪末很强劲，这给西班牙留下了深刻的印象。

至于以"长枪党"为代表的西班牙法西斯主义，它在内战前并不起眼，而且与一个司空见惯的传说相反——它从未在西班牙扎根。在内战真正开始后，只有对意大利和苏联产生军事依赖，才使得西班牙法西斯和共产党发挥了与他们的人数不成比例的影响力。内战早期对何塞·安东尼奥·普里莫·德里维拉的处决使"长枪党"成为烈士，但弗朗西斯科·佛朗哥始终与这种颇具革命性的西班牙法西斯主义保持距离，这一法西斯主义是反牧师和民粹主义的，从未有过多的追随者。希特勒对夺取西班牙政权的"牧师和君主主义者"感到愤怒，而不是对真正的国家社会主义。——这些是希特勒"不共戴天的仇敌"！在1936—1937年，共产主义在多洛蕾丝·伊巴鲁里①（Dolores Ibárruri）魅力的帮助下获得了一定程度的普及。

弗朗西斯科·佛朗哥并不是一个军事天才，他被迫依赖德国和意大利提供的军事建议和援助。在内战后期，同样的事情也发生在共和党忠诚派身上：忠诚派不得不允许西班牙共产党掌权，以作为苏联援助的代价。1938年4月，反共的社会党人因达莱西奥·普列托（Indalecio Prieto）以共产党的影响为由辞去了国防部长的职务。1937年5月，生理学教授胡安·内格林（Juan Negrin）成为西班牙总理，他不是共产党人，但他与共产党人密切合作，并认为这是赢得战争的唯一途径。

西方国家未能支持共和党忠诚派。直到1938年年中，法国才允许苏联的物资通过西班牙和法国边境进入国内，但在最初几星期之后，法国和英国

---

① 多洛蕾丝·伊巴鲁里（Dolores Ibárruri）的笔名是 La Pasionaria，西班牙语里是热情之花的意思。——译者注

都没有向西班牙共和国提供援助。他们在列强之间组织了一个不干涉委员会，希特勒和墨索里尼甚至在公开援助佛朗哥的民族主义一方时加入了这个委员会。法国和英国拒绝区分合法政府和叛乱的敌人，宣布实行武器禁运；美国也紧随其后，投票禁止向任何一方出售武器。内维尔·张伯伦领导下的英国，在安抚希特勒的政策上表现良好。从内战开始，西班牙就成了列强博弈的一枚棋子：希特勒派秃鹰军团[①]去实践现代战争，墨索里尼希望获得威望，苏联人正在忙于与西方民主国家结成人民阵线联盟以对抗纳粹德国，没有人真正关心西班牙的命运，这也是悲剧的一部分。1937年11月，希特勒在一次秘密会议上讨论德国扩张计划时指出，佛朗哥在西班牙的全面胜利并非立竿见影的可取之举；让战争继续下去最有利于德国的利益，因为这样可以保持苏联与西方国家之间的紧张关系，转移他们在其他领域的注意力。

西班牙内战之所以成为这个时代的象征，主要是因为在这个意识形态陶醉的时代，全世界的知识分子都将其视为一体。他们派出志愿者参加了一场令人想起1914年的"十字军东征"，这场战争被视为一场从光明之子到黑暗之子的国际内战。40 000名志愿者在国际纵队（International Brigade）服役，许多来自德国的反希特勒难民加入了英国、法国和美国的理想主义者队伍之中。其中，亚伯拉罕·林肯营（Abraham Lincoln battalion）来自美国；安德烈·马尔罗自愿雇用了20名飞行员。尼尔·伍德（Neal Wood）略带夸张地写道："西班牙是英国左翼知识分子的第一次也是最后一次十字军东征，再也没有这样的热情被调动起来了。"

这场战争是一场戏剧性的战争，被西班牙乡村阴郁的色调和西班牙人的气质所渲染。这场战争太血腥了，在大约2500名英国志愿者中有将近550人丧生。整个战争的特点是双方对平民的屠杀和残酷报复，在一个总人口为2500万人的土地上，至少有50万人丧生（通常的说法是100万人）。获胜的

---

[①] 秃鹰军团（德文Legion Condor），一支由阿道夫·希特勒下令组织的军团，其成员来自当时的德国国防军（包括空军、坦克、通信、运输、海军和教练人员），其目的是在西班牙内战中支持弗朗西斯科·佛朗哥。——译者注

佛朗哥政权延续了对共和党忠诚派实施暴行的记忆，如在1936年11月和12月处决了几千名民族主义军事囚犯，但很少提及他们自己的罪行。

现在，来到马德里的游客仍然可以看到，曾经装饰着这座城市庄严大道的富人住宅遭到摧毁。德国轰炸机毫无意义地摧毁了毫无防备的巴斯克小镇格尔尼卡，这激发了巴勃罗·毕加索（Pablo Picasso）不朽的绘画灵感。世界各地的自由派都在庆祝和颂扬武装工人的英雄行为，但是反叛的民族主义者和大部分正规军从一开始就占据了军事优势。

德国只派出了几千名士兵，却提供了几百架飞机和军用物资；墨索里尼让大约3万名意大利人留在战场上。1937年6月，在具有决定性意义的毕尔巴鄂战役（battle of Bilbao）中，意大利军队发挥了重要作用；通常说意大利军队的战斗力都不强，这不是真的。另外，尽管斯大林提供了大量的军事物资（超过1000架飞机），但他只派遣了几个人，主要是军事顾问；作为回报，斯大林坚持控制共和国的政策，导致了共产党和其他忠诚派之间的激烈斗争。

1938年6月，法国人民阵线政府倒台，导致苏联援助通过的路线被关闭。在此之前，斯大林甚至已经开始从西班牙撤回苏联的支持。斯大林的介入很大程度上是出于与西方国家结成联盟的愿望；由于放弃了这一点，他就对西班牙失去了兴趣。佛朗哥很快就在西班牙东北部对忠诚派的最后一个据点发起了最后的攻势，但人数悬殊的忠诚派无法阻挡他，数十万人从加泰罗尼亚越过边境逃入法国。1939年4月1日，随着最后一支忠诚派部队的无条件投降，法国和英国结束了他们基本上亲佛朗哥的"中立"政策，并于2月27日承认了民族主义政府。

西班牙花了一代人的时间才从这次创伤中恢复过来。对西班牙来说，第二次世界大战很早就开始了①。对于世界上的其他国家来说，西班牙是法西斯主义和共产主义之间争夺人心的一场战斗，而民主是一个茫然困惑的旁观者。在20世纪30年代的外交背景下，对于希望避免战争从而让希特勒和墨索

---

① 西班牙没有参加1939—1945年的战争。

里尼得逞的英、法（以及美国）来说，这场内战是绥靖历史上的一章。然而，事实上，佛朗哥的西班牙在二战中对德国人来说毫无价值。

## 希特勒备战

西方那些认为希特勒的目标仅仅是恢复德国1914年的边界，或只收回那些在种族上属于德国的民族的人，他们没有判断出他"世界观"的真正内涵。希特勒打算征服和奴役东斯拉夫，他认为东斯拉夫的"子民"注定要被优越的雅利安人统治。这种世界观是如此怪异，以至于英国白厅（Whitehall，又译为怀特霍尔宫）的贵族绅士们和法国奥赛宫（Quai d'Orsay）的理性官僚们也许不会因为拒绝相信它而受到责备，即使希特勒在他的自传《我的奋斗》中已经把它的大部分内容写下来了，但事实上他是认真的。

国家社会主义观中的一个元素是粗糙的社会达尔文主义。"大自然是残酷的，因此我们人类也可能是残酷的……我有权驱逐和清除数以百万计的像害虫一样繁殖的劣等种族。"德国元首希特勒在1934年如是说。希特勒一直在德国对病人和老人实行安乐死，直到舆论迫使他停止这样做；后来，他还试图消灭东欧的犹太人。值得注意的是，这一观点恰恰影响了德国的民族主义，因为希特勒在德国和其他任何地方一样，都准备好了牺牲弱者来换取强者；事实上，如果整个德意志民族不能迎接斗争的挑战，希特勒就准备看着整个德意志民族灭亡。当德国在1944—1945年输掉这场战争时，希特勒认为德国人民理应灭亡，因为这"已经证明了自己的软弱"；他认为，战后留下的人没有什么价值，因为"优秀的人都已经倒下了"。——这种可怕的字面意思和完全一致地对人类事务的丛林法则应用，接近于阿道夫·希特勒的哲学的核心。

1914年的德国疆域显然不够好，因为德国尽管做出了勇敢的努力，但不是在那场战争中输掉了吗？德国，要么选择扩张，要么就会死亡。希特勒说："每个民族都在争取统治世界的机会。"希特勒认为，在外交和战争中取得成功的关键是"钢铁般的意志"和一种"狂热的"不择手段的能力，但他的敌人没有这种品质：法国堕落了，美国被犹太化了（希特勒似乎认为罗斯福是个闪米特人①的名字），英国颓废了，苏联内部种族主义化了，并由犹太马克思主义者领导。正如一位熟识希特勒的人所证实的那样，反犹太主义对希特勒来说是一种"如此强烈的狂热，以至于彻底粉碎了他的理性能力"，这从他所做的一切中显而易见；清除了影响其他国家的犹太"毒药"以后，德国一定会比他们更强大。希特勒的实力基本上依靠意志，并依靠道德因素；他蔑视经济甚至技术，支持种族纯洁、意志力及"狂热"作为最重要的生存品质。在这方面，希特勒是马基雅维利的追随者："在政治上没有感情，只有韧性。"

国家的权力意志必须通过一个领导人来表达，这是纳粹从一开始就坚持的原则——领导原则（Führerprinzip）。当然，民主国家笨拙的分裂和动荡的政府系统，使他们无法像希特勒统治下的德国那样坚定而迅速地采取行动。希特勒认为，凭借这一巨大优势，他一定会在与民主国家的任何权力博弈中轻易获胜。这位纳粹独裁者能够熟练地行事，有时他是一个狂暴的疯子，有时他又可以是迷人的、放松的，或者是根据形势的需要完全冷静和沉着的；他用安慰的话伴随着他每一次大胆的攻击，承诺这将是德国的最终要求。

目的证明任何手段都是正当的。对希特勒来说，最终的结果是德意志民族和国家的力量在国际丛林中推动世界权力，其规则是：要么吃掉别人，要么被别人吃；在别人对你动手之前，先对别人动手。希特勒尤其相信，德国必须有土地和食物来满足其不断增长的人口，而这些可以在苏联找到，在那里斯拉夫人将被征服、奴役或灭绝，并为雅利安人让路。同时，希特勒相信犹太布尔什维克无法组织和管理一个国家，接管苏联的时机已经成熟。希特勒对卡尔·豪斯霍费尔（Karl Haushofer）教授的地缘政治思想的依恋，强化了他年轻时在奥地利获得的本能的反共产主义和反斯拉夫主义。豪斯霍费

---

① 闪米特人（阿拉伯文ساميون，拉丁文samium，德文semiten）一词，由德国人冯施洛泽（August Ludwig von Schlözer）在1781年提出，用来指代民族语属亚非语系和闪米特语族人群，灵感来自《圣经》中诺亚的长子Shem（闪）。闪米特人不是单一民族，而是包含了母语属性有关联的群体民族，并且这些民族的亲疏关系尚不明确。——译者注

尔的学生鲁道夫·赫斯（Rudolf Hess）是一位早期纳粹分子，也是希特勒的密友。豪斯霍费尔以哈尔福德·麦金德爵士（Sir Halford Mackinder）的理论为基础，他认为世界权力的关键在于控制欧亚大陆的心脏地带。希特勒在他的自传《我的奋斗》中写道："我们很久以前就脱离了战前时期的殖民和商业政策，而转向了未来的土地政策。"这种模式的优势在于，它符合纳粹对农村民间社区的渴望。

执政的希特勒是否会坚持这些早期的理论，这还不确定。但是，希特勒还谈到了与死敌法国打交道的必要性。希特勒对英国人通常更有好感，认为他们是一个坚韧顽强的民族，在种族上与德国人更接近，他们有很多东西可以教给他；希特勒钦佩他们的帝国主义，似乎愿意让他们留守海洋，如果他可以得到陆上土地的话。希特勒对晕船[①]的易感性被认为是他对海上力量缺乏兴趣的一个原因，这是他与拿破仑共有的一个特点；无论如何，世界观引导他走向了一种农业帝国主义。到东方去发展的动力一直伴随着希特勒，但在1941年他显然毫无理由地回到了东方，当时他感到"精神上的自由"。与此同时，德国不断增长的力量以及任何可能反对它的力量的弱点，诱惑着这位纳粹独裁者去推开任何一扇提供给他的大门。

1937年11月5日，被一些人确定为希特勒明确选择战争的日子。至少，在一次秘密会议上，希特勒向外交部长、战争部长以及陆军、海军和空军的指挥官们提出了这些耸人听闻的宏伟计划，引起了轰动。德国必须确保空间，而这个生命空间（Lebensraum）必须通过"武力的方式"来获得；时机已经成熟，因为德国的所有对手都陷入了困境。——在这里，很难不同意希特勒的观点。记住，当时苏联正处于清洗之中，西方国家遭遇了新的经济危机；再过几年，可能一切就太迟了。奥地利和捷克斯洛伐克将是第一批受害者，英国和法国不会保护它们。纽赖特、布隆伯格和弗里奇被希特勒无耻的好战言论惊呆了，他们对其中的风险发出了警告。在几个月内，他们全都被赶出了办公室，不仅弗里奇被指控为同性恋者，而且殷勤

---

[①] 作者在这里使用的是拉丁语中的 mal de mer 一词。——译者注

的海因里希·希姆莱发现维尔纳·冯·布隆伯格最近娶了一名前妓女做他的第二任妻子。

希特勒本人是战争办公室的负责人,而顺从的约阿希姆·冯·里宾特洛甫①(Joachim von Ribbentrop)作为他的外交部长已经准备好释放战争之犬,几乎没有什么可以约束他。沙赫特的辞职和内阁会议的停止,标志着希特勒成为第三帝国的绝对主人,并开始推行领土扩张政策。

## 联盟外交

是什么阻止了他(希特勒)成为整个欧洲的主人?一位名叫戴高乐(Charles de Gaulle)的法国军官在1934年这样写道:"在20—30岁的法国人中,就有两个德国人。"德国的钢铁产量是法国的两倍,而作为战争支柱的大多数其他工业产品的产量也更高。戴高乐虽然是一个热情的爱国者,但他不得不承认这一点——法国没有机会对抗德国,而且法国人此时高估了德国的军事实力。我们现在知道,他们(法国人)可能在1936年占据优势,但他们当时并不这么认为。法国将军们对自己过低的军事实力感到沮丧,而且将军马克西姆·魏刚(Maxime Weygand)曾在1934年感叹说,法国的军事实力已经"降到了法国安全所能允许的最低水平"。

唯一的答案在于找到盟友。英国是一个非常不可靠的国家,已经退缩回了过去的孤立状态,不再忠于欧洲大陆。1935年的《英德海军协定》(Anglo-German Naval Treaty)表明,英国甚至不用征求法国的意见,就能与德国达成自己的协议。在1935年、1936年和1937年,法国向伦敦看齐的习惯是致命的,因为英国人无意"为法国火中取栗"②,而接受德国重整军备和对德国的友好政策是英国政府深思熟虑后的政策,并在1935年得到了保守党和工党的认可。当然,英国的力量根本不足以控制欧洲和此时不稳定的远东。

---

① 约阿希姆·冯·里宾特洛甫以前是一位香槟推销员。
② 这里指英国为法国冒险。——译者注

鉴于东欧小国的虚弱和分裂，只剩意大利和苏联保留下来。1935年，法国尝试了每一种方法，但收效甚微。法国和意大利关系的缓和是建立在这样的希望之上的，那就是墨索里尼不希望德国接管奥地利，而在1934年这似乎是真的。1934年2月，在"社会主义"总罢工失败后，维也纳爆发了一场内战。军队炮轰了工人阶级的住房项目——卡尔·马克思大院（Karl Marx Hof），该项目由"社会主义"民兵组织保卫。在基督教"社会主义"政府首脑恩格尔伯特·陶尔菲斯（Engelbert Dollfuss）被暗杀后，被内乱撕裂的奥地利经历了一场未遂的纳粹政变。墨索里尼向布伦纳山口派遣意大利军队以展示武力，这使得希特勒暂时远离了奥地利纳粹。在这个时候，这两位法西斯独裁者之间几乎没有任何爱意；至少，墨索里尼既害怕又讨厌希特勒——这位"小奥地利人"不仅是国际法西斯主义领域的对手，以粗鲁的方式抢走了墨索里尼的风头，而且反对意大利在奥地利的利益。——我们必须记住，意大利曾在第一次世界大战中与德国作战。

1935年4月，英国首相拉姆齐·麦克唐纳的职业生涯接近尾声，他与外交大臣约翰·西蒙（John Simon）一同前往法国，与法国的皮埃尔·弗朗丹[①]（Pierre Flandin）和皮埃尔·赖伐尔[②]（Pierre Laval）一道在意大利北部的斯特雷萨会见了墨索里尼。此时，希特勒刚刚撕毁了《凡尔赛条约》，而当时英国却正在与他谈判海军条约，这激怒了法国人。回想起来，"斯特雷萨阵线"注定流产，但当时人们对法国-意大利-英国联盟寄予厚望，该联盟可能会坚定地应对德国的威胁。然而，很明显，英国不想参与任何带有战争风险的欧洲大陆事务，而且墨索里尼现在正走上一条将使他与英国发生冲突的道路；而法国人无可救药地被夹在这两个可疑的盟友中间。同时，埃塞俄比亚危机将

---

[①] 皮埃尔-埃蒂安·弗朗丹（Pierre-Étienne Flandin, 1889—1958），法国第三共和国的保守派政治家，曾任民主共和联盟领导人，法国总理。——译者注

[②] 皮埃尔·赖伐尔（Pierre Laval, 1883—1945），法国政治家和国务活动家，在法兰西第三共和国和维希政府中三次出任总理。1914—1919年和1924—1926年，两度任职于国民议会。在20世纪30年代，曾担任过多个内阁职位，并两度担任法国总理。在第二次世界大战期间，曾出任法国总理。法国光复后，于1945年10月9日被巴黎高等法院以叛国罪判处死刑。——译者注

分散所有国家的注意力，让希特勒得以占领莱茵兰地区。

1896年，意大利人曾败在埃塞俄比亚战士手中。对此，意大利人一直耿耿于怀，因为意大利也长期怀有侵占非洲的野心。在1934年的一次演讲中，墨索里尼宣称意大利的"历史目标"在于亚洲和非洲："在所有西欧大国中，意大利离非洲和亚洲最近。"这是古罗马帝国关注的重点，墨索里尼渴望复兴它。

意大利人试图向埃塞俄比亚渗透已经有一段时间了。当时的法国外交部长皮埃尔·赖伐尔曾让墨索里尼相信，法国会批准他的埃塞俄比亚计划，以此作为意大利在欧洲反对希特勒的回报。但是，英国人对此不同意，因为他们在世界上靠近苏伊士运河的这一地区有自己的利益，他们的反应是试图把意大利排除在这一地区的一小部分之外。

发生在瓦尔瓦尔（Wal Wal）的一起事件，导致了意大利人和埃塞俄比亚人之间的战争；埃塞俄比亚皇帝海尔·塞拉西（Haile Selassie）雄辩地呼吁国际联盟帮助抵抗意大利的侵略，而英国人在日内瓦开始了面向埃塞俄比亚的事业。对此，意大利的反应是愤怒的：背信弃义的英国人自私地攫取殖民战利品，同时又伪善地谴责任何玩帝国主义游戏的人。1935年秋，这个问题作为"集体安全"[①]（collective security）的一个试验案例引起了世界的关注。英国即将举行大选，而共产主义联盟（the League）是一个受欢迎的象征。

当小国团结在"集体安全"的事业中时，共产主义联盟将意大利列为侵略者，并投票对其实施经济制裁。在地中海，英国人展示了自己的海军实力。意大利几乎被孤立了，墨索里尼的政治生涯似乎受到了威胁。然而，皮埃尔·赖伐尔仍然试图保持意大利作为反对德国的盟友，拼命寻求妥协。希特勒提出帮助英国对抗意大利，但作为回报，希望英国支持他吞并奥地利。这几乎是一个典型的混乱局面，结果糟糕透顶。经济制裁从来都是敷衍了事，并没有阻止意大利征服埃塞俄比亚，并出人意料地展示了军事效率。1935

---

[①] 这里指众多国家对国家安全和国际和平的集体相互保障。在集体安全保障下，侵略者进攻集体安全体系中任何一个国家，即被视为侵犯所有国家。——译者注

年6月，经验不足的塞缪尔·霍尔（Samuel Hoare）接替约翰·西蒙担任英国外交大臣。乔治五世国王的去世使英国事务更加混乱，接着是爱德华八世（Edward VIII）退位引发了戏剧性的危机，这是他向一位美国离婚者求婚的结果，而这在1936年吸引了所有英国人的注意力。

在埃塞俄比亚危机进行到一半时，英国撤退了，并与法国达成妥协，即所谓的霍尔-赖伐尔计划（Hoare-Laval plan），而该计划成功削弱了"集体安全"运动的理想主义。事实是，"警察"原本以正义的方式谴责意大利是一个罪犯，但现在"提出"给意大利一半的战利品。在公众的强烈抗议下，这笔"交易"被迫退出，但意大利人在1936年5月强行占领了埃塞俄比亚的首都（亚的斯亚贝巴）。

或许更重要的是，墨索里尼与英国的关系严重疏远，转而投靠希特勒，并很快与西班牙开始了"残酷的友谊"。希特勒趁机利用混乱占领了莱茵兰地区（1936年3月）——他是这部错误喜剧的唯一明显的赢家，这加强了他对民主党领导人的蔑视。

皮埃尔·赖伐尔是一位能干的政治家，一向以圆滑著称，直到走到生命的尽头。十年以后，皮埃尔·赖伐尔也探索了苏联联盟。1934年10月1日，在路易·巴尔都（Louis Barthou）任职外交部的推动下，这一计划遭遇挫折，同时巴尔都与南斯拉夫国王亚历山大（Alexander）当日一同在马赛遇刺。亚历山大一直致力于建立一个以德国为目标的巴尔干联盟（Balkan alliance），因此这起暗杀行动也许是在意大利的纵容下由总部设在匈牙利的克罗地亚和马其顿恐怖分子所为，这对形成反希特勒联盟的政策是一个双重打击。皮埃尔·赖伐尔继续与苏联保持密切联系，并在1935年缔结了一项条约，其中法国和苏联承诺在"无端侵略"的情况下相互援助。

法国右翼对这一项法苏条约深恶痛绝，他们对大部分左派也不甚感兴趣。伦敦方面对这项条约漠不关心，这也与当时试图讨好意大利的举动相冲突。许多人认为，尽管苏联外交部长马克西姆·李维诺夫（Maxim Litvinov）做出了英勇的努力，但是真正针对德国的"集体安全"阵线却始终没有启动——这是近年来的主要外交悲剧。如果说法国和英国的政府领导层歇斯底里地反苏，斯大林则很早就认定西方国家的统治者正在谋划以牺牲苏联为代价来安抚希特勒——他们在1937年和1938年的行动为这种偏执的观点提供了太多的支持。

## 绥靖外交

1919年哈布斯堡王朝解体后，绝大多数奥地利人都想回到德国同胞的怀抱，但第一次世界大战的胜利者不让他们加入。1931年，国际法院再次挫败了奥地利与德国和平结盟的尝试。希特勒出生于奥地利，他在《我的奋斗》中的第一页就提到了这件事，因此在他的扩张生涯早期就提出了德国并吞①奥地利的问题就并不奇怪了。希特勒在与墨索里尼交好以后，找到了新的出路。

1938年2月初，希特勒邀请库尔特·冯·舒施尼格（Kurt von Schuschnigg）到他在伯希特斯加登的山中做客，并在那里对这位不幸的奥地利总理进行了威逼利诱，让他任命一名纳粹分子为内政部长从而使奥地利纳粹党合法化。回到维也纳以后，舒施尼格恢复了勇气，提议就德国并吞奥地利问题举行公民投票。此时，舒施尼格还不清楚大多数奥地利人是否会支持他，虽然这意味着纳粹主义。希特勒随即匆忙发动了对奥地利的入侵；舒施尼格取消了全民公决，但是德国军队继续前进且没有遭到反对，于是希特勒宣布彻底并吞奥地利而不仅仅是联邦联盟。当纳粹对政敌、犹太人和左派分子进行报复时，恐怖的场景出现了。同年3月11—13日，年迈的西格蒙德·弗洛伊德飞往伦敦，这象征着奥地利自由的终结。

除了敷衍的抗议，所有这些都没有得到世界其他国家的回应。鉴于1934年的行动，希特勒最担心的是意大利，而当墨索里尼在这次露出笑容时，这次希特勒热情地感谢了他。这时，法国像往常一样仍然没有统一的政府。内维尔·张伯伦认为这是一件"不愉快的事情"，但他把它看成是与德国建立更

---

① 作者在这里使用的是德语 Anschluss 一词，特指纳粹德国并吞奥地利。——译者注

好更愉快的关系。的确，英国的重整军备始于希特勒暴行的揭露。但是，由纳粹组织的全民公决很快在奥地利产生了可以预见的压倒性的授权，为这次夺取政权披上了合法的外衣。

希特勒日程表上的下一个受害者是捷克斯洛伐克，这是一个非常不同的情况。的确，有少数德国人生活在捷克人和斯洛伐克人的土地的北部边缘。1919年，他们可能不明智地被留在了那里。对于这一少数民族（大约325万～1500万人），希特勒在一个声势浩大的苏台德地区纳粹党的帮助下指导了他们的宣传，但是他们没有能力威胁捷克斯洛伐克政府。捷克斯洛伐克拥有一支强大而高效的军队，防守严密的边境，著名的军火工业（斯柯达以在皮尔森和布尔诺的产品闻名于世），以及普遍忠诚的公众舆论；而且捷克斯洛伐克还与法国结盟。但是，所有这一切是否能保护捷克斯洛伐克对抗纳粹德国，还有待观察。当然，纳粹德国几乎没有任何办法，可以像对维也纳那样"闪电般"地袭击捷克斯洛伐克或恐吓布拉格。

1938年10月，英国首相张伯伦、法国总理达拉第、纳粹德国元首希特勒和意大利首相墨索里尼共同出现在慕尼黑会议上，"绥靖"达到高潮。（英国国家档案馆）

"谁是波希米亚的主人，谁就是欧洲的主人。"俾斯麦曾经说过这样的话，而敏锐的学生阿道夫·希特勒无疑最记得这句话。在奥地利被吞并后，人口较多、经济较繁华的捷克斯洛伐克末梢伸入德国，就像一根大拇指压在德国的腹部，而这明显是一个吞噬的目标。更确切的是，与巴黎和伦敦相比，布拉格离柏林更近；而"捷克斯洛伐克是欧洲中心的'航空母舰'（aircraft carrier）"，希特勒曾这样说道。更重要的是，捷克斯洛伐克十分脆弱，与法国的联盟是无用的，除非法国进攻德国，因为法国和英国都不能通过任何可行的陆路把军队送到捷克斯洛伐克。当希特勒在法国边境构筑了齐格菲防线①防御工事后，他可以肯定法国人会在进攻时犹豫不决。法国人在政治上似乎一直处于混乱之中，军队士气相当低落。对于未来，苏联可能会是一个威胁，但是此时却很难成为威胁，因为苏联刚刚经历了军方和党内的"整肃"。希特勒有足够的理由不去拖延而立即行动，并认为时间不站在他这一边。

希特勒要求在布拉格的德国人回归祖国，并声称他们被压迫。事实上，苏台德地区的德国人虽然有一些合理的不满，但还远称不上一个受压迫的民族。然而，德国的情况似乎足够说服英国驻柏林大使内维尔·亨德森（Nevile Henderson），他曾断言"迫使这个稳固的日耳曼少数民族继续受制于布拉格的斯拉夫中央政府，在道义上是不公正的"。与法国不同，英国人没有保卫捷克斯洛伐克的条约承诺，并且从一开始就明确表示他们不打算为捷克斯洛伐克开战。人们通常认为，英国首相张伯伦是在德国的长期压力下才在慕尼黑会议上屈服的，然而事实是他从未打算反抗。1938年9月，在贝希特斯加登、戈德斯贝格和慕尼黑举行的一系列会议上，英国首相张伯伦和法国总理爱德华·达拉第在会上讨论了如何肢解捷克斯洛伐克的问题，而这个原则从未受到质疑。

后来看来，可耻的是，英国和法国实际上加入了对这个小国（捷克斯洛伐克）的威逼利诱，使其不战而退。英法两国的目的是为避免战争，因此把纳粹独裁者威胁要用武力夺取的东西让给了他。在贝希特斯加登，张伯伦同意

---

① 齐格菲防线（Siegfried Line），是纳粹德国在第二次世界大战开始前在其西部边境地区构筑的对抗法国马其诺防线的筑垒体系。该项目由德国著名的建筑工程组织——托德机构负责，德国人称之为"西墙"或"齐格菲阵地"，其他国家多称之为"齐格菲防线"。——译者注

苏台德地区的德国人"自决"(self-determination),并且让布拉格接受了这个协议。但是,当张伯伦9月22日在戈德斯贝格把这个协议带回给希特勒时,德国人提出了新的要求:移交必须在八天内进行,这种匆忙的行动是为了确保捷克人的混乱和羞辱。对此,张伯伦恼羞成怒,返回了伦敦;但在9月29日,他却又回到德国,在慕尼黑只争取到了对这一时间限制的少量修改。——这不啻于提出支付100万美元的勒索,当时被要求支付200万美元,而最终以150万美元解决。

如果捷克人选择参战,他们精良的防御和强大的军队肯定会进行更多的抵抗。当时,德国国防军还没有变成它后来那样强大的战争机器;希特勒的一些将军表现得很不耐烦,此时军队中出现了一个反对他的中心。也许,这是历史上的错失良机之一。后来,流传开来的传说是:如果不是懦弱和眼光狭隘,希特勒可能会被阻止,避免了发动第二次世界大战。但是,民主国家的舆论压倒性地支持张伯伦和达拉第,欢呼的人群迎接他们的归来。(法国总理纳闷"傻瓜们,你们为什么欢呼";但是,张伯伦却似乎没有这样的疑问。)桂冠诗人约翰·马斯菲尔德(John Masefield)称赞张伯伦是一位现代英雄走进了夜色中,"要求年轻人尚未死亡的尸体,从未开始的战斗中得到"。[1]意思是,张伯伦从危险中夺得了安全,从可怕的战争中拯救了这个世界。当时,很少有人不是如此希望,战争太可怕了,让人无法想象。西蒙尼·威尔(Simone Weil)认为,慕尼黑起义[2]是"千真万确"的,这是除共产党以外的知识分子的典型观点。与此同时,罗斯福总统给张伯伦发了贺电。

更现实的是,张伯伦知道英国的重整军备刚刚开始,但英国和法国以后都会变得更加强大。张伯伦不是傻瓜,他是在争取时间,并已经意识到安抚希特勒对奥地利和部分捷克斯洛伐克的胃口的赌博可能会失败。"他们不得不在战争和耻辱之间做出选择。他们选择了耻辱,他们将要发动战争。"丘吉尔的猛击击中了要害。但是,晚一点的战争可能比早些时候的战争要好。到

---

[1] 原文是"To ask that young men's bodies, not yet dead. Be given from the battle not begun"。

[2] 慕尼黑起义(Munich amoindrissement),或缓和紧张局势。

1940年，英国将拥有喷火式战斗机和雷达，加上一些更有价值的武器，而在1938年却根本没有战斗意志，可能就必须进行一场绥靖的赌博。当然，德国也变得越发强大了。事实上，捷克斯洛伐克的防御能力比波兰强得多。由于情报不充分且不稳定，在慕尼黑事件发生时，英国人认为德国人非常可怕，而在一年以后波兰做出保证之前，情报报告转向乐观。

在经常被讨论和重新评估的慕尼黑事件中，其中一个构成问题的因素是苏联。苏联也做出过保卫捷克斯洛伐克的承诺，但前提是法国首先这样做。这个互助条约是与1935年的法苏条约同时谈判的，而该条约却被证明是无效的；此后，没有任何有关的军事协议或磋商达成。斯大林专心于自己在国内的事务，他闷闷不乐地默默看着希特勒占领了奥地利；现在，他看到捷克斯洛伐克的事情也在把苏联故意排除在外的情况下进行。斯大林没有被邀请前去参加慕尼黑会议，却连墨索里尼都被邀请了。捷克斯洛伐克总统爱德华·贝奈斯（Eduard Benes）尽管身处绝境，却看起来并不希望得到苏联的帮助。9月20日，爱德华·贝奈斯询问苏联大使，苏联是否会履行承诺帮助捷克斯洛伐克，并得到了肯定的答复。后来，苏联领导人对西方国家背叛捷克斯洛伐克的行为大加指责，而苏联则随时准备履行自己的职责。

为了援助捷克斯洛伐克，斯大林不得不通过波兰或罗马尼亚行军，而这两个国家当时都会拒绝这一请求，并奋力阻止。（当时，捷克斯洛伐克与苏联不接壤。）慕尼黑事件发生之后，波兰和匈牙利确实要从捷克斯洛伐克掠夺它的一磅肉，即在有争议的边境地区获得少量领土。最后，贝奈斯选择不要求苏联单方面提供援助；他宁愿自己的国家被肢解，也不愿让苏联成为他唯一的盟友，并与西方保持中立甚至敌对。贝奈斯得到的所有安慰是保证他的国家剩余部分的独立，因为英国现在加入了法国的行列之中。事实上，这被证明是毫无价值的，当然还有和平。"如果我们现在挑起战争，我们将不被欧洲和世界所理解。"贝奈斯告诉他想打仗的将军们，"我们国家必须忍耐，不管发生什么事情，都不要让步，等待合适的时机。然后，我们将再次投入战斗之中，就像我们在1914年一样。我们将再次取得胜利。"

然而，事实并非如此。

## 战争临近：1939年

尽管受到了欢迎，但慕尼黑在西方留下了一种令人不快的味道；在接下来的几个月里，这种味道变得越来越令人不舒服。对内维尔·张伯伦和英国公众舆论来说，转折点出现在1939年3月，当时希特勒无视他尊重捷克斯洛伐克其余部分独立的承诺。当时，德国完成了对捷克斯洛伐克的破坏，赋予了现在独立的斯洛伐克名义上的独立，并将捷克地区并入德意志帝国，成为"波希米亚和摩拉维亚的保护国"（Protectorate of Bohemia and Moravia）。希特勒煽动斯洛伐克人的不满，就像他煽动苏台德地区的德国人一样，以此作为分裂捷克斯洛伐克的武器。当然，希特勒不打算仅仅吞并苏台德地区，他只等了几个月就实现了打破第一次世界大战和平解决的令人憎恶的象征誓

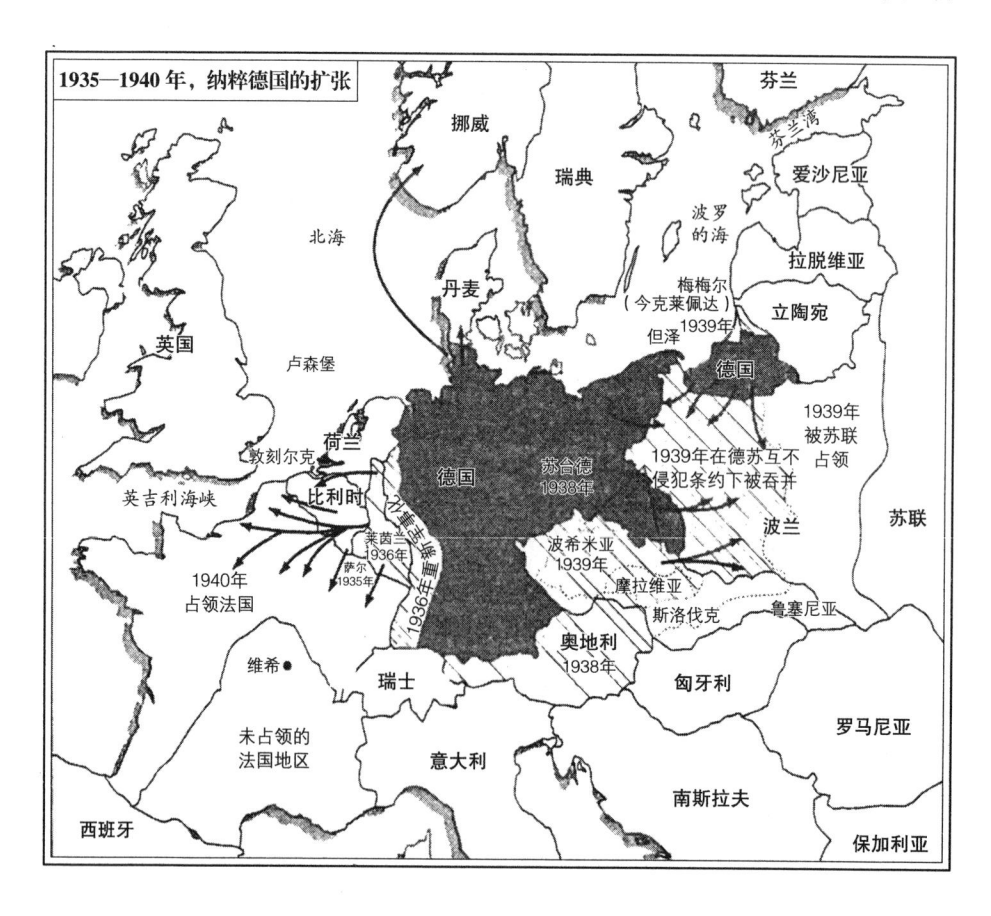

言。人们会认为，这不会让张伯伦感到惊讶；然而，似乎很明显的是，对张伯伦和一般英国人来说，占领布拉格是压垮绥靖政策的最后一根稻草。

因为，希特勒已经抛弃了一切只寻求自决和恢复德国权利的借口。"事实上，这难道不是企图用武力统治世界的一个步骤吗？"张伯伦问道。当希特勒随后吞下立陶宛勒索的梅梅尔市，并开始就但泽[①]和"波兰走廊"向波兰提出要求时，英国政府（3月31日）加入了法国的行列以保证波兰的独立，并在两周后将这一要求延伸至罗马尼亚和希腊。但这是否意味着要划清界限，此时还不清楚。

希特勒在反对党在逃期间并不打算松懈，他继续全力推行扩张主义运动。一些德国人担心希特勒的鲁莽，但没有任何国内力量能够推翻他，而慕尼黑事件对德国开始出现的反希特勒策划者是一个打击。1938年夏天，当埃瓦尔德·冯·克莱斯特（Ewald von Kleist）将军访问伦敦时，参谋长路德维希·贝克（Ludwig Beck）曾对克莱斯特说："给我一些证据证明，如果捷克斯洛伐克遭到袭击，英格兰就会参战，我将会结束这个政权。"但是，英国人的这种做法毫无用处。随后，贝克试图组织一次将军们反对希特勒战争计划的罢工，但很快就因厌恶而辞职。贝克的继任者弗兰茨·哈尔德（Franz Halder）将军也不喜欢希特勒，就像许多旧普鲁士军官也不喜欢希特勒一样。哈尔德和沙赫特、卡尔·邦霍弗博士与其他人一起策划了一场政变，以配合捷克斯洛伐克战争的爆发，但慕尼黑的投降使他们的退路被切断，他们绝望地后退了。如果慕尼黑事件发生的时候英国和法国反抗希特勒，他们就有可能成功地推翻希特勒。直到1944年，德国对希特勒的抵抗才真正恢复。

从各种迹象来看，希特勒的声望从未达到如此之高。在希特勒50岁生日那天，即1939年4月20日，那是一个盛况空前、崇拜偶像的日子，德国每家窗户上都挂着元首的照片。戈培尔的宣传机器塑造了一个德国奇迹般重生的

---

[①] 自1919年以来，但泽一直是国际联盟监管下的自由城市。在这个主要属于德国的城市里，纳粹赢得了政府的控制权，并要求它归属德意志帝国。但泽是波罗的出海港口，作为一个出海口对波兰来说至关重要。

形象，这个形象是在一个给陷入困境的人民带来救赎的普通士兵的领导下实现的。

在德国，波兰比捷克斯洛伐克更受欢迎。很少有德国人不怨恨东部的凡尔赛边界，它曾迫使数百万德国公民生活在波兰的统治之下。希特勒谈到了德国人在那里受到的"可怕的虐待"，报纸上也刊登了这样的报道，而这些报道基本上是捏造的或被严重夸大的。大多数德国人注意到了慕尼黑，相信波兰的"问题"会在不发动战争的情况下得到"解决"，他们不希望也不期待战争，当战争到来时他们感到震惊。或许，阿道夫·希特勒大概也是如此。至少，有很多证据表明，希特勒认为英国人和法国人会再次让步。当他们几乎为把捷克斯洛伐克给他而倾倒的时候，为什么他们要为波兰而战？以前，国家的防卫性要差得多，也更容易受到关于德国人自决争论的影响。"我在慕尼黑见过这些小虫子。"希特勒在8月22日告诉他的军官们。

西方的舆论似乎确实表现得不理智，因此必须为第二次世界大战承担一些责任，其主要原因是纳粹德国残酷的扩张运动。在慕尼黑事件后，美国像英国一样开始从孤立主义的沉睡中醒来。在那里，人们欢呼《慕尼黑协定》拯救了和平，但它把欧洲交到了希特勒手里，这几乎立即引起了第二次思考。此时，西方公众舆论从情绪上的和平主义，转向了对希特勒及其尖锐的宣传、不礼貌和不断侵略的强烈愤慨。

波兰人在英国人的保证下拒绝像贝奈斯那样受到恐吓，而这也许是因为他们的民族气质没有捷克人那么谨慎。法国小说家巴尔扎克在19世纪曾经说过："你只要把一个波兰人带到悬崖上，他就会把自己坠入其中。"也许，现在波兰人的浪漫气质已经不再像约瑟夫·贝克（Josef Beck）上校为首的军官统治波兰时那样重要了。波兰军队本可以在捷克斯洛伐克作战，是文职长官爱德华·贝奈斯的影响限制了他们。波兰军队不打算重蹈捷克人的覆辙，因此第二次世界大战的舞台就搭建好了。

另一个因素是苏联。当墨索里尼与希特勒、张伯伦和达拉第签订了一份似乎以法西斯统治东欧为基础的协议时，斯大林被排除在慕尼黑之外，这让他很快就确信存在着一个让德国与苏联反目的阴谋。希特勒和斯大林都为自己在战术上的冰冷现实主义而自豪,事实上他们都绝对肯定自己的目标,他们也准备违反任何准则来达到这些目的。对于权宜的结合,双方都不会犹豫不决,正如希特勒喜欢宣称的那样,感情用事与强硬的外交政策毫无关系。因此,没有真正的理由对1939年8月震惊世界的德苏条约感到惊讶。具有讽刺意味的是,这两个人互相需要对方以便以后互相战斗,正如里德教授和费希尔教授所说的那样[①]:"希特勒需要来自苏联的食物和原材料来攻击苏联,而斯大林则需要来自德国的机器和武器来击退德国。"

这一奇怪联盟的受害者是波兰,这是这个不幸的民族在强大的扩张主义邻国之间的第四次分裂。在1772—1795年的三次冲击中,古老的波兰王国先后被普鲁士、俄罗斯和奥地利吞并。在部分经拿破仑收复后,1815年后波兰又再次落入他人的统治之下。(俄属波兰[②]作为俄罗斯的一个选区存活了十五年,在1830年革命后被俄罗斯彻底吞并。)第一次世界大战恢复了波兰国家,它从那场战争中的三个压迫者的暂时毁灭中获利。波兰在长期失败后陶醉于胜利中,并走得太远了;波兰从俄罗斯和德国夺取了大量的土地,把边界朝着这两个方向推进。当波兰的两个邻国恢复力量以后,波兰就成了它们领土要求的目标。这两个国家可以达成协议,以牺牲东欧小国为代价,满足各自对扩张的贪欲,而每个国家都把自己的行动留给未来。

双方的不安都因稳固的领土收益和民主国家的不安而得到缓解,而这些国家又一次错失了良机。1939年春夏,法国和英国对斯大林作出了"半心二意"的安排,但未能取得任何成果。其中一个原因是,英国向波兰和罗马尼亚提供担保国家的态度,但它们仍然不同意苏联军队通过它们的领土,这在任何针对德国的军事联盟中都是至关重要的。出于善意,英国和法国不能强

---

[①] 参见安东尼·里德(Anthony Read)、戴维·费希尔(David Fisher):《致命的拥抱》(The Deadly Embrace),伦敦:迈克尔·约瑟夫出版社(London: Michael Joseph),1988年。

[②] 作者在这里使用的是Congress Poland一词。拿破仑战争后,沙俄成为赢家,根据1815年维也纳会议(Congress in Vienna)的决议,进一步获得了原为普、奥吞并的那部分波兰领土,并把立陶宛的一部分也并入波兰。此后的俄属波兰就称为Congress Poland,一战后波兰复国,基本上继承的是Congress Poland的版图。——译者注

迫它们的盟友这么做。

西欧国家能为斯大林提供什么呢？肯定不是像希特勒那样吞并领土。它们只能帮助保卫东欧国家，以此对抗德国。然而，它们已经向波兰和罗马尼亚做出了保证，并没有把这作为讨价还价的筹码；除此之外，斯大林不信任他们。此外，它们能给这个地区带来什么样的有效援助？斯大林显然认为除了与希特勒达成协议之外别无选择。《德苏互不侵犯条约》是德国方面大力推动的，希特勒为了波兰的战役焦头烂额，他在条约签订的当天即1939年8月23日就下达了准备战役的命令。这份互不侵犯条约的秘密条款将波兰划分为苏联和德国的势力范围，不到一个月这个国家就被瓜分了。虽然德国获得了波兰领土的大部分份额，但波罗的海诸国却落到了苏联手中。

尽管墨索里尼试图调解，但这一次却无法通过《慕尼黑协议》来挽救战争。8月23日，在瑞典人比尔格·达勒鲁斯（Birger Dahlerus）的调解下开始最后一刻的和平努力，导致伦敦方面请求波兰人进行谈判，即把领土让给德国。波兰人拒绝了，或者至少他们拖延了很久，于是希特勒命令德国军队在9月1日越过波兰边境。当天，当还在犹豫不决的内维尔·张伯伦向躁动不安的英国下议院报告时，他自己政党内的一名成员站起来要求工党发言人亚瑟·格林伍德（Arthur Greenwood）"为英国说话"；当格林伍德要求发动战争时，保守党和工党都欢呼起来。英国的最后通牒于9月3日发出，命令希特勒要么撤回军队，要么与英国处于战争状态。同一天晚些时候，法国也紧随其后发出通牒。此时，除了苏联，欧洲的主要国家都在打仗。

1914年，德国在两条战线上面对俄国、法国和英国形成强大包围。1939年，德国分裂了自己的敌人——或者说敌人分裂了自己——苏联被中立了。1914年，德国首先进攻法国，八个月后又一次袭击了法国。但始于1939年的战争，德国袭击了一个在1914年还不存在的国家——波兰。

同样有趣的是，在第一次世界大战和第二次世界大战初期，德国对英国人的判断都是错误的。德国人每一次都有信心英国人会保持中立，但两次都是在犹豫以后，伦敦决定不能把欧洲大陆交给一个强大的德国。权力平衡再次成为决定性因素；但在1939年，意识形态的潮流更加强大。德国的纳粹主义及其领导人已经成为英国人的仇恨象征，甚至比一战开始时德国皇帝和普鲁士军国主义者更甚。1939年，德国更明显地成为无耻的侵略者；而希特勒并不打算发动一场全面战争，德国对此并没有做好准备。对于这两次战争，政治家们都期待一场短暂的战争，而不是长期的煎熬。

这些是20世纪两次世界大战的起源之间可以进行的一些比较，虽然聪明的人会想到其他的例子，但战争的事实是一样的。这场战争（第二次世界大战）将持续更长的时间，被证明具有更大的破坏性，并在世界范围内传播得更远；它将再次以德国的毁灭而告终，但通往目的地的道路却不一样；它将再次需要美利坚合众国的干预，哪怕是迟来的干预；它将包括德国在法国取得粉碎性的胜利，这与1914年不同；但它也将包括1914—1918年德国领导人一直拒绝进行的事情，即大规模入侵俄国。

## 第八章

### 第二次世界大战：1939—1945年

## 国防军大获全胜：1939—1940年

第二次世界大战席卷全球，全球20多亿居民中几乎每一个人的生活都受此影响。它造成了可怕的生命损失，给人们带来了巨大的难以言表的痛苦。当希特勒以看似短暂而简单地消灭无助的波兰为开端时，他不可能对战争将如何蔓延有任何想法。在这场巨大的动荡中，政府、经济、社会及思想都发生了不可估量的变化。就第二次世界大战而言，想象力很难囊括它，而历史文献只能说明它的规模，尽管它已经成为有史以来被书写得最多的历史主题。

这场战争始于1939年9月德国迅速占领波兰。战争开始时，西方盟国就普遍存在着一种奇怪的、不真实的乐观主义情绪。法国总司令甘末林（Gamelin）将军认为，"在我们向德国宣战的那一天，希特勒就会垮台"。英国人认为，不流血的经济战很快就会使德国屈服。但是，装甲车在波兰的平原上横冲直撞，那里为坦克提供了绝佳的地形，同时德国天气晴朗，没有下雨。波兰的军队在数量上并不比德国差多少，但装备却差得多，几乎没有坦克，而且空军也少得多。在几周内闪电战就结束了，苏联人根据秘密协议进入了波兰东部地区，波兰政府逃到了伦敦。法国和英国履行了对波兰的承诺——向德国宣战，但除了投放宣传单外，它们却什么也没做。甘末林承诺在十六天内发动法国的陆上进攻，但那时已经太晚了；伦敦的张伯伦政府坚决反对任何军事行动。——希特勒没有看错他的对手。

有人认为，在法国人和英国人人数远远超过德国人的西线，任何形式的进攻都会给希特勒带来麻烦。但是，他们仍然在道义上甚至是身体上没有为一场进攻性战争做好准备。于是，波兰的苦难就这样开始了。在这场战争中，德国人得到了苏联的帮助，他们将数十万波兰人运送到战俘营，并在卡廷①枪杀了数千名波兰军官。当然，纳粹认为波兰人是为了德国定居

---

① 1990年4月，苏联政府承认并为15 000名波兰军官在卡廷被枪杀道歉。此前，苏联政府长期对此表示否认，并将此次大屠杀归咎于德国人。

者而被消灭的一个次种族。波兰人指出，德国人对波兰人的大屠杀几乎和更广为人知的对犹太人的大屠杀一样可怕：据历史学家统计，死亡人数为300万人。

希特勒总是从闪电战的角度来思考——一场以闪电般的推力取胜的战争——在征服波兰之后，他停了下来，向那些拒绝倾听的同盟国试探了一下。此时，西方舆论对纳粹的态度已经完全强硬起来了。1939—1940年的冬天，人们见证了法国人所说的"滑稽之战"（drôle de guerre）和美国人所说的"虚假战争"（phony war）。这场战争被说成是一场玩笑或一场骗局，英国人反对任何发动进攻的计划，至少目前是这样；他们深信经济封锁和抵制可以赢得战争的胜利，如果说有哪个英国政治家有意愿派遣军队重返另一场大陆大屠杀，他的名字绝不是内维尔·张伯伦。然而，英国人确实在利用这段时间制造飞机。法国政府可能和法国人民一样，也没有战争的意愿。观察家们报告说，在马其诺防线的众多要塞上，许多士兵的士气低落。

与此同时，在这段风暴前平静的具有欺骗性的奇怪插曲中，同盟国过度自信的音符也在继续。11月，苏联对芬兰突然发动战争的早期事件增强了同盟军的幻想，一股同情芬兰的浪潮席卷了各西方国家。与此同时，希特勒几乎被暂时遗忘了。在这场冬季战争中，芬兰人起初给苏联人造成的失败，使西方国家领导人相信苏联是一个"深陷泥潭的巨人"。也许，两个国家都是如此。缺乏民众支持的德国以及苏联会不会在第一次严重的考验中就崩溃呢？希特勒之所以犹豫不决，是因为他害怕人们相信自己。在法国和英国，有对德国及苏联开战的言论——这在以后是不可想象的，但在"滑稽之战"的华丽灯光下是可能的。巴黎和伦敦的一些军人和政客，半认真地讨论了从叙利亚和土耳其向高加索地区巴库油田发动攻击的问题。莫斯科嗅到了这类事件的气味，证实了它对英法两国已经有很深的怀疑。此时，幻想从未如此猖獗，政策制定者从未如此无所适从和手足无措。

当苏联人最终战胜芬兰的英勇抵抗并赢得冬季战争，然后吞并列宁格勒附近具有战略价值的领土时，德国正准备在1940年春天对法国和比利时发动经典的闪电战。事实上，在11月至第二年4月期间，希特勒取消了至少11

次进攻或准备进攻的命令，要么是因为天气原因，要么是因为将军们拖拖拉拉，他们认为德国还没有准备好。在11月5日的一次对峙中，希特勒对冯·布劳希奇将军（General Walther von Brauchitsch）大喊大叫，并让他闭嘴。11月8日，有人在慕尼黑企图暗杀希特勒，但将军们并没有对刺客采取行动。在此期间，希特勒继续建立一个独立的高级司令部（OKW），由他自己的人控制，统领OKH——一个武装部队最高统帅部。

德国和英国之间的第一次重大冲突，发生在远离欧洲的一片海域上。德国小型战列舰"格拉夫·斯佩号"（Graf Spee）在被英国巡洋舰追进南美洲的河床后，终于自毁（12月13—17日）。2月，一艘英国驱逐舰在挪威水域上袭击了一艘德国船只，英国人和法国人很快在斯卡格拉克地区布雷。德国的海上和空中部队随后入侵挪威，占领了丹麦。挪威的抵抗虽然得到了英国海军力量的帮助，但无法阻止德国在4月的快速征服。夺取挪威是经过巧妙策划的，在如此狭窄的水域显示了德国空军相比英国海军的优势。

这场战役不过是下个月那场声势浩大的战役的热身，届时西部战线将燃起战火。但是，这一次与1914年不同的是，这次战役爆发了一场奇妙的运动战。人们常说，法国和英国的思想是从防御战争的角度出发，被马其诺防线的心理所迷惑，而这种心理可以追溯到上一次战争的教训。但事实上，法国人确实发动了进攻，而且他们犯了一个致命的错误。虽然马其诺防线肯定会在南部驻扎，但比利时并没有加强防御，德国人正是在这里发动进攻的。5月10日，法国和英国的军队与卢森堡和荷兰的军队一起进攻比利时，前往比利时援助利奥波德三世（Leopold III）国王的军队。不幸的是，在他们这样做的时候，他们的右翼暴露在外了。比利时东南部阿登山脉的丘陵、森林地区被认为不适合坦克和机动车辆，而德国人就是在这里展示了他们对一种新的战争艺术的掌握。

法国和荷兰在六周之内的沦陷是有史以来最令人震惊的事件之一。在法国人惨烈的死亡发生后，各种各样的指控被提出。保罗·雷诺（Paul Reynaud）说，法国人既没有结盟，也没有增强自己的防御，更没有武装自己。但是，在马其诺防御工事上花费巨资的法国人实际上比德国人拥有更多的坦克，而且可能拥有更高端的坦克，他们自1936年以来没有闲着。德国军队的优势不在于他们的装甲车数量和质量，而是知道如何使用它们。年轻的德国军官没有将它们分散在步兵师中作为辅助部队，而是将坦克集结在师中，并将其与摩托化步兵、战术空军和伞兵部队结合使用。它们能够像温斯顿·丘吉尔所说的那样，用"镰刀式切割"的方式切入，然后呈扇形展开机动作战，在守军中散布混乱。——具有讽刺意味的是，一位名叫戴高乐的法国军官早在1934年就提出了这样的想法。

这些战术的成功，甚至使希特勒感到震惊。从阿登突破点开始，装甲部队呈扇形散开，攻击马其诺防御工事的后方和进军比利时的同盟国部队。与此同时，另一把大镰刀向南切入，在阿尔萨斯砍下朱拉山脉的西北斜坡，然后转向东北在后方攻击法国人。通过装甲师打开的这些缝隙，机动部队加速切断通信，中断补给线。他们冲向阿贝维尔的英吉利海峡，把同盟国一分为二。鹿特丹和布鲁塞尔都沦陷了；德国人很快就到了布洛涅，经过长时间的辩论，利奥波德三世的政府决定投降。这是在5月28日，也就是进攻开始后的第十八天。冲向同盟军防线的英国军队大约有25万人，他们在奥斯坦德和敦刻尔克被逼退到了海边，同时还有法国军队。

到6月5日，英国已经成功地从敦刻尔克撤离了30多万名士兵，这似乎是一个振奋英军精神的奇迹。当时，还不知道希特勒故意不阻止英国人逃跑，他希望与英国达成协议。为了追逐其他猎物，德国人转向南方，完成了对法国的征服。6月10日，意大利向法国宣战，试图入侵法国南部。6月13日，德军进入巴黎。6月15日，一战要塞凡尔登沦陷。6月16—17日，一战英雄贝当成为法国政府首脑，立即要求停战。

就伤亡而言，这场闪电战至少相对人道，其死亡总数不超过3万名德国人和10万名同盟军。当时，法国人和比利时人宁愿投降，也不愿进行无望的斗争。在后来的几年里，法国人对这一令人震惊的失败进行了漫长的自我审视，右翼指责左翼，左翼指责右翼，每个人都指责政治家，而政治家又指责将军。更客观地说，许多人认为法国在第一次世界大战中失去了整整一代人的青春，二十年后还要参加第二次世界大战是不人道的。这不是一个美好的场景，但失败很少是美好的。与此同时，英国人几乎都以为法国人拒绝打仗。一个典型的英国评论是，"法国人一看到偷工减料的坦克或飞机就跑，军官优先"。但是，法国人认为"肮脏的英国人"来得太晚，然后通过疏散来自救，留下了法国人和比利时人。

根据6月22日签订的停战协定，法国被解除武装，五分之三的国土给了德国。7月初，英国人在阿尔及利亚的奥兰击沉或俘房了部分法国舰队，并在英国港口扣押了其他法国船只，因为他们认为贝当元帅的政府是德国的"卫星"。与此同时，戴高乐将军在伦敦成立了自由法国政府，召集少数法国人继续以某种方式进行抗德斗争。①

温斯顿·丘吉尔接替内维尔·张伯伦出任英国首相，并以一种看似鲁莽的勇气宣称："我们将坚持到底……我们决不投降。"这种不屈不挠的精神使世界上许多人感到惊奇和振奋。我们现在知道，这是当时基于一些错误的观念的认识：英国人仍然认为德国人的底气很弱，他们的经济岌岌可危，无法支撑一场长期的战争；丘吉尔相信他的朋友美国总统富兰克林·罗斯福即将把美国的大量资源投入到对希特勒的战争中。但是，在这两个方面，丘吉尔都错了。诚然，法国的垮台将美国从孤立主义的沉睡中唤醒，但美国还远远没有做好参与战争的准备，而且在一年或更长的时间内也不会参与战争。在此期间，一场激烈的全国性辩论正在美国激烈地进行着，而罗斯福不是一个在没有公众授权的情况下就贸然前进的领导人。如果温斯顿·丘吉尔知道事情的真实情况，他很可能会对希特勒的提议做出回应，实现和平。事实上，在幻想的鼓舞下，丘吉尔向英国人民表达了一种令人难忘的意愿，那就是英国人民要与压倒性的困难和无情的敌人进行斗争。

一些历史学家仍然认为，丘吉尔应该听从希特勒的建议。德国和苏联之间的战争是不可避免的，为什么不等到那一天发生呢？如果说1941年德国获胜的话，苏联人和美国人可能都在帮助哈里·杜鲁门（Harry Truman）。与

---

① "你为什么给我带来这个忧郁的准将？"当斯皮尔斯少将和戴高乐从法国回来时，丘吉尔问他。"因为没有其他人愿意来。"这是他的回答。

德国暂时停战，除了荣誉，几乎没有什么损失。英国在1940—1941年遭受的昂贵的空中轰炸本也可以避免，但是勇敢的丘吉尔从慕尼黑开始就一直宣扬"绥靖"希特勒是愚蠢之举，并不打算模仿他的前任——英国首相内维尔·张伯伦。

## 扩大战争：1940—1941年

1940年夏秋季，当时的主要注意力集中在"英国之战"上。由于美国刚刚开始考虑介入战争，此时只有英国站在反对德国及其盟友的一边。1940年9月27日，包括德国、日本和意大利，这三个国家签署了一项条约。希特勒惊人的成功，消除了德国国内对他的微弱反对，使他看起来更像一个超人。事实上，希特勒推翻了建制派将领们的谨慎，转而支持装甲部队的提倡者曼斯坦和古德里安，他们的想法被证明是如此成功。

当然，现在领导着阻挡希特勒前进道路的微弱军队的人也不是普通的人——温斯顿·丘吉尔。在65岁的时候，丘吉尔回顾了他作为作家、军人、政治家和历史学家的非凡职业生涯——他甚至还画过画。丘吉尔是20世纪的英国天才——从小时候起就被认为是英国的神童，当时他完全靠旺盛的精力取得了显赫的地位。丘吉尔参加过战争，后来又写了一些关于战争的文章——从他早期对远征印度的描述到《大河之战》（*The River War*）中的苏丹战役（基奇纳伯爵1898年率领的战役）再到第一次世界大战，而我们都还记得他在达达尼尔海峡计划中的不幸。

丘吉尔的天赋、过人的胆识和巨大的能量总是激起人们的不信任。他在两个主要的英国政党里进进出出，直到人们对他丧失了信心，而且他经常与政党和公众格格不入（如1936年的退位危机，当时他热情地站在爱德华八世一边）。丘吉尔在政治上是个"坏孩子"，在他所有的天赋中有一个致命的缺陷——缺乏判断力。但是，丘吉尔有一个天赋比其他天赋更能保证他在政治上的声望，那就是无与伦比的口才，而且他在战争中也完全自如。"当政治和战争融合在一个主题中时，他的崇高和动荡的精神是完全快乐的。"阿尔弗雷德·乔治·加德纳（Alfred George Gardiner）这样写道。

事实上，丘吉尔也有许多弱点。丘吉尔从一开始就坚决反对纳粹主义的记录并不完美，他曾称赞希特勒在1936年恢复了德国人民的精神——对其他国家成就的慷慨赞赏是丘吉尔许多吸引人的品质之一——并在1937年曾说过：如果被迫在纳粹主义和共产主义之间做出选择，他会选择前者。丘吉尔年轻时是个自由主义者，他这时是左派的眼中钉（bête noire），因为他激烈地反对共产主义和帝国主义。然而，奥地利让丘吉尔看到了希特勒统治的危险，他在盟友很少的情况下与慕尼黑"绥靖"进行了斗争。现在，丘吉尔的时刻到了，他要充分利用它。丘吉尔立即改变了政府的精神和节奏，英国白厅将永远不会再像以前一样了。他虽然每晚只睡几个小时，但似乎永远精神饱满，用备忘录轰炸每个人（"今天行动"①，著名的标签要求）。他冲破繁文缛节，以纯粹的意志力激发英国人的行动力，在整个政府中传播一种自信的精神，甚至他雄辩的演说也让人们感到振奋。

丘吉尔自己也承认，他没有预见到德国人在世界范围内爆发战争的新发展。丘吉尔在生前书写的第二次世界大战的历史中说，他没有"理解自上次战争以来，由大量快速移动的装甲部队的入侵所带来的革命暴力"，就像他写第一次世界大战的历史一样。②然而，只有少数人预见到了这一点。丘吉尔没有向两位英国军事作家富勒（J. F. C. Fuller）将军和巴西尔·利德尔·哈特（Basil Liddell Hart）将军学习，他们是最早论证装甲车和机动车可以彻底改变战争的人，而他们的观点却完全没有产生效果。但是，在1939年，英国人已经预见到了制造"战斗机"对保卫他们的岛屿的重要性，这个决定的主要功臣似乎是托马斯·英斯基普（Thomas Inskip）；而且英国在雷达作战应用上一直遥遥领先。

---

① 二战开始时，英国为即将到来的对其岛屿的入侵做准备。首相温斯顿·丘吉尔开始在他最重要的命令上贴上"今天行动"（Action This Day）的标签，既表达了指令的紧迫性，也反映了行动的紧迫性。——译者注

② 丘吉尔著有《第一次世界大战回忆录》（五卷）、《第二次世界大战回忆录》（六卷），并凭借此获得了诺贝尔文学奖。——译者注

从1935年开始，英国人就致力于发展这种利用无线电波来跟踪飞机运动的想法（这并不是一个原创性的想法；德国人和俄国人也在研究它）。当1939年战争开始时，这个系统还远未完善，但到了1940年7月这个系统已经足够完善，让寡不敌众的英国"喷火"和"飓风"战斗机给德国空军造成了难以承受的损失。赫尔曼·戈林似乎从未完全理解该系统的工作原理，也没有有效地轰炸遍布在英国海岸的雷达信号站。1940年秋天，"喷火"战斗机和雷达从希特勒的势力手中拯救了英国和世界。德国对空中的控制会在入侵英国或对英国城市进行毫无争议的轰炸之后发生，这肯定会迫使英国寻求和平；要让德国人为他们对英国的轰炸付出难以承受的代价，就得由战斗机司令部来决定了。我们现在知道，英国人在这场战役中还有另一种武器——知道德国空军传递信息的密码。

德军早期在8月的袭击主要针对英国的机场，目的是削弱敌人的空中力量。9月7日，德军对伦敦的空袭开始，直到在9月15日达到高潮，此时1000架飞机向伦敦袭来，每一个夜晚都带来更多来自天空的恐怖。希特勒对英军突袭柏林的行动感到十分愤怒，并发誓要"把他们的城市从地图上抹去"——当德国空军遭受惨重损失时，英国战斗机司令部也是如此——失去飞机和飞行员的速度比它能替换他们的速度还要快。"从来没有这么多的人欠这么少的人这么多。"丘吉尔在向战斗机飞行员致敬时这样说。希特勒原计划把9月22日定为入侵英国的日期，然后在9月17日却取消了，因为英国轰炸机猛烈地打击了英吉利海峡法国和比利时一侧的入侵港口。至少，英国暂时得救了。

全世界目睹了英国的英勇抵抗，美国舆论也深受影响。在法国沦陷的震惊之后，美国从之前采取的严格中立态度转向援助纳粹德国的敌人；但是，不干涉主义者认为，参加希特勒已经赢得的战争是徒劳的。即使是犹豫不决的罗斯福，有时也认为英国已经完了，但现在看来英国要坚持下去了。"给我们工具，我们就能完成任务了。"丘吉尔难以抑制地喊道。终于，丘吉尔鼓舞人心的演讲打动了美国人的想象力，美国的援助现在开始流入英国。

然而，大西洋航运承受了德国U型潜艇的沉重打击。德国海军上将卡尔·邓尼茨（Karl Doenitz）认为，如果德国潜艇击沉的英国商船比英国能建造的还要多，那么英国将不得不投降。这是一场"吨位战"，德国人使用"狼群"战术，一群群浮出水面的潜艇整夜攻击护航队，威胁要赢得这场战争。但是，英国的解码也帮助击败了德国潜艇。然而，美国加入这场海洋战争是至关重要的。罗斯福被自己的反战言论所束缚，也担心美国舆论中仍有强大的"孤立主义"力量，他间接地表示倾向于与丘吉尔结成彻底的军事联盟；9月，罗斯福向英国出售了一些驱逐舰，以换取海军基地。

尽管德国的空袭在9月后没有结束，但急剧减少了。冬天的天气和之前遭受的损失都使空袭数量减少；德国人很大程度上放弃了对城市的大规模轰炸，转而再次专注于港口和航运。在1941年的前三个月里，高射炮和气球电缆帮助造成了90架德国轰炸机的损失。到了4月，希特勒开始向东看，他已经忘记了"海狮行动"（Sea Lion）——入侵英国，支持"巴巴罗萨"——转而向苏联行动。值得注意的是，英国人已经表明，恐怖爆炸不会摧毁一个民族的战斗意志。不久，英国自己也采用了同样的"空中力量胜利"公式，试图用他们自己的轰炸机摧毁德国。从1942年起，美国的轰炸机作为补充提供支援。

1941年3月，美国国会通过了《租借法案》（Lend-Lease Act），给予英国所有可能的援助，并不计算成本——此前已经给予信贷。为此，德国潜艇无法阻止数百万吨的补给穿越大西洋。尽管美国对作为一个交战国参战犹豫不决，但"除战争之外的一切援助"已经成为美国的政策。

1940年，北非的战争开始引起人们的注意。9月，意大利人从利比亚对埃及发动进攻。但是，韦维尔（Wavell）将军领导的英军在12月进行了反击，并击溃了意大利人——他们在军事上的无能此时成了德国人苦笑的对象。（1939年，丘吉尔应该对一个夸耀有意大利作为盟友的德国人回应说："这很公平，我们上次就有了他们。"）正是在韦维尔的成功之后，德军指挥官埃尔温·隆美尔（Erwin Rommel）于2月12日在的黎波里登陆，开始了战争中的一个传奇故事。1941年，"沙漠之狐"（desert fox，指隆美尔）将装甲战术带入北非的沙场，取得了辉煌的成功，并在德国的敌人中传播了恐慌。

1941年，希特勒还赢得了希腊和克里特岛的胜利，而正是意大利的无能促成了这些胜利。1940年10月，墨索里尼从阿尔巴尼亚进攻希腊，而1939

年他成功征服了阿尔巴尼亚。然而，当英国人轰炸意大利舰队帮助希腊时，墨索里尼又失败了。1941年4月南斯拉夫战役后，德国军队进入希腊，夺取英国补给。然后，德国用空军和降落伞部队入侵克里特岛，并在那里出色地击败了英国海军，迫使一支小型英国军队撤离到塞浦路斯和埃及。糟糕的盟军计划和与希腊人的不协调被认为是英国这次挫败的罪魁祸首，尽管他们使用了超级拦截，但还是失败了。不过，克里特人在地下继续抵抗。

当德国人接管希腊的指挥权时，希腊国王逃走了。但是，希特勒并没有采取地中海战略，如果他这样做了，可能会切断英国的"生命线"——苏伊士运河和直布罗陀海峡（尽管事实上交通方面成功地走了绕过南非的漫长路线），甚至有可能在1941年末日本人参战后与日本人联合起来。然而，希特勒并不是在寻找殖民地，他更倾向于与大英帝国合作而不是与它开战；他已经决定对苏联开战，为德国赢得一个"心腹"帝国。

西班牙的佛朗哥顽固地拒绝卷入这场战争，从而挫败了希特勒的地中海计划。1940年秋天，希特勒在西班牙边境会见了这位西班牙独裁者，他说他宁愿拔掉几颗牙齿也不愿再经历一次。佛朗哥正式加入轴心国条约，却拒绝允许德国军队越过比利牛斯山脉向直布罗陀海峡进军。根据阿尔伯特·施佩尔（Albert Speer）的说法，希特勒曾经建议重新开始一场西班牙内战，以反对佛朗哥。然而，历史学家唐纳德·德特韦勒（Donald Detwiler）表示，正如佛朗哥可能知道的那样，希特勒"没有能力强迫自己，因为他已经成为自己在东方侵略时间表上的囚犯"。

法国政府垮台以后，丘吉尔试图恢复与莫斯科的联系，但他运气不佳。然而，希特勒在西方的胜利鼓励苏联人在东欧采取大胆的政策。苏联的势力范围延伸到了波罗的海诸国，并试图得到布科维纳和比萨拉比亚。当时，斯大林一定认为，纳粹德国站不住脚。这些都是强硬的策略，因此深深地惹恼了希特勒。1940年11月，苏联外长莫洛托夫对柏林的访问是最后的一根稻草：苏联人宣称在东欧拥有统治权，但这是希特勒长期以来一直标榜的。尽管双方曾达成了互不侵犯协议，但希特勒却从未打算让苏联人在欧洲占有一席之地。当然，如果苏联人向东看而不是向西看——印度或中东，斯大林可能已经在希特勒的世界中找到了一个位置，因为希特勒鼓励这一点。但当苏联人顽固地坚持在欧洲发挥作用时，希特勒决定向他们发动战争。12月18日，希特勒发布了一项指令，要求在5月15日前与苏联进行军事摊牌。

1941年6月22日，德国开始对苏联进行攻击，但最大的谜团就是为什么苏联人会感到意外。从1941年年初开始，德国在东南欧的政策本应引起斯大林的警觉。当时，这一地区的大多数小国都加入了柏林—罗马—东京的行列——1940年11月20日的洪加里，三天后的罗马尼亚，1941年3月1日的保加利亚。只有南斯拉夫还犹豫不决，但3月25日签署三方协议的领导人第二天在贝尔格莱德的一场政变中被推翻。随后，南斯拉夫成立的新政府虽然小心翼翼地避免显得反德，但通过寻求苏联支持的行为激怒了希特勒。在4月的前几个星期里，已经在东部集结的德国军队占领了南斯拉夫。接着，他们干掉了希腊人，并在希腊海域与皇家海军发生冲突。由于南斯拉夫不愿意加入希特勒建立的新秩序，加上意大利在希腊的问题，这次巴尔干之行可能使"巴巴罗萨"行动推迟了一个月。

除了斯大林，似乎每个人都知道希特勒即将对苏联发动攻击。当然，英国人在读《德国民法典》。5月，希特勒的老战友鲁道夫·赫斯在未经希特勒允许的情况下就空降到英国，向英国人通报即将对苏联发动战役，并寻求通过谈判实现德国和英国之间的和平。但是，丘吉尔已经知道了"巴巴罗萨"行动，并决定继续对德国的战争，即使苏联是盟友。丘吉尔和罗斯福都试图提醒斯大林，然而这位多疑的苏联领导人认为他们是想欺骗他。斯大林眼看着德国人进军南斯拉夫、保加利亚、罗马尼亚甚至芬兰，但他莫名其妙地拒绝相信他们会在毫无征兆的情况下袭击苏联，直到6月22日仍然完全没有准备。守卫边境的苏联军队陷入混乱，因为他们没有得到一致的命令；斯大林在几个小时里都不相信这次大规模袭击的消息，然后在一个多星期里陷入困惑的无所作为。

希特勒的300万人进攻部队几乎取得了完全的惊喜：数百架苏联飞机在地面被摧毁；当熟悉的装甲镰刀深深切入俄罗斯平原（又称东欧平原）时，成千上万的苏联军队被包围、杀害或被俘。事实上，希特勒之所以冒着巨大的风险对苏联发动战争，其中一个理由就是他坚信胜利是轻而易举的——再来一场闪电战，将重复波兰和法国闪电战的成功。在战争的最初几个月，似乎没有什么事情与这一观点相矛盾。

## 轴心国高歌猛进：1941—1942 年

"历史上没有一场战争能与之相提并论。"研究德苏战争的历史学家艾伦·克拉克（Alan Clark）这样惊呼道。这是"两个最伟大的军队，两个世界上最绝对的体系的正面碰撞"，甚至1914年8月的头几天也无法与这场冲击相匹敌。300多万人的轴心国军队，3500辆坦克和数千架飞机，进攻一支更庞大的苏联军队——装备不差，坦克在质量和数量上都可能优于德国人。但是，这片开阔的平原是为德国的战术而建的；当苏联巨人站在那里目瞪口呆、不知所措时，侵略者沿着三条战线向前开去，盘旋并包围了大量的苏联军队。在南部，布琼尼（S. M. Budyenny）元帅的无能使得基辅失去了一支强大的军队。在他的天才巅峰时期，海因茨·古德里安（Heinz Guderian）在中央取得突破，歼灭了铁木辛哥（Semyon Timoshenko）的军队。到了7月3日，哈尔德将军说"战争实际上已经胜利了"，戈培尔在10月宣布"战争结束了"。难怪，据估计，苏联到那时已经损失了250万名士兵、18 000辆坦克、14 000架飞机和30多万平方英里的土地，其中包括这个幅员辽阔的国家最富裕的部分。

然而，就像戈培尔所说的，也有迹象表明袭击者的处境将变得艰难：由于距离遥远，补给和通信问题日益严重。随着德国军队越来越远离家乡，这些问题也在恶化：道路稀少，而连绵不断的秋雨使坦克和卡车减速。此时，苏联人在吸收了第一次冲击的教训后又重新振作起来，物资也从美国流入苏联。渐渐地，苏联人找到了能干的指挥官，学会了如何打这种战争，并从东方引进了新的军队。德国在第一次可怕打击中所造成的巨大创伤无疑会摧毁一个更先进的社会，但苏联因其落后而得救了。有人说，德国人因其成功而被打败了。——这是一个不同于以往任何一场战争的矛盾之处。

在决定这场历史上最伟大战役成败的诸多因素中，有两个因素是突出的：

德国军事大战略问题和德国对被征服的俄国人民的政策问题。在德国最高统帅部，一场激烈的辩论使希特勒与他的一些将领对决。那些不属于他的人——像哈尔德和布劳希奇——基本上都倾向于单枪匹马地进攻莫斯科，但希特勒在法国战役的经历中学会了蔑视专业的军事头脑，他坚持三管齐下的计划。在希特勒的战略下，北方的一根手指会伸向苏联第二大城市列宁格勒（今圣彼得堡），而南部的一根手指则会深入乌克兰和更远的地方，直指黑海和顿涅茨盆地，然后是盛产石油的高加索地区。这样，这有可能使德国资源紧张到无法承受的地步，尤其是南部前线变得太大，无法控制。

所有被占领的土地和那些被掳的人要怎样处置呢？在这里，纳粹的种族傲慢被证明是他们自己最大的敌人：数以百万计的苏联人，对共产主义者几乎没有或根本没有忠诚，而乌克兰是一个潜在的大规模动乱；德国基于同情地对待被征服人民的政策肯定会带来成功的前景。但相反的是，德国对斯拉夫人的残酷奴役和消灭带来了对侵略者的强烈仇恨，游击队开始骚扰德军。

如果德国的目标是摧毁苏联的武装力量，那么德国没有达到目的。尽管苏联遭受了巨大的损失，但一个拥有德国三倍人口的国家可以组建新的军队，并在同盟国的援助下重新装备自己的军队。如果目标是夺取和开发乌克兰和俄罗斯西部的其他土地，由于德国未能赢得当地居民的合作，这一任务变得非常困难，几乎不可能完成。纳粹抓着一只熊的尾巴，而这只熊虽然受了重伤，但它仍然是个可怕的巨人。同时，天气加重了德国人的痛苦，而一百四十年来最严寒的冬天即将给连冬衣都没有装备的士兵带来严重的伤痛。12月10日，当时的气温下降到令人难以置信的零下60华氏度，士兵在行进中冻死。这是1812年留给人们的阴影！12月初，正当日本人以为德国已经赢得了战争而朝珍珠港进发时，朱可夫[①]（Zhukov）将军发动了一场反攻，

---

[①] 格奥尔吉·康斯坦丁诺维奇·朱可夫（Georgy Konstantinovich Zhukov，1896—1974），苏联著名军事家、战略家，曾指挥斯大林格勒战役、列宁格勒战役、柏林战役，四次荣膺苏联英雄荣誉称号，被誉为第二次世界大战中最优秀的将领之一。——译者注

把冻僵的德国人赶回了几英里，拯救了莫斯科。苏联的进攻很快就结束了，但是德国的军队暂时被消灭了，闪电战失败了。希特勒解除了布劳希奇将军的职务，亲自指挥军队，联合国防军于1942年春下令发动新的进攻，并再次取得了暂时的成功。不过，希特勒正前往斯大林格勒（今伏尔加格勒）的决定性会合地。

与此同时，美国已经参战，或者说美国的加入是由其他国家的行动所保证的。直到1941年12月7日，美国人还没有正式参加对希特勒的战争，他们只限于向英国和苏联运送战争物资，并通过护送海军护航队来保护这些物资。日本利用了法国政府在1940年垮台的机会，占领了印度支那（越南、老挝和柬埔寨）；同时，日本对石油资源丰富的荷属东印度群岛（今印度尼西亚）有明显的企图。9月，日本与意大利和德国签订了三方协议。美国抗议日本在亚洲的这些进展，并开始对运往日本的产品实行禁运。1941年夏天，丘吉尔和罗斯福会晤，同意向日本施加压力，要求日本停止其扩张主义的野心，因为这可能威胁到英国拥有的马来亚、缅甸和印度，以及美国控制的菲律宾群岛。随后，美国冻结了日本的所有

珍珠港。1941年12月7日，在日本对美国夏威夷海军基地发动突然袭击后，美国军舰"肖号"（Shaw）爆炸，这使美国完全卷入了第二次世界大战。（美国海军）

信贷和资产，并将石油列入禁运名单。1941年夏末秋初，美日之间的谈判持续了几个月，但毫无进展。美国人要求日本从中国以及印度支那撤军；日本的政府领导人决定，他们别无选择，只能与美国开战，或者交出重要的国家利益。

罗斯福政府读了《日本民法典》(*Japanese Code*)，知道日本即将发动突袭，但是认为打击将发生在东南亚。美国人没有料到夏威夷太平洋舰队会遭到空袭，日本人的举动完全出乎意料。12月7日，日本轰炸美国珍珠港海军基地，震惊世界。这是一次惊人的成功，但它激起了愤怒的美国人的全面战争努力。希特勒依据他作为日本盟友的角色对美国宣战，他相信日本现在会把所有美国人的注意力从欧洲转移到太平洋地区。然而，美国现在正式宣布与德国交战。

至少从1941年年初的《租借法案》开始，美国就一直是英国反对纳粹德国和意大利的事实上的盟友，甚至是一个军事盟友，因为美国在大西洋护航补给编队与德国潜艇作战。1941年6月22日，美国立即将租借贷款的好处扩大到苏联。一些对罗斯福外交政策持批评态度的美国人无法理解罗斯福对日本的敌意，而这正是珍珠港事件的背景；还有一些人指控罗斯福纵容美国通过发动攻击来实现美国参战，而他的真正目的是打败希特勒。然而，不管是什么解释，一旦被日本的"恶名"激起了战争的愤怒，美国以其巨大的工业力量证明了其足以维持这两场战争，并释放了可怕的坦克、飞机、船只和其他战争物资，同时动员了数以百万计的军人和妇女参军。

在美国人的战时思维中，欧洲法西斯独裁者与日本军阀合二为一，形成了征服和奴役世界的单一阴谋。实际上，日本和德国是为了不同的目的而分别进行战争，并没有进行联合军事规划。但是，日本的野心是要建立一个在其控制下的大东亚"共同繁荣圈"，这与希特勒让德国推动建立一个以柏林为总部的国家社会主义欧洲类似。此时，美国完全致力于对德国和日本帝国主义的战争，并得到了彻底好战的公众舆论几乎一致的支持。这对德国人来说几乎不是一个好兆头，他们正迅速地被俄国的广阔空间所困。

丘吉尔与蒙哥马利将军和亚历山大将军在非洲前线。(英国帝国战争博物馆)

日本继在珍珠港对美国太平洋舰队的惊人打击之后，又取得了一系列额外的胜利，很快就占领了菲律宾和英国在新加坡的海军基地，而新加坡在一场震惊英国的失败中很快就落入了坚定的日本人之手。几个月之内，日本占领了整个东亚和太平洋地区，包括印度支那、泰国、缅甸、中国香港、马来亚、荷属东印度群岛和菲律宾。当日本控制了中国的沿海地区和主要城市时，中国政府撤退到了内陆深处的重庆。此时，日本采取了一种结合海陆作战的新战争模式，与德国在机械化陆战方面的领导地位并驾齐驱。大约在1942年年中，随着德军再次深入苏联和日本在印度边境的进攻，所谓轴心国离赢得世界大战最近。但是，形势即将逆转。

这一年也是德国将军隆美尔的非洲之年。这位富有魅力和能力的非洲军团指挥官利用集中的装甲师，加上炮兵和摩托化步兵，在沙漠战争中取得了惊人的成功。隆美尔起初因缺乏柏林的支持而受阻，因为所有部队都投入到对苏联的战役中，但他在1942年得到了增援并向埃及开进，占领了托布鲁克港，最后在距离亚历山大港只有70英里的阿拉曼被阻拦。

正是在10月，非洲的局势真正发生了转变。现在，英国人的反攻由另一位伟大的二战指挥官伯纳德·蒙哥马利（Bernard Montgomery）领导，他放弃了旧的战术，模仿隆美尔集结大规模坦克和大炮。北非战争成了二战中的一部史诗，奇怪地受到了所有参战者的喜爱，并以一种与其真正重要性形成鲜明对比的侠义豪情为标志。当然，它产生了两个最迷人的军事神秘人物，即隆美尔和蒙哥马利将军这样的神秘人物。但是，它与其说是世界斗争的主要舞台，不如说是一个丰富多彩的杂耍。

阿拉曼和斯大林格勒，以及在太平洋上的中途岛和珊瑚海的海战，一起成为轴心国在其顶峰上被遏制的时刻，此后便沉没了。然而，在这些关键战役中，伏尔加河上的巨大遭遇战是最伟大的。

## 德军失败

德军几乎还没有为一场消耗战做好准备，而是致力于将一场只打算持续几周的闪电战转换为"全面战争"，在紧急政府独裁下整个经济都面向战争生产来得比盟国晚了一些。只有在1942年，在希特勒未能闪击苏联这一令人沮丧的事实盯着他的情况下，他才走向了战争经济。弗里茨·托特（Fritz Todt）和随后的阿尔伯特·施佩尔成了强有力的国家经济管理者。在1942年上半年，德国的武器生产增加了55%。与其他交战国一样，妇女在工业就业和国防军的非战斗部分中承担了更大的角色。外国工人和战俘提供了一支多达六七百万的奴隶劳工队伍。德国通过征收巨额的"占领费"和不平等的双边贸易协定，有效地剥削了法国和其他被占领国家。平心而论，这里应该指出的是，同盟国也利用战俘作为劳动力供应；在战争结束时，约有225 000名战俘在英国工作，其中大部分是意大利人。

历史学家艾伦·米尔沃德（Alan Milward）曾说："在波兰和苏联，德国政府的野蛮行为导致了一场经济混乱，既阻止了出于战争目的对这些领土进行合理的经济扩张,也阻止了对那里的经济未来进行任何合理的规划。"整个国家的管理仍然混乱不堪,将官僚作风与党派狂热以及各种纳粹高层的私人帝国混为一谈。戈林是在被占领土上负责经济政策的领导人之一,他宣称:"我打算大肆掠夺。"希特勒对此表示肯定,"我们将夺走我们所能利用的一切"。苏联的掠夺是简单而直接的;但在法国、挪威和荷兰,掠夺是间接的,却几乎同样具有剥削性。为了取代被驱逐的当地人,将近100万德国人被招募到波兰西部定居,这是由希姆莱管理的一项计划中的长期政策的开始,即与北欧"拓荒者"一起在斯拉夫东部殖民。然而,总的来说,任何有序的计划都被推迟到战后进行。

1942年,同盟国开始从空中打击德国城市。然而,就在同一年,希特勒用比前一年更多的坦克、飞机和大炮在苏联发动了又一次大规模的进攻。希特勒再次与他的将军们争论是否要恢复攻势,因为一向保守的军事机构害怕会发生灾难。但是,希特勒现在完全掌控了局面,他不是一个拒绝赌博的人:美国现在也参与到战争之中,德国面临着一个强大的世界联盟,需要速战速决;苏联肯定受到了致命的伤害,只需要被干掉就可以了,而向斯大林格勒(今伏尔加格勒)的进军是旧有的单方面战略和多方面战略之间的妥协,因为军队可能会从伏尔加河上的这个工业和通信中心向北推进,从后方夺取莫斯科,或者向南朝着高加索推进。

但是,斯大林格勒距离柏林有1000多英里。随着战线的拉长,苏联军队反攻的机会增加了。苏联的一次过早的反击令人痛心,因为苏联中央司令部继续表现出无能。正是在这次事件中,弗拉索夫(Andrey Andreyevich Vlasov)将军变得非常可恶,以至于他让自己被德国人俘虏,后来他领导了一支反苏联的"自由俄国"军队。当然,由于纳粹在被占领的苏联的兽性统治,弗拉索夫的地位被削弱了。

从6月28日开始,几乎正好是战争开始后的一周年,德军的攻势在库尔斯克两侧和哈尔科夫下方突破,越过顿河穿过平原向目标横扫而去。德国人又一次欢欣鼓舞,装甲部队似乎再次不可战胜;希特勒欣喜若狂,"苏联人完蛋了"。但是,在斯大林格勒,历史上最可怕的战斗正在形成。这是二战中的"凡尔登战役":它先是一块磁铁,后来成了一个象

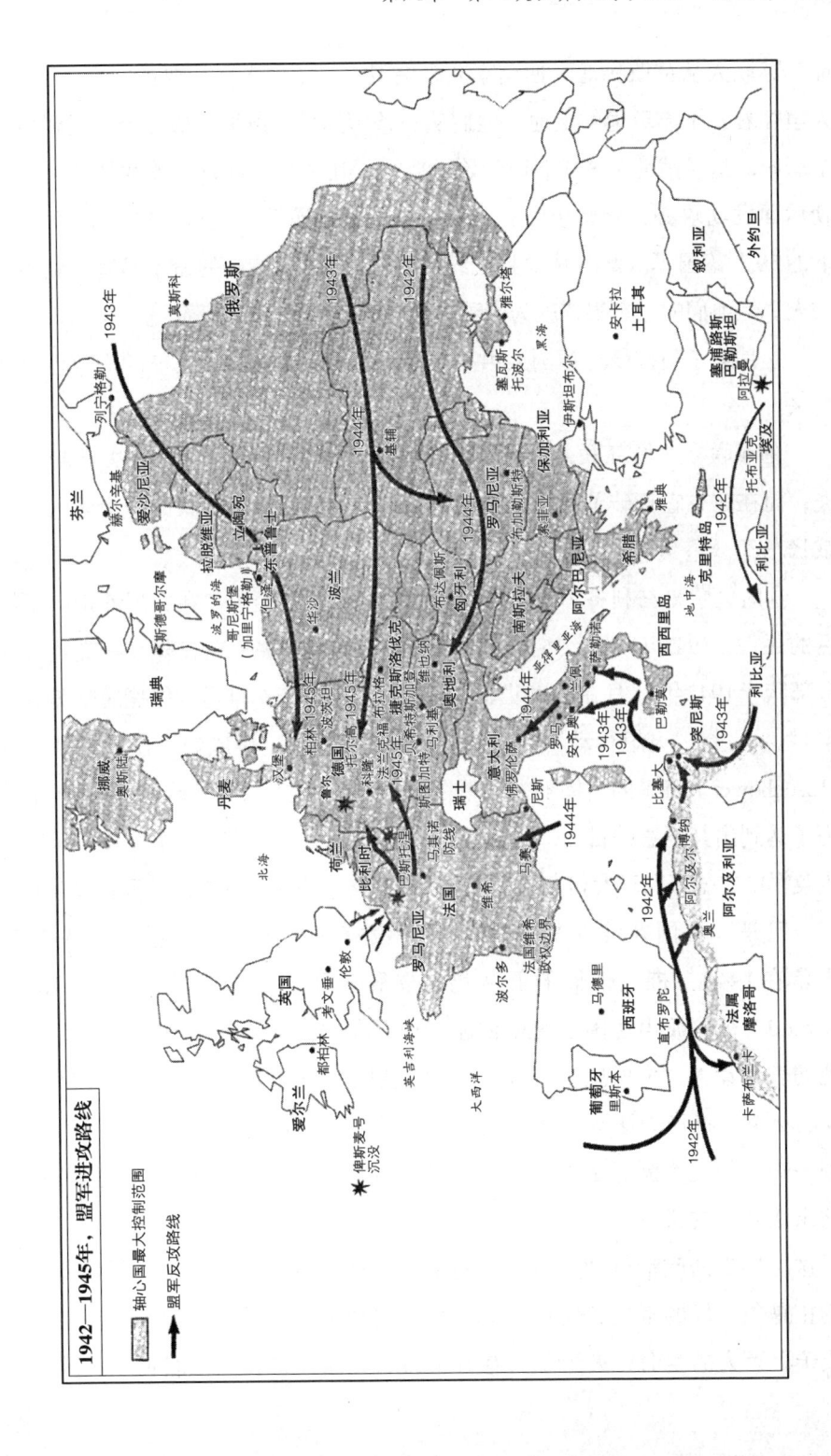

第八章 第二次世界大战：1939—1945年　289

征。苏联人从莫斯科地区抽调军队来保卫它，德国人坚持要占领它，100万人争夺着几平方英里的土地。他们从一条街到另一条街，从一个房间到另一个房间。这场战斗从8月下旬开始，持续了几个月。11月，苏联从斯大林格勒后面发动攻势，开始包围和困住疲惫的德国军队。最后，在2月2日，剩下的50万德国军队此时减少到大约8万人，尽管希特勒的命令是坚持到最后一人，但他们的将军很快就为亲苏运动打头阵——还是投降了。

这是除了阿拉曼外德国人第一次真正意义上的失败，其他的失败也随之而来。

在苏联，一场苏联人的冬季攻势夺回了库尔斯克、罗斯托夫和哈尔科夫，而在北方它打破了对列宁格勒的长期围困，使这座伟大的城市陷入了饥饿状态。

这时，蒙哥马利将军已将隆美尔赶出埃及，而隆美尔在突尼斯走向了最后的灭亡。1943年4月，15万非洲军团的幸存者在突尼斯投降。一支英美联合部队于1942年11月在法属北非登陆，从西面向德军推进，以摆脱隆美尔的陷阱。不过，"火炬行动"（Operation Torch）并非一帆风顺。在艾森豪威尔（Eisenhower）将军的指挥下，美军在摩洛哥和阿尔及利亚港口的登陆本来是为了达到出其不意的目的，并与蒙哥马利从埃及西进的时间相吻合，而另一支英军则在德军和意大利人还没来得及反应之前占领了的黎波里和比泽尔塔。

但是，法国在北非的武装力量并没有完全中立，一些法国人对丘吉尔在1940年摧毁他们的舰队仍然耿耿于怀。将军亨利·吉罗（Henri Giraud）被偷渡出法国，希望他能劝说北非法国人不要抵抗，但事实证明他的表现让人大失所望。随后，美国人在阿尔及尔安插了让·达尔朗（Jean Darlan）上将作为法军未来的指挥官；达尔朗承诺将把法国人拉拢到同盟国一边，但此举激怒了整个法国的抵抗运动，因为达尔朗是一个臭名昭著的亲法西斯主义者。于是，英国情报部门就帮助法国暗杀了达尔朗。伴随着这次拙劣的政治行动，英美之间发生了相当多的争吵。法国军队进行了不止是象征性的抵抗，使德国军队得以重新占领突尼斯。这次行动夺去了成千上万人的生命，大约总共有10 000名美国人和13 000名英国人因此丧生。希特勒在入侵北非后占领了法国的其余部分，结束了维希政权岌岌可危的半独立状态。

然而，最终这个策略奏效了。就像以较小的规模对待苏联一样，北非被证明是德国人倾倒人力和物资的一个排水沟，但最终无济于事。1943年夏天，德国在那里的势力被摧毁，为同盟国首先进攻西西里岛，然后进攻意大利铺平了道路。然而，与此同时，同盟国军队主要是从空中攻击德国，他们把取得胜利的主要希望寄托在空中力量上。

第二次世界大战的一个可怕的特征是来自空中的恐怖袭击，其规模远远超过了先前的战争。德国人在1940年对法国和荷兰的进攻中摧毁了鹿特丹市中心，在1940年和1941年给英国涂了灰泥，企图破坏英国人的意志。然后，轮到德国遭受持续不断的空中打击，装载巨大炸弹的飞机比以往任何已知的飞机都要大。第一次世界大战使大多数平民处于战区之外，但第二次世界大战使他们成为战争的主要受害者。当原子弹的发明迫使日本投降时，战争的结束是完全恰当的，因为两座城市（广岛和长崎）都被一次可怕的爆炸彻底摧毁了。

然而，空中战争也暴露出这种可怕战争形式的惊人局限性。如果德国人不能打破英国的意愿，最终因损失惨重而不得不取消进攻，那么同盟国随后也不能击溃德国，尽管他们向德国的城市投下了数百倍的炸弹。1942年，英国人和现在的美国人一样，认为空中轰炸可以使德国通信瘫痪，摧毁主要工业，从而赢得战争。但是，这次"战略轰炸"失败了。雷达和快速战斗机使白天的轰炸成本过高，直到战争后期更好的导航系统和远程战斗机护航机被开发出来。事实证明，到了夜晚，要精确定位像一个特定工厂这么小的目标是不可能的。所以，"战略轰炸"演变成了"区域轰炸"，意思是在高度工业化地区进行轰炸，假设有价值的东西肯定会被击中；或者，如果没有，至少敌人将不得不转移人力和机械资源来清理。很多时候，这种策略似乎退化为对城市进行无差别的轰炸，而没有太多的尝试来区分工业区和居民区——通常相距不远。

由于很少有人相信空军轰炸会摧毁一个民族的战斗意志，在第一次经历后，谈论"恐怖轰炸"可能是错误的。然而，这种令人震惊的不人道政策最终将大多数德国城市夷为平地，杀害或残害了数十万平民，并摧毁了无数宝贵的历史建筑。尤其臭名昭著的是1945年2月进行的德累斯顿大轰炸，在那次袭击中有多达5万名无助的难民丧生。西方国家对战争的反对（事实上很少，尽管比第一次世界大战时更多的是出于良心拒服兵役），主要集中在恐怖轰炸事件上。美国著名的年轻诗人罗伯特·洛威尔（Robert Lowell）最初是爱国的，但他在1943年8月写信给罗斯福总统委婉地拒绝了加入武装部队的邀请，因此被送入监狱里关了几个月——他的理由包括无条件投降的政策，以及对德国城市不分青红皂白地恐怖轰炸。

当时，有些炸弹重达10吨。在1944—1945年，炸弹总数上升到每月60 000~65 000吨的高峰，24小时的不间断轰炸成为惯例。德国人在轰炸中的损失只能被粗略估计出来，一个比较合理的猜测是30万人死亡、75万人重伤。令人惊奇的是，投向德国的170万吨高爆弹和燃烧弹似乎并没有严重损害德国的战争生产，至少它并没有妨碍坦克、飞机、枪支、弹药和其他战争物资制造的稳步增长，甚至1942年的产量增加了一倍多，并到1944年年中仍持续攀升。此后，德国战争生产下降的原因可以合理地归结为陆地上的战败和外来进攻，到1944年中期军备生产整体上大约是1941年的3.4倍。

作为对所造成损害的回报，同盟国付出了高昂的代价。英国有不少于57 000名空军人员在这些攻击中丧生，还有许多非常昂贵的物资也被损失了。在1943—1944年，英军每个月都损失170架兰开斯特大型轰炸机（AVRO Lancaster），并曾经在一次袭击中损失了100多架轰炸机（1944年3月30日，在纽伦堡）。同时，总共有美军的18 000架和英军的22 000架飞机丢失或损坏到无法修复。据估计，轰炸的总代价为850亿美元。

最后，同盟国不得不做"空中力量胜利"派声称他们不会做的事情，即发动一场对欧洲大陆的大规模进攻来击败德国。那些认为轰炸战略是对文明犯罪的人比那些认为仅仅从效率角度来看这是一个错误的人要少，将同样的资源用于其他方向会更快地结束战争。然而，这场争论从未得到决定性的解决。一些军事专家仍然认为，只有这种对空中的控制权和它给德国带来的持续负担才能确保同盟国取得胜利。

由于美国战争工业的巨大生产力,同盟国能够负担得起不断轰炸的飞机费用。战争期间,美国有近10万架轰炸机和20万架其他飞机从装配线下线,还有8.6万辆坦克、6000万吨船运和大量其他战争物资。没有一个国家能在总体上达到这一纪录,尽管苏联人制造了更多的坦克,德国人制造了3万架轰炸机,其中大部分是小型轰炸机。英国的飞机生产也做得非常好,单是产量就已经超过了德国。

美国能够为苏联提供机动车辆、坦克和飞机,以及大量的食物和其他补给,这些数量无疑对苏联的生存起到了至关重要的作用,尽管他们不愿意承认这一点。到1942年,对苏联的援助总额已经达到了惊人的数量,其中战争期间对苏联的援助总额约为17 500架飞机——大部分是追击机或轻型轰炸机,20 000辆坦克、140 000辆吉普车、100多万辆卡车、40万支冲锋枪、400多万吨食品和其他物资,总价值至少为100亿美元、总重量1650万吨。这条补给流经过三条路线:从阿拉斯加到东西伯利亚,越过大洋到达波斯湾的阿巴丹,然后穿过伊朗;最短但最危险的一条是通往俄罗斯北部摩尔曼斯克和大天使城港口的弧形路线。纳粹潜艇、飞机和战列舰经常使最后一条航线成为噩梦,但在海上的总损失不超过6%,也就是说1650万吨中的100万吨。尽管苏联人很勇敢,但如果没有美国的这种自由给予的援助,苏联人不可能战胜纳粹德国,而援助是由美国和英国的海空力量保护的美国和英国船只运送的。所有这些,美国人都是在对日作战的同时策划的;但是,大战略决定了打败德国是当时的第一要务。

斯大林格勒的胜利并没有完全结束德国的威胁。事实上,希特勒违背了他的将军们的建议,在1943年夏天又发动了一次进攻。德军将领认为,如果他们能缩短战线,掌握关键点,建立弹性防御,他们就能无限期地阻止苏军。此时,希特勒开始失去对局面的控制,他已经在为两年后柏林地堡中面临的"世界末日"(Götterdämmerung)毁灭做准备。希特勒拒绝撤退,并强行发动新的进攻,给了苏联人发动毁灭性反击的机会。另一场围绕库尔斯克的强大战斗在7月使德军措手不及,之后苏联人稳步地让德军回退,并在年底夺回了哈尔科夫和基辅。库尔斯克战役虽然没有那么出名,但可能比斯大林格勒战役更具有决定性意义。

## 攻打欧洲要塞

与美国人相比,英国人更不愿意从英吉利海峡对岸向欧洲大陆发动进攻;对美国人来说,从一开始就很明显,这是打败德国的最短、最直接且最有效的一个方法。"我们为第一次世界大战的大规模进攻付出的生命和鲜血的可怕代价深深印在我的脑海里。"丘吉尔承认道。1942年,美国人被迫承认这种行动的困难比他们想象的要大,尽管美国军事领导人不太喜欢罗斯福总统用北非行动来安抚斯大林的决定(以及他们自己渴望采取行动)。"火炬行动"(非洲)暂时取代了"霸王行动"(Operation Overlord,进攻欧洲),同时加大了对德国的轰炸力度。随后,北非在1943年夏天遭到意大利入侵。这并没有安抚斯大林,最终它被证明是一个小插曲。

这次登陆确实将意大利从战争中剔除出去了,却让意大利暴露在了纳粹占领的恐怖之中。这场战争对意大利人来说意味着一系列的灾难,没有军事胜利来弥补国民收入的持续下降,因此墨索里尼失去了所有的支持。1943年3月,甚至在盟军7月10日从北非进攻西西里岛和几天后轰炸罗马之前,罢工浪潮就已经达到顶峰。幸运的是,盟军轰炸机设法足够精确地避免击中圣彼得大教堂[①]。这一场反对法西斯主义的流行运动,团结了共产党人、"社会主义者"和更加温和的几个政党,包括新生的基督教民主党。但是,7月25日推翻墨索里尼的几乎不流血的革命,却是一场由军队、神职人员和王室领导的自上而下的革命。被从遗忘中拯救出来的法西斯大议会(Fascist Grand Council),投票反对现在彻底失败的元首(墨索里尼);国王维克托·伊曼纽尔三世(Victor Emmanuel III)告诉他,他完蛋了。在公众的欢呼中,墨索里

---

[①] 这里指圣彼得大教堂(St. Peter's Basilica Church),又称圣伯多禄大教堂、梵蒂冈大殿,是位于梵蒂冈的一座天主教宗教圣殿,建于1506—1626年,为天主教会重要的象征之一。——译者注

尼沮丧得无力反抗，他听任自己被逮捕。推翻墨索里尼的名流们选择了埃塞俄比亚战争的英雄皮埃特罗·巴多里奥（Pietro Badoglio）元帅，作为墨索里尼的继任者。

尽管巴多里奥公开宣称"战争还在继续"，但他绝望得已经开始寻找出路，希望同盟国提出条件。但是，美国人和英国人却计划于9月9日从西西里岛登陆意大利，除了最近三巨头（罗斯福、斯大林和丘吉尔）达成的协议外，拒绝给予任何条件：无条件投降。这个方案注定会引起很多争议。当意大利政府在如此卑躬屈膝的投降条件前犹豫不决时，德国人却向意大利增派了军队。在至今仍引起争论的混乱和误解的迷雾中，意大利人终于在9月2日签署了停战协议，而此时正值英美军队在意大利南部登陆之际。在那里，他们发现德国军队已经控制了意大利，并准备进行激烈的抵抗。更糟糕的是，在这个时候诞生的意大利抵抗运动遭到了德国的报复。

有些人认为，更好的时机可能会阻止德国人的接管，他们把责任归咎于巴多里奥政府或同盟国，或者两者兼而有之。可以肯定的是，从7月25日到9月2日这六个星期的延迟帮助了德国人。墨索里尼被德国伞兵救出或者说绑架以后，再次领导了一个亲纳粹的政权，其总部设在意大利北部的维罗纳附近。在建立滩头阵地之前，盟军在萨莱诺经历了十天的苦战，并在意大利崎岖不平的乡村和狭窄的峡谷中又进行了进一步的艰苦战斗。1944年年初，有人企图从罗马附近的安齐奥海上登陆，从侧面包抄德军战线，结果伤亡惨重，未能达到目的。

后来，意大利战役遭到了许多批评。在进攻意大利之后，盟军在这条战线上失去了一些兴趣，因为他们决定把主要精力放在跨海峡进攻上——这其实是他们很早以前就已经做出的决定。此时，盟军满足于在意大利缓慢推进或者根本不推进。地中海战役始终是一种权宜之计，它有一个缺陷——那就是从这个方向不能真正地攻击德国。阿尔卑斯山位于意大利和德国之间，没有人认为有可能通过阿尔卑斯山进入德国。意大利战役的理由是牵制数量可观的德国军队，但这一理由显然是事后才想到的。意大利战役转移了可能从南部进攻法国的兵力，而这一进攻将与跨海峡进攻协调进行。总而言之，意大利的战线令人沮丧,并可能是白费力气,但有两点除外:满足了人们对行动的需求;主要事件的准备工作正在进行,而且它是一个训练场。①

与此同时,通过1942年和1943年的大量准备工作,被推迟了很久的"霸王行动"——诺曼底登陆②正在悄悄逼近。1942年,加拿大部队在迪耶普进行的一次代价高昂的突袭,显示出面对德国人的重重海岸防御工事,登陆的任务将是多么艰巨。因此,登陆被推迟到了1944年6月,并不像许多美国人相信的那样是英国人拖后腿的结果。丘吉尔确实坚决主张在东南欧进行强有力的二次登陆,并在这个问题上与美国人交锋;但他并没有质疑跨海峡进攻的必要性。——现在,人们普遍认为,任何更早的日期都是不可行的。到了

登陆日:1944年6月8日盟军在诺曼底登陆后,大量物资涌入海岸。(美国陆军)

---

① 诺曼·刘易斯(Norman Lewis)在《光荣社会》(*The Honored Society*)一书中揭示了意大利战役的另一个令人不快的方面,那就是盟军司令部在西西里与腐败邪恶的黑手党有交易。

② 诺曼底登陆战役发生在1944年6月6日6时30分,是第二次世界大战中盟军在欧洲西线战场发起的一场大规模攻势,这次行动的日期1944年6月6日被称为"D-DAY"。——译者注

1944年，对逐渐衰落的德国空军的空中优势是最安全的。当然，斯大林认为他的西方盟友拖延了时间，直到他的军队把德国人打得头破血流为止；而且必须承认，同盟国在明确德国人在苏联不可能取胜之前，几乎没有表现出冒险进行重大攻击的倾向。

但是，这项庞大的行动最终在1944年6月6日启动了。诺曼底海滩上的第一次攻击使用了5000艘船只、人工港口（"桑葚"）、由沉船组成的人工防波堤（"醋栗"）、10 000架飞机的空中掩护、3000门登陆炮、1500辆坦克、13 000辆汽车，以及包括空降伞兵在内的50 000多名士兵，而登陆部队包括波兰人、比利时人、加拿大人、挪威人、荷兰人和法国人（尽管自由法国领导人戴高乐没有被邀请参加战略规划会议）。此时，在英格兰东南部有超过100万的美国士兵。两个月内，200万人和200万吨物资被运往法国。

在策划"霸王行动"计划时，盟军还充分利用了他们的秘密情报武器，因为德国人被欺骗了，以为袭击会发生在加莱，就像他们当初被欺骗以为西西里人会登陆希腊一样。实际上，选择诺曼底是由英国机场的空中覆盖所决定的；布列塔尼太远了，加莱防卫严密，而且缺乏深水海滩。

"我和我的同事们不得不承认，从战争的规模、宏大的构想和精湛的执行来看，战争史上没有其他类似的事件了。"就连斯大林也对此印象深刻，他在给丘吉尔的信中这样写道。

第一个着陆的人在恶劣的天气下乘坐拥挤的船只穿越英吉利海峡时感到寒冷、局促，还伴着晕船的症状，并遭遇了致命的机枪火力。美国进行的两次登陆中有一次几乎失败了；但是，英国人成功地将三个师登陆，诺曼底滩头阵地终于得到了巩固。然后，美国、英国、加拿大和自由法国的军队奋力从海滩突围，开始横扫法国；而帮助他们的是法国人（在英国的帮助下）组织的抵抗运动，向他们提供了信息。在能干的指挥官领导下的德国军队坚决抵抗，但他们无法阻止盟军部队登陆和随后向法国平原突围。德军紧紧咬住英吉利海峡的港口，然后在投降前将其捣毁，使盟军的后勤问题变得十分棘手。

登陆进展非常缓慢，而且蒙哥马利将军设想的一项将空降师撤到德军后方的大胆计划失败了。在另一个长期争论的决定中，艾森豪威尔决定反对蒙哥马利关于向柏林快速但有风险的单方面推进的想法，并支持在广泛的战线上缓慢但有条不紊地推进。不过，指挥南方联队的美国将军乔治·巴顿（George Patton）同意蒙哥马利的观点，赞成单挑。

1944年8月15日，盟军在法国南部还有一次登陆，但由于盟军之间的争论而推迟，丘吉尔坚持巴尔干前线的想法，以此与南斯拉夫游击队联系。在诺曼底登陆后，艰苦的战斗几乎持续了将近一年，而直到1944年的最后几周，德国人还能够在阿登进行危险的反击，这是他们四年半前第一次取得巨大成功的地方。（这一次，希特勒通过下令无线电静默打败了ULTRA）

但是，随着跨越海峡进攻的成功，加上德国在东线的稳步撤退，德意志的事业此时变得无望。1944年7月15日，隆美尔给希特勒写信：德国应该寻求和平。7月17日，当隆美尔从前线回来时，一架英国飞机扫射了他乘坐的汽车，他因此受了重伤。作为德国在西线的指挥官，隆美尔已经准备好独自行动——扮演一个他可能独自准备扮演的角色。三天以后，克劳斯·冯·施陶芬伯格（Claus von Stauffenberg）上校将一枚炸弹放在自己的公文包里，进入希特勒在东普鲁士的总部狼穴①（德语Wolfsschanze）。这枚炸弹爆炸了，炸死了几个人，却对元首的伤害很小。（1943年3月，法比安·冯·施拉布伦多夫［Fabian von Schlabrendorff］放置在希特勒飞机上的炸弹没有爆炸。当希特勒突然中断了柏林军火库的参观时，另一个炸弹阴谋也失败了。希特勒的敌人都认为他真是命运的宠儿。）7月20日爆炸失败的一个关键因素是，会议在最后一刻转移到了一栋墙壁太薄而无法承受爆炸力的建筑里。

从施陶芬伯格那里得知希特勒已经死了（正如这位勇敢的上校所想的那样），在巴黎的德国军队逮捕了当地的党卫军和冲锋队，准备与盟军联系以结束战争。但是，希特勒奇迹般生还的消息让大多数共谋者感到不

---

① 二战时希特勒的一个军事指挥部的代号。——译者注

1945年初,前进的美国军队在一个德国城镇的废墟中停了下来。(美国陆军)

安:想要继续政变的卡尔·海因里希·冯·史图尔普纳格(Karl Heinrich von Stülpnagel)将军开枪自杀了;克卢格(Günther von kluge)则无可救药地陷入忠诚的冲突中,他服毒自杀了;隆美尔后来也被迫自杀。在此过程中,希特勒对军队的反叛者进行了可怕的报复,而他自己原本准备"要么统治世界,要么走向毁灭"[1]。事实证明,德国配不上希特勒为德国指定的世界角色,它可能会在瓦格纳式的诸神黄昏中与他一同灭亡。

因此,德国无法像意大利那样罢免其独裁者,以缩短一场无望的战争。德国和世界上的其他国家的人又经历了几个月的恐怖,炸弹如雨点般落在毫无防备的城市里,欧洲犹太人被送进纳粹的毒气炉里,苏联人推进到波兰、匈牙利、捷克斯洛伐克,并最终进入柏林。为什么会这样呢?希特勒魔鬼般的意志和他对德国更全面的控制显然是因素。没有国王或其他国家元首可以呼吁,因为希特勒已经接管了所有的职务。更重要的是,军队、政府和工业

---

[1] 希特勒的原话是"Wehrmacht oder Niedergang"。

界的德国领导层也未能采取足够的大胆行动。诚然，有一群专门的反对派，但他们相对较少；甚至那些对希特勒没有爱意的德国人，也在苏联人上门的情况下犹豫是否要叛变。

至于同盟国，它们继续要求无条件投降，并拒绝与任何德国人讨价还价。7月20日的失败暴露了希特勒的敌人，他的复仇是野蛮的，其主要的阴谋者是被缓慢地勒杀的，而他拍下了这方面的电影并放映出来。海因里希·希姆莱宣称，"施陶芬伯格伯爵（Count Stauffenberg）的家族将被消灭到最后一个成员"。从卡尔·戈德勒（Carl Goederler）到冯·毛奇的克瑞索圈子（Kreisau Circle），所有反对党的圈子都被打破了。在这之后，再也没有反对的可能，多年建立起来的联系也被摧毁了。德国只能在一个垂死的疯子的统治下受苦。

## 联合作战外交

当希特勒和希姆莱在7月20日向企图杀害他们的人发泄他们的愤怒时，不仅英美军队正在向巴黎逼近，而且苏联人在将德国人驱逐出去以后正在向华沙推进。8月10日，波兰人在华沙的地下组织奋起反抗，从纳粹手中夺取了该城的部分地区，并向伦敦的流亡政府寻求领导权。但是，斯大林建立了自己的波兰民族解放委员会，并开始谴责在伦敦的波兰人是法西斯分子。苏军停止向波兰首都推进，等待暴露的波兰自由战士被德国人屠杀；30万波兰人死于这场二战中最令人震惊的悲剧之中。8月12日，丘吉尔下令进行孤注一掷的空运，但苏联人拒绝提供着陆设施。

这绝不是一个孤立的例子。我们知道，意大利游击队没有得到足够的盟军帮助；在争夺法国的战斗中，当德国人能够坚持一段时间时，一些过早的叛乱被血腥镇压。党卫军消灭了法国的奥拉多尔-苏尔-格兰村（Oradour-sur-Glane），并杀死了当地所有的600名居民。在1942年早些时候，捷克的利迪斯村（Lidice）被消灭，以报复（英国特工）暗杀了能干的雷哈德·赫德里奇（Reinhard Heydrich）——党卫队（安全部门，盖世太保是它的一个分支）的首领。在德国驶经法国的途中（1944年11月），戴高乐曾断然拒绝艾森豪威尔的命令，从斯特拉斯堡市撤出刚刚被占领的土地，向另一个关键部门提供援助。戴高乐担心，如果德国人回来，纳粹会对法国爱国者进行报复。

美国人和英国人之间在军事战略上经常发生激烈的争执，这一点已经被提及。丘吉尔坚持将一些盟军转移到巴尔干前线，但未能打动美国领导人，最终在斯大林的热情支持下被搁置了。丘吉尔对苏联在巴尔干半岛的主导地位提出警告，并希望与南斯拉夫游击队运动联系起来。德拉扎·米哈伊洛维奇（Draza Mihajlovic）上校的抵抗组织和由激进的克罗地亚元帅铁托（Tito，全名约瑟普·布罗兹·铁托 [Josip Broz Tito]）领导的游击队之间的对抗，使这种可能性变得更加复杂。丘吉尔愿意支持盟军在欧洲要塞"亚得里亚海腋下捅一刀"。

在被占领欧洲的所有抵抗运动中，铁托的运动是最成功的。起初，米哈伊洛维奇的追随者塞尔维亚人似乎是世界上最有效的南斯拉夫抵抗力量。但是，在一场残酷的游戏中，默默无闻的共产主义者铁托被证明更有能力、更有活力、更加无情。作为塞尔维亚民族主义者的切特尼克（塞尔维亚民族武装），冒犯了这个多民族的南斯拉夫国家的其他民族（主要是克罗地亚人和斯洛文尼亚人）。虽然大多数塞尔维亚农民仍然更喜欢米哈伊洛维奇，但游击队员们能够团结所有南斯拉夫人。据称，铁托对打击德国人或意大利人不感兴趣，而更感兴趣的是阻止一场社会革命。（铁托本人至少有一次与德国人讨价还价。）斯大林一开始支持米哈伊洛维奇，但后来转而支持铁托；英国对后者的支持更大。切特尼克认为他们被亲共产主义的英国顾问出卖了，包括臭名昭著的道格拉斯·麦克莱恩（Douglas MacLean），他在战后叛逃到苏联。但是，在1943年转而支持铁托的真正原因很简单，那就是事实证明他对纳粹的打击要有效得多。丘吉尔并没有因为铁托也是一名共产主义者而感到不安，他说他不希望战后生活在南斯拉夫。事实上，铁托是一位杰出的领袖，而游击队运动是一个最不寻常的运动。

但是，美国人几乎无法理解，并且怀疑英国除了用最短的路线直接攻击纳粹控制的欧洲之外，还有什么别的兴趣。最终，通过强大的军事力量，他们取得了胜利。在诺曼底登陆后，蒙哥马利与艾森豪威尔的战斗也被提及。蒙哥马利对英美缓慢推进的主要反对意见是，这让苏联有时间进入东欧的所有国家和德国的大部分地区，而不可能很快地转移出去。臭名昭著的是盟军将领之间的争斗，不仅是在英美之间存在，而且是在美国阵营内部（如奥马尔·布莱德雷［Omar Nelson Bradley］和巴顿）；在分支机构之间，傲慢的空中领主经常拒绝接受与地面部队在战术计划上的合作，因为他们更喜欢追求整体的空中优势，甚至是仅仅依靠空中力量的胜利。总的来说，战争的这一面对这些士兵的成熟没有什么好处。毫无疑问，蒙哥马利的天才被一种离谱的人格所掩盖；在美国方面，与个性鲜明、雄心勃勃的巴顿"血统与胆量"相匹配。在这一系列的首席执行官中，艾森豪威尔司令不自在地主持着工作，往往效果不佳。

在第二次世界大战的历史上，联军战争的外交和战后政策的规划是至关重要的。引人注目的是，国家高级领导人在首脑会议上会晤，试图解决这些重大问题。1941年8月，罗斯福和丘吉尔在纽芬兰海岸附近的海上会晤产生了《大西洋宪章》（*Atlantic Charter*），这是一份口头宣言，阐述了理想的和平目标。盟军的目标是建立一个没有匮乏、没有恐惧、没有军备和冲突的世界。他们不想在违背居民意愿的情况下吞并领土，但这一原则很难与苏联在波罗的海国家的行动相一致。在罗斯福总统的"四个自由"和其他声明中，他试图在这场战争中扮演威尔森主义者的角色。但是，崇高的理想和严峻的现实再次发生冲突。实际上，同盟国必须达成一个权力划分。他们一致认为轴心国的敌人必须被彻底打败并缴械投降，但事实证明，一旦德国和日本政府倒台，便很难就全球大片地区的处置达成一致意见。

由于斯大林拒绝前来，罗斯福和丘吉尔于1943年1月在摩洛哥的卡萨布兰卡举行了会晤。这次会晤是在北非登陆后立即进行的，北非登陆引起了自由法国的问题。罗斯福不喜欢戴高乐，试图在非洲绕过他；美国承认了维希政府。自由法国从维希总督手中夺取纽芬兰海岸的一些法属岛屿的行为激怒了美国领导人，他们认为戴高乐在法国几乎没有得到什么支持，虽然国务院以奇怪的毅力推行亲维希、反自由法国的政策，但是罗斯福认为这位自由法国领导人是个恃才傲物的人，很难对付。

在卡萨布兰卡会议上，美英两国军事首脑也继续为跨海峡登陆争吵不休。他们对和平条件的讨论产生了有争议的无条件投降的要求：不会与任何敌国政府提出任何条件，必须彻底投降。同盟国领导人通过这样宣布以彻底胜利作为战争的目标，意在向斯大林和其他所有人保证，他们不会与希特勒达成任何协议。他们还表达了这场战争的独特意识形态：全面战争，全面胜利，胜利后敌国的全面重建。这一方案确保了战争的结束，对德国的登陆和占领，彻底摧毁敌人的国家机器，而不是某种形式的谈判和平。

1943年年底，丘吉尔、罗斯福和斯大林三巨头进行了第一次会晤。苏联领导人以战争的紧迫压力为由，最终迫使其他人来到靠近苏联边界的伊朗德黑兰。在会议上，丘吉尔和罗斯福与这位富有传奇色彩的共产主义领导人争论得面红耳赤。他们发现，斯大林很直率，但很聪明，甚至很讨人喜欢，而且他们似乎与他达成了某些协议。斯大林保证，期待已久的对西欧的进攻将在来年春天发生，并承诺将发动一次苏联攻势进行配合。罗斯福告诉斯大林，他非常同情苏联对波兰边界的计划，但不能这么直接说出来，因为美国国内有许多波兰裔选民。三位领导人发表了一份非常笼统的声明，承诺他们将保持团结，决心通过陆地、海洋和空中彻底粉碎德国，然后通过联合国建立"持久的和平"——这是一个将取代已不存在的国际联盟的国际组织。正是在德黑兰，罗斯福提出了"四个警察"的概念，他们将在战后的世界中各自巡逻，即苏联、美国、英国和中国。斯大林和丘吉尔不情愿地表示同意，并认为法国在战后不应扮演一个大国的角色。

关于德国，斯大林倾向于质疑无条件投降的要求，理由是这将加强德国的抵抗。但是，斯大林同意罗斯福和丘吉尔的观点，前者热情高涨，后者则不那么热情，认为肢解德国是可取的。罗斯福有一个把德国分成五部分的计划。丘吉尔认为，德国若被分割，德国南部各州可能与奥地利结成联邦。最后，三巨头决定将占领德国的计划移交给一个欧洲顾问委员会，三个大国将派代表参加该委员会。当委员会在伦敦开会时，遇到了相当大的挫折，但是最终制定了占领区——罗斯福和丘吉尔在1944年9月的魁北克会议①上证实了这些。

世界各地的许多人乐观地将德黑兰会议解释为苏联和西方国家已经学会了在战争与和平中共同努力，克服了过去的敌对和意识形态差异。一年后，随着胜利的临近，舆论依然乐观；但是随着苏联军队进入欧洲，关键性的问题出现了。当美国人在某种程度上神圣地洗手不干这种肮脏的政治时，苦恼的丘吉尔不得不与伦敦的波兰流亡政府打交道，后者的领导人眼睁睁地看着斯大林建立了亲俄的、由共产党控制的波兰政府。10月，丘吉尔前往莫斯科，与斯大林初步达成了一项领土协议。美国人被告知了这一协议，它勾勒出了一个奇怪的"数学"分布。苏联人在罗马尼亚有90%的影响力，在保加利亚有75%的影响力，在南斯拉夫和匈牙利有50%的影响力；西方列强在希腊有90%的影响力；遗漏波兰和捷克斯洛伐克意味着苏联将完全控制那里，就像在德黑兰会议上暗示的那样。丘吉尔对亲盟军的波兰人愤怒的叫喊置之不理："如果你想征服苏联，我们会让你去做……你绝对没有能力面对事实。"波兰人被要求面对事实，但他们对此无能为力。

在这种不祥的背景下，1945年2月的雅尔塔会议标志着三巨头战时磋商的高潮，但也是后来苏联与西方争吵的开始。这次达成的模棱两可的协议，将在以后几年里引起激烈的争议。英美领导人急于尽快和尽可能全面地赢得对轴心国的战争，难道没有考虑到战后的力量平衡，而让苏联控制整个东欧吗？即使他们想这么做，他们能做些什么来阻止苏联统治战后的东欧呢？

《雅尔塔议定书》中达成的关键决定涉及联合国的组织等重要事项，还包括对德国的政策，解放了的欧洲尤其是波兰的命运，对战犯的审判，以及苏联加入远东对日战争。其中，波兰和远东是最关键和最有争议的。关于波兰，

---

① 1944年9月11日至16日，美英两国首脑在加拿大的魁北克举行战时第二次会晤，史称1944年魁北克会议。美国总统罗斯福、英国首相丘吉尔、美国财政部长亨利·摩根索、英国外交大臣艾登及两国高级军事参谋人员出席会议，会议主要研究了对德军事行动计划和对日战略。——译者注

1945年2月，战时同盟三巨头丘吉尔、罗斯福和斯大林在雅尔塔（克里米亚）会晤。（美国陆军）

西方领导人正式让步，同意由苏联人和亲苏联的波兰政府成为战后波兰政府的基础。在伦敦的波兰流亡政府曾是1939年的合法政府，其在纳粹征服后逃到伦敦，因此遭到拒绝；英国人在1939年代表政府向德国宣战。波兰人认为自己被背叛了，而战争本身也是一种嘲弄，因为波兰从希特勒手中被解救出来后却交给了斯大林。斯大林确实同意将一些伦敦的波兰人纳入他的共产主义波兰政权，并在不久的将来举行民主选举，但是他从未这样做。波兰的边境也发生了变化，即苏联1939年获得了波兰的领土，作为回报波兰被允许占领奥德河-尼斯河之前的德国领土。英国和美国没有正式同意这一边界，尽管它们实际上接受了这一边界。

实际上，雅尔塔会议的决定是在东欧向苏联人投降，使他们能够在波兰以及随后在罗马尼亚、保加利亚、捷克斯洛伐克和匈牙利建立政权，而没有遭到英国和美国的反对。由于苏联军队已经在那里，西方列强几乎不可能采取任何不同的行动，否则就会破坏同盟关系，并冒着盟国间爆发战争的危险。也许在斯大林那里获得了一些民主方面的让步，他们已经尽了最大努力，尽管苏联领导人后来选择了不兑现这些承诺。但是，也有不光彩的地方：匈牙利总理卡洛伊·米克洛什（Nicholas Kallay）试图向西方盟军投降，而后者拒绝与他打交道；同盟国还违背他们的意愿，将几十万难民送回苏联监禁或枪毙。

在远东问题上，同盟国同意苏联在德国投降后三个月内参加对日战争。作为回报，苏联将得到"1904年日本背信弃义的进攻所侵犯的俄国以前的权利"，即萨哈林岛（库页岛）的南半部，租借亚瑟港作为海军基地，在国际化的商业港口代仁、库里尔群岛（日本称千岛群岛）中的"突出利益"，以及（与中国一起）经营中国东北铁路的份额。这意味着苏联将在远东建立强大的势力；这也是一个以牺牲中国利益为代价的帝国主义协议，是在没有征求中国政府意见的情况下做出的。他们问为什么要做出这样的让步，让苏联参与到抗日战争中来，而当时日本政府已经摇摇欲坠，很快就会被原子弹干掉。然而，此时原子弹尚未完成，美国军事情报部门（错误地）认为，日本在中国东北固若金汤，除非苏联军队帮助他们，否则日本可能会在那里坚持很长时间。在这一点上，西方领导人又一次明显地想通过让他们分享苏联长期以来非常感兴趣的领域来获得其善意，他们希望在战后建立伙伴关系。

在雅尔塔会议上，德国的占领区也得到了确认，并就德国的赔偿问题原则上达成了协议。"作为讨论的基础"，他们提到了200亿美元的数额，其中一半将给苏联。苏联后来声称，已从德国那里得到了价值100亿美元的战利品的坚定承诺。被罗斯福视为新的国际秩序的一部分的联合国，显然只有在可能促进苏联利益的情况下才对斯大林有吸引力。在几个月后的旧金山会议上，成立联合国的具体细节将制定出来。

## 大屠杀

在斯大林格勒战役之后，希特勒再也不是原来的希特勒了。作为一个生病和精神崩溃的人，希特勒以一位平庸医生的怪异治疗方案维持着，并迅速接近可证明的精神失常——如果德国有人有权力这样证明的话。然而，大屠杀的可怕进展，或者纳粹行话所说的"最终解决方案"——欧洲犹太人的灭绝——很难归咎于希特勒后期的精神失常。1939年，希特勒曾公开威胁说，如果战争来临，将带来"欧洲犹太种族的灭绝"。希特勒一有机会就继续宣扬这个主题，但有些时候他对消灭敌人的可怕目标又有所动摇：德国和奥地利的犹太人被允许移民，但要付出一定的代价；他甚至还打起了将所有欧洲犹太人安置在马达加斯加的主意。

然而，"最终解决方案"的概念甚至在战争之前就已经形成。实施这一构想的决定恰好与向东方进军相吻合，因为在东方——波兰和苏联是大量欧洲犹太人的居住地。对于希特勒究竟是在入侵苏联似乎进展顺利时出于一种欣喜，还是在入侵苏联陷入困境时出于一种阴郁的复仇精神而陷入致命的想法，目前还没有一致的看法。这两种观点，在最近的学术研究中都可以找到，尽管有些人认为它的起源日期稍晚。但是，1941年7月31日戈林给了党卫军头子莱因哈德·海德里希（Reinhard Heydvich）一条指令，是导致组织人类谋杀作为大规模生产工业计划的明显起源。1942年1月20日的一次会议开始了这个计划；1942年夏天，华沙犹太人区被残酷地清除了，而党卫军被认为是这一计划的负责人。

没有人清楚"最终解决方案"与先前的安乐死实验有什么关系，但安乐死不是杀害犹太人，而是杀死老人、病人和精神错乱的人。这个并不保密的计划招致了很多批评，以至于被放弃；这也许是希特勒决定对"最终解决方案"保密的原因。至于保密的程度有多深，那是另一个争论的问题；而如此庞大的计划，许多德国人肯定知道。但是，莎拉·戈登（Sarah Gordon）在对希特勒、德国和"犹太人问题"的学术研究中发现，大多数德国人甚至大多数下层纳粹分子都不反犹。

甚至有人认为，希姆莱和海德里希是在希特勒不知情的情况下计划了"最终解决方案"，因为希特勒没有下达这样的命令，而且他显然从未在谈话中讨论过灭绝计划，其中有很大一部分被保存了下来。尽管这很奇怪——因为希特勒沉迷于没完没了的独白，在独白中他用他自己思想的每一个细节来烦扰他的非自愿听众——但假设纳粹信徒会在领袖不知情的情况下进行如此大规模的行动，那是难以置信的。这个计划是希特勒肯定有能力承担的。但留给我们的假设是，希特勒在心理上无法面对他的理论的具体结果，而我们知道这是真的——他在许多场合下都回避死亡场景。希姆莱也确实如此，他曾在一次大规模处决后歇斯底里地发作。

一些负责任的历史学家认为，大规模驱逐的过程并不完全是任何一个人或团体的意愿或意图，而是形成了自己无法控制的状态——意识形态狂热背景下的官僚噩梦。艾伦·米尔沃德认为："希特勒只是一个复杂的、多中心的、政府体系的一部分，允许政策冲动从许多不同的起源开始，这意味着纳粹政

大屠杀。1942年，德国人清理华沙犹太人区。这张著名的照片曾在纽伦堡审判中使用。（美国国家档案馆）

策和纳粹政府远远不是希特勒个人创造的。"现在看来，相当肯定的是，我们必须修改曾经的经典观点，即大屠杀直接和完全源于希特勒邪恶的人格，因为这太简单化了。萧伯纳在1934年曾预言，"灭绝将成为一门人类科学"，这将发生在最科学、组织最完善的国家。

几个主要的谋杀集中营是马吉达内克、特雷布林卡、贝尔泽克、索比伯以及奥斯维辛集中营[①]。被西方解放的贝尔森、达豪和布痕瓦尔德集中营并不是灭绝集中营，但成千上万的人在战争的最后几个月因被忽视和饥饿而死亡，其中许多人在苏联人接近时才从东部的集中营走了出来。希姆莱于1944年11月下令摧毁毒气室，其官方记录和目击者的描述最终使全世界相信这一可怕的过程确实在继续；但在战争的大部分时间里，盟军拒绝相信这样的故事。党卫军军官库尔特·格斯坦（Kurt Gerstein）目睹了大规模谋杀并积累了确凿证据，他曾在1942年试图说服天主教会和瑞典政府相信这些故事的准确性，但他们拒绝相信他。（最后，具有讽刺意味的是，纽伦堡法庭在战后选择了对库尔特·格斯坦进行起诉，他于1945年7月25日自杀。）那些声称大多数德国人肯定知道灭绝集中营的人不得不面对非德国人拒绝相信这些故事的事实，而这种奇怪的不相信大屠杀目击者的做法引起了后来许多人的兴趣。很明显，早在1941年11月，在那之后尤其是到了1942年年底，盟军领导人已经掌握了关于犹太人被灭绝的证词，这些证词本应使他们信服，但几个月来他们拒绝接受这一证据。

持怀疑态度的人还包括罗斯福总统和美国犹太领袖斯蒂芬·怀斯（Stephen Wise）。美国一家著名犹太杂志的女编辑承认，她和其他犹太领导人"没有相信"一位在1942年8月告诉他们犹太人在欧洲遭到屠杀的人。造成这种状况的部分原因是第一次世界大战遗留下来的问题，当时类似的故事只不过是宣传，而部分原因是无法理解这种行为可能发生在20世纪。

---

[①] 奥斯维辛集中营（波兰语 Obóz Koncentracyjny Auschwitz–Birkenau，德语 Konzentrationslager Auschwitz），或称奥许维兹－比克瑙集中营和灭绝营，又译奥许维兹集中营，或奥修维兹集中营。——译者注

大屠杀。贝尔森集中营的乱葬坑,发现于1945年4月。(美国陆军)

同盟国领导人似乎已经相信,宣传大规模屠杀犹太人的事情会对战争不利,对德国人的影响也会适得其反。此外,也不愿意考虑将犹太难民送往何处。英国人作为巴勒斯坦的委任统治者,不希望他们去那里,而美国人坚持他们严格的移民限制。丘吉尔的工党内政大臣赫伯特·莫里森(Herbert Morrison)说,把大量的犹太难民带入英国会激起反犹太主义(antiSemitism)。①同盟国最高领导层采取了先打赢战争然后再解决这个问题的立场,正如哈伊姆·魏茨曼(Chaim Weizmann)所说,"与此同时,人也会灭亡"。但是,在希特勒政权被消灭之前,事实上还能做些什么呢?后来有人问,为什么毒气室没有被炸毁?它们似乎是为数不多的幸免于难的东西之一。直到1944年夏天,同盟国才知道最大的灭绝营的真相。当时,犹太人组织呼吁轰

---

① 1944年11月,美国陆军报纸 Yank(俚语"美国佬"的意思)拒绝对两名奥斯维辛集中营越狱犯制作的一份文件进行翻印,这份文件因其对屠杀的准确目击者描述而闻名。编辑们说这"太犹太化了",会在军队中形成"潜在反犹太主义"。

炸毒气室，但英国空军部声称轰炸奥斯维辛集中营毒气室是不切实际的，炸弹没有那么精准，必须摧毁整个集中营并杀死囚犯。

一些欧洲国家的政府与纳粹合作，将犹太人送进死亡集中营。罗马尼亚的犹太人大多活了下来，而匈牙利的犹太人则死去了；这主要是因为罗马尼亚离苏联较近，当1944年德国人还在占领匈牙利时，罗马尼亚得以挣脱纳粹的控制。霍西在匈牙利拯救了犹太人，直到1944年春天德国人占领匈牙利，之后在很短的时间内75万匈牙利犹太人中估计有47万人死亡。在德国控制下的塞尔维亚，几乎所有的犹太人都被消灭了，但在保加利亚则不是这样。奇怪的是，最好的记录可能在希特勒的盟友——法西斯主义的意大利，尽管顶着巨大的压力，但意大利政府没有把任何一位犹太人交给德国，即使纳粹在1943年控制了意大利北部地区，85%的意大利犹太人还是幸存了下来。意大利军队帮助了犹太难民；戈培尔在日记中厌恶地指出，意大利军队在法国南部和克罗地亚保护了犹太人。（1938年，意大利屈服于德国的压力，颁布了臭名昭著的《纽伦堡法》的版本，但法西斯意识形态最初就没有反犹太主义，党员资格仍对犹太人开放。）相比之下，未被占领的法国维希政权完全顺从地将犹太人交给德国人，这是其记录上最黑暗的一笔。在325 000名法国犹太人中，有四分之三的人活了下来，这往往是在勇敢的法国人的帮助下实现的。但是，维希政府的警察围捕了75 000人，并将其送进了灭绝集中营；后来警察声称，他们一开始并没有意识到犹太人被送进了死亡营。（1993年，即在五十年后，维希政权警察局长雷内·布斯克［René Bousquet］在面临迟来的起诉时被暗杀；在此期间，他已成为法国的主要金融家之一。）

瑞士通过要求德国人在护照上识别犹太人的血统，从而阻止犹太人入境该国。实际上，几乎没有任何一个国家可以宣称有光荣的记录。最可怕的是，在波兰，犹太人自己通过他们的社区委员会被迫为德国人做肮脏的工作，为死亡营寻找受害者。波兰和匈牙利遭受的痛苦最深，损失最为严重，那里有大面积的犹太人聚居区，很容易被标记为屠杀区。但是，德国盖世太保和党卫军——有时在其他德国当局不知情的情况下——怀着执着的愤怒，在欧洲各地追捕犹太人。例如，在挪威和荷兰等犹太人稀少的地方追捕他们，往往是以战争为代价的。这是人类对人类不人道的历史中令人震惊的一章。

犹太人的死亡总人数，主要是在波兰集中营的毒气室中的死亡人数，据不同的估计看是从500多万到600多万人不等；仅奥斯维辛集中营就可能被屠杀了200万人之多。集中营的记录已被毁坏，严格的计算必须在仍在进行的艰苦研究的基础上从许多其他来源计算得出。

## 科学武器

1945年3月，英美军队渡过莱茵河，随后一支强大的苏联军队逼近柏林。远程火箭是德国在战争最后一年里的最后希望，但希特勒指望用来挽救他日渐衰落的事业的V-1型导弹和V-2型导弹远远达不到这个目标。从1944年9月开始，V-2型导弹就成了一个威胁；这些"第一批用于战争的远程军用火箭"骚扰了英格兰东南部和盟军重要的登陆港口安特卫普。但是，到了2月，德国人已经被赶出了盟军重要目标的范围；V-2型火箭弹的射程只有100多英里。如果有更多的时间来发展它们，它们可能会影响战争的进程。在这里，英国对德国情报再次进行了操纵，导致火箭被误瞄准，有效地挫败了纳粹。

如前文所述，英国在情报战中的辉煌胜利在盟军的大部分胜利中发挥了作用。波兰密码学家在1929年偶然拥有了一台德国密码机；在其他波兰密码分析家的帮助下，一位名叫雷杰夫斯基（Marian Rejewski）的才华横溢的波兰数学家发明了一种机器来扫描英格玛机。（幸运的是，就在1939年德国入侵波兰的时候，德国的一次改动把波兰人搁置了一段时间。）一个德国人给一个法国情报官员提供了情报，英国人、法国人和波兰人在1939年开始合作。战争期间，成千上万的人在伦敦附近的布莱切利公园工作，破译大量截获的德国无线电材料，并试图尽快找到重要的信息（直到战争快结束时，艾伦·图灵[Alan Turing]发明了一种原始的计算机，才可以帮助他们）。

英国人还成功地几乎接管了德国在英国的间谍网络，著名的"双十字"

行动（Double Cross）被列为情报史上最伟大的战役之一。ULTRA和"双十字"行动共同让盟军误导了德国人的入侵地点，破坏了他们的原子武器计划，并在其他方面取得了军事上的成功。据估计，ULTRA和其他情报功绩使战争缩短了三年之久。如果不是ULTRA，隆美尔本可以在1942年6月打通到开罗的通道；它使得盟军在北非的登陆没有受到德国潜艇那样的损失成为可能。在大西洋战役中，德国人损失了大量的U型潜艇，最后他们茫然撤退；邓尼茨上将始终不明白，敌人为什么能如此精准地知晓他的动作。ULTRA也被称为历史上最隐秘的秘密，它一直被严密地保护着并直到1976年。尽管有几次险情，英国人还是设法不让德国人知道他们的密码不安全；同时，英国人还破解了德国最高指挥部使用的另一个德国密码——"秘密作家"。

同样，美国人在1941年7月截获了日本的电文，得知日本在6月22日德国入侵后决定进攻东南亚而不是苏联；这一消息导致美国采取了新的措施，包括对日本的石油禁运，而这开启了通往珍珠港事件的道路。卡尔·博伊德（Carl Boyd）在1993年出版的《希特勒的日本知己：大岛浩将军和魔法情报（1941—1945）》（*Hitler's Fapanese Confidant：General Oshima Hiroshi and MAGIC Intelligence, 1941—1945*）一书，描述了如何将日本驻柏林大使大岛浩发往东京的所有电报解码，但直到他在1975年去世时仍然对此毫不知情。

诚然，情报也可能被证明是毫无价值的，就像1941年6月的斯大林一样，甚至会起到适得其反的作用。当同盟国在1943年9月登陆意大利时，它们知道希特勒已经决定不再保卫佛罗伦萨附近的半岛；但是，后来希特勒在军队登陆后改变了主意，这一事实直到很晚才被解密。然而，总的来说，这场"巫师战争"（wizard war）中的智斗绝对是盟军，主要是英国的胜利。情报工作是德意志第三帝国（纳粹德国）众多低效行动之一。以海军上将威廉·卡纳里斯（Wilhelm Canaris）为首的德国情报局士气低落，充满了反希特勒的阴谋，完全不能提供关于敌人的有效情报。

关于二战间谍活动的故事不胜枚举，而且现在还在不断涌现。保罗·罗斯鲍德（Paul Rosbaud）是一名德国反纳粹分子，他向英国人提供了关于德国核项目和火箭项目的宝贵信息，使英军在1944年切断了德国关键的重水供应①。1942年，一名德国大使馆的高级官员在法国协助英国情报总部。在嘉宝公司（Garbo），胡安·普约尔（Juan Pujol）对奈杰尔·韦斯特（Nigel West）讲述了他——普约尔是西班牙反法西斯主义者——如何帮助英国情报机构在"霸王行动"现场欺骗德国人的故事。尽管德国人在间谍活动中也取得了胜利，但总的来说似乎是更多的纳粹敌人准备冒着生命危险向盟军发送信息。1994年，在庆祝巴黎解放50周年的时候，有一则报道说的是一位德国解码军官在撤退前拖延了希特勒摧毁巴黎的命令。

在将先进的科学技术应用于战争方面，德国人在这场战争中出奇地比不上美国人和英国人。鉴于原子弹所需的科学知识的早期历史，人们本以为德国会处于领先地位。德国和德国的犹太裔科学家阿尔伯特·爱因斯坦、马克斯·普朗克和沃纳·海森堡开创了原子能赖以存在的新物理学，出生于匈牙利的利奥·西拉德（Leo Szilard）和丹麦的尼尔斯·玻尔曾与奥托·哈恩（Otto Hahn）和莉丝·梅特纳（Lise Meitner）一起在德国从事铀裂变研究。当时，柏林和哥廷根是世界领先的科学研究中心。长期以来，德国在理论与应用科学的紧密联系方面表现突出。

但是，这些伟大的科学家正是被纳粹的不容忍赶走了。1939年8月，阿尔伯特·爱因斯坦离开纳粹德国到美国定居，并给罗斯福总统写了一封信敦促美国有必要开始研制超级武器，以免德国在争夺这一强大能源的竞赛中获胜。科学家的大脑使原子弹的发明成为可能，其中包括意大利的恩里科·费米（Enrico Fermi）、西拉德和梅特纳等人，他们主要是希特勒和墨索里尼政府的流放者。就这样，纳粹种族主义完成了自我的毁灭。1943年10月，尼尔斯·玻尔从丹麦逃到瑞典，然后逃到伦敦，躲在莫斯基托飞机的炸弹舱里。

英国、法国和美国都为这项庞大的科学事业做出了贡献。位于英国剑桥的卡文迪什实验室是一个重要的研究中心，欧内斯特·卢瑟福（Ernest

---

① 失去重水，最终使德国与世界上第一颗原子弹失之交臂，历史也没有再给希特勒新的机会。——译者注

Rutherford）1919年在那里首次实现了原子解体，詹姆斯·查德威克1932年在那里发现了中子；但是，耗资数十亿美元建造的原子弹项目总部设在美国。1943年，英国被迫接受了这个项目中的初级伙伴关系，像亚瑟·康普顿（Arthur Compton）和哈罗德·尤里（Harold Urey）这样杰出的美国科学家和欧洲科学家一起为此做出了贡献。1942年，第一次链式反应铀裂变是在芝加哥大学实现的，并在田纳西州橡树岭建立的一个巨大的工厂大量生产可裂变材料。在美国物理学家尤利乌斯·罗伯特·奥本海默（Julius Robert Oppenheimer）的指导下，实际的武器研制工作在新墨西哥州的洛斯阿拉莫斯进行。

在雅尔塔会议召开之前，罗斯福就已经知道六个月内可能会有破坏力更大的炸弹问世，但是直到1945年7月16日成功试验之前，没有人确切知道这一惊人的武器会真正发挥作用。

到那时，德国就已经完蛋了，可怕的武器将要用于对付日本，这迫使日本在8月15日迅速投降。在德国，可能将其从失败中解救出来的这种"绝对武器"是无法实现的。到1945年，查韦尔认为，德国在这方面落后了其他西方国家三年。比起铀反应堆技术，德国人在纯理论方面落后得更少，德国科学家对纯理论的了解与西方科学家一样多。希特勒似乎对裂变炸弹的前景不感兴趣，也几乎对此不了解。海森堡在战后曾声称，是德国科学家故意不让希特勒拥有原子弹。（海森堡负责的1939年4月启动的项目远在美国之前。）此外，顶级的物理学家约里奥·居里（Joliot Curie）和其他科学家从法国向英国偷运出了关于德国利益的信息。法国是重水研究的先驱——这种水含有成功的原子爆炸所需的稀有氢同位素，帮助德国保持了对重水的供应。然而，鉴于资源有限，德国不发展核武器的决定被认为在经济上是合理的。

希特勒只能希望出现一个奇迹，就像1762年拯救腓特烈大帝（Frederick the Great）一样。但是，那个奇迹的出现是因为普鲁士的敌人俄国人和法国人发生了分歧。我们知道，类似分歧这次远非不可能；但是，在雅尔塔，同盟国成功地把他们受到的威胁集结在一起，并制订了一个瓜分欧洲的计划。在2月的会议后，斯大林愤怒地抱怨美国人和英国人"背着苏维埃政府"与意大利讲和。1945年4月，在意大利的德军投降，这是美国外交官和意大利北部的党卫军司令库尔特·沃尔夫（Kurt Wolff）之间达成的。但是，西方军队允许苏联红军解放布拉格、维也纳和柏林，这让丘吉尔和后来批评英美政策的人感到失望。

墨索里尼于1945年4月28日死亡，他在试图逃跑时被意大利游击队杀死，其尸体被高高吊在米兰的洛雷托广场公开示众。两周前（1945年4月12日），罗斯福总统死于大面积脑溢血。在墨索里尼死后的第三天，苏军已经进入柏林，美国人和英国人大举南下，希特勒和他的一些同党[①]在柏林帝国总理府下面的地下掩体中自杀。在那里，希特勒度过了二战的最后几个星期，当时阿尔伯特·施佩尔正试图从废墟中抢救出一些东西，但希特勒的观点是"如果战争注定失败，国家也会灭亡"。1945年5月7日，德国将军乔迪在法国的兰斯向艾森豪威尔将军投降，第二天苏联人也收到了类似的投降。就这样，一个被摧毁的、没有政府的德国在同盟国的手中，战胜国接管了独立的占领区，正如盟军控制委员会先前在伦敦达成的协议那样。

## 回顾战争

在伦敦和巴黎，歇斯底里的人群欢呼战争胜利结束；但美国人最亢奋的场面要留到三个月后日本投降的时候。尽管这场战争带来了许多恐怖和惨重的生命损失，但对一些战胜国来说，并不是一个完全糟糕的经历。美国本土幸免于受到军事破坏，经济大萧条已经消失了，因为政府订购了价值数十亿美元的飞机、坦克、船只、枪支，并建造了军事基地为武装部队提供补给，也为英国和苏联提供物资补给。战争工业需要数以百万计的新工人，而与此同时武装部队从几乎没有（几十万人）扩大到了战争结束时的1200万人。尤其是女性就业人数空前，尽管在这种情况下通货膨胀明显受到威胁，但战争期间消费价格仅上涨了30%，国民收入翻了一番多，工资增长了76%。战争期间，美国本土居民的物质生活水平提高了约25%，

---

[①] 包括爱娃·布劳恩（Eva Braun）、保罗·戈培尔（Paul Goebbels）及其全家。

尽管由于消费品短缺他们大多将这笔钱存了起来，以响应投资战争债券的爱国呼吁。

当然，欧洲没有美国那么幸运。但是，在英国国民收入增长64%的情况下，某种程度上也为军事生产买单。德国的经济只有在战争的最后阶段才开始走向衰退；苏联创造了奇迹，把工业从战区转移到乌拉尔和西伯利亚，即使消费品从本来就很低的水平上大幅下降，但苏联还是设法维持和保证了战争生产。意大利的经济是一场灾难。法国首先遭到了残酷的剥削，然后在1944年成为战场。不过，总的来说，战争的经历有助于形成积极处理经济问题的权利意识。如果这样的生产奇迹在战争中是可能的，为什么不在和平时期呢？像威廉·贝弗里奇爵士（Sir William Beveridge）的委员会在英国发布的战时报告《自由社会中的充分就业》（*Full Employment in a Free Society*）受到了广泛的讨论；这些文件反映了一种信念，即政府对经济的管制可以消除贫困和匮乏。罗斯福总统在战时的讲话中也强调了实际的经济目标——免于饥饿、住房不足和健康不佳。

战争中出现了许多技术革新，这不仅包括原子能——每个人都希望它能找到比它给广岛和长崎带来的可怕破坏更有建设性的用途，而且还包括飞机设计的巨大进步，如具有远程能力的大型货运运输机；还有雷达、青霉素以及其他发明，如果说这些不是战争直接产生的，也是由战争的迫切需求有力地刺激的。在战争即将结束时，布莱切利园①破译人员在迫切需求之下制造了一台先锋计算机。1945年，在政府出于军事考虑的鼓励下，宾夕法尼亚大学在战前起步的基础之上完成了世界上第一台大型电子数字计算机。晶体管革命引发了微芯片革命，这是雷达技术的产物。

数以百万计的男人和女人的经历超出了统计的范围，他们被战争从日常生活中驱逐到遥远的地方，通常是为了逃避死亡，但是有时是为了意识和智

---

① 布莱切利园（Bletchley Park），又称X电台（Station X），是一座位于英格兰米尔顿凯恩斯布莱切利镇内的宅第。在第二次世界大战期间，布莱切利园曾经是英国政府进行密码破解的主要地方，负责解码轴心国的密码与密码文件。——译者注

力的扩展。虽然第二次世界大战的小说、诗歌和回忆录的产量远不及第一次世界大战,但它依然充满价值。几十年来,专业和业余的历史学家都会研究这场战争的惊人事件,这是世界历史上前所未有的。

这场战争极大地中断了各国事务,可能会导致创造性的新反应,至少传统的蛋糕被打破了。显然,对于欧洲的大部分地区来说,1940—1945年是一个绝对的界限。在此之后,几乎一切都必须变得有所不同,也许是变得更好:破碎的工业将被重建,并实现现代化;炸弹不仅夷平了贫民窟还有宫殿,全新的城市规划在世界大部分地区都是非常必要的。

在政治上,一个饱受摧残和奴役的法国将不得不重新评估它的整个体系,它的忠诚,它的价值观;失败和维希主义的创伤带来了法国政治生活的更新,因为没有其他选择。法国的解放运动发现自由法国在报复那些最厚颜无耻地支持维希政权并与德国合作的合作者,大约有12 000人被杀,超过10万人被捕,同时他们的财产也被没收。但是,这并不是一个巨大的创伤;主要是维希政府令人厌恶的政策,如把犹太人送进纳粹死亡集中营,团结了所有政治派别的法国人民反对它,解放运动极大地震动了这个国家——尽管据估计,不超过2%的法国成年人积极参加了抵抗运动。法国最伟大的文学代言人让-保罗·萨特描述了选择支持还是反对合作的必要性如何带来了一种新的使命感,并建立了从天主教牧师到共产主义者的友谊。

在其他交战国家,战争带来了一种民族团结的感觉,至少暂时打破了阶级壁垒,帮助了少数民族和阶层:美国的妇女、下层阶级和黑人。人们一致证实,从1940—1941年的空袭开始,一直持续到战争结束,伦敦人的兄弟情谊高涨。在苏联,战争爱国主义甚至导致斯大林对国家统一做出让步的姿态:自彼得大帝(Peter the Great)以来,东正教大主教第一次加冕;党员对外开放了,农民得到了荣耀,老沙皇被允许作为俄罗斯母亲的英雄捍卫者出现。这场战争完成了对"资产阶级"价值观的回归,这种价值观在斯大林主义中一直很明显:婚姻、家庭和夫妻忠诚,伴随着对艺术和建筑的保守品味。西方国家的战争也产生了类似的影响,但这并没有取悦近代的女权主义者;在战后的几年里,这场战争产生了比"自由主义者"更多的婚姻和家庭情绪。

尽管逆境有这些可能的益处,但回顾起来这场战争在评论中可能被视为一系列不断涌现的错误,为20世纪人类特有的成就提供了很小的骄傲的理由。西方国家允许趾高气扬的希特勒夺走他们所否认的热爱和平的魏玛共和国。它们出于软弱把对中欧的控制权交给了希特勒,并在与波兰划清界限之前它们急切又怯懦地牺牲了捷克斯洛伐克和奥地利,它们既不能也没有保卫波兰。当希特勒占领波兰时,它们无所作为,然后在1940年证明它们对德国人几乎完善的新的战争艺术一无所知。就希特勒而言,他赢得了战争,却无法停止,并在没有任何真正挑衅和充分准备的情况下袭击了苏联;他拒绝退却,使这个损失了数百万人生命的错误雪上加霜;德国人残暴地虐待苏联人,以至于无法得到他们的支持;纳粹允许英国在情报方面胜过他们。希特勒在战争中被打败以后,他拒绝接受失败;他宁愿牺牲自己的国家,因为这个国家在推翻这个疯狂的暴君方面几乎没有做什么。

斯大林拒绝相信一千条警告,"允许"德国人出其不意,从而损失了大量的物资、士兵和领土。就同盟国而言,它们没有为谈判留下任何空隙,它们坚持无条件投降,同时用高爆炸药在欧洲的城市里铺天盖地地袭击。1944年和1945年,在一次姗姗来迟的进攻之后,同盟国让苏联人占领了柏林、布拉格、布达佩斯和维也纳,并在整个东欧建立了自己的地位。

事实上,反复无常但富有想象力的丘吉尔和天真而懒惰的罗斯福并没有比统治德国、意大利等国的心胸狭窄的偏执者聪明多少。众所周知,希特勒偶尔会犯一些大惊小怪的错误;丘吉尔是个多愁善感的人,而学者们普遍给予罗斯福总统的评价比他当时的公众支持度要低得多。

我们注意到了主要军事指挥官的自大和幼稚的个性,而且每个国家的公民都被歇斯底里的仇恨蒙蔽了双眼。纳粹在灭绝犹太人和野蛮虐待波兰人、苏联人方面犯下的可怕罪行,即使同盟国不能与之相提并论,也可以与之相匹配,比如盟军的行动包括毫无差别地轰炸欧洲城市、用原子弹毁灭广岛(尽管制造原子弹的科学家请求使用原子弹,但这对于打败日本来说是不必要的)、杀害10万名被鱼雷击中船只的日本幸存者以及将无辜的日裔美国人关押在集中营——这里仅举几个显著的例子。

从这个令人难以置信的成就、愚蠢、破坏和建设的混合体中,世界在1945年夏天之后不得不以某种方式得以恢复。

# 第九章

## 1945年后西欧经济复苏

## 战争结束时的欧洲

正如温斯顿·丘吉尔所说的那样,"一个愤怒和颤抖的世界"在1936—1945年的全球战争中遭受了估计高达7500万人的生命损失。但是,这些数字加上估计的财产损失,以及其他的一切,只能是猜测。对欧洲来说,3800万人的战争死亡人数似乎是一个相当准确的估计,其中2000万人是军事伤亡,仅苏联的生命损失就可能达到2000万人,其中至少一半是平民。同时,列宁格勒有100万人饿死;200万苏联人死在德国的战俘营里。苏联的大片地区被德军蹂躏,以至于战后数年在白俄罗斯和乌克兰,人们还生活在山洞或地洞里。

作为报复,德国城市被空袭炸成了"月球景观",主要城市的中心区域都被夷为平地,柏林的比例高达95%,汉堡、德累斯顿、慕尼黑和法兰克福等城市的比例则达60%～70%,造成750万德国人无家可归。但是,按比例来说,这些为世界而战的赌注并没有像无辜的受害者波兰那样大,波兰的人口从2320万下降到1880万,其中华沙市在二战中失去的人口比英美两国的伤亡人数加起来还要多。欧洲的960万犹太人中有60%被杀害。南斯拉夫有150万人死亡,按人口比例计算,其损失比德国的450万人伤亡还要严重。

除了那些在战争中死亡的人,也许还有在苏联被冻死的人。在他们的家园被一阵炸弹轰炸的情况下,在奥斯维辛和梅达内克等臭名昭著的纳粹死亡工厂里作为奴隶劳工被劳动致死的人——人们被迫流离失所,也遭受了巨大的痛苦。德国人至少带来了650万名强迫劳工,大部分是斯拉夫人,也有一些法国人和荷兰人。战争结束后,这些前囚犯中的许多人发动暴乱,在德国的一些城市制造了混乱。战争刚结束,在波茨坦会议上通过了同盟国协议,大约1400万德国人被赶出东德、捷克斯洛伐克、波兰和其他东欧国家,造成大约15%的德国人死亡。波兰人也被从现在"分配"给苏联的领土转移到东普鲁士或西里西亚,以取代背井离乡的德国人;整个波兰被"向西推进"了大约100英里。

由于战争或胜利者的复仇而流离失所的大量人口迁移,加剧了战争结束时欧洲的极端混乱。苏联、法国、英国和美国士兵占领了战败国,而且不仅仅是在德国,他们还经常采取传统式的征服掠夺者。但是,在德国,法国人几乎和苏联人一样有罪。

德国忍受着那些在它手下受苦的人自然感受到的仇恨,以及感受到的饥饿和残酷的堕落。一位学者认为,1945年,80万名德国战俘死于盟军战俘营的饥饿和忽视。这一点已经受到质疑,但是艾森豪威尔将军则宣称德国人是野兽。在将近两年以来,占领国的目标是夺取德国人的财富作为赔偿,同时故意将德国人维持在最低的生计水平。1945年,柏林的死亡率据说是三十年

1945年4月,德国城市明斯特在同盟军进攻期间遭受战争破坏。(美国国家档案馆)

战争（The Thirty Years War）以来无法企及的；8月出生的婴儿大约一半死去，主要是由于营养不良。荷兰、波兰和其他国家也是如此。1947年的胡佛报告（Hoover Report）发现，德国的营养水平仍然是现代历史上任何西方国家中最低的。1946年年底，德国的生产量是1936年的三分之一。当时，每份报纸都停刊了，除了占领征服者的军事命令之外，没有政府，甚至连教会都难以传达安慰的信息。其中，来自梵蒂冈的一个寻求与德国天主教联系的使团遭到苏联人的拒绝，并受到美国人和英国人的极度怀疑。

但是，除了那些逃过战争的地方如瑞典、瑞士和西班牙外，欧洲其他地区的经济状况并没有比德国好多少（苏联的大片地区肯定更糟糕）。1947年，当美国人开始认真考虑帮助欧洲复兴时，欧洲仍然像一个巨大的贫民窟。在战争结束后的头一两年里，胜利的盟军在德国中部会合，试图决定除了掠夺和羞辱该国之外应该如何处理，为自己从战争向和平过渡的问题而斗争，并参与了旨在净化世界罪恶感的训练。纽伦堡审判就是这样的一种审判，它是在纳粹建立道德资本的德国城市举行的，目的是揭露纳粹主义可恶的罪行，使其永远失去信誉，也许还能进行报复。

经过几个月的计划，审判于1946年年初开始，持续了216天，导致印刷了1000万字，并积累了大量宝贵的文件。来自四个战胜国——美国、英国、法国和苏联的4名法官对21名仍活着的纳粹头目进行了审判：这一群人包括戈林、罗森博格、尤利乌斯·施特莱彻（Julius Streicher）和里宾特洛甫，还有一些实业家和杰出的将军；整个总参谋部及所有党卫军和盖世太保的成员都在一份总括起诉书中被点名。在纽伦堡出示的证据记录了希特勒政府的罪行，并以戏剧性的方式让全世界知道了这些罪行。例如，奥斯维辛和迈达尼克的死亡工厂，近600万犹太人的灭绝，600多万名强迫劳动者的奴役，以及对苏联人和波兰人犯下的暴行——所有这些和更多的都是从记录中出现的。战后出版的其他书籍，如尤根·科贡（Eugen Kogon）的《党卫军国家》（Der SS Staat）一书在德国成为畅销书，揭露了集中营的恐怖。

这些审判被称为世界法学中的一个独特的里程碑，被热心的公知们（publicists）随意地与《权利法案》（Bill of Rights）和《大宪章》（Magna Carta）

相提并论，然而这些审判在一定程度上未能发挥其作为"西方灵魂"的神话式再生者的作用。其中，部分原因是审判明显不公平。德国人每人只被允许有一名律师，而起诉国则召集了大约2500名律师；甚至他们没有机会接触到文件，而且在大多数情况下他们不被允许提出关于盟军罪行的问题，英国和美国的恐怖轰炸，以及当时正在进行的对德国的掠夺等。虽然没有人怀疑希特勒的兽性，但对于集体罪责延伸到什么程度，仍然有一些令人纠结的问题；将发动"侵略战争"的罪行与纳粹的反人类罪联系起来的尝试并没有完全成功。

纳粹被指控的四项罪名之一，"危害和平罪"意味着策划、准备或发动侵略战争，或违反国际条约的战争。但最实际的困难在于，战胜国也这样做了，如苏联在波罗的海地区、芬兰和波兰，以及可以说英国在挪威——在德国人入侵挪威之前，英国人就已经在挪威领海埋设了地雷。从法律上讲，很难声称在1939年之前任何明确定义和公认的国际法都禁止主权国家有权宣战和发动战争。在最后的分析中，不幸的是纽伦堡审判不仅仅被"胜利者的正义"的微弱气味所污染；那些赢得战争的人在合法的伪装下向战败者进行复仇，同时拒绝支持任何关于他们自己罪行的讨论。对此，丘吉尔观察到，如果是德国赢得了战争，类似的审判会绞死罗斯福和丘吉尔自己。

最后，也许是由于他们的功劳，尽管美国和俄国的检察官非常愤怒，国际军事法庭宣布21名被告中的三人无罪，只判了10名被告死刑，并让总参谋部里这样的人以辩论的方式脱罪。赫尔曼·戈林通过自杀欺骗了纽伦堡的法官，就像以前几十名纳粹高官所做的那样——在战争的最后几周，100多名将军死于自己之手。在随后的几年里，盟军以及德国法院进行了数以千计的反纳粹审判；尤其是美国人，在关于谁是真正的纳粹以及一个人应该或可以在多大程度上惩罚每一个报名入党的德国人的争议中，热情地将纳粹嫌疑人绳之以法。渐渐地，纳粹主义潜伏在几乎每个德国人表面之下的信念消失了，并随着舆论环境的改变，德国正在成为一个有价值的盟友以及一个民主国家（在西半部）或社会主义国家（在东部）发展。但是，这个过程需要好几年的时间。

纽伦堡法庭宣布党卫军是一个犯罪组织。在随后的几年里，不仅战时同盟国，而且波兰、德国、捷克斯洛伐克和其他国家都对灭绝营人员进行了审判和判刑，有时甚至是死刑——这一过程持续了三十年。然而，一位专门研究这段历史的历史学家[①]得出的结论是，在奥斯维辛集中营的案例中，这个最臭名昭著的死亡集中营工作的党卫军人员中只有大约10%的人接受过审判；他们中的许多人在南美洲找到了避难所，胡安·贝隆（Juan Peron）在那里张开双臂欢迎他们来到阿根廷，巴拉圭独裁者也是如此。

## 占领德国

整个德国问题，嵌入了战后前盟国之间的和平解决这一更大的问题，给战后留下了伤痕。德国的分裂在战争结束时就已确定，尽管当时很少有人意识到这一点。"这场战争与先前的战争不同，一个地区的征服者会把自己的社会制度强加给它。"斯大林在1945年私下里这样说。那些位于苏联统治区内的德国和东欧地区被标记为共产主义化的地区，本以为只是暂时性的军事占领，结果却成为将欧洲分为两个阵营的基础，这一分裂注定要持续四十五年。

但是，战后苏联政策的目标似乎是尽可能多地从德国获取战利品，满足一个因战争而耗尽的俄罗斯的物质需求，养活自己挨饿的人民，并使其遭受重创的工业恢复生产。在雅尔塔会议上，美国和英国同意让苏联接受实物赔偿，包括工业产品和工业设备。苏联人曾提出过100亿美元的赔偿，尽管罗斯福不是丘吉尔，但他认为这是"讨论的基础"；而斯大林只是认为这件事已经解决了。在波茨坦，战争刚刚结束，除了在他们自己的占领区内无限制的征用许可证外，苏联人还赢得了一个承诺，从工业化程度更高的美国、英国和法国占领地区接收工业设备和制成品。这样，德国10%的工业工厂将被拆除并移到苏联，还有德国15%的剩余生产力（超出了他们在低水平生存所需的能力）。苏联没收的总金额一直是各种粗略估计的对象，其数额高达数十亿美元。1945—1950年，从德国运往苏联的工厂价值约为30亿美元。

---

[①] 这里指的是亚历山大·拉西克（Aleksander Lasik）博士。

美国财政部长亨利·摩根索（Henry Morgenthau）代表了美德政策的一个派别，有时还得到罗斯福总统的耳提面命，他曾希望"摧毁产生希特勒的土地上的每一座矿山和每一座工厂"；即使他的观点没有占上风，但至少在1945年的美国政策中得到了部分体现。德国人不被允许相互交谈、友好对待或在公共场所集会，因为一个充满"地方性野蛮"的民族，每个人都是潜在的希特勒（正如《美国陆军报》所警告的那样）；甚至连孩子都是邪恶的，那表面上可爱的年轻少女对你微笑，这可能是纳粹复兴阴谋的一部分。

起初，德国人甚至被认为不应该离开他们的家园。例如，安东·韦伯恩（Anton Webern）是20世纪奥地利最伟大的音乐作曲家之一，他在外出喝酒时被一名美国哨兵开枪打死。当然，这种荒谬很快就被美国士兵和居住在美国占领区的德国南部之间的一种情谊所取代。（在战时规划地区时，美国人最初希望人口更多、工业化程度更高的西北地区作为他们的开发区，但英国人说服他们放弃了。美国确实在不莱梅港保护了一块飞地，用于补给。）孩子们、年轻的女人们，还有葡萄酒和啤酒，他们自己有最后的决定权。但是，直到1946年，人们才开始认为美国应该帮助德国经济复苏。与此同时，从东部涌入的数百万难民更是雪上加霜，法国人几乎和东部的苏联人一样残酷地剥削他们所在的西南部地区。

理论上，虽然这四个国家各自管理自己的地区，但它们应该通过在柏林举行的由四国总司令组成的中央控制委员会会议为整个德国制定政策。然而，这从来没有起到有效的作用，法国人被证明是比苏联人更大的障碍。给法国人一个占领区，这是英国人在雅尔塔会议上坚持的，但是斯大林反对，而这对德国的最终分治起了一定的作用。因此，经济合作趋于破裂。

最终导致美国打破对德国无情剥削的政策的原因，是出于自身利益的考虑，再加上一些小小的人道主义。美国不愿意让德国人挨饿，就开始给他们送去食物。德国西部地区（被英、美、法占领）不得不进口粮食，因为他们在农业上远不能自给自足；但工业化程度较低的苏联占领地区在食品方面比较能自给自足。为了苏联人的利益，剥夺了西德的机器和制造品，使西德失去了通过出口其他商品来支付其粮食需求的任何手段。美国人最终为其买单，因为经济上处于困境的法国人和英国人都无力承担;这笔账单金额总计每年约75亿美元。

如果说让美国纳税人承担养活德国的成本是可怕的,那么让德国出现大规模饥荒也几乎是不可能的;到1946年,战争仇恨还没有达到这种程度。此时,另一个想法也开始慢慢浮出水面,即欧洲的全面复苏与德国的复苏息息相关。

人们不可能在莱茵河和易北河之间建立一个沙漠,然后期望欧洲大陆的其他地方都繁荣起来。美国国务卿詹姆斯·F. 伯恩斯(James F. Byrnes)在1946年年中宣布,这么做一部分是为了减轻美国的财政负担,另一部分是为了欧洲的全面复苏铺平道路,美国决定必须恢复德国的经济,而这意味着要与波茨坦政策和苏联决裂。然而,此时其他问题已经开始恶化苏联和西方的关系。德国问题不能孤立看待,也不是正在出现的冷战的唯一因素。到1946年,那场战争已经在许多战线上爆发了。

## 经济复苏

1945年后的国际关系,似乎由持续不断的危机、战争威胁、欧洲大陆分裂成敌对集团以及其他类似的灾难组成。然而,欧洲避免了战争,并在冷战期间取得了惊人的经济进步。这可能看起来令人惊讶:斯大林的顾问告诉他,资本主义的西方已经完蛋了;西方的左派不加批判,回避了这个口号,声称(套用经验丰富的英国"社会主义者"科尔[1][G. D. H. Cole]的话)人类现在只有两个选择——法西斯主义(纳粹主义)或共产主义。一位观察家在调查1945年的物质和道德废墟时,即使他并不认为资本主义已经奄奄一息,但在经历了大萧条的致命打击并被战争终结后,也一定认为复苏在几十年内是不可能的。事实上,战后的两年似乎也证实了这一判断。然而,复苏的力量是

---

[1] 乔治·道格拉斯·霍华德·科尔(G. D. H. Cole, 1889—1959),英国政治理论家、经济学家、作家和历史学家。——译者注

存在的。在美国援助的推动下，欧洲在1948年开始繁荣，虽然这次繁荣只持续了短暂的时间并停顿在了20世纪60年代，但带来了欧洲人从未有过的高生活水平。这是一个经济奇迹。

战后，西欧的经济增长率超过了美国和苏联。在这一时期，西欧主要国家创造了有助于经济复苏的经济合作工具，特别是始于1957年的欧洲经济共同体（European Economic Community，缩写为EEC，简称"共同市场"）；然而，独立国家在社会、政治和经济事务中保留了特殊的民族风格。至少在1960年之前，它们共同分享的是一种稳定成功的模式。按人均国民生产总值计算，西欧1952年的人均国民生产总值约为美国的四分之一，低于苏联。到1962年，西欧已经超过了苏联，占美国的五分之二。二十年以后，欧洲共同体国家的经济发展水平逐渐接近美国[1]，把此时举步维艰的苏联远远甩在后面。

德国的经济复苏是最惊人的，真的可以称之为"经济奇迹"（Wirtschaftswunder）。在接纳了至少1200万名难民后，西德的人口达到了6000万人，即每平方英里约630人（美国每平方英里约55人）。有了这些人口，德国实现了超级充分就业：1961年，德国的失业率不到0.5%，西德开始进口劳动力。到1969年，德国有超过150万名的意大利、希腊、土耳其和其他非德国工人。1950—1966年，德国实际工资增长了139%，每周工作时间缩短了10%；虽然增长率约为6%，但通货膨胀是适度的。与贸易逆差的英国不同，德国的贸易逆差是有利的，因此马克被两次上调。1946年，占领国为整个德国设定了750万吨钢产量的年度限额；1969年，仅西德就生产了4400万吨。德国成为欧洲大陆的经济巨人，其在欧洲的生活水平仅次于瑞士和瑞典，并可以与美国媲美。所有这一切都发生在德国这片土地上，尽管在1945年的时候这片土地看起来如此支离破碎、如此让人憎恨、如此令人沮丧，以至于观察家们甚至认为它永远再也不会崛起了。

---

[1] 根据世界银行的数据，西欧六国约为10 600美元，而美国为513 620美元。此时，苏联远远落后，估计大约3000美元。

表9-1　冷战期间欧美人口及国民生产总值

| 年份 | 人口（单位：百万） ||||
|---|---|---|---|---|
| | 美国 | 苏联 | 欧共体（6）* | 欧共体（9）** |
| 1952年 | 160 | 185 | 155 | |
| 1962年 | 185 | 223 | 175 | |
| 1972年 | 200 | 253 | 190 | 255 |
| 1982年 | 233 | 276 | 195 | 260 |
| | 国民生产总值（单位：百万美元） ||||
| 1972年 | 5750 | 1760 | 3475 | 3300 |
| 1982年 | 13 620 | 2600 | 10 700 | 10 500 |

*比利时、法国、德国、意大利、卢森堡、荷兰

**加上丹麦、爱尔兰和英国

法国的经济复苏同样引人注目，因为法国的起点几乎与1945年德国的起点一样低。法国在战争期间被占领并被榨干，然后在1944年成为一个战场。在1947—1950年达到战前水平后，法国经济在20世纪50年代的国民生产总值翻了一番多，并在接下来的十年里又翻了两番，这一进步几乎与德国持平。由于法国的铁路被毁，法国人被迫在现代化的基础上重建铁路，从而获得了也许是世界上最好的运输系统——一个灾难补偿的例子，欧洲大部分国家都有这样的例子：在重建中，它们获得了更新设备的优势。它们得到了"让·莫内计划"的帮助，而法国的计划比苏联采用的中央计划和国家所有制模式更灵活和微妙，在某种程度上也比英国工党采用的模式更灵活和微妙。法国已经有一些国有化企业（法国银行、铁路、雷诺汽车工厂、航空公司、煤矿、天然气和电力），但基本上依靠私营企业；国家利用其财政权力来引导投资，使基础工业的现代化按正确的顺序进行。同时，来自美国的"马歇尔计划"（Marshall Plan）资金被明智地用于这种初级投资。

英国虽然作为战胜国，但它并没有得到战败国的所有好处。战后，英国的经济增长速度也是非常令人满意的——1950—1970年平均约为3%。由于英

国遭受的战争破坏要少得多，它没有像德国和法国那样对工业工厂进行现代化改造，使其为此付出的代价是经济效率降低——英国的前进速度比欧洲大陆其他国家要慢。但直到20世纪60年代，英国人眼看着"共同市场"国家与他们拉开了距离，与法国人、德国人、瑞典人和瑞士人相比，英国人被认为显得有些陈腐老套。除了这种比较，英国人可能会庆幸自己的人均生活水平提高了，因为他们在其他任何时代都没有这样做过。按实际工资计算，1969年英国工薪族的生活水平是1939年的两倍半以上，这还不算从著名的"从摇篮到坟墓"的社会福利制度中获得的福利，其中包括免费医疗。英国失业率非常低，仅有2%或更低。

提振经济表现的主要障碍是英国棘手的国际贸易平衡，这往往会通过将进口提高到不可接受的水平来破坏每一个萌芽中的繁荣。英国比任何其他欧洲大国都更依赖进口食品和原材料，国际收支问题导致英镑在1949年贬值（从4.03美元到2.80美元），1967年又贬值了15%。至少，最初英镑贬值是通过使英国商品以外币计价变得更便宜来提振出口，同时也使英国买家的外国产品更加昂贵，从而抑制了进口。英国人希望贬值不会提高原材料和食品的价格，这些产品通常来自不发达国家。国际收支问题导致了"走走停停"的经济增长模式，这不禁让英国政府感到头疼。

通货膨胀是另一种相关的"阿司匹林诱导剂"（aspirin-inducer）。从战争结束到1969年，即在20世纪70年代的大通货膨胀之前，物价上涨了两倍多。然而，直到20世纪70年代，这些问题才严重威胁到基本上充满希望的经济形势。1954年，一份美国杂志报道说，"今天的英国人民享受着他们历史上从未有过的繁荣"，保守党凭借这种繁荣在1955年和1959年的选举中轻松获胜。

意大利的经济增长同样让人惊讶。在经历了20世纪50年代令人印象深刻的年增长率（1951—1955年平均约为5.5%）后，意大利在1957年建立欧洲经济共同体后进入了真正的繁荣时期。到1963年，意大利的产量比1958年增长了70%，增长率超过了欧洲经济共同体的任何其他国家，而意大利似乎从中获利最多。当然，意大利特别是意大利南部，要加入现代化工业社会的行列还有很长的路要走；而且最初的繁荣甚至扩大了"两个意大利"之间的鸿沟，在地主横行的南方打破停滞模式的计划面临着巨大的困难。然而，成千上万的穷人确实离开了土地，涌向意大利北部城市，那里的快速增长创造了对劳动力的需求；还有一些意大利人去德国、瑞士或法国工作。这些年来，意大利的经济突破让它变得不再那么受欢迎，如欧洲最壮观的交通堵塞；正当旅游业达到顶峰时，有钱的意大利人争相完成他们与汽车的结缘。（后来，当意大利旅行变得过于昂贵时，游客们转移到了希腊和西班牙。）

意大利用伟大的超级公路项目反击了交通问题，将曾经浪漫分裂的半岛聚集在一起，打破了古老的地域主义，帮助这个长期沉浸在古老习惯中的国家实现了现代化。在20世纪50年代和60年代，现代化无疑来到了这片艺术家、诗人、农民和长袍教士的土地上，同时也带来了一系列常见的问题，而且有些问题在意大利比其他地方更严重。紧接着，现代化也来到了西班牙，正如它来到法国一样，而这两个国家长期以来曾被认为处于无望的停滞不前之中。

1944年布雷顿森林会议上设计的国际货币交换体系，主导了战后资本主义复苏。约翰·梅纳德·凯恩斯在他职业生涯的晚期向该体系贡献了他的杰出才能，建立了国际货币基金组织（IMF）和世界银行，直到现在仍然是国际经济的支柱。我们可能还记得，20世纪30年代的大萧条对金本位制造成了致命打击，导致世界贸易陷入混乱之中。当时，旧的秩序没有恢复，但新的秩序出现了。国际货币基金组织是联合国下设的一个机构，它利用成员国捐赠的资金买卖货币，目的是稳定汇率。它的理事会被授权在一定范围内改变汇率；密切相关的国际（世界）银行可以向成员国提供贷款，以稳定汇率和鼓励贸易。由于美国及其货币的经济实力雄厚，总部设在美国华盛顿的国际货币基金组织–国际复兴开发银行体系在这个时代表现出色；美元实际上成了国际货币标准。（大约在1945—1958年，美国对几乎整个世界都有信用余额。）20世纪70年代，随着这种情况的改变，布雷顿森林体系经历了一场危机，但即使在那之后除了大多数共产主义国家外（南斯拉夫和罗马尼亚加入其中），国际货币基金组织仍保持着其在整个世界经济中的中心地位。

所有这些经济奇迹都是在不均衡的情况下实现的。直到20世纪60年代，广大群众才真正开始收获技术现代化和创新的成果，因为对基础设施的投资必须放在首位。通货膨胀几乎在所有地方都是一个反复出现的问题，给某些群体带来了特殊的困难，如养老金领取者、退休人员和收入相对固定的人。为了赶上不断上涨的生活成本，工人们经常举行罢工。英国和意大利的政治舞台上充斥着一些抱怨，这些抱怨称被夸大的国家卫生系统实际上导致了医疗服务质量的严重恶化。住房多年来一直是一个关键问题，因为它既不充足又太昂贵。

矛盾的是，1945—1960年的这些"奋斗年"比后来更富裕的时期更幸福，人们的精神普遍乐观。1953年，英格兰为新女王加冕并进入了新伊丽莎白时代，而这一时代后来成为幻灭青年一代嘲弄的对象。德国人和意大利人开始努力重建他们支离破碎的国家，并通过模范行为恢复他们在世界上的地位。戴高乐象征着法国民族自豪感的复苏，而法国人对现代化和技术的一整套新态度源于战争的创伤。后来，战后这一代人的"职业道德"给自己的孩子带来了麻烦，而这必须被视为经济奇迹的主要原因。

归根结底，无论经济学家或思想家的理论如何，就经济增长而言，似乎重要的是努力工作、储蓄和做出牺牲的意愿。西班牙哲学家何塞·奥尔特加·伊·加塞特在1949年写道，他认为英国人在战后自愿做出的牺牲构成了"自发的、坚定的民族团结"的"历史上最非凡的例子之一"。在德国，数百万难民在被逐出家园时失去了一切，除了愿意努力创造新的生活，他们别无选择。作为对已经触底的事实的反应，一种危机或灾难心理导致人们挖掘潜力并努力工作，这是不幸的自相矛盾的优点之一。

西欧人利用重新开始的机会做出了创造性的回应，将传统自由企业资本主义的最佳特征与国家指导的计划和国家管理的社会福利相结合。"计划"不像苏联共产主义那样僵化，它是西方模式的一部分，这一点在法国最为显著，但在某种程度上遍及整个西方。英国建立了全面的社会福利制度，并承诺通过财政预算手段保证实现充分就业，这反映了凯恩斯主义的影响。法国的计划旨在将投资导向某些领域，并通过控制债券发行和提供宽松的激励或惩罚措施来实现基础设备的现代化。即使在西德，在对纳粹和国家主义的反思中，占主导地位的基督教民主党领导人的言辞强调自由私营企业，其口号是"社会市场经济",而事实上许多政策方向确实以微妙的方式从波恩发出。法语中的dirigisme一词或许最恰当地概括了这一点:一种基本上自由的企业、市场经济,但由国家计划机构主导,从而将利润机制的活力与足够的中央控制相结合,以防止私人资本主义的引擎偏离轨道。与法国或英国相比,德国的国家所有权更少,因此进行了共同管理的实验:工人参与工业企业的所有权和管理。然而,在所有国家中,基本上都依赖于老式的利润激励。

戴高乐最喜欢的一位法国经济学家雅克·鲁夫(Jacques Rueff)加入了威廉·勒普克[①](Wilhelm Röpke)和路易吉·埃诺迪[②](Luigi Einaudi)的行列,前者在日内瓦教书,但为阿登纳政府提供咨询,后者则组成了一个坚定的致力于自由市场优点的国际经济专家小组。1947年,包括哈耶克[③](Friedrich August von Hayek)、莱昂内尔·罗宾斯[④](Lionel Robbins)和在美国陷入困境的米尔顿·弗里德曼[⑤](Milton Friedman)在内的这样一群人在瑞士的朝圣山集会,目的是煽动一次密谋以重振饱受诟病的资本主义实体。也许,就像基督教一样,它应该得到真正的尝试!当时,几乎每个人都在谈论陈旧的福利和计划生产,而亚当·斯密(Adam Smith)则成了肮脏的字眼——这位国际精英敢于争辩地说,在竞争激烈的社会里,私营企业家是增加财富和公平分配财富的最佳选择。

---

[①] 威廉·勒普克(Wilhelm Röpke,1899—1966),德国经济学教授,先后在耶拿、格拉茨、马尔堡、伊斯坦布尔和瑞士日内瓦的大学工作,被认为是社会市场经济的精神之父之一。——译者注

[②] 路易吉·埃诺迪(Luigi Einaudi,1874—1961),意大利政治家和经济学家,曾在1948—1955年担任意大利总统。——译者注

[③] 弗里德里希·奥古斯特·冯·哈耶克(Friedrich August von Hayek,1899—1992),奥地利裔英国经济学家,以批评凯恩斯主义福利国家和极权主义而闻名。——译者注

[④] 莱昂内尔·罗宾斯(Lionel Robbins,1898—1984),英国当代著名经济学家,曾与凯恩斯一起代表英国出席了布雷顿森林会议,代表作《论经济科学的性质与意义》。——译者注

[⑤] 米尔顿·弗里德曼(Milton Friedman,1912—2006),美国著名经济学家,芝加哥大学教授、芝加哥经济学派领军人物、货币学派的代表人物,1976年诺贝尔经济学奖得主、1951年约翰·贝茨·克拉克奖得主,被誉为20世纪最具影响力的经济学家及学者之一。——译者注

在相当大的程度上，战争消灭了旧的占有者，并建立了新的竞争机制。因此，德国1948年的货币改革倾向于清算财富，让每个人在某种程度上平等地重新开始。一位权威人士这样总结道，"法国的经济复苏是由于经济中新人的重新配备和法国人的新态度"。简而言之，1945年后的这一代人是严肃、认真而勤奋的。到了1968年，他们的孩子将反抗这种对工作和金钱的过分关注。对于那些经历过战争悲剧的人来说，审美上的细微差别几乎是没有问题的，他们着手重建他们的生活，因为他们别无选择。通过这样做，他们重建了欧洲。

## 战后西方民主政治：法国

如果"进步"是指稳定、政党不那么极端的两极分化，以及民主和权威之间的合理妥协，那么政治上也有令人鼓舞的进步。西欧加强了对一个基本上多元化的社会的承诺，该社会允许不同政见和对立政治团体之间的竞争。人们强烈反对极权主义，也反对战败者、被拒绝者，但有时仍然害怕二战中的纳粹主义和法西斯主义。20世纪50年代的特点是对政治"意识形态"的厌恶，这种意识形态被认为是对仇恨的尖锐而肤浅的"邀请"，无论是作为意识形态的民主还是任何其他"制度"都没有什么积极的意义；人们厌恶所有试图以乌托邦的名义将人类精神凝聚在一起的政治制度，而这些制度实际上意味着狭隘精英的恐怖暴政。正如温斯顿·丘吉尔所说，民主是除了其他政府之外最糟糕的政府形式。英国小说家E. M. 福斯特暗示道，如果不是三声，也要"为民主喝彩两声"①。

人们对政治的兴趣在下降。在法兰西第四共和国，多达51%的人表示完全不感兴趣。一封写给英国杂志的信指出，工作伦理的一代人"忙于他们以物质为基础的自由，而无暇顾及政治"。20世纪50年代的这种意识形态终结者、非政治化、准保守主义的情绪，以及20世纪60年代末的年轻人对其反应

---

① 这里指爱德华·摩根·福斯特（E. M. Forster）的代表作之一——《为民主喝彩两声》（*Two cheers for democracy*）。——译者注

如此激烈，我们将在后面讨论。在这里，让我们简单地讨论一下主要的西欧国家，这些国家尽管非常冷漠，但看起来却很活跃且也有很多事。

在1945—1958年，法国建立了一个新的政权，即法兰西第四共和国，而它失败以后则将政权改为第五共和国——所有这些都没有发生破坏性的内乱。法兰西第四共和国成立于1946年，戴高乐将军一直担任看守政府的首脑，但此时的法国政权很不稳定。戴高乐本人不喜欢法兰西第四共和国宪法的过度议会性质，他认为这会削弱法国。1946年10月，法兰西第四共和国宪法以非常不确定的优势获得通过，实际上是以少数票通过（31%的人投了反对票，31%的人弃权）。随后，戴高乐将军"走进了沙漠"（went into the desert），在接下来的十二年里抵制一切政治活动。随着冷战的升温，始终吸引20%以上选民的法国共产党转而采取反对策略，到1947年时法国共产党对每个政府都投了反对票。在左右两派完全不合作的情况下，法兰西第四共和国重复了第三共和国（以及魏玛共和国）的弱点：政党在议会中很难获得多数席位，如果没有几个党派的联合，就不可能获得多数席位；除此之外，还有一个比例代表制，它扩大了较小政党在议会中的代表性。

例如，共产党在1951年获得了21%的选票，社会党（SFIO）获得了11%的选票；第二次世界大战期间出现的基督教民主社会主义政党——人民共和运动（MRP）下降到了10%。戴高乐主义者分为两类，有一些抵制整个体系，获得了17%的支持，旧的激进社会主义者上升了8%，各种小右派上升了11%；而那些根本不在乎投票的人占21%，有人说他们是"最大的政党"。在议会中，任何政府都必须掌握各种团体的支持，并且可能会短命。事实上，在1945—1958年的十三年里，共有27届政府，它们的寿命从一天到十六个月不等。（与安东尼·艾登［Anthony Eden］不同，居伊·摩勒［Guy Mollet］在苏伊士运河危机中幸存了下来，他持续的时间最长。）到了1958年，观察家们都说法兰西第四共和国可以被一次大风推倒。法国政府的软弱并没有阻止其被永久的官僚机构很好地管理，正如我们所知，在经济复苏的道路上它已经取得了很大的成就。但是，法国政府没有能力解决需要大胆决策的重大问题。这就是为什么印度支那战争拖了许多年，也是为什么阿尔及利亚战争威胁要同样这样做。

事实上，正是阿尔及利亚推翻了法兰西第四共和国宪法导致了新宪法的产生，戴高乐被提升为总统。到1958年，40万名法国士兵试图镇压一些阿尔及利亚当地人反抗法国统治的起义，这场斗争以双方的暴行为标志。阿尔及利亚是第二个印度支那，更无法解决，因为100万名法国公民生活在阿尔及利亚，许多法国人认为阿尔及利亚是法国不可分割的一部分，就像它横跨地中海一样。他们不认可民族解放阵线（FLN）的活动，认为阿尔及利亚叛军的民族解放阵线活动除了是犯罪的土匪行为和外来的社区颠覆的混合物之外，没有任何其他意义。但事实上，该运动在阿尔及利亚根深蒂固，触及了长期被鄙视和歧视的伊斯兰民众的意识。

在这个绝望的时刻，几乎每个法国人都把67岁的戴高乐视为唯一的希望。军队对戴高乐青睐有加，但他还得到了强大的"社会主义"支持；他成了他热爱并长期服务的法国的一个独特象征。议会经过与戴高乐将军的谈判，通过了自己的死刑判决——给予戴高乐六个月的紧急状态，而在此期间将起草一部新宪法。这部宪法完成后，打上了明确无误的戴高乐主义烙印。法兰西第五共和国将是强有力的总统制：总统（1958年间接选举产生，然后每七年普选一次）任命总理，并向议会提出立法建议（议会修改立法的权力有限），可以通过全民公决向人民上诉反对议会的申述，可以在他希望的时候解散议会，并以其他方式拥有使他能够主导民选议会（众议院）的权力。此外，比例代表制被单一成员选区取代，其中一个选区由两个最大的候选人组成，包括共产党在内的少数党在该计划下失去了代表权。

尽管这部长宪法被批评为过于独裁，但它在某些方面是民主的，尤其是在全民公决的规定方面。法国人民厌倦了软弱和分裂的政府，以79%的高支持率通过了法兰西第五共和国宪法——戴高乐成为总统。在议会选举中，对旧制度厌恶的进一步迹象出现在将旧领导人扫地出门的趋势中。因此，戴高乐被赋予了一项强有力的使命，他的强大人格将在接下来的十一年里统治法国，并试图在争议的漩涡中主宰国际舞台。

就阿尔及利亚而言，与支持它的军队的希望相反，这个国家克服了巨大的障碍缓慢而稳定地走向了完全独立的阿拉伯国家。这是戴高乐无可争议的最大成就，而阿尔及利亚早在1955年就决定结束殖民主义时代。戴高乐自己认为，民族主义是人类尊严的基础，这迫使他得出这一结论：他怎么能拒绝其他民族，享有他为他所爱的法国所声称的属于自由社会的同样权利呢？无论如何，尽管有法国阿尔及利亚人的暗杀威胁和恐怖行为，戴高乐还是允许阿尔及利亚独立。1962年，这些协议在法国以压倒性多数通过，虽然花了四年的时间以及极大的勇气和耐心，但戴高乐把法国从战后最悲惨的困境中解救出来。随后，戴高乐对法国在非洲的旧帝国进行了非殖民化。

当戴高乐重新开始与英国人和美国人争吵时，他已经表现出了自己的独立，有些人甚至认为他不是一般的固执。戴高乐的任期始于要求北约与美国和英国联盟内部的平等——包括获取核秘密，但他在一个奇怪的事件中被回绝了，这个事件与苏联和中国几乎同时发生的事件相似。1959年，当苏联拒绝与他们所谓的盟友分享核武器信息时，这场著名的意外争吵爆发了。苏伊士运河危机以后，英国新任首相哈罗德·麦克米伦①（Harold Macmillan）决定与美国建立"特殊关系"，这意味着英国实际上放弃了在世界事务中扮演独立角色的任何尝试。这是苏伊士运河危机的明显教训，但戴高乐认为这是侮辱人的奴性。

戴高乐下令将北约的战斗轰炸机从法国领土上撤走，然后将法国从与北约的所有军事合作中撤出，但不撤出北约联盟本身。戴高乐继续花费巨资发展法国自己的核武器部队。戴高乐认为，虽然这可能只是一个微小的力量，但一个国家必须有它的骄傲，没有独立就没有骄傲。戴高乐成了美国人的眼中钉，而对哈罗德·麦克米伦来说，他"和以前一样顽固"。戴高乐要尝试与苏联以及与中国和罗马尼亚建立良好的关系，更令人惊讶的是他还要与德国建立良好关系，并要与德国在1963年的一个历史性条约中治愈以前的争论，以巩固两国之间的友好关系。除了盎格鲁－撒克逊人之外，

---

① 哈罗德·麦克米伦（Harold Macmillan，1894—1986），英国保守党的政治家，1957—1963年出任英国首相，1984年被英国女王册封为世袭贵族。——译者注

1958年9月20日，戴高乐将军在法国雷恩受到欢呼。此时，这位战争英雄被任命为总理，任期为六个月，同时起草了他将成为总统的第五共和国宪法。（美联社）

所有人都似乎在心悦诚服地回应戴高乐的不喜欢。

戴高乐认为他领导的运动主要是法国民族主义，目标是复兴这个国家的精神，即"重新找到冲劲"（rediscovered élan），但它也包含了民主的概念。这位法国领导人讨厌政党，想以一种魅力非凡的人格（他自己）来体现他的人民的普遍意志，而这引起了所有还记得最近的法西斯恐怖的人的不安。但是，戴高乐不仅致力于普选和言论自由，而且致力于民选的两院议会和独立的司法机构，因为领导反希特勒斗争的人当然不打算建立一个类似纳粹的政权。戴高乐渴望弥合他所热爱的法国的裂痕，结束选民的疏远，以某种方式让人民直接参与政府事务，并带领政府获得财富和力量；希望周围是一群有能力的人，他们有着共同的目标，尽管他们在细节上并不一致。1958—1970年，戴高乐总统建立了战后世界最有趣、最令人印象深刻的政治制度。

但是，正如戴高乐所意识到的，他没有成功。戴高乐可能已经结束了第三共和国和第四共和国的停滞不前，过于关注议会霸权，但他没有（除了可以说非常短暂）统一法国或结束公民与政府的疏离。因此，许多人抗议这种公民投票和独裁的"民主"，而且最终戴高乐也没能统一法国。在戴高乐十二年的统治结束时，当法国人民拒绝他时，他叹了口气："我就像海明威的《老人与海》中的老人一样带回了一具骷髅。"

戴高乐确实让法国从1940—1944年的沮丧和屈辱的低谷中走了出来，回到了一种与欧洲历史上最古老、最自豪的国家相称的尊严。许多戴高乐主义者强调现代化的任务，打破"僵化的社会"，带领法国进入20世纪——通过提高生产率、农业机械化、升级道路和机场，以及总体上恢复进步和企业精神为21世纪做好准备，而不是满足于墨守成规的"旧法国"；或者，他们谈论恢复民族共同体的意识，使工人阶级从深度异化中摆脱出来，治愈社会失范给人们带来的创伤。就像法西斯主义一样，戴高乐主义也有左翼和右翼之分，一个是传统主义者和保守派，另一个则不耐烦地倾向于变革。

对于像安德烈·马尔罗这样的伟大作家来说，他成了高卢人中最热情、最能言善辩的，主要的吸引力是英雄主义和真实历史人物的伟大。马尔罗曾是共产主义者和西班牙内战战士，后来参加了抵抗运动，他声称斯大林背叛了革命理想。马尔罗说，如果托洛茨基还活着，他就会加入他的行列。有时，戴高乐主义的神秘令人尴尬地想起法西斯主义，有大规模的集会、洛林十字架上的探照灯和类似的展示，而反共产主义、民族主义、有机共同体、反代议制政体以及强调英雄主义和伟大可能会让人想起墨索里尼和希特勒。但是，戴高乐保留了言论自由，甚至容忍了共产党的存在。赫鲁晓夫在回忆录中记录了他与戴高乐的愉快会面，尽管他们在柏林问题上存在分歧，但他在1960年的访问中与戴高乐相处得很好。

戴高乐之所以从纳粹主义或法西斯主义中获救，不仅是因为他一生中最美好的时光都在与希特勒作战，也是因为他的文明素质——他保留着一种自嘲成分和悲剧感。由于戴高乐太过文明，他不可能成为狂热者，也不希望拯救人类或建立一个乌托邦。他深知权力不可避免的局限性，他也有着20世纪50年代那种清醒的、不再抱有幻想的精神。他不希望破坏自由，迫害少数民族，或在没有人民明确授权的情况下进行统治。他不希望发动侵略战争，而是希望保持权力的平衡。他不是希特勒，而是戴高乐，他是20世纪最伟大的人物之一。

## 战后欧洲其他国家的政治

没有其他西欧政治人物的地位能与戴高乐相提并论，但德国的康拉德·阿登纳（Konrad Adenauer）——戴高乐的好朋友，是最接近戴高乐的人。康拉德·阿登纳主持了对议会民主制的调整，那些记得魏玛共和国失败及其灾难性后果的人感到惊讶和振奋。虽然有人批评阿登纳和德国人民的独裁倾向，但他对民主进程的承诺是毋庸置疑的。在纳粹时期，阿登纳曾违抗希特勒，导致其在荒野中度过了他的时光。因此，阿登纳并没有威胁要再来一次这样的独裁政权。

德国在1949年开始的代议制议会制度下实现了政治稳定，这与法国在第四共和国的不愉快经历形成了鲜明对比。第一，在德国，反议会或反政府组织的极端程度要小得多；纳粹主义使激进右翼名誉扫地。当有了安德烈·马尔罗，德国人可能会喊道："马克思主义不是我们左翼的东西，而是我们东方的东西。"在联邦共和国统治下，这两个极端都没有得到多少支持。第二，1949年的德国宪法没有采用比例代表制。基于这一点，再加上政府的资金是根据政党的人数而给予的，如果一个政党获得的选票不足5%，根本没有资格获得任何补贴，这阻止了在小政党上浪费选票。第三，德国人在康拉德·阿登纳身上发现了一位不反对议会制度的国父形象。1949—1963年，阿登纳担任总理（这个职位与首相的职位大致相似，但权力更大一点），并深受爱戴。这位老人上任时73岁，离任时87岁，他是一个有趣的角色——有一种日耳曼式的哈里·杜鲁门风格，他的民间特质吸引了德国人，他的政治诡计让敌人望而却步。

这位"老头儿"（Der Alte，指阿登纳）是基督教民主联盟的成员，他的领导主导了德国的选举并直到1969年。这样，较小的政党失去了力量，出现了三党制的局面。社会民主党位居一个强有力的第二的位置，而较小的自由民主党——一个资产阶级自由主义团体，掌握着权力的平衡，通常支持阿登纳。1969年，自由民主党最终转向社会民主党，而此时社会民主党已经完全放弃了它曾经的马克思主义立场。

德国政治生活的主要主题是所谓消灭纳粹的过去。战后的德国，人们对1933—1945年这段可怕的插曲，以及自1914年以来的整个可怕的经历，都表现出了某种不情愿的态度——这种态度持续了很多年。阿尔伯特·格罗瑟（Albert Grosser）讲述了一位作家的故事，他在1966年的一次追悼会上说"我们是上次战争中的野蛮人，让我们面对现实吧"，而他被斥责道——"我们来这里是为了纪念我们死去的儿子，而不是为了告知纳粹"。对那些在纳粹时期服从命令、对虐待行为视而不见的普通人，普通德国人非常同情——"我们中谁会不这样做呢？"对于这种感觉，有人可能会把它与近年来经常出现的犯罪目击者"我不想卷入其中"的态度相比较。这种不愿正视过去的态度经常受到批评，但不应与真正的亲纳粹观点混淆。无论如何，唯一的新纳粹党——社会主义帝国党（Socialist Reich Party）在1951年只赢得了1.8%的选票，不久就被联邦共和国高等法院宣布为非法。

揭露纳粹罪行的书籍在西德成为畅销书，最主要的例子是《安妮·弗兰克的日记》[①]（*The Diary of Anne Frank*）。可以肯定的是，阿尔伯特·施佩尔等前纳粹的一些回忆录也是如此。早些时候，康拉德·阿登纳采取措施向犹太人赔罪，他承诺从1953年到1966年一共向以色列支付30亿马克的赔款。"以德国人民的名义，（纳粹）犯下了无法形容的罪行，这应当要求精神和物质赔偿。"康拉德·阿登纳在1951年对联邦议会这样说。1958年，一个德国办事处在路德维希堡被设立，试图追捕尚未被抓获的

---

[①] 通常译作《安妮日记》。——译者注

纳粹罪犯。

纳粹的受害者得到了赔偿，尽管有人抱怨程序缓慢和资金不足。1969年，一项民意调查显示，只有44%的德国人认为纳粹罪犯仍应受到起诉。德国人对担任公职的前纳粹分子持宽容态度，而事实上在1966年就有一名曾经是纳粹党成员的男子成为总理。库尔特·基辛格（Kurt Kissinger）的当选引起了德国主要作家君特·格拉斯（Günter Grass）和海因里希·伯尔（Heinrich Böll）的强烈抗议，他们当时正在参加一场指责德国社会庸俗和颓废的反抗运动。但是，在1967年中东战争中，德国人的观点比法国人或英国人更明显地亲以色列。

表9-2 德国选举

|  | 1949年 | 1953年 | 1957年 | 1961年 | 1965年 | 1969年 |
|---|---|---|---|---|---|---|
| 德国基督教民主联盟/巴伐利亚基督教社会联盟（CDU/CSU） | 31 | 45 | 50 | 45 | 48 | 46 |
| 社会民主党（SPD） | 29 | 29 | 32 | 36 | 38 | 43 |
| 自由民主党（FDP） | 12 | 10 | 8 | 13 | 10 | 6 |
| 其他 | 18 | 16 | 10 | 6 | 4 | 5 |

阿登纳娴熟的外交政策使德意志联邦共和国在国际社会中重新获得了令人尊敬的地位。联邦德国成了北约的坚定伙伴，欧洲经济共同体的成员，法国的朋友；1963年，法国和联邦德国这两个宿敌签订了一项友好条约[①]，这无疑是那个时代的主要成就之一。阿登纳甚至能够保持对莫斯科开放，尽管苏联人总是攻击联邦德国是前纳粹分子策划报复战争的巢穴。（这并没有妨碍东德共产主义国家在其政府和政党中使用许多前纳粹分子——"复员

---

① 即《法德友好条约》（*Treaty of friendship between France and Germany*），又称《爱丽舍宫条约》（*Élysée Treaty*）。——译者注

方案"①［DDR］人员。）就波恩政府（联邦德国）而言，它不仅不承认"复员方案"，而且根据所谓哈尔斯坦主义（Hallstein Doctrine）表示将拒绝与任何承认东德政权的国家建立外交关系。不过，1955年与苏联建立的外交关系是这一政策的唯一例外。多年来，联邦德国一直没有与东欧其他国家打交道。

联邦德国曾将首都设在莱茵河畔的小城市波恩，但这个城市不够大，容纳不下日益增长的联邦官僚机构，而1949年的意图是发出一个信号——这是一个临时的总部，将一直使用到政府回到柏林作为一个统一国家的首都的那一天。当时，柏林墙还没有竖立起来；但是，直到1969年，第一位社会民主党总理宣布了一项新政策，两个德国之间的关系一直很紧张。

德国众所周知的行政效率仍在继续，其处理高达1500万名难民（包括逃离"复员方案"的难民）的艰巨任务完成得非常有效，以至于法国人在1962年后用德国模式重新安置了75万名法国阿尔及利亚人。惊人的经济繁荣保证了阿登纳的选举成功，但他的政党（基督教民主联盟）从未获得超过50%的选票；而且社会民主党在联邦共和国早期无效的领导后稳步增加了他们的选票。政治共识虽然有好处，但也有坏处，那就是不能代表不一致者，他们可能会在沮丧中转向其他方法。例如，20世纪60年代末的激进学生抗议运动始于德国。

在阿登纳退休的前一年，也就是1962年，政府突击检查了德国著名周刊《明镜》（Der Spiegel）的办公室——《明镜》是一份严肃的、编辑出色的新闻杂志。这被看作德国的"水门事件"，预示了这十年来困扰西方的丑闻和麻烦；它标志着一个新时代的开始，不仅动摇了政府，也许还促成了阿登纳在1963年的退休（他当时87岁）。

意大利政治介于法国和德国模式之间。在德国，基督教民主党在1946—1963年的选举中占据主导地位，赢得了35%～48%的议会席位。但是，与德国和法国不同的是，意大利共产党吸引了20%～25%的选民（在比例代表

---

① 复员方案，即"解除武装、复员和重返社会"（DDR）标准。另，民主德国（东德）的德文缩写也是DDR。——译者注

制下)。"社会主义者"有时与共产主义者不和,有时为两个强大的马克思主义政党探索一个共同的阵线。一个新法西斯党获得了5%的选票,君主主义者急于恢复萨伏伊王朝(战后意大利选民投票推翻了它的长期统治),他们在20世纪60年代衰落之前获得了3%～7%的选票。此外,还有许多其他的小型政党。

因此,意大利政治不像德国那样稳定,但也不像法兰西第四共和国那样动荡。基督教民主党定期执政,但他们就像在德国一样很难在议会中获得多数席位;除了1948年的冷战时期,他们从来没有单独接近过多数派。由于共产主义者和"社会主义者"的人数最终超过了基督教民主党,他们被迫试着"向左翼开放",至少吸引一些"社会主义者"站在他们一边,这一战略在20世纪60年代初受到教皇约翰二十三世(Pope John XXIII)的鼓励,但这在他们自己的阵营中造成了裂痕。

意大利共产党(PCI)相比之下是最灵活的,在许多方面的政策也是最温和的。在漫长的墨索里尼时代,意大利共产党曾被迫转入地下,不得不寻求与其他反法西斯主义者的合作;他们养成了与非共产主义者合作或至少容忍非共产主义者的习惯。这一时期的意大利共产党领导人帕尔米罗·陶里亚蒂(Palmiro Togliatti)是一位民族主义者,他主张"意大利的社会主义道路"必须不同于苏联的道路。在葛兰西的领导下,他认为马克思教导的不是精英专政,而是作为共产主义政权和经济变革的必要前提的普遍文化发展。1945年,意大利共产党开始成为一个群众党。20世纪60年代,意大利共产党将与天主教徒进行对话,并在接下来的十年里将接受民主、多元的社会秩序。在冷战时期,意大利共产党远远没有达到这个水平,但陶里亚蒂是最早也是最强烈的共产主义者之一,并呼吁走一条新共产主义道路。陶里亚蒂热切地回应了纳吉·伊姆雷(Imre Nagy)对更受欢迎的新共产主义的追求,但在匈牙利革命被镇压后,意大利和苏联政党之间的关系变得紧张。在这条妥协和适应的道路上,意大利共产党领导了所有其他政党。因此,意大利共产党在意大利越来越受欢迎,并逐渐不再被视为革命威胁或莫斯科的工具。

表9-3 意大利选举（1946—1963年）

|  | 1946年 | 1948年 | 1953年 | 1958年 | 1963年 |
|---|---|---|---|---|---|
| 基督教民主党 | 35 | 48 | 40 | 42 | 38 |
| 共产党 | 19 | 31 | 23 | 23 | 25 |
| 社会党 | 21 |  | 13 | 14 | 14 |
| 新法西斯主义者 | - | 5 | 6 | 5 | 5 |
| 君主主义者 | - | 3 | 7 | 5 | 2 |
| 其他 | 25 | 13 | 11 | 11 | 16 |

1945年，克莱门特·艾德礼（Clement Attlee）的工党政府出人意料地战胜温斯顿·丘吉尔当选，在英国主持建立了欧洲最著名的福利国家，并对基础工业进行了国有化。作为外交部长，坚定的欧内斯特·贝文（Ernest Bevin）是组织联盟的一个关键人物，这些联盟在面临衰退威胁时支撑着西欧——杜鲁门主义、马歇尔计划、北约。另外，英国也有令人失望的地方。艾德礼的内阁期望主持富裕的千禧年，不得不面对不可避免的战后短缺，实施了一些不受欢迎的措施，如配给、价格管制和高税收等。——雄心勃勃的"从摇篮到坟墓"的社会保障体系非常昂贵。

在这个阶段，工党几乎完全信任国有化和国家控制。但正如批评者指出的那样，国家主义本身并不是答案，在某种程度上，一些事件正表明了这一点。不管是私人的、公共的还是混合的，重要的是让经济运行起来；必须提高生产率，赢得出口市场，通过明智的管理避免过度通胀，而仅仅将所有权从私人公司转移到国有公司并不能自动确保这一点。这是一个从未独揽大权、缺乏经验和能力的领导人的工党必须吸取的一些教训。

柯瑞里·巴尼特（Corelli Barnett）在1995年出版的《失去的胜利》（*The Lost Victory*）一书中指出，工党没有认识到英国再也不能成为一个世界强国，从而在武器和外交上浪费了本可以投资于经济结构调整的资金。但是，艾德礼政府以近乎不体面的方式仓促放下了巴勒斯坦的负担，主持了从印度撤军的巨大进程，说服美国承担了大部分欧洲的负担，并得到了大量马歇尔计划的资金。很难想象英国世界强国的伟大传统是如何被更快地抛弃的，但事实上这让工党失去了很多民众的支持，数百万人认为这是对深深植根于国民心里的帝国使命的背叛。1950年，英国人试图阻止美国人卷入与中国的战争（指朝鲜战争）。

表9-4 英国选举（1945—1966年）

|  | 1945年 | 1950年 | 1951年 | 1955年 | 1959年 | 1964年 | 1966年 |
| --- | --- | --- | --- | --- | --- | --- | --- |
| 下议院席位 |  |  |  |  |  |  |  |
| 工党 | 393 | 315 | 295 | 277 | 258 | 318 | 363 |
| 保守党 | 210 | 298 | 321 | 344 | 365 | 303 | 253 |
| 自由党 | 12 | 9 | 6 | 6 | 6 | 9 | 12 |
| 其他 | 25 | 3 | 3 | 3 | 1 | 0 | 2 |
| 普选的比例（%） |  |  |  |  |  |  |  |
| 工党 | 48 | 46.1 | 48.8 | 46.4 | 43.8 | 44.1 | 48 |
| 保守党 | 39.6 | 43.4 | 48 | 49.7 | 49.4 | 43.4 | 41.9 |
| 自由党 | 9 | 9.2 | 2.6 | 2.7 | 5.9 | 11.2 | 8.5 |

20世纪50年代末，那些对艾德礼政府感到愤怒的人注定还会进一步失望，因为一个保守党政府对"变革之风"做出了回应，开始在各地实行非殖民化。

从印度撤军，就是第二次世界大战的直接结果。印度民族主义运动早在1939年就已经建立起来了，但当英国政府假定要代表印度宣战时，印度的民族主义运动又出现了新的力量，这一行动激怒了印度舆论。为了获得印度对战争的宝贵支持，英国人提出了战后在英联邦内的自治权；但印度国民议会要求更多权力。在珍珠港事件和日本大规模进军东南亚的影响下，英国派遣战时内阁工党成员斯塔福德·克里普斯（Stafford Cripps）前往谈判。1942年8月，印度国会通过了一项决议，要求英国立即"退出印度"。为此，英国逮捕了甘地、尼赫鲁和其他民族主义高级领导人。由于日本几乎兵临城下（3月8日缅甸仰光沦陷），这是一个关键时刻。这场危机的解决和盟军在战争中的最终胜利使印度相信，它对战争的贡献使它有权独立。1947年，路易斯·蒙巴顿勋爵（Lord Louis Mountbatten）在印度教徒和穆斯林的集体投票中将权力移交给印度和巴基斯坦，而这种戏剧性且往往是悲剧性的情况是欧洲以外历史的一部分。它们对英国产生了巨大的影响，这是大英帝国的夕阳——"沙丘和岬角上的火苗在下沉"。

也许，更关键的一个弱点是工党长期处于左翼和右翼之间。工党的左翼人士对冷战感到不安；愤怒的威尔士人、工党领袖安奈林·贝文（Aneurin Bevan）1951年因重整军备和北约（NATO）而辞去内阁职务，并带走了一位名叫哈罗德·威尔逊（Harold Wilson）的年轻人。贝文将反对党保守党称为"害群之马"，工党因此失去了很多选票。

1951年，对工党来说同样是不愉快的一年，外交部两名左翼副部长因叛逃到苏联而引起了巨大的轰动，并有关于安全松散的指控。道格拉斯·麦克莱恩和盖伊·伯吉斯的逃亡是现代最著名的间谍故事之一：它开始于20世纪30年代的剑桥大学，一群聪明而疏远的学生成为苏联特工，直到三十年后其中一位安东尼·布朗特被披露是一位杰出的艺术史学家和女王艺术收藏品的策展人才结束。1963年，金·菲尔比①追随麦克莱恩和伯吉斯来到莫斯科。该组织在英国的情报和外交部门都有很高的地位，并向苏联人传递了包括原子弹机密在内的宝贵信息；麦克莱恩一直尽职尽责地向莫斯科全面通报北约以及朝鲜战争的计划。当然，这一切并不是工党的错——这些间谍在20世纪30年代保守党政府的统治下扎根。但是，在冷战日益激烈的气氛中，一些左翼劳工对苏联的同情变成了一种尴尬。

在1950年以如此微弱的优势赢得另一场选举后，工党在1951年的选举中失败了。在此后的十三年内，工党都没有重新掌权。1955年，保守党在下议院的多数席位从17席增加到46席，并在1959年赢得了更多席位。直到1963年，

---

① 金·菲尔比（Kim Philby），原名哈罗德·阿德里安·拉塞尔（Harold Adrian Russell），是英国情报官员，也是苏联的双重间谍。1963年，他被揭露是"剑桥五杰"的成员，这是一个在二战和冷战初期向苏联传递情报的间谍组织。在这5个人中，菲尔比被认为是最成功地向苏联提供秘密信息的人。——译者注

保守党才迎来了自己的困难时期，但他们幸运地获得了经济复苏的回报，也从中学到了一些东西。1945—1952年，保守党从失败中获益，发展了全新的观点、组织和形象。根据保守党历史学家罗伯特·布莱克（Robert Blake）的说法，该党"做出了重大努力来重新思考其政治纲领，重组其内部宪法，并恢复其议会士气"。保守党虽然接受了老年经济和福利国家，但将自己的灵活模式（在某种程度上借鉴了法国的模式）与工党中央集权制的束缚进行了对比。保守党努力不把自己描绘成墨守成规的反对派，而是一个比社会主义者更现代、更高效、更博学的政党；他们借鉴了保守党传统中仁慈家长主义的古老传统——上层阶级对下层阶级的高尚义务。安东尼·艾登曾说，保守党相信强者帮助弱者，而不是弱者拖累强者。

苏伊士运河事件对英国来说是一个打击，但它把哈罗德·麦克米伦带到了首相的位置上，他是一个很有文化和魅力的人。麦克米伦出身贵族，是一个进步的保守党人，支持经济规划，解放殖民地，并使冷战解冻。1938年，麦克米伦写了一本名为《中庸之道》（The Middle Way）的书，这本书表明他更喜欢福利国家的元素——一个温和的版本。最终，麦克米伦却成了政府中一桩相当离奇的丑闻的受害者。到那时，保守党已经执政了非常长的时间，英国这个国家已经为变革做好了准备。

在长期在野期间，工党进行了自我反省，并经历了实用主义者和思想家之间的内部斗争。在艾德礼退休后，休·盖茨克尔（Hugh Gaitskell）被选为工党的领袖，他是一个温和派，敦促自己的政党远离教条主义的"社会主义"，寻求中产阶级的支持，并停止强调明显不受欢迎的国有化药方。1959年，盖茨克尔在工党第58届年会上的讲话中宣称："我们的目标必须是扩大我们的基础，始终与普通人保持联系，避免成为孤立的、信条横行的狂热分子的小集团，脱离了我们这个时代社会生活的主流。"对此，左翼人士迈克尔·富特（Michael Foot）回答说，"为了赢得选举，我们必须改变这个国家的人民的情绪，让他们看到这是一个多么邪恶、可耻和腐朽的社会"。

更激烈的是关于外交和军事政策的持续辩论，其中"单边主义者"要求英国放弃成为核大国的企图，而温和派拒绝这一做法，认为不现实。这个问题分裂了左派，特别是激进的核裁军运动（Campaign for Nuclear Disarmament）在1960—1961年开始诉诸激进的非暴力反抗（反对、占领、静坐）之后。这场运动以80多岁的哲学家伯特兰·罗素主导，为未来十年的进一步抗议提供了一个模式。

休·盖茨克尔在1963年早逝，当时正值人们期待已久的命运转变前夕，而这一转变本可以让他成为英国首相。哈罗德·威尔逊已经从工党的左翼转移到接近中间的某个位置，并继承了这个职位。随着经济形势的恶化，哈罗德·威尔逊在任期内将会遇到严重的困难——这对工党来说又是一次厄运。一位"社会主义"宣传者发明了一种理论，认为保守党人狡猾得要命，他们设法安排事情以便在经济衰退时他们在野，从而设法把不景气的责任推给工党。然而，牛津的政治科学家们认为，长期的政治摇摆倾向于工党——这是一个越来越平等的社会中更民主的政党，并预测保守党将永远不会赢得另一场选举。然而，只用了六年时间，他们的观点就被证明是错的。

应该补充的是，自由党在这些年中经常获得相当大比例的选票，但它在议会中只获得了微不足道的代表席位——因为没有比例代表制，自由党几乎在所有地方都是少数。于是，两大党（工党、保守党）至少可以在一点上达成一致，那就是他们不想要PR（公关）。因此，自由党人注定要继续遭受挫折，他们知道投票给他们就是浪费选票，这使他们在选举中的低地位进一步加深。

我们可以把1945年后这一代人的西欧政治概括为一种日益达成共识的政治，这与这个时代普遍的经济进步相一致。一方面，极端倾向变得不那么极端，如英国工党和德国社会民主党放弃了大部分"社会主义"。另一方面，接受福利国家和某种程度的经济规划的保守党派注意到了变化的风向，适应了新时代的需要。一些观察家认为，德国基督教民主联盟和社会民主党之间，英国工党和保守党之间，或者至少是工党右翼和保守党左翼之间的距离，缩小到了除一个挥之不去的华丽辞藻之外没有什么区别。戴高乐的新共和国试图压制政党，完全支持全国共识政治。"工人们融入了国家的经济和政治生活"，政治冷漠更多的是满足而不是厌恶的结果。不过，核毁灭的不祥之云是主要的例外。

如果我们寻求新奇和刺激，那对于20世纪50年代的欧洲来说，更接近于一个国际主义的实验。

## 欧洲共同体：六国的欧洲

欧洲经济共同体（EEC）的起源，主要在于努力解决德国在西欧的作用。由于在二战中曾被德国蹂躏，不少邻国因此憎恨和害怕德国，但在经济上却又离不开德国。因此，解决这一困境的一个办法是将德国的力量控制在整个西欧的怀抱之中。正如欧洲防务共同体和北约试图把德国的军事力量纳入西方联盟，而不是建立一个复兴的德国国防军，所以各种形式的经济一体化从建立煤炭和钢铁共同体开始，它们的目的是在不让德国重新夺回欧洲霸主地位的情况下获得德国强大经济实力的优势。

然后，旧秩序的明显失败也使许多人赞同某种全新的秩序，即废除过去狭隘的民族主义，推动欧洲走向一个新的疆域。马歇尔计划推动了欧洲跨国经济的构想，因为美国人一直强调要形成一个大的单一市场，这个市场应该取消关税，甚至允许使用共同货币。对于荷兰和比利时这样的小国，这种做法的好处尤为明显。

欧洲经济合作组织试图组织马歇尔计划援助接受者之间的经济合作，但遇到了障碍，尤其是英国政府不愿意废除关税。如果英国愿意带头，西欧国家肯定会在战后紧随其后。然而，英国虽然不情愿地同意通过西欧联盟和北约加入军事防御，但在更紧密的欧洲一体化方面犹豫不决。温斯顿·丘吉尔曾把英国的位置描述为三个圆圈的交叉点，而其中只有一个圆圈是欧洲。英国把目光投向了大西洋彼岸英语世界的美国和加拿大，还把目光投向了世界各地的英联邦其他成员，从澳大利亚到非洲和地中海。如果说传统的英国帝国梦在未来二十年内要瓦解的话，那么它在1945年仍然非常活跃；当丘吉尔认为罗斯福试图让他"主持大英帝国的清算"时，他勃然大怒。英国和英联邦国家之间有着特殊的经济联系，这种联系干扰了英国在经济上融入欧洲的努力；其地理和历史都表明，英国这个岛国不会与欧洲大陆完全融为一体。

领头人是两位有远见的法国人——罗伯特·舒曼（Robert Schuman）和让·莫内（Jean Monnet），其中舒曼是洛林人。自1870年以来，洛林省就在法国和德国之间来回穿梭，是一个富含铁矿石的地区，其铁矿石被运往德国鲁尔河谷的钢铁厂。在1900—1945年，鲁尔河谷是巨大的煤田所在地，而且产出的钢铁比世界上任何地方都多。在1919年洛林回归法国时，主要的实业家组织了一个法德卡特尔[①]（Franco-German cartel），这是煤炭和钢铁行业的初步尝试。这种国际经济合作是必然的，超越了1933—1945年法国和德国的政治竞争。即使在战争期间，鲁尔实业家对希特勒也没有多少热情，并与法国同行保持联系。可见，煤钢共同体成为经济共同体的核心绝非偶然。

在战后几年的创伤中，法国试图夺取和限制德国的生产，同时将萨尔地区（也富产煤炭）从德国分离出来。当德国的经济和政治重建成为必要时，这一政策自然就被抛弃了。

非凡的技术官僚让·莫内成为一位法国规划的天才，他认为国家主权是一个时代错误，如果欧洲希望跟上20世纪的技术，那就必须摆脱它。罗伯特·舒曼在1948—1950年曾两次出任法国总理，他支持莫内的一份报告——该报告提出通过建立欧洲煤钢共同体（European Coal and Steel Community，缩写ECSC）来启动欧洲经济一体化。法国的提议受到阿登纳政府以及意大利、比利时、卢森堡和荷兰的赞同；谈判始于1950年6月，后来被称为"舒曼计划"的组织迅速发展成为总部设在小国卢森堡、以莫内为首的组织。煤钢共同体创建于1952年，其被证明是成功的。

随着一个重要经济部门的国际化，其他欧洲机构也纷纷建立起来了，其中包括一个部长理事会，代表六个相关国家的政府，一个法院和一个欧洲议会。正如我们已经知道的那样，走向欧洲一体化的下一步——一个欧洲防务共同体，被法国的不确定性、英国的不愿参与以及对德国以任何条件重整军

---

[①] 卡特尔，法语cartel的音译，原意为协定或同盟。这里的卡特尔是由一系列生产类似产品的独立企业所构成的组织，集体行动的生产者，目的是提高该类产品价格和控制其产量。卡特尔常常是国际性的。——译者注

备的恐惧所阻碍。但是，不知疲倦的莫内继续争取对欧洲规划的支持。1955年，法、意、德、荷四国的外长在墨西拿会晤，计划建立一个全面的共同市场并联合发展原子能。比、荷、卢三国一直是强有力的支持者，其中比利时政治家保罗－亨利·斯帕克（Paul-Henri Spaak）成为欧洲一体化的另一个充满活力的领导者。

英国仍然冷淡，拒绝参加墨西拿会议，但公众对该运动的支持浪潮推动了不情愿的法国和德国政治家前进。此时，苏伊士运河危机到来，为其提供了额外的动力，至少就法国而言是这样。法国与美国的疏远，推动了法国向欧洲寻找朋友；失去中东石油的威胁使人们把注意力集中在作为能源的原子能上，这有助于汇集核能资源（欧洲原子能共同体 [EURATOM]）。对法国人来说，另一个吸引力是希望在德国为他们的农产品找到一个扩大的市场。

这是英国第四次错过"欧洲之舟"（Euro boat）了。在苏伊士运河危机和艾登辞职后，首相哈罗德·麦克米伦选择与美国发展一段"特殊关系"，而不是加入欧洲大陆国家。1957年3月，在罗马签订的《罗马条约》很快获得了法国、德国、意大利和比、荷、卢三国议会的一致同意，它们创建了欧洲经济共同体，或者说六国共同市场。

随之而来的是一段时期引人注目的经济成功——扩大贸易，其加强了每个国家内最好的工业与经济规模。不过，尚不完全清楚共同市场是否对这一繁荣负有责任，也不清楚它是否无论如何都会到来；但《罗马条约》似乎确实提升了各国的信心。总部设在布鲁塞尔的欧洲经济共同体很快成为欧洲舞台上的重要附产品，而起初职员数量很少，但都非常能干和敬业；负责决议的部长会议必须获得一致同意——换句话说，每个成员国都有否决权——但欧洲经济共同体发展出了自己的势头和精神。

当然，戴高乐的上台并没有严重干扰这种格局。尽管这位将军的民族主义导致他在政治统一的道路上设置了一些障碍，但他绝不反对一种对法国和其他国家一样有利的经济安排，这种安排与戴高乐的经济现代化计划相吻合。此外，戴高乐的国际战略旨在改善法国与德国的关系。与此同时，英国已经从"孤立的沉睡"中醒来，并提议建立一个更广泛的欧洲自由贸易区

（EFTA），以包括更多的国家如斯堪的纳维亚、奥地利、瑞士、葡萄牙和西班牙等，其目的仅限于贸易——简而言之，关税同盟。英国担心的与其说是经济问题，不如说是共同市场的政治影响，尽管英国愿意考虑与欧洲建立商业伙伴关系，但不愿意承诺联姻。不过，莫内和斯帕克的愿景旨在最终将主权集中在一个完整的政治联盟中，以创建一个欧洲合众国（United States of Europe）。

正是在这里，戴高乐就成了一个问题，因为他的视野不同。戴高乐认为，民族主义并没有消亡，也不应该试图建立一个超级国家；相反，他想要一个"祖国式的欧洲"，彼此合作，但不失去它们各自的身份——这是文化和人类尊严的基础（他认为）。戴高乐说，"欧洲不是一个国家"；而他最令人震惊的行动是，法国于1963年否决了英国姗姗来迟的加入欧洲经济共同体的申请。欧洲共同体——煤钢共同体、欧洲原子能共同体和欧洲经济共同体——的合并在走向统一的道路上将面临一系列危机，有些危机被克服了，有些没有；但欧洲共同体仍然活着，与其生存息息相关的利益开始增长。

当务之急是，取消各成员国之间的所有商品关税。在1962年和1965年，当共同市场在农业政策上达成一致时，它成了重要的里程碑。尽管完全取消移民限制是一个更遥远的目标，但国家之间的人员流动有所增加，同样共同货币也是如此；而更远的路是（成员们希望）一个拥有真正权力的全欧洲议会和一个不被迫服从单个政府意愿的部长理事会。欧洲人希望这种势头将推动这一运动不断向前发展，每一个连续的高峰都会产生一股力量，使其向更高的地方攀登；但悲观主义者则担心，每一次向上的飞跃都会更加艰难，最初的冲动可能会随着时间的推移而减弱。一些人认为，经济伙伴关系不可避免地会带来政治的统一；而另一些人则表示，这项任务主要是建立一种欧洲精神或爱国主义，但最乐观的人不得不承认，这一点似乎还不太明显。事实上，经济一体化比政治合作取得了更大的进展。

戴高乐在1963年（还有在1967年）否决了英国的成员资格，这被广泛解读为这位不可思议的天才非凡固执的一个例子。公平地说，必须指出的是，许多欧洲人和戴高乐一样对英国在过去的角色感到愤怒，并怀疑英国是否真的接受了成员资格的所有含义。工党即将取代保守党执政，但它似乎对整个想法持敌对态度。英国人仍然坚持认为，必须做出例外，以允许他们与英联邦国家的特殊经济安排。然而，大多数欧洲人对法国的否决感到苦恼，认为它违背了欧洲共同体的精神。1963年1月，戴高乐指示在布鲁塞尔的法国代表团停止谈判，从而结束了英国和六国之间经过长时间谈判后看似可行的协议。戴高乐决定彻底破坏英国的进入，随后挪威、丹麦和爱尔兰也做出了同样的决定，这是对麦克米伦继续与美国保持核伙伴关系的反应，正如美国向英国潜艇提供北极星导弹所反映的那样。

尽管1965年发生了危机，当时法国抵制欧洲共同体会议长达七个月，但共同市场还是在1968年——提前两年达到了取消关税的目标。一项复杂的共同体农业计划制定了统一的价格，通过可变补贴制度保护农民免受廉价外国产品的侵害，并为设备现代化提供资金。到1970年，戴高乐将军已经离开了这个舞台，英国与其他欧洲自由贸易联盟成员国的入盟谈判再次展开。统一货币定于1980年发行，但这一目标日期被证明过于乐观。然而，从经济上看，欧洲共同体似乎是成功的，尽管出现了经济萧条，但它将如何度过仍有待观察。

统一的政治方面没有跟上步伐，而这些独立国家仍然对部长会议的所有重大决定拥有否决权。根据1957年的《罗马条约》，一个直接选举产生的欧洲议会本应成立，但一次又一次地被推迟，直到1979年才举行第一次选举，然后被允许扮演一个仪式性的角色。部长会议坚持其决策过程绝对保密，而且还拒绝接受这样的说法，即在某些问题上至少多数票而不是全体一致可能会占上风。欧洲委员会对不同成员国的人民没有特别的责任，它是布鲁塞尔不断发展的官僚机构，负责管理联盟的规则和计划。欧洲各国犹豫不决，不愿意进行最后的步骤，即将密切经济合作的工具转变为主权超级国家。因此，戴高乐所说的"欧洲不是一个国家"仍然击中要害。

如果欧洲共同体成为一个单一的实体，它将成为一个与美国甚至苏联人口相当的大国（取决于有多少国家加入。1977年，在英国、爱尔兰和丹麦加入后，希腊、西班牙和葡萄牙也申请加入）。在财富、技术技能和人力资源方面，它将等于或大于超级大国。但是，历史悠久、根深蒂固的欧洲各国似乎不可能合并成一个欧洲国家，除非经过很长一段时间的磨合。然而，在天才们的支持下，这样做的尝试是1945年后一代更令人兴奋的政治冒险之一。

## 战后思想情绪

在一场以完全不人道和几近完全毁灭为标志的战争之后，几乎没有希望或幻想存在。站在欧洲城市的废墟上，或者凝视奥斯维辛的死亡工厂，人们只能用法国哲学家加布里埃尔·马塞尔（Gabriel Marcel）的话来感受"不仅仅是身体上的恐惧和焦虑"。在这种恐惧被几乎完全吸收之前，似乎又一场战争即将来临。这场战争将使用更可怕的武器，欧洲将成为无助的受害者。

如果人类有任何未来，它肯定在欧洲之外，文明的欧洲人更倾向于认为是在野蛮的人民手中。一位英国历史学家写了《欧洲时代的消逝》（*The Passing of the European Age*）；德国社会学家阿尔弗雷德·韦伯（Alfred Weber）——伟大的马克斯·韦伯的弟弟——撰写了《永别了，欧洲史》（*Farewell to European History*）；永远的乐观主义者赫伯特·乔治·威尔斯在他漫长的一生结束时，第一次发现心灵已经到了山穷水尽的地步。

当时，普遍情绪是对所有意识形态的极度不信任。出生于阿尔及利亚的法国作家阿尔伯特·加缪（Albert Camus）和英国作家乔治·奥威尔都表达了这样的感觉，即必须摧毁概念的暴政，回到真正的人的身边。他们虽然是"社会主义者"，但他们比传统社会主义更加个人主义，更加带有悲剧性的人生观。对于那些看过纳粹主义和战争的人来说，这不需要示威，"我们的愤怒和烦恼来自永恒，不会失败"。

英俊、健壮的加缪是战后的文学偶像，他告诉他的读者：我们都对战争、毒气室、集中营、爆炸负有责任，人类是有罪的。奥威尔说，即使一方比另一方更有罪，但"复仇是痛苦的"。这种新基督教的原罪感和对普遍宽恕的需求是战争的真实产物。从战争和抵抗运动中产生的主要政治党派是意大利、德国、法国和荷兰的基督教政党，它们建立在马丁·尼默勒（Martin

Niemöller）和迪特里希·朋霍费尔（Dietrich Bonhoeffer）等烈士的勇气之上，建立在战争的"边界局势"将生命还原为终极和最简单的价值之上。让-保罗·萨特写道，"在纳粹统治下，我们从未像被奴役时那样自由"。人们受尽羞辱，没有权利，并面临基本的选择——在死亡面前做出选择。战后的绝望循环、对人类本质的还原以及"在绝望的另一边"希望的复兴，更多地被认为是萨特激进的无神论存在主义而不是老式的基督教，尽管后者很强大，有时也被存在主义化了。当时，没有一位神学家比鲁道夫·布尔特曼（Rudolf Bultmann）更时髦，他使1919年后卡尔·巴特的"危机神学"（crisis theology）跟上时代。

但是，没有一个神学家能和魅力四射的萨特相提并论。萨特是小说家、戏剧家，还创作哲学作品，是法国"抵抗运动"（the Resistance）的英雄，是资产阶级价值观的批判者。在萨特的《苍蝇》（The Flies）和《无路可逃》（No Exit）等剧中，他戏剧化地推广了对人类生存状态的存在主义分析。萨特发现这种分析主要是在德国哲学家马丁·海德格尔的著作中，但这种存在主义哲学的其他根源在于19世纪，主要是在尼采、克尔凯郭尔、陀思妥耶夫斯基和黑格尔。这种情绪不仅包含一种强烈的危机感，触及现代人类与自然和文化关系的根源，还包含城市居民在人群中的基本孤独困境、社会焦虑和身份危机，并存在着一种完全荒谬的感觉。我们无缘无故地被扔进这个世界，不知何故；我们在这里，面对一个充满敌意和毫无意义的宇宙，注定要理解它或毁灭它。我们每个人内心的人类意识是一种完全不同于所有其他种类的存在，它没有既定的结构，没有本质。它是一种虚无，一股巨大的风吹向物体，一个"存在的空洞"。它是完全自由的，不确定的，完全不像物理的或客观的存在。"我，一个陌生人和恐惧，在一个我从未创造的世界里。"——早在20世纪初，A. E. 豪斯曼（A. E. Housman）就捕捉到了这种感觉。

加缪声称，当我们意识到自己的困境时，我们可能会感到恶心，并考虑自杀——这是唯一严肃的哲学问题。如果我们决定活下去，我们必须充分认识到自己的任意选择和行为赋予了宇宙唯一的意义。存在主义只坚持正直、真实和个人承诺，是一种千变万化的哲学，几乎可以转向任何政治方向。1952年，加缪与萨特在冷战问题上发生了争执，在他看来这场战争被转向了一个相当保守的方向，而萨特始终是资产阶级社会陷入困境的、怨恨不已的人。1950—1956年，萨特积极亲苏，一有机会就谴责美国，并访问苏联，接受伏特加酒和被崇拜。然而，1956年在布达佩斯发生的事件使萨特与苏联共产党保持了一定的距离，而在随后的几年里这一点只是部分地被克服了；1968年，萨特在布拉格完成了这项工作。

20世纪50年代最著名、讨论最广泛的严肃书籍，可能要属乔治·奥威尔[①]的《一九八四》。1948年，这位英国散文家和小说家作为一个垂死之人写完了《一九八四》，它几乎立刻就成了现代经典作品。自由和个性的丧失、永久的种姓制度、永久的战争或战争的借口，代表着奥威尔想象中的由党统治的"老大哥"国家；贫穷和清教主义也是如此，它们为了控制大众而拒绝给予他们爱。所有这些似乎都与下一代的实际情况大相径庭，他们拥有多种自由、消费主义和对权威的排斥。然而，奥威尔的悲观主义反映了20世纪50年代冷战背景下的情绪。

在20世纪50年代的流行文化中，男人们穿着灰色法兰绒西装，年轻人穿着圆领上衣，女孩们梦想着嫁给一个合适的男人，安顿在幸福的家庭生活中。那是一个保守的十年，是艾森豪威尔、戴高乐和麦克米伦的政治时代。即使在苏联，人们也会把赫鲁晓夫的统治看作一种中间妥协，这种政治摇摆与总体上成功的经济复苏以及一代人对过去几十年激烈的意识形态斗争作出反应的心理相一致。例如，有一些反对主流的小潮流——如"垮掉"的诗人，但即使是这次抗议也是一次平静的抗议，它的追随者逃到孤寂的乡村修行文化禅宗。以菲利普·拉金（Philip Larkin）、唐纳德·戴维（Donald Davie）和汤姆·冈恩（Thom Gunn）为代表的20世纪50年代的诗歌，是对私人生活的微妙探索，技巧高超，但完全非政治化。格雷厄姆·格林（Graham Greene）和弗朗索瓦·莫里亚克的小说和瑞士作家弗里德里希·迪伦马特（Friedrich Dürrenmatt）的戏剧都深深地感染了一种宗教情绪，探讨了人类最终的堕落和

---

① 乔治·奥威尔（George Orwell），原名埃里克·布莱尔（Eric Blair）。

罪恶。激烈或暴力的抗议运动导致示威和好战运动，在很大程度上等待着20世纪60年代（我们注意到，英国的反核主义者除外）的到来。20世纪50年代没有受到激进分子的困扰，但后来被指责面对明显的社会罪恶表现出冷漠和顺从；在它自己看来，它已经超越了肤浅的社会理论而发现了存在的个体。

在接下来的十年里，激进的女权主义以及其他激进的抗议活动也没有出现。人们倾向于认为女权主义赢得了战斗——投票、法律平等、性解放、教育权利和职业机会——直到20世纪60年代意想不到的"第二次浪潮"爆发，才出现强大的女权运动。英国人类学家埃文斯-普里查德（E. E. Evans-Pritchard）曾在1955年写道："充满活力的女权主义和反女权主义的时代已经一去不复返了。毫无疑问，这些都是'已经过时的问题'了。"

# 第十章
## 20世纪六七十年代的西欧

## 麻烦时刻

很难不去想，在1964—1970年过去的五年里，众神应该都很愤怒。也许，他们憎恨人类对外太空的渗透。这是一个混乱的时代，在这段时间里，几乎每一个人都迷失了方向，掉进了洞里，并摔得伤痕累累。这些麻烦来自意想不到的方面，而且往往还是出于好意。美国试图通过坚决反对侵略来"遏制"共产主义，却在黑暗的印度支那隧道中迷失了方向，并在经历了八年的痛苦岁月之后显得意志消沉。就此而言，1968年是"春节攻势"①（Tet Offensive）的一年，这是越南共产党发动的一次重大进攻，奇怪的是，这是一场军事灾难，但又是一场心理上的胜利，几乎为他们赢得了与心灰意冷的美国人的战争。

西欧对其经济成功和政治稳定感到满意，但突然被学生的暴力示威所震惊，而这些学生本应在许多新大学愉快地学习。与此同时，命运无情地将中国人带入了一个混乱和冲突的时代，这就是"文化大革命"。赫鲁晓夫的倒台，导致了苏联异见人士的麻烦。在1967年"六日战争"中，苏联的朋友阿拉伯国家输给了以色列。在受到挫折后，苏联于1968年干预了捷克斯洛伐克。

在一长串不可预知的灾难中，还可以加上其他的，如1968年北爱尔兰爆发的抗议（英国人认为这个问题早就解决了）。在那反常的一年，生活在北爱尔兰的相当多的少数天主教徒开始了一场针对所谓歧视的激进抗议，而新教徒多数以攻击天主教示威者作为回应。与此同时，极端主义的爱尔兰共和军在南方复活，要求将北方并入统一的爱尔兰，其中一个派别主张武装暴力。英国人被迫出兵，并于1972年直接统治北爱尔兰。

工党政府在英国重新掌权，但迷失了方向，领导人纷纷下台。一个新左派出现了，向旧左派和右派发动挑战。在第一个十年末，英国经济增长放缓。人类登上了月球，却发现这种兴奋异常地令人失望。当然，绝不是所有的一

---

① 1968年1月底，北越发动了规模空前的"春节攻势"（Tet Offensive），超过8万北越军队和越南共产党游击队对南越几乎所有的大小城市发起了进攻。然而，南越百姓却没有如预期的那样发动大规模动乱，使北越部队在遭受美军压倒性传统武力的打击下，大部分的攻势都在最初的几个小时内被击溃，但在西贡维持长达三天，越南的传统首都顺化激战持续一个月。——译者注

切都是阴暗的，人们可能真的会认为这是一个成功的时代。新左派中心怀不满的年轻人指责资本主义秩序给他们带来了残酷的不公正，剥夺了他们所有合理的抱怨理由。动荡并不是失败，学生的各种起义可以被视为"提高意识"的努力，就像他们的煽动者通常希望的那样。苏联对文化和知识自由的需求不断增长，这是其进步的标志。美国和苏联两个超级大国继续避免直接冲突，并在1968年后朝着更密切的合作（缓和）迈出了重要一步。

1964年，保守党在英国的十三年统治以工党的选举获胜而告终。1963年，哈罗德·麦克米伦在丑闻的笼罩下辞去了英国首相一职。麦克米伦政府的一位职员拜访了一位没有传统德行的女士，这位女性亲吻了他并与他对话；但他否认了这一点，麦克米伦相信了他，而当谎言被揭穿时，首相被指控判断错误。普罗富莫-基勒事件（Profumo-Keeler affair）的强烈抗议，包括一位在高层圈子里很熟悉的医生的自杀，标志着一种"讽刺狂热"（satire craze）的开始，这是一种被疏远者想要诋毁所有已建立的权威的欲望。麦克米伦政府已经遇到了严重的困难，包括戴高乐拒绝其加入共同市场（欧洲经济共同体）的申请。1963年，金·菲尔比逃往莫斯科，重现了伯吉斯-麦克莱恩事件，一名国会高级议员因与这起间谍丑闻有关而自杀。

休·盖茨克尔去世于1963年——对世界上的政治大人物来说，这是非常可怕的一年。（除了肯尼迪遇刺，教皇约翰二十三世去世了，康拉德·阿登纳退休了。）盖茨克尔的去世给了才华横溢的哈罗德·威尔逊一个领导新工党政府的机会，但是威尔逊政府将在未来六年遭受严重的通货紧缩。威尔逊遭遇了一系列经济灾难，他与自己的工会支持者进行斗争，使英镑贬值，然后再次遭到戴高乐的拒绝，并首先因为放弃帝国（1968年向"苏伊士运河以东"撤军）而受到"鹰派"的攻击，然后因持有核武器和公开向美国在越南的盟友提供忠诚支持而受到"鸽派"的攻击。（华盛顿坚持认为，这是威尔逊急需持续财政支持的一个条件。）除此之外，苏格兰人要求独立，北爱尔兰爆发了暴乱。因此，没有什么比他们对威尔逊的不再抱有幻想更能导致不列颠群岛激进学生的疏远了，威尔逊曾被视为肯尼迪式的年轻和希望的象征，如今却成了一个堕落的偶像。

戴高乐将军仍然统治着巴黎，而且当他没有在破坏大西洋联盟和冷落英国时，就正在和欧洲经济共同体争吵。正如1965年的总统选举和1967年的议会选举所显示的那样，戴高乐在1968年之前就失去了声望。戴高乐显然没有达到他所期望的全国共识，他的魅力正在消退。法国发生了巨大的、令人不安的变化，它迅速实现了现代化、城市化、机械化。这些年来，整个欧洲的生活水平都有了显著的提高，尤其是法国，它是欧洲增长率最高的国家之一。与此同时，法国也出现了社会混乱和随之而来的不满；从乡村到城市的大规模迁移，使法国从1945年仍有三分之一的农业土地变成了1970年不到七分之一的农业土地。技术现代化改变了农业和制造业的特征；生活方式也改变了，但并不总是变得更好。对于传统法国的逝去，没有人比戴高乐更感到遗憾了，因为这一切都发生在他的总统任期内。

教育就是一个快速变化的领域。法兰西第三共和国给每位14岁以下的公民提供免费教育；除此之外，只有一小部分人通过竞争性的考试继续享受高等教育，首先是高级中学①，然后是大学。该体系与欧洲其他国家相比没有什么太大的不同，尽管法国可以宣称比英国拥有更大程度的民主和国家主义——在英国，工人阶级出身的孩子进入精英公立学校和大学的人数要少得多。二战前，法国大学总人口约6万人；到1968年，这个数字增加了10倍。当然，这次学生数量猛增发生在整个西方世界。

戴高乐后来在描述1968年发生的事件时，将它们归咎于法国社会这些惊人的结构性变化；他说，法国长期以来满足于其古老的方式，现在却突然陷入现代化的冰水中，这是一次不可避免却令人痛苦的经历。戴高乐认为，法国人民"被迫过着机械化的大规模生活"，"住在毫不起眼的房子里"，被驱赶和控制，甚至他们现在的闲暇时间也是"集体的和规定的"，他们比其他人更不容易接受这种变化。②也许是这样，但20世纪60年代困扰年轻人的深度动

---

① 作者使用的是法语Lycée一词。——译者注
② 参见1971年出版的戴高乐《希望回忆录：复兴》和《希望回忆录：努力》(*Memoirs of Hope*, *Renewal and Endeavor*)。

荡是一个全球性现象，显然有着超越国家的根源；它从加州和中国蔓延到柏林、博洛尼亚、伦敦，甚至都在到达巴黎之前。

学生骚乱、1968年捷克斯洛伐克运动和越南失控的战争只是世界灾难的一些迹象。1967年，中东爆发了"六日战争"①（Six Day War），这反映了各地都缺乏领导力。受到国内问题困扰的苏联新任领导人，任由自己被纳赛尔（Abdul Nasser）拖着走。他们对埃及领导人封锁亚喀巴湾给予了相当消极的认可，并鼓励了狂热的叙利亚政权。随着美国完全沉陷在东南亚，英国正式退出任何世界角色，埃及领导人认为他看到了实现团结阿拉伯世界的目标的机会，以便粉碎以色列为1948年和1956年复仇。在1967年6月初发生的第三轮阿以战争中，埃及和叙利亚显然是侵略者。由于封锁和要求撤走联合国部队，他们促成了对以色列的沉重打击。阿拉伯国家（埃及、叙利亚和约旦）失去了大量的战争物资以及西奈半岛、戈兰高地和约旦河西岸的领土，遭受了一场令人震惊的失败。阿拉伯人指责苏联没有进行干预来拯救他们，但当局势升级的前景迫在眉睫时，苏联人再次表现出了克制。苏联领导人指责阿拉伯人的鲁莽和无能，事实上，他们迟迟未能有效地试图进行干预。他们重新装备了阿拉伯军队，但在柯西金（Alexei Kosygin）访问美国与林登·约翰逊（Lyndon Baines Johnson）总统协商时，却发起了联合国停火。由于美国武装了以色列以对应苏联在埃及和叙利亚的武器，战争并没有真正结束，只是减少了几年。但是，阿拉伯人对苏联的依赖不再抱有幻想，纳赛尔虽然得到了人民的信任票，但在这次失败后只持续了三年。

两年前，试图利用非欧洲国家作为权力斗争的棋子的危险一定强力打击了在印度尼西亚的苏联人，他们在那里曾向腐败的独裁者苏加诺提供大量援助。反对苏加诺的革命也在反对印度尼西亚共产党人方面发挥了力量，多达10万名印尼共产党人在十年来最大的血洗中被屠杀。同时，苏联的巨额债务被拒绝偿还。这次失败几乎可以与美国人在印度支那将要遭受的失败相提并

---

① 即第三次中东战争，以色列方面称"六日战争"，阿拉伯国家方面称"六月战争"，也称"六五战争""六天战争"。——译者注

论，而两者都深刻表明：亚洲不会成为任何西方强国的附庸或被保护者。

1963年11月在华盛顿举行肯尼迪盛大葬礼后不到两年，整个世界在1965年暂停下来为温斯顿·丘吉尔的逝世而哀悼。阿登纳在1963年退休，于1967年去世。戴高乐（1970年去世）那时只剩下生命中的最后几年时间了，他与纳赛尔在同一年去世，比赫鲁晓夫早一年。那些老一代的人物正在逝去，不安全感和对政府缺乏信心也正在不断滋生，并伴随着这几年爆发的明显的代际反抗而来。1968年恰好是二战后出生的一代人成长起来，他们对二战的经历一无所知，对二战的价值观也不甚了解。"旧的信仰会松动和衰落，新的岁月会毁灭和撕裂。"

## 学生不满与巴黎之春

法国学生的反叛不能被孤立看待，它是国际青年反叛的一部分，因为在20世纪60年代末和70年代初时世界上很少有地方没有受到影响。就巴黎而言，这场起义最知名的一位领导人叫丹尼尔·科恩－本迪（Daniel Cohn-Bendit），他是出生在法国的德国人，他的父母为躲避希特勒而逃离，战后才回到德国；而另一个英雄是早期柏林学生骚乱的主要人物鲁迪·杜契克（Rudi Dutschke）。巴黎事件的独特之处在于其规模和范围；而牛津大学教授所说的"学生骚动"现象，在其他任何地方都没有取得比阻碍价值更大的效果。法国的学生罢课蔓延到工人，威胁到了全面革命，从长远来看，他们导致了戴高乐政府的垮台。学生占领大学建筑，随后可能是与警察或军队的激战，成了世界大学中一系列最熟悉不过的事件。但是，它们一点也不像夜以继日的全面战争，却让巴黎的部分地区看起来像二战时期一样。法国人似乎已经决定继续他们长期的革命传统，再进行一次更大的"骚乱"（émeute）。

在某种程度上，1968年巴黎春天起义（又称"五月风暴"）的原因与世界各地的学生运动的原因是一样的：厌倦了太多苍白的一致性，不喜欢技术社会，以及二战后出生的人的代际效应，他们的世界与父母的世界完全不同。新左派通过发现比克里姆林宫的老人更激动人心的革命英雄来庆祝马克思主义正统的独立：古巴的菲德尔·卡斯特罗和切·格瓦拉（Che Guevara）、阿尔及利亚、非洲和越南的反帝国主义游击队战士。但从根本上说，人们发现一代年轻人在专注于经济增长二十五年后，渴望刺激甚至暴力；他们还对一个太大而无法理解的社会感到困惑，通常对一种似乎不符合他们需求的教育感到厌恶。

大学已经膨胀到了巨大的规模。在巴黎及其周边地区，学生人数已经不少于16万人。有些人认为，这些大学生被宠坏了或者说不成熟：他们在富裕的消费社会中长大，事实上，他们正从社会的繁荣中获益。在他们的上一代人中，大多数人没有机会在大学里读书，而是在田间或工厂里工作。一般来说，起义的领导人都是经济条件尚好的职业人士的子女。这次学生反叛有时是非常轻率的，这使真正的革命者厌恶（他们对这次起义表现得很冷静，称学生造反者是"兔崽子"）。这似乎是一个巨大的校园恶作剧。在巴黎郊区楠泰尔，主要的抱怨之一是电话和电视不够用。然而，法兰西第五共和国引以为豪的巨大的新教育工厂却黯淡无光、与世隔绝、人满为患。学生们觉得自己被"加工"了，被计算机化了，被当作"知识工厂"里其他人生产的数据的消费者。他们阅读年轻的马克思关于"异化"的论述并非没有道理，"异化"即把人的需求转化为可销售的商品。

许多思潮起着激发学生们的作用。1973年，一篇苏联的文章把以下所有人都称为虚假的先知和"修正主义者"：舍勒、胡塞尔、纳穆诺、海德格尔、雅斯贝尔斯、加缪（所有存在主义者）、阿多诺、霍克海默、马尔库塞（法兰克福学派马克思主义者）、加罗蒂（Roger Goraudy）和弗洛姆。

"文化革命"可能是欧洲学生抗议的主要模式，尽管加州大学的学生可能声称优先考虑教育中断。在柏林，从1965年开始，这类事件在大学里很常见。1967年6月，一名学生在反对伊朗国王的示威游行中被枪杀。正是在这个时候，"红色"鲁迪·杜契克作为学生领袖出现；1968年4月，这位年轻的社会学家被一名右翼学生严重打伤。但是，当时在德国许多大学城爆发的大规模战斗，包括慕尼黑、汉堡、法兰克福以及柏林，让公众对愤怒的学生产生了反感。反共产主义与法律和秩序激进的学生被德国普遍的自由和保守观点激怒，越来越多地转向暴力，但他们发现自己与包括工会成员在内的德国主流意见隔绝。

越南战争为年轻人的各种不满情绪提供了一个焦点，尽管欧洲国家没有直接卷入其中。戴高乐甚至没有口头上支持美国人，尽管英国的哈罗德·威尔逊和西德的领导人都支持了。即使在美国，伯克利和其他地方的学生骚乱也早于美国在越南的主要战斗时间。有人可能会争辩说，年轻人对这场战争的反应是由于已经存在的反叛倾向。起初，越南也是如此：大学生们需要发泄他们的不满情绪，他们在印度支那山区和丛林中不断扩大的丑陋战争中发现了它。

1967年3月，在一种对1964年和1966年选出的工党政府普遍失望的气氛中，伦敦经济学院的激进学生"静坐"。英国的"体制外政治"可以追溯到核裁军运动（CND）在1959—1961年发起的大规模但相对冷静的抗议，目的是让英国退出军备竞赛，或者在冷战中使自己中立。核裁军运动举行了大规模的游行和集会，这些游行和集会是非暴力的，总体上是有序的，但也使用了封锁入口和占领建筑的挑衅策略。在英国，年轻人对"建制派"（establishment）怀有强烈敌意的情绪最为强烈。这种情绪受到了90多岁的哲学家伯特兰·罗素的鼓励，甲壳虫乐队（Beatles）和滚石乐队（Rolling Stones）等摇滚音乐人的歌曲备受推崇，并得到了工党的一个激进派的认可——他们将"新政治"称为一种"直接行动"和"对抗"。

激进的学生将这些词加入他们的词汇中，还有一些来自铁托主义、卡斯特罗主义和新左派理论家，如移民到南加州热烈气氛中的德国新马克思主义者马尔库塞，以及陷入困境的让-保罗·萨特。新左派并不缺乏思想和热情；它的先知众多，有时甚至自相矛盾。然而，在英国和德国一样，学生骚乱并没有严重威胁到推翻现有社会的地步。1968年夏末，伦敦《泰晤士报》社论报道了"英国大学秩序的崩溃"——一群剑桥学生打断了一位部长的演讲。但是，就像在德国一样，英国学生在这个时候不能克服他们自己和工会成员之间的障碍。

1967年末，意大利学生中也爆发了暴力事件，当时约有1500人占据了都灵大学的行政大楼长达一个月。佛罗伦萨、比萨、博洛尼亚和罗马紧随其后，发生了警察和学生之间的冲突。1968年,许多其他意大利学校也经历了类似的困难。与其他地方一样,由于严重的过度拥挤和过时的大学结构,教育改革迫在眉睫,但学生们似乎对这种改革不太感兴趣,而更感兴趣的是"推翻社会"。大学革命被认为会在整个"体系"中引发进一步的爆炸,即使是被物质财富麻醉的"资产阶级化"的工人阶级,他们在学生的刺激下也可能会意识到自己受到的真正压迫。大学只是束缚全体人民的剥削链条中最薄弱的一环,但不改革整个社会,大学也无法进行改革。

学生激进分子就是这样认为的,他们通常对任何权力结构都怀有敌意,也不想用一种制度来取代另一种制度,而是要摧毁所有的制度。他们真正感兴趣的与其说是克服物质贫困,不如说是消除所谓的精神枷锁。"解放"哲学在这一时期盛行,强调不加思考的为行动而行动,导致他们的一些朋友和敌人将年轻的激进分子等同于"左翼法西斯主义"或者仅仅是幼稚的任性。一些启发学生革命者的知识领袖对他们的暴力和偶尔的盲目感到厌恶,而马尔库塞、西奥多·阿多诺(Theodore Adorno)、于尔根·哈贝马斯(Jürgen Habermas)和其他新马克思主义知识分子在不同时期都对以他们的名义所做的事情表示反对。(然而,新左派思想家如马尔库塞、萨特和《地球的不幸》[Wrelched of the Earth]的作者弗朗茨·法农[Frantz Fanon]确实鼓励暴力,这是他们作品中的一个永恒主题。)但是,对于他们想要吸引的蓝领工人来说,这些学生就像是奇怪的思想家,说着各种难以理解的话语:他们想"揭开资产阶级意识形态的神秘面纱"的愿望,本身就是一种神秘化。

在巴黎,情况几乎完全不同。经过3月开始的一系列事件之后,巴黎楠泰尔大学于1968年5月初被下令关闭。巴黎主要大学索邦大学的学生在位于巴黎左岸拉丁区的这所著名大学的古老庭院里举行了一次盛大集会,他们聚集在一起支持他们的同学。试图驱逐他们的警察开始了学生和宪兵(gendarmerie)之间的冲突,这成了未来几周巴黎的一种生活方式。几天之内,冲突升级到了这样一个程度:在巴黎市的大部分大学区域,到处都是被翻倒和燃烧的汽车、受损的建筑,以及破碎或关闭的商店橱窗。高潮发生在5月10—11日的晚上,即"街垒之夜"(the night of the barricades),多达25 000

名学生与警察（flics）整夜战斗，虽然只有少数人被杀，但数百人因此受伤。与此同时，大量学生急切地聚集在一起进行演讲和示威。墙上画的标语也很明显，这些标语成为巴黎春天传奇的一部分："让我们现实一点，要求不可能的事情。"在被学生们"解放"的奥登剧院上方贴着这样的话，"当国民议会是资产阶级剧院时，资产阶级剧院必须成为国民议会"。（或者，在学生睡觉的大厅里，贴着"我们什么都不怕，我们有药丸"。）

5月13日，为期一天的总罢工标志着麻烦向工业工人蔓延。工人的动机与学生不同，但他们也加入了，部分是出于对学生的同情，部分是出于他们自己的不满。法国工会的分歧很大，实力往往很弱，现在爆发了一波让人想起1936年的罢工浪潮。当政府束手无策时，骚乱蔓延开来。当一切刚刚开始时，戴高乐总统正在国外进行国事访问。政府对突发的暴力事件感到困惑，先是无所作为，然后试图镇压，迟迟才转向改革。

到了那个时候，情况已经失控了。半个法国都在罢工，学生们沉浸在他们新发现的改变世界的力量中，"偶然事件"激增。让-保罗·萨特向10 000名学生发表了演讲。然而，学生的目标很模糊，他们想改变社会，想帮助教授上课，想进行某种革命；但他们自己内部划分成了无政府主义者、托洛茨基主义者、情境主义者和其他"群体主义者"等。就这样，暴力持续到了5月的最后一周。戴高乐总统前往德国的巴登-巴登，寻求驻德国的法国军队的保证；当他回来以后，他表现出恢复秩序的决心。5月30日，戴高乐宣布将举行选举并改革大学，但他不会容忍更多的暴力。当天晚上，大约75万名老年人在巴黎街头（右岸）举行了一场声势浩大的游行，以此来争取政府的支持。对学生骚乱的反感延续到了随后于6月23日举行的选举之中，左翼的支持率急剧下降，而高卢联合民主党获得了94个席位。与此同时，罢工工人获得了可观的加薪（从13%到15%），并重返工作岗位。接下来的几个月，教育改革的工作包括了学生参与大学管理等。

1969年4月的全民公决表明，大多数法国人认为戴高乐的任期已经结束了。为了寻找共识和参与式民主破裂的答案，总统推行了一项政府权力下放计划。当然，国民议会的政客们拒绝了这一提议；但是，人们在上诉时也这样做了。

戴高乐的长期总理乔治·蓬皮杜（Georges Pompidou）在6月的总统选举中赢得了令人信服的胜利，因此戴高乐本人尽管退出了，但戴高乐主义矛盾地存在着，甚至比他在任期间更强大。事实上，戴高乐主义作为主要政党的灵魂在法国一直存在。第二年，这位伟人（戴高乐）去世了，全世界都向他致敬和悼念。除了南斯拉夫的铁托元帅外，第二次世界大战时期的最后一位欧洲巨人戴高乐已经去世，但曾在当时帮助推翻过他的学生中很少有人在1940年甚至1945年还活着的。

## 20世纪60年代的思潮

20世纪60年代的学生激进分子通常或者说至少非常频繁地声称拒绝"意识形态"，拒绝所有的"规划"和"定位"，有时甚至是所有的智力活动。编辑编撰了一批这个时代的革命资料，称之为BAMN（By Any Means Necessary的简称，通过任何必要的手段），并指出这场运动"更多地归功于马里内蒂、达达主义、超现实主义、安托南·阿尔托（Antonin Artaud）和韦伯夫妇"，更不用归功于古板的维多利亚时代的知识分子。由于与电视一代有着密切的关系，这场运动更看重的是一个事件，而不是一个宣言。暴乱、对抗和爆炸，反映了这种对行动而非思想的渴望。如果听到歌德的"行动是如此容易，思想是如此困难"，那么20世纪60年代末的年轻街头政治家会提出质疑并会回答说：思想除了无休止的深入思考之外，不会带来任何结果；行动让一些事情开始，可能被证明是有用的。丹尼尔·科恩-本迪特的建议是，扔出一些西红柿，在任何地方制造骚乱，没有任何特殊理由。

然而，在这种所谓完全排斥意识形态的背后，确实存在着思想；人不能没有任何思想就真正采取行动，而潜伏在新左派激进主义背后的、经常不被承认的意识形态，其中有部分是由新马克思主义提供的。当时，有一种景象是暴力的革命风暴席卷了整个社会。年轻的反叛者容易崇拜英雄，他们在切·格瓦拉、卡斯特罗和其他许多第三世界的当权者身上，或者美国黑人活动家身上，找到了勇气和意志的典范——不畏艰险，与整个社会作斗争，也许就会像电视动画片中那样奇迹般地赢得了胜利。格瓦拉成了宗教崇拜的对象，他的朋友雷吉斯·德布雷（Régis Debray）的书卖了100万册，而西印度的精神病学家、革命家弗朗茨·法农的书也卖了100万册。

在20世纪50年代末，许多新思想不耐烦地要求结束冷漠和不承诺。"愤怒的年轻人"出现了，正如一个德国的"愤怒者"所说，他们决心做世界机器里的沙子而不是油。这种对所有机构的模糊的愤怒，对范围内的任何事物进行蔑视和讽刺，反映了一种深刻的异化。富裕本身也受到了攻击，那里有太多愚蠢的繁荣。最确定的目标是权力、官僚主义、权力结构、"技术社会"，一个秩序的庞大和非个人化，迫使个人适应它对机器中齿轮的需求。马克斯·韦伯的诊断是魔法已经从一个幻灭的世界中消失，或者埃米尔·杜尔海姆（涂尔干）的诊断是祖先权威的瓦解让年轻人感到困惑和失去价值，这似乎最接近问题的关键。人们在一系列神秘主义和改变心灵的药物中寻求魔法，而奇怪的宗教崇拜也在盛行。

但是，在他们的普遍情绪中，激进的年轻人仍然喜欢马克思，而这是通过求助于他的其他解释来实现的。新马克思主义的诞生源于对苏联马克思主义的认识，也源于马克思迄今鲜为人知的年轻时期的著作。对马克思早期著作的发现和解读是一个复杂的过程，许多人都为此做出了贡献。他们中的一些人在20世纪30年代初聚集在法兰克福的社会研究所，然后在希特勒时期从那里逃到了美国，其中最著名的是赫尔伯特·马尔库塞（Herbert Marcuse）。匈牙利人捷尔吉·卢卡奇在他年老时参加了1956年的匈牙利革命，并在85岁去世前（1971年去世）的1968年回到了布达佩斯大学；而且他早在1923年就批评过"机械唯物主义"，并提出了一个更真实的辩证的马克思主义。

1960年，萨特在《辩证理性批判》（*Critique of Dialectical Reason*）中试图将存在主义和马克思主义结合起来。萨特批评"官方"或苏联的马克思主义僵化成一个死教条，"完全失去了人是什么的感觉"，并建议不要拒绝马克思主义，而是借助存在主义——也许还有西格蒙德·弗洛伊德——"在马克思主义的中心重新抓住人"。

也许新左派最根本的矛盾是这样的：作为一个完全异化的、完全不被同化的、否定整个现存社会的自我定义的反抗，新左派怎么可能与那个社会互动或有任何联系？当这些主张来自极少数目中无人的局外人时，很难相信代表"人民"或让群众参与"参与式"民主的主张。如果无产阶级已经被资本主义吞没了，那么真正的革命怎么可能？这样的革命必须是一小撮精英的独裁，然而新左派理论家通常拒绝这样的东西。这一立场的荒谬之处在于切·格瓦拉拒绝与他的革命队伍解放的农民有任何关系。尽管存在如此明显的矛盾，20世纪60年代激进意识形态的爆发显然是最重要的。通过激进意识形态爆发的社会伪装，人们可以看出强烈的个人主义，记录了被困在官僚和技术社会中的现代意识的痛苦呼喊。

这里经常是艺术、音乐和文学的胜地，但从来没有这么丰富过。电子设备将交响乐团以及摇滚乐和爵士乐①带到了每个人的家中。各种流行的音乐团体为大众提供了现代版的罗马马戏团，世界杯足球赛和奥运会通过电视转播覆盖了数亿人。大众的时代就是大众传媒的时代，然而矛盾的是，这也是最激烈的私有化时代，每个独立的自我在自己的房子或房间里创造自己的文化世界。

当代知识分子生活中无情的"新狂热"——借用一位文化史学家创造的术语——谴责思想中的每一种时尚，并不断提出新的批评。在视觉艺术中尤其如此，甚至博物馆馆长和大多数批评家都屈服于一连串古怪的时尚，而艺术界的领导权从巴黎转移到了纽约。在对存在主义、主观主义和个人主义的激烈反应中，20世纪60年代后期转向一种新的观点，称为结构主义。在由犹太-法国人类学家克洛德·列维-斯特劳斯（Claude Levi-Strauss）绘制的地图上，结构主义借鉴了数学理性主义的语言学理论，宣称人类意识是客观结构的无助受害者，主要是那些隐含在语言句法规律中的客观结构。斯特劳斯试图证明，所有人类神话都是从一些原始神话中通过不可避免的逻辑发展而

---

① 以米勒·戴维斯（Miles Davis）和约翰·科尔特兰（John Coltrane）为首的爵士乐黄金时代从20世纪50年代后期延续到20世纪60年代，但在后十年的末期，这种令人惊叹的音乐开始衰落，被"摇滚"的粗糙节奏所取代。在这里，大多数年轻人留的长发暴露了他们的审美缺陷。

来的。结构主义分析被应用于文学、流行文化、精神分析,到处都在肯定客观的思维规律——隐藏在表面现象背后的语言"深层结构"——强加给我们的意识,简而言之就是迫使我们所有人以某种方式思考。从形式上来说,人类文化是相同配置的无尽重复。

先进的马克思主义和结构主义的结合,也许还混合了弗洛伊德主义的味道,是可能的和时尚的。这种复杂的学术混合物,与早期马克思主义者的信仰相差几光年。然而,在巴黎20世纪60年代学生热的高潮中,成千上万的人参加了让-保罗·萨特、雅克·拉康(Jacques Lacan)、路易·阿尔都塞(Louis Althusser)、米歇尔·福柯(Michel Foucault)和其他当今晦涩难懂的社会科学的高级教士之间的辩论,讨论了关于马克思辩证法的意义和本质等主题。

## 走马换将

20世纪70年代中期,全球领导层出现了相当大的变动。由于水门事件,理查德·尼克松(Richard M. Nixon)成为历史上第一位在任期内被弹劾的美国总统。1974年夏天,尼克松被杰拉尔德·福特(Gerald Ford)取代。在受到蝗灾、能源危机、"停滞性通货膨胀"和阿拉伯抵制石油的困扰的这一年,英国首相希斯(Edward Heath)也是政治受害者,因为哈罗德·威尔逊与英国另一个工党政府一起重新掌权。乔治·蓬皮杜总统突然去世,导致法国总统选举变得热闹而又有些混乱。在德国,勃兰特总理辞职,让位给赫尔穆特·施密特(Helmut Schmidt)。

第二次世界大战时期仅存的最后一位巨人——铁托总统已经83岁高龄(他于1980年去世),人们想知道最近因塞尔维亚-克罗地亚冲突而摇摇欲坠的南斯拉夫联盟能否在他去世后幸存下来。在这段时间里,葡萄牙的长期独裁者萨拉查(António de Oliveira Salazar)的去世也给这个长期沉寂的小国带来了政治和经济动荡。葡萄牙更大的伊比利亚邻居[①]为弗朗西斯

---

[①] 此处指西班牙,葡萄牙和西班牙同属于伊比利亚半岛。——译者注

科·佛朗哥将军的去世做了准备,他是在 1975 年晚些时候去世的,但当时人们担心这次继任也会带来冲突,事实上却并非如此。"希腊上校"(迪米特里奥斯·约安尼泽斯)的政府垮台了,民主又回来了。1975 年离世的还有蒋介石、埃塞俄比亚皇帝海尔·塞拉西和匈牙利自由的象征红衣主教约瑟夫·明曾蒂。佛朗哥、塞拉西、蒋介石、毛泽东、明曾蒂……这些人在 20 世纪的历史中发挥了巨大的作用。①

1974 年 4 月,法国总统蓬皮杜突然去世,迫使法国进行了一场意料之外的选举。高卢人在第一轮投票中分裂,而这次投票中至少有 12 名总统候选人。(在法国,任何人都可以竞选总统,只要他/她能找到 100 名名人在请愿书上签名,并愿意拿出相当多的一笔钱作为押金;如果候选人获得不到 5% 的选票,这笔钱就会丢失。)更正统的戴高乐主义者和更保守的候选人是雅克·查班-德尔马斯(Jacques Chaban-Delmas),他曾是蓬皮杜的总理(就像蓬皮杜曾是戴高乐的总理一样),但他受到了独立共和党人瓦莱里·吉斯卡尔·德斯坦(Valery Giscard d'Estaing)的挑战。在第一轮投票中,查班只获得了 15% 的选票,吉斯卡尔获得了 35%;社会党人弗朗索瓦·密特朗(François Mitterand)得到所有左翼政党的支持,以 43% 的得票率领先。在两位得票最高者的决胜选举中,吉斯卡尔以 50.8% 对 49.2% 的微弱优势获胜,右翼也赢得了 1978 年的议会选举。结果表明,法国政治正在缓和。吉斯卡尔是中间派,密特朗是左翼温和派,两者之间没有太大的距离。密特朗在共产党的支持下没有否定大西洋联盟,也没有否定法国的核力量;吉斯卡尔在右翼的支持下谈到了增加社会服务和减少收入不平等,两人都是忠诚的欧洲主义者。30% 的工人阶级投票支持戴高乐主义候选人,而许多中产阶级专业人士更喜欢密特朗。如果右翼向左翼的运动是明显的——两个戴高乐主义候选人都谈到了变革、改革和工人参与工业管理,那么左翼向右翼的运动同样明显,因为无

---

① 埃蒙·德·瓦莱拉(Eamon de Valera)也于 1975 年去世。1919—1921 年,他领导了"20 世纪第一场重要的解放游击战争",后来成为自由爱尔兰受人尊敬的领袖,并在 20 世纪 30 年代担任国际联盟大会主席。同样,他也帮助创造了历史。(托马斯·哈奇[Thomas Hachey])

论是共产党还是社会党都没有使用革命性的语言。法国政治似乎已经稳定在一个基本上的两党制（或政党联盟）结构周围，一个温和的右翼和一个温和的左翼力量几乎相等。极左党派尽管在1968年制造了很多噪音，但他们自己分裂了，只获得了不到3%的选票。托洛茨基候选人阿莱特·拉居耶（Arlette Laguiller）是唯一的女性候选人，得到了大部分选票。84%有资格的选民去投票，这是一个令人印象深刻的数字。在一个不平静的年份，这是一场暗示法兰西第五共和国稳定和可操作性的表现。

后佛朗哥时代的西班牙似乎也出现了类似的政治稳定模式。自1939年以来，西班牙的情况发生了很大变化。令许多人惊讶的是，佛朗哥跟随戴高乐为他统治的国家选择了现代化的道路。以工业化地区的标准来看，西班牙早已落后，但现在却开始走向经济发展；工业发展了，农业现代化了，城市生活也随着法国和意大利的经验而扩展。为了防止引发内战的无政府状态，佛朗哥军方支持的政权拒绝允许政治反对派、工会或自由表达意见。许多人担心，由于一个盖子压了他们这么久，这些反复无常的人在最高统帅（generalissimo）的重压下一定会爆发。这一切之所以没有发生，很大程度上要归功于佛朗哥指定的继任者胡安·卡洛斯（Juan Carlos）出人意料的技巧。胡安·卡洛斯是前西班牙王室的王子，他在佛朗哥死后成为国王，引导西班牙走上了一条通往民主的道路。也许是为了嘲笑所有关于暴力、不妥协的西班牙性格的刻板印象，每个人几乎都表现得很温和；1976—1977年，极右和极左分子煽动骚乱的企图只吸引了极少数的追随者。

## 殖民地独立

20世纪60年代和70年代的另一个重大世界政治事件是殖民地独立，其经历了四十多年后在这个时候达到了高潮。1945年，世界的很大一部分仍然由欧洲国家统治或控制。但是，第二次世界大战是非西方国家的人民走向自治的关键时刻，它摧毁了亚洲和非洲难以修复的旧殖民秩序，导致阿拉伯犹太人入侵中东，并致命地削弱了英国和法国这两个昔日的帝国。印度解放运动在战后痛苦地开启了殖民地独立的进程，非洲的解放运动也在20世纪60年代风起云涌。法国人和荷兰人离开东南亚，美国人离开菲律宾，这些都是这次大规模行动的里程碑。到1960年左右，一些欧洲大国试图在一些地方维持其统治，从而导致了武装冲突，特别是在东南亚和阿尔及利亚反抗法国，在肯尼亚和中东（伊拉克、约旦）反抗英国，在印度尼西亚反抗荷兰。但是，殖民国家在这些斗争中的失败，以及扮演帝国主义压迫者角色的明显不利之处，使几乎所有人都相信反对旧殖民秩序的浪潮已经势不可当。20世纪60年代，两位保守派领袖麦克米伦和戴高乐在各自帝国的去殖民化过程中展开竞争，主要是在非洲。在1959年后的一二十年间，出现了不少于100个新的国家，使世界上的主权总数增加了两倍多。唯一拒不让步的是小小的葡萄牙，多年来一直拒绝放弃位于非洲西南部的安哥拉。

尽管麦克米伦可能会谈到要留心"变革之风"，戴高乐会谈到民族主义的合法主张，但是他们或多或少优雅地退出对殖民地直接统治的动机并不完全是无私的。殖民地一直是地位的象征，而不是必需品。此时，欧洲列强再也不能自称为世界列强了。苏伊士运河危机已经让它们吸取了教训，它们根本负担不起费用；法国人在印度支那和阿尔及利亚有惨痛的教训，英国人在中东也是如此。殖民地通常用于战略军事目的，然而在核时代这一因素变得不那么重要了，基地也不再像过去那么需要给船只加油了。

除此之外，苏联人通过给西欧人贴上"帝国主义"的标签而获得了冷战优势。"帝国主义"实际上是苏联宣传中最喜欢的词语，而他们在西方的敌人，包括美国人，总是被称为"帝国主义者"。为了第三世界国家的利益，敌对势力集团之间在此时展开了一场竞标战，其中有一方总想冒充他们的朋友。法国和英国解放了殖民地后，它们仍努力维持对其的影响。非洲国家的领导人通常是欧洲教育的产物，有些人甚至是坚定的基督徒，如赞比亚的前教师、甘地和林肯的崇拜者肯尼思·卡翁达（Kenneth Kaunda）。他们都希望"发展"，希望城市化和现代化，希望建立国家，希望用法语或英语教育大众。非洲国家的诗人和小说家用法语或英语写作，如一位获得诺贝尔奖的尼日利亚小说家沃莱·索因卡（Wole Soyinka）就使用了英语。然而，法国以法语社区的形式与前非洲殖民地保持密切联系的努力收效甚微，而年轻国家的精英们——现在有时被冠以疑似"最不发达国家"首字母缩写（LDCs），意思是欠发达国家——有着强烈的民族主义倾向（另一个从欧洲借来的想法）。

殖民地独立发生得非常匆忙，有时发现取得独立的国家甚至还没有准备好应对政府的问题。众所周知，法国撤军后的印度支那发生了内战，造成了重大的国际动荡。1961年，在非洲，曾经的比利时刚果（今扎伊尔）爆发了内战，他们试图分裂一个省，并一度成为一个国际热点。这类冲突，反映了部落的分裂和中央政府权威的不确定。在人口最多的非洲黑人国家，1967—1970年爆发的比夫拉战争（后来被称为尼日利亚统一战争），就是由一场分裂企图引发的。这是一场重大冲突，尽管当时欧洲和中东的事件给这场冲突蒙上了阴影，后来却几乎被人遗忘。这场冲突被称为第一次"电视战争"，即通过新媒体的魔力带入世界各地数百万人的客厅，这比其他任何东西都更能使欧洲人和美国人意识到外部世界是一个生动的现实。

一些非洲国家（在西方经济学家的建议下）犯了一个错误，即开始实施过于雄心勃勃的经济发展计划，这些计划在带来巨额债务的同时却未能产生效益。欧洲国家、美国和苏联（以及一段时间内的中国）相互竞争，向最不发达国家提供发展和经济支持的资金。20世纪70年代，优惠贷款实际上是强加给非洲国家的。例如，美国对撒哈拉以南非洲的经济援助从1970年的大约2亿美元增加到1985年的10多亿美元，尽管国会有些抱怨。欧洲的贡献也非常具有可比性，欧共体国家声称在1976年贡献了世界援助总额的43%，大约58亿美元——比美国或苏联都多得多。但是，据1984年估计，后者（华沙条约组织国家）在过去三十年里向最不发达国家提供了约210亿美元的经济援助。1984年，苏联24亿美元援助的大部分流向了几个兄弟国家（阿富汗、埃塞俄比亚、几内亚、伊拉克、尼加拉瓜和叙利亚）。苏联一开始就抱着强烈的信念，认为前殖民地和苏联作为资本主义帝国主义的共同敌人而团结一致。

但是，这种信念已经被侵蚀了。前殖民地仍在努力建立自己的身份和信心，它们发展了一种将欧洲共产主义者和资本家视为敌人的意识形态：

工业化、城市化的社会与农村腹地相对立。很明显，苏联在对外援助资产负债表上的表现已经变得相当糟糕，而其本希望能获得政治优势。也许，西方也有这种意愿；两者都因其竞争而留在游戏中，最不发达国家则利用这种竞争为自己谋利。冷战结束后，最不发达国家遇到了很多问题。然而，在20世纪70年代，它们的经济受到了阿拉伯-以色列战争中油价突然上涨的严重影响。

作为现代的"民族国家"，大多数非洲国家都有严重的缺陷，因为它们是由古老的当地"部落"社会组成的，并在欧洲殖民统治时期偶然被拼凑起来的。它们还不是一个社会统一体，"部落"屠杀曾在布隆迪和卢旺达造成了数十万人死亡。（这些血腥的争斗在1965年、1969年、1972年和1988年爆发，直到1994年才引起了全世界的注意。）其他遭受内战蹂躏或近乎无政府状态的非洲国家，有安哥拉、莫桑比克、塞拉利昂、埃塞俄比亚、苏丹、扎伊尔。

在殖民地解放初期，非洲给欧洲留下了更多的印记，年轻的激进分子有时将加纳的克瓦米·恩克鲁玛①（Kwame Nkrumah）和阿尔及利亚的本·贝拉②（Ahmed Ben Bella）等国家领导人奉为英雄。他们宏伟梦想的失败，以及非洲随后出现经济衰退和政治崩溃的严重问题，导致这种吸引力减弱。

当然，非欧洲的世界不仅仅包括非洲。它是一种异质混合物，很少有或者说没有共同之处。它分为富国和穷国，资本主义国家和社会主义国家，发达和不发达以及发展中国家，以及那些勉强维持的国家，那些成功并渴望成为大国的国家。它可能包括世界上领先的工业强国，以及世界上最古老的文明和人口最多的国家。现在，世界上最大的城市位于墨西哥、日本、中国、

---

① 克瓦米·恩克鲁玛（Kwame Nkrumah，1909—1972），加纳共和国的缔造者，非洲杰出的政治家、思想家，非洲民族解放运动的先驱和非洲社会主义尝试的主要代表人物，被誉为"加纳之父"。他是泛非主义、泛非运动和非洲统一主要倡导者，非洲统一组织和不结盟运动的发起人之一。——译者注

② 艾哈迈德·本·贝拉（Ahmed Ben Bella，1918—2012），阿尔及利亚民族解放阵线组织者，曾任阿尔及利亚共和国首任总统。——译者注

印度、印度尼西亚、阿根廷、韩国、埃及、伊朗,以及美国、苏联、法国、西班牙和英国。一些非洲城市,如金沙萨和拉各斯,远非小城。世界上50亿人口中的80%不在欧洲和北美,大多数人口正从传统农民文化的惰性中走向早期现代化的疯狂动荡,这是一个混乱、危险的阶段。

# 第十一章

## 20世纪80年代：戏剧性的十年

## 欧洲的新政治时代

西方国家在20世纪70年代末明显出现了一场向右倾的运动,并持续了这十年中的大部分时间。在英国,这个词是撒切尔主义(Thatcherism)。众所周知,这位复兴和革新的保守党领袖是唯一一位以她名字命名"主义"(-ism)的英国首相。在撒切尔夫人的有效领导下,社会政策的急剧变化鼓励了自由市场和竞争资本主义,而英国这个国家显然厌倦了工党笨拙地建立"社会民主"的尝试。在1979年的选举中工党输了,昔日无人能敌的领袖哈罗德·威尔逊退休了,被不起眼的詹姆斯·卡拉汉(James Callaghan)取代。

冬季发生的一波包括医院工作人员在内的罢工,使公众与工会疏远了。许多不可避免的公众愤怒都是针对工会领导人的,他们增加工资的要求似乎加剧了通货膨胀。在后期,处于困境的卡拉汉政府相信基于工会自愿限制工资的"收入政策",但这没有起作用。一度与改革和进步联系在一起的工会,现在却经常试图阻止技术变革,因为新技术有可能用计算机或机器人取代工人。由工会官员组成的积极分子精英似乎一心想控制工党,并向全国发号施令。许多人将经济陷入严重困境归咎于这种低效率,归咎于不断增长的国家福利部门,以及由此产生的抑制性税收,但这并没有阻止通货膨胀。

英国保守党在第一位女首相玛格丽特·撒切尔(Margaret Thatcher)的领导下掌权,她在经历了一段持续的经济困难时期后,在1983年以更大的优势(自1945年以来最大的优势)再次获胜,而这得益于英国和阿根廷在福克兰群岛的小规模战争中的胜利。与此同时,工党的温和派离开,成立了一个独立的社会民主党,很快与旧自由党的残余分子结盟。那些较为激进的派别,被大多数英国人民所不信任,并被留在工党的控制之下;但是,联盟面临着任何新政党所面临的困难,即建立一个组织和一个身份,以及在没有比例代表制的单一成员选区制度中第三方的问题。1983年后,新工党领袖尼尔·金诺克(Neil Kinnock)不再是极左分子,而是与不和谐的旧式托洛茨基主义者和新式朋克摇滚乐手的"激进"派系斗争。

对于一个厌倦了经济国家主义的社会，玛格丽特·撒切尔通过企业私有化带来了一个振奋人心的拯救信息。（美联社）

1987年6月，保守党利用对手的混乱史无前例地连续第三次赢得选举的胜利，虽然选票差距缩小了，但仍然相当可观。然而，在所有选举中，保守党都没有赢得多数选票——他们只获得了42%的选票（不到全体选民的三分之一），却连续三次获胜。保守党从反对派的混乱和分裂中获利，相当多的英国公众认为工党不再适合执政。

撒切尔夫人的主义是旧的，在凯恩斯主义或"社会主义"国家主义的长期间歇期后重新恢复，而这是在竞争经济中私营企业的回归。在她的崇拜者看来，第一位女首相通过让人们摆脱官僚主义和福利国家，从而激励人们努力工作和进取，将英国从经济衰退中拯救出来。撒切尔夫人的计划以降低税收（最高税率从83%降至40%）和许多国有企业私有化为特色，如在交通和运输行业，它们以股票发行的方式出售给公众。1987年，撒切尔夫人可以夸耀地说，在过去的五年里，英国实际个人可支配收入平均增长了14%。随着精力充沛的铁娘子以低价将公共住房出售给租房者，房主的比例也上升到了1990年的近60%。这样，通货膨胀在一段时间里下降了，生产率也提高了。

北海石油的幸运发现有助于这一表现，但是随着时间的推移，这一表现趋于减弱。批评者抗议说，改革的负担没有公平合理地分配。他们勉强承认有必要限制效率低下的公共企业，减轻纳税人的负担，甚至可能让英国工业暴露在国际竞争的劲风中——这可能需要限制工会的权力，因为大多数人认为工会权力过大。

玛格丽特·撒切尔不是贵族出身，而是一位杂货商的女儿，她代表了一种新的保守主义；撒切尔夫人不喜欢旧贵族，也不被"社会主义者"喜欢。撒切尔夫人也和知识精英吵过架，牛津大学曾拒绝授予她荣誉学位。作为回报，撒切尔夫人没有掩饰自己对精英主义和国家主义结合的蔑视，这种结合几乎毁掉了英国。在撒切尔夫人致力于改革的诸多领域中，教育或许可以被称为"回归基础"的精神，但也试图多元化并鼓励竞争，让更好的学校蓬勃发展，而更差的学校则逐渐消亡。"开放招生"允许受欢迎的学校扩大到容量的极限，而不是人为地让较差的学校满员。"人均资助"意味着国家资金跟随孩子去自己选择的任何学校，而学校随着学生的增加也会获得资源。

撒切尔夫人是一名商人的妻子，她并非没有经济理论的知识，她自己也接受过工业化学家的培训，但她激进的老式自由主义不是基于理论，而是基于她对道德的感受：恢复自力更生，个人责任，结束依赖文化，将人们从父权制国家中解放出来。勤劳和节俭，这些原始的资本主义美德将从濒临死亡中复苏；而朴实的中产阶级像灰姑娘一样，比她的"社会主义"姐妹更有价值。

撒切尔夫人的政策从来都不是非常受民众欢迎的。20世纪80年代末，撒切尔王朝失势，而民意调查显示工党在民意调查中再次领先。随后，通货膨胀卷土重来，英国部分地区失业率居高不下，而南北的差距扩大了。撒切尔夫人的一项举措尤其不受欢迎并导致了抗议和骚乱，而该举措是一项人头税，旨在减轻财产税对地方政府的部分成本。

面对这种情况，保守党奋起反抗撒切尔夫人，这也许是对一个专横女人的男性反抗。1990年11月下旬，撒切尔夫人辞去了她在党和国家长达十多年的领导职务，由约翰·梅杰（John Major）继任。由于即将分离的社会民主党未能晋级，工党在大多数问题上选择了更温和的立场，更少的实质性问题将两个主要政党区分开来。有争议的是，撒切尔夫人不愿意像欧洲大陆成员一样尽可能快地融入欧洲共同体（见下文）；但是，这是一个古老的故事，英国的反对派在这个问题上也很难团结。

## 新经济时代

撒切尔夫人的坚定存在给20世纪80年代留下了深刻的印象，如果有一个叫戈尔巴乔夫（Mikhail Gorbachev）的人在后期没有迅速崛起的话，她很可能有资格成为这十年中最重要的政治家。撒切尔夫人象征着这十年的精神，所以在这里不妨注意一下20世纪80年代来到欧洲的新经济时代。

新经济时代涉及彻底的技术变革。首先，装配线工厂和烟囱工业，变得几乎像它们曾经使工匠的手工工具过时一样过时。（事实上，手工在某些方面比现在的装配线更"流行"。）人口中非熟练和半熟练工人的百分比——经典的"无产阶级"——已经大大下降；由于定义的问题，允许存在一定的误差范围，它似乎已经从1900年英国人口的70%下降到30%。1986年，超过一半的工人从事非体力劳动。

其次，微芯片产生了截然不同的生产模式。现在，20世纪上半叶的工会主义浪潮正急剧衰落。就工厂劳动力而言，它越来越多地由机器人来完成，虽然这在科幻小说中早就预见到了，但现在已经成为现实。新的电子技术人员可能对这个革命阶级感兴趣，因为他们常常焦躁不安，对新潮的想法感兴趣；但是，他们是一个过于个人主义的群体，不可能形成一个单一的阶级，而且他们是一个具有批判性思维的群体，不可能满足于任何简单的教条。

新经济的基础是新技术，其中大部分与电子和微芯片革命有关。虽然第一台电子数字计算机出现在第二次世界大战结束时，但当时没有人预见到它们在20世纪80年代的飞跃方式。① 据说，一位IBM高管在20世纪50年代没

---

① 我们已经提到了战争期间（1944—1945）图灵在英国布莱奇公园开发的先驱计算机，但是德国人约翰·冯·诺依曼（John von Neumann）的第一个作品是在1943年。计算机的发展有一个很长的历史，可以追溯到17世纪的帕斯卡（Pascal）和19世纪的巴贝奇（Babbage）。莫里斯·威尔克斯（Maurice Wilkes，参见《计算机先驱回忆录》[*Memoirs of a Computer Pioneer*，1986年]）曾在战争期间研究雷达，于1947—1949年在剑桥数学实验室制造了一台计算机。其他人的研究出现在1949年，包括费城的埃克特（Eckert）和毛奇利（Mauchly），威尔克斯也去了那里一段时间。

有预测到计算机行业的未来,因为他估计当时世界对这些巨型机器的总需求不超过50台。在三十年之内,计算机将会实现小型化,变得更加便宜,并最终被数百万民众使用,这是任何人都无法疯狂想象的。(科幻想象被挂在太空旅行上,这是截然相反的维度。)

**经济格局变化**

1951—1990年,意大利从事农业、制造业和服务业的工人的百分比

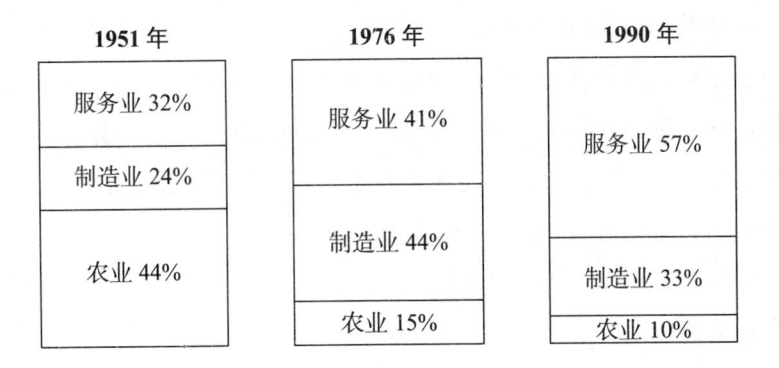

| 1951年 | 1976年 | 1990年 |
| --- | --- | --- |
| 服务业 32% | 服务业 41% | 服务业 57% |
| 制造业 24% | 制造业 44% | 制造业 33% |
| 农业 44% | 农业 15% | 农业 10% |

也许开始这次进入内部太空的特殊航行的最佳地点是1947年年底的贝尔电话实验室,晶体管就是在那里诞生的。晶体管是战时雷达研究的一个副产品,但当时没有人认识到这种更小、耗能更少的电子管或真空管替代品的巨大重要性。1948年7月1日,《纽约时报》(*New York Times*)在这一期第46页的"无线电新闻"专栏中记录了这一信息,约翰·巴丁(John Bardeen)、沃尔特·布拉顿(Walter Brittain)和威廉·肖克利(William Shockley)的名字似乎还没有被提升到爱迪生、马可尼和居里夫人的名气水平。然而,无线电工程的发展对现代生活的影响,与历史上任何技术创新一样巨大。这个过程的路径,其中一些是由肖克利和他的学生[①]在加州著名的"硅谷"进行的,使晶体管的尺寸越来越小,速度越来越快。1971年,能够存储和处理信息的计算机芯片问世,几年以后出现了能够每秒执行10万次以上的逻辑运算的微

---

① 其中包括大卫·帕卡德(David Packard)和威廉·休利特(William Hewlett)。

型计算机。这些将变得越来越高效,并改变整个工业世界,衍生出无数新的小玩意儿。

当然,上述令人屏息的简短总结只是触及了这一强大的科学和工程发现过程的表面,它以惊人的速度在世界各地传播,因此很快日本人就比西方任何人做得都好。它被描述为一场"通信革命",因为微型计算机可以以远远超过以前模式的速度和可靠性存储、处理和传输数据,从而构成了一次多重飞跃。

这项新技术适应了市场经济,生产分散化和多样化,依赖于大脑和思想,而不是强大的资本注入。一个聪明的电子工程师有一个聪明的想法和一点风险资本,几乎可以在一夜之间就拿出一个成功的产品。"消费主义"意味着各种销售渠道的巨大扩张,为大小商家提供了无尽的机会;私人收入的增长,催生了远远超越旧"银行"的金融服务。

官僚社会需要成群结队的律师、行政专家和其他专业人士。(为了减掉他们在富裕的消费主义中产生的脂肪,人们去减肥中心和健身班,购买关于食物和饮食的书籍和录像。)正如我们所知,这个社会及其所有的失范和混乱产生了大量的精神需求,因此作家、教师、传教士、先知和圣贤也蓬勃发展。与此同时,通信和娱乐业发展迅猛。所有这些加起来就像是一个自由企业的天堂,受制于剧烈的经济波动。

与此同时,政府的官僚主义和国家主义即使没有超期服役,也已经过度扩张了。巨额赤字拖累了经济,导致通货膨胀、资本稀缺或高税收抑制,甚至连福利国家也受到了批评。公共卫生服务出现了可怕的低效率,尤其是在意大利,驱使任何能够负担得起的人去私人医疗保健;由于被肮脏和腐败所困扰,它花费巨大,却不能满足人类的需求。

凯恩斯主义通过政府支出刺激经济的计划已经失效了。现在,国有部门发展太快,债务太多;赤字预算导致了通货膨胀和货币贬值,却没有带来多少就业机会。它就像一种兴奋剂,身体对它的免疫力越来越高,因此必须服用越来越大的剂量,直到最后威胁到病人的生命。同时,根据一些经济学家的说法(修正的新古典主义有一次蓬勃的复兴),凯恩斯的基本分析是错误的。凯恩斯否认经济在自由市场条件下会自动自我调整，声称总需求可能不足以确保充分就业和资源利用。事实上，只有当以工会或垄断的形式存在价格变动的障碍时，情况才是这样。

在向新型经济转型的同时，数以百万计的人赖以生存的旧工业出现了危机，一般来说旧工业革命的经典烟囱和装配线工厂如钢铁、纺织和造船等都面临危机。20世纪80年代，二十年前缺少劳动力的莱茵兰地区失业率高达13%。来自亚洲的新的、更有效率的生产商竞争——来自以前曾被轻视的地方如韩国、马来亚和中国香港，迫使欧洲制造商削减成本或破产。在这种情况下，工会发现很难捍卫现有的工资，更不用说提高工资了。在处理这种情况时，当然不会放弃国家的福利基金。慷慨的失业福利和提前退休的激励措施有助于缓冲冲击，然而移民工人却被鼓励回到自己的国家。但是，古典经济学的"胡萝卜加大棒"的激励措施现在似乎在适应新的经济秩序时效果最好。如果"紧缩"计划带来了自20世纪30年代以来从未有过的失业率，那么就必须付出代价。

突然间，在几十年的耻辱之后，资本主义不再是一个令人讨厌的词。亚当·斯密东山再起，而他的自由企业制度的追随者在20世纪30年代和40年代曾经从大学里被驱逐出来，现在却获得了诺贝尔奖（哈耶克，1975年）。竞争是确保消费者以最便宜的价格获得想要的东西的最佳方式，效率是自由市场的结果。国家主义等同于官僚主义的停滞和腐败，而不是平等的份额和公平竞争，更不用说最大限度的生产；但这也意味着高税收。

政府将以前国有化的企业出售给人民的私有化政策，除了官僚主义者之外，几乎受到了所有人的欢迎。在密特朗的领导下，法国在这个十年的中期后大规模地、热情地私有化，甚至超过了撒切尔夫人。私有化是世界各地的时尚，不仅在欧洲，而且在非洲、南美、亚洲也是如此。与此同时，发展中国家和发达国家都参与其中。（世界银行案例研究包括智利、多哥、加拿大、斯里兰卡、马来西亚、意大利和西班牙。）其原因是需要减少政府预算赤字，并在各种服务中确保更高的效率，甚至是更少的同情心。私有化有各种各样的方法：可以采取公开或私下发行股票的形式；员工或管理层收购；出售资产。法国人倾向于向大投资者出售，而英国人倾向于以近乎免费的价格向小投资者出售。意大利人把巨大的国有垄断企业卖给了巨大的私有半垄断企业，显然没有什么影响。他们都有一个共同的愿望，那就是从公共官僚机构手中拿走成本高昂、效率低下的业务，将它们推入市场竞争的活跃水域。监狱和学校，医疗服务，甚至警察，当然还有邮局，都是"撤资"的目标。这可能被称为20世纪80年代的想法。

## 大陆政治

欧洲大陆上的西欧国家表现出一种转向右翼的趋势，伴随着对国家主义的一些觉醒和对自由企业的新的尊重。1980年，意大利最大的公司菲亚特的工人举行游行，抗议工会的罢工和阶级冲突政策，这是意大利工业史上的一个里程碑，标志着意大利制造业进入了一个现代化和高效的时代。1979年，前总理阿尔多·莫罗（Aldo Moro）被恐怖分子谋杀，震惊了意大利舆论，标志着一个时代的结束——20世纪70年代突出的意大利恐怖主义平息了。私有化在意大利也成为一种趋势，尽管1990年一位意大利经济领袖注意到在剥离庞大而低效的公共部门方面进展缓慢，甚至沮丧地说东德将先于意大利私有化。就像美国一样，意大利巨大的政府赤字并没有严重阻碍经济发展。在经济健康指数方面，意大利与苦苦挣扎的英国持平。与英国一样，意大利的南北差距依然存在，尽管有大量人口从南方向北方迁移，但南方失业率高达20%（在北方几乎没有）。

意大利共产党在1976年的选举中大幅上升，当时赢得了大约三分之一的民众投票。但是，在1979年的选举中开始下降，1987年继续回落到27%以下；在1988年的市政选举中，这一比例为21.9%。

法国是几乎证明这一规则向右移动的例外，因为1981年法国选举了一名社会党人担任总统，但他的政策被证明是保守的。在20世纪70年代，法国右翼一直占据上风，尽管现在分裂成了两个政党——更保守的共和联盟（RPR）和法国民主联盟（UDE）。法国民主联盟属于瓦莱里·吉斯卡尔·德斯坦，他赢得了1974年的总统选举；七年以后，即在辉煌了几年后，这位魅力四射的人物陷入了丑闻的阴影之中，其主要标志是他接受了来自非洲中部腐败而残忍的独裁者——"皇帝"博卡萨（Jean-Bédel Bokassa）的奢侈礼物的离奇事件。1981年，社会党人弗朗索瓦·密特朗以3.5%的优势击败吉斯卡尔·德斯坦；而且国民议会的新选举给密特朗的政党带来了强劲的表现，该党现在在左翼的势力比共产党大得多。作为对共产党在总统竞选中的支持的补偿，密特朗给了他们4个内阁席位，但是这是他自己的授权，他开始利用这一授权实施一项大胆的计划，即增加工资、国有化，以及为此支付更高的富人税和赤字预算。

然而，密特朗很快被迫沮丧地撤退了。通货膨胀和贸易赤字，以及随之而来的对法郎汇率下降的压力，甚至没有得到失业率大幅下降的补偿。密特朗表现出惊人的勇气，他完全改变了自己的做法，以减少政府支出和减税为代价实施紧缩计划，但是代价是不受欢迎。因此，共产党人退出了联盟。在1984年的欧洲议会选举中，社会党损失惨重，而在1986年的议会选举中出现了法兰西第五共和国规则下人们经常担心的局面——左翼的总统与右翼控制的议会对峙，这种局面以前从未出现过。密特朗任命右翼政党中最有个性的雅克·希拉克（Jacques Chirac）为总理。法国将不得不尝试对立政党的"共治"政府，这种尝试可能会产生大多数人认为软弱的领导层。

1988年，密特朗以54%对46%的优势击败希拉克再次当选总统，并在随后的议会选举中与他的政党保持一致，通过（勉强地）任命了一位社会党总理，结束了令人不安的"同居"时期。共产党人的支持率持续下降到不到10%，他们以前的一些支持者投奔了一个极端右翼的民族阵线党——该党的主要抱怨对象是阿拉伯移民，而他们日渐衰弱的力量很快就分裂为保守派中坚分子和支持戈尔巴乔夫苏联改革的人。法国"社会主义者"像英国工党一样，似乎放弃了国有化，接受了"市场经济，但有制衡"，并相当困惑地呼吁"既不要国有化，也不要私有化"。（英国工党提出，"适当时经商，必要时治理"［Business where appropriate, government where necessary］）。

如果这个被滥用的术语是指在一个或多或少的自由市场中依靠私营企业的竞争作为经济秩序的基本原则，那在西班牙也可以看到。西班牙社会党由风度翩翩的费利佩·冈萨雷斯·马尔克斯（Felipe Gonzalez Marquez）领导，他在1986年6月赢得连任,并在1989年10月第三次连任,而该党提倡财政限制以鼓励私人投资。此时,西班牙成为欧洲共同体的一员,并在20世纪80年代随着经济增长而走向繁荣。冈萨雷斯被称作"西班牙的撒切尔夫人",其与撒切尔一样,他的胜利主要是由于对手绝望的混乱,尽管他名义上奉行"社会主义"(和高失业率),但他还是主持了市场导向的经济政策。

在奥地利,左翼总理布鲁诺·克赖斯基(Bruno Kreisky)于1983年离任,同时这个小共和国在接下来的几年里向右翼靠拢。在1986年5月的荷兰选举中,基督教民主党增加了对工党的多数席位。

希腊自战争结束以来一直在左右摇摆。1974年,希腊推翻了军政府,结束了君主制。1981年,投票选举了反美"社会主义者"安德烈亚斯·帕潘德里欧(Andreas Papandreou)的政府。1985年,帕潘德里欧解雇了老牌中间派康斯坦丁·卡拉曼利斯(Konstantinos Karamanlis);但1989年,腐败和经济困难引发的严重问题迫使帕潘德里欧辞职,并标志着他背离了"社会主义"政策,尽管他将于20世纪90年代重返政坛。与此同时,希腊成为欧洲共同体共同市场的成员。

瑞典甚至也动摇了其对社会民主党几乎制度化的承诺。就像在法国一样,面对不断增加的预算和贸易赤字、高利率和不断上升的通胀,瑞典社会民主党也改变了立场,努力限制政府支出。社会民主党在1976年以微弱劣势输给一个非"社会主义"联盟之前,曾主持瑞典著名"中间道路"数十年。1982年,社会民主党重新掌权,并在1985年继续执政。1988年,社会民主党再次赢得了另一场势均力敌的胜利,而环保主义者绿党现在掌握着权力的平衡。在1988年的选举中,国营医疗服务的恶化是一个问题,而从企业利润中转移出来并通过工会用来收购工业的资金状况也是如此。然而,对社会民主党的反对意见被分成了三个党派,并不总是一致的,而且就像在美国一样,执政的保守党也无法更好地控制这些赤字。1988年,社会民主党的投票率为1964年以来最低。

1988年,绿党首次获得足够的选票(超过5%),有资格在立法机构中拥有代表权。在20世纪80年代,绿党在西德最强,并在整个欧洲获得了支持。

绿党的支持者通常来自正在寻找新家的极左翼，但至少在瑞典，其支持者似乎更多地来自非"社会主义"的温和派和自由派。环境保护主义者曾一度被认为在停止工业发展和城市增长的愿望上过时得不可思议，但他们解决问题的明显紧迫性赢得了信任。例如，臭氧空洞，所谓"温室效应"源于大气中二氧化碳含量的增加，对核能危险的担忧，尤其1986年5月苏联切尔诺贝利核电站灾难强调了这一点——这些问题在20世纪80年代引起了更多的关注。

绿党的观点不只是简单地关注工业污染的环境影响，它反映了对整个城市消费主义生产风气的哲学拒绝。这种拒绝常常令人困惑，但带有一种道德上的真诚，给求求一些新政治原则的一代人留下了深刻印象。对先进技术的敌意，尤其是对核能的敌意，与女权主义、无政府主义和新左翼的和平主义相冲突，几乎是不连贯的，但对现代主义的不满非常重要。绿党的积极政策往往不切实际，高度分散，包含了广泛的不满和困扰。其中，一个矛盾是，寻找非核能电力来源需要燃烧更多的煤，而煤炭是威胁全球变暖的二氧化碳的主要来源。尽管如此，绿党越来越多成员的增加还是反映了20世纪末欧洲的政治状况。

在德意志联邦共和国，绿党（欧洲人数最多、呼声最高）的存在并没有阻止大多数人的右翼趋势。在20世纪70年代一直执政的社会民主党（SPD）输给了基督教民主党，后者在20世纪80年代一直保持微弱领先。在传统的"社会主义"中心城市柏林①，基督教民主党在1981年以48%对38%的优势获胜；四年以后，社民党的支持率下降得更低，因为主要由绿党组成的反建制的选民名单赢得了超过10%的选票。20世纪80年代的观察人士发现，德国年轻人有一种保守的趋势，就像在西方其他国家一样。新一代人正在反抗他们60多岁的父母，他们的英雄不是鲁迪·杜契克，而是鲍里斯·贝克尔（Boris Becker）——他是不败的，注重成功，不激进。在一个日益富裕的社会里，改变世界的人让他们很失望了，他们准备满足于宝马车、录像机和在里维埃拉度假。（在英国，1986年的一项调查发现，至少有1600万英国人出国度假。）

---

① 这里指西柏林。

绝大多数欧洲工人有权享受四周或更长的带薪假期。1986年，西德每千人拥有汽车近500辆，英国约400辆。东欧经济衰退的一个主要原因是，未能为大众市场生产出一款可以接受的汽车，尽管东德的一次尝试失败了。越来越多的人不仅拥有汽车、电视、录像机，而且拥有家用计算机。那些不愿在这种"雅皮士"（yuppie）文化中竞争的人，可能会把他们的福利支票花在可卡因上。

德国的重大问题逐渐变成了两德的统一。这与20世纪80年代后期苏联发生的轰动性变化有关。

西欧的经济实力表现为从经济上依赖美国向平等或更好的地位转变。1967年，雅克·塞尔旺-施赖贝尔（Jacques Servan-Schreiber）广受欢迎的著作《美国的挑战》（Le défi américain）悲观地预测了法国和欧洲的美国化。二十年后，美国人担心欧洲资本家会加入日本和阿拉伯石油大亨收购美国的行列。大多数西欧国家在人均收入和产量上已经赶上了美国，而根据世界银行的统计，至少有一个国家——瑞士遥遥领先于美国。也许，斯堪的纳维亚国家也是如此，而德国（西德）则紧随其后。

## 欧洲共同体

经历了无数命运的变迁，欧洲共同体在20世纪80年代向前发展。就成员国而言，欧洲共同体继续增长。1981年，希腊成为第十个成员；五年后，经过漫长的谈判，西班牙和葡萄牙被接纳。在不久的将来，斯堪的纳维亚国家（丹麦已经加入）很可能出现。德国一旦统一完成，东德将成为联邦共和国的一员。奥地利已经提出申请，匈牙利、捷克斯洛伐克和波兰会跟进吗？有时，戈尔巴乔夫似乎甚至暗示过苏联（加入欧洲共同体）。与欧洲自由贸易区（EETA）国家（斯堪的纳维亚国家、瑞士、奥地利）的关系变得如此密切，以至于这些国家实际上成了欧洲共同体的成员。与此同时，东欧昔日的社会主义国家在艰难地向市场经济转型的过程中寻求欧洲共同体的援助和建议。

所有这些都发生在欧洲共同体正忙于为1992年这一目标日期做准备的时候，当时计划完成全面经济一体化。1984年，欧洲议会通过了建立欧洲联盟（European Union）的蓝图。随后，《单一欧洲法案》定义了这一目标，德洛尔委员会（以精力充沛的法国社会党欧盟委员会［European Commission］主席德洛尔［Jacques Delors］命名）追求这一目标。各国政府首脑承诺，到1992年，欧洲共同体内部"货物、人员、服务和资本自由流动"的所有障碍都将消除。到1992年年底，所有跨境消费税都将被取消。尽管撒切尔夫人反对，欧盟已经（除了英国）加入了调整汇率的欧洲货币体系，并预计在不久的将来走向共同货币。

取得进展的其他迹象包括斯特拉斯堡欧洲议会的直接选举，其第一次选举于1981年举行。该机构仍然没有实质性的权力，但正在获得声望和经验。摆在桌面上的一项提议是，议会选举欧洲委员会主席，目前由部长会议任命，而部长会议成员由各成员国任命，因此每个成员国实际上都行使否决权。

欧洲共同体成立的历程从来都不容易，其间发生了激烈的争端——英国抱怨补贴欧洲农民的资金金额不公平。撒切尔夫人对完全一体化的智慧的怀疑，是基于她的自由市场信条和欧洲大陆成员更大的"社会主义"意识形态之间的差异。欧洲第一夫人（指撒切尔夫人）宣称，"我们没有成功地缩小英国的国家边界，只是看到它们在欧洲层面上重新组合，一个欧洲超级国家在布鲁塞尔行使新的主导地位"。拥有10 000名员工的欧盟委员会是其他政府之上的另一层政府，它不得不承受一些反官僚主义叛乱的冲击。面对将正式文件翻译成多种语言的需要，据1986年估计每年使用1吨纸；而在布鲁塞尔、卢森堡和斯特拉斯堡这三个中心城市之间来回奔波耗费了多少精力和金钱，谁也说不准。

尽管如此，人们还是为创造"迄今为止世界上最大的消费市场"而兴奋不已。人们认为，这有望提高欧洲的经济增长率，加强研究方面的地位，并成为美国和日本的真正竞争对手。也许，最终结果将是一个政治和经济完全一体化的欧洲。然而，也许不是这样。许多人认为，经济上的统一不可避免地会带来政治上的统一，最终授予欧洲中央银行的权力必须向欧洲议会负责。（撒切尔夫人则不以为然，她认为"真正的民主问责是通过国家议会实现的"。）欧盟真的能置身于外交政策和军事事务之外，只局限于经济、技术和文化领域吗？欧洲共同体是一个奇怪的无头超级大国，但它没有武装力量，没有外交政策管理。1990—1991年的波斯湾危机，暴露了欧洲共同体外交政策的不足。

也许仅仅因为它是非政治性的，欧洲共同体可能会扩大到包括整个欧洲。一个武装到牙齿试图吸收更多领土的超级大国可能会令人担忧，但一个只配备经济合作项目的国家——也许不是。然而，更多的麻烦就在前方。

无论如何，在1990年，除了英国，所有成员国似乎都决心朝着单一欧洲的目标前进。法国的密特朗决定，既然欧洲把他束缚住了，他最好设法控制它；法国将从一路走向一个完整的欧洲共同体中获益，而法国经济不可避免地成为更大市场的一部分。赫尔穆特·科尔（Helmut Kohl）总理同样热切，部分原因是对欧洲共同体的承诺使德国的统一更容易被接受；西德外长根舍宣称，统一的德国必须是联邦欧洲的一部分。撒切尔夫人被描绘成试图给一辆由欧洲大陆大国拉着的失控马车踩刹车的人，因此人们认为她的离开可能会促进一个更强大的社区前景。意大利仍然是所有支持工会的国家中最具热情的，意大利人——精力旺盛的阿尔蒂诺·斯皮内利（Altiero Spinelli）构想了一个单一的欧洲。

## 发展中国家和不发达国家

苏联在发展中国家的威望不断下降是导致苏联解体的原因之一。最初，非洲和亚洲的许多年轻国家被工业发展计划的愿景所诱惑，取代了他们所憎恶的与欧洲帝国主义相联系的资本主义。但是，事实几乎一致地证明，这条路是令人失望的。正如A. R. 佐尔伯格（A. R. Zolberg）在1966年对西非政治秩序的研究中所说的那样，"非洲领导人采取了不切实际的目标"。他们只听顾问的话，顾问向他们承诺了一条通往富裕经济体的快速便捷之路，但很快他们就遭受了残酷的失望。他们忧郁的统治者，曾经充满希望的理论家，现在是困惑的压迫者。现在，第三世界国家开始转变，排队向国际货币基金组织（IMF）寻求建议和贷款。作为苏联的盟友，印度发现西方技术更有利于其经济利益，并选择了自由企业的经济路线，而其他亚洲国家——新加坡、韩国以及强大的日本——在这一路线上做得非常好。

成功的故事比失败的要少一些。总的来说，高收入和低收入经济体之间的差距扩大了，"根据世界银行的数据，工业化国家的人均收入从20世纪60年代初的发展中国家的20倍增长到20世纪80年代的40倍"。最高和最低之间的差距，如美国、瑞士、日本之间的差距与埃塞俄比亚、扎伊尔、孟加拉国相比已接近60～70倍。

越南仍然致力于铁腕统治，即使已准备在某种程度上回应苏联的改革主义。尽管伊拉克和伊朗之间的战争已经结束（虽然不是正式的和平），但中东尚未解决的阿以冲突并没有减少多少动荡。宗教冲突也是印度和巴基斯坦的一个严重问题，两国仍在克什米尔问题上争吵不休。斯里兰卡这样一个曾经和平的地方，却长期存在内战。非洲仍然是一个丑闻，内战或无政府状态在非洲的大部分地区盛行。一本关于1950—1985年的苏丹的书，其副标题"梦想之死"（Death of a Dream）可能几乎代表了整个非洲的情况。另外，涉及巨额债务的"欠发达国家"的经济问题让发达国家头疼。

核武器和其他通过生物或化学武器造成死亡的现代手段的扩散，令人不安。长达二十年的《反扩散条约》几乎没有什么效果，没有核武器的国家也反对重新签署该条约，它们想知道为什么只有极少数国家有权拥有核武器。以色列名义上不是一个核大国，实际上是众所周知的拥有核武器；伊朗正朝着这个方向前进。美国抗议苏联向伊朗出售核部件，并对伊拉克和朝鲜保持着焦虑的关注——这两个敌对国家希望获得核能力。印度被认为拥有核弹，因此巴基斯坦也正努力得到核弹。如果二十年后在一个被仇恨撕裂的世界里，几十个国家都在制造核弹，那情况会变成什么样呢？

柬埔寨和阿富汗这样的国家到处都是地雷，很可能在未来的几年里都会给人类带来灾难。微型化被应用到核武器和计算机上，它们变得更小、更先进，因此一些恐怖分子用他（或她）的公文包带着世界末日的景象出现在眼前。（1988年12月，一枚安放在泛美航空［Pan-Am］客机上的恐怖炸弹在苏格兰洛克比上空爆炸，造成270人丧生。）

艾滋病（AIDS）的流行加剧了人们的不安感觉，即现代晚期人类可能会遭到致命疾病的诅咒。20世纪80年代出现的这种新疾病（AIDS，获得性免疫缺陷综合征的缩写）被描述为"20世纪最可怕的疾病"，甚至被提名为有史以来最大的灾难和瘟疫。西方国家出现大量艾滋病病例的时间可以追溯到1980年，或者更早一年。到1981年，这种明显的新传染病被命名为艾滋病。另一种说法是，艾滋病早在1970年就在中非流行，事实上追溯诊断已经找到了一些可能发生在20世纪30年代的病例。但是，对世界上大多数人来说，这种疾病似乎像现代瘟疫一样突然降临。在几年之内，艾滋病成为关于其起源、原因、意义、治疗，尤其是其毁灭人类潜力的争论的漩涡中心。艾滋病的病因被确定为一种病毒，主要通过性接触传播，攻击人体的免疫系统。在整个20世纪80年代，艾滋病既无法治愈也不可阻挡；目前看不到对抗艾滋病毒（HIV）的解毒剂。几年后，这种疾病已经扩散到了男同性恋者和静脉注射毒品者之外，开始攻击越来越多的其他人——妇女、儿童和异性恋者。东非和中非的部分地区可能是艾滋病的发源地，艾滋病已经夺去了多达5%的人口的生命——这是最有活力和最有生产力的部分——实际上使乌干达这样的国家丧失了生产能力。20世纪90年代，艾滋病以最惊人的速度蔓延到东南亚，尤其是泰国——这似乎是这场没有缓和迹象的瘟疫的下一个危险区域。人们认为，艾滋病可能会继续稳步增长。1987年，英国政府花了3300万美元进行艾滋病广告宣传，但其显然对性行为没有什么影响。1990年，法国死于艾滋病的人数超过了死于车祸的人数——远低于纽约市死于艾滋病的11 000人，但仍以惊人的速度增长。据估计，欧洲的艾滋病病例从1984年的几百例增加到1988年的20 000例，大约每九个月增加一倍。在这个十年结束时，似乎没有什么希望阻止这种致命传染的发展，而一些末日论者认为这种传染病可能与日益增长的性乱交有关。

# 第十二章

## 20世纪终结：20世纪90年代的欧洲和世界

## 两德统一

伊丽莎白·庞德（Elizabeth Pond）称两德统一为"欧洲历史上最和平的变化"，这并不是完全没有问题的。众所周知，德国是个大国，但德国发现统一的成本比预期的还要高；重组一个几乎处于废墟中的经济体的巨额支出，甚至让这个或许是世界上最富裕国家的资源变得紧张，并面临通货膨胀的威胁。因此，德国央行被迫收紧利率。德国面临着可能的预算赤字，这在以前被认为是不可思议的。1993年，据估计，东部最富裕的地区需要十年才能达到西部最贫穷地区的水平。两年后，在有巨额补贴的情况下，东德的购买力估计是西德的78%。波恩政府制订了一个计划，西德的每位公民都为此做出牺牲，如工会接受较低的工资增长。当时，这是冲击世界经济的衰退期间，荷兰盾取代德国马克成为最强的欧洲货币。

随着失业率上升和经济奇迹似乎结束，科尔总理的支持率像20世纪90年代初的大多数现任总理一样有所下降。社会民主党曾在1983年、1987年和1990年的大选中连续失败，但他们希望在1994年10月打破他们的束缚。社会民主党的领袖现在是年轻的莱茵兰人鲁道夫·沙尔平（Rudolf Scharping），他似乎将该党推向了中心。左派人士发着牢骚，称沙尔平是一颗"红卷心菜"。但是，科尔总理以微弱优势赢得了史无前例的第四个任期的连任，而在这场选举中自由民主党几乎全军覆没。基督教民主联盟与其盟友巴伐利亚州基督教团结联盟和自由民主党获得48.4%的选票；社会民主党赢得了36.4%的选票，但在州选举中更强，使他们能够控制参议院。绿党继续保持强劲的表现，上升到7.3%——政治环保主义者在德国的表现比任何其他国家都要好。东德共产党还是令人惊讶的强大，重组为民主社会主义党（SPD）：它获得了4.4%的总支持率，但几乎所有的支持者都在东德。不过，尽管新纳粹分子针对移民的暴乱引起了丑闻，但极右分子没有资格在议会中有任何代表。

东德也出现了对统一结果的严重不满。许多人失去了他们的工作，无论是老官僚还是低效率行业的工人。突如其来的私有化产生了一场不合时宜的争夺，而在这场争夺中百万富翁瞬间爬上了顶峰，资本主义的伦理道德仍然像以往一样令人产生怀疑。然而，随着德国在重建前民主共和国方面的高效工作，以及将首都迁回柏林的计划，科尔总理的支持率又回升了。但是，社会民主党再次陷入混乱之中。1996年年初，社会民主党罢免了沙尔平，并以一名左翼分子取代他担任领袖。1995年，整个德国的失业率为9%，东德地区的失业率远高于西德地区。当时，据预测，这位已经是德国历史上任职时间最长总理的基督教民主党领袖（赫尔穆特·科尔）将在1997年再次获胜。

但是，这样的预言却与20世纪末政治行为的一个突出事实，即选民的极度不稳定相冲突。也许，欧洲其他国家的政治可以通过确定几个在所有国家都存在的主题来探讨。

## 欧洲政治主题

除上述内容之外，还可能有分裂的趋势。一位权威人士指出，在1990年德国统一以来的选举中，两大政党"受到了对边缘政党支持的持续侵蚀"。这些人包括环保主义者绿党，以及右翼的新民族主义政党。在意大利也是如此，一场名副其实的政治革命削弱甚至摧毁了旧政党，并催生了一批新政党。这场革命产生于上述所有政治主题：腐败成为全国性的丑闻，中央集权国家受到攻击，经济国家主义总体上失去了地位。

统治意大利政治达一代人之久的两个政党——共产党和基督教民主党——都彻底消失了，并以不同的名称重新出现。（左派民主党；意大利人民党，还有一个小规模的不思悔改的PCI党）。改革浪潮席卷意大利，揭露了意大利政治中似乎普遍存在的腐败。与此同时，打击黑手党的战争第一次取得了一些进展。1992年，两名意大利法官被暗杀，这是黑手党复仇的最后一次行动，而这一次公众舆论被推到了一个愤怒的新高度。1993年1月，由于越来越多的科萨·诺斯特拉（Cosa Nostra）前下属忏悔并作证，西西里岛黑手党最高领导人科萨·诺斯特拉被捕；同时，其他西西里岛和卡拉布里亚的头目也被捕。因此，数十亿美元的黑手党资产被查封。很难说这个长期不可触及的组织的巨大力量已经完全被打破，但看起来可能是这样的：它再也不能肆意征税和判处死刑而不受惩罚了。

与此同时，腐败的政客们与这个罪恶的地下世界的联系暴露无遗，就像十根针一样倒下了。在高层普遍腐败的揭露之后，意大利政府和商界精英中发生了十几起自杀事件。

黑手党反击了。1993年，佛罗伦萨乌菲齐画廊、米兰现代艺术博物馆和罗马两座最古老、最珍贵的教堂发生了爆炸案，这是对文明的一次名副其实的攻击。爆炸案被指控是绝望的黑手党所为，他们试图阻止新的选举，而新的选举必将推翻旧的保守势力。为此，成千上万的意大利人游行抗议爆炸事件。意大利似乎正在进行一场革命，不是一个阶级反对另一个阶级，而是所有正派的人反对一个深深植根于意大利国家的腐败政治体系。1995年，作为基督教民主党的长期领导人，这位主宰意大利公共生活数十年的政治家朱利奥·安德烈奥蒂（Giulio Andreotti）在巴勒莫接受审判，被指控保护黑手党并为其服务。

新的政党涌现出来，以取代这些堕落的偶像。北方联盟席卷了意大利最富裕的地区，延续了旧的南北分裂，一度成为主要政党，并威胁要对罗马进行税收罢工。我们已经提到了向中央集权和地方主义的推进：苏格兰人要求从英国独立，就像南斯拉夫联邦解体和各民族从苏联分离出来一样；斯洛伐克脱离了捷克斯洛伐克。在北美大陆，加拿大似乎处于分裂成不同独立省份的边缘。

在意大利，由詹弗兰科·菲尼（Gianfranco Fini）领导的民族联盟与新法西斯政党北方联盟一起在南方获得了支持。然后，一位米兰的亿万富商——西尔维奥·贝卢斯科尼（Silvio Berlusconi）在1993年凭借他的意大利力量党（Forza Italiana）成为一个有前途的政治人物，但在一年内却看到了该党的衰落。贝卢斯科尼领导了一个中右翼联盟——自由联盟。敌对的自由联盟包括南方的北方联盟仇恨者和要求政府帮助南方的新法西斯党，以及意大利自由市场党。

自由联盟在意大利北部的受欢迎程度源于对意大利富裕地区补贴贫困地区不满的日益增长，但没有任何结果。数十亿美元被投入到南方的发展中，但南方仍然和以前一样贫穷。意大利北方人认为南方人懒惰腐败，南方人认为北方人冷酷贪婪。复兴运动（Risorgimento）的口号——"我们创造了意大利，现在我们必须创造意大利人"在将近一个半世纪后仍然适用，因为一个海湾将皮德蒙特或伦巴第与西西里岛和迈佐戈尔诺隔开了。极右翼党国家联盟（National Alliance）的回答是"意大利人无论住在哪里都是意大利人"，这与其说是现实，不如说是理想。但是，这些政党似乎都只不过是意大利政治动荡海洋中的暂时波动，每年都会发生变化。

贝卢斯科尼利用自己的电视频道展现自己迷人的魅力。意大利力量党与其说是一个政治举措，不如说是一个媒体事件，其在取得惊人的初步成功后消退了，显示了一个肥皂剧广告的所有持久力。贝卢斯科尼成为总理，但被指控腐败和与他的巨额财产有利益冲突。1994年的选举显示选民分散在各地，没有一个政党获得超过13%的选票。贝卢斯科尼政府垮台了，由默默无闻的兰贝托·迪尼（Lamberto Dini）领导的看守政府统治着意大利，而大家都同意不反对这个政府。在1995年4月23日的地区选举中，左翼民主党获得最多选票，约占25%；西尔维奥·贝卢斯科尼领导的意大利力量党占23%。但是，贝卢斯科尼和他的盟友中右翼联盟加在一起也未能获得多数席位；中左翼在众议院也没有获得多数席位；甚至即使是奇怪的联盟也无法获得多数。因此，由迪尼领导的"技术人员"看守政府将暂时继续存在。与此同时，私有化仍在继续。到1993年，意大利开始认真对待这个问题，加入了欧洲其他国家的行列。菲尼的民族联盟植根于南方，对私有化和自由市场不感兴趣，被认为对欧洲货币联盟相当敌视。在1996年4月的大选中，菲尼和贝卢斯科尼组成的中间偏右联盟以微弱劣势输给了同样不协调的中间偏左联盟；意大利政府似乎仍然群龙无首，随波逐流。

瑞典是一个成功的福利国家的典范。在一个三分之二的工薪阶层依赖国家的土地上，瑞典很难削减福利，但不断增加的财政预算赤字和通货膨胀，以及按瑞典标准也很高的失业率（9%），迫使政府采取了这一行动。瑞典是福利国家危机的典范。当然，几十年来，所有国家的福利支出都在增长。在1938—1971年，英国国民保险和其他福利的支出几乎翻了一番。随着城市化和现代化，法国在20世纪60年代姗姗来迟地建立了一个全面的社会保障体系。政府增加福利支出和降低失业率会导致更高的税收和/或（通常是两者）预算赤字，并导致通货膨胀和货币贬值。经济停滞是高税收的结果，那么就需要更高的税收来对抗经济停滞，而这就是一个典型的上升式螺旋。体制改革即使不是不可能但也很难，因为太多的人依赖政府支出来获得工作、失业福利金和福利。

"瑞典模式"的失败对每个人来说都是一个重要的里程碑。在不损害经济进步的情况下，明智地利用国家权力确保人人充分就业和福利，这是一个绝妙的典范。但现在，瑞典已经陷入巨额赤字、高通胀、出口下降。就连通常被认为是世界上最富裕的国家瑞士，其也在20世纪90年代艰难应对不断增加的预算赤字。

英国工党在其有前途的新任领导人托尼·布莱尔（Tony Blair）的敦促下，从党章中删除了关于"生产资料"公有制的条款。这是在1995年3月正式完成的，此前很长一段时间虽然被认为是一个时代错误，但出于感情原因保留了下来。与此同时，1995年法国大选中的社会党总统候选人利昂内尔·若斯潘（Lionel Jospin）强调，他是一名社会民主党人，这意味着他不反对私有财产；他成功地恢复了"社会主义者"的形象，这是基于他表现出的温和精神。社会党人现在转向市场经济，也就是所谓的资本主义。

福利国家本身正在终结吗？每个国家都在削减福利预算。福利可能会部分私有化（其服务外包给私人监狱管理者、医生和教师等）。

法国表现出类似的波动模式，政党在一定程度上重新组合并退出中央集权，同时腐败仍然是一个问题。1988年，年迈且病入膏肓的密特朗以54%对46%的优势击败雅克·希拉克当选总统，但他在第二任期内惨败。这一部分原因是因为密特朗在外交事务上的无能，如在处理伊拉克战争和反对戈尔巴乔夫的未遂政变都很糟糕（在叛军失败前匆忙承认他们）。但是，在20世纪90年代，潮流转向了反对社会党。1993年3月，法国的立法选举导致了左派的惨败。几周以后，被罢黜的社会党总理皮埃尔·贝雷戈瓦（Pierre Bérégovoy）自杀身亡，这对于他的政党所遭受的灾难来说似乎并不合适。

（自杀显然与个人丑闻和政治失败有关。）获胜的右翼中间联盟，以480票对90票的优势领先于左翼。社会党的失败包括许多领导人未能再次当选，该党在议会中的代表人数从258人下降到53人，这是一个惊人的损失。在一些传统势力强大的地区，社会党几乎被消灭了。共产党更好地团结了他们的小团队，只失去了3个席位（从27席到24席），而让-玛丽·勒庞（Jean-Marie Le Pen）的极右翼国民阵线和生态绿党（他们自己分成两派）都没有成功选出一名代表。

显然，激烈的摇摆与其说是积极的选择，不如说是对现状的拒绝。失业，对社会变革的不安，也许还有没有国界的新欧洲，传统价值观的衰落，对民选代表失去信心，所有这些都起了作用。右翼的选举胜利与其民众投票的比例相差甚远，就像20世纪80年代的英国一样，反对派无望的分裂是决定性的。在普选方面，右翼的两个政党在第二轮两阶段选举中获得了登记选民总数的35%。可见，最大的政党还是那些不投票的人（占登记选民的三分之一）。

面对与反对党控制的议会"共治"的另一个时代，密特朗总统任命了共和联盟的爱德华·巴拉杜尔（Edouard Balladur）领导政府。有一段时间，巴拉杜尔总理几乎广受欢迎；但是1994年秋天，一系列的金融丑闻动摇了他的政府，迫使他的两位内阁成员辞职，而且他在民意调查中的支持率也一落千丈。巴拉杜尔作为1995年接替密特朗成为总统的早期热门人选，他在4—5月的第一轮选举中落败。

1995年，法国总统竞选的胜利者是雅克·希拉克；而在1988年的败选中，经验丰富的戴高乐主义者巴黎市长（雅克·希拉克）虽然击败了社会党人若斯潘，但获胜的概率并不大。若斯潘领导社会党卷土重来，但他仅以53%对47%的选票被击败。值得注意的是，坚持不懈的国民阵线候选人让-玛丽·勒庞在第一轮投票中表现强劲（15%），这一抗议票数几乎与极左翼政党的总和持平（重新命名的共产党获得了近9%）。新总统雅克·希拉克宣布法国"处于社会紧急状态"，但人们可能会想这种情况对法国人来说几乎是正常的。然而，罢工继续，尽管1993—1995年经济普遍复苏，但失业率仍接近12%，也许还有在无能的联合国维和部队中服役的法国士兵在波斯尼亚被杀，这些都助长了人们的不安感。

选民的极度波动不能归咎于众所周知的法国人性情的反复无常,因为它在西方世界的其他地方也存在。英国人选择约翰·梅杰只是为了对他进行野蛮的攻击;乔治·布什(George Bush)在伊拉克战争中大受欢迎两年后,美国人把他赶了下来;鲍里斯·叶利钦(Boris Yeltsin)在1993—1995年从巅峰跌至谷底;而意大利政治则陷入疯狂的漩涡,政党几乎在一夜之间出现和消失。在英国,工党在民意调查中遥遥领先于现任保守党,这主要归功于其年轻领袖托尼·布莱尔的迷人魅力。工党的纲领并没有很大的不同,实际上是"新工党"路线宣扬财政责任,减少政府干预,接受大多数撒切尔主义者对工会的限制——这是来自工党的。——在保守主义方面,工党似乎常常胜过保守党。一些观察家想知道工党在下次选举中是否会像1992年那样被选民抛弃,因为当时工党似乎也在民意调查中领先,但最后输掉了选举。

腐败影响了西班牙的政治,一桩接一桩的丑闻动摇了费利佩·冈萨雷斯长期执政的政府,其长达十三年的政府在1996年3月的选举中垮台。即使在英国,一项民意调查显示,近三分之二的人认为国会议员通过不正当利用职务赚钱,而调查似乎证明了这一点。这种新的腐败似乎是这个时代的一个特征,就是公务员之间的不文明行为越来越多,大量的金钱被转移,以及政府规模的扩大使其无法保持控制的结果。让-弗朗索瓦·勒维尔(Jean-François Revel)在他1993年的著作《民主与自身对抗》(Democracy against Itself)中写道,"在一些令人不安的民主国家,权力像在独裁统治中一样,把自己变成了一种不是为了公共利益而是为了充实自己的手段"。可以肯定的是,对政治腐败的看法在一定程度上归功于电视媒体,而电视媒体的大批记者一直在警惕着那些露骨的丑闻。诚然,政治腐败不是西方的专利,它到处都有。苏联解体前和解体后,都充斥着腐败;在其他国家,如越南的领导人杜梅(Du Muoi)猛烈抨击"放荡、滥用权力和挪用公款"(1995年5月)。但是,欧洲国家被认为有"廉洁的政府",因为欧洲人经常以审查的方式要求不发达国家这样做。

恐怖主义卷土重来。我们已经在前面提到了意大利的爆炸，这显然是黑手党所为。在荷兰的所有地方中，一个自称为革命反种族主义者的组织声称与德国红军和巴斯克埃塔（Basque ETA）有联系，并于1993年7月轰炸了海牙的一座政府大楼。巴黎、伦敦、东京、纽约市的街道和地铁上都被放置炸弹；得克萨斯州也发生了一起耸人听闻的爆炸，炸毁了一座政府大楼，造成了巨大的生命损失。其中，一些与阿拉伯极端分子有关，另一些是本土的。尽管经济富裕了，但（政府）权威性或"合法性"的危机仍在继续：现代化的西方男人和女人已经对公共机构失去了信心，完全愤世嫉俗。政治腐败应该加上白领犯罪，也就是说富有的金融家和商人中的欺诈行为，如在英国估计每年接近100亿美元，并构成"对个人投资、储蓄和养老金稳定性的日益增长的威胁"[①]。

尽管抱怨不断，但矛盾的是，随着生活水平的提高，西欧越来越全面地进入了富裕的生活。撒切尔夫人成了意识形态左翼的恐怖代名词，与罗纳德·里根（Ronald Reagan）一起成为男人（或女人）对男人不人道的主要例子。但是，工党1994年发表的一份关于"社会公正"的文件诚实地承认：在撒切尔时代，英国的平均生活水平提高了，预期寿命继续延长，婴儿死亡率下降，工作岗位增加了200万个。据1995年的报道，英国在新工厂和研究型企业中吸引的外国投资比欧洲任何其他国家都多（见《纽约时报》，10月15日），其8.2%的失业率比法国低三个百分点。

出现在英格兰北部的新工厂取代了现已关闭的钢铁厂和造船厂，以生产计算机芯片和半导体、电视机和微波炉；这些工厂由韩国人、日本人和德国人拥有，但为这个一度衰落的地区提供了好工作。越来越多的人认为，越来越先进的汽车、电视机、录像机、用于录制音乐和电影的激光唱片，以及现在配备有各种新的视觉和听觉功能的个人计算机都是理所当然的。在西方，"民主"的主要障碍是公众对包括体育在内的大众娱乐的吸收，以至于没有时

---

[①] 参见1995年布莱恩·威德莱克（Brian Widlake）对英国欺诈重案办公室（Serious Fraud Office, 1995）的报道。

间认真考虑公共问题。

技术的进步似乎不受政府的影响。相互竞争的金融大亨之间的激烈争斗、大规模的合并和激烈的收购战，使得经济新闻往往比政治新闻更令人兴奋。新的电信帝国一夜暴富，提供了从维多利亚时代的塞缪尔·斯迈尔斯[①]（Samuel Smiles）时代以来前所未有的白手起家的机会。

然而，对许多人来说，这是一个不安全的经济。激烈的竞争可能会毁掉一家公司，或者迫使它大幅削减成本。现在，经济全球化了，关税及贸易总协定（GATT，简称关贸总协定）在八轮国际会议中努力向前推进，以减少关税、配额和其他国际贸易障碍。保护主义情绪将关贸总协定的最后一轮推迟了七年，或许只有苏联解体对自由市场思想的推动才使得1993年末达成了一项协议。该协议显然远非完美，但代表了经济学家们在长期、有时是孤独的斗争中取得的重大胜利，而这场斗争是针对全球商品自由流动的各种障碍进行的，所有经济学家和少数政治家都认为这是非常可取的。最后，100多个国家同意削减关税。尽管在整个20世纪90年代爆发了关于保护主义的争议，如活跃的美日关系，有时似乎威胁到加拿大和欧盟之间关于捕鱼权的战争，但没有迹象表明国际市场是活跃的。在关贸总协定签订以后，区域自由贸易区开始激增。（这是一个很好的问题，这些是否与全球自由贸易相冲突，或者是走向自由贸易的步骤。）北美自由贸易区，也许要扩大到包括南美；一个亚太经济合作论坛，一个南亚优惠自由贸易区，一个中欧自由贸易区，包括匈牙利、波兰、捷克共和国、斯洛伐克和斯洛文尼亚（前南斯拉夫国家）——除了日益壮大的欧盟之外，这些在20世纪90年代中期已经存在或正在认真讨论。当时，西欧贸易总额的70%是跨区域的。

东亚生产力的爆炸式增长，不仅有来自"亚洲四小龙"的新加坡、中国香港、韩国，还有越来越多地来自中国大陆、印度和印度尼西亚，再加上极其成功的日本，它们有可能从傲慢的欧洲人和美国人手中夺取世界经济领导

---

[①] 塞缪尔·斯迈尔斯（Samuel Smiles，1812—1904），19世纪英国伟大的道德学家，成功学的开山鼻祖，著名作家和社会改革家，作品主要有《自己拯救自己》等。——译者注

权。1995年，一位新加坡领导人曾夸口说，"东亚的国内生产总值已经超过美国或欧洲共同体"，并且是增长最快的。当时，世界上最高的建筑正在吉隆坡建造，而马来西亚是世界上最繁荣和进步的国家之一。世界上最富有的国家可能是小小的文莱，那里每个人似乎都拥有一辆奔驰车，据说苏丹人曾经留下17万元美元的小费。

作为通信革命的结果，欧洲和美国的工作正在向亚洲和其他国家转移，这使得向世界各地快速传输各种数据成为可能。瑞士银行家可能会发现，将他们的存款保存在新加坡更便宜。纽约公司的信件可以在牙买加打印，更不用说更低的税收吸引了国际公司在香港、文莱或开曼群岛设立总部。

## 欧盟走向何方？

欧洲联盟（旧欧洲共同体的新名称）前进的道路并不平坦。在20世纪90年代的头几年，欧盟一次雄心勃勃的起飞尝试几乎失败。1991年12月的马斯特里赫特会议似乎是信心的顶峰，批准了一种共同的欧洲货币，并将于1999年完成。它修订了1957年的《罗马条约》，还授权建立共同的外交和国防政策机制，甚至建立一支欧洲警察部队来取代国家警察部队。欧洲议会被赋予了更大的权力，而议会、布鲁塞尔官僚机构和卢森堡法院似乎实际上使欧盟变成了一个联邦政府，取代了各个国家政府。

在1991年的经济条件下，这样做是走得太远太快了。《马斯特里赫特条约》（Maastricht treaty）立即遭到了强烈反对，并面临艰难的批准之路。英国在一开始就选择不加入货币和社会立法的内容。丹麦在1992年6月的全民公投中否决了该条约，这在布鲁塞尔引起了轩然大波。法国随后也决定就此问题举行公投，他们只以微弱的优势批准了该条约；此前，当时非常不受欢迎的密特朗总统恳求法国选民不要投票反对《马斯特里赫特条约》，但法国选民讨厌他。所有这些不确定性引发了一场金融危机，而在此期间英国退出了1979年创建的旨在引入单一欧洲货币的汇率机制。1992年，汇率机制完全崩溃。

然而，从这个低点开始出现了反弹。英国议会最终有保留地批准了《马斯特里赫特条约》，丹麦人在第二次尝试中改变了态度（1993年5月）。《马斯特里赫特条约》经过两年多的战斗，终于在1993年的11月完成了它的磨难并正式生效了。尽管所有成员都有许多保留意见和修正案并最终批准了该条约，但该条约已经失去了许多神秘性。这样，一个真正的欧洲国家的梦想已经暂时消失了，仅仅是达成了一个简单的联盟是不可能的。共同货币仍定于1999年实行，但很少有人认为这一最后期限可能会实现。一个共同的外交政策似乎和一个货币联盟一样遥远，而波斯尼亚的惨败表明欧洲在应对家门口的战争时是多么的无力。

因此，随着20世纪接近尾声，欧盟遭受了与以往一样多的担忧。它似乎仍有不可抗拒的势头，但没有太大的流行热情。1994年6月举行的欧洲议会选举——一个很快将扩大权力的议会——几乎没有引起什么兴趣，而具有讽刺意味的是，除了作为一种不同国家的执政政府表示赞成或不赞成的手段，通常是不赞成。

议会本身给人的印象是没有什么动力，亲欧洲的人几乎完全避免了关于"联邦欧洲"的口号，没有人认为在不久的将来这是可能的。很少有人将更紧密的联盟视为解决欧洲紧迫的经济和社会问题的答案。虽然在欧洲大陆上至少没有人建议解散联盟，但激发了这场运动早期的伟大理想主义却几乎所剩无几了。

一些强烈认同欧洲的政党，如意大利的基督教民主党已经退出舞台，新政党不再像旧政党那样关注欧盟。在英国，保守党在亲欧派和反欧派之间严重分裂；工党尽管在1996年或1997年的下一次大选中获胜，但现在却支持联盟；苏格兰民族主义者梦想将苏格兰作为一个独立的国家加入联盟（实际上是一种以国际主义为拐杖的民族主义情绪）。在1994年的欧洲议会选举中，法国民主联盟的一名持不同政见的成员在一个反欧洲的平台上竞选，获得了12%的选票。但是，一个强烈支持欧洲的左派越轨者也获得了选票。在1995年5月的总统选举中，这位法国反欧洲主义者候选人只获得了4%的选票。

1994年，挪威、瑞典、芬兰和奥地利都举行了即将加入欧盟的全民公决。其中，瑞典、芬兰和奥地利这三个国家以微弱优势通过了公决，但是挪威这个在1994年冬奥会上骄傲地占据了世界舞台中心的国家，拒绝加入一个更大的欧洲。瑞士已经拒绝放弃其传统的孤立主义；瑞典似乎与英国和丹麦一样选择退出欧元区。希腊最近承认，欧盟的梦想幻灭了。在某种程度上，曾经热情亲欧盟的西班牙也是如此。事实上，希腊和西班牙这两个国家在加入欧洲共同体后都经历了经济的快速增长，但几年后又趋于下滑。其他几年前就迫不及待地排队等候的申请国可能会有新的想法，但波兰、匈牙利、捷克和斯洛伐克似乎仍然渴望加入一个对它们来说很有声望的富人俱乐部。欧盟还

欧洲委员会（后来成为欧洲议会）的所在地斯特拉斯堡（Strasbourg）汇集了不同国家的国旗，象征着欧洲团结的希望。（欧洲共同体咨询服务处）

没准备好迎接这项艰巨的任务，即让这些尴尬的新申请者加入欧盟。人们普遍认为，俄罗斯作为一个未来的成员国，实在是太大了，难以管理；如果不允许俄罗斯加入，那么乌克兰或苏联的其他成员也不例外。

与往常一样，英国对欧盟的投入最少。在1994年6月的一次欧洲首脑会议上，英国首相约翰·梅杰投了唯一的一票反对比利时的欧盟委员会主席候选人来接替雅克·德洛尔（Jacques Delors），因为梅杰认为德洛尔太过干涉主义，所以不顾其他十一个国家的意愿投出了反对票。梅杰的反对票似乎是一种姿态，旨在安抚梅杰自己政党中的欧洲怀疑论者，但这给向四个新成员发出邀请并与俄罗斯签署贸易协议的会议蒙上了一层阴影。1995

年，英国在欧盟刑事情报局（EUROPOL）权力问题上也是唯一的反对者。1994年9月，标志着整个欧洲海关和移民壁垒结束的边境标志拆除了，但英国、爱尔兰和丹麦是例外。

到1999年实现货币联盟（欧元）取决于成员国满足某些标准，这些标准表明它们的经济足够接近，而且通货膨胀率、利率、预算赤字、国家人均债务应该在大致相同的范围内。一些人认为，可能要过几年，各种经济指标才会足够融合。还有一些人认为，德国马克将成为欧洲货币。（急于改革的国家，如克罗地亚和拉脱维亚，将其货币与欧元挂钩。）1995年，布鲁塞尔当局内部爆发了一场关于单一欧洲货币是否明智的争论。然而，这已经成为欧盟是否会最终坚持单一欧洲的考验，还是会永远停留在主权国家之间单纯的经济合作计划上。一项改革建议是，至少在决策过程的某个阶段，部长会议应以多数票而不是全体一致为准。但是，即使是法国也反对这样做，这似乎不太可能发生。因此，成员国将继续对欧盟立法行使否决权。

1995年夏天，法国政府决定在南太平洋进行水下核试验（这一行动的时间恰好与1945年广岛原子弹爆炸50周年相吻合），而这无助于欧洲联盟的事业。在全世界绿党的抗议声中，欧洲议会通过了一项谴责法国的决议。除了情感上的环境问题之外，这一事件表明欧洲离共同的军事方向还有很远。

## 国际事务

最初，苏联的解体可能意味着冷战的结束，让全世界松了一口气，甚至在俄罗斯也是如此。随之而来的是激烈的裁军，世界将不再生活在核毁灭的威胁之下。美国和苏联在1991年7月签署了一项武器削减条约，但由于苏联的迅速解体，这项协议很快变得毫无意义。唯一的问题变成了对苏联武器库的控制问题，这些武器库现在分布在几个基本上独立的联邦中。

在过去的半个世纪里，两个在欧洲事务中举足轻重的超级大国几乎都从人们的视线中消失了。如果说苏联已不复存在，俄罗斯也一片混乱，那么美利坚合众国似乎对其伟大的冷战对手的突然消失感到困惑，就像一个人发现他一直竭力抑制的巨大压力突然释放了出来并跟跄着进入了太空。因此，美国似乎不再希望在欧洲政治事务中扮演重要角色。几年来，美国拒绝参与巴尔干危机，对太平洋比对欧洲更感兴趣。克林顿政府对欧盟态度明显冷淡，并批评其贸易政策。对于自1947年以来习惯于通过北约和其他洲际组织来接受美国领导的欧洲来说，这造成了一些问题。波斯尼亚比其他任何事情都更能揭示出欧盟远未准备好负责外交政策，而失去美国领导的北约就像是一艘没有舵手的船。

世界很快变得清晰起来，在新的时代世界几乎没有变得不和平；但在许多方面，情况并非如此。众所周知，苏联和南斯拉夫的解体导致了继承国之间争夺领土的武装斗争。冷战的结束在整个世界留下了权力真空，因为一个超级大国解体了，另一个则大部分退出。许多国家从一方或另一方获得补贴，也许两者都有，但此时失去了这种支持和习惯性的作用。也门是一个例子，在冷战期间，北部的一个政权和南部的另一个政权都得到了冷战对手的支持。随着它们的撤离，也门又回到了传统的部落主义，陷入了南北之间的战争，而这场战争不是意识形态导向的，只是一场封建权力斗争。古巴和越南曾得到苏联的大量支援，现在失去这些支援后都面临危机。阿富汗摆脱了苏联折磨者（新的俄罗斯领导层为干预行动道歉）后并没有找到和平，而是在反抗期间出现的敌对军阀之间展开了斗争。

国际舞台上的许多观察家认为，这些反应反复无常。1993年7月，《世界报》（Le Monde）评论了干预的奇怪随意选择性。一些饥饿和种族灭绝被忽视了，其他的为大规模的营救行动创造了条件。美国在一场遥远的中东边界争端中向伊拉克释放了可怕的武器，但故意忽视了东南欧的无政府状态和大规模屠杀。事实上，在迫使邪恶的伊拉克独裁者萨达姆·侯赛因（Saddam Hussein）因放弃他对小小的科威特的图谋后，美国及其盟友当时不仅允许他继续对伊拉克的统治，而且允许他消灭库尔德人和什叶派阿拉伯人，显然还允许他继续制造原子弹。虽然在1991—1992年的"沙漠风暴"战争中，美国人和他们的欧洲盟友把伊拉克领导人描绘成一个比希特勒更残暴的暴君，但他们没有像对纳粹德国那样要求他无条件投降并占领他的国家，却在伊拉克军队撤出科威特后立即停止了战争；而这就好像在第二次世界大战中，他们在德国边境停下来，允许希特勒继续掌权。（玛格丽特·撒切尔本想效仿温斯顿·丘吉尔，但被否决了。）

正是在波斯尼亚问题上，欧盟和美国可悲的软弱和优柔寡断造成了一种尴尬，并在塞尔维亚人和穆斯林之间分裂的土地上造成了近乎大屠杀的局面；而这对联合国来说是一种耻辱，这几支装备不良的维和部队强行闯入其中，随后被波斯尼亚塞尔维亚人的怜悯所抛弃。这一事件使欧洲联盟外交政策的潜力丧失殆尽，可能在联合国也是如此，只是作为大国不想面对的问题的倾销地。1996年年初，在美国的领导下，拯救波斯尼亚的集会姗姗来迟，而这有助于恢复人们的使命感。一些人想知道，美国-欧洲政策的犹豫不决是否会鼓励其他人。不过，叶利钦之所以发动对车臣的进攻，也许是因为他看到他自己无须担心西方的任何反应。

一个失去力量的俄罗斯在高加索一个很少人听说过的小地方大发雷霆，并且把这次袭击搞得一团糟。但是，俄罗斯人所称的"近在咫尺"的许多其他地区仍然充满了冲突和不稳定。

对于那些本以为一切会变得好起来的西方国家来说，东欧各地的这种情况构成了一种令人遗憾的幻灭感。1993年5月，巴黎《世界报》发表社论称，"柏林墙倒塌带来的希望越来越渺茫"，特别提到了四十年来第一次蹂躏旧大陆的两次战争。（格鲁吉亚-高加索的阿塞拜疆，以及波斯尼亚，这都是在车臣之前。）甚至有迹象表明，冷战将卷土重来。叶利钦强烈谴责通过引入东欧国家来扩大北约的计划，俄罗斯在波斯尼亚问题上与西方国家意见不一致，支持在西方媒体中扮演坏人角色的波斯尼亚塞尔维亚人。这位俄罗斯领导人受到了俄罗斯民族主义者的巨大压力，他们对俄罗斯声望的突然下降感到愤怒。

中东欧国家、波兰、匈牙利以及捷克和斯洛伐克，再次处于尴尬的境地。它们应该加入北约以及欧盟，创造一个超级欧洲吗？它们想这样做，而北约至少是感兴趣的。然而，一些西方人士也怀疑这是否明智。这难道不会让俄罗斯陷入郁闷的孤立状态，或者进入亚洲吗？俄罗斯会重新获得力量，并试图重建帝国吗？一个世纪前，泛斯拉夫主义者法捷耶夫（Rostislav Fadayev）曾宣称，俄罗斯要么前进到亚得里亚海，要么后退到乌拉尔山脉之后。这仍然是真的吗？

非洲的衰落始于20世纪70年代，现在基本上还在继续。南非有一个亮点，那就是白人统治阶级最终放弃并接受种族平等。在对立的黑人之间发生了大量冲突和种族隔离的顽固白人支持者也进行了抵抗，南非的选举还是成功举行了，纳尔逊·曼德拉（Nelson Mandela）成为政府首脑并主持一个充满希望的新秩序。但是，其他地方几乎没有成功。面对负增长，一些非洲国家朝着市场经济的方向进行了重大的结构改革，这一任务因政治不稳定而变得困难。世界银行1994年进行的一项研究（《非洲的调整：改革、结果和未来之路》[Adjustment in Africa: Reforms, Results, and the Road Ahead]）发现，在其所研究的29个国家中，只有6个国家在改革方面取得了很大成功。

遭受暴力蹂躏的非洲国家名单很长。在暴君门格斯图（Mengistu Haile Mariam）逃亡后，埃塞俄比亚在20世纪90年代努力恢复宪法秩序。1976—1978年，在门格斯图的恐怖统治下，夺走了约10万人的生命。在扎伊尔，两个政府在日益严重的无政府状态中争夺权力。1990年，利比里亚总统塞缪尔·多伊（Samuel Doe）被叛军抓获并杀害后，分裂的军队和相互争斗的军阀导致了几乎完全的无政府状态，尽管其他非洲国家进行干预并试图恢复宪法秩序。在旧殖民统治者法国的坚持下，乍得举行的选举滋生了不同宗教和地区之间的暴力；正如在饱受战乱的苏丹，北方的穆斯林反对万物有灵论者，而南方的一些基督徒对此表示反对。对于苏丹努巴山区黑人遭受的迫害，世界性民间人权组织用"种族灭绝"这一术语来描述。在过去十几年的苏丹内战中，超过50万人甚至多达100万人丧生。相比之下，1991年塞拉利昂爆发的一场类似的内战规模就太小了，以至于几乎被忽视了，尽管在随后的四年中它宣称夺去了10 000人的生命。

联合国称持续了几十年的安哥拉内战为最严重的冲突，据估计1993年每天造成1000人死亡。但是，莫桑比克可能会爆发类似的无休止内战。1994年，在卢旺达和布隆迪，西方人称之为"敌对部落"的冲突再起，数十万人被屠杀，震惊了世界。在20世纪60年代、70年代和80年代，这里曾有过早期的疫情暴发，但媒体没有及时报道这些疫情；而现在国际新闻报道和电视曝光的更大效力，让人们感觉世界越来越动荡不安。

当美国士兵为饥饿的索马里带来救济时，一些人想知道这个特殊的苦难之岛是如何被选为慈善之地的，而不是其他许多同样穷困的地方。在索马里，以联合国名义进行干预的部队很快与他们本应该帮助的人民发生冲突，并最终痛苦地撤离。在1994年联合国撤军一年以后，索马里在敌对军阀之间的战斗中再次陷入饥荒，而他们使用了联合国部队遗留的或从部队中窃取的军事装备。干预完全是徒劳的，不可能重复干预；再也没有人谈论索马里了。与此同时，美国将注意力转向了一个离自己家门口更近的海地，但在一个被推翻的政权恢复后，它也很快就忘记了这场闹剧。这些行动似乎更像是媒体事件，而不是严肃的政策。

在北非，阿尔及利亚军事独裁政权试图镇压伊斯兰原教旨主义者，他们的解放军从1992年开始实施暗杀和恐怖主义：不同的参与者正在重演1954—1962年的场景。到1996年，这场实质上的内战估计已经夺去了30 000人的生命。激进伊斯兰的政治运动在非洲和亚洲地区隐约可见，而传统上穆罕默德的信仰在这些地区是有影响力的。即使在土耳其——这个适应西方化模式的典型例子，一场由激进伊斯兰主义者领导的对现代化、世俗化进程的反叛也在20世纪90年代取得了惊人的成果。这种中东"新风"原教旨主义，类似于俄罗斯极端正统派的帕姆亚特运动（Panyat movenent），甚至类似于美国的基督教政治右翼，他们梦想着一些更加纯洁、不那么复杂的过去，同时愤怒地拒绝腐败、唯物主义的现在。

巴勒斯坦解放组织领导人亚西尔·阿拉法特（Yasser Arafat）经过长期痛苦的谈判，终于在1993年与时任以色列总理伊扎克·拉宾（Yitzhak Rabin）就以色列撤出加沙和杰里科达成协议，规定巴解组织在以色列长期占领的这些地区逐步接管政府。此后不久，激进伊斯兰的一个分支就在加沙地带十分活跃。20世纪90年代，中东的阿拉伯人和犹太人开始对话并最终可能会带来真正的和平，这是一个充满希望的进程。但是，巨大的鸿沟依然存在，暴力仍在继续。激进的巴勒斯坦人谴责阿拉法特，认为他是与犹太人打交道的叛徒。他们的极端主义得到了犹太极端分子的配合，并认为任何妥协都是背叛。1994年2月25日，一名犹太医生用自动武器向希伯伦的一个伊斯兰教集会开枪，打死了大约30人。第二年，一名犹太学生暗杀了以色列总理拉宾，震惊了全世界。尽管如此，在1995—1996年，巴勒斯坦人成功地恢复了对一些地方的统治。

这些是一个动荡世界中的一些令人悲伤的地方，还有其他地方也是如此。1983—1995年，超过30 000人死于斯里兰卡内战，但内战仍在继续，至今没有解决的希望。印度尼西亚政府被指控在新几内亚西部（伊里安查亚）进行种族灭绝运动，而据知情人士估计，在过去二十五年左右的时间里，被印度尼西亚军队杀害的巴布亚人多达15万人。联合国在1970年批准了印度尼西亚对该地区的吞并，但屠杀从未受到官方谴责。同时，出于政治原因，联合国也拒绝谴责印度政府对克什米尔当地穆斯林犯下的暴行。

在距离欧洲中心更近的地方，爱尔兰共和军在短暂地休整后，参与了爆炸、暗杀、绝食和所有其他武器的恐怖主义，而这一战术源于一个狂热的愿望，也许只有爱尔兰人才可以产生，即统一整个爱尔兰并将他们在北方的同教者从新教徒的迫害中解救出来。北爱尔兰人用他们自己的敢死队和同样强烈的决心来回应，绝不把他们的土地交给天主教都柏林。因此，双方都没有看到任何妥协的可能性。所以，这场漫长的斗争似乎注定要继续下去，没有最终解决的希望，而唯一的希望也许是最终它会耗尽自己。作为欧洲联盟的成员，南北两个爱尔兰都获得了经济利益，它们完全有理由相互合作。

在世界上这样的政治和社会暴力故事中，或许人们没有注意到，自1975年以来美国因谋杀而丧生的人数是越南战争中丧生人数的四倍。在过去的二十年里，几乎有同样多的美国人在曾经的二战战场上被谋杀。1993年11月，美国政府的一项调查报告称，暴力犯罪是年轻人死亡的主要原因，超过了死于艾滋病、吸毒或车祸的人数。美国司法部1993年全国犯罪受害情况调查称，自1973年以来，已有3660万人受到刑事伤害。1992年，纽约市有1995起凶杀案，而相比之下，伦敦有172起，尽管英国人认为他们正在经历一场犯罪浪潮。然而，在1993年，俄罗斯估计有30 800人被谋杀，其谋杀率呈上升趋势，甚至超过了美国的记录。

这表明，在西方社会的某些部分，以及地球的其他部分，隐藏在政治表面之下的是一种激进的疾病。这将是我们最后一章的主题。

# 第十三章
## 结论：垂死的世纪，垂死的文明？

## 科学与反科学

欧洲和世界场景(两者现在几乎结合在一起了)的观察者说,也许一些来自外太空的生物(如大众想象力喜欢发明的①)可能会一方面发现并惊讶于地球上这种文明的创造力和生产力,而另一方面也惊讶于它的失败和自我毁灭的明显趋势。科学是最令人印象深刻和巨大的智力冒险,并提供了许多示例。

尽管医学界做出了巨大的努力,但尚未能为流行的艾滋病找到治疗方法。艾滋病本身是由现代性行为自我诱发的,这表明了卫生保健技能的局限性;而征服或改善一些致命的疾病,只会给其他更可怕的疾病留下空间。细菌似乎赢得了最近一轮与人类的战争。②然而,艾滋病病毒被识别的速度(无论是1983年在巴黎巴斯德研究所还是在美国)和动员国际科学人才寻找答案是了不起的成就,这是之前任何一个时代都无法比拟的。人们不禁要问,现代人类挖洞的能力和从洞里爬出来的能力和技巧,究竟哪一个最不寻常。

医疗行业是增长最快的行业之一,目前占据了美国国民生产总值的10%以上,欧洲可能也会同样如此。其原因包括人口老龄化,15%的人口已经超过65岁。公共卫生取得的成功,使得人们更容易患上各种疾病。医学发展还带来了以巨大代价延长生命的可能性,如通过器官移植,现代外科技术的进步使之成为可能。与此矛盾的是,死亡的权利成了最受争议的公共问题之一,与其他"医学伦理"的灵魂问题结合在一起。

医学历史学家罗伊·波特(Roy Porter)指出了曾经的奇迹创造者相当沮丧的心态(见《泰晤士报文学副刊》[ TLS ],1994年1月14日),他们在一代人之前已经取得了一系列重大突破,包括青霉素和脊髓灰质炎疫苗、心脏移植和激光手术等。一位医学历史学家宣称,"在20世纪的前四分之三的时间里,为控制传染病而设计的具体治疗和预防措施比在此之前的整个人类历史

---

① 至少可以说,任何这样的生物都不太可能找到去这个星球的路,或者如果它能找到的话,它会想去的。

② "可以说,性革命的真正受益者是病毒和细菌,它们利用了广泛传播滥交和不寻常的性行为所创造的新媒介。"英国作家约翰·赖尔(John Ryle)这样写道。

都要多"。1977年，人们自豪地宣布，天花被根除了，从此再也不会有，而这正好赶上了艾滋病这一祸害的首次出现。罗伊·波特认为，"这只是一种空洞的征服，就像海湾战争结束时一样"。人们还没有发现治愈艾滋病或阿尔茨海默病（老年人的诅咒）的方法，尽管投入了大量的工作和金钱，但在这两方面都没有取得太大的进展。据来自非洲南部的报道，蚊子最终赢得了疟疾的战斗。曾经被认为已经被征服的结核病，这个19世纪的祸害似乎又卷土重来了。抗生素促使细菌做出创造性反应。1993—1994年，英国的国家卫生服务体系正分崩离析，而美国的主要问题是卫生保健危机。尽管有种种奇迹发生，世界上的人们似乎比以往任何时候都更不健康，或者至少说更不快乐。

医生被投诉的次数比被表彰的次数更多，越来越多的医生被指控在研究中存在欺诈行为。关于发现艾滋病病毒的优先权的对立主张引起了一场争论，在这场争论中美国人①最终被判定为首先从法国人那里偷窃，然后以典型的"水门事件"的方式掩盖事实。此外，还有其他一些广为人知的科学欺骗案例。1993年，一些法国医生被起诉，因为他们允许在输血中使用被艾滋病病毒污染的血液。基尔代尔医生（Doctor Kildare）是20世纪60年代的电视英雄，但不适合重播。最近的电视医疗如果不是参与策划了一个基因怪胎，更有可能是犯了一些可怕的错误，或者可能欺骗误导病人。基因工程（见下文）引起了人们对一些可怕灾难的恐惧。另外，人们还担心会有更致命的病菌出现并毁灭人类，这种担心并非完全没有道理。

奇怪的是，在寻求对阿尔茨海默病等疾病的理解过程中，对基因研究的痴迷是徒劳的。艰苦而昂贵的研究发现了一个模糊的遗传蛋白质片段，它可能与老年人（在很大程度上）屈服于这种疾病的倾向有关。然而，如果情况确实如此，是不是每个人都要经历复杂的基因分析和工程来移除或替换几十年后可能导致患病的东西？单纯的研究似乎与实际的治疗相去甚远。②

---

① 这里指罗伯特·加洛（Robert Gallo）和美国国家卫生研究所（National Institute of Health）。
② 分离性阿尔茨海默病似乎是心理社会诊断的一个很好的候选对象，如果说这已经很成功的话，与当代文化的奇异多元化有关。显然，没有发现基因可以解释另一种令人困惑的疾病，如厌食症，即年轻女性会把她们自己饿死。

然而,也许对医学治疗最持久的批评是关于它的人类素质,与科学本身无关,而是与社会组织有关。作为可能过于复杂的医疗检查和程序积累的代价,以及通常低成本和几乎普遍的覆盖面,病人不得不屈服于一个非个人的官僚机构。以前上门看病的老派医生,现在和没有工作的母亲一样,这是一个古怪的时代错误。巨大的医疗行业以及其庞大的文书工作(计算机似乎没有简化),可能会失去一个病人或让他接受错误的治疗——这样的故事如那些被截错肢的人,经常成为新闻;有时,这些错误是致命的,或者要付出巨大的代价。这个过程可能无法诊断出一个简单的问题,如流鼻血可能会冒着整天被X光和针刺的风险,却没有特殊的目的。这里没有运用常识的全科医生,而是成群结队的视野狭窄的专家,至少在某些地方存在腐败和低效率。所以,至少在许多接受福利国家提供的"医疗保健"的人看来是这样,他们仍然会欣赏药物和外科技术的惊人进步,如果你能克服官僚主义的障碍,就能快速治愈以前的痛苦折磨或者死刑。

利用国际科学组织的所有强大设施进行引人入胜的研究是一个数十亿美元的产业,不仅仅是在医学领域。欧洲与美国合作进行的太空计划发挥了一些作用,尽管只是一个小作用,但遇到了一个两难的问题,即把人送上火星还是殖民月球是否值得付出巨大的代价。外太空探索在20世纪60年代曾令人振奋,但在那之后失去了一些受欢迎的吸引力,也许是因为没有实现"星际旅行"。美国从20世纪50年代的耻辱中恢复过来,于1969年将一名男宇航员送上了月球,但这种兴奋感是短暂的。在月球之外还有行星,如此昂贵的项目在20世纪80年代和90年代充满赤字和预算意识的氛围中遭受了损失。无人飞船访问遥远的星球寻找数据,但并不能总是获得成功;美国人曾考虑在2019年把人送上火星。1986年,挑战者号航天飞机在发射后不久爆炸并造成生命损失,这是一个严重的挫折。1990年,一架价值15亿美元的望远镜被发射到外太空,用于对宇宙进行前所未有的观察,结果发现它的镜子一面有缺陷。

这些穿透地球以外相对较短的距离(就宇宙维度而言)促进了通信传输,并发现了那些推测宇宙年龄(无论是80亿年还是200亿年)的人提供了有趣的数据。宇宙背景探测器卫星（COBE）送入外太空的望远镜揭示了新的谜题，如它很显然地告诉我们宇宙比它最古老的恒星更年轻。1992年，来自COBE的宇宙微波背景辐射不规则的证据（于1965年发现），据说证实了仍有争议的"大爆炸"（big bang）理论，即一个原始爆炸的原子在十亿分之一秒内成长为柚子大小。不过，即使有人相信这种理论，但谜题依然存在。人们仍然不清楚宇宙是会继续膨胀到整个无限大，还是最终会落回原来的微小状态，或者也许会坍塌成一个巨大的黑洞。

为了寻找难以捉摸的宇宙秘密，各国还竞相建造数十亿美元的超级对撞机来粉碎亚原子粒子。这种巨大而令人怀疑的企业呼吁国际合作，并有试探性的方法——如日本、俄罗斯、欧洲、美国的财团参与聚变研究——但是，民族自豪感和国家主权仍然很高。

生物学家不应该被排除在这个令人难以置信的项目的资金竞争之外。遗传分子DNA的发现，是20世纪50年代最激动人心的科学事件之一。DNA从父母传递给他们的孩子，携带着精心编码的生长指令。基因工程在20世纪80年代成为一个越来越热门的行业，当时合成基因开始作为人类疾病的治疗手段，并成为改良蔬菜和牲畜的创造者。在接下来的十年里，昂贵的项目接踵而至；生物学家对粒子加速器的回答是一项对人类"基因组"或DNA序列进行测序的工作，预计在未来十五年左右的时间里将花费纳税人数十亿美元。据说，每个人都从父母那里继承两组DNA，每一组都包含大约3 000 000 000个核苷酸单位。这些基因的完整记录可能会发现许多以前未知的基因，就像在原子粉碎的例子中一样，而这可能意味着对现实本质的更全面的理解，或者更全面的生活，这一点现在还不清楚。但是，探索还在继续，而科学家们有时把这种探索比作对古老圣杯（Holy Grail）的探索。它可能存在于自然界传递生命信息的复杂化学语言中吗？如果是，这意味着什么？

当然，如果没有计算机，这些项目都是不可能完成的，而计算机是20世纪后半叶的一项奇迹发明。微型计算机可以存储、处理和传输"数据"，其速度和可靠性远远超过了以前的模式，构成了一个多重飞跃。它可以进行以前不可能的数学计算，因为这需要几个世纪。它可以描绘或模拟大量数据之间的关系，从而开辟全新的知识领域。每隔几年，更快的计算机芯片就会被生产出来。计算机屏幕可以显示宇宙的三维地图，并模拟一个完整的建筑供建筑师检查。

所有这些和许多其他奇迹都是在图灵①的时代出现的。迈克尔·沙利斯（Michael Shallis）在1984年出版的《硅神》（The Silicon Idol）中宣称，微芯片革命是非人性化的。但是，正如迈克尔·沙利斯所意识到的，这只是电话的延伸。那时，沙利斯还没有面对传真革命或电子邮件，而这种坚定的"地球扁平化"社会心态（在托尔斯泰和其他反物质主义者中有一些杰出的先例）让我们既感到钦佩又觉得有乐趣。沙利斯先生大概是一边在计算机上写书，一边在激光视盘上听音乐，然后借助图书馆电子检索他需要的信息；也许是因为在看牙医和医生时被打断，但医疗技术的进步使这种情况变得更加舒适。当然，很少有人会拒绝所有这些现代化的便利设施。在文化上，它们意味着能够通过录像机和电视将电影、戏剧、音乐会、歌剧以及体育赛事以虚拟的生活形式带入家庭之中，大大增加了高雅文化和低俗文化的受众。

西蒙·诺拉（Simon Nora）和阿兰·明克（Alain Minc）在1980年给法国总统写了一份关于社会计算机化（The Computerization of Society）的小册子，其中将IBM（计算机公司，而不是弹道导弹）确定为法国的主要敌人之一。至少，他们断言这项技术"将改变社会组织的整个神经系统"是正确的。通过计算机化的、卫星传输的、激光打印的信息奇迹，世界几乎瞬间就了解了战争和其他灾难。地震、飓风、种族灭绝和饥荒在以前对美国人和欧洲人来说都是模糊的，但现在它们一发生就出现在电视屏幕上。

人工智能是"认知科学家"非常感兴趣的课题。斯蒂芬·霍金（Stephen Hawking）声称，到2009年，计算机将完全取代理论物理学家。人类会被淘汰吗？计算机也可以"模拟现实"，（据推测）如果真人通过计算机或其他形

---

① 艾伦·麦席森·图灵（Alan Mathison Turing，1912—1954），英国数学家、逻辑学家，被称为计算机科学之父，人工智能之父。图灵提出了"图灵测试"概念，著名的图灵机模型理论更为现代计算机的逻辑工作方式奠定了基础。——译者注

式的交流来做爱,他们就可能会有未来。计算机可以在国际象棋上击败除少数人之外的所有人类,从数百万种可能性中快速计算出最佳的棋步;但是,他们不能做一个规划策略。1996年2月,在一场广为人知的比赛中,一名世界象棋冠军以4:2击败了一台超级计算机。哲学家们驳斥了这种天真的观点,即"人类头脑只是一台计算机,可以被一台计算机取代"。[1]赋予语言符号以意义,整个人文文化、艺术和历史都不在计算机的范围之内。人类的意识就在计算机本身的背后,而计算机毕竟是人类的发明,意识根本无法进行科学研究。

在探索的最后,神秘依然存在。微生物学家约翰·泰勒·唐纳(John Tyler Donner)观察到,"我们知道的越多,复杂的活生物体就越复杂"。我们知道的越多,谜团就越多。电子显微镜揭示了细胞结构的深层世界,带有难以置信的复杂遗传密码的生物变得比任何人想象的都更加复杂和神秘。"混沌理论"(Chaos theory)提出,随着事物的发展,一些自我推进的趋势会使事物变得越来越复杂,就像一个委员会。

所有这些都为技术娴熟的玩家提供了精彩的娱乐,但远远超过了其他人的想象。哲学科学家戴维·林德利(David Lindley)在1995年出版的《物理学的终结:一个统一理论的神话》(*The End of Physics: The Myth of a Unified Theory*)一书预见到了物理学在一片没有任何经验证据支持的臆测中的终结,如果事实上这还没有发生的话。(那些继续追求爱因斯坦对"统一理论"的旧探索的人将所有的力量联系在一起,假设物理现实不是由粒子组成的,而是由弦或环组成的。)社会学和科学哲学产生了一个思想体系,认为科学是一种与外部现实没有太大关系的话语模,如艾伦·G.格罗斯(Alan G. Gross)的《科学修辞学》(*The Rhetoric of Science*,1991年)所说。事实上,修辞学是中世纪学科的精华,是当时的时尚,就像核物理在现代一样,而所

---

[1] 参见约翰·R.塞尔(John R. Searle)《心灵的再发现》(*The Rediscovery of the Mind*,1992年)和休伯特·L.德雷福斯(Hubert L. Dreyfus)《计算机不能做什么》(*What Computers Still Can't Do*,1992年)。

有的知识都取决于它的语言结构。

萨满、女巫和撒旦教徒曾经被限制在反主流文化中，现在离先进的科学并不遥远。著名物理学家弗雷德·艾伦·沃尔夫（Fred Alan Wolf）是一位科普作者，曾写过一本向外行人解释量子力学的书，他在1992年完成了《鹰的探索：物理学家对萨满世界真理的探索》(The Eagle's Quest: a Physicist's Quest for Truth in the Shamanic World)。沃尔夫去美国的圣达菲学习了城市化的美洲印第安人萨满教。当时，医学界很重视偏方，德鲁伊（凯尔特宗教的祭司）或古代的中草药混合物被证明含有有价值的酶。

"夸克"（quarks）有时被称为奇异和魔法，被认为是宇宙的最终组成部分，是由一位才华横溢、想象力丰富的物理学家最先这样称呼的；他从《芬尼根的守灵夜》中取了这个名字，从而将现代文化中不可理解的两个伟大领域联系在一起。科学家的世界就像汉弗莱·奇姆登·伊厄威克[1]（Humphrey Chimpden Earwicker）的梦境一样奇怪。

## 环境问题

现代人类似乎被技术奇迹和自然的可怕力量所释放的怪物吓坏了。"环境"问题的兴起导致了"绿色"政党的诞生与壮大，这是20世纪80年代和90年代的一个特征。时髦的"末日论"者从核灭绝转向化学污染或工业制造的大气变化带来的危险。可以肯定的是，1986年发生在基辅附近的苏联切尔诺贝利核电站的灾难向世界各地散发了大量的放射性气体云团，这对缓解人们对核能的担忧没有什么作用。（切尔诺贝利核电站的灾难也与苏联解体有关。）领导官方调查的总工程师格里戈里·梅德韦杰夫（Grigori Medvedev）在1989年出版了《切尔诺贝利的真相》[2]（The Truth about Chernobyl）一书，

---

[1]《芬尼根的守灵夜》一书中芬尼根的继承人叫汉弗莱·奇姆登·伊厄威克，他的梦构成了全书的主要内容。作者乔伊斯企图通过他的梦来概括人类的全部历史。——译者注

[2] 格里戈里·梅德韦杰夫《切尔诺贝利的真相》的中文版译为《亲历切尔诺贝利》（刘建波译）。——译者注

安德烈·萨哈罗夫（Andrei Sakharov）在前言中记录了灾难处理的可怕和无能。

在德国著名小说家君特·格拉斯的小说《母鼠》（Die Rättin）和电影《大爆炸》（Der grosse Knall）中，我们无疑会走到最后；但是，如果没有走到最后，那么臭氧层空洞或酸雨会带我们走向灭亡。或者，也许我们将耗尽可用的能源。通过核聚变得无污染、廉价能源的希望已经被证明是难以实现的，核聚变是为恒星和核弹头提供动力的相同过程。[1]现有的核电站把所有的产出都藏在里面，一旦发生事故或破坏，就有可能发生灾难。

然而，现代城市人类如此贪婪地消耗其他能源同样危险，其中主要的但绝不是唯一的环境问题是臭氧的消耗和二氧化碳的增加。1985年，英国的南极调查局发现大量的臭氧已经从南极平流层消失。后来得知，这个天空中的"洞"的肇事者是氯氟烃，这是用于制冷、空调、计算机、发泡等工业化学品产生的。同时，吸收有害紫外线的保护臭氧层的耗尽，威胁着皮肤癌的增加和气候的变化。

一些科学家认为，地球大气中二氧化碳含量的急剧增加将导致全球气候变暖。他们声称，自20世纪初以来，捕获地球辐射大气热量的二氧化碳增加了25%，并继续以每年0.4%的速度增加。世界上不断增长的能源消耗主要依赖化石燃料，而化石燃料会产生二氧化碳。汽油发动机排放的污染物是一个主要因素，消耗二氧化碳的森林的减少也是一个主要因素。据估计，在未来半个世纪内，地球表面温度将上升5℃～10℃，这将融化极地海洋的冰，从而提高海平面并导致沿海洪水。然而，也有一些科学家质疑整个"全球变暖"的论点，没有发现任何有说服力的证据表明这种事情正在发生，或者如果发生了它将对生活产生不利影响。然而，导致灾难性"全球变暖"的"温室效应"仍然是绿色福音中的一个信条。

当人们考虑到世界上尚未发展的区域的未来增长时，环境因素就显得更

---

[1] 聚变研究仍在继续（西欧的努力集中在英国牛津郡），但它是否会以巨大的代价获得回报仍不确定。或许，稀缺资源更适合用于风能、潮汐能、太阳能或地热发电。科学家和政府面临着这种艰难的选择，他们用从困难的纳税人那里榨取的资金来支付账单。

为重要。世界上生活在"高收入经济体"、技术先进和完全"现代化"的人相对较少，除了西欧、美国和加拿大以外，这些国家如澳大利亚、新西兰，以及一些亚洲国家和地区如日本、中国香港、新加坡，加上以色列和一些石油资源丰富的阿拉伯国家。这些国家和地区的总人口不超过世界总人口的15%，但他们消耗的能量与此极其不成正比——如美国的人均能耗约为7200吨，而尼日利亚仅为133吨——排出的废物和污染也不成比例。

如果世界上另外85%的人沿着"发展"的道路前进，到达与目前享有特权的人民相同的高度，那会发生什么呢？一些发展中国家已经在这个边缘徘徊；其他国家，包括人口众多的印度和中国——人口总数加起来超过世界总人口的三分之———正在努力实现这个发展目标。事实上，几乎整个世界都想效仿富裕的欧洲人和北美人，尽管就目前的情况来看，它们中的一些人似乎没有机会做到这一点。想想看，如果80亿人（世界人口仅在几十年后就会达到这个数字）消耗能源、制造废物和污染、破坏自然与现在不到10亿人的程度相同，那真是令人难以置信的。（从事经济发展的贫穷国家无法负担保护环境的技术成本。）

西欧国家建造的房屋在生态上也并不那么干净环保。根据世界银行的一项研究，"地中海的环境恶化十分严重，许多地区日益严重……公共健康受到威胁"。莱茵河的状况也成了一个丑闻。在所有先进的工业国家，保持相对清洁的环境是一个巨大的问题。具有讽刺意味的是，污染最严重的是希腊的雅典，这是西方文明的古老源头。几乎所有欧洲主要城市都经历了严重的汽车拥堵，因为赤字缠身的政府难以满足对更多更好道路的需求。维也纳和斯德哥尔摩等城市曾经拥有有效的公共交通，但伦敦伟大的地铁先驱已经衰落，而柏林的街道则被旨在将长期分离的东西方重新连接在一起的大型建筑项目堵塞。

然而，乐观主义者会找到理由相信科学和技术能够寻求到解决这些问题的方法。朱利安·L.西蒙（Julian L. Simon）和赫尔曼·卡恩（Herman Kahn）在回应一份名为《全球2000》（*Global 2000*）的绿色宣言时，为布莱克威尔（Blackwell）的《资源丰富的地球》（*The Resourceful Earth*，1984）

收集了乐观的证据。绿色精神靠信仰而不是科学生活,他们在现代科技中看到了恶魔般的敌人。绿色精神可以追溯到20世纪60年代,当时年轻的左翼分子拒绝了整个技术社会,"西方的理性已经把一个可爱的星球弄得一团糟"[①]。现在,他们分成了派别,更极端地被"负责任的环保主义者"指责为狂热,会无意中对环境造成更为严重的破坏。一些人试图发明一种"进步的"环保主义的中间立场,吃自己的蛋糕,没有污染的现代技术。毕竟,"前科学时代比我们'污染'得多",瘟疫、细菌、污垢、肮脏、疾病、贫穷。如果一个人追随更极端的环保主义者,把所有的现代技术废除了,那你不是又回到了比现在更危险的生活状态吗?

更为全面的研究,经常发现没有完全安全的途径。如果你使用电力驱动的汽车来避免产生二氧化碳,你就有可能用铅毒害土壤。替代原子能的能源是燃烧煤炭或石油,这是环保主义者所厌恶的,因为它会产生二氧化碳。

因此,对环境保护主义的批评层出不穷,运动本身也存在分歧,强硬的左翼反对温和的妥协派,就像在其他激进的"十字军东征"中一样。一位历史学家在1995年预测,"绿党的衰落"是一场政治运动。但是,他们与激进的女权主义者一样,对西方文明的整个进程极度悲观,这可能是当时知识分子中最普遍的情绪。可以肯定的是,除了生态灭绝,还有其他最终灭绝的场景。大约在六千万年前,一颗巨大的陨石,如显然已经毁灭了整个物种并彻底改变了进化过程的陨石,可能会再次撞击地球。20世纪初,一场大规模的地震确实夷平了西伯利亚的一个偏远地区。地震、火山爆发和飓风确实每十年都会在世界各地造成巨大的破坏,如加利福尼亚、佛罗里达以及智利、中国、日本和土耳其,而关于它们的成因和控制,科学似乎完全无知。我们提到了对由获胜细菌引发的某种可怕流行病的恐惧,这种超级艾滋病确实会消灭人类。

无论整个宇宙的命运如何,整个太阳系最终都会耗尽它们的能量供应,以这样或那样的方式消亡。在几十亿年后,我们自己的太阳将走上所有恒星

---

① 马克·冯内古特(Mark Vonnegut)语。

的道路。因此，科学家向我们这样保证。

## 社会病态

爱德华·吉本（Edward Gibbon）在他的经典著作《罗马帝国衰亡史》（Decline and Fall of the Roman Empire）中写道，"人类对同类的激情比对自然环境的动荡更恐惧"。这位伟大的历史学家注意到"剧烈的破坏性地震"，随后是地中海的巨大海啸，于公元322年7月21日震动了罗马世界的绝大部分，造成了巨大的生命损失；他认为，这与当时降临到帝国的战争相比是微不足道的，"匈奴人的入侵在西方各省引发了哥特人的入侵。在不到四十年的时间里，哥特人从多瑙河进入大西洋，并通过他们的武器成功地入侵了许多比他们自己更野蛮的敌对部落"。

同样，在现代世界，战争和屠杀、内乱、谋杀和自杀夺去的生命远远多于自然灾害。但是，人类不快乐的代价似乎还在以其他方式延续着。欧文·克里斯托（Irving Kristol）感到惊讶的是，尽管自1945年以来"普通公民已经实现了一定程度的经济富裕和经济安全，在当时被认为是有远见的"，使这成为世界历史上最引人注目的半个世纪，但"这一经济进步伴随着意想不到的社会解体和道德迷失的浪潮"，自杀、精神障碍、吸毒成瘾、犯罪等令人不安的指数在欧洲不断上升，尽管远低于美国的标准。一份德国报告指出，10%～12%的联邦共和国居民有时需要去看精神病医生。（就任何一致同意的思想体系而言，精神病学本身和经济学一样混乱。）1985年在西柏林进行的一项调查发现，每12名学生中就有一名曾试图自杀。伦敦和苏黎世等城市的中心都有穿着怪异的年轻人吸毒或酗酒的场景，他们的目标是在持续的"高潮"中度过可能短暂的一生。

在20世纪60年代，硬毒品①的使用已经蔓延到欧洲，并且随着暂时的缓解而还在继续——这一度被认为是美国人的退化（就像艾滋病一样）；据

---

① 硬毒品，这里是指易成瘾的烈性毒品。——译者注

1989年报道，在英国，"所有可获得的数据表明，毒品的使用正在蔓延"。年轻的革命者、恐怖分子和性解放的虚无主义者，如在时尚电影、戏剧和小说中遇到的人，理所当然地吸食毒品。20世纪90年代在英国流行的"狂欢"流行文化以改变情绪的安非他命①和复杂的性狂欢为中心，所有执行禁毒法律的努力都已结束。在20世纪60年代末和70年代初，这被仅限于反文化盛行的特殊地区，如哥本哈根的"自由城市"（free city）。但是，十年以后就不是这样了。拥有或出售可卡因和海洛因等成瘾药物仍然是非法的，事实上美国警察似乎把大部分时间都花在了搜寻这些物质上，但执法的努力却遭遇了失败——赞成合法化的声音此起彼伏且越来越高。"狂欢"毒品在技术上是非法的，却在友好的圈子里公开和公开使用。

暴力是严肃文学和艺术以及流行电视的普遍主题，这些电视除了体育（通常相当暴力）之外，几乎不展示其他东西。（1995年，美国的主要公共事件是对一名体育英雄的谋杀审判，这在某种程度上是恰当的。）暴力、死亡和无序，可能在我们这个世纪最伟大的艺术家身上都能找到。例如，弗朗西斯·培根（Francis Bacon，1909—1992）通常被认为是1945年后时代最伟大的英国画家，他的画布上充满了扭曲、抽搐或尖叫的人物，而他们通常受了重伤或残废——对于一个出生在第一次世界大战期间并在爱尔兰内战中长大，以及第二次世界大战期间在伦敦成熟的艺术家来说，这并不奇怪。

1976年对青年文学的一项研究发现，青年文学已经从熟悉的幸福结局急剧转变为专注于"有缺陷的发展和精神灾难、暴力、不公正、不合理的破坏"。②20世纪80年代为年轻人写的小说，用大量篇幅讲述了强奸、父母虐待、毒品贩子男朋友、性冒险和堕胎等主题。

作为20世纪90年代德国的一部代表性中篇小说，博多·基尔霍夫（Bodo Kirchhof）的《逆流而上》（*Gegen die Laufrichtung*）用长达86页的篇章讲述

---

① 安非他命（Amphetamine），精神类药物的名称，治疗气喘、睡眠失常（嗜睡症）与过动症状、提神并防止疲劳，重复使用会成瘾。——译者注

② 参见《今日的声音》（*Stimmen der Zeit*），1976年11月，第767页。

了一位职业网球英雄刺伤妻子的情人,并割断其女友仰慕者喉咙的故事。

瑞典是世界上自杀率最高的国家之一,也是成功工业社会的典范。几年以来,瑞典人尽管生活得很舒适,但奇怪的是并不那么幸福。酗酒和吸毒现象很普遍,还有压力和不满的迹象,人们对公共机构的信心也很低。20世纪80年代,瑞典人就这一切进行了一场认真的辩论:现在几乎每个人都实现物质富裕了,为什么他们还不快乐?给出的答案中有一些是可以预测的:社会太大了,个人感到无助和孤立,家庭不再是过去的样子,我们离大自然太远了,人们对他们所有的小玩具都感到厌倦了,官僚机构变得冷冰冰,城市建筑标准化得令人沮丧。

事实上,在以非婚生育率衡量的家庭解体指数方面,瑞典领先于所有其他国家。婚姻已经变得不那么普遍,而离婚则要普遍得多。单亲家庭现在很普遍(在英国超过20%),单身女青年居多,非婚生婴儿的比例从1960年的5%上升到1987年的23%,然后在1995年超过30%。但是,在瑞典是50%。瑞典的女性劳动力比例比其他任何国家都高,而且其税收政策也没有鼓励结婚。在整个欧洲,接受高等教育的女性要多得多(男性也是如此,但女性的增长率更高)。与1960年相比,妇女平均每人少生一个孩子。与此同时,更多的女性进入了就业市场。到1990年,在大多数西欧国家,50%以上的女性在家庭外就业,妇女占平民劳动力的40%。

有些人认为,家庭解体是迄今为止历史上最大的革命。人口统计学家兼历史学家彼得·拉斯莱特(Peter Laslett)观察到,"我们已经不再像以前的社会那样生活在这些方面了"。法国总统蓬皮杜认为,"社会生活的基础正处于危险之中",并指出家庭、教会和古老的机构正在解体。根据一些人的说法,如精神疾病、自杀、犯罪、青年帮派、吸毒、色情、堕胎、非婚性行为,所有现代城市社会的这些令人不安的特征都可能与家庭解体有关。女权主义者通常对传统家庭和"家庭价值观"的衰落表示赞赏,而不是痛心疾首。对女性来说,"家庭价值观"意味着将女性限制在生儿育女和洗碗的角色上。但是,新秩序不是让大多数女性面临比以前更多的不安全感和压迫吗?家庭中唯一的父母更可能是母亲而不是父亲。

## 离散家庭

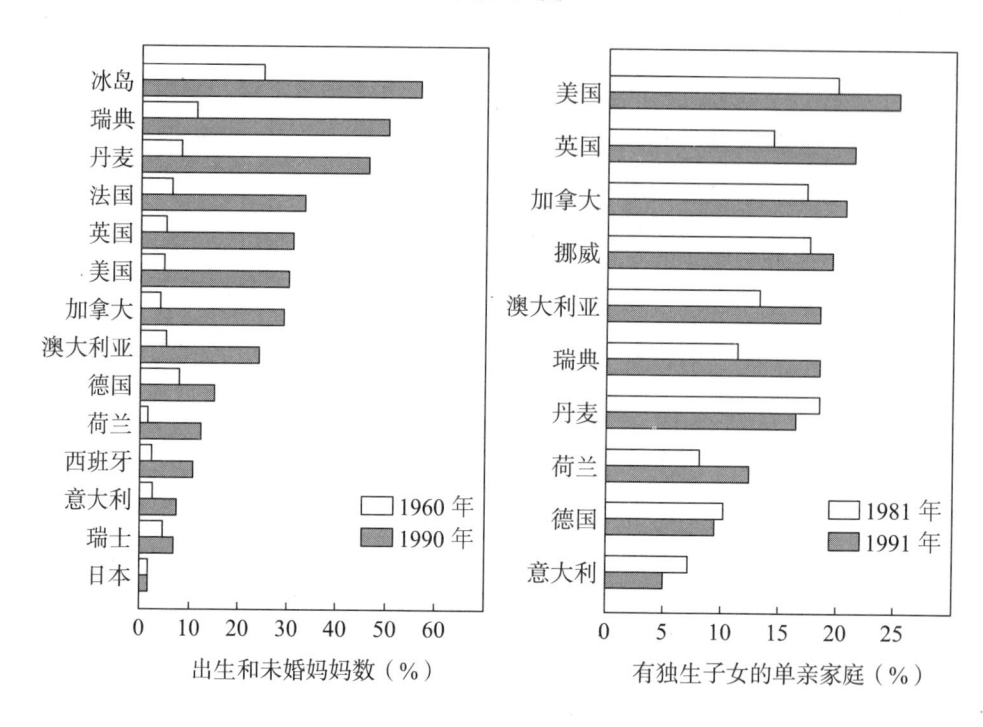

| 国家 | 出生和未婚妈妈数（%） 1960年 / 1990年 |
|---|---|
| 冰岛 | |
| 瑞典 | |
| 丹麦 | |
| 法国 | |
| 英国 | |
| 美国 | |
| 加拿大 | |
| 澳大利亚 | |
| 德国 | |
| 荷兰 | |
| 西班牙 | |
| 意大利 | |
| 瑞士 | |
| 日本 | |

| 国家 | 有独生子女的单亲家庭（%） 1981年 / 1991年 |
|---|---|
| 美国 | |
| 英国 | |
| 加拿大 | |
| 挪威 | |
| 澳大利亚 | |
| 瑞典 | |
| 丹麦 | |
| 荷兰 | |
| 德国 | |
| 意大利 | |

（资料来源：《经济学人》，1995年9月5日）

现在经常出现性别角色颠倒的情况，妻子是主要的养家糊口者，而丈夫则负责家务。越来越多的学龄前儿童大部分时间不在家中，而是在配备专业人员的公共或私人儿童保育机构中度过。在餐馆吃饭而不是在家吃饭的趋势，这是新服务经济的一个重要方面。然而，技术趋向于娱乐的私有化：人们在家里用录像机和电视看电影、戏剧、音乐会、体育赛事的次数，远远多于在公共剧院和竞技场的次数；尽管各种各样的音乐节、艺术展览、歌剧、音乐会吸引了大批游客，提供了从传统到流行、从爵士到古典的各种风格。

从人口统计来看，欧洲的人口已经停止增长，甚至正在萎缩：意大利、德国、匈牙利、丹麦和瑞士的人口预计将在1987—2000年下降，到2025年甚至会下降得更多。到最后一年，整个西欧的人口将与1988年几乎相同（约3.56亿人），在世界人口中的比例将从6.3%下降到4%。

在20世纪后期，对个人行为和文学的限制在欧洲和美国继续瓦解。对英语世界来说，反对审查的一个里程碑是1960年的《查泰莱夫人的情人》(*Lady Chatterley's Lover*)一案：在该案中，英国法院推翻了文学中长期存在的语言禁忌，至少在一部现代经典作品中是如此。在随后的几年里，针对越来越令人反感的书籍和杂志采取了几次后方警戒行动，到了1980年淫秽起诉则被视为无望而放弃。1982年，朱利安·西蒙斯（Julian Symons）对英国相关情况的估计是，"几乎任何东西都可以出版，而不会有被起诉的风险，除了模拟的性行为之外，任何东西都可以在电影或舞台上出现"。

表13-1　20世纪末的欧洲人口（单位：百万）

| | |
|---|---|
| 欧盟（15个国家） | 366 |
| 12个欧盟以外的潜在成员* | 107 |
| 俄罗斯（在欧洲的部分） | 116 |
| 欧洲其他国家 | 104 |
| 从大西洋到乌拉尔的欧洲大陆总人口 | 693 |
| 俄罗斯（在亚洲的部分） | 100 |
| | |
| 1975年欧洲人口占世界人口的百分比 | 18.4% |
| 2000年欧洲人口占世界人口的百分比 | 13.7% |

*包括波兰、匈牙利、捷克、斯洛伐克、罗马尼亚和保加利亚。

不用说，这一史无前例的进程并非没有受到挑战，但伴随着对这种从压抑和虚伪中释放出来的健康的欢呼声，偶尔也有声音抗议说这似乎意味着文明的终结。1972年，英国作家和教育家大卫·霍尔布鲁克（David Holbrook）在"流行病"达到顶峰之前呼吁道："这是一种可怕的流行病……威胁着我们国家的精神健康。"一些女权主义者认为，色情是男性贬低女性的工具，因此"性的现代化"与另一种现代化模式发生了冲突。在更早的时候，越来越多的人服从于道德规则和制度对性欲的控制和调节，这被认为是一个文明的过程；而且只有被排斥的知识分子和反社会的诗人持相反的观点。现在，这种监管被认为是压迫性的，实际上社会控制已经崩溃。在爱尔兰，全民公投否决了堕胎和离婚，但意大利批准了它们。除了西班牙，欧洲所有主要国家都将堕胎合法化；而法国人发明了一种药丸，使堕胎更容易且更安全。1984—1986年，合法堕胎的数量从西德的84 000例（那里有一些限制）到意大利的227 000例不等。在东欧，堕胎是按需的，但至少在怀孕的前三个月，这是惯例。在欧洲，罕见发现美国那样的反对堕胎的激进抗议活动。

在20世纪80年代，男性同性恋者和女性同性恋者的知名度及对他们的容忍度也稳步提高，甚至有一个旨在保护儿童性权利的组织。同时，似乎只有伊斯兰原教旨主义者希望对无证和不正常的性行为进行惩罚。女权主义者将女性的色情贬低归因于男性的强迫，但他们忽视了这样一个事实，即解放后的女性可以自由地在《花花公子》(*Playboy*)上拍照，也可以在"X级"电影①中表演。事实上，"X级"（即"色情"）电影与标准电影之间的区别，已经变得非常不明显。在任何情况下，每个购物中心都有"X级"电影出租。

如果说这种国际城市文化的大部分来自大西洋彼岸，那么其中一些则具有独特的欧洲起源。青年部落似乎是英国人的专长，他们的"朋克"和"光头党"几乎在全世界都被模仿；摇滚乐对英国人的贡献不亚于对美国人的贡献。摇滚及其各种分支现在已经全球化，在西伯利亚的村庄和日本的公园里都能听到。因为，通信革命确保了每一种文化新奇事物的快速传播。

苏联学家罗伯特·A. 马奎尔（Robert A. Maguire）在改革开放政策②出台前曾说过："俄罗斯人都有一种精神疾病，这种疾病感染了20世纪所有的工业社会。"

上述灾难信息目录，几乎可以无休止地进行详述。正如我们在前一章所

---

① 作者使用的是X-rated ( movie )，就是我们汉语中所说的"三级片"。1968年，美国电影协会对影视作品做了如下分级：G级（适合于所有年龄段）；PG级（建议在父母陪伴下观看）；PG-13（13岁以下儿童不宜）；R级（17岁以下者须在父母陪同下观看）；X级（17岁以下未成年人禁看）。——译者注

② 改革开放政策（俄语 гласность，英语 glasnost），指时任苏共中央总书记的戈尔巴乔夫在1985年提出的改革开放政策。——译者注

第十三章 结论：垂死的世纪，垂死的文明？ 441

指出的，政府面临着权威或能力的危机。欧洲的议会政治制度在20世纪90年代陷入混乱，因为它们试图管理一个现代国家的复杂事务，同时满足要求高且经常动荡的公众（有人称之为追求不可能的无法治理的人）的奇思妙想。《经济学人》（*The Economist*）在美利坚合众国成立200周年之际宣称，"21世纪的关键"在于确保人民选举政府的艺术。这场政治危机包括广泛的腐败、福利国家的崩溃、政党和利益的彻底分裂。

越来越极端的专业化导致了与其他领域和公众的联系丧失。"今天的文学是支离破碎的……奖学金也是碎片化的；生活也是如此。"一位杰出的英国学者在1968年这样感叹道。事实上，情况会越来越糟。查尔斯·马丁代尔（Charles Martindale）在回顾一系列约翰·弥尔顿（John Milton）的书时发现（*TLS*，1988年2月5—11日），这种学术论文"晦涩难懂，风马牛不相及，新词频出"，"令人担忧的是，对弥尔顿感兴趣的普通受过教育的人很少会想读这些书"。

宗教和家庭或性习俗一样麻烦。基督教或犹太教的正统宗教作为生活的调节器已经服务了多个世纪，但其至少从达尔文开始已经缓慢衰落了一个多世纪。诚然，古老的宗教信仰显示出惊人的韧性。东正教信仰在俄罗斯幸存下来。教皇约翰·保罗二世（Pope John Paul II）继续他充满活力的使命，周游世界，无论是在纽约、马尼拉还是里约热内卢，都受到了大批人群的欢迎。

但是，越来越多的现代城市的世界性融合，宗教冲动完全从旧的基督教或犹太教的模式中摆脱出来。从英美山达基教[①]和统一教会（许多东方舶来品之一）等一系列邪教，它们都雄辩地证明了民众对信仰的需求。各种东西方宗教的混合体蓬勃发展，但自宗教改革时代以来，还从未见过如此奇怪的精神现象。然而，这种新的"宗教意识"到头来似乎除了对现代人类受到干扰外并没有什么意义，而精神疾病、自杀、犯罪、离婚和吸毒成瘾的指数是

---

[①] 科学教（Scientology），音译名称为山达基教，自成立以来迅速在多国传播，一度在美国拥有十多万信众，是由美国科幻小说作家L. 罗恩·哈伯德（L. Ron Hubbard）在1952年创立的。——译者注

反常和焦虑的症状。如果宗教的功能是提供一个人人都可以分享的核心价值观——团结人心和稳定社会,那么这些在热热闹闹的都市世界里飘忽不定的众多狂热,就不是宗教的功能。作为现代化的一个基本组成部分,世俗化的巨大进程仍在继续,而现代社会的本质是非宗教的。

对大多数现代化的城市人来说,天堂般的救赎不再是一个重要选择。以各种世俗宗教为形式的救赎信仰在19世纪取代或补充了旧的宗教,其中最重要的是社会主义乌托邦,它相信未来的美好社会是由人类智慧塑造的,允许人们躺在绿色牧场上享受友爱和富足。但是,这种希望也消失了。与此同时,19世纪和20世纪的政治理想主义在其中投入了大部分资本的事业也是如此。

尽管有一些回归宗教的迹象,但类似的希望之光仍然缺乏,不仅是主流教会和信仰被赋予了"五旬节派"等新的绰号,还有大量来自东方的外来邪教。中东激进的伊斯兰主义政治运动,类似于俄罗斯极端正统派的帕姆亚特运动和美国的基督教政治右翼,他们也梦想一些更纯洁、不那么复杂的过去,同时愤怒地拒绝腐败的、唯物主义的现在。

除此之外,在20世纪的最后几十年里,赢得忠诚追随者的主要"原因"可能是激进的女权主义和环境保护主义。两者都带有深深的消极色彩,归根结底是基于对西方文明从一开始就赖以生存的主要价值观的强烈拒绝。他们考虑一些模糊的全面革命或世界毁灭(apocalypse),如流行文学(尤其是科幻小说)中充斥着世界毁灭的景象。世界毁灭既不是指犹太-基督教世界的末日,随之而来的是审判和救赎,也不是指社会主义伟大的最后革命胜利日,而是一些绝对最终的结局:地球、太阳系、宇宙本身的末日。(虽然也许会有其他星球的复兴,其他可能的世界。)

与大自然的联系正在消失。在19世纪,农场、村庄、乡村及其工匠即使在相当大的城市化之后仍然保持着紧密的联系。艾伦·埃弗瑞特(Alan Everitt)在谈到19世纪末时说,"在最大的城市步行一个上午,你就置身其中",这是一个传统的社会,在那里人们可能会遇到鞋匠、鞍匠、磨坊主和农民来到市场。今天,在英国,不到3%的人口靠农业谋生,可以说,这些人主要是土地上的机器工人。与此同时,大都市几乎吞噬了所有其他类型的社会环境。

## 第十三章 结论：垂死的世纪，垂死的文明？

到20世纪70年代，欧洲和苏联有50个城市，加上整个大都市地区，人口超过100万人。大约有500万居民的荷兰城市已经合并成一个连续的大都市，德国鲁尔区也是如此。事实上，荷兰实际上是由一个城市圈组成的，即一个中间有公园的朗斯塔德，因此荷兰成了一个有中央公园的大城市。在法国，尽管政府努力将规划权力下放，但近五分之一的民众生活在巴黎及其周边地区。

这些城市是科技的奇迹，有大量的建筑。约瑟夫·里克沃特（Joseph Rykwert）在1990年写道："欧洲的建设从未像过去四十五年那样多。"这始于重建饱受战争蹂躏的城市，然后是19世纪80年代蓬勃发展的经济。但是，公众对公共建筑的审美品位"普遍不满"，也许我们可能还记得瑞典对此的抱怨。苏联解体后，不可忽略的是其建筑的惨淡状态：一种类似兵营风格的城市"公寓"，不追求美观，只讲求实用，甚至跟不上需求，因此住房短缺可能成为计划经济失败的例子。

在戴高乐主义的统治下，巴黎像中央市场（Les Halles）这样的旧街区被拆除；以蓬皮杜总统命名的伟大的艺术博物馆是一种奇怪的、有争议的现代主义。1965—1975年，法国政府规划并建造了5个新城镇，并改造了巴黎以外的几个旧郊区，据称是为了创造一个合理的城市增长模式。阿达·路易丝·赫克斯伯特（Ada Louise Huxtable）这样说，"一个失败的未来世界"，而他显然同意大多数居民的看法。玻璃墙、未来派设计和巨大的荒凉塔楼留下了"一种主要的空虚效果"，这与游客仍想去感受的旧巴黎温暖的人性和自然美形成了对比，而他们会去参观这些郊区演习只是出于好奇；以勒·柯布西耶在公园里的塔为基础，他们显然是对伟大的现代主义先驱思想的嘲弄。

勒·柯布西耶、格罗皮乌斯等建筑师的现代主义和20世纪早期的经典建筑革命不可能持久。新建筑师必须创造出新的"后现代主义"风格，建筑时尚变得像服装风格一样多变。约瑟夫·里克沃特说，"后现代主义"导致了"解构主义"，这与同名的文学、哲学运动不太像，似乎每一次都只持续了一个季节。"风格上的折中主义"是一种"有预谋的混乱"，这是后现代主义建筑的一个显著特征：以你选择的任何方式掠夺过去，组成任意的组合。因此，像巴黎的新国家图书馆或伦敦的金丝雀码头这样雄伟的建筑引起了公众的争议。

新的城市环境。上图，瑞典斯德哥尔摩附近的法斯塔中心；下图，法国图卢兹郊区的图卢兹第二大学（Le Mirail）。这种人类生活、工作、娱乐的有规划的社区发展，是当代欧洲的一个创新特征。图卢兹二大的建筑师是勒·柯布西耶的弟子，城市人真的能在这里安家吗？（图卢兹瑞典信息和照片服务处）

第十三章 结论：垂死的世纪，垂死的文明？ 445

布鲁塞尔的新城市建筑。比利时的一堆新旧建筑群，其中欧洲共同体的建筑最为突出。（欧盟信息服务部）

20世纪80年代和90年代，最令人印象深刻的建筑项目可能是在英吉利海峡下修建的"英吉利海峡隧道"，它通过铁路连接巴黎、布鲁塞尔和伦敦，对于3个小时或3个半小时的旅程而言，这个使用群体比那些能够在4个小时内乘坐著名的协和式飞机从巴黎飞往纽约的人要多得多。这些都是现代世界的奇迹，就像迪士尼乐园、航天飞机和其他现代技术宗教的圣地一样。但是，英吉利海峡隧道项目损失了难以置信的巨额资金，就像将迪士尼出口到巴黎的尝试，伦敦金丝雀码头的超级开发，以及事实上的大多数主要航空公司一样。洛杉矶的银行正面临破产，意大利政府也属于此类，而各国政治家都在徒劳地努力减少日益增加的赤字。人们不禁想要知道，21世纪的社会是否能够负担得起这种雄心勃勃的娱乐活动。

在体育和大众娱乐中，失去社区团结的本能显露出来。足球场是欧洲所有城市中最大的建筑，四年一度的世界杯庆典是最大的盛事。拉丁美洲和非洲国家向欧洲国家——包括东方和西方国家——挑战霸权，甚至美国似乎也对"足球"感兴趣，但商业化给运动员带来了诡异的薪水，他们不再代表自己的城市，而是在国际拍卖中被收购——一支意大利球队可能有苏格兰、德国、非洲和巴西球员。与此同时，腐败丑闻也出现在这里，如马赛足球队（马赛足球俱乐部）不得不停赛。

这种现象，包括颓废的品位以及人口的减少，暴力的青年帮派[①]以及战争和屠杀，也标志着"罗马帝国"的末日。从那次经历中，基督教被提炼出来，击败了出现在古代多语种城市社会的众多竞争者。所以，此时出现了一个邪教、疯狂、痴迷、上瘾的奇怪混合体。在英国，兴奋的Etas和UFOs信徒声称发现了"麦田怪圈"（crop circles），在农田里做了神秘标记，还写了关于它们的畅销书。麦田守望者们加入了流行文化疯狂边缘的萨满教和撒旦教，似乎包括诚实的疯子，遥远的宗教寻求者，以及神秘市场中愤世嫉俗的企业家，或者只是实用的小丑。与此同时，邪恶的崇拜在本应平静的挪威人中兴起。

20世纪一系列社会和文化理论家指出的所有问题仍然没有确定的解决办法：现代生活的官僚化和祛魅，技术和商品市场经济中的非人化，通过高度专业化、专业化和"物化"使文化和思想支离破碎，高文化和低文化之间、不同世代之间、不同阶级之间、不同性别之间的差距，在高度城市化的世界中与自然失去联系，普遍的怀疑主义和过快的变革破坏了传统价值观，有机关系和初级社会制度的崩溃变成了失范与"孤独的人群"，心理个人主义与社会制度的冲突以及其他，全部都与大众、城市、技术文化中的个人问题有关。

---

[①] 爱德华·吉本（Edward Gibbon）写道，"没有一个地方是安全或神圣的，免受他们的掠夺"。他的对手是罗马帝国晚期的蓝绿帮（Blue and Green gangs），与体育迷联系在一起。"为了满足贪婪或报复，他们大量洒无辜的血；教堂和祭坛被残忍的谋杀所污染……君士坦丁堡的放荡青年采用了混乱的蓝色制服；法律是沉默的，社会的束缚是放松的；债权人被迫放弃他们的债务；法官推翻他们的判决；主人解放他们的奴隶；父亲供给他们孩子的奢侈；高贵的主妇们屈从于她们仆人的欲望；漂亮的男孩从父母的怀抱中被夺走；除非妻子宁愿自愿死亡，否则在她们的丈夫面前被强奸。"（出自《罗马帝国衰亡史》）

## 欧洲的成功

也许,人们可能真的同意小说的标题《死亡时代》(The Age of Death)适用于这一时期。像麦克白(Macbeth,小说中的主人公)一样,20世纪已经"充满了恐怖",没有什么可怕的事情能再让它吃惊了。

然而,20世纪比以往任何时候都有更多的人活着。就纯粹的数量而言,它超过了人类历史的其余部分。因此,我们不妨称之为"生命时代"(Age of Life)。批评家的主要抱怨之一是世界人口过剩,而它最大的问题之一是万物、知识和制成品以及人类的过剩。就欧洲而言,人的平均预期寿命从50岁左右增加到70岁以上,显然相当于人类总寿命的三分之一以上,实际上进一步增加了约2亿人口。人们不仅活得更长,而且在晚年生活得更积极,这种变化被彼得·拉斯莱特描述为人类生活中的"第三年龄"(Third Age);同时,这些人一直生活在更高的生活水平和更丰富的意识内容之中。

**14个西欧国家的平均收入分配(约1980年)及每五分之一人口所得收入的百分比(整数)**

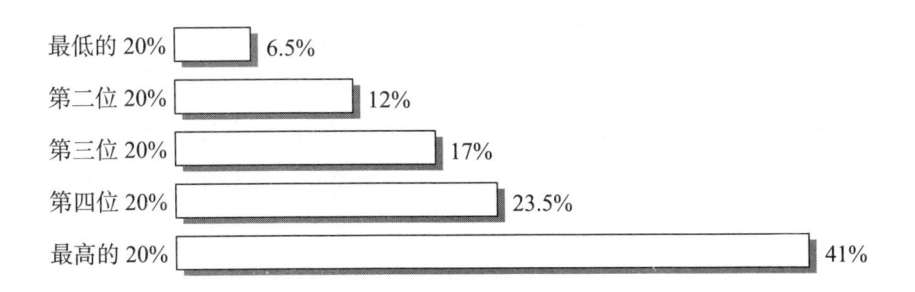

| | |
|---|---|
| 最低的 20% | 6.5% |
| 第二位 20% | 12% |
| 第三位 20% | 17% |
| 第四位 20% | 23.5% |
| 最高的 20% | 41% |

不用说,许多像电冰箱、汽车和电视这样的产品,在1914年以前是不存在的或被极少数人拥有的,现在已经变得司空见惯。资本主义经济学的批评者经常声称,这种财富分配太不平等。然而,晚期资本主义典型的经济社会,以福利国家为中介的市场秩序体系,似乎产生了与动态经济秩序相一致的平等主义,而且肯定比现代社会多。随着一个国家的现代化,贫富差距通常会缩小。如今,伦敦《经济学人》指出:"英格兰东南部是欧洲最没有阶级的地

方之一。"在瑞典这样的国家，甚至有人担心几乎完全平等会破坏激励机制，因为不再有太多的高层可以上升，也没有太多的底层可以下沉。当然，有些人仍然承受着不平等的份额，如法国的阿尔及利亚人和巴基斯坦人或英国的黑人等少数民族。但是，似乎有理由得出这样的结论——这种差距正在缩小。

蓬勃发展的女权运动指出，男女收入差距仍然很大，而在商业和许多职业的高层妇女仍然很少。计算机工程师的技术官僚精英们仍然非常男性化，这是一个不利于性别平等进步的事实。但是，英国和葡萄牙三分之一的医生是女性；在20世纪80年代和90年代，英国和挪威都有女首相，土耳其也有，瑞典可能很快也会有；丹麦议会中女性占31%。

在1900年，只有1%的人能够接受高等教育，到1985年这个数字超过了25%。事实上，在1900年，只有大约1%的工人阶级能够上中学。现在，中等教育已经普及，大学奖学金也随处可见。在20世纪80年代的任何一个学年，英国都有200多万人在学习某种高等教育课程，以全日制或非全日制的方式（全日制68.5万人，其中全日制大学生29.5万人）。20世纪60年代和70年代，中等综合学校在欧洲大部分地区取代了精英学校①，结束了让大多数人无法进入大学的旧制度。

这些统计数据表明，生活水平有了惊人的提高。如果有人反对，尤其是最近几代人反对，认为这样的富裕是以环境为代价的，答案可能是今天伦敦的空气要比1900年干净得多，卫生条件更好，人们的饮食有所改善。

20世纪对人类思想、艺术和文学、知识和实践技能的丰富贡献是不能否认的。例如，那些让我们的生活更舒适的技术进步，从补牙或做手术到写信或写书，听立体声音乐，在图书馆或计算机网络上查找东西，或乘坐飞机旅行。在这一领域，"进步"是最不可否认的，甚至那些抱怨太多小玩意儿和技术专横的人也很难否认这些设备的好处。人们听音乐或读书的质量，以及旅行的原因，可能与他们使用的手段形成不协调的对比，但是至少他们有这样的机会；然而，技术不能被合理地指责为滥用其服务。因此，20世纪为我们

---

① 作者在此使用的是selective schools一词，也译为重点学校。

提供了前所未有的文化机遇。

20世纪还以文学、艺术、音乐、哲学的形式为我们提供了文化工具。俄罗斯文学巨擘奥西普·曼德尔斯塔姆（Osip Mandelstam）的诗集评论者在1978年评论说，"最糟糕的时代造就了最好的诗人，这是一个奇迹"。事实上，整个20世纪都是这样。如果我们同意20世纪带来了一些人类最糟糕的时代，但它也产生了大量优秀的诗歌、音乐和所有其他形式的艺术和思想。如果我们选择行使这一权利，我们有权拒绝20世纪令人沮丧的一面，并在其自豪的成就的基础上再接再厉。

因此，我们可能会在我们开始的地方结束，以一个世纪的壮观景象结束。在这个世纪里，大量的男人和女人第一次不再是自然力量的被动对象，而是越来越多地试图决定他们自己的命运：部分成功，部分失败。传统社会结构和纽带的瓦解导致了一个更富裕、更自由的社会，它在许多方面通过科学和技术更多地控制着自然力量——一个能让有更多活动和选择的人活得更久的世界。与此同时，这些人在心理上不那么安全，社会在其他方面能对其经济、政治平衡和社会稳定的控制也大打折扣。西方可能已经建立了一个社会，以无法忍受的生活和劳动组织为代价，提供了相对丰富的物质产品。但是，这种分析显然是过于简单化了，任何简短的陈述都必须如此。世界坐落在许多火山的边缘，这些火山可能爆发成毁灭性的毁灭，无论是核战争、技术灾难还是政治崩溃。当然，它也预示着新的科技突破的可能性，也许会有文化复兴，而且没有什么被排除在当代可能性范围之外。法国评论家克劳德·朱利恩（Claude Julien）在1998年评论道："一个既脆弱又沸腾的世界……充满了希望和危险。"这的确是最好的时代，也是最坏的时代。

到目前为止，20世纪挑战了所有的先知，因此没有理由认为它不会继续这样做。起初，人们预测永久和平，却得到了有史以来最严重的战争。然而，几乎没有人预见到第一次世界大战、俄国革命、纳粹独裁、原子能、微型计算机。1945年，在预测未来的时候，大多数专家预计饱受战争摧残的欧洲大陆将会迎来一个灰暗的时期，结果却看到它奇迹般的复苏。惊喜的目录还在继续，无论是小事还是大事：1967—1968年的学生起义就像赫鲁晓夫的"秘密演讲"或者尼克松水门事件一样出人意料；大多数观察家认为戴高乐在1968年稳坐高位；1972年，经验丰富的国际评论员认为，再次爆发阿以战争是最不可能的。

尤金·莱昂斯（Eugene Lyons）曾经思考过，历史上的一切事情发生时看起来都是惊人的，发生后又是不可避免的。20世纪80年代早期，很少有苏联学家预见到苏联经济体系的崩溃，更多的经济学家则预测西方资本主义会发生这样的危机，但后来却逆转了这一趋势（不管怎样，他们中的一些人是这样的；经济科学在当时相当混乱）。1987年，历史学家约翰·阿德（John Ardagh）出版了一本关于德国的书——《德国和德国人》（*Germany and the Germans*），他在书中宣称德国的统一是不可想象的，民主德国会保留下来；1991年，他毫不畏惧地出了第二版，而人们希望他关于扩大后的大德国将变得稳定和民主的预测能更加准确。①

这个目录可以继续。因此，我们可能会期待更多的惊喜，只希望大多数是愉快的。

有些事情似乎变化不大。根据英国年度公报，这一年是在"政治萎靡不振，外国政治和金融前景暗淡的情况下"开始的。中东的前景令人担忧，意大利的地震非常可怕。对养老金（社会保障）的要求超出了预计，威胁到基金的偿付能力。爱尔兰变得越来越混乱，妇女们继续她们的骚动。失业率在上升。刚刚发生了一场波斯尼亚危机，人们担心俄罗斯下一步会怎么做。尽管最近举行了裁军会议，军备竞赛仍在进行。

这一年实际上是1909年，但是在20世纪的其他年份里，同样的总结能发挥合理的作用吗？我们在这里看到一些常年的麻烦点，这些麻烦点几乎在整个世纪都在酝酿和恶化。私人和公共、资本主义和社会主义经济思想之间的辩论刚刚爆发，比阿特丽斯·韦伯发表了著名的贫困法报告；20世纪末，另

---

① 另一个阴云密布的水晶球，来自彭妮·朱诺（Penny Junor）的提要——《查尔斯和戴安娜：婚姻的画像》（*Charles and Diana: Portrait of a Marriage*），"这个坦率而富有同情心的报道，基于多年的研究，展示了查尔斯和戴安娜是如何成功地出现的，有着牢固而成功的伙伴关系"。在性丑闻和新闻轰动的背景下，许多人认为英国王室婚姻的破裂是这个时代的一个重要标志。

一位女性玛格丽特·撒切尔向另一个方向提出了挑战。同样的辩论仍在进行，没有达成决议的希望。

在总结我们对20世纪的调查时，我们可能会想到，"现代化"已经进行了大约一个世纪。我们记得，19世纪80年代是第一批汽车、电灯、电极、无线电波、电影、民主（第一批大众政党、大众发行的报纸）、知识分子、社会学家、心理学家、专业组织的科学家、社会主义（英国社会主义历史学家从1884年开始叙述）以及现代其他多少指数的十年。大约在20世纪初，出现了第一架飞机、无线电、居里和爱因斯坦开创的核物理、专业体育、现代艺术、音乐和文学。所以，现代化的人类已经有一个世纪了。一些权威人士声称，它已经变成了"后现代"——这是20世纪80年代的一个时髦词汇。它成功了吗？

# 参 考 书 目

关于20世纪欧洲各个方面的书籍浩如烟海，这使得任何试图在一本小书内完整列出一个清单的企图都显得荒谬可笑，即使只是真正值得注意的那些。但是，如果学生有足够的好奇心，想要进一步阅读某个主题，那就应该得到一些指导。以下是一个高度选择性的参考书目，毫无疑问带有一些个人的主观选择，其重点主要放在近期的学术出版物上。最后列出的是一些参考指南，方便读者能够找到一个更加完整的参考书目。

## 第一章

这里列出了欧洲诸国的一些通史，以及1900—1914年的一些研究。

Alfred G. Havighursu Britain in Transition: The Twentieth Century, (1985); Keith Robbins, *The Eclipse of a Great Power: Modern Britain, 1870-1975* (1983); Jose Harris, *The Penguin Social History of Britain 1870-1914*; Paul R. Thompson, *The Edwardians: The Remaking of English Society* (1975); Standish Meacham, *A Life Apart: The English Working Class, 1870-1914* (1977); Andrew Rosen, *Rise Up Women: The Militant Campaign of the Women's Social and Political Union, 1903-1914* (1974); Samuel Hynes, *The Edwardian Turn of Mind* (1968); Wray Vamplew, *Pay Up and Play the Game: Professional Sport in Britain 1875-1914* (1989). Thomas E. Hachev and Lawrence J. McCaffrey, eds., *Perspectives on Irish Nationalism* (1989); John Grigg, *David Lloyd George* (1985).

Wolfgang J. Mommsen, *Imperial Germany, 1867-1918* ( 1995 ) ; Hans Ulrich Wehler, *The German Empire 1871-1918*, trans. Kim Traynor ( 1985 ) ; V. R. Bergbahn, *Modern Germany: Society, Economy and Politics in the Twentieth Century* ( 1982 ) ; Dietrich Orlow, *A History of Modern Germany: 1871 to the Present* ( 1986 ) ; Vernon Lidtke, *The Alternative Culture: Socialist Labor in Imperial Germany* ( 1985 ) ; W. J. Mommsen and H. G. Husung, eds., *The Development of Trade Unionism in Great Britain and Germany, 1880-1914* ( 1985 ) .

Eugen Weber, *France, Fin de Siecle* ( 1988 ) ; Theodore Zeldin, *France, 1848-1945*, 2 vols. ( 1973, 1977 ) ; Janies McMillan, *Dreyfus to DeGaulle: Politics and Society in France 1898-1968* ( 1985 ) ; Barnett Singer. *Modern France: Mind, Politics, Society* ( 1980 ) .

Denis Mack Smith, *Italy: A Modern History* ( 1969 ) and *Italy and Its Monarchy* ( 1990 ) ; A. W Salomone, *Italian Democracy in the Making, 1900-1914* ( 1960 ); Ernest H. Kossman, *The Low Countries, 1780-1940* ( 1978 ); R. A. H. Robinson, *Contemporary Portugal: A History* ( 1979 ) ; Gerald Brenan, *The Spanish Labyrinth* ( 1943 ) .

N. V. Riasanovsky, *A History of Russia* ( 5th ed., 1993 ) ; Tibor Szamuclv, *The Russian Tradition* ( 1974 ) ; Hans Rogger, *Russia in the Age of Modernization and Revolution, 1881-1917* ( 1983 ) ; Marc Raeff, *Understanding Imperial Russia* ( 1984 ) ; Anna Geifman, *Thou Shalt Kill: Revolutionary Terrorism in Russia 1894-1917* ( 1993 ) ; John D. Klier and Shlomo Lambroza, *Pogroms: Anti-Jewish Violence in Modern Russian History* ( 1992 ) ; Philip Pomper, *The Russian Revolutionary Intelligentsia* ( 1970 ) ; Walter Sablinsky, *The Road to Bloody Sunday* ( 1977 ) ; An-drew M. Verner, *The Crisis of the Russian Autocracy: Nicholas II and the 1905 Revolution* ( 1990 ) ; Abraham

Ascher, *The Revolution of 1905: Russia in Disarray* ( 1988 ); Ann E. Healy, *The Russian Autocracy in Crisis, 1905-1907* ( 1976 ) .

F. R. Bridge, *The Habsburg Monarchy among the Great Powers 1815-1918* ( 1991 ); M. K. Dziewanowski, *Poland in the Twentieth Century* ( 1977 ); Keith Hitchins, *Rumania 1866-1947* ( 1994 ); Richard J. Crampton, *A Short History of Modern Bulgaria* ( 1987 ) and *Eastern Europe in the Twentieth Century* ( 1994 ) .

Thomas Pakenham, *The Scramble for Africa* ( 1991 ); John M. Mackenzie, *The Partition of Africa 1890-1900* ( 1983 ); Anthony Brewer, *British Imperialism in the Nineteenth Century* ( 1984 ); David Gillard, *The Struggle for Asia 1828-1914* ( 1977 ); Heinz Gollwitzer, *Europe in the Age of Imperialism* ( 1969 ); John Gross, ed., *The Age of Kipling* ( 1972 ) .

Joseph Bradley, *Muzhik and Muscovite: Urbanization in Late Imperial Russia* ( 1985 ); Michael F. Hamm, *Kiev, A Portrait 1800-1917* ( 1993 ); John Lukacs, *Budapest 1900* ( 1989 ); CarL E. Schorske, *Fin de Siecle Vienna* ( 1980 ); Anthony Sutcliffe, *Paris: An Architectural History* ( 1993 ); John Richardson, *London and Its People: A Social History* ( 1995 ) : Warren Wagar, *Good Tidings: The Belief in Progress from Darwin to Marcuse* ( 1972 ); Karl Bracher, *The Age of Ideologies: A History of Political Thought in the Twentieth Century* ( 1984 ); Roland N. Stromberg, *European Intellectual History Since 1789*, 6th ed. ( 1994 ); H. Stuart Hughes, *Consciousness and Society: European Social Thought, 1890-1930* ( 1958 ); Richard J. Evans, *The Feminists: Women's Emancipation Movements 1844-1920* ( 1977 ); Stephen Brush, *The History of Modern Science: A Guide to the Second Scientific Revolution 1800-1950* ( 1988 ); Albert S. Lindemann, *A History of European Socialism* ( 1983 ); Malcolm Bradbury and James McFarlane, eds., *Modernism, 1890-1913* ( 1976 ); Christopher Butler, *Early Modernism: Literature, Music and Painting in Europe 1900-1916* ( 1994 );

Mikulas Teich and Roy Porter, eds., *Fin de Siecle and Its Legacy* ( 1990 ); Mogali S. Larson, *The Rise of Professionalism* ( 1977 ); Harold Perkin, *The Rise of Professional Society: England Since 1880* ( 1989 ).

# 第二章

### 第一次世界大战的背景

R. J. W. Evans and Hartmut Pogge von Strandmann, eds., *The Coming of the First World War* ( 1990 ); H. W. Koch, ed., *The Origins of the First World War* ( 1972 ); Christopher Andrew, *Théophile Delcassé and the Making of the Entente Cordiale* ( 1968 ); William L. Langer, *The Diplomacy of Imperialism* ( 1951 ); Zara S. Steiner, *Britain and the Origins of the First World War* ( 1977 ); F. H. Hinsley, ed., *British Foreign Policy under Sir Edward Grey* ( 1977 ); Samuel Williamson, *The Politics of Grand Strategy : Britain and France Prepare for War, 1904-1914* ( 1969 ); Paul Kennedy, ed., *The War Plans of the Great Powers 1880-1914* ( 1985 ); V. L. Bergbahn, *Germany and the Approach of War in 1914* ( 1973 ); Holger H. Herwig, *Luxury Fleet: The Imperial German Navy, 1888-1918*; Peter Padfield, *The Great Naval Race: The Anglo-German Naval Rivalry, 1900-1914* ( 1974 ); Fritz Fischer, *War of Illusions: German Policies from 1911 to 1914* ( 1975 ); Gerhart Ritter, *The Schlieffen Plan* ( 1958 ); Vladimir Dedijer, *The Road to Sarajevo* ( 1966 ); Wayne Vucinich, *Serbia Between East and West, 1903-1980* ( 1954 ); D. C. B. Lieven, *Russia and the Origins of the First World War* ( 1983 ).

Keith Eubank, *Paul Gambon, Master Diplomatist* ( 1960 ); Norman Rich, *Holstein* ( 1965 ); Judith Hughes, *Emotion and High Politics: Personal Relations at the Summit in Late Nineteenth Century Britain and Germany* ( 1983 ).

Roland N. Stromberg, *Redemption by War: The Intellectuals and 1914* ( 1982 ); Georges Haupt, *Socialism and the Great War: The Collapse of the*

*Second International*（1972）；Anthony A. J. Morris, *Radicalism against War, 1906-1914*（1974）.

## 第三章

### 第一次世界大战

Martin Gilbert, *Atlas of World War 7*（1994）；Keith Robbins, *The First World War*（1985）；Denis Winter, *Death's Men: Soldiers of the Great War*（1978）；Guy Chapman, ed., *Vain Glory*（1968）；John Buchan, *A History of the First World War*（republished 1993）；Trevor Wilson, *The Myriad Faces of War: Britain and the Great War 1914-1918*（1987）；Paul Guinn, *British Strategy and Tactics 1914-1918*（1965）；Corelli Barnett, *The Swordbearers*（1964）；Richard Hough, *The Great War at Sea 1914-1918*（1986）；N. Sombart and J. C. G. Rohl, eds., *New Interpretations of World 7*（1982）.

Brian Gardner, *The Big Push*（1963）；Alistair Horne, *The Price of Glory: Verdun 1916*（1963）；Robert Rhodes James, *Gallipoli*（1965）；Philip Warner, *Passchendaele: The Tragic Victory of 1917*（1987）；John Terraine, *To Win a War: 1918, the Year of Victory*（1978）；Donald Richter, *Chemical Soldiers: British Gas Warfare in World War 7*（1993）；Paddy Griffith, *Battle Tactics on the Western Front: The British Army's Plan of Attack 1916-1918*（199–4）.

R. J. Q. Adams, *Arms and the Wizard: Lloyd George and the Ministry of Munitions, 1915-1916*（1978）；Martin Kitchen, *The Silent Dictatorship: Politics of the German High Command under Hindenburg and Ludendorff 1916-1918*（1976）；Jere C. King, *Foch Versus Clemenceau*（1960）；Fritz Fischer, *Germany's Aims in the First World*（1967）；Z. A. B. Zeman, *Diplomatic History of the First World Bfcr*（1971）；David F. Trask, *The AEF and Coalition Warmaking, 1917-1918*（1993）；Leonard Stein, *The Balfour Declaration*（1961）；Victor H. Rothwell, *British War Aims and Peace Diplomacy, 1914-1918*（1971）,

Kenneth J. Calder, *Britain and the Origins of the New Europe 1914-1918* ( 1976 ); Daniel Horn, *The German Naval Mutinies of World War I* ( 1969 ); Richard M. Watt, *Dare Call It Treason* ( 1963 ); F. L. Carsten, *War Against War: British and German Radical Movements in the First World War* ( 1982 ); C. Paul Vincent, *The Politics of Hunger: The Allied Blockade of Germany, 1915-1919* ( 1985 ). Gerd Hardach, *The First World War, 1914-1918* ( 1977 ) is part of a series on the history of the world economy in the twentieth century.

J. M. Winter, *The Great War and the British People* ( 1987 ); Arthur Marwick, *The Deluge: British Society and the First World War* ( 1965 ), and *Women at War 1914-1918* ( 1977 ); John N. Horne, *Labour at War: France and Britain 1914-1918* ( 1991 ); Jurgen Kocha, *Facing Total War: German Society 1914-18* ( 1984 ); I. F. W. Beckett and Keith Simpson, eds., *A Nation in Arms: A Social Study of the British Army in the First World War* ( 1987 ); Richard Wall and Jay Winter, ed., *The Upheaval of War: Family, Work and Welfare in Europe 1914-18* ( 1989 ).

Paul Fussell, *The Great War and Modern Memory* ( 1985 ); Bernard Bergonzi, *Heroes Twilight: A Study of the Literature of the Great* ( 1965 ); Brian Gardner, ed., *Up the Line to Death* ( 1964 ).

## 第四章

### 巴黎和会

Harold Nicolson, *Peacemaking 1919* ( 1933 ); Stephen Bonsai, *Suitors and Suppliants: The Little Nations at Versailles* ( 1946 ); Arno W. Mayer, *The Politics and Diplomacy of Peacemaking* ( 1967 ); Charles L. Mee, *The End of Order: Versailles 1979* ( 1980 ); John M. Thompson, *Russia, Bolshevism, and the Versailles Peace* ( 1966 ); Bela K. Kiraly, Peter Pastor, and Ivan Sanders, eds., *Total War and Peacemaking: A Case Study on Trianon* ( 1982 ); Sally Marks, *The Illusion of Peace: International Relations in Europe, 1918-1923* ( 1976 ); John

Maynard Keynes, *The Economic Consequences of the Peace* ( 1919 ) .

Roland N. Stromberg, *Collective Security and American Foreign Policy* ( 1963 ) ; George W. Egerton, *Great Britain and the Creation of the League of Nations* ( 1978 ) ; Robert H. Ferrell, *Peace in Their Time: The Origins of the Kellogg-Briand Pact* ( 1957 ) .

## 20世纪20年代的欧洲

Charles S. Meier, *Recasting Bourgeois Europe: Stabilization in France, Germany and Italy in the Decade after World War I* ( 1975 ) ; Derek H. Aldcroft, *From Versailles to Wall Street: The International Economy in the 1920's* ( 1977 ) ; F. L. Carsten, *Revolution in Central Europe, 1918-1919* ( 1972 ) and *The Reichswehr and Politics, 1918-1933* ( 1966 ) ; Ivan Volgyes, *Hungary in Revolution, 1918-1919* ( 1971 ) ; Rudolf L. Tokes, *Bela Kun and the Hungarian Soviet Republic* ( 1967 ) ; David M. Morgan, *The Socialist Left and the German Revolution, 1917-1922* ( 1975 ) ; R. G. L. Waite. *Vanguard of Nazism: The Free Corps Movement, 1918-1923* ( 1951 ) ; Werner T. Angress, *The Stillborn Revolution: The Communist Bid for Power in Germany, 1918-1923* ( 1963 ) ; Albert S. Lindemann, *The Red Years: European Socialism versus Bolshevism, 1918-1920* ( 1974 ) .

Andreas Dorpalen, *Hindenburg and the Weimar Republic* ( 1964 ), Gerald D. Feldman, *The Great Disorder: Politics, Economics, and Society in the German Inflation, 1914-1924* ( 1993 ) ; Henry Ashby Turner, Jr., *Stresemann and the Politics of the Weimar Republic* ( 1963 ) ; Walter A. McDougall, *France's Rhineland Diplomacy: 1914-1924* ( 1978 ) ; Stephen A. Schuker, *The End of French Predominance in Europe: The Financial Crisis of 1924 and the Adoption of the Dawes Plan* ( 1977 ) .

Trevor Wilson, *Downfall of the Liberal Party, 1914-1935* ( 1966 ) ; Brian

Harrison, *Prudent Revolutionaries: Portraits of British Feminists between the Wars*（1987）; Sheila Iawlor, *Rritain and Ireland, 1914-1923*（1983）; Sean Glynn, *Interwar Britain: Social and Economic History*（1976）.

Jan Karski, *The Great Powers and Poland, 1919-1945*（1985）; Richard M. Watt, *Bitter Glory: Poland and Its Fate, 1918-1939*（1979）; Norman Davies, *White Eagle, Red Star: The Polish-Soviet War, 1918-1920*（1972）; Neal Pease, *Poland, the United States, and the Stabilization of Europe, 1919-1933*（1986）; Jon Jacobsen, *Locarno Diplomacy: Germany and the West, 1925-1929*（1972）.

Alexander De Grand, *Italian Fascism: Its Origins and Development*（1982）; Adrian Lyttelton, *The Seizure of Power: Fascism in Italy, 1919-1929*（1973）; Alan Cassels, *Fascist Italy*（1984）; Denis Mack Smith, *Mussolini*（1981）and *Mussolini's Roman Empire*（1976）; Tracy H. Koon, *Believe, Obey, Fight: Political Socialization of Youth in Fascist Italy, 1922-1943*（1987）.

## 第五章

Walter Laqueur, *Weimar: A Cultural History*（1974）; Keith Bullivant, ed., *Culture and Society in the Weimar Republic*（1978）; Anthony Phelan, ed., *The Weimar Dilemma: Intellectuals in the Weimar Republic*（1985）; Alan Bance, ed., *Weimar Germany; Writers and Politics*（1982）.

Uwe Westphal, *The Bauhaus*（1991）; Reginald Isaacs, *Gropius*（1991）; Peter Blake, *The Master Builders*（1976）; H. Allen Brooks, ed. *Le Corbusier*（1987）; Peter Gay, *Freud: A Life for Our Time*（1988）; Robert S. Steele, *Freud and Jung*（1982）; Harry Trossman, *Freud and the Imaginative World*（1985）; Steven Marcus, *Freud and the Culture of Psychoanalysis*（1984）.

Leon Edel, *Bloomsbury: A House of Lions*（1979）; C. K. Stead, *Pound, Yeats, Eliot and the Modernist Movement*（1986）; Stanley Sultan, *Eliot,*

Joyce and Company (1987); Richard Ellmann, *James Joyce* (rev. ed., 1982); Graham Hough, *Image and Experience: Studies in a Literary Revolution* (1960); Quentin Bell, *Virginia Woolf* (1972); Anthony Burgess, *Flame into Being: The Life and Work of D. H. Lawrence* (1985); Gamini Salgado and G. K. Das, eds., *The Spirit of D. H. Lawrence* (1988); Ritchie Robertson, *Kafka: Judaism, Politics, and Literature* (1985); Robert A. Maguire, *Red Virgin Soil: Soviet Literature in the 1920s* (1968).

Valerie Steele, *Fashion and Eroticism: Ideals of Feminine Beauty from the Victorian Era to the Jazz Age* (1985); John Stevenson, *British Society, 1914-1945* (1982); John Stevenson and Chris Cook, *Social Conditions in Europe Between the Wars* (1977).

Arthur Miller, *Einstein's Special Theory of Relativity: Emergence and Early Interpretation* (1981); also his *Frontiers of Physics 1900-1911* (1986); Cornelius Lanczos, *The Einstein Decade* (1974); George Gamow, *Thirty Years That Shook Physics* (1966).

## 第六章

### 经济大萧条

Charles P. Kindleberger, *The World in Depression, 1925-1939* (1973); Philippe Bernard, *The Decline of the Third Republic 1914-1938* (1985); Eugen Weber, *The Hollow Years: France in the 1930s* (1987); Julian Jackson, *The Politics of Depression in France, 1932-1936* (1985); David Marquand, *Ramsay McDonald* (1977); Joel Colton, *Leon Blum* (1966).

Ronald Tiersky, *French Communism, 1920-1972* (1974); Ben Pimlott, *Labour and the Left in the 1930s* (1978); Nathaniel Greene, *Crisis and Decline: The French Socialist Party in the Popular Front Era* (1969); Peter Clarke, *The*

*Keynesian Revolution in the Making, 1924-1936*（1989）; G. L. S. Shackle, *The Years of High Theory: Innovation and 'tradition in Economic Thought. 1926-1939*（1967）; Robert Skidelsky, *John Maynard Keynes: The Economist as Savior, 1920-1937*（1983）; Stanley Weintraub, Last Great Cause：*The Intellectuals and the Spanish Civil War*（1968）; David Caute, *The Fellow Travellers*（1988）; Valentine Cunningham, *British Writers of the Thirties*（1988）; Norman Ingram, *The Politics of Dissent: Pacifism in France 1919-1939*（1991）.

纳粹德国和阿道夫·希特勒（参见第二次世界大战和大屠杀）

Joachim Fest, *Hitle*（1975）; Werner Maser, *Hitler, Legend, Myth, and Reality*（1973）; Rudolf Binion, *Hitler among the Germans*（1976）; R. G. L. Waite, *The Psychopathic God*（1977）; Harold J. Gordon, *Hitler and the Beer Hall Putsch*（1972）; A. J. Nicholls, *Weimar and the Rise of Hitler*（1979）; Henry Ashby Turner, Jr., *German Big Business and the Rise of Hitler*（1985）; Harold James, *The German Slump: Politics and Economics, 1924-1936*（1987）; Woodruff D. Smith, *The Ideological Origins of Nazi Imperialism*（1986）; Thomas Childers, *The Nazi Voter: The Social Foundations of Nazism in Germany, 1919-1933*（1983）; Peter H. Merkl, *Political Violence Under the Swastika: 581 Early Nazis*（1975）; Peter Pulzer, *The Rise of Political Anti- Semitism in Germany and Austria*（rev. ed., 1988）; Eberhard Jacket, *Hitler's Weltanschauung*（1972）and *Hitler in History*（1984）.

Karl D. Bracher, *The German Dictatorship*（1970）; Klaus Hildebrand, *The Third Reich*（1984）; Sarah Gordon, *Hitler, Germans, and the Jewish Question*（1984）; Ian Kershaw, *The Hitler Myth: Image and Reality in the Third Reich*（1987）; Michael Burleigh and Wolfgang Wipperman, *The Racial State: Germany 1933-1945*（1992）; J. E. Farquharson, *The Plough and the Swastika*（1977）; Max Kele, *The Nazis and the Workers*（1972）; John Gillingham, *Industry and Politics in the Third Reich*（1985）; Alan D. Beyerchen, *Scientists under Hitler*

(1977); Kristie Mackrakis, *Surviving the Swastika: Scientific Research in Nazi Germany* (1993); Harold C. Deutsch, *Hiller and His Generals* (1974); Oron J. Hale, *The Captive Press in the Third Reich* (1964); Jill Stephenson, *Women in Nazi Society* (1975).

Peter Hoffmann, *The History of German Resistance, 1933-1945* (1977); F. L. Carsten, *The German Resistance to Hitler* (1970); Patricia Meehan, *The Unnecessary War: Whitehall and the German Resistance to Hitler* (1992); Victoria Barnett, *For the Soul of the People: Protestant Protest against Hitler* (1992); Klemens von Klemperer, *German Resistance against Hitler: The Search for Allies Abroad* (1992); Ian Kershaw, *Popular Opinion and Political Dissent in the Third Reich* (1985); D. J. K. Peukert, *Inside Nazi Germany* (1987).

Stephen J. Lee, *The European Dictatorships, 1918-1945* (1987), Stein Ugelvik Larsen, Bernt Hagvet, Peter Myklebust, eds., *Who Were the Fascists?* (1982); Renzo de Felice, *Interpretations of Fascism* (1977); Hannah Arendt, *Origins of Totalitaranism* (1966); Walter Laqueur and George L. Mosse, ed., *International Fascism, 1920-1945* (1966); Stanley G. Payne, *Fascism: A Comparative Approach Toward a Definition* (1983) and *A History of Fascism 1914-1945* (1995); Robert Soucv, *French Fascism: The First Wave, 1924-1933* (1986) and *The Second Wave, 1935-39* (1995); Zeev Sternhall, *Neither Right nor Left: Fascist Ideology in France* (1986); Robert Skidelsky, *Oswald Mosley* (1975).

# 第七章

### 第二次世界大战的起源

Raymond J. Sontag, *A Broken World, 1919-1939* (1971); Hans W. Gatzke, ed., *European Diplomacy Between Two Wars, 1919-1939* (1972); William R. Louis, ed., *The Origins of the Second World War: AJ. P. Taylor and His Critics* (1972); Gordon Martel, *"The Origins of the Second World*

War" Reconsidered: The AJ. P. Taylor Debate After Twenty-five Years ( 1986 ); Gerhard L. Weinberg, *The Foreign Policy of Hitler's Germany, 1933-1939* ( 1980 ); Anthony Adamthwaite, *France and the Coming of the Second World War, 1936-1939* ( 1977 ); Robert J. Young, *In Command of France: French Foreign Policy and Military Planning, 1933-1940* ( 1978 ); Maurice Cowling, *The Impact of Hitler: British Politics and British Foreign Policy, 1933-1940* ( 1975 ); F. W. Deakin, *The Brutal Friendship: Hitler and Mussolini* ( 1962 ); J. T. Emmerson, *The Rhineland Crisis* ( 1977 ); Keith Robbins, *Munich 1938* ( 1968 ); I. W. Bruegel, *Chechoslovakia before Munich* ( 1973 ); Anthony Read and David Fisher, *The Deadly Embrace: Hitler, Stalin, and the Nazi-Soviet Pact, 1939-1941* ( 1988 ); Donald C. Watt, *Too Serious a Business: European Armies and the Approach of the Second World War* ( 1975 ); Arnold A. Oflher, *The Origins of the Second World War: American Foreign Policy and World Politics 1917-1941* ( 1975 ); Robert A. Divine, *The Reluctant Belligerents: American Entry into World War* ( 1979 ); Norman Rose, *Churchill, The Unruly Giant* ( 1995 ); Wesley Wark, *The Ultimate Enemy: British Intelligence and Nazi Germany 1933-1939* ( 1986 ).

### 西班牙

Shlomo Ben Ami, *Fascism from Above: The Dictatorship of primo de Rivera in Spain, 1923-1930* ( 1983 ); Stanley Payne, *The Spanish Revolution* ( 1970 ); Hugh Thomas, *The Spanish Civil War* ( 1977 ); D. A. Ptzzo, *Spain and the Great Powers* ( 1972 ).

## 第八章

### 第二次世界大战

Gerhard L. Weinberg, *A World at Arms: A Global History of World War II* ( 1994 ); I. C. B. Dear and M. R. D. Foot, eds., *The Oxford Companion to*

*World War II* (1995), Martin Gilbert, *The Second World War* (1990); M. K. Dziewanowski, *War at Any Price: World War II in Europe 1939-1945* (1987); H. P. Willmott, *The Great Crusade: A New Complete History of World War II* (1989); A J. P. Taylor, *The War Lords* (1977); The British *Official History of the Second World War* was completed in eight volumes in 1988, two more than Winston Churchill himself required in *The Second World War* (1948–1954); Klaus A. Maier, Horst Rhode, Bernd Stegemann, Hans Imbriet, trans. Dean S. McMurry and Ewald Osers, *Germany's Initial Conquests in Europe* (1991), is vol. 2 of a multi volume, multiauthored German series on Germany and the Second World War.

Antony Beevor, *Crete: The Rattle and the Resistance* (1991); Nicholas Bethell, *The War Hitler Won: The Rattle for Poland, 1939* (1972); Alistair Horne, *To Lose a Battle: France, 1940* (1969); Len Deighton, *Fighter: The True Story of the Battle of Britain* (1977); John Erickson, *The Road to Stalingrad: Stalin's War with Germany* (1975); Carlo D'Este, *Bitter Victory: The Battle for Sicily 1943* (1988); Dominick Graham and Shelford Bidwell, *Tug of War: The Battle for Italy 1943-1945* (1986); Max Hastings, *Overlord: D-Day and the Battle for Normandy* (1984); Stephen E. Ambrose, *D-Day, June 6, 1944*; Theodore A. Wilson, ed., *D-Day 1944* (1995); Ronald J. Drez, ed.. *Voices of D-Day* (1994); Ronald Shaffer, *Wings of Judgment: American Bombing in World War II* (1985); Peter Padfield, *War beneath the Sea: Submarine Conflict 1959-1945* (1995); Alan P. Dobson, *U. S. Wartime Aid to Britain, 1940-1945* (1986).

**政治和战略决定**

Norman Rich, *Hitler's War Aims* (1973); Robert M. Hathaway, *Ambiguous Partnership: Britain and America, 1947-1947* (1981); Keith Eubank, *Summit at Teheran* (1985); Walter S. Roberts, *Tito, Mihailovich and the Allies, 1941-1945*（1973）; Edward J. Rozek, *Allied Wartime Diplomacy: A Pattern in Poland*（1957）; Russell D. Buhite, *Decisions at Yalta: An Appraisal of Summit Diplomacy*（1986）; Remi Nadeau, *Stalin, Churchill, and Roosevelt Divide Europe*（1990）; Gaddis Smith, *American Diplomacy during the Second World War*（1985）; John Charmley, *Churchills Grand Alliance*（1995）; Sheila Lawlor, *Churchill and the Politics of War, 1940-1941*（1994）.

## 情报战

F. H. Hinsley et al., *British Intelligence in the Second World War: Its Influence on Strategy and Operations*（4 vols., 1979–1980）is the official British history; Peter Calvocorcssi, *Top Secret Ultra*（1981）; Richard Langhorne, ed., *Diplomacy and Intelligence during the Second World War*（1985）; Ralph Bennett, *Behind the Battle: Intelligence in the War against Germany 1939-1945*（1994）; Anthony Cave Brown, *"C" : The Secret Life of Sir Stewart Menzies, Spymaster to Winston Churchill*（1987）, and *Bodyguard of Lies*（1975）; Charles Cruickshank, *Deception in World War II*（1980）; John C. Masterman, *The Double Cross System in the War of 1939-1945*（1972）; William Stevenson, *A Man Called Intrepid*（1976）; Arnold Kramish, *The Griffin: The Greatest Untold Espionage Story of World War II*（1986）.

Margaret Going, *Britain and Atomic Energy, 1939-1945*（1965）; Richard Rhodes, *The Making of the Atom Bomb*（1986）; Martin J. Sherwin, *A World Destroyed: The Atomic Bomb and the Grand Alliance*（1975）; Mark Walker, *German National Socialism and the Quest for Nuclear Power, 1939-1949*（1990）; David Holloway, *Stalin and the Bomb*（1994）.

Henri Michel, *The Shadow War: European Resistance, 1939-1945*（1972）; John F. Sweets, *Choices in Vichy France*（1986）; Robert O. Paxton, *Vichy France, 1940-1944*（1972）; HerbertR. Lottman, *The People's Anger. Justice* and Revenge in Post-Liberation France ( 1987 ) ; Charles F. Delzell, *Mussolini's Enemies: The Italian Anti-Fascist Resistance* ( 1961 ) ; Ian R. Cross, *Polish Society Under German Occupation, 1939-1944* ( 1979 ) ; Matthew Cooper, *The Phantom War: The German Struggle Against Soviet Partisans, 1941-1945* ( 1979 ) ; Milovan Djilas, *Wartime*, trans. Michael Petrovich ( 1977 ), and *Tito: The Story from Inside* ( 1980 ) ; Wilfrid Strik Strikfeldt, *Against. Stalin and Hitler: Memoirs of the Russian Liberation Movement, 1941-1945* ( 1970 ) ; Nikolai Tolstoy, *Victims of Yalta* ( 1978 ) ; Robert Conquest, *The Nation Killers: Soviet Deportation of Nationalities* ( 1970 ) ; Wolodymyr Kosyk, *The Third Reich and Ukraine* ( 1993 ) .

Alan S. Milward, *War, Economy, and Society, 1939-1945* ( 1977 ) ; Leila J. Rupp, *Mobilizing Women for War, 1939-1945* ( 1977 ) ; Martin Kitchen, *Nazi Germany at War* ( 1994 ) ; Ilya Ehrenburg, *The War: 1941-1945* ( 1964 ) ; Albert Speer, *Inside the Third Reich: Memoirs* ( 1970 ) ; Marlis G. Steinert, trans. T. F. J. de Witt, *Hitler's War and the Germans: Public Mood and Attitudes During the Second World War* ( 1977 ) ; Earl R. Beck, *Under the Bombs: The German Home Front, 1942-1945* ( 1986 ) ; Harold L. Smith, ed., *War and Social Change: British Society in the Second World War* ( 1987 ) ; Stephen Brooke, *Labour's War: the Labour Party and the Second World War* ( 1992 ) ; Paul Addison, *The Road to 1945: British Politics and the Second World War* ( 1975 ) ; Andrew Shennan, *Rethinking France: Plans for Renewal 1940-1946* ( 1990 ) ; Jean Pierre Azcma, *From Munich to the Liberation, France 1938-1944* ( 1984 ) .

Holger Klein, John Flower, and Eric Hornberger, *The Second World War in Fiction* ( 1984 ) ; Frederick J. Harris, *Encounters with Darkness: French and German Writers on World War II* ( 1984 ) .

Hugh Trevor–Roper's classic account *The Last Days of Hitler is still in print* (latest edition, 1987).

## 纳粹大屠杀

Eugene Kogon, et al., eds. *Nazi Mass Murder: A Documentary History* (1994); Philippe Burin, *Hitler and the Jews: The Genesis of the Holocaust* (1994); Christopher R. Browning, *The Path to Genocide: Essays on Launching the Final Solution* (1992); Gerald Fleming, *Hitler and the Final Solution* (1984); Raul Hilberg, *The Destruction of the European Jews* (1985); Michael Burleigh, *Death and Deliverance: Euthanasia in Germany 1900-1945* (1994); Richard Breitman, *Architect of Genocide: Himmler and the Final Solution* (1992); Ysrael Gutman and Michael Berenbaum, ed., *Anatomy of the Auschwitz Death Camp* (1994); Lucy Dawidowicz, *The Holocaust and the Historians* (1981); Yehuda Bauer, *A History of the Holocaust* (1982), and, with Nathan Rotenstreich, eds.,*The Holocaust as Historical Experience* (1980); Gerhard Hirschfield, ed., *The Policies of Genocide* (1986); Michael R. Marrus, *The Holocaust in History* (1987).

Robert O. Paxton, *Vichy France and the Jews* (1983); Susan Zuccotti, *The Italians and the Holocaust* (1987) and *The Holocaust, the French, and the Jews* (1993); L. Dobroscycki and J. S. Gurock, eds., *The Holocaust in the Soviet Union* (1993); Martin Gilbert, *Auschwitz and the Allies* (1981); Michael J. Cohen, *Churchill and the Jews* (1985); Walter Laqueur, *The Terrible Secret* (1981); David S. Wyman, *The Abandonment of the Jews: America and the Holocaust, 1942-1945* (1984); Deborah E. Lipstadt, *Beyond Belief: The American Press and the Holocaust* (1993), also *Denying the Holocaust: The Growing Assault on Truth and Memory* (1993).

Richard C. Lukas, *The Forgotten Holocaust: The Poles Under German Occupation* (1986); Shmuel Krakowski, *The War of the Doomed: Jewish*

*Armed Resistance in Poland, 1942-1944*（1984）; Vera Laska, ed., *Women in the Resistance and in the Holocaust*（1983）; Lawrence L. Langer, *Versions of Survival: The Holocaust and the Human Spirit*（1982）.

## 第九章

### 1945年以后的欧洲政治

Alan S. Milward, *The Reconstruction of Western Europe, 1945-1951*（1984）; Alfred E. Ecks, Jr., *A Search for Solvency: Bretton Woods and the International Monetary System, 1941-1971*（1975）; John Williamson, *The Failure of World Monetary Reform, 1971-1974*（1977）; Herman Van der Wee, *The World Economy, 1945-1980*（1986）; Sima Liebetman, *The Growth of European Mixed Economies, 1945-1970*（1977）; Daniel Bell, *The Coming of Post-Industrial Society*（1973）.

Arthur Marwick, *British Society Since 1945*（1984）; G. C. Fiegehen, P. S. Lansley, and A. D. Smith, *Poverty and Progress in Britain, 1953-1973*（1978）; C. J. Bartlett, *A History of Postwar Britain, 1945-1974*（1977）; Kenneth Morgan, *Labour in Power 1945-1951*（1984）; Henry Pelling, *The Labour Governments 1945-1951*（1984）; John Campbell, *Aneurin Bevan and the Mirage of British Socialism*（1987）; Vernon Bogdanor and Robert Skidelsky, eds., *The Age of Affluence, 1951-1964*（1970）; Robert Rhodes James, *Ambitions and Realities: British Politics, 1964-1970*（1972）; Anthony Seldon and Stuart Bell, eds., *Conservative Century: The Conservative Party since 1900*（1994）; Bernard Elbaum and William Lazonick, eds., *The Decline of the British Economy*（1986）; Martin Wiener, *English Culture and the Decline of the Industrial Spirit, 1850-1980*（1981）.

Martin McCauley, *The German Democratic Republic Since 1945*（1983）; A. J. Nicholls, *Freedom with Responsibility: The Social Market Economy in Germany, 1918-1963*（1994）; PeterPulzer, *German Politics 1945-1995*（1995）;

Gordon R. Smith, *Democracy in West Germany: Parlies and Politics in the Federal Republic* ( 1979 ) ; Edwina Moreton, *Germany between East and West* ( 1987 ) .

Bernard Ledwige, *De Gaulle* ( 1982 ) ; Merry and Serge Bromberger, *Jean Monnet and the United States of Europe* ( 1969 ) ; Jean-Pierre Rioux, *The Fourth Republic, 1944-1958* ( 1987 ) ; John Ardagh, *The New France* ( 1973 ) ; John C. Cairns, ed., *Contemporary France: Illusion, Conflict, and Regeneration* ( 1978 ) ; David Hanley, A. P. Kerr, and Neville Waites, *Contemporary France: Politics and Society Since 1945* ( 1984 ) ; Michalina Vaughan, Martin Kalinsky, and Pcta Sheriff, *Social Change in France* ( 1980 ) ; Irwin Wall, *French Communism in the Era of Stalin, 1946-1962* ( 1983 ) .

Sidney Tarrow, *Democracy and Disorder: Protest and Politics in Italy, 1965-1975* ( 1989 ) ; Fredric Spotts and Theodor Wieser, *Italy: A Difficult Democracy* ( 1986 ) ; David I. Kertzer, *Comrades and Christians: Religion and Political Struggle in Communist Italy* ( 1980 ) ; Stephen Hellman, *Italian Communism in Transition: The Rise and Fall of the Historic Compromise in Turin, 1975-1980* ( 1988 ) Joan Barth Urban, *Moscow and the Italian Communist Party: Togliatti to Berlinguer* ( 1986 ) .

Stanley G. Payne, *The Franco Regime, 1936-1975* ( 1987 ) ; Raymond Carr and J. P. Fusi, *Spain: Dictatorship to Democracy* ( 1981 ) ; Paul Preston, *The Triumph of Democracy in Spain* ( 1986 ) ; Richard Gunther et al., *Spain after Franco* ( 1986 ) ; Victor M. Perez-Diaz, *The Return of Civil Society: The Emergence of Democratic Spain* ( 1993 ) ; Marianne Heiberg, *The Making of the Basque Nation* ( 1988 ) ; Kenneth Maxwell, *The Making of Portuguese Democracy* ( 1995 ) ; Stig Hadenius, *Swedish Politics during the 20th Century* ( 1988 ) ; Marquis W. Childs, *Sweden: The Middle Way on Trial* ( 1980 ) ; Henry

Milner, *Sweden: Social Democracy in Practice* ( 1989 ) ; Richard Clogg, *Parlies and Elections in Greece: The Search for Legitimacy* ( 1988 ) ; Ronan Penning, *Independent Ireland* ( 1983 ) .

Neal McInncs, *The Communist Parties of Western Europe* ( 1975 ) ; Rudolf L. Tokcs, ed., *European Communism in the Age of Detente* ( 1978 ) ; Adam Przeworski, *Capitalism and Social Democracy* ( 1986 ) .

知识流

Mark Poster, *Marxism and Existentialism in Postwar France* ( 1976 ) ; Eugene Lunn, *Marxism and Modernism* ( 1982 ) ; Martin Jay, *The Dialectical Imagination: A History of the Frankfurt School, 1923-1950* ( 1973 ) ; J. G. Merquior, *Western Marxism* ( 1986 ) ; Arthur Hirsh, *The French New Left: An Intellectual History from Sartre to Gorz* ( 1981 ) ; Tony Judt, *Past Imperfect* ( 1992 ) ; Sunil Khilnani, *Arguing Revolution: The Intellectual Left in Postwar France* ( 1993 ); Ronald Hayman, *Writing Against: A Biography of Sartre* ( 1986 ).

# 第十章

David Caute, *The Year of the Barricades* ( 1988 ) ; Richard Taylor, *Against the Bomb: The British Protest Movement, 1958-1965* ( 1988 ) ; Jillian Becker, *Hitler's Children: The Story of the Baader-Meinhof Gang* ( 1977 ) .

Max Jansen, *History of European Integration, 1947-1975* ( 1975 ) ; William Wallace, *The Dynamics of European Integration* ( 1991 ) ; A. H. Simonian, *The Privileged Partnership: Franco-German Relations in the European Community, 1969-1984* ( 1985 ) ; Dennis Swann, *Economics of the Common Market* ( 5th cd., 1984 ) ; Stephen George, *Politics and Policy in the European Community* ( 1985 ) ; Dudley Seers and Constance Vaitsos, eds., *The Secondary Enlargement of the EEC* ( 1932 ) .

Max Beloff, *Imperial Sunset*（2 vols, 1969, 1989）; D. A. Low, *Eclipse of Empire*（1991）; Franz Ansprenger, *The Dissolution of the Colonial Empires*（1989）; J. D. Hargreaves, *Decolonization in Africa*（1989）; Raymond F. Betts, *Uncertain Dimensions: Western Overseas Empires in the Twentieth Century*（1985）; P. T. Bauer, *Reality and Rhetoric: Studies in the Economics of Development*（1984）.

## 第十一章

Martin Holmes, *The Labour Government 1974-1979*（1985）; R. Emmett Tyrell, ed., *The Future That Doesn't Work: Social Democracy's Failures in Britain*（1983）; Patrick Dunleavy and Christopher Husbands, *British Democracy at the Crossroads: Voting and Party Competition in the 1980s*（1985）; Peter Jenkins, *Mrs. Thatcher's Revolution: The Ending of the Socialist Era*（1989）; Robert Skidelsky, ed., *Thatcherism*（1989）; Shirley Robin Letwin, *The Anatomy of Thatcherism*（1992）; Ian Gilmour, *Dancing with Dogma: Britain under Thatcherism*（1992）; David Willetts, *Modern Conservatism*（1992）; Barry Cooper, Allan Karnberg, and William Mishler, *The. Resurgence of Conservatism in Anglo-American Democracies*（1988）.

S. S. Acquaviva and M. Santuccio, *Social Structure in Italy: Crisis of a System*（1977）; John Haycraft, *Italian Labyrinth: Italy in the 1980's*（1986）; John Ardagh, *France in the 1980s*（1982）; Michel Forse and others, *Recent Social trends in France, 1960-1990*（1993）; Daniel N. Nelson, ed., *Romania in the 1980's*（1981）.

## 第十二章

Elizabeth Pond, *Beyond the Wall: Germany's Road to Unification*（1995）;

毁灭与重塑：20世纪的欧洲

Timothy Garton Ash, *in Europe's Name: Germany and the Divided Continent* ( 1993 ); Mario B. Mignone, *Italy Today* ( 1995 ); Terry Cox, ed., *Hungary: The Politics of Transition* ( 1995 ); Jiri Musil, ed., *The. End of Czechoslovakia* ( 1995 ).

Martin Bell, *In Harm's Way* ( 1995 )( good reportage on the war in Bosnia ); Mark Pinson, ed., *The Muslims of Bosnia-Herzegovina* ( 1994 ); Mitchell Reiss and Robert Litwak, eds., *Nuclear Proliferation after the Cold War* ( 1994 ); Efraim Karsh, ed., *Peace in the Middle East: The Challenge for Isracl* ( 1994 ); Lawrence Freedman and Ephraim Karsh, *The Gulf Conflict, 1990-1991* ( 1995 ).

# 第十三章

Nicholas Timmins, *The Five Giants: A Biography of the Welfare State* ( 1995 ); Ross M. Mar tin, *Trade Unionism* ( 1989 ); Walter Eltis and Peter Sinclair, eds., *Keynes and Economic Policy: The Relevance of the General Theory after Fifty Years* ( 1989 ) Janos Kornai, *The Road to a Free Economy* ( 1990 ); J. R. Shackleton and Gareth Locksley, eds., *Twelve Contemporary Economists* ( 1981 ).

Roland N. Stromberg, *After Everything: Western Intellectual History Since 1945* ( 1975 ) and *Five Twentieth Century Thinkers* ( 1991 ); W. Matei Calinescu, *Five Faces of Modernity* ( 1987 ); Robert A. Nisbet, *The Twilight of Authority* ( 1975 ); M. Ashley Montague and F. Watson, *The Dehumanization of Man* ( 1983 ); Jean Guehenno, *The End of Democracy* ( 1993 ).

William Aspray, *John von Neumann and the Origins of Modern Computing* ( 1990 ); Herman H. Goldstine, *The Computer from Pascal to von Neumann* ( 1993 ).

Jeffrey M. Diffendorf, ed., *Rebuilding Europe's Bombed Cities* ( 1990 ), and *In the Wake of War: The Reconstruction of German Cities after World War II* (1993); John Ardagh, *A Tale of Five Cities: Life in Europe Today* (1979); C. W. E. Bigsby, ed., *Supercullure: American Popular Culture and Europe* (1975); Stanley Hoffman and Paschalis Kitromilides, eds., *Culture and Society in Contemporary Europe* (1981); J. Mordaunt Crook, *The Dilemma of Style: Architectural Ideas from the Picturesque to the Post-Modern* (1989); Arnold Whittail, *Music Since the First World War* (1995); Beatrice Gottlieb, *The Family in the Western World: from the Black Death to the Industrial Age* (1993).

Anna Bramwell, *The Fading of the Greens: The Decline of Environmental Politics in the West* (1994); Russell J. Dalton, *The Green Rainbow: Environmental Groups in Western Europe* (1994); Andrei S. Markovitz and Philip S. Gorski, *The German Left: Red, Green, and Beyond* (1993); Charles A Kupchan, ed., *Nationalism and Nationalities in the New Europe* (1995).

John Sutherland, *Offensive Literature: Decensorship in Britain, 1960-1982* (1982); John Carswell, *Government and the Universities in Britain: Programme and Performance, 1960-1980* (1986); Sheila Rowbotham, *The Past before Us: Feminism in Action since the 1960s* (1989); Harold L. Smith, ed., *British Feminism in the Twentieth Century* (1990); Hester Eisenstein, *Contemporary Feminist Thought* (1983); Mirko D. Grmek, *History of AIDS* (1990).

## 参考指南

B. R. Mitchell, *European Historical Statistics, 1750-1970* (1975), United Nations Educational Scientific and Cultural Organization (UNESCO), *Statistical Yearbook and Demographic Yearbook* (various years); United Nations Department of International Economic and Social Affairs, *Statistical Yearbook*; International Labour Office, *Yearbook of Labour Statistics* (annually since

1935); The World Bank, *World Development Report* (annually since 1978); International Monetary Fund, *World Economic Outlook* (twice yearly); *Annual Register of World Events* (since 1980); *The Longman Guide to World Affairs* (1995). Publications of Her Majesty's Stationery Office, London, include *Annual Abstract of Statistics, Britain at a Glance, and Social Trends* (annually). Europa Publications (London) publish *The Europa World Year Book* (annually); *The World of Learning* (1994); and *The Environmental Encyclopedia and Directory*.

Patrick II. Hutton, ed., *Historical Dictionary of the Third French Republic, 1870-1940* (1986); Frank J. Coppa, ed., *Dictionary of Modem Italian History* (1985); Archie Brown, Michael Kaser, and Gerald S. Smith, eds., *The Cambridge Encyclopedia of Russia and the Former Soviet Union* (1995); Elizabeth Devine, Michael Held, James Vinson, and George Walsh, eds., *Thinkers of the Twentieth Century: A Biographical, Bibliographical and Critical Dictionary* (1983).

T. Vogelsang et al., eds., *Bibliographic zur Zeitgeschichte, 1953-1980*, 3 vols. (Munich: lnstitut zur Zeitgeschichte, 1983), is continued in issues of *Vierteljahrhefte zur Zeitgeschichte* (Quarterly Journal for Contemporary History). Standard guides to the periodical literature are *Historical Abstracts, Philosopher's Index, Index to Economic Articles*, and *RILA* (International Repertory of the Literature of Art).

今天，学生们通常可以使用计算机和互联网终端，通过它可以相当容易地调出大学或学院图书馆中某一特定主题的书籍清单；只要稍微再聪明点，他们就可以进入更大的图书馆的数据检索库，如《历史摘要》(*Historical Abstracis*) 这样的期刊书目也都在网上。这是对翻阅图书馆档案卡抽屉翻查方法的改进，但是它仍然没有提供对所有这些著作的批判性评价。

附有注释的书目可能会有所帮助。苏珊·K.金内尔（Susan K. Kinnell）编辑的《自1945年以来的世界共产主义》（Communism in the World since 1945）和《1974—1985年出版的作品注释书目》（Annotated Bibliography of Works Published 1974–1985, 1987）是加州圣巴巴拉ABC–CLIO出版社出版的几种注释书目之一，还有基思·罗宾斯（Keith Robbins）的《英国历史文献目录》（Bibliography of Writings on British History，1996年）。关于某一主题的其他文献指南经常出现在学术期刊上，参见贾斯特斯·D.多恩内克（Justus D. Doenecke）的《史学：美国政策和欧洲战争，1939—1941年》（Historiography : U. S. Policy and the European War, 1939-1941）、1995年秋的《外交史》（Diplomatic History 19：4）。对20世纪的欧洲而言，更有价值的期刊有《苏联研究》（Soviet Studies）、《西欧政治》（West European Politics）、《欧洲经济共同体公报》（Bulletin of the European Economic Community）、《自由欧洲电台研究》（Radio Free Europe Research）和《当代欧洲史》（Contemporary European History）。另外，伍德罗·威尔逊国际学者中心（Woodrow Wilson International Center for Scholars）定期出版一份有价值的《冷战国际历史项目公报》（Cold War International History Project Bulletin）。

# 索　引

（英文后页码为原书页码）

## A

abortion（469，471）　　　　　　　堕胎

Abraham, Karl（163）　　　　　　　卡尔·亚伯拉罕

Acheson, Dean（246，296，304，307）　迪安·艾奇逊

Acton, John E. E. D.（xii，209）　　约翰·E. E. D. 阿克顿

Adams, Henry（20）　　　　　　　　亨利·亚当斯

Adenauer, Konrad（310，320，326—329，康拉德·阿登纳
374，376）

Adler, Friedrich（79）　　　　　　　弗里德里希·阿德勒

Adorno, Theodor（378，380，392）　　西奥多·阿多诺

Adrianople（54）　　　　　　　　　阿德里安堡

Aehrenthal, Lexa von（48—52）　　　莱克萨·冯·埃伦塔尔

Afghanistan（2，396，399，401—402，阿富汗
424—425，427，453）

Africa（2，395—397，425—427，454—非洲
456）

aging（459—460，478）　　　　　　　老化

AIDS（427—428，457—458）　　　　艾滋病

Akhmatova, Anna（158）　　　　　　安娜·阿赫玛托娃

Alain-Fournier, Henri（81）　　　　亨利·阿兰-福涅尔

Albania（54，72，140，250，300，352，阿尔巴尼亚
368，387，422，440）

Alcala-Zamora, Niceto（225）　　　　尼斯托·阿尔卡拉-萨莫拉

| | |
|---|---|
| Alexander I, Tsar of Russia（33） | 亚历山大一世（俄国沙皇） |
| Alexander II, Tsar of Russia（33—34） | 亚历山大二世（俄国沙皇） |
| Alexander III, Tsar of Russia（34, 93） | 亚历山大三世（俄国沙皇） |
| Alexander, King of Yugoslavia（141, 223, 437） | 亚历山大（南斯拉夫国王） |
| Alfonso XII, King of Spain（141, 224） | 阿方索十二世（西班牙国王） |
| Algeciras Conference（1906）（46, 52） | 阿尔赫西拉斯会议 |
| Algeria（46, 247, 260, 313, 322—323, 395, 456） | 阿尔及尼亚 |
| Aliger, Margarita（359） | 玛格丽塔·阿里格尔 |
| Alsace-Lorraine（7, 43, 101, 104, 106, 145, 335） | 阿尔萨斯-洛林 |
| Althusser, Louis（385） | 路易·阿尔都塞 |
| Amalrik, Andrei（365） | 安德烈·阿马尔里克 |
| anarchism（15, 119, 141, 149, 224—225, 389） | 无政府主义 |
| Andorra（9） | 安道尔 |
| Andreotti, Giulio（443） | 朱利奥·安德烈奥蒂 |
| Andropov, Yuri（416） | 尤里·安德罗波夫 |
| Angell, Norman（37） | 诺曼·安吉尔 |
| Anglo-German treaty（1935）（231） | 英德海军协定（1935年） |
| Anglo-Japanese treaty（1902）（43） | 日英通商航海条约（1902年） |
| Angola（395, 402, 424—425, 455） | 安哥拉 |
| anti-Semitism（see also Holocaust）（17, 160, 188, 192, 196—198, 201—202, 229, 274—278, 360） | 反犹主义（参见大屠杀） |
| Anzio, battle of（1943）（264） | 安其奥战役（1943年） |
| Arab states（297, 312） | 阿拉伯国家 |
| Arab-Israel wars（1948-1973）（312, 366, 376, 392） | 阿以战争（1948—1973年） |
| Arafat, Yasser（456） | 亚西尔·阿拉法特 |
| Aragon, Louis（214, 364） | 路易斯·阿拉贡 |

Aral Sea（434，465） 咸海
architecture（146，156，474—476） 建筑风格
Arendt, Hannah（159） 汉娜·阿伦特
Argentina（290） 阿根廷
Arlen, Michael（274） 迈克尔·阿伦
Armand, Inessa（95） 伊妮莎·阿曼德
Armenia（84，430，435） 亚美尼亚
Arnem（266） 阿曼
art（4，30，155—156，385，468） 艺术
artificial intelligence（462—463） 人工智能
Asquith, Herbert（23，72，77—78，135） 赫伯特·阿斯奎斯
Atatürk, Kemal（4，110） 凯末尔·阿塔图尔克
Atlantic Charter（269） 大西洋宪章
Attlee, Clement（330—331） 克莱门特·艾德礼
Auden, W. H.（215） W. H. 奥登
Auschwitz（276—278，289—290） 奥斯维辛
Australia（114） 澳大利亚
Austria-Hungary（2，9，25，30—33，41，48—62） 奥匈帝国
in World War I（70，75，88—89，98，100—102） 第一次世界大战
Austria, post-1918（109，142，180，233—234，310，411，422） 奥地利（1918年之后）
automobiles（10—11，19，26，167—169，206，465） 汽车
aviation, aircraft（76—77，167，169，249—250，260—261，282，476） 航空，飞机
Azana, Manuel（225） 曼努埃尔·阿萨尼亚
Azerbaijan（294，430，435） 阿塞拜疆

# B

Baader, Andreas（389） 安德列亚斯·巴德

## 索引 479

Bacon, Francis（468） 弗朗西斯·培根（英国画家）
Badaglio, Pietro（263—264） 彼得罗·巴达格利奥
Baghdad（65） 巴格达
balance of power（9, 39, 41—42, 292） 权力平衡
Baldwin, Stanley（136—137, 182, 218） 斯坦利·鲍德温
Balfour, Arthur James；Balfour Declaration（105, 312） 阿瑟·詹姆斯·贝尔福；贝尔福宣言
Balkans, Pre-1914（2, 39, 48—52, 53—55） 巴尔干半岛
Balladur, Edouard（445—446） 爱德华·巴拉杜尔
Barbusse, Henri（150, 211） 亨利·巴比塞
Bardeen, John 约翰·巴丁
Barnett, Corelli（331） 柯瑞里·巴尼特
Barrès, Maurice（6, 17） 莫里斯·巴雷斯
Barth, Karl（151, 340） 卡尔·巴特
Barthou, Louis（233） 路易·巴尔都
Bartok, Bela（30） 贝拉·巴托克
Basques（340） 巴斯克人
Beck, Josef（239） 约瑟夫·贝克
Beck, Ludwig（238） 路德维希·贝克
Belgium（2, 17, 61, 63, 69, 72, 106, 145, 245—246, 335, 388） 比利时
Belloc, Hilaire（20） 希莱尔·贝洛克
Ben Bella, Ahmad（368, 397） 艾哈迈德·本·贝拉
Benda, Julien（149） 朱利安·班达
Benedict XV, Pope（87） 本笃十五世（教皇）
Benes, Edvard（208, 236—237, 299, 369） 爱德华·贝奈斯
Bennett, Arnold（14） 阿诺德·贝内特
Berchtold, Leopold（58—59, 62） 利奥波德·贝希托尔德
Berdyaev, Nicolas（151） 尼古拉·别尔嘉耶夫

Bérégovoy, Pierre（445） 皮埃尔·贝雷戈瓦
Bergson, Henri（30, 139） 亨利·柏格森
Beria, Lavrenti（300, 310, 343—345, 359） 拉夫连季·贝利亚
Berlin（16, 17, 146, 350—351, 354, 390, 424, 465） 柏林
Berlin, Irving（171） 欧文·柏林
Berlinguer, Enrico（387） 恩里科·贝林格
Berlusconi, Silvio（443—444） 西尔维奥·贝卢斯科尼
Bernstein, Eduard（29, 99） 爱德华·伯恩斯坦
Besant, Annie（4） 安妮·贝费特
Bethmann-Hollweg, Theobald von（47, 59, 77, 80） 特奥巴登·冯·贝特曼-霍尔维格
Bevan, Aneurin（331—332） 安奈林·贝文
Beveridge, William（282） 威廉·贝弗里奇
Bevin, Ernest（294, 296, 304, 330） 欧内斯特·贝文
Bidault, Georges（304） 乔治·比道
Bierut, Boleslaw（347） 博莱斯瓦夫·贝鲁特
Bismarck, Otto von（6, 8, 22, 27, 41, 48） 奥托·冯·俾斯麦
Black, Dora（170） 多拉·布莱克
Blair, Tony（445—446） 托尼·布莱尔
Blatchford, Robert（173） 罗伯特·布拉奇福德
Blok, Alexander（158） 亚历山大·布洛克
Blomberg, Werner von（201, 230） 沃纳·冯·布隆伯格
Blum, Leon（184—185, 224） 莱昂·布卢姆
Blunden, Edmund（84） 埃德蒙·布伦登（白伦敦）
Blunt, Anthony（211, 332） 安东尼·布朗特
Boer War（3, 38） 布尔战争
Bohr, Niels（164, 166, 280） 尼尔斯·玻尔
Bokassa, Emperor of Central African Empire（410） 博卡萨（中非帝国皇帝）

| | |
|---|---|
| Böll, Heinrich（328） | 海因里希·伯尔 |
| Bolsheviks（see also Communists）（92—97, 116—120） | 布尔什维克（见共产主义者） |
| Boltzmann, Ludwig von（29） | 路德维西·冯·玻尔兹曼 |
| Bonaparte：see Napoleon | 波拿巴（见拿破仑） |
| Bonhoeffer, Dietrich（340） | 迪特里希·朋霍费尔 |
| Bonhoeffer, Karl（238, 340） | 卡尔·朋霍费尔 |
| Booth, Charles（19） | 查尔斯·布斯 |
| Borah, William（108） | 威廉·波拉 |
| Borgese, G. A.（161） | G. A. 博尔杰斯 |
| Bosnia（48—52, 438—440, 446, 449, 453） | 波斯尼亚 |
| Bourne, Randolph（38） | 伦道夫·伯恩 |
| Bousquet, René（277） | 雷内·布斯克 |
| Boxer Rebellion（2, 38） | 义和团运动 |
| Bradley, Omar（269） | 奥马尔·布莱德雷 |
| Brandt, Willy（387, 390, 393） | 维利·勃兰特 |
| Brauchitsch, Walther von（245, 253） | 瓦尔特·冯·布劳希奇 |
| Braun, Eva（281） | 爱娃·布劳恩 |
| Brecht, Bertolt（157, 214） | 贝尔托·布莱希特 |
| Brest–Litovsk, treaty of（1918）（97—99） | 布列斯特-利托夫斯克和约（1918年） |
| Bretton Woods Conference（1944）（318） | 布雷顿森林会议（1944年） |
| Brezhnev, Leonid（361, 363, 370—372, 391—393, 399, 401—402, 413） | 列昂尼德·勃列日涅夫 |
| Briand, Aristide（73, 144, 147） | 阿里斯蒂德·白里安 |
| Bright, John（77） | 约翰·布莱特 |
| Brittain, Walter | 沃尔特·布拉顿 |
| Brod, Max（154） | 马克斯·布罗德 |
| Bronstein：see Trotsky | 勃朗斯坦（见托洛茨基） |
| Brooke, Rupert（81） | 鲁珀特·布鲁克 |
| Brooks, Van Wyck（74） | 范·威克·布鲁克斯 |

Brunei（448） 文莱
Brüning, Heinrich（189—190） 海因里希·布吕宁
Brunner, Emil（151） 埃米尔·布伦纳
Brusilov, Alexei（75） 阿列克谢·布鲁西洛夫
Bryce, James（112） 詹姆斯·布莱斯
Buber, Martin（151） 马丁·布伯
Bucharest（421，474） 布加勒斯特
Budapest（16，17，30，128，311—312，389） 布达佩斯
Budyenny, S. M.（253） S. M. 布琼尼
Bukharin, Nikolai（124—126，207） 尼克莱·布哈林
Bukovsky, Vladimir（364） 弗拉基米尔·布科夫斯基
Bulganin, Nikolai（344） 尼克莱·布尔加宁
Bulgaria（9，51，54，72，110，124，141，252，271，277，293，300，369，421，436） 保加利亚
Bullitt, William（106） 威廉·布利特
Bülow, Bernard von（44，46—47，52） 伯恩哈德·冯·布洛
Bultmann, Rudolf（340） 鲁道夫·布尔特曼
Burgess, Guy（211，307，332） 盖伊·伯吉斯
Burma（255—256，426） 缅甸
Burundi（397） 布隆迪
Bush, George（425，446） 乔治·布什
Bushnell, John（414） 约翰·布什内尔
Byrnes, James F.（292，296） 詹姆斯·F. 伯恩斯

## C

Callaghan, James（403） 詹姆斯·卡拉汉
Cambodia（397，425，427） 柬埔寨
Cambon, Jules（53） 朱尔·康邦
Cambon, Paul（56） 保罗·康邦

| | |
|---|---|
| Camus, Albert（320, 339） | 阿尔伯特·加缪 |
| Canada（144, 443, 448） | 加拿大 |
| Canaris, Wilhelm（279） | 威廉·卡纳里斯 |
| capitalism,（14—15, 64, 211, 295, 307, 320, 367, 385, 403—409, 414—415, 425, 432, 478） | 资本主义 |
| Caporetto, battle of（1917）（78, 98） | 卡波雷托战役（1917年） |
| Carlos, King of Portugal（14） | 卡洛斯（葡萄牙国王） |
| Carlyle, Thomas（14） | 托马斯·卡莱尔 |
| Carnot, Sadi（29） | 萨迪·卡诺 |
| Carol, King of Romania（141） | 卡罗尔（罗马尼亚皇帝） |
| Carter, Jimmy（399, 401—402） | 吉米·卡特 |
| Casablanca Conference（1943）（270） | 卡萨布兰卡会议（1943年） |
| Casanove, Laurent（388） | 洛朗·卡萨诺瓦 |
| Castro, Fidel（351—354, 377） | 菲德尔·卡斯特罗 |
| Catherine the Great, Tsarina of Russia（33） | 凯瑟琳大帝（俄罗斯女皇） |
| Caucasus（435） | 高加索 |
| Cavell, Edith（84） | 伊迪丝·卡维尔 |
| Ceausescu, Nicolae, 387, 421, 474 | 尼古拉·齐奥塞斯库 |
| Céline, Louis-Ferdinand（215） | 路易斯-费迪南·塞利纳 |
| Center Party, German（28） | 中央党（德国） |
| Chaban-Delmas, Jacques（394） | 雅克·查班-德尔马斯 |
| Chadwick, James（165, 280） | 詹姆斯·查德威克 |
| Chalidze, V. L.（365） | V. L. 查利泽 |
| Chamberlain, Houston Stewart（188, 195） | 休斯顿·斯图尔特·张伯伦 |
| Chamberlain, Joseph（42） | 约瑟夫·张伯伦 |
| Chamberlain, Neville（226, 234—236, 238, 244, 247） | 内维尔·张伯伦 |
| Chaplin, Charles（171） | 查理·卓别林 |
| Chautemps, Camille（184） | 卡米尔·乔坦普斯 |

Chechnya（433，453—454） 车臣

Chekhov, Anton（34） 安东·契诃夫

Chernenko, Konstantin（416） 康斯坦丁·切尔诺科

Chernohyl（412，464） 切尔诺贝利

Chernyshevsky, Nikolai（93） 尼古莱·车尔尼雪夫斯基

Cherwell, Lord（Frederick Lindemann） 查韦尔伯爵（弗雷德里克·林德曼）
（280）

Chesterton, G. K.（20） G. K. 切斯特顿

Chetniks（269） 切特尼克

Chiang Kai-Shek（131，273，354—355， 蒋介石
393）

Chicherin, G. V.,（145） G. V. 齐切林

China（2，5，112，131，256，273，307— 中国
308，350，352，354—357，363，378，
391，402，426，454，465）

Chirac, Jacques（411，445—446） 雅克·希拉克

Chou En-lai（393） 周恩来

Christian Democratic parties（263，320， 基督教民主党
327，410—413，442—443，450）

Christianity（8，20—21，215，339—340， 基督教
368，472）

Chukovskaya, Lydia（364） 莉迪亚·楚科夫斯卡娅

Churchill, Winston（23，71，77，102， 温斯顿·丘吉尔
105，136—137，174，220，247—251，
266，268，270—273，284，290—294，
296—297，313—314，330，334，376）

Clay, Lucius（301—302） 卢修斯·克莱

Clemenceau, Georges（25，45，77，89， 乔治·克莱蒙梭
103，105—107，135）

Clerk Maxwell, James（29，168） 詹姆斯·克拉克·麦克斯韦

Clinton, Bill（452） 比尔·克林顿

索引　485

Cohn Bendit, Daniel（377，382）　　　丹尼尔·科恩·本迪特
Cold War（292—314，452）　　　　　冷战
Cole, G. D. H.（315）　　　　　　　　G. D. H.科尔（乔治·道格拉斯·霍华德·科尔）
collective security : see League of Nations　集体安全（见国际联盟关于俄罗斯农民集体
collectivization, of Russian peasants（203—　化）
205）
Committee for Nuclear Disarmament（333，核裁军委员会
379）
Common Market : see European Union　共同市场（见欧盟）
Commonwealth of Independent States（429）独立国家联合体
Communism, Communist Parties（see also　共产主义，共产党（另见布尔什维克；苏联）
Bolsheviks ; USSR）（121—126，127—128，
132，158—161，189，203，222—224，
244，295，297，300—301，312，321—
322，328—330，340，354—357，362，
367，380，383—384，387—390，402，
410—411，415—422，429—430，442—
444）
Compton, Arthur（280）　　　　　　　亚瑟·康普顿
Conference on European Security and　　欧洲安全合作会议
Cooperation（424）
Congo（3，35）　　　　　　　　　　　刚果
Conquest, Robert（119）　　　　　　　罗伯特·康奎斯特
Conrad, Joseph（4）　　　　　　　　　约瑟夫·康拉德
Conrad von Hotzendorf, Franz（62，65）　弗兰茨·康拉德·冯·赫岑多夫
Conservative Party, British（135—136，　保守党（英国）
332—333，403—406，450）
Constantine, King of Greece（71）　　　康斯坦丁（希腊国王）
Constitutional Democratic Party, Russian　立宪民主党（俄国）
（117）
Coral Sea, battle of（257）　　　　　　珊瑚海海战
Corfu（72，140）　　　　　　　　　　科孚岛

Corridoni, Filippo（139） 菲利波·科里多尼
corruption, political（446—447） 腐败（政治）
Craxi, Bettino（410） 贝蒂诺·克拉克西
Crete（54, 250—251） 克里特岛
Crimea（33, 41, 43） 克里米亚
Cripps, Stafford（331） 斯塔福德·克里普斯
Croatia, croats（49—50, 102, 110, 141, 克罗地亚，克罗地亚人
311, 422, 437—440）
Croce, Benedetto（152） 贝内德托·克罗齐
Crowe, Eyre（64） 艾尔·克罗
Cuba（351—354） 古巴
Cuno, Wilhelm（135） 威廉·库诺
Curie, Marie Sklodowska（12, 20, 165, 玛丽·居里
167）
Curie, Pierre（12） 埃尔·居里
Curzon, George Nathaniel, Marquis of 乔治·纳撒尼尔·寇松侯爵
（135—136, 175）
Cyprus（251, 391） 塞浦路斯
Czechoslovakia（After 1992, separate Czech 捷克斯洛伐克（1992年后，分为捷克共和国
and Slovak republics）（109, 142—143, 和斯洛伐克共和国）
145, 234—237, 271, 293, 298—299,
310, 364, 369—372, 387, 400, 435—
436, 448, 451）

# D

Dahlerus, Birger（241） 比尔格·达赫勒斯
Daladier, Edouard（194, 235—236） 爱德华·达拉第
Daniel, Yuli（364） 尤利·丹尼尔
Daniel-Rops, Henri（215） 亨利·丹尼尔-罗普斯
D'Annunzio, Gabriele（82, 138—139） 加布里埃尔·邓南遮
Danzig（106—107, 238） 但泽

| | |
|---|---|
| Dardanelles, Straits of（51，62，71，97，110，294） | 达达尼尔海峡 |
| Darlan, Jean（260） | 让·达兰 |
| Darré, Walther（193） | 沃尔特·达雷 |
| Davidman, Joy（215） | 乔伊·戴维曼 |
| Davie, Donald（341） | 唐纳德·戴维 |
| Davies, Joseph（292） | 约瑟夫·戴维斯 |
| Dawes, Charles G.（Dawes Plan）（133，136，144） | 查尔斯·G.道威斯（道威斯计划） |
| Débray, Regis（382） | 雷吉斯·德布雷 |
| decolonization（324，323，331，395—397） | 殖民地独立 |
| de Gaulle, Charles（230，246—247，265，268，270，304，319，321—326，336—338，350，374—375，378，381，395） | 夏尔·戴高乐 |
| Delcassé, Théophile（43—46） | 泰奥菲勒·德尔卡塞 |
| Delors, Jacques（422，451） | 雅克·德洛尔 |
| democracy, 7，21—24，137—142，152—153，173—176，323，325，384，416—422，446—447，472 | 民主 |
| Democratic Party of the Left（Ital.）（442，444） | 右派民主党（意大利） |
| Democratic Socialists（441） | 民主社会主义者 |
| Deng Xiaoping（454） | 邓小平 |
| Denikin, Anton（118） | 安东·邓尼金 |
| Denmark（9，245，338） | 丹麦 |
| Depression of 1930s（175—185，188，199，210—212） | 大萧条 |
| Derby, Lord（63） | 德比勋爵 |
| Desert Storm war（1991—1992）（425，453） | 沙漠风暴战争（1991—1992年） |
| De Valera, Eamon（393） | 埃蒙·德·瓦莱拉 |
| Dewey, John（213） | 约翰·杜威 |

| | |
|---|---|
| Dickinson, G. Lowes（37，61） | G. 洛斯·狄金森 |
| Dietrich, Marlene（172） | 玛琳·黛德丽 |
| Dini, Lamberto（444） | 兰贝托·迪尼 |
| Disraeli, Benjamin（7） | 本杰明·迪斯雷利 |
| Djilas, Milovan（285，330，436—437） | 米洛·范·吉拉斯 |
| Djugashvili：see Stalin | 朱加什维利（见斯大林） |
| Doe, Samuel（455） | 塞缪尔·多伊 |
| Doenitz, Karl（279） | 卡尔·邓尼茨 |
| Dogger Bank（44—45） | 多格尔海岸 |
| Dolfuss, Engelbert（231） | 恩格尔伯特·陶尔菲斯 |
| Donner, John Tyler（463） | 约翰·泰勒·唐纳 |
| Dorgelès, Roland（175） | 罗兰·多热莱斯 |
| Dostoevsky, Fyodor（34，340） | 陀思妥耶夫斯基 |
| Dournergue, Gaston（184） | 加斯顿·杜尔内格 |
| Dreadnoughts（47，76） | 无畏号舰 |
| Dresden（261，419） | 德累斯顿 |
| Drexler, Anton（188） | 安东·德莱克斯勒 |
| Dreyfus, Alfred（25，149） | 阿尔弗雷德·德雷福斯 |
| drugs, addictive（467—468） | 硬毒品（让人上瘾） |
| Dubcek, Alexander（369—372，419） | 亚历山大·杜布切克 |
| Dubrovnik（438） | 杜布罗夫尼克 |
| Dudintsev, Vladimir（359，416） | 弗拉基米尔·杜丁采夫 |
| Duhamel, Georges（174，214） | 乔治·杜哈迈尔 |
| Dulles, John Foster（313） | 约翰·福斯特·杜勒斯 |
| Du Muoi（447） | 杜梅 |
| Duncan, Isadora（158） | 伊莎多拉·邓肯 |
| Dunkirk（Dunquerque）（246） | 敦刻尔克 |
| Duranty, Walter（343） | 沃尔特·杜兰蒂 |
| Durkheim, Emile（17，382） | 埃米尔·杜尔凯姆（涂尔干） |
| Dürrenmatt, Friedrich（341） | 弗里德里希·迪尔林马特 |

Dutschke, Rudi（377—378） 鲁迪·杜什科
Dzerzhinski, Felix（119） 费利克斯·捷尔任斯基

# E

Ebert, Friedrich（169） 弗里德里希·埃伯特
Eckhart, Dietrich（175） 迪特里希·艾克哈特
Economic conditions（130—131, 175—185, 315—341, 406—409, 447—449） 经济条件
Economic theory（153, 160—161, 179—180, 320, 408, 415—416） 经济理论
Eden, Anthony（310, 313, 332, 336, 345） 安东尼·艾登
Edison, Thomas（11, 18） 托马斯·爱迪生
education（21, 30, 375, 377—381, 405, 479） 教育
Edward VII, King of Great Britain and Ireland（3, 9, 43, 47） 爱德华七世（大不列颠及爱尔兰国王）
Edward VIII, King of Great Britain and Ireland（232, 248） 爱德华八世（大不列颠及爱尔兰国王）
Egypt（2, 43, 44, 112, 257—259, 312—314, 376, 392） 埃及
Ehrenburg, Ilya（358） 伊利亚·爱伦堡
Einaudi, Luigi（320） 路易吉·埃诺迪
Einstein, Albert（29, 152, 163—167, 196, 198, 280, 463） 阿尔伯特·爱因斯坦
Eisenhower, Dwight D.（260, 268—269, 281, 287, 305, 349—350, 355） 德怀特·D.艾森豪威尔
Eisenstein, Sergei（159, 358） 谢尔盖·爱森斯坦
Eisner, Kurt（127） 库尔特·艾斯纳
El Alamein（257） 阿拉曼
Eliot, T. S.（153—154, 157, 215, 217） T. S.艾略特
Elizabeth II, Queen（319） 伊丽莎白二世（女王）

Engels, Friedrich（29，116） 弗里德里希·恩格斯
Entebbe（390） 恩德培
environmental issues（389，392—393， 环境问题
412—413，441，452，463—466，473）
equality（13—14，478） 平等
Eritrea（402） 厄立特里亚
Erzberger, Mathias（80） 马蒂亚斯·埃茨贝格尔
espionage（211，279，302，307，332，350） 间谍
Estonia（418） 爱沙尼亚
Ethiopia（44，231—232，397，455） 埃塞俄比亚
Europe（1—10） 欧洲
European Defense Community（309） 欧洲防务集团
European Economic Community（Common 欧洲经济共同体（共同市场）（见欧盟）
Market）: see European Union
European Free Trade Area（336，422） 欧洲自由贸易区
European Parliament: see European Union 欧洲议会（见欧盟）
European Union（315，318，334—338， 欧盟
396，398，405—406，422—424，449—452）
existentialism（340） 存在主义

## F

Fadayev, Rostislav（454） 罗斯季斯拉夫·法捷耶夫
Falkenhayn, Erich von（70，72—73，75，77） 埃里希·冯·法金汉
Falkland Islands（403） 福克兰群岛
Fanon, Frantz（380） 弗朗茨·法农
Farouk, King of Egypt（312） 法鲁克（埃及国王）
Fascism（128，137—140，142，159—161， 法西斯主义
183—184，216，225—226，325）
Fashoda incident（1898）（43） 法绍达事件（1898年）
Faulkner, William（175） 威廉·福克纳
Feder, Gottfried（187） 戈特弗里德·费德

| | |
|---|---|
| feminism（19—22，169—170，283，341，468—470，473，479） | 女权主义 |
| Ferber, Edna（174） | 埃德娜·弗伯 |
| Ferdinand, King of Bulgaria（51） | 斐迪南（保加利亚国王） |
| Ferenczi, Sandor（163） | 桑铎·费伦茨 |
| Fermi, Enrico（280） | 恩里科·费米 |
| Feuchtwanger, Lion（211） | 利昂·孚希特万格 |
| Figgis, J. N.（21） | J. N. 菲吉斯 |
| Fini, Gianfranco（443） | 詹弗兰科·菲尼 |
| Finland（98，117，119，744—745，252） | 芬兰 |
| Fitzgerald, F. Scott（170，171） | F. 斯科特·菲茨杰拉德 |
| Fiume（138） | 菲乌梅 |
| Five-year plans, Soviet（203，285，210，213） | 五年计划（苏联） |
| Flandin, Pierre（231） | 皮埃尔·弗朗丹 |
| Foch, Ferdinand（99，101，104） | 斐迪南·福煦 |
| Foot, Michael（333） | 迈克尔·福特 |
| Ford, Ford Madox（Ford Hermann Hueffer）（150） | 福特·马多克斯·福特（福特·赫尔曼·霍弗尔） |
| Ford, Gerald（393） | 杰拉尔德·福特（爱德华·摩根·福斯特） |
| Ford, Henry（87，168） | 亨利·福特 |
| Forster, E. M.（216，320） | E. M. 福斯特 |
| Forza Italiana（443—444） | 意大利力量党 |
| Foucault, Michel（385） | 米歇尔·福柯 |
| Fourteen Points（98，100，104—105，108） | 十四点原则 |
| France: pre-1914（16，24—26，48—64） | 法国：1914年前 |
| —in World War Ⅰ（68—70，72—74，77—81，84—87，98—101，103—111） | 法国：一战期间 |
| —in 1920s（133，144—146） | 法国：20世纪20代 |
| —in 1930s（184—85，219—24，230—42） | 法国：20世纪30年代 |
| —in World War Ⅱ（243—47，257，260，264—66，268，277，282—83） | 法国：二战期间 |

—post-1945（304—305，309，313，317，　法国：1945年后
320—326，336—338）
—1960 on（380—381，394—396，411—　法国：1960年
412，445—446，449—450）

France, Anatole（82）　　　　　　　　阿纳托尔·弗兰斯

Franco, Francisco（225—226，251，393，394）　弗朗西斯科·佛朗哥

Franco–British entente（1904）（43—44，53）　法英协约（1904年）

Franco–Russian Pact（1891-1894）（9，41）　法俄协定（1891—1894年）

Franco–Russian Pact（1935）（233）　法俄协定（1935年）

François–Poncet, André（198）　　　　安德烈·弗朗索瓦-庞塞

Franz Ferdinand, Crown Prince of Austria–　弗朗茨·斐迪南（奥匈帝国王位继承人）
Hungary（32，57）

Franz Josef, Emperor of Austria–Hungary　弗朗茨·约瑟夫（奥匈帝国皇帝）
（33，57，62，75）

Free Corps（127—128）　　　　　　　自由军

Free Democratic party（Germany）（327）　自由民主党（德国）

French, John（67，77，78）　　　　　约翰·弗伦奇

Freud, Sigmund（195，233，383）　　西格蒙德·弗洛伊德

Frick, Wilhelm（191）　　　　　　　　威廉·弗里克

Friedman, Milton（320）　　　　　　　米尔顿·弗里德曼

Friedmann, Alexander A（167）　　　　亚历山大·A. 弗里德曼

Fritsch, Werner von（201，230）　　　沃纳·冯·弗里奇

Fromm, Erich（392）　　　　　　　　　艾瑞克·弗洛姆

Fuchs, Klaus（302）　　　　　　　　　克劳斯·福克斯

Fuller, J. F. C.（249）　　　　　　　　J. F. C. 富勒

Fürtwangler, Wilhelm（198）　　　　　威廉·富特文格勒

futurism（19，156）　　　　　　　　　未来主义

# G

Gaitskell, Hugh（333，374）　　　　　休·盖茨克尔

Gallipoli（71—72）　　　　　　　　　加里波利

| | |
|---|---|
| Gallo, Robert（459） | 罗伯特·加洛 |
| Gamelin, Maurice（243） | 莫里斯·甘末林 |
| Gandhi, Mohandas（5, 144, 331） | 莫罕达斯·甘地 |
| Garaudy, Roger（388, 392） | 罗杰·加罗迪 |
| GATT（General Agreement on Trade and Tariffs）（448） | 关税及贸易总协定 |
| Gauguin, Paul（4） | 保罗·高更 |
| Gaullist parties（322, 381, 394, 410, 445） | 戴高乐主义政党 |
| Gaza（456） | 加沙 |
| genetic research : see Biology | 基因研究（见生物学） |
| Geneva（115—116） | 日内瓦 |
| Geneva Disarmament Conference（1927-1933）（146—147, 197, 222） | 日内瓦裁军谈判会议（1927—1933年） |
| Protocol（1925）（115, 146—147） | 议定书（1925年） |
| Conference（1954）（310） | 会议（1954年） |
| Genscher, Hans-Dietrich（424） | 汉斯-迪特里希·根舍 |
| George V, King of Great Britain and Ireland（218） | 乔治五世（大不列颠及爱尔兰国王） |
| George, Henry（12） | 亨利·乔治 |
| George, Stefan（29, 81） | 斯特凡·乔治 |
| Georgia（430, 445） | 格鲁吉亚 |
| Germany : pre-1914（16, 26—28, 31, 41—48, 52—66） | 德国：1914年前 |
| —in World War Ⅰ（67—90, 98—102, 103—109） | 德国：一战期间 |
| —post-1919（126—128, 130—135, 144—146, 156—157） | 德国：1919年后 |
| —in 1930s（185—203, 217—242） | 德国：20世纪30年代 |
| —in World War Ⅱ（243—285, 286—290） | 德国：二战期间 |
| —post-1945（290—292, 297—299, 301—302, 309—311, 316—317, 320, 326—329, 350—351, 368, 412—413） | 德国：1945年后 |

—reunification of（419，440—442） 两德统一
Gerstein, Kurt（276） 库尔特·格斯坦
Gibbon, Edward（466，477） 爱德华·吉本
Gibson, Wilfrid W.（150） 威尔弗里德·W. 吉布森
Gide, André（4，214） 安德烈·纪德
Gierek, Edward（389，400） 爱德华·盖莱克
Giolitti, Giovanni（26，138） 乔瓦尼·乔利蒂
Giraud, Henri（260） 亨利·吉劳
Giscard d'Estaing, Valery（394，410） 瓦莱里·吉斯卡尔·德斯坦
Gladstone, William E.（50） 威廉·E. 格莱斯顿
Gobineau, Joseph A. Comte de（195） 阿蒂尔·德·戈比诺
Gödel, Kurt（166） 库特·哥德尔
Godkin, E. L.（12） E. L. 戈德金
Goebbels, Joseph（159，188，201，253，277，281） 约瑟夫·戈培尔
Goerdeler, Carl（268） 卡尔·格瑞德尔
Goering, Hermann（187—188，191，201—203，249，257，274，288—289） 赫尔曼·戈林
gold stardard（179—181） 金本位
Goldwyn, Samuel（171） 塞缪尔·戈德温
Gomulka, Wladyslaw（300，311，389，400） 瓦迪斯拉夫·戈穆尔卡
Gonzalez Marquez, Felipe（411，446） 费利佩·冈萨雷斯·马尔克斯
Gorbachev, Mikhail（348，406，416—419，421—425，429—430） 米哈伊尔·戈尔巴乔夫
Gorbanevskaya, Natalya（364） 娜塔莉娅·戈班尼夫斯卡娅
Gordon, George（2） 乔治·戈登
Gorki, Maxim（122） 马克西姆·戈尔基
Gottwald, klement（299，310，369） 克莱门特·哥特瓦尔德
Gramsci, Antonio（138—160，329） 安东尼奥·葛兰西

Grant, Madison（195） 麦迪逊·格兰特

Grass, Günter（321，464） 君特·格拉斯

Graves, Robert（81，115，150） 罗伯特·格雷夫斯

Great Britain（after 1931 United Kingdom）: 英国（1931年后的联合王国）：1941年前
before 1914（9，22—23，42，48—64）

—in World War Ⅰ（67—90，103—109） 英国：一战期间

—post-1919（116，130—133，135—137） 英国：1919年后

—1930s（180—183，218—220，231—242） 英国：20世纪30年代

—in World War Ⅱ（243—252，257—273，英国：二战期间
331）

—post-1945（296—297，313—314，317— 英国：1945年后
318，320，330—333，335—339）

—after 1960（374—375，386，403—406， 英国：1960年以后
444—447，449）

Greece（54，70，71，100，110—111， 希腊
140，296—297，309，338，390—391，
411—412，422）

Greene, Graham（341） 格雷厄姆·格林

Greens : see Environmental Issues 绿党（见环境问题）

Greenwood, Arthur（241） 亚瑟·格林伍德

Grevy, Jules（4） 朱尔斯·格雷维

Grey, Edward（52，66） 爱德华·格雷

Grigorenko, Peter（426） 彼得·格里戈连科

Gropius, Walter（156） 沃尔特·格罗皮乌斯

Gross, Alan G.（463） 艾伦·G.格罗斯

Guderian, Heinz（248，253） 海因茨·古德里安

Guernica（327） 格尔尼卡

Guevara, Che（377，380，382，384） 切·格瓦拉

Guinea（397） 几内亚

Gulf War : see Desert Storm war 海湾战争（见沙漠风暴战争）

Gumilov（Gumilev）, Nikolai（158） 尼古莱·古米洛夫

Gunn, Thom（341） 汤姆·冈恩

## H

Habermas, Jürgen（380） 于尔根·哈贝马斯
Hague Peace Conferences（1899, 1907）(40) 海牙和平会议（1899年、1907年）
Haig, Douglas（74, 77） 道格拉斯·黑格
Haile Selassie, Emperor of Ethiopia（232, 393） 海尔·塞拉西（埃塞俄比亚皇帝）
Haiti（455） 海地
Halder, Franz（238, 253） 弗兰茨·哈尔德
Hamid, Sultan Abdul（50） 阿卜杜勒·哈米德（苏丹，相当于国王）
Haushofer, Karl（83） 卡尔·豪斯霍费尔
Havel, Vaclav（418—419） 瓦茨拉夫·哈韦尔
Hawaii（254—255） 夏威夷
Hawking, Stephen（462） 斯蒂芬·霍金
health : see medicine 健康（见医药）
Heath, Edward（393） 爱德华·希斯
Hegel, Georg Wilhelm Friedrich（Hegel, G. W. F）（340） 格奥尔格·威廉·弗里德里希·黑格尔
Heidegger, Martin（157, 340, 389, 392） 马丁·海德格尔
Heiden, Konrad（187） 康拉德·海登
Heisenberg, Werner（164—165, 280—281） 沃纳·海森堡
Heligoland（76） 黑尔戈兰
Helphand, Alexander（88） 亚历山大·格尔方特
Helsinki Conference（1975）（400） 赫尔辛基会议（1975年）
Hemingway, Ernest（148, 150, 175, 214） 欧内斯特·海明威
Henderson, Nevile（234） 内维尔·亨德森
Henderson, Nicholas（304） 尼古拉斯·亨德森
Herriot, Edouard（129, 130, 144, 184） 爱德华·埃里奥
Hertz, Heinrich（168） 海因里希·赫兹

Hess, Rudolf（229，252） 鲁道夫·赫斯
Hesse, Herman（4，155） 赫尔曼·黑塞
Heydrich, Reinhard（188，201，268，274） 雷哈德·赫德里奇
Hickerson, Jack（304） 杰克·希克森
Hilbert, David（166） 大卫·希尔伯特
Himmler, Heinrich（188，200，201，230，268，276） 海因里希·希姆莱
Hindenburg, Paul von（70，78，99，144，189—191，200—201） 保罗·冯·兴登堡
Hindus, Maurice（203） 莫里斯·辛杜斯
Hiroshi, Oshima（279） 大岛浩
Hiroshima（284，302，306） 广岛
Hitler, Adolf（128，131，146，171，175，185—203，217—223，225—242，273—285，288） 阿道夫·希特勒
Ho Chi Minh（Nguyen That Thanh）（5，112，306，310，380） 胡志明
Hoare, Samuel（232） 塞缪尔·霍尔
Holloway, David 戴维·霍洛韦
Holocaust（274—278） 大屠杀
Honecker, Erich（419，441） 埃里希·昂纳克
Hong Kong（265，395，408，426，448） 香港
Hoover, Herbert（122，180，190，287） 赫伯特·胡佛
Horkheimer, Max（392） 马克斯·霍克海默
Horthy, Niklos（277） 尼克拉斯·霍尔蒂
House, Edward M.（63，87，106，109） 爱德华·M. 豪斯
Housman, A. E.（339，340） A. E. 豪斯曼
Howard, Roy（223） 罗伊·霍华德
Hu Shih（5） 胡适
Hubble, Edwin P.（166） 爱德温·哈勃

Hungary ( prior to 1918, see Austria-Hungary ) ( 109, 141, 252, 271, 277, 293, 311—312, 348, 389, 418, 435—436, 448 )   匈牙利（1918年以前，见奥匈帝国）

Husak, Gustav ( 371, 419 )   斯塔夫·P. 胡萨克

Hussein, King ( 1856—1931 ) ( 105 )   侯赛因国王（1856—1931年，全名侯赛因·伊本·阿里）

Hussel, Edmund ( 30, 378 )   埃德蒙德·胡塞尔

Huxley, Aldous ( 151—152, 157, 171, 215 )   阿道斯·赫胥黎

I

Ibárruri, Dolores ( 226 )   多洛丽丝·伊巴鲁里

Ibsen, Henrik ( 174 )   亨利克·易卜生

Imperialism ( 2—5, 43, 68, 115, 313, 395—396 )   帝国主义

India ( 4—5, 144, 255—256, 306, 331, 335, 395, 426—427 )   印度

Indo-China ( see also Vietnam, Cambodia, Laos ) ( 112, 254, 306, 310, 322, 396 )   印度支那（另见越南、柬埔寨、老挝）

Indonesia ( 2, 255—256, 306, 376, 395 )   印度尼西亚

Inge, William R. ( 151 )   威廉·R. 英格

Inskip, Thomas ( 249 )   托马斯·因斯基普

Institut Pasteur ( 458 )   巴斯德研究所

Intellectuals ( 149—163, 338—341 )   知识分子

intelligence warfare : see ULTRA, MAGIC   情报战（见 ULTRA, MAGIC）

International Monetary Fund ( 318—319, 426, 430 )   国际货币基金组织

Iran ( Persia ) ( 56, 294, 397, 399, 401, 427, 433 )   伊朗（波斯）

Iran-Iraq war ( 402, 426 )   两伊战争

Iraq ( 397, 425, 427 )   伊拉克

Ireland（24，112，116，143—144，338， 爱尔兰
374，456—457）

Islam（426—427，433） 伊斯兰教

Israel（312—313，376，427） 以色列

Isvolsky, Alexander（51） 亚历山大·伊斯沃斯基

Italy（26，42，44，53—54） 意大利

—in World War Ⅰ（70，72，75，87，98— 意大利：一战时期
99，106，109—110）

—post-1919（137—140，159—161，231— 意大利：1919年后
33）

—in World War Ⅱ（246，250，260，263— 意大利：二战时期
264，268，277，279，281）

—post-1945，（318，329—330，379，388, 意大利：1945年后
409—410，442—444）

## J

Japan（2，3，4，34，72，105，112，119, 日本
254—256，272—273，280，306，426,
448）

Jaruzelski, Wojciech（401，419） 沃伊切赫·雅鲁泽尔斯基

Jaspers, Karl（392） 卡尔·雅斯贝斯

Jaurès, Jean（XI，25，44—45） 让·饶勒斯

Jellicoe, J. R.（76） J. R. 杰利科

Jenkins, Peter（473） 彼得·詹金斯

Jodl, Alfred（281） 阿尔弗雷德·约德尔

Joffre, Joseph（68，72，77） 约瑟夫·乔弗尔

John Paul II, Pope（401，472） 约翰·保罗二世（教皇）

John XXIII, Pope（329，374） 约翰二十三世（教皇）

Johnson, Hewlett（211） 休利特·约翰逊

Johnson, Lyndon B.（362，376） 林登·B. 约翰逊

Joliot–Curie, Frederic and Irene（281） 弗雷德里克·约里奥–居里和艾琳·约里奥–居里

Joad, C.E.M.（175） C. E. M.乔德
Jordan（376） 约旦
Jospin, Lionel（446） 利昂内尔·若斯潘
Joyce, James（xi, 152, 154—156, 168, 463） 詹姆斯·乔伊斯
Juan Carlos, King of Spain（394—395） 胡安·卡洛斯（西班牙国王）
Julien, Claude（480） 克劳德·朱利恩
Jung, Carl（30, 155, 162—163） 卡尔·荣格
Jung, Edgar（153） 埃德加·荣格
Jutland, battle of（1916）（75—76） 日德兰海战（1916年）

# K

Kadar, Janos（389, 419） 雅诺斯·卡达尔
Kafka, Franz（31, 152, 157） 弗兰茨·卡夫卡
Kaganovich, Lev（344, 348） 列夫·卡冈诺维奇
Kahn, Herman（465） 赫尔曼·卡恩
Kallay, Nicholas（273） 尼古拉斯·卡莱
Kamenev, Lev（95, 122, 125—126, 207） 列夫·卡门涅夫
Kandinsky, Wassily（30, 155—156） 瓦西里·康定斯基
Kania, Stanislaw（401） 斯坦尼斯拉夫·卡尼亚
Kant, Immanuel（166） 伊曼努尔·康德
Kaplan, Fanny（121） 范妮·卡普兰
Kapp, Wolfgang（Kapp Putsch）（128） 沃尔夫冈·卡普（卡普政变）
Karamanlis, Konstantinos（411） 康斯坦丁·卡拉曼利斯
Kashmir（456） 克什米尔
Kaunda, Kenneth（396） 肯尼斯·卡翁达
Kautsky, Karl（99） 卡尔·考茨基
Kazakhstan（348, 433） 哈萨克斯坦
Kellogg, Frank；Kellogg-Briard Pact（1928）（147） 弗兰克·凯洛格；凯洛格-白里安和平条约

| | |
|---|---|
| Kennan, George F.（295—296，304） | 乔治·F.凯南 |
| Kennedy, John F.（351—354，362，374） | 约翰·F.肯尼迪 |
| Kennedy, Margaret（174） | 玛格丽特·肯尼迪 |
| Kenya（395） | 肯尼亚 |
| Kepler, Johannes（30） | 约翰尼斯·开普勒 |
| Kerensky, Alexander（92，95—97） | 亚历山大·克伦斯基 |
| Kern, Jerome（171） | 杰罗姆·科恩 |
| Keynes, John Maynard（68，106，108，153，211—213，318，399，408） | 约翰·梅纳德·凯恩斯 |
| Khrushchev, Nikita（310—311，326，330，340，343—357，359—363） | 尼基塔·赫鲁晓夫 |
| Kiderlen-Wächter, Alfred von（53—54） | 阿尔弗雷德·冯·基德伦·瓦赫特 |
| Kiel（12，46，66，76，80，100） | 基尔 |
| Kienthal Conference（1916）（79） | 肯塔尔会议（1916年） |
| Kierkegaard, Soren（151，340） | 索伦·克尔凯郭尔 |
| Kiesinger, Kurt（328） | 库尔特·基辛格 |
| Kiev（17） | 基辅 |
| Kim Il Sung（307） | 金日成 |
| Kinnock, Neil（404） | 尼尔·金诺克 |
| Kipling, Rudyard（3，81） | 拉迪亚德·吉卜林 |
| Kirchhof, Bodo（468） | 博多·基尔霍夫 |
| Kirov, Sergei（207） | 谢尔盖·基洛夫 |
| Kissinger, Henry（391） | 亨利·基辛格 |
| Kitchener, Horatio H.（43，77，78） | 霍雷肖·H.基奇纳 |
| Klee, Paul（3，155—156） | 保罗·克利 |
| Klein, Melanie（163） | 梅兰妮·克莱因 |
| Kleist, Ewald von（238） | 埃瓦尔德·冯·克莱斯特 |
| Kluge, Günther von（267） | 京特·冯·克卢格 |
| Koch, Robert（12） | 罗伯特·科赫 |
| Koestler, Arthur（216） | 亚瑟·库斯勒 |

Kogon, Eugen（289） 尤根·科贡
Kohl, Helmut（19, 424, 441—442） 赫尔穆特·科尔
Kolchak, Alexander（105） 亚历山大·科尔恰克
Kollontai, Alexandra（170） 亚历山德拉·科伦泰
Korea（2, 112） 朝鲜
Korean War（1950-1953）（307—310, 332, 朝鲜战争（1950—1953年）
343, 408, 426, 448）
Kornilov, L. G.（92—93, 95） L. G. 科尔尼洛夫
Korsch, Karl（128） 卡尔·科尔希
Kosovo（440） 科索沃
Kostov, Traiche（300） 特拉奇·科斯托夫
Kosygin, Alexei（349, 361, 376） 阿列克谢·柯西金
Kravchenko, Victor（301） 维克多·克拉夫琴科
Kreisky, Bruno（411） 布鲁诺·克赖斯基
Kronstadt（95, 119） 克朗施塔特
Krupskaya, Nadezhda（95, 125） 娜德斯达·克鲁普斯卡娅
Kun, Bela（109, 142） 库恩·贝拉
Kurds（453） 库尔德人
Kursk（258, 263） 库尔斯克
Kutchma, Leonid（435） 列昂尼德·库奇马
Kuwait（425, 453） 科威特

# L

Labour party, British（13, 25, 135—136, 工党（英国）
180—181, 294, 307, 330—333, 403—
406, 444—446）
Lacan, Jacques（385） 雅克·拉康
Laguiller, Arlette（394） 阿莱特·拉居耶
Landauer, Gustav（128） 古斯塔夫·兰道尔
Landesdowne, Lord of（80） 兰斯当勋爵

Lane, Arthur Bliss（293） 阿瑟·布利斯·莱恩

Laos（310） 老挝

Largo Caballero, Francisco（325） 弗朗西斯科·拉尔戈·卡瓦列罗

Larkin, Phillip（341） 菲利普·拉金

Laslett, Peter（469） 彼得·拉斯莱特

Latvia（418, 430, 435） 拉脱维亚

Lausanne, treaty of（1923）（110） 洛桑条约（1923年）

Laval, Pierre（213—233） 皮埃尔·赖伐尔

Law, Bonar（135） 博纳尔·劳

Lawrence, D. H.（152, 154, 157） D. H. 劳伦斯

League of Nations（39, 105, 112—116, 国际联盟
133, 135, 140, 145—147, 197, 218）

Lebanon（402） 黎巴嫩

Le Bon, Gustave（195） 古斯塔夫·勒庞

Le Corbusier（Charles Édouard Jeanneret） 勒·柯布西耶（查理斯·艾杜亚德·珍内特）
（116, 156, 474）

Lend-Lease Act（1941）（250） 租借法案（1941年）

Lenin（V. I. Ulyanov）（34, 79, 88, 92— 列宁（V. I. 乌里扬诺夫）
98, 103, 105, 116—124, 132, 158）

Leningrad, see St. Petersburg 列宁格勒（见圣彼得堡）

Leo XIII, Pope（20） 利奥十三世（教皇）

Leopold III, King of Belgium（245—246） 利奥波德三世（比利时国王）

Le Pen, Jean-Marie（445） 让－玛丽·勒庞

Le Prince, Louis（18） 路易·雷·普林斯

Levi-Strauss, Claude（385） 克洛德·列维－斯特劳斯

Lewis, C. Day（210） C. 戴·刘易斯

Lewis, C. S.（215） C. S. 刘易斯

Lewis, Sinclair（174） 辛克莱·刘易斯

Ley, Robert（188） 罗伯特·利

Liberal party, British（23, 135—136, 333, 自由党（英国）
403）

| | |
|---|---|
| liberalism（23，28，405） | 自由主义 |
| Liberia（455） | 利比里亚 |
| Liberman, Evsei（348—349） | 叶甫西·利伯曼 |
| Libya（397） | 利比亚 |
| Liddell Hart, Basil H.（249） | 巴西尔·H.利德尔·哈特 |
| Liebknecht, Karl（78—79，99，127） | 卡尔·李卜克内西 |
| Lindbergh, Charles（167，169） | 查尔斯·林德伯格 |
| Lindley, David（463） | 戴维·林德利 |
| Linlon, Eliza Lynn（169） | 伊丽莎·琳恩·林隆 |
| Lippmann, Walter（148，176） | 沃尔特·李普曼 |
| listerature（149—163，172—175，468，480） | 文学 |
| Lithuania（107，110，418，430，435） | 立陶宛 |
| Litvinov, Maxim（233，364） | 马克西姆·李维诺夫 |
| Litvinov, Pavel（364） | 帕维尔·利特维诺夫 |
| Lloyd George, David（23，53，58，65，71，77—78，98，103，105—107，110，135） | 大卫·劳合·乔治 |
| Locarno Pact（1925）（145—147） | 洛迦诺公约 |
| London（17—18，249，379，465，467） | 伦敦 |
| London, Secret Treaty of（1915）（87，109） | 伦敦秘密条约（1915年） |
| Lorca, Federico Garcia（154） | 费德里科·加西亚·洛尔卡 |
| Lotz, Ernst（81） | 恩斯特·洛茨 |
| Lowell, Robert（261） | 罗伯特·洛威尔 |
| Lowry, Malcolm（154） | 马尔科姆·劳里 |
| Ludendorff, Erich（78，80，99） | 埃里希·鲁登道夫 |
| Lukacs, George（Georgy）（30，348，383） | 乔治·卢卡奇 |
| Luther, Hans（144） | 汉斯·路德 |
| Luxemburg（Luxembourg）（245，335） | 卢森堡 |
| Luxemburg, Rosa（78，99，127） | 罗莎·卢森堡 |
| Lvov, George（90，92） | 乔治·利沃夫 |

索引 505

Lysenko, T. D.（303, 348, 365） 李森科

## M

Maastrict, treaty of（1991）（449） 马斯特里赫特条约（1991年）
McCarthy, Joseph（309） 约翰·麦卡锡
MacArthur, Douglas（307—309） 道格拉斯·麦克阿瑟
MacDonald, Ramsay（135—136, 180—182, 190, 231） 拉姆齐·麦克唐纳
Macedonia（50, 54, 141, 440） 马其顿
Mackinder, Halford（229） 哈尔福德·麦金德
Maclean, Donald（211, 269, 307, 332） 唐纳德·麦克莱恩
Macmillan, Harold（324, 332—333, 336, 341, 374, 395） 哈罗德·麦克米伦
Madagascar（274） 马达加斯加
Mafia（269, 432, 442—443, 447） 黑手党
MAGIC intercepts（279） 魔法情报
Maginot line（244—266） 马奇诺防线
Maine, Henry（14） 亨利·梅因
Major, John（405, 446, 451, 465） 约翰·梅杰
Malaya, Malaysia（255—256, 408, 448） 马来西亚，马来亚
Malenkov, Gregory（300, 310—311, 344—345, 348） 格雷戈里·马林科夫
Mallarmé, Stephane（173） 斯蒂芬·马拉美
Malraux, André（214, 227, 325—326, 339） 安德烈·马尔罗
Manchuria（2, 45, 181, 273） 满洲
Mandela, Nelson（455） 纳尔逊·曼德拉
Mandelstam, Osip（159, 480） 奥西普·曼德斯塔姆
Mann, Thomas（29, 146, 157） 托马斯·曼
Mannerheim, Carl（117） 卡尔·曼纳海姆

Manstein, Fritz von（248） 弗里茨·冯·曼施坦因
Mao Tse-tung（307, 354—357, 377—378, 毛泽东
380, 383—384, 393）
Marcel, Gabriel（338） 加布里埃尔·马塞尔
Marchais, Georges（401, 410） 乔治·马歇
Marchand, Jean-B.（43） 让-B.马尔汉德
Marconi, Guglielmo（12, 168） 伽利尔摩·马可尼
Marcuse, Herbert（149, 379—380, 383） 赫尔伯特·马尔库塞
Marcuse, Ludwig（149） 路德维西·马尔库塞
Maritain, Jacques（215） 雅克·马里坦
Marshall, George C.; Marshall Plan 乔治·C.马歇尔；马歇尔计划
Martin du Gard, Roger（214） 罗杰·马丁·杜·加尔
Marty, André（388） 安德烈·马蒂
Marx, Eleanor（4） 艾琳娜·马克思
Marx, Karl; Marxism（7, 14, 28—29, 卡尔·马克思，马克思主义
43—44, 120, 162, 215, 195, 330, 355,
367, 378, 382—384）
Marx, Wilhelm（144） 威廉·马克思
Masaryk, Jan（299, 369） 简·马萨里克
Masaryk, Thomas（142） 托马斯·马萨里克
Masurian Lakes, battle of（1914）（70） 密苏里湖战役（1914年）
mathematics（166） 数学
Matteotti, G.（160） G.马泰奥蒂
Mauriac, François（215, 341） 弗朗索瓦·莫里亚克
Maurras, Charles（46） 夏尔·莫拉斯
May, Karl（175） 卡尔·麦
Mayakovsky, Vladimir（158） 拉基米尔·马雅可夫斯基
Mayer, Louis（171） 路易·梅耶
Meciar, Vladimir（436） 弗拉基米尔·梅西亚尔
medicine（17, 458—461） 医学

| | |
|---|---|
| Mediterranean Sea（251，465） | 地中海 |
| Medvedev, Grigori（464） | 格里戈里·梅德韦杰夫 |
| Medvedev, Roy（365—366） | 罗伊·梅德韦杰夫 |
| Medvedev, Zhores（365—366） | 若列斯·梅德韦杰夫 |
| Meinhof, Ulrike（389—390） | 乌尔丽克·迈因霍夫 |
| Meitner, Lise（280） | 莉丝·梅特纳 |
| Memel（106，238） | 克莱佩达 |
| Mencken, Henry Louis（53） | 亨利·路易斯·门肯 |
| Mengistu Haile Mariam（455） | 门格斯图·海尔·马里亚姆 |
| Mensheviks（207，343） | 孟什维克 |
| Messina, Conference of（1955）（336） | 墨西拿会议（1955年） |
| Messines（78） | 墨西尼斯 |
| Metternich, Prince（31） | 普林斯·梅特涅 |
| Meyerhold, Vsevelod（159） | 弗谢沃洛德·麦克耶霍德 |
| Michaelis, George（80） | 乔治·麦可利斯 |
| Midway, battle of（1942）（257） | 中途岛海战 |
| Mihalovic, Draza（269） | 德拉扎·米哈伊洛维奇 |
| Mikołajczyk, Stanisław（293） | 斯坦尼斯劳斯·米科瓦伊奇克 |
| Mikoyan, Anastas（345，346） | 阿纳斯塔斯·米高扬 |
| Mill, John Stuart（19） | 约翰·斯图尔特·穆勒 |
| Milyukov, Paul（90） | 保罗·米留科夫 |
| Mine, Alain（462） | 阿兰·明克 |
| Mindszenty, Josef（311，368，393） | 约瑟夫·明曾蒂 |
| Mitterand, François（394，409—411，423，449） | 弗朗索瓦·密特朗 |
| Mola, Emilio（225） | 埃米利奥·莫拉 |
| Moldavia（430） | 摩尔达维亚 |
| Mollet, Guy（313，322） | 居伊·摩勒 |
| Molotov, Vyacheslav（207，251，296，348） | 维亚切斯拉夫·莫洛托夫 |

Moltke, Helmuth James von（268） 赫尔穆特·詹姆斯·冯·毛奇
Moltke, Helmuth Johannes von（59, 67, 77） 赫尔穆特·约翰内斯·冯·毛奇
Moltke, Helmuth Karl von（85） 赫尔穆特·卡尔·冯·毛奇
monarchy（8, 480） 君主制
Mondrian, Piet（156） 彼埃·蒙德里安
Mongolia（356） 蒙古
Monnet, Jean（317, 335, 337） 让·莫内
Montenegro（50—51） 黑山
Montgomery, Bernard（257—260, 266, 269） 伯纳德·蒙哥马利
Morel, E. D.（80） E. D. 莫雷尔
Morgan, J. P.（133） J. P. 摩根
Morgenthau, Henry（290—291） 亨利·摩根索
Morley, John（63） 约翰·莫利
Moro, Aldo（409） 阿尔多·莫罗
Morocco（43—46, 52—53, 260, 270） 摩洛哥
Morrison, Herbert（277） 赫伯特·莫里森
Moscow（91, 119, 253—254, 417, 429—431, 479） 莫斯科
Mosley, Oswald（183） 奥斯瓦尔德·莫斯利
motion pictures（10, 18—19, 156—157, 171, 470—471） 电影
Mountbatten, Louis（331） 路易斯·蒙巴顿
Mozambique（397, 455） 莫桑比克
Mueller, Heine（468） 海涅·穆勒
Mueller, Hermann（144, 189） 赫尔曼·穆勒
Munich（30, 127—128, 146） 慕尼黑
Pact of（1938）（234—239） 慕尼黑公约（1938年）
murder（432, 457） 谋杀

| | |
|---|---|
| music（30，158，171，384） | 音乐 |
| Muslims：see Islam | 穆斯林（见伊斯兰教） |
| Musset, Alfred de（7） | 阿尔弗雷德·德·缪塞 |
| Mussolini, Benito（137—140，142，159—160，195，199，226—227，231—234，239，241，263—264） | 贝尼托·墨索里尼 |

## N

| | |
|---|---|
| Nagasaki（282） | 长崎 |
| Nagy, Imre（311，330，348） | 纳吉·伊姆雷 |
| Napoleon I（33，41） | 拿破仑一世 |
| Nasser, Abdul（312—313，368，376） | 阿卜杜勒·纳赛尔 |
| National Alliance（Italian party）（433—434） | 民族联盟（意大利政党） |
| National Front（French）（411） | 民族阵线（法国） |
| National Institute of Health（459） | 美国国家卫生研究所 |
| National Insurance Act（1911）（23） | 国家保险法（1911年） |
| National Socialism（Nazism）（see also Hitler；Germany 1933-1945）（159，185—203） | 国家社会主义（纳粹主义）（另见希特勒，德国1933—1945年） |
| nationalism（6—10，28，39，51，53，62，323—324，395—396） | 民族主义 |
| Nazism：see National Socialism | 纳粹主义（见国家社会主义） |
| Netherlands（2，245，334，335） | 荷兰 |
| Nettl, John Peter（357） | 约翰·彼得·奈特 |
| Neuilly, Treaty of（1919）：Paris Peace Conference | 纳伊条约（1919年）：巴黎和平会议 |
| Neumann, John van（407） | 约翰·凡·诺依曼 |
| Neurath, Konstantin von（201，230） | 康斯坦丁·冯·纽拉特 |
| New Economic Policy, Soviet（121—126） | 新经济政策（苏联） |
| New Guinea（456） | 新几内亚 |
| New Left（352，377—384） | 新左派 |

New Zealand（141） 新西兰
Newfoundland（270） 纽芬兰
Nicaragua（397，425） 尼加拉瓜
Nicholas I, Tsar of Russia（33） 尼古拉一世（沙皇）
Nicholas II, Tsar of Russia（34，45—46， 尼古拉二世（沙皇）
60，71，90）
Nicolson, Arthur（58） 亚瑟·尼科尔森
Niebuhr, Reinhold（209） 莱因霍尔德·尼布尔
Niemöller, Martin（340） 马丁·尼默勒
Nietzsche, Friedrich（52，83，139，167， 弗里德里希·尼采
174，340）
Nigeria（396，465） 尼日利亚
Night of die Long Knives 长刀之夜（1934年6月30日）
（June 30，1934）（200—201）
Nitti, Francesco（138，161） 弗朗西斯科·尼蒂
Nivelle, Robert（80） 罗伯特·尼维尔
Nixon, Richard M.（386，391—392） 理查德·M.尼克松
Nkrumah, Kwame（368，397） 克瓦米·恩克鲁玛
Nora, Simon（462） 西蒙·诺拉
Normandy invasion（1944）（264—266） 诺曼底登陆（1944年）
North Atlantic Treaty（NATO）（1949）（299， 北大西洋公约（北约，1949年）
304—305，309—310，323—324，332，
334，386，391，402，424—425，427，
452，464）
Northern League（Italian party）（443—444） 北方联盟（意大利政党）
Norway（245，257，289） 挪威
Novotny, Antonin（369） 安东宁·诺沃蒂尼
nuclear energy, weapons（280—281，284， 核武器
302—303，306，310，344—345，352—
354，359，391，402，424—425，427，
452，464）

Nunn May, Alan（302） 艾伦·纳恩·梅
Nuremberg（Nürnberg）trials（1946）（276, 纽伦堡审判（1946年）
288—290）

## O

Occhetto, Achille（410） 阿基莱·奥凯托
O'Neill, Eugene（152） 尤金·奥尼尔
Oppenheimer, Julius Robert（280） 尤利乌斯·罗伯特·奥本海默
Organization of European Economic 欧洲经济合作发展组织
Cooperation（OEEC）（304）
Orlando, Vittorio（103, 106, 138） 维托里奥·奥兰多
Ortega y Gasset, José（153, 319） 何塞·奥尔特加·伊·加塞特
Orwell, George（Eric Blair）（213—214, 乔治·奥威尔（埃里克·布莱尔）
216, 339, 341）
Ostwald, Wilhelm（29） 威廉·奥斯特瓦尔德
Ottawa Declaration（143） 渥太华声明
Ottoman Empire：see also Turkey（2, 31, 奥斯曼帝国（另见土耳其）
41）
Owen, Wilfred（150） 弗雷德·欧文

## P

pacifism（217—220） 和平主义
Packard, David（407） 戴维·帕卡德
Pakistan（427） 巴基斯坦
Palestine（see also Israel）（105, 277, 297） 巴勒斯坦（另见以色列）
Palmerston, Viscount（295） 帕默斯顿子爵
Panyat movenent（473） 帕姆亚特运动
Papandreou, Andreas（411） 安德烈亚斯·帕潘德里欧
Papen, Franz von（190—191, 200） 弗兰茨·冯·帕潘
Paris（17, 184, 280, 380—381, 474） 巴黎

Paris, Peace Treaties of（1919—1920）(103— 巴黎和约
111，219—220）

Pasternak, Boris（158，360，364） 鲍里斯·帕斯捷尔纳克

Pasteur, Louis（12） 路易斯·巴斯德

Patton, George（266，269） 乔治·巴顿

Pearl Harbor（254—255） 珍珠港

Pearson, Lester（304） 莱斯特·皮尔森

Péguy, Charles（20） 查尔斯·贝矶

Peron, Juan（290） 胡安·贝隆

Pershing, John J.（101） 约翰·J.潘兴

Persia : see Iran 波斯（见伊朗）

Petain, Henri Philippe（73，80，184， 亨利·菲利普·贝当
246—247）

Peter the Great, Tsar of Russia（33） 彼得大帝（俄国沙皇）

Philby, Kim（Harold）（211，332，374） 金·菲尔比（哈罗德）

Philippines（265，395） 菲律宾

Picasso, Pablo（156，164，227） 巴勃罗·毕加索

Pigou, A. C.（212） A. C. 皮古

Pilsudski, Joseph（119，141） 约瑟夫·毕苏斯基

Pius XI, Pope（139） 庇护十一世（教皇）

Pius IX, Pope（21） 庇护九世（教皇）

Planck, Erwin（198） 埃尔文·普朗克

Planck, Max（29，164—166，198） 马克斯·普朗克

Plekhanov, Georgy（94） 格奥尔基·普列汉诺夫

Podgorny, N. I.（361） N. I. 波德戈尔内

Poincaré, Henri（29） 亨利·普恩加莱

Poincaré, Raymond（58，131—132） 雷蒙·普恩加莱

Poland（7—8，70，78，106—107，109— 波兰
110，119，141，145，198）

—in World War II（217，238—241，243— 波兰：二战时期
244，257—258，270—274，286）

—post-1945,（287, 293—294, 311, 348, 波兰：1945年后
368, 389）

—1980s and 1990s（400—401, 418—419, 波兰：20世纪80—90年代
435—436）

Pompidou, Georges（381, 393—394, 474） 乔治·蓬皮杜

popular culture（167—176, 222—224） 流行文化

Popular Front（184—185, 219, 222—224） 人民阵线

Popular Italian Party（442） 意大利人民党

Popular Republican party, French（322） 民主人民党（法国）

population（5, 219, 470） 人口

pornography（470—471） 色情文学

Port Arthur（273） 阿瑟港监狱

Porter, Roy（459） 罗伊·波特

Portugal（14, 338, 393, 395, 422） 葡萄牙

Poskrebyshev, A. N.（207） A. N. 波斯克列贝舍夫

post-modernism（474） 后现代主义

Potsdam Conference（1945）（287, 290, 波茨坦会议（1945年）
292, 301）

POUM（Spanish party）（236） 马克思主义统一工人党（西班牙政党）

Pound, Ezra（154） 埃兹拉·庞德

Poverty（14, 478） 贫困

Prague（30, 369—372） 布拉格

Prieto, Indalecio（226） 因达莱西奥·普列托

Primo de Rivera, José（141, 225—226） 何塞·普里莫·德里维拉

Primo de Rivera, Miguel（141, 224） 米戈尔·普里莫·德里维拉

Princip, Gavrilo（57） 加夫里洛·普林西普

privatization（404, 409, 432） 私有化

Profum-Keeler affair（374） 普罗富莫-基勒事件

Prokofiev, Sergei（358） 谢尔盖·普罗科菲耶夫

Proust, Marcel（152, 157, 214） 马塞尔·普鲁斯特

psychiatry, psychoanalysis（162—163，467） 精神病学，精神分析
Pujol, Juan（273） 胡安·普约尔

## Q

Quebec Conference（1944）（271） 魁北克会议（1944年）

## R

Rabin, Yizhak（456） 伊扎克·拉宾
Rachmaninoff, Sergei（36，158） 谢尔盖·拉赫玛尼诺夫
radar（249，282，407） 雷达（无线电探测器）
Radek, Karl（94，126，207，211） 卡尔·雷德克
Radical Socialist party（322） 激进社会党
Radich, Stefan（141） 斯捷潘·拉迪奇
radio（10，167—168） 无线电
railways（10，12，317，476） 铁路
Rajk László（300） 拉斯洛·拉伊克
Rákosi Mátyás（311） 拉科西·马加什
Ramonet, Ignacio（439） 伊格纳西奥·拉莫内
Rapallo, Treaty of（1922）（110，145，220—221） 拉帕洛条约（1922年）
Rappard, William E.（112） 威廉·E. 拉帕德
Rasputin, Gregory（71） 格里高利·拉斯普京
Rathenau, Walther（131） 沃尔特·拉瑟诺
Read, Herbert（24） 赫伯特·里德
Reagan, Ronald（401，424，447） 罗纳德·里根
Red Guards（95） 红卫兵
Reinsurance Treaty（1887）（41） 再保险条约（1887年）
Rejewski, Marian（278） 马里安·雷杰夫斯基
Relativity : see Einstein 相对论（见爱因斯坦）
Remarque, Erich-Maria（150，220） 埃里希-玛利亚·雷马克

索引 515

| | |
|---|---|
| Reparations（107，130—133，273） | 赔款 |
| Revel, J.-F（446） | 让－弗朗索瓦·何维勒 |
| Reynaud, Paul（246） | 保罗·雷诺 |
| rhetoric（463） | 修辞 |
| Rhine River, Rhineland（106，108，146，465） | 莱茵河，莱茵兰 |
| Ribbentrop, Joachim（201，230，288） | 约阿希姆·里宾特洛甫 |
| Richter, Svyatoslav（360） | 斯维亚托斯拉夫·里赫特 |
| Riefenstahl, Leni（198） | 莱尼·里芬斯塔尔 |
| Riemann, G. F. B.（160） | G. F. B. 黎曼 |
| Riga, Treaty of（1921）（119） | 里加条约 |
| Rilke, Rainer Maria（29） | 雷纳·玛丽亚·里尔克 |
| Robbins, Lionel（320） | 莱昂内尔·罗宾斯 |
| Röntgen, Wilhelm（12） | 威廉·伦琴 |
| Röhm, Emst（161，200） | 恩斯特·罗姆 |
| Rolland, Romain（82，109，250，210—211） | 罗曼·罗兰 |
| Romains, Jules（214） | 朱尔斯·罗曼 |
| Romania（54，70，75，84，100，109—110，141，236，240—241，251—252，271，277，293，319，368，400，421） | 罗马尼亚 |
| Rome, Treaty of（1957）（336，449） | 罗马条约（1957年） |
| Rommel, Erwin（250，256—260，266，267，279） | 埃尔温·隆美尔 |
| Roosevelt, Franklin D.（161，182，189，192，199，218，247，250，255，269—273，280—282，284，290—294） | 富兰克林·D. 罗斯福 |
| Röpke, Wilhelm（320） | 威廉·勒普克 |
| Rosbaud, Paul（279） | 保罗·罗斯波 |
| Rosenberg, Alfred（187，188，288） | 阿尔弗雷德·罗森伯格 |
| Rosenberg, Ethel（302） | 埃塞尔·罗森伯格 |

Rosenberg, Julius (302) 朱利叶斯·罗森伯格
Rossi, Cesare (161) 塞萨尔·罗西
Rostovtzeff, M. I. (151) M. I. 罗斯托夫采夫
Rowntree, Seebohm (14, 478) 西博姆·朗特里
Rueff, Jacques (320) 雅克·鲁夫
Ruhr (13, 25, 131—132, 221) 鲁尔
Ruskin, John (5) 约翰·罗斯金
Russell, Bertrand (30, 81, 164, 170, 伯特兰·罗素
174, 175, 308, 333, 353, 379)
Russia (see also Union of Soviet Socialist 俄罗斯（另见苏维埃社会主义共和国联盟）
Republics) (2—3, 13—14)
—1933-1936, (41, 49—64) 俄罗斯：1933—1936年
—in World War I (70—71, 74—75, 88, 俄罗斯：一战时期
90—98)
—civil war (1918-1921) (105, 116—119) 俄罗斯：内战（1918—1921年）
—post-1991 (429—433) 俄罗斯：1991年后
Russian Japanese War (1904-1905) 俄日战争（1904—1905年）
Rutherford, Ernest (2—3, 14, 34, 44— 欧内斯特·卢瑟福
45)
Rwanda (397) 卢旺达
Rykov, Alexei (207) 阿列克谢·雷科夫
Rykwert, Joseph (474) 约瑟夫·里克沃特

# S

Saar (106, 221) 萨尔
Sacco and Vanzetti case (149) 萨科—万泽蒂案
Sadat, Anwar (392) 安瓦尔·萨达特
Saddam Hussein (453) 萨达姆·侯赛因
St. Germain, treaty of (1919): see Paris 圣日耳曼条约（1919年）（见巴黎和平会议）
Peace Conference

| | |
|---|---|
| St. Petersburg；Petrograd；Leningrad（16, 19, 60, 90—96, 253, 258, 286, 429） | 圣彼得堡；彼得格勒；列宁格勒 |
| Sakhalin（273） | 库页岛 |
| Sakharov, Andrei（365—366, 464） | 安德烈·萨哈罗夫 |
| Salazar, António de Oliveira（393） | 安东尼奥·德·奥利维拉·萨拉查 |
| Salonika（34, 71, 72） | 萨洛尼卡 |
| Salvemini, Gaetano（161） | 加埃塔诺·萨尔维米尼 |
| *Samizdat* publications（364） | 萨密兹达出版物 |
| Santayana, George（21） | 乔治·桑塔亚纳 |
| Sarajevo（57, 438—439） | 萨拉热窝 |
| Sartre, Jean-Paul（216, 283, 308, 312, 320, 343, 361, 379, 381, 383） | 让-保罗·萨特 |
| Sassoon, Siegfried（83） | 西格夫里·萨松 |
| Savigny, Friedrich Karl von,（xii） | 弗里德里希·卡尔·冯·萨维尼 |
| Sazanov, Sergei（60） | 谢尔盖·萨佐诺夫 |
| Scapa Flow（76） | 斯帕卡湾 |
| Schacht, Hjalmar（199, 201, 238） | 哈贾马尔·沙赫特 |
| Scharping, Rudolf（441） | 鲁道夫·沙尔平 |
| Scheer, Reinhard（76） | 莱因哈特·舍尔 |
| Scheler, Max（30, 378） | 马克思·舍勒 |
| Schlabendorff, Fabian von（266） | 法比安·冯·施拉本多夫 |
| Schleicher, Kurt von（190—191） | 库尔特·冯·施莱彻尔 |
| Schlieffen, Alfred；Schlieffen Plan（42） | 阿尔弗雷德·施里芬；施里芬计划 |
| Schmoller, Gustav（56） | 古斯塔夫·施穆勒 |
| Schmidt, Helmut | 赫尔穆特·施密特 |
| Schoenerer, Georg Ritter von（196） | 乔治·里特尔·冯·雪内勒 |
| Schuman, Robert（335） | 罗伯特·舒曼 |
| Schuschnigg, Kurt von（233） | 库尔特·冯·舒施尼格 |
| science（29, 161—167, 458—463） | 科学 |
| Scotland（375, 450—451） | 苏格兰 |

| | |
|---|---|
| Scott, John（203） | 约翰·斯科特 |
| Scriabin, Alexander（158） | 亚历山大·斯克里亚宾 |
| Secret Police（119, 123, 200, 203—204, 268, 278, 358, 441） | 秘密警察 |
| Seipel, Ignaz（142） | 伊格纳兹·西佩尔 |
| Serbia（see also Yugoslavia）（33, 39, 49—51, 54—62, 129, 269, 277, 437—440） | 塞尔维亚（另见南斯拉夫） |
| Servan-Schreiber, Jacques（413） | 雅克·塞尔旺–施赖贝尔 |
| Servin, Marcel（388） | 马塞尔·塞尔文 |
| Sevres, Treaty of（1920）: see Paris Peace Conference | 塞弗里斯条约（1920年）（见巴黎和平会议） |
| Shakespeare, William（172） | 威廉·莎士比亚 |
| Shantung（105） | 山东 |
| Shaw, George Bernard（4, 19, 81, 84, 150, 152, 276） | 萧伯纳 |
| Sheean, Vincent（170） | 文森特·希恩 |
| Shevardnadze, Eduard（419, 424） | 爱德华·谢瓦尔德纳泽 |
| Shockley, William（407） | 威廉·肖克利 |
| Sholokhov, Mikhail（359） | 米哈伊尔·肖洛霍夫 |
| Shostakovitch, Dmitri（358） | 德米特里·肖斯塔科维奇 |
| Sicily（263—264） | 西西里 |
| Siegfried, André（175） | 安德烈·西格弗里德 |
| Sierra Leone（397） | 塞拉利昂 |
| Sik, Ota（370） | 奥塔·锡克 |
| Silesia（110, 135） | 西里西亚 |
| Silone, Ignazio（161） | 伊尼亚齐奥·西洛内 |
| Simmel, Georg（17—18） | 格奥尔格·齐美尔 |
| Simon, John（231） | 约翰·西蒙 |
| Simon, Julian L.（465） | 朱利安·L.西蒙 |
| Sinai peninsula（313, 392, 412） | 西奈半岛 |

Singapore（266，426，448） 新加坡

Single Europe Act（422，451） 单一欧洲法令

Sinkiang（356，433） 新疆

Sinn Fein（143） 辛恩·芬恩

Sinyavsky, Andrei（364，378） 安德烈·辛亚夫斯基

Sitwell, Sacheverell（160） 萨切弗雷尔·西特韦尔

Slansky, Rudolf（300，369） 鲁道夫·斯兰斯基

Slovakia（see also Czechoslovakia）（102， 斯洛伐克（见捷克斯洛伐克）
110，142，436，448，451）

Slovenia（110，422，437—438，448） 斯洛文尼亚

Smith, Adam（409，426） 亚当·斯密

Smith-Dorrien, Horace（67） 霍勒斯·史密斯-多里恩

Snowden, Philip（181） 菲利普·斯诺登

Social Democratic party,（see also Bolsheviks； 社会民主党（另见布尔什维克；孟什维克）
Mensheviks）（26，28—29，32，34，79，
92，142，173，189，327，403，413，
441—442，）

social welfare, welfare state（22—23，26— 社会福利，福利国家
27，282，330，317，319，332，403，
408，444—445）

socialism（13—15，20，22，25—26，29， 社会主义
78—79，83，195，206—214，357，372，
409，473）

Socialist party（78—79，83，223，322， 社会党
389，410—4141）

sociology（17—18，30） 社会学

Solidarity movement（400—401，418— 团结运动
419）

Solzhenitsyn, Alexander（357，361，365— 亚历山大·索尔仁尼琴
366，393）

Somalia（455） 索马里

| | |
|---|---|
| Somme, battle of（1916）（74） | 索姆河战役 |
| Sorel, Georges（139, 152, 209） | 乔治·索雷尔 |
| South Africa（144） | 南非 |
| Soviet Union: see Union of Soviet Socialist Republics | 苏联（见苏维埃社会主义共和国联盟） |
| soviets（90—92, 96, 119, 123） | 苏维埃 |
| Soyinka, Wole（396） | 沃莱·索因卡 |
| Spaak, Paul-Henri（336—337） | 保罗-亨利·斯帕克 |
| space exploration（350, 460—461） | 太空探索 |
| Spain（7, 8, 22, 39, 44, 141, 210, 213, 224—228, 250, 288, 318, 338, 394—395, 411, 422, 446） | 西班牙 |
| Spartacists（99, 127） | 斯巴达克同盟 |
| Spears, Edward Louis（247） | 爱德华·路易斯·斯皮尔斯 |
| Speer, Albert（251, 257, 281） | 阿尔贝特·施佩尔 |
| Spengler, Oswald（150—153） | 奥斯瓦尔德·斯宾格勒 |
| Spinelli, Altiero（424） | 阿尔蒂诺·斯皮内利 |
| sports（16, 169, 384—385, 399, 468, 476—477） | 运动 |
| Sri Lanka（427） | 斯里兰卡 |
| Stalin, Josef（Djugashvili）（119, 122—126） | 约瑟夫·斯大林（朱加什维利） |
| Stalin, Nadezhda（174, 208） | 娜杰日达·斯大林 |
| Stalin, Svetlana（343） | 斯维特拉娜·斯大林 |
| Stalingrad（254, 258） | 斯大林格勒 |
| Stamboliskv, Alexander（141） | 亚历山大·斯坦博利斯科夫 |
| Stark, Johannes（198） | 约翰内斯·斯塔克 |
| Stasi（468） | 史塔西 |
| Stauffenberg, Claus von（266—267） | 克劳斯·冯·施陶芬伯格 |
| Stavisky, Serge（183） | 谢尔盖·史塔维斯基 |
| Steffens, Lincoln（211） | 林肯·史蒂芬斯 |

| | |
|---|---|
| Steinbeck, John（214） | 约翰·斯坦贝克 |
| Stockholm（465） | 斯德哥尔摩 |
| Stolypin, Peter（34, 38） | 彼得·斯托雷平 |
| Strachey, John（212） | 约翰·斯特雷奇 |
| Strachey, Lytton（151） | 利顿·斯特雷奇 |
| Strasser, Gregor（188, 190, 192） | 格雷戈尔·斯特拉瑟 |
| Strasser, Otto（190） | 奥托·斯特拉瑟 |
| Strategic Arms Limitation Treaty（SALT）（391, 402） | 限制战略武器条约 |
| Strategic Defense Initiative（"Star Wars"）（402） | 战略防御倡议（星球大战） |
| Strauss, Richard（198） | 理查德·施特劳斯 |
| Streicher, Julius（288） | 尤利乌斯·施特莱彻 |
| Stresa Conference（1935）（231） | 斯特雷萨会议（1935年） |
| Stresemann, Gustav（134, 144—145, 189） | 古斯塔夫·施特雷泽曼 |
| structuralism（385） | 结构主义 |
| student revolutions（1967-1968）（377—381） | 学生革命 |
| Stuhr, Jerzy（401） | 杰基·斯图尔 |
| Stülpnagel, Karl（267） | 卡尔·斯托尔普格尔 |
| Stürgkh, Carl von（79） | 卡尔·冯·施图尔克 |
| Sturzo, Luigi（161） | 路易吉·斯图佐 |
| submarine warfare, World War I（76, 79—80） | 潜艇战：第一次世界大战 |
| —World War II（250, 279） | 潜艇战：第一次世界大战 |
| Sudan（2, 397, 427） | 苏丹 |
| Sudetenland（30, 219, 222, 234—235） | 苏台德地区 |
| Suez Canal（12, 43, 232, 312—313, 332, 336） | 苏伊士运河 |
| suicide（468） | 自杀 |
| Sukarno（376） | 苏加诺 |
| Sukhomlinov, Vladimir（65, 77） | 弗拉基米尔·苏霍姆利诺夫 |

Sullivan, J. W. N.（166） J. W. N. 萨力凡
supercolliders, subatomic（461） 超级对撞机，亚原子
surrealism（155，158） 超现实主义
Sweden（9，288，412，444，468—469） 瑞典
Switzerland（7，9，277，288，422，444） 瑞士
Sykes–Picot agreement（1916）（105） 赛克斯–皮科特协定（1916年）
symbolism（155） 象征主义
Symons, Julian（470） 朱利安·西蒙斯
Syria（313，376，392，397） 叙利亚
Szamuely, Tibor（347） 蒂博尔·萨穆利
Szilard, Leo（280） 利奥·西拉德

## T

Tagore, Rabindranath（4） 罗宾德拉纳特·泰戈尔
Tajikistan（433，440） 塔吉克斯坦
Tannenberg, battle of（1914）（70） 坦能堡战役（1914年）
television（12，413，414，444，468，470） 电视
terrorism（389—390，427，447） 恐怖主义
Tardieu, André（184） 安德烈·塔迪厄
Tatarstan（453） 鞑靼斯坦共和国
technology（10—11，447—448，470） 技术
Teheran Conference（1943）（270，293） 德黑兰会议（1943年）
Teschen（110） 特申（切欣）
Thailand（256，428） 泰国
Thatcher, Margaret Roberts（403—406，422—424，447，453，481） 玛格丽特·罗伯茨·撒切尔
Thorez, Maurice（301） 莫里斯·多列士
Thrace（50，54） 色雷斯
Thyssen, Fritz（187） 弗里茨·蒂森
Timoshenko, Semyon（253） 谢苗·铁木辛柯

Tirpitz, Alfred von (47—48) 阿尔弗雷德·冯·蒂尔皮茨

Tisza, Stefan (32, 58) 蒂萨·斯特凡（蒂萨·伊斯特万）

Tito (J. Broz) (269, 287, 299—300, 铁托（J. 布罗兹·铁托）
310—311, 346, 366—367, 393, 402,
422, 437—438)

Todt, Fritz (257) 弗里茨·托特

Togliatti, Palmiro (161, 329—330, 348) 帕尔米罗·陶里亚蒂

Toller, Ernst (128) 恩斯特·托勒

Tolstoy, Leo (4, 5, 34—35, 67) 列夫·托尔斯泰

Tönnies, Friedrich (17—18) 斐迪南·滕尼斯

Toulouse (475) 图卢兹

Toynbee, Arnold J. (4, 151, 175, 181, 阿诺德·J.汤因比
215)

trade unions (15—16, 20, 24, 83, 136— 工会
137, 199, 205, 210, 380, 401, 403,
405—406, 408, 446)

Trianon, Treaty of (1920): see Paris Peace 特里亚农条约（1920年）（见巴黎和平会议）
Conference

Trieste (110, 299) 的里雅斯特

Tripartite Pact (1940) (248, 252) 德奥意三国同盟条约

Triple Alliance (1882) (42) 三国同盟

Tripoli (44, 53) 的黎波里

Troeltsch, Ernst (27) 恩斯特·特罗尔茨

Trotsky, Leon (Lev Bronstein) (94, 97— 列昂·托洛茨基（列夫·勃朗施坦）
98, 121, 123—126, 161, 208, 358)

Truman, Harry (247, 294—298) 哈里·杜鲁门

Truman Doctrine (302, 304, 307—308, 杜鲁门主义
342)

Tsvetaeva, Marina (158) 玛琳娜·茨维塔耶娃

Tukachevsky, Michael (222) 迈克尔·图卡切夫斯基

Tunisia (44, 260) 突尼斯

| | |
|---|---|
| Turati, Filippo（161） | 菲利波·图拉蒂 |
| Turing, Alan（278, 407） | 艾伦·图灵 |
| Turkey（see also Ottoman Empire）（50—51, 54, 71, 84, 110—111, 294, 296, 309, 390—391, 433） | 土耳其（另见奥斯曼帝国） |
| Turkmenistan（434） | 土库曼斯坦 |

## U

| | |
|---|---|
| U-2 incident（350—351） | U-2击坠事件 |
| Uganda（428） | 乌干达 |
| Ukraine（98, 253, 432, 435） | 乌克兰 |
| Ulbricht, Walter（370） | 瓦尔特·乌布利希 |
| ULTRA code-breaking（249, 278—279） | 超密码破解 |
| Ulyanov, Alexander（93） | 亚历山大·乌里扬诺夫 |
| Ulyanov, V. I.：see Lenin | V. I.乌里扬诺夫（见列宁） |
| Unamuno, Miguel（392） | 米格尔·乌纳穆诺 |
| Union of Democratic Control（78, 80） | 民主控制联盟 |
| Union of Soviet Socialist Republics（USSR；Soviet Union） | 苏维埃社会主义共和国联盟（苏联） |
| —in World War Ⅱ（244—245, 251—254, 257—258, 262—263, 271—273, 282—285） | 苏联：二战时期 |
| —post-1945（323—324, 342—360） | 苏联：1945年后 |
| —Khrushchev era（348—356） | 赫鲁晓夫时代 |
| —Brezhnev era（361—372, 387—388, 390—393, 399—403） | 勃列日涅夫时代 |
| —dissent in（357—361） | 苏联：异议时期 |
| —collapse of（413—421, 429—435） | 苏联：解体时期 |
| United Nations（270, 273, 292, 296, 304, 307, 314, 399, 439—440） | 联合国 |

索引 525

United States of America: in world war Ⅰ 美国：一战时期
（87—90, 99—101, 103—109）

—post 1919（130—133, 147, 170—171, 美国：1919年后
174—175, 177—178）

—in World War Ⅱ（218, 242, 247, 249— 美国：二战时期
250, 254—285）

—post-1945（291—314, 319, 351—54, 美国：1945年后
362, 413, 440, 446—447, 452—453,
457）

universities（377—381） 大学

Urey, Harold（280） 哈罗德·尤里

Uzbekistan（433—434） 乌兹别克斯坦

## V

Valentino, Rudolf（194） 鲁道夫·瓦伦蒂诺

Van der Rohe, Mies（156） 密斯·凡德罗

Venizelos, Eleutherios（71, 72） 埃莱夫塞里奥斯·维尼泽洛斯

Verdun, battle of（1916）（72—73） 凡尔登战役（1916年）

Versailles, Treaty of（1919）: see Paris Peace 凡尔赛条约（见巴黎和平会议，1919年）
Conference

Vichy regime: see world war Ⅱ; Frace 维希政府

Victor Emmanuel Ⅲ, King of Italy（139, 维克托·伊曼纽尔三世（意大利国王）
263）

Victoria, Queen of Great Britain（19, 42） 维多利亚（大英帝国女王）

Vienna（19, 30, 195—196, 465） 维也纳

Vietnam, Vietnamese War（322, 362—363, 越南，越南战争
373, 377—378, 386, 391, 426, 453）

Vilna（110） 维尔纳

Virta, Nicholas（342） 尼古拉斯·维尔塔

Vladivostok（432） 符拉迪沃斯托克（海参崴）

Vlasov, Andrei A.（33, 18） 安德烈·A. 弗拉索夫

Von Hayek, Friedrich August（320，409） 弗里德里希·奥古斯特·冯·哈耶克
Vonnegut, Mark（466） 马克·冯内古特
Vyotsky, Vladimir（366—367） 弗拉基米尔·维约斯基

W

Wagner, Richard（175，195） 理查德·瓦格纳
Wajda, Andrzej（401） 安杰伊·瓦依达
Walesa, Lech（401，436） 莱赫·瓦文萨
Wallace, Alfred R.（12） 阿尔弗雷德·R. 华莱士
Wallace, Henry A.（296） 亨利·A. 华莱士
Wallas, Graham（22） 格雷厄姆·沃拉斯（格雷厄姆·华莱斯）
Warsaw（16，119，268，274，286） 华沙
Warsaw Pact（1955）（310，367，371，396，402，420） 华沙条约（1955年）
Washington Conference（1921–1922）（119） 华盛顿会议（1921—1922年）
Waugh, Evelyn（151，170，215） 伊夫林·沃
Wavell, Archibald（250） 阿奇博尔德·韦维尔
Weaver, Harriet（210） 哈里特·韦弗
Webb, Beatrice（23，153，211，481） 比阿特丽丝·韦伯
Webb, Sidney（23，153，211，481） 悉尼·韦伯
Weber, Alfred（339） 阿尔弗雷德·韦伯
Weber, Max（29，90，382） 马克斯·韦伯
Webern, Anton（291） 安东·维伯恩
Weil, Simone（236） 西蒙尼·威尔
Weimar Republic（1918–1933）: see Germany 魏玛共和国（1918—1933年）（见德国）
Weizmann, Chaim（277） 哈伊姆·魏茨曼
Wells, H. G.（xi，38，151，174，223，339） 赫伯特·乔治·威尔斯
Werfel, Edda（369） 埃达·沃费尔
Werth, Alexander（343） 亚历山大·沃斯

| | |
|---|---|
| Weygand, Maxime（231） | 马克西姆·魏刚 |
| Whitman, Walt（12） | 沃尔特·惠特曼 |
| Wilder, Thornton（174） | 桑顿·怀尔德 |
| Wilhelm II, Emperor of Germany（26，38，41—42，44—46，52，100，195） | 威廉二世（德国皇帝） |
| Wilkes, Maurice（407） | 莫里斯·威尔克斯 |
| Willkie, Wendell（292） | 温德尔·威尔基 |
| Wilson, Harold（332—333，374—375，393，403） | 哈罗德·威尔逊 |
| Wilson, Woodrow（86，89，98，100—101，112—115，118） | 伍德罗·威尔逊 |
| Wirth, Joseph（135） | 约瑟夫·维尔特 |
| Wise, Stephen（276） | 斯蒂芬·怀斯 |
| Wittgenstein, Ludwig（166） | 路德维希·维特根斯坦 |
| Wolf, Fred Alan（463） | 弗雷德·艾伦·沃尔夫 |
| Wolff, Kurt（281） | 库尔特·沃尔夫 |
| Woolf, Virginia（20，149，154，170，210） | 弗吉尼亚·伍尔芙 |
| World Bank（432） | 世界银行 |
| World Court（115，142） | 国际法庭 |
| World War I（67—102） | 第一次世界大战 |
| —origins and causes（37—66，219） | 一战：起源和原因 |
| —morale and propaganda（81—86） | 一战：士气和宣传 |
| —diplomacy of（86—90） | 一战：外交 |
| World War II（243—285） | 第二次世界大战 |
| —Origins（217—242） | 二战：起源 |
| —diplomacy of（269—273） | 二战：外交 |
| —intelligence operations（278—280） | 二战：情报行动 |
| —consequences（282—290） | 二战：后果 |
| Wrangel, Peter（118） | 彼得·弗兰格尔 |
| Wright, Frank Lloyd（156） | 弗兰克·劳埃德·赖特 |

Wright, Orville and Wilbur（12） 奥维尔·莱特和威尔伯·莱特（莱特兄弟）

## Y

Yagoda, Genrik（207） 根里克·亚戈达
Yakir, Peter（364） 彼得·亚基尔
Yalta Conference（1945）（270—273, 290—291, 293） 雅尔塔会议（1945年）
Yavlinsky, Gregory（431） 格雷戈里·亚夫林斯基
Yeats, William Butler（151—153） 威廉·巴特勒·叶芝
Yeltsin, Boris（429—433, 446） 鲍里斯·叶利钦
Yemen（452—453） 也门
Yessenin（Esenin）, Sergei（158） 谢尔盖·叶赛宁（叶谢宁）
Yevtushenko, Yevgeny（360） 叶甫盖尼·叶夫图申科
Yezhov, Nikolai（207） 尼古拉·叶若夫
Yosselini（435） 约谢利阿尼
Young, Owen D., (Young Plan)（194） 欧文·D. 扬（扬格计划）
Ypres（78） 伊普尔
Yugoslavia（see also Bosnia, Croatia, Serbia, Slovenia）（109—110, 141, 251, 269—271, 286, 293, 299—300, 319, 343, 366—367, 393, 421—422, 433, 436—440） 南斯拉夫（另见波斯尼亚、克罗地亚、塞尔维亚、斯洛文尼亚）

## Z

Zabern（56） 察贝思
Zadek, Peter（468） 彼得·扎德克
Zaire（396—397） 刚果（扎伊尔）
Zamora, Alcala（225） 阿尔卡拉·萨莫拉
Zamyatin, Yevgeny（215） 叶甫盖尼·扎米亚京
Zhdanov, Andrei（300, 343, 358） 安德烈·日丹诺夫

Zhirinovsky, Vladimir（431） 弗拉基米尔·日里诺夫斯基
Zhukov, Georgi（254, 344） 格奥尔吉·朱可夫
Zimmermann note（90） 齐默曼电报
Zimmerwald Conference（1915）（79, 94） 齐美尔瓦尔德会议（1915年）
Zinoviev, Gregoi（254, 344） 格里高利·季诺维耶夫
Zimmermann note（90） 齐默曼电报
Zimmerwald Conference（1915）（79, 94） 齐默瓦尔德会议（1915年）
Zinoviev, Gregory（95, 122, 125—126, 207） 格雷戈里·齐诺维耶夫
Zionism（196, 312, 343） 犹太复国主义
Zukor, Adolf（171） 阿道夫·祖科
Zurich（167） 苏黎世
Zweig, Stefan（196） 斯蒂芬·茨威格